御定六壬直指

（上册）

张越　点校

华龄出版社

责任编辑：薛　治
责任印制：李未圻

图书在版编目（CIP）数据

御定六壬直指 / 张越点校 . —北京：华龄出版社，2019.7

ISBN 978-7-5169-1450-2

Ⅰ.①御…　Ⅱ.①张…　Ⅲ.①占卜—中国—古代　Ⅳ.① B992.2

中国版本图书馆 CIP 数据核字（2019）第 155997 号

书　　名：	御定六壬直指
作　　者：	张越　点校
出 版 人：	胡福君
出版发行：	华龄出版社
地　　址：	北京市东城区安定门外大街甲57号　邮　编：100011
电　　话：	010-58122246　传　真：010-84049572
网　　址：	http://www.hualingpress.com
印　　刷：	北京市大宝装璜印刷厂
版　　次：	2019年9月第1版　2019年9月第1次印刷
开　　本：	710mm×1000mm　1/16　印　张：52.5
字　　数：	560千字
定　　价：	98.00元（全二册）

版权所有　翻印必究
本书如有破损、缺页、装订错误，请与本社联系调换

目录

（上册）

御定六壬直指卷上

起　例 ·············· 003
　起天盘法 ·············· 003
　定地盘法 ·············· 003
　地盘式 ················ 003
　天盘加地盘式 ·········· 003
　取四课法 ·············· 004
　四课式 ················ 004
　取三传法 ·············· 004
　起贵人定十二天将法 ···· 011
　十二月将名号 ·········· 012
　十二月将躔次之宫 ······ 012
　天干所属 ·············· 012
　地支所属 ·············· 012
　五行相克 ·············· 012
　五行相生 ·············· 012
　六亲 ·················· 012
　起本命法 ·············· 012
　起行年法 ·············· 012
　起长生法 ·············· 013
　五鼠遁法 ·············· 013
　五虎遁法 ·············· 013
　十干化气 ·············· 013

吉凶神煞 ············ 014
　天德 ·················· 014
　月德 ·················· 014
　日德 ·················· 014
　六合 ·················· 014
　干合 ·················· 014
　三合 ·················· 014
　禄神 ·················· 015
　驿马 ·················· 015
　月合 ·················· 015
　天印 ·················· 015
　成神 ·················· 015
　皇书 ·················· 015
　皇恩 ·················· 015
　天诏 ·················· 015

福星	016	涉害课	021
天喜	016	遥克课	021
天赦	016	昴星课	021
生气	016	别责课	021
天马	016	八专课	021
三刑	016	伏吟课	021
六冲	016	返吟课	022
六害	016	三光课	022
三丘五墓	017	三阳课	022
死气	017	三奇课	022
孤辰寡宿	017	六仪课	022
四废	017	时泰课	022
天医	017	官爵课	023
地医	017	富贵课	023
金神煞	017	龙德课	023
破碎	017	轩盖课	023
月厌	018	铸印课	023
劫煞	018	斫轮课	023
大耗	018	引从课	023
病符	018	亨通课	024
血支血忌	018	繁昌课	024
大煞小煞	018	荣华课	024
丧车煞	018	德庆课	024
游都煞	018	合欢课	024
奸神	018	和美课	024
奸私	019	斩关课	024
信神	019	闭口课	024
天鸡	019	游子课	025
课体	**020**	三交课	025
六壬课体配六十四卦	020	乱首课	025
元首课	020	赘婿课	025
重审课	020	冲破课	025
知一课	020	淫泆课	026
		芜淫课	026

孤寡课	026
度厄课	026
无禄绝嗣课	026
迍福课	026
侵害课	027
刑伤课	027
二烦课	027
天祸课	027
天狱课	027
天寇课	028
天网课	028
魄化课	028
三阴课	028
龙战课	028
死奇课	029
灾厄课	029
殃咎课	029
九丑课	030
鬼墓课	030
励德课	030
盘珠课	030
全局课	030
元胎课	031
连珠课	031
间传课	031
六纯课	031
杂状课	031

将神类占············032
　贵人所属············032
　月将所属············032
　神将相乘············033
　天象···············035
　分野···············035

人品	035
总类	036

总论分论············038
　六壬课传总论··········038
　干支用神总论··········038
　论日辰··············039
　论三传··············041
　论占时··············042
　论太岁··············043
　论月将··············043
　论年命··············043
　论遁干··············044
　论指斗··············044
　论旬丁··············045
　论旬空··············045
　论来情··············045
　论期候··············046
　论类神··············047
　论八煞··············047
　论德···············048
　论合···············048
　论鬼···············050
　论墓···············051
　论破···············051
　论害···············051
　论刑···············052
　论冲···············052

御定六壬直指卷下

分类杂占············055
　天时···············055
　田禾···············055

畜牧……056
谋望……056
委托……057
命运……058
功名……058
科第……059
财物……059
宅舍……060
坟墓……061
婚姻……061
产孕……063
疾病……063
出行……064
行人……065
遗失……065
兵战……066
盗贼（附占捕获）……067
射覆……069

《毕法赋》……071

御定六壬直指析义

甲子日第一课……097
甲子日第二课……098
甲子日第三课……099
甲子日第四课……100
甲子日第五课……101
甲子日第六课……102
甲子日第七课……103
甲子日第八课……104
甲子日第九课……105
甲子日第十课……106
甲子日第十一课……107
甲子日第十二课……108
乙丑日第一课……109
乙丑日第二课……110
乙丑日第三课……111
乙丑日第四课……112
乙丑日第五课……113
乙丑日第六课……114
乙丑日第七课……115
乙丑日第八课……116
乙丑日第九课……117
乙丑日第十课……118
乙丑日第十一课……119
乙丑日第十二课……120
丙寅日第一课……121
丙寅日第二课……122
丙寅日第三课……123
丙寅日第四课……124
丙寅日第五课……125
丙寅日第六课……126
丙寅日第七课……127
丙寅日第八课……128
丙寅日第九课……129
丙寅日第十课……130
丙寅日第十一课……131
丙寅日第十二课……132
丁卯日第一课……133
丁卯日第二课……134
丁卯日第三课……135
丁卯日第四课……136
丁卯日第五课……137
丁卯日第六课……138
丁卯日第七课……139
丁卯日第八课……140
丁卯日第九课……141

丁卯日第十课……………142	庚午日第八课……………176
丁卯日第十一课……………143	庚午日第九课……………177
丁卯日第十二课……………144	庚午日第十课……………178
戊辰日第一课……………145	庚午日第十一课……………179
戊辰日第二课……………146	庚午日第十二课……………180
戊辰日第三课……………147	辛未日第一课……………181
戊辰日第四课……………148	辛未日第二课……………182
戊辰日第五课……………149	辛未日第三课……………183
戊辰日第六课……………150	辛未日第四课……………184
戊辰日第七课……………151	辛未日第五课……………185
戊辰日第八课……………152	辛未日第六课……………186
戊辰日第九课……………153	辛未日第七课……………187
戊辰日第十课……………154	辛未日第八课……………188
戊辰日第十一课……………155	辛未日第九课……………189
戊辰日第十二课……………156	辛未日第十课……………190
己巳日第一课……………157	辛未日第十一课……………191
己巳日第二课……………158	辛未日第十二课……………192
己巳日第三课……………159	壬申日第一课……………193
己巳日第四课……………160	壬申日第二课……………194
己巳日第五课……………161	壬申日第三课……………195
己巳日第六课……………162	壬申日第四课……………196
己巳日第七课……………163	壬申日第五课……………197
己巳日第八课……………164	壬申日第六课……………198
己巳日第九课……………165	壬申日第七课……………199
己巳日第十课……………166	壬申日第八课……………200
己巳日第十一课……………167	壬申日第九课……………201
己巳日第十二课……………168	壬申日第十课……………202
庚午日第一课……………169	壬申日第十一课……………203
庚午日第二课……………170	壬申日第十二课……………204
庚午日第三课……………171	癸酉日第一课……………205
庚午日第四课……………172	癸酉日第二课……………206
庚午日第五课……………173	癸酉日第三课……………207
庚午日第六课……………174	癸酉日第四课……………208
庚午日第七课……………175	癸酉日第五课……………209

癸酉日第六课……………………210	丙子日第四课……………………244
癸酉日第七课……………………211	丙子日第五课……………………245
癸酉日第八课……………………212	丙子日第六课……………………246
癸酉日第九课……………………213	丙子日第七课……………………247
癸酉日第十课……………………214	丙子日第八课……………………248
癸酉日第十一课…………………215	丙子日第九课……………………249
癸酉日第十二课…………………216	丙子日第十课……………………250
甲戌日第一课……………………217	丙子日第十一课…………………251
甲戌日第二课……………………218	丙子日第十二课…………………252
甲戌日第三课……………………219	丁丑日第一课……………………253
甲戌日第四课……………………220	丁丑日第二课……………………254
甲戌日第五课……………………221	丁丑日第三课……………………255
甲戌日第六课……………………222	丁丑日第四课……………………256
甲戌日第七课……………………223	丁丑日第五课……………………257
甲戌日第八课……………………224	丁丑日第六课……………………258
甲戌日第九课……………………225	丁丑日第七课……………………259
甲戌日第十课……………………226	丁丑日第八课……………………260
甲戌日第十一课…………………227	丁丑日第九课……………………261
甲戌日第十二课…………………228	丁丑日第十课……………………262
乙亥日第一课……………………229	丁丑日第十一课…………………263
乙亥日第二课……………………230	丁丑日第十二课…………………264
乙亥日第三课……………………231	戊寅日第一课……………………265
乙亥日第四课……………………232	戊寅日第二课……………………266
乙亥日第五课……………………233	戊寅日第三课……………………267
乙亥日第六课……………………234	戊寅日第四课……………………268
乙亥日第七课……………………235	戊寅日第五课……………………269
乙亥日第八课……………………236	戊寅日第六课……………………270
乙亥日第九课……………………237	戊寅日第七课……………………271
乙亥日第十课……………………238	戊寅日第八课……………………272
乙亥日第十一课…………………239	戊寅日第九课……………………273
乙亥日第十二课…………………240	戊寅日第十课……………………274
丙子日第一课……………………241	戊寅日第十一课…………………275
丙子日第二课……………………242	戊寅日第十二课…………………276
丙子日第三课……………………243	己卯日第一课……………………277

己卯日第二课……278	辛巳日第十二课……312
己卯日第三课……279	壬午日第一课……313
己卯日第四课……280	壬午日第二课……314
己卯日第五课……281	壬午日第三课……315
己卯日第六课……282	壬午日第四课……316
己卯日第七课……283	壬午日第五课……317
己卯日第八课……284	壬午日第六课……318
己卯日第九课……285	壬午日第七课……319
己卯日第十课……286	壬午日第八课……320
己卯日第十一课……287	壬午日第九课……321
己卯日第十二课……288	壬午日第十课……322
庚辰日第一课……289	壬午日第十一课……323
庚辰日第二课……290	壬午日第十二课……324
庚辰日第三课……291	癸未日第一课……325
庚辰日第四课……292	癸未日第二课……326
庚辰日第五课……293	癸未日第三课……327
庚辰日第六课……294	癸未日第四课……328
庚辰日第七课……295	癸未日第五课……329
庚辰日第八课……296	癸未日第六课……330
庚辰日第九课……297	癸未日第七课……331
庚辰日第十课……298	癸未日第八课……332
庚辰日第十一课……299	癸未日第九课……333
庚辰日第十二课……300	癸未日第十课……334
辛巳日第一课……301	癸未日第十一课……335
辛巳日第二课……302	癸未日第十二课……336
辛巳日第三课……303	甲申日第一课……337
辛巳日第四课……304	甲申日第二课……338
辛巳日第五课……305	甲申日第三课……339
辛巳日第六课……306	甲申日第四课……340
辛巳日第七课……307	甲申日第五课……341
辛巳日第八课……308	甲申日第六课……342
辛巳日第九课……309	甲申日第七课……343
辛巳日第十课……310	甲申日第八课……344
辛巳日第十一课……311	甲申日第九课……345

甲申日第十课……346	丁亥日第六课……378
甲申日第十一课……347	丁亥日第七课……379
甲申日第十二课……348	丁亥日第八课……380
乙酉日第一课……349	丁亥日第九课……381
乙酉日第二课……350	丁亥日第十课……382
乙酉日第三课……351	丁亥日第十一课……383
乙酉日第四课……352	丁亥日第十二课……384
乙酉日第五课……353	戊子日第一课……385
乙酉日第六课……354	戊子日第二课……386
乙酉日第七课……355	戊子日第三课……387
乙酉日第八课……356	戊子日第四课……388
乙酉日第九课……357	戊子日第五课……389
乙酉日第十课……358	戊子日第六课……390
乙酉日第十一课……359	戊子日第七课……391
乙酉日第十二课……360	戊子日第八课……392
丙戌日第一课……361	戊子日第九课……393
丙戌日第二课……362	戊子日第十课……394
丙戌日第三课……363	戊子日第十一课……395
丙戌日第四课……364	戊子日第十二课……396
丙戌日第五课……365	己丑日第一课……397
丙戌日第六课……366	己丑日第二课……398
丙戌日第七课……367	己丑日第三课……399
丙戌日第八课……368	己丑日第四课……400
丙戌日第九课……369	己丑日第五课……401
丙戌日第十课……370	己丑日第六课……402
丙戌日第十一课……371	己丑日第七课……403
丙戌日第十二课……372	己丑日第八课……404
丁亥日第一课……373	己丑日第九课……405
丁亥日第二课……374	己丑日第十课……406
丁亥日第三课……375	己丑日第十一课……407
丁亥日第四课……376	己丑日第十二课……408
丁亥日第五课……377	

（下册）

庚寅日第一课……409	壬辰日第七课……439
庚寅日第二课……410	壬辰日第八课……440
庚寅日第三课……411	壬辰日第九课……441
庚寅日第四课……412	壬辰日第十课……442
庚寅日第五课……413	壬辰日第十一课……443
庚寅日第六课……414	壬辰日第十二课……444
庚寅日第七课……415	癸巳日第一课……445
庚寅日第八课……416	癸巳日第二课……446
庚寅日第九课……417	癸巳日第三课……447
庚寅日第十课……418	癸巳日第四课……448
庚寅日第十一课……419	癸巳日第五课……449
庚寅日第十二课……420	癸巳日第六课……450
辛卯日第一课……421	癸巳日第七课……451
辛卯日第二课……422	癸巳日第八课……452
辛卯日第三课……423	癸巳日第九课……453
辛卯日第四课……424	癸巳日第十课……454
辛卯日第五课……425	癸巳日第十一课……455
辛卯日第六课……426	癸巳日第十二课……456
辛卯日第七课……427	甲午日第一课……457
辛卯日第八课……428	甲午日第二课……458
辛卯日第九课……429	甲午日第三课……459
辛卯日第十课……430	甲午日第四课……460
辛卯日第十一课……431	甲午日第五课……461
辛卯日第十二课……432	甲午日第六课……462
壬辰日第一课……433	甲午日第七课……463
壬辰日第二课……434	甲午日第八课……464
壬辰日第三课……435	甲午日第九课……465
壬辰日第四课……436	甲午日第十课……466
壬辰日第五课……437	甲午日第十一课……467
壬辰日第六课……438	甲午日第十二课……468

乙未日第一课	469	丁酉日第十一课	503
乙未日第二课	470	丁酉日第十二课	504
乙未日第三课	471	戊戌日第一课	505
乙未日第四课	472	戊戌日第二课	506
乙未日第五课	473	戊戌日第三课	507
乙未日第六课	474	戊戌日第四课	508
乙未日第七课	475	戊戌日第五课	509
乙未日第八课	476	戊戌日第六课	510
乙未日第九课	477	戊戌日第七课	511
乙未日第十课	478	戊戌日第八课	512
乙未日第十一课	479	戊戌日第九课	513
乙未日第十二课	480	戊戌日第十课	514
丙申日第一课	481	戊戌日第十一课	515
丙申日第二课	482	戊戌日第十二课	516
丙申日第三课	483	己亥日第一课	517
丙申日第四课	484	己亥日第二课	518
丙申日第五课	485	己亥日第三课	519
丙申日第六课	486	己亥日第四课	520
丙申日第七课	487	己亥日第五课	521
丙申日第八课	488	己亥日第六课	522
丙申日第九课	489	己亥日第七课	523
丙申日第十课	490	己亥日第八课	524
丙申日第十一课	491	己亥日第九课	525
丙申日第十二课	492	己亥日第十课	526
丁酉日第一课	493	己亥日第十一课	527
丁酉日第二课	494	己亥日第十二课	528
丁酉日第三课	495	庚子日第一课	529
丁酉日第四课	496	庚子日第二课	530
丁酉日第五课	497	庚子日第三课	531
丁酉日第六课	498	庚子日第四课	532
丁酉日第七课	499	庚子日第五课	533
丁酉日第八课	500	庚子日第六课	534
丁酉日第九课	501	庚子日第七课	535
丁酉日第十课	502	庚子日第八课	536

庚子日第九课……537	癸卯日第七课……571
庚子日第十课……538	癸卯日第八课……572
庚子日第十一课……539	癸卯日第九课……573
庚子日第十二课……540	癸卯日第十课……574
辛丑日第一课……541	癸卯日第十一课……575
辛丑日第二课……542	癸卯日第十二课……576
辛丑日第三课……543	甲辰日第一课……577
辛丑日第四课……544	甲辰日第二课……578
辛丑日第五课……545	甲辰日第三课……579
辛丑日第六课……546	甲辰日第四课……580
辛丑日第七课……547	甲辰日第五课……581
辛丑日第八课……548	甲辰日第六课……582
辛丑日第九课……549	甲辰日第七课……583
辛丑日第十课……550	甲辰日第八课……584
辛丑日第十一课……551	甲辰日第九课……585
辛丑日第十二课……552	甲辰日第十课……586
壬寅日第一课……553	甲辰日第十一课……587
壬寅日第二课……554	甲辰日第十二课……588
壬寅日第三课……555	乙巳日第一课……589
壬寅日第四课……556	乙巳日第二课……590
壬寅日第五课……557	乙巳日第三课……591
壬寅日第六课……558	乙巳日第四课……592
壬寅日第七课……559	乙巳日第五课……593
壬寅日第八课……560	乙巳日第六课……594
壬寅日第九课……561	乙巳日第七课……595
壬寅日第十课……562	乙巳日第八课……596
壬寅日第十一课……563	乙巳日第九课……597
壬寅日第十二课……564	乙巳日第十课……598
癸卯日第一课……565	乙巳日第十一课……599
癸卯日第二课……566	乙巳日第十二课……600
癸卯日第三课……567	丙午日第一课……601
癸卯日第四课……568	丙午日第二课……602
癸卯日第五课……569	丙午日第三课……603
癸卯日第六课……570	丙午日第四课……604

丙午日第五课	605	己酉日第三课	639
丙午日第六课	606	己酉日第四课	640
丙午日第七课	607	己酉日第五课	641
丙午日第八课	608	己酉日第六课	642
丙午日第九课	609	己酉日第七课	643
丙午日第十课	610	己酉日第八课	644
丙午日第十一课	611	己酉日第九课	645
丙午日第十二课	612	己酉日第十课	646
丁未日第一课	613	己酉日第十一课	647
丁未日第二课	614	己酉日第十二课	648
丁未日第三课	615	庚戌日第一课	649
丁未日第四课	616	庚戌日第二课	650
丁未日第五课	617	庚戌日第三课	651
丁未日第六课	618	庚戌日第四课	652
丁未日第七课	619	庚戌日第五课	653
丁未日第八课	620	庚戌日第六课	654
丁未日第九课	621	庚戌日第七课	655
丁未日第十课	622	庚戌日第八课	656
丁未日第十一课	623	庚戌日第九课	657
丁未日第十二课	624	庚戌日第十课	658
戊申日第一课	625	庚戌日第十一课	659
戊申日第二课	626	庚戌日第十二课	660
戊申日第三课	627	辛亥日第一课	661
戊申日第四课	628	辛亥日第二课	662
戊申日第五课	629	辛亥日第三课	663
戊申日第六课	630	辛亥日第四课	664
戊申日第七课	631	辛亥日第五课	665
戊申日第八课	632	辛亥日第六课	666
戊申日第九课	633	辛亥日第七课	667
戊申日第十课	634	辛亥日第八课	668
戊申日第十一课	635	辛亥日第九课	669
戊申日第十二课	636	辛亥日第十课	670
己酉日第一课	637	辛亥日第十一课	671
己酉日第二课	638	辛亥日第十二课	672

壬子日第一课……673	甲寅日第十一课……707
壬子日第二课……674	甲寅日第十二课……708
壬子日第三课……675	乙卯日第一课……709
壬子日第四课……676	乙卯日第二课……710
壬子日第五课……677	乙卯日第三课……711
壬子日第六课……678	乙卯日第四课……712
壬子日第七课……679	乙卯日第五课……713
壬子日第八课……680	乙卯日第六课……714
壬子日第九课……681	乙卯日第七课……715
壬子日第十课……682	乙卯日第八课……716
壬子日第十一课……683	乙卯日第九课……717
壬子日第十二课……684	乙卯日第十课……718
癸丑日第一课……685	乙卯日第十一课……719
癸丑日第二课……686	乙卯日第十二课……720
癸丑日第三课……687	丙辰日第一课……721
癸丑日第四课……688	丙辰日第二课……722
癸丑日第五课……689	丙辰日第三课……723
癸丑日第六课……690	丙辰日第四课……724
癸丑日第七课……691	丙辰日第五课……725
癸丑日第八课……692	丙辰日第六课……726
癸丑日第九课……693	丙辰日第七课……727
癸丑日第十课……694	丙辰日第八课……728
癸丑日第十一课……695	丙辰日第九课……729
癸丑日第十二课……696	丙辰日第十课……730
甲寅日第一课……697	丙辰日第十一课……731
甲寅日第二课……698	丙辰日第十二课……732
甲寅日第三课……699	丁巳日第一课……733
甲寅日第四课……700	丁巳日第二课……734
甲寅日第五课……701	丁巳日第三课……735
甲寅日第六课……702	丁巳日第四课……736
甲寅日第七课……703	丁巳日第五课……737
甲寅日第八课……704	丁巳日第六课……738
甲寅日第九课……705	丁巳日第七课……739
甲寅日第十课……706	丁巳日第八课……740

丁巳日第九课	741	庚申日第七课	775
丁巳日第十课	742	庚申日第八课	776
丁巳日第十一课	743	庚申日第九课	777
丁巳日第十二课	744	庚申日第十课	778
戊午日第一课	745	庚申日第十一课	779
戊午日第二课	746	庚申日第十二课	780
戊午日第三课	747	辛酉日第一课	781
戊午日第四课	748	辛酉日第二课	782
戊午日第五课	749	辛酉日第三课	783
戊午日第六课	750	辛酉日第四课	784
戊午日第七课	751	辛酉日第五课	785
戊午日第八课	752	辛酉日第六课	786
戊午日第九课	753	辛酉日第七课	787
戊午日第十课	754	辛酉日第八课	788
戊午日第十一课	755	辛酉日第九课	789
戊午日第十二课	756	辛酉日第十课	790
己未日第一课	757	辛酉日第十一课	791
己未日第二课	758	辛酉日第十二课	792
己未日第三课	759	壬戌日第一课	793
己未日第四课	760	壬戌日第二课	794
己未日第五课	761	壬戌日第三课	795
己未日第六课	762	壬戌日第四课	796
己未日第七课	763	壬戌日第五课	797
己未日第八课	764	壬戌日第六课	798
己未日第九课	765	壬戌日第七课	799
己未日第十课	766	壬戌日第八课	800
己未日第十一课	767	壬戌日第九课	801
己未日第十二课	768	壬戌日第十课	802
庚申日第一课	769	壬戌日第十一课	803
庚申日第二课	770	壬戌日第十二课	804
庚申日第三课	771	癸亥日第一课	805
庚申日第四课	772	癸亥日第二课	806
庚申日第五课	773	癸亥日第三课	807
庚申日第六课	774	癸亥日第四课	808

癸亥日第五课……………………809
癸亥日第六课……………………810
癸亥日第七课……………………811
癸亥日第八课……………………812
癸亥日第九课……………………813
癸亥日第十课……………………814
癸亥日第十一课…………………815
癸亥日第十二课…………………816

御定六壬直指卷上

起　例

起天盘法

以太阳为主。如正月中气雨水，日躔娵訾之次，入亥宫，即用亥为月将。二月用戌、三月用酉、四月用申、五月用未、六月用午、七月用巳、八月用辰、九月用卯、十月用寅、十一月用丑、十二月用子。总以中气过宫，一月换一将，故称月将。以一将为首，而其余次第布之，有统率之义，故称为将。以日所至之宫为主，流动不拘，故称天盘。

定地盘法

地盘本是一定而不移者，以正时为主。如自己占，则以发念之时为正时；他人来占，则以相遇之时为正时，或随拈一时，即以月将加之，顺布十二宫。如正月丑时，则以亥将加丑、子加寅、丑加卯是也。

地盘式

巳午未申
辰　　　酉
卯　　　戌
寅丑子亥

天盘加地盘式

卯辰巳午
寅　　　未
丑　　　申
子亥戌酉

正月亥将丑时，以亥加地盘丑上，顺布之，成十二宫。

取四课法

甲寄于寅、乙寄于辰、丙戊寄于巳、丁己①寄于未、庚寄于申、辛寄于戌、壬寄于亥、癸寄于丑。如甲申日占,亥将加丑时。则日干甲,课在寅,寅上是子,则子甲为第一课。子上是戌,则戌子为第二课。是为干之两课。又看日支,申上是午,则午申为第三课。午上是辰,则辰午为第四课。是为支之两课。第一课为干之阳神,第二课为干之阴神;第三课为支之阳神,第四课为支之阴神。又干上神为日,支上神为辰。

四课式

辰午戌子
午申子甲

卯辰巳午
寅　　　未
丑　　　申
子亥戌酉

取三传法

克贼第一

起课先从下克呼（四课中以下克上者为初传），
如无下克上为初（如无下克上,即用上克下者为初传）；
初传本位为中次（初传本位之上神为中传），
中传上神是末居（中传本位之上神为末传）。

己丑日,亥将加酉时（元首课）。

克贼第一式

　　　　　　卯
　　　　　　巳
　　　　　　未
　　　　巳卯亥酉
　　　　卯丑酉己

---

① 校者注：原文"巳"。古书"巳己已"三字同形。现据文意径改,下同,不赘。

```
            未申酉戌
            午    亥
            巳    子
            辰卯寅丑
```

课中止有一上卯木，克下丑土。

比用第二

下克或二三四侵（下克上，或有二三四克者），

不然上克一同行（上克下，亦有二三四克者）；

须将比日天神用，

阳日用阳阴用阴（以日干比和者为初传。如甲日是阳，则取子阳神为初传；乙日是阴，则取丑阴神为初传是也）。

甲戌日，亥将加戌时（连茹课）。

比用第二式

```
            辰
            巳
            午
         子亥辰卯
         亥戌卯甲

         午未申酉
         巳    戌
         辰    亥
         卯寅丑子
```

二下克上，亥不比而辰比，故取辰为初传。

涉害第三

有时俱比俱不比（有上下克俱与日干比和、俱不比和者），

涉害最深为用神（取克之最多者为初传。如天盘子字在辰，即从辰数到地盘子位上看有几克。如子加辰，则辰为一克、巳中有戊为二克、未为三克、未中有己为四克、戌为五克，数至本位为五克）；

孟深仲浅重回复（孟仲季四课下神是也。寅申巳亥为四孟、子午卯酉为四仲、

辰戌丑未为四季。如有孟上神,则竟用孟上神,而仲上神、季上神,俱可勿论。若仲与季,则当论其克之多寡。然仲之克数常少,季之克数常多),

复等刚干柔取辰(如克俱在孟、俱在仲季,而数相同者,阳日取干上神,阴日取支上神)。

辛卯日,亥将加未时(曲直课)。

涉害第三式

$$
\begin{array}{c}
亥 \\
卯 \\
未 \\
亥未午寅 \\
未卯寅辛
\end{array}
$$

酉戌亥子
申　　丑
未　　寅
午巳辰卯

三下克上,寅不比而未亥俱比。但从天盘之未,到地盘未宫,止有卯、乙两克。从天盘之亥,到地盘亥宫,则有己、未、戌三克。故应取亥为初传。

遥克第四

四课无克寻遥克(四课中无上下正克者,则取斜克者为遥克),

先神克日后遥神(先取上神克日干者为初传。如无上神克日,则取日干克上神者为初传);

日克两神神贼日(亦有两三克者),

取其比者作初论。

戊辰日,亥将加未时(弹射课)。

遥克第四式

子
辰

```
              申
           子申丑酉
           申辰酉戌

           酉戌亥子
            申    丑
            未    寅
           午巳辰卯
```

取日干所克之神为初传。

昴星第五

无遥当与昴星穷，

阳仰阴俯酉位中（如四课本无遥克者，阳日取地盘酉上所居之神为初传，阴日取天盘酉下所居之神为初传）；

阳日先辰而后日（阳日中传取日支上神，末传取日干上神），

阴中干上末传支（阴日日干上神为中传、日支上神为末传也）。

乙未日，亥将加子时（虎视课）。

昴星第五式

```
              戌
              卯
              午
           巳午寅卯
           午未卯乙

           辰巳午未
            卯    申
            寅    酉
           丑子亥戌
```

阴日，俯取酉下戌字为初传。中，日上卯。末，辰上午。

伏吟第六

伏吟有克克初生（伏吟，如子加子、丑加丑之类是也。有克者，惟六乙上

神是辰、六癸上神是丑。有克则取克者为初传。中、末传俱取相刑者），

无克刚干柔取辰（除六乙、六癸之外，俱是无克者。阳日则取干上神、阴日则取支上神）；

初刑即中中刑末（初之所刑者为中传，中之所刑者为末传），

自刑辰日及冲行（辰午酉亥，不刑他神而自刑，则取相冲者为次传）；

六甲伏吟寅巳申，

六丙六戊巳申寅；

六庚三传申寅巳，

六壬干支末取刑（六壬初用干上神，中用支上神，末有刑取刑、无刑取冲）；

六乙还从辰戌未（乙木克辰土，则以辰为初传、戌未为中末传。又有中传取支、末传取刑者），

六癸丑戌未相寻（六癸土克水，故丑为初传）；

惟己辛丁临亥酉（谓己亥、己酉、辛亥、辛酉、丁亥、丁酉是也。此六日伏吟则另一取法），

辰先日次末取刑（以支上神为初传、干上神为中传、末传取刑。如丁未日，中传用未，未刑戌，即取戌为末传）。

丙子日，亥将加亥时（自任课）。

伏吟第六式

巳
申
寅
子　子　巳　巳
子　子　巳　丙

巳　午　未　申
辰　　　　　酉
卯　　　　　戌
寅　丑　子　亥

刚日取干上神为初传，初刑为中，中刑为末。

返吟第七

返吟有克克初生（返吟，谓子加午、丑加未之类），

比与涉害为用神（照比和、涉害法取之）；
先冲后刑中共末（与初传相冲者为中传、中传所刑者是末传），
中若自刑复冲行（遇辰午酉亥，则取相冲）；
六个阴柔无克神，丑未配与丁己辛（谓丁丑、丁未、己丑、己未、辛丑、辛未，此六日返吟，并无上下克者也）；
丑冲太乙亥为用，未射登明巳作初（冲巳取亥，冲亥取巳）；
如此名为井栏射，辰中日末莫差讹（井栏射，即从返吟中抽出言之，是无克者）。

丁丑日，亥将加巳时（井栏射课）。

返吟第七式

```
            亥
            未
            丑
      丑未未丑
      未丑丑丁

      亥子丑寅
      戌    卯
      酉    辰
      申未午巳
```

丑日，取地盘巳上亥为初传。

别责第八
四课不全三课备（四课中，重一课者为不全），
无克无遥别责是（无上下克，并无遥克者，当寻别法为初传，故曰别责）；
阳日干合上头神（如戊阳日，戊与癸合，则取地盘丑上所见之字为初传。余仿此），
阴日支前三合是（以支连身顺数，至第五位取为初传。如亥取卯、卯取未、未取亥为三合）；
须寻天上作初传（亦取天盘所临之神），
中末却来干上置（中末传，俱取干上神）。

戊辰日，亥将加戌时（芜淫课）。

别责第八式

```
              寅
              午
              午
        午巳未午
        巳辰午戌


        午未申酉
        巳     戌
        辰     亥
        卯寅丑子
```

刚日取干合上神，戊与癸合，癸课在丑，故取丑上寅为初传。

八专第九

两课无克号八专（四课中有重二课者），
有克仍归比涉门；
无克须当顺逆数，
数时仍复看阴阳；
阳日须当阳顺数，
阴日还当阴逆寻；
皆数三辰为发用，
中末日上合天心；
有时数到日辰上，
莫教别取要重论（阳日，则看日干上所得何神？连身顺数至第三位为初传。阴日，则看日支第二课上所得何神？连身逆数至第三位为初传。中、末传俱取日干上神）；
正月巳未酉加未，
独脚课兮止一名（正月巳、未日占，正时是酉，则月将亥加酉上，酉在未，以支上第二课亥逆数三位得酉，则酉酉酉为三传。名为独脚课者，如一足之不能行也。八专课中，此为最不利者。八专不看遥克）。
丁未日，亥将加申时（帷簿不修课）。

八专第九式

```
              亥
              戌
```

　　　　　　戌
　　　　丑戌丑戌
　　　　戌未戌丁

　　　申酉戌亥
　　　未　　　子
　　　午　　　丑
　　　巳辰卯寅

阴日，取干上第二课是丑，从丑连身逆数至第三位是亥，故即以亥为初传。

起贵人定十二天将法

甲戊庚牛羊，
乙己鼠猴乡；
丙丁猪鸡位，
壬癸蛇兔藏；
六辛逢马虎，
天乙贵人方。
阳贵
庚戊见牛甲在羊，
乙猴己鼠丙鸡方；
丁猪癸蛇壬是兔，
六辛逢虎贵为阳。
阴贵
甲贵阴牛庚戊羊，
乙贵在鼠己猴乡；
丙猪丁鸡辛逢马，
壬蛇癸兔属阴方。

正时自卯至申用昼贵（即阳贵），自酉至寅用夜贵（即阴贵）。贵人加于亥子丑寅卯辰六位，则顺行；加于巳午未申酉戌，则逆行。

一贵人　二螣蛇　三朱雀　四六合　五勾陈　六青龙　七天空　八白虎　九太常　十元武　十一太阴　十二天后

以上皆因贵人之顺逆而次第布之。

十二月将名号

亥为登明　戌为河魁　酉为从魁　申为传送　未为小吉　午为胜光　巳为太乙　辰为天罡　卯为太冲　寅为功曹　丑为大吉　子为神后

十二月将躔次之宫

亥为娵訾（雨水气后）　戌为降娄（春分气后）　酉为大梁（谷雨气后）　申为实沉（小满气后）　未为鹑首（夏至气后）　午为鹑火（大暑气后）　巳为鹑尾（处暑气后）　辰为寿星（秋分气后）　卯为大火（霜降气后）　寅为析木（小雪气后）　丑为星纪（冬至气后）　子为元枵（大寒气后）

天干所属

甲乙木、丙丁火、庚辛金、壬癸水、戊己土。

地支所属

寅卯木、巳午火、申酉金、亥子水、辰戌丑未土。

五行相克

金克木、木克土、土克水、水克火、火克金。

五行相生

水生木、木生火、火生土、土生金、金生水。

六亲

生我者为父母、我生者为子孙、克我者为官鬼、我克者为妻财、比和者为兄弟。

用父母，则喜官鬼之生父母，忌妻财之克父母；用官鬼，则喜妻财之生官鬼，忌子孙之克官鬼；用子孙，则喜兄弟之生子孙，忌父母之克子孙；用妻财，则喜子孙之生妻财，忌兄弟之克妻财；用兄弟，则喜父母之生兄弟，忌官鬼之克兄弟。喜者宜见，忌者不宜见。然有时用神太多，则又喜忌神以剥削之。总之，不可太过、不可不及之意也。

起本命法

子年生人，以地盘子为本命；丑年生人，以地盘丑为本命。余仿此。

起行年法

行年者，占人之流年也。男一岁从寅顺行、女一岁从申逆行，周而复始，数至见今岁数而止。大约年命上神，宜与日干相合相生，不宜相冲相克（亦从地盘定位）。

起长生法

木长生在亥、水长生在申、金长生在巳、火土长生在寅。

长生 沐浴 官贵 临官 帝旺 衰 病 死 墓 绝 胎 养

皆因长生而顺布之。

长生式

金　　水

巳午未申

辰　　酉

卯　　戌

寅丑子亥

土　　木

火

假如，木长生在亥，则子为沐浴，丑为官贵是也。

五鼠遁法

甲己还加甲，

乙庚丙作初；

丙辛从戊起，

丁壬庚子居；

戊癸何干起？

壬子是真途。

五虎遁法

甲己之年丙作首，

乙庚之岁戊为头；

丙辛之岁从庚上，

丁壬壬字顺行流；

更有戊癸何方发？

甲寅之上好追求。

十干化气

甲己（化土）　乙庚（化金）　丙辛（化水）　丁壬（化木）　戊癸（化火）

吉凶神煞

天德

正丁二坤宫，
三壬四辛同；
五乾六甲上，
七癸八寅逢；
九丙十居乙，
子巽丑庚中。

月德

寅午戌月丙，
申子辰月壬；
亥卯未月甲，
巳酉丑月庚。

日德

甲己在寅，乙庚在申，丙辛戊癸在巳，丁壬在亥。

六合

子与丑合、寅与亥合、卯与戌合、辰与酉合、巳与申合、午与未合。

干合

甲与己合、乙与庚合、丙与辛合、丁与壬合、戊与癸合。

三合

寅午戌合成火局，
巳酉丑合成金局，
申子辰合成水局，

亥卯未合成木局，
土局与火同。

禄神

甲禄在寅，乙禄在卯，丙戊禄在巳，丁己禄在居午，庚禄居申，辛禄到酉，壬禄居亥，癸禄在子。

驿马

寅午戌马在申，
巳酉丑马在亥，
申子辰马在寅，
亥卯未马在巳。

月合

寅午戌月辛，
申子辰月丁，
亥卯未月己，
巳酉丑月乙。

天印

正未、二申……顺行十二月。即地解神。

成神

成神正月起巳，顺行四孟。

皇书

春寅、夏巳、秋申、冬亥。

皇恩

正月起未，顺行六阴位。

天诏

正戌二丑三辰良，
四未五酉六卯强；

七子八午九寅位，
十月巳上大吉昌；
十一申上十二亥，
天诏星临永不伤。

福星

福星甲丙丁居子，
乙庚辛丑不须疑；
戊己未兮壬癸巳，
见之求望事皆宜。

天喜

天喜春戌夏骑牛，秋在辰兮冬未求。

天赦

春戊寅日、夏甲午日、秋戊申日、冬甲子日。

生气

正月子上起生气，一月一位顺流行。

天马

正月起午，顺行六阳位。

三刑

寅刑巳上巳刑申，
申寅丑戌未丑侵；
子刑卯上卯刑子，
辰午酉亥自相刑。

六冲

子午相冲、丑未相冲、寅申相冲、卯酉相冲、辰戌相冲、巳亥相冲。

六害

子害未、丑害午、寅害巳、卯害辰、申害亥、酉害戌。

三丘[①] 五墓

春丑夏辰秋即未，
三冬逢戌是三丘；
五墓即在对宫取，
病人作福也难留。

死气

正月起午，顺行十二位。

孤辰寡宿

亥子丑兮忌寅戌，
寅卯辰兮巳丑寻；
巳午未兮在申辰，
申酉戌兮亥未明。

四废

春酉、夏子、秋卯、冬午。

天医

正月起子，顺行四仲。

地医

正月起卯，顺行十二位。

金神煞

子午卯酉在蛇头，
辰戌丑未属于牛；
寅申巳亥鸡头碎，
破耗之财定可忧。

破碎

孟月巳、仲月酉、季月丑。

---

① 原文：坵。据目录校正。下同。

月厌

正月起戌，逆行十二位。

劫煞

申子辰兮蛇开口，
亥卯未兮猴速走；
寅午戌嫌猪面黑，
巳酉丑兮虎哮吼。

大耗

即岁破。小耗在大耗后一位。如：大耗午，小耗巳。

病符

即旧年太岁。

血支血忌

血支起丑顺行寅，
血忌阴阳冲对寻；
正月起丑二月未，
三寅四申顺序行。

大煞小煞

大煞正起戌，小煞正起丑，逆行四季。

丧车煞

春酉，顺行四仲。

游都煞

游都甲己日在丑、乙庚日在子、丙辛寅、丁壬在巳、戊癸申。旺相克日，主盗临。

奸神

正月起寅，顺行四孟。

奸私

正月起亥，逆行四孟。

信神

正月起酉，顺行十二位。

天鸡

正月起酉，逆行十二位。

课 体

六壬课体配六十四卦

元首乾　重审坤　知一比　涉害坎　遥克睽　昴星履　别责涣　八专同人　伏吟艮　返吟震　三光贲①　三阳晋　三奇豫　六仪兑　时泰泰　官爵益　富贵大有　龙德萃　轩盖升　铸印鼎　斫轮颐　引从临　亨通谦　繁昌咸　荣华渐　德庆需　合欢恒　和美丰　斩关井　闭口遁　游子观　三交姤　乱首师　赘婿旅　冲破夬　淫泆既济　芜淫小畜　孤寡革　度厄剥　无禄绝嗣否　迍福屯　侵害损　刑伤讼　二烦明夷　天祸大过　天狱噬嗑　天寇蹇　天网蒙　魄化蛊　三阴中孚　龙战离　死奇未济　灾厄归妹　殃咎解　九丑小过　鬼墓困　励德随　盘珠大壮　全局大畜　元胎家人　连珠复　间传巽　六纯无妄　杂状节

元首课

凡课有一上克下，余课无克，曰元首课。有天象焉。如君驭臣，名正言顺。为九宗之元，六十四课之首。故名元首。君占之，则得伊吕之臣；臣占之，必遇尧舜之君；常人占之，万事亨通。大哉，元首！元亨利贞，首出庶物，万国咸宁，统乾之体。乃元吉第一课也。

重审课

凡课有一下贼上，余课无克，曰重审课。有地象焉。如臣净君，不敢直谏，必再三踌躇，详审而后进。故名重审。或从王事，无成有终，统坤之体也。

知一课

凡课有二上克下，或二下克上，择课之阴阳与今日比者而为用神，曰知一课。盖比者和也。阳日阳比，阴日阴比。二爻皆动，事有两岐，善恶混处，必知比于一善者而用之，故名知一。统比之体。乃原筮元永贞之义。

---

① 原文"贲"。据下文校正。

涉害课（课中俱比俱不比，以寅申巳亥孟神用为见机格；无孟取仲季用为察微格；孟仲季复相等，用四课先见者，为缀瑕格。）

凡课有二上克下，或二下克上，与今日俱比俱不比，则以涉地盘归本家，受克深处为用，曰涉害课。占者，凡事艰难，稽迟时日，必历尽风霜而后得。统坎之体，有苦尽甘来之象。

遥克课（神克日干为用，曰嚆矢①格；日干克神为用，曰弹射格。）

凡课无克，取日干与四课上神相克者为用，曰遥克课。遇有两克，以相比者为用。如嚆矢无镞，弹射无丸，射物难中，不足为畏。凡事祸福不测，忧在西南，喜在西北，始虽惊恐，后无妨害。统睽之体。乃狐假虎威之课也。又：睽，乖异也，小事吉。

昴星课（刚日，取酉上神为用，曰虎视转蓬；柔日，取酉下神为用，曰冬蛇掩目。）

凡四课上下无克，又无遥克，取从魁上下神为用，曰昴星课。昴星者，酉中有昴宿也。从魁者，酉之神也。酉位于西方，乃白虎之金位，性主刑杀，义司决断、死生、出入之门户。此从酉立传，故名昴星。虽有惊恐，惟宜守静则吉。统履之体。有蛇虎当道之象。

别责课（亦名芜淫）

凡三课无克，别取一神为用，曰别责课。此三课不备，别从其类，责取一合神为用，故名别责。占者，凡事不备，必须借径而行。统涣之体，主有留连之象。

八专课（遇天后、六合、元武一将入传，为帷簿不②修。）

凡课干支同位，无上下克，取阳顺阴逆三神为用，曰八专课。盖干与支神共在一位，如八家同井，专心合力，故名八专。若占家务，则重轻易举，惟不利奔波于外。统同人之体，乃诸侯会盟之课也。

伏吟课（刚日，以日神为用，曰自任格；柔日，以支神为用，曰自信格。）

凡课月将加时，十二神各居本宫，取神克日为用，曰伏吟课。天地之神自居本家，日辰阴阳伏而不动，自相克贼，独隐呻吟，故名伏吟。占事静中有动，统艮之体，守旧待新之课。

---

① 原文：蒿矢。径改。下同，不赘。
② 原文：一。

返吟课（亦名无依。以支辰斜射为用，曰井栏射格。亦名无亲。）

凡课十二神各居冲位，取相克为用，曰返吟课。盖诸神返其位，坎离交易，震兑互换，日辰阴阳，往来克贼，反复呻吟，故名返吟。凡占，来者思去，离者思归，得失未定，惟利复旧。统震之体，重重震惊之课也。

三光课

凡课用神、日、辰，旺相、吉神在中，曰三光课。占者，万事可以任行，不劳费力，利有攸往。统贲之体，乃光明通达之课也。

三阳课

凡课天乙顺行、日辰有气居前、旺相气发用，曰三阳课。占者，凡事吉庆，所求皆遂。统晋之体，乃龙剑呈祥之课也。

三奇课

凡课得旬日之奇发用，或入传，曰三奇课。如甲子、甲戌旬，用丑；甲申、甲午旬，用子；甲辰、甲寅旬，用亥。此为三奇。盖鸡鸣乎丑，日精已备；鹤鸣夜半，月精已备；斗转乾亥，星精已备。又丑为玉堂，子为明堂，亥为绛宫，三者为旬用之奇，故名三奇。占者，百祸消散，凡事吉利。统豫之体，乃上下悦怿之课也。

六仪课

凡旬首之仪发用或入传，曰六仪课。甲子旬，用子；甲戌旬，用戌；甲申旬，用申；甲午旬，用午；甲辰旬，用辰；甲寅旬，用寅。此为旬六仪。盖旬首为六阳支神，星宫之长，直符之使，有礼仪之尊，故名六仪。占者，动无阻隔，家集千祥。统兑之体，乃喜气溢眉之课也。

时泰课

凡课用起太岁、月建、乘青龙、六合，又带财、德之神，曰时泰课。盖太岁为天子，月建为诸侯，青龙为官长、又为钱财喜庆之神，六合为婚姻、合和、禄①之神。四者发用，并入三传，而为日辰财德之神，如人时运通泰，故名时泰。占者，万事亨利，统泰之体，乃天地和畅之课也。

---

① 校者注：疑"禄"前缺一"利"字。

官爵课

凡课得岁、月、年、命：驿马发用，又天魁、太常入传，曰官爵课。盖驿马为驿递之神，传命之使，又戌天魁为印绶，故名官爵课。占者，庶人吉庆，仕宦升擢。统益之体，为鸿鹄冲霄之课也。

富贵课

凡课得天乙乘旺相气，上下相生，更临日、辰、年、命发用，曰富贵课。盖天乙在紫薇门外，近于左枢，居太乙之右，为十二神之首，主升官、上任等事。占者，家道荣昌，官职显耀。统大有之体，乃金玉满堂之课也。

龙德课

凡太岁、月将乘贵人发用，曰龙德课。盖太岁，人君也；首出庶物，而德被天下。月将，一月主宰之神，太阳也；悬象在空，而明照四方。天乙贵人，吉将之首也；降福致祥，而消苦超贫。若太岁与月将并者，更乘今日之贵神作用神，如龙行雨泽，德及万物，故名龙德。占者，主天子恩泽，福神相助。统萃之体，乃云龙际会之课也。

轩盖课

凡课值胜光为用，遇太冲、神后，曰轩盖课。神后，子也，为紫薇、华盖；太冲，卯也，为天驷、天车；胜光，午也，为天马。此三神并遇，如乘驷马轩车，高张华盖，故名轩盖。占者，加官荣显，凡事吉祥。统升之体，乃士子发达之课也。

铸印课

凡课得戌加巳入传，曰铸印课。戌，天魁也，为印；巳，太乙也，为炉。盖戌中有辛金，与巳中丙火作合，全凭火炼，铸成贵器，故名铸印。统鼎之体，乃炼汞成丹之课也。

斫轮课

凡课卯加庚，或加辛，为用，曰斫轮课。盖卯为车轮，庚辛为刀斧，木就金斫，故名斫轮。占者，禄位高迁。统颐之体，乃革故鼎新之课也。

引从课

凡课日辰、干支，前后上神发用为初、末传，曰引从课。此贵人出行，前者引，后者从，故名引从。统临之体，乃车马蜂拥之课也。

亨通课

凡课用神生日，及三传递生日干，或干支互相生旺，曰亨通课。主逢亨运，事事通达，故名亨通。统谦之体，乃福禄来临之课也。

繁昌课

凡课夫妻年立德方发用，或年立时令旺相之乡，曰繁昌课。占者，人丁旺相，诞毓麟儿。统咸之体，乃男女合感之课也。

荣华课

凡课禄、马、贵人临干、支、年、命，并旺相气发用、入传，更乘吉将，曰荣华课。凡事荣达，且有光华，故名荣华。统渐之体，乃士众拥从之课也。

德庆课

凡课日辰干支德神，及天、月二德发用，并在年命乘吉将，曰德庆课。盖善莫大于德，德能转祸为福，而有喜庆，故名德庆。统需之体，乃君子欢会之课也。

合欢课

凡课日辰遇天干作合，及支三合、六合发用，并占人年、命俱乘吉将，曰合欢课。凡日、辰、年、命见合，主和合欢喜，故名合欢。统恒之体，乃婚姻团圆之课也。

和美课

凡课干支遇三合、六合，上下递互相合，曰和美课。占者，主客皆怡，内外和顺，故名和美。统丰之体，神合、道合之课也。

斩关课

凡课魁罡加日辰发用，曰斩关课。盖辰为天罡，戌为天魁；日辰，人也；魁罡，天关也。魁罡加日辰，犹人遇凶神，重门闭塞，必须斩开关门，关门斩关。占者，利于阴私，永无触碍。统井之体，乃豹隐南山之课也。

闭口课（凡旬尾加干、旬首加支，为一旬周遍格。）

凡课旬尾加旬首、或旬首乘元武、或旬首位上神乘元武发用，曰闭口课。

如甲申日，巳加申；丙辰日，亥加寅之类。皆旬尾加旬首为用也。如丁酉日，午加酉，若用夜将，则天盘旬首乘元武为用；如甲子日，辰加子，昼夜地盘皆旬首上神乘元武为用。首尾相加，似物以闭藏，环圆无端，不见其口，故名闭口。统遁之体，乃上下朦胧之课也。

游子课

凡课三传皆土，遇旬丁、天马为用，曰游子课。盖土者辰、戌、丑、未，五季之神，咸归于墓，有巡游考绩之象。旬丁者，每旬丁干所值之神。主干摇动，其势最速。势既摇动，使人好游，故名游子。居者欲游，游者欲返。统观之体，乃云萍聚散之课也。

三交课

凡课四仲日占、四仲加日辰、三传皆仲、将逢阴合，曰三交课。四仲日占，遇四仲加支辰阴阳，为一交；仲神发用、传皆四仲，为二交；仲神乘太阴、六合将，为三交。此三者相遇交加，故名三交。占者，事体勾连，连绵不已。统姤之体，乃风云不测之课也。

乱首课

凡课日往加辰，辰克日发用者，曰乱首课。盖日为尊长，辰为卑幼，克日，乃下犯上之象。又辰来加日而克日，为上门乱首。自取乱首者，尊上自己失礼，为支所犯，其事犹轻。上门乱首者，卑下无端敢来犯上，其事尤重。统师之体，有征讨不顺之象。

赘婿课

凡课日干克辰，又自加临为用，曰赘婿课。盖干为夫，支为妻，干克者为妻财。以干临支，以动就静，如男子婿赘妻家。以支临干，以静就动，如妇人随男就嫁。今乃舍己就人，以身出赘，故名赘婿。占者，寄居于人，身不自由。统旅之体，乃为客求财之课也。

冲破课

凡课日辰之冲神加破为用，曰冲破课。盖冲主反复，破主倾坏。冲破并为一类，故名冲破。统夬之体，乃雪上加霜之课也。

淫泆课

凡课初传卯酉为用，将乘后合，曰淫泆课。盖卯酉为阴私之门，后合乃淫欲之神，主淫奔泆欲，故名淫泆。占者，利私谋，不利公谋。统既济之体，乃阴阳配合之课也。

芜淫课

凡四课有克，缺一为不备，及日辰交互相克，曰芜淫课。凡见二阳一阴，为阴不备，如二男争一女；二阴一阳，为阳不备，如二女争一男；又兼日辰交互相克，各自相生，此夫妻皆有私通，两情相背，荒淫无度，故名芜淫。占者，家门不正，事多淫乱。统小畜之体，乃琴瑟不调之课也。

孤寡课

凡课地盘空亡为孤辰，天盘空亡为寡宿。以十干不到之地，五行脱空之乡，曰孤寡课。又有以发用空为孤，末传空为寡者。又有以阳空为孤，阴空为寡者。占主离乡背井。统革之体，乃同居不同行之课也。

度厄课

凡四课内三上克下，或三下贼上，曰度厄课。盖上为尊，下为卑。三上克下，则尊长凌欺，幼小困厄；三下贼上，则尊长不正、幼小凌犯，故名度厄。占者，家宅乖和，老幼不安。统剥之体，乃六亲冰炭之课也。

无禄绝嗣课

凡课四下俱克上，为无禄课；四上俱克下为绝嗣课。盖日神阴阳既皆相克，不得其所，不免投辰上两课，辰上阴阳又相克，则无所投之路。占者，多主孤独。惟火多克金，有水可救。统否之体，乃上下僭乱之课也。

迍福课

凡课八迍课得五福，曰迍福课。如时令死气发用，为一迍；下为旺气取胜，为二迍；上见丘墓，为三迍；下见雠仇，为四迍；乘凶神，为五迍；带刑害，为六迍；下贼上，为七迍；凶神临日辰相克，为八迍。如用起死气，末传旺相，为一福；子逢凶，母带德解救，为二福；始为凶将，终有吉神，为三福；初传见鬼贼，年命克制之，为四福；日神吉，逢旺相，为五福。占者，先凶后吉。统屯之体，乃雷雨解难之象也。

侵害课

凡课日辰六害相加，并行年为用，曰侵害课。盖害者，损也。如子畏午冲，未复合之，助雠而为害也。主侵损相害，故名侵害。统损之体，乃防人暗算之课也。

刑伤课

凡课中三刑发用并行年，曰刑伤课。盖恶莫大于刑，刑主伤残，故名刑伤。统讼之体，有天与水违行之象。

二烦课

凡四仲月将，遇四正或四平日占，得日月宿加四仲，斗罡系丑未，曰二烦课。盖四仲者，子午卯酉也。日宿者，太阳躔度宫神也。正月起亥，逆行十二辰。月宿者，太阴星躔度宫神也。正月初一起室、二奎、三胃、四毕、五参、六鬼、七张、八角、九氐、十尾、十一斗、十二虚。每月初一移一宿，逐日数二十八宿。遇奎、张、井、翼、氐、斗宿，重数一回，数到月宿住处，为太阴所在宫神。更详七政历细度为准。斗罡者，辰也。四正者，朔望弦晦也。初一为朔、初八为上弦、十五为望、二十三为下弦、月终为晦。四平日，即四仲也。子平卯、卯平午、午平酉、酉平子也。如日月经仲宿度数多而有稽留，及天罡凶神交系丑未，贵人不得理事，则三光不明。德气在内，刑气在外，此二者，天地相并，故名二烦。占者，家有灾祸。统明夷之体，乃荆棘满途之课也。

天祸课

凡四立日占，得今日干支临昨日干支，或昨日干支临今日干支，曰天祸课。盖立春日，木旺水绝；立夏日，火旺木绝；立秋日，金旺火绝；立冬日，水旺金绝，故名四绝。如干支神加绝神干支，或绝神干支加四立干支神，此四时之气，德既绝而用刑，如天灾流行，人受其祸，故名天祸。占者，动有凶咎，不可妄为。统大过之体，乃嫩草遭霜之课也。

天狱课

凡课囚、死、墓神发用，斗系日本，曰天狱课。盖囚、死者，时令囚死之气也。墓者，日库也。我克者为死，克我者为囚。斗者，辰，为罡也。日本者，日干之长生也。若日本强旺、生日，尚望有救。今日本又系于斗，不能扶助用神。囚死墓葬①之气，如天之桎梏于人，致诸罗网，故名天狱。占者，忧患相仍，

---

① 葬，疑为衍文。

无从解免。统噬嗑之体，萎靡不振之课也。

天寇课

凡四离日占，得月宿加离辰，曰天寇课。盖春分、秋分，卯酉月中，阴阳均分而离；冬至、夏至，子午月中，阴阳俱至而离，故为四离。乃阴阳生杀之机，多主盗贼之事。月宿者，太阴躔度之辰。正月初一起室，逆行二十八宿，每日约行十三度，所到之宫辰为月宿。阴精专主刑杀，加于四离之辰，如天降此寇盗，殃及于人，故名天寇。占者，事多破坏，身值乱离。统蹇之体，乃时势多艰之课也。

天网课

凡课占时与用神同克日，曰天网课。盖时为目前；用为事始。时用皆为日鬼，如人举目所见，无非罗网，故名天网。占者，凡事不能踊跃而行、登高致远。统蒙之体，乃罗网在头之课也。

魄化课

凡课白虎带死神、死气，临日辰、行年发用，曰魄化课。盖虎为凶将，乘旺相气而受制，乃不能为害。若遇死神、死气，及囚死之神，则为饿虎，定是伤人，如魂飞魄散，化为异物，故名魄化。死神，正月起巳；死气，正月起午，俱顺行十二辰。其神乘虎克日，则为己身之灾；克辰，则为门户之灾。统蛊之体，乃阴害相连之课。

三阴课

凡课天乙逆行，日辰在后，用起囚死，将乘元虎，时克行年，曰三阴课。盖贵人逆治，日辰在后，阴气不顺，一也；用神囚死，动作无光，阴气不振，二也；将乘元虎，时克行年，阴气不利，三也。此三者，暗昧幽晦，故名三阴。占者，凡事不通，多有晦滞。统中孚之体，有或鼓、或罢、或泣、或歌之象。

龙战课

凡卯酉日占，卯酉为用，人年立卯酉，曰龙战课。盖卯月阳气南出，万物生；阴气北入，榆荚落。酉月阳气北入，万物凋；阴气南出，麻麦生。此阴阳出入之位，刑德聚会之门。时气分离，不可复合。如卯日占课，遇卯为用，人年复立卯上；酉日占课，逢酉为用，人年并立酉上，此阴气主杀、阳气主生，其体如龙，一生一杀，相战于门，故名龙战。占者，凡事疑惑，反覆不定。统离之体，乃门户不宁之课也。

死奇课

凡课斗罡系日辰，阴阳发用，曰死奇课。斗罡者，辰也。天罡为死奇，乃凶恶厌翳之神。死囚带杀，所在者殃。如罡加四课之神，主死亡奇怪之事，故名死奇。月为刑奇，主于刑杀。占者，必有疾病、忧患；日奇为福德，主奸盗可息，反凶为吉。统未济之体，忧中望喜之课也。

灾厄课

凡课丧车、游魂、伏殃、病符、丧吊、丘①墓、岁虎发用，曰灾厄课。盖丧车一名丧魂，正月起未，逆行四季。为恶鬼临门，主病疾忧死、妇人产厄。游魂，正月起亥，顺行十二辰。为鬼怪不祥、惊恐病患。伏殃，正月起酉，逆行四仲。为天鬼杀，主殃祸侵凌、伏兵杀伤。病符，乃旧太岁，临支克支，主合家病患，并天鬼则为时疫，并白虎则为死丧；或临干支旺相，带日财、贵人，即宜成合残年旧事。岁前二辰为丧门，岁后二辰为吊客。若全加支干或年命发用，主身披孝服。或并死气、绝神，白虎临身，吊客入宅，主自身死亡，宅人挂孝。岁②虎，岁后四神，并旬虎、临日辰，最为凶兆；并鬼，则病不可疗。五墓③者，金丑、木未、火戌、水土④辰，主死丧、病患。统归妹之体，乃鬼祟作孽之课。

殃咎课

凡课三传递克日干，神将克战，或干支乘墓，曰殃咎课。如己巳日，三传巳申寅，初传克中，中克末，末克日干。如丙子日，三传子未寅，末传克中，中克初，初克日干，为递克。主他人欺凌，互相克害。为官宜自检束，防人论劾；常人有横祸。凡将克神为外战，祸患易解。神克将为内战，祸患难解。凡初传遭上下夹克，身不自由，受人驱策。夹财，财不由己，费用百出。惟夹克鬼则反吉。将逢内战，主谋事将成，被人搅扰。天后内战为用，主妻不和，或多病患。余详天将言之。壬申日，亥加辰，申加丑，为干支坐墓，乃心肯意肯，人宅甘受晦祸。丙寅日，干上戌、支上未，为干支乘墓，主人宅皆不亨利。此象若非殃祸必由愆咎，故名殃咎。统解之体，乃内外凌辱之课也。

---

① 原文：坵。
② 校者注：原文为"白"，据上文校正。岁虎，《六壬大全》子年从申起顺行十二；《六壬类聚》作子年从酉起，顺行十二辰。
③ 校者注：即上文"丘墓"。丘墓应该是由"五墓"讹变而来。
④ 校者注：此处土墓在辰，注意与前文土墓在戌区分。似乎"水土墓辰"流传更古。

九丑课

凡戊子、戊午、壬子、壬午、乙卯、乙酉、己卯、己酉、辛卯、辛酉十日，为九丑日。如四仲时占，丑临日加四仲发用，为九丑课。盖子、午、卯、酉为阴阳出入之门；乙、戊、己、辛、壬乃刑杀不正之位，三光不照，此五干四平，合而为九丑，乃一岁之终，物必纽结，丑恶同时，故名九丑。占者多凶。统小过之体，乃上下迍邅之课也。

鬼墓课

凡课日神墓神及日鬼发用，曰鬼墓课。盖鬼者，贼也。阳见阳、阴见阴为鬼。如甲日用申，乙日用酉……为鬼也。鬼多主事不美，谋望不成，灾将及身。阴鬼，星宿、神祇；阳鬼，公讼、是非。墓者，蒙昧也。如甲、乙、寅、卯见未，丙、丁、巳、午见戌之类。鬼主伤残，墓主闭塞。五行既受鬼之克贼，又加四墓，故名鬼墓。统困之体，乃守己待时之课也。

励德课

凡课天乙立卯酉，曰励德课。夫卯酉为阴阳交易之位，贵人由之而迁易。如日辰阴神在天乙前，贵人不得引从，则宜于退。盖阴主小人，小人恃势，不知谨身修德则凶。若日辰阳神在天乙后，贵人前引而从，则宜于进。盖阳主君子，君子知机，又能行仁布德则吉。此天道福善祸淫，奖励有德，故名励德。占利君子，不利小人。统随之体，乃反复不定之课也。

盘珠课

凡课太岁、月建，及日、时，并三传，皆在四课之中，曰盘珠课。如甲子年七月乙巳日酉时，巳将占，岁、月、日、时，皆在四课之上，为天心格。主事远大非常，及于朝廷，可以成就。如盘中走珠，不出于外，故名盘珠。统大壮之体，乃凤翔丹山之课也。

全局课

凡课三合俱在传，曰全局课。如三传申子辰水局，名润下格；寅午戌火局，名炎上格；亥卯未木局，名曲直格；巳酉丑金局，名从革格；辰戌丑未，名稼穑格。此三方类神，全入传中，合成一局，故名全局。吉事必成，凶事难弃。统大畜之体，乃同气相求之课也。

元胎课

凡课孟神发用,传皆四孟,曰元胎课。盖四孟者,寅、申、巳、亥,四生之局,又为五行受气之位。此元中有胎,故名元胎。占者,事体皆新。统家人之体,乃开花结子之课也。

连珠课（即连茹课）

凡课用神传在一方,相连作中、末,曰连珠课。如三传寅卯辰之类。盖中、末传,孟、仲、季神相连,若贯珠,故名连茹。茹,菜也。盖拔茅连茹,言其相牵引也。吉士占之,若连珠之可爱；凶人占之,若连茹之可恶。统复之体,乃山外青山之课也。

间传课

凡课间一位作三传,曰间传课。顺间传十二格,主事顺；逆间传十二格,主事逆。统巽之体,乃阴阳升降之课也。

六纯课

凡四课三传俱阳,或四课三传俱阴,曰六纯课。六阳课,宜于尊贵,占天庭之事；六阴课,宜于卑下,占阴私之事。统无妄之体,乃匪正有眚之象。

杂状课

凡课俱取初传动爻,以别五行纯杂、数目、物色为用,曰杂状课。盖纯者,子、午、卯、酉四仲为纯；其余寅、申、巳、亥,四生之地,辰、戌、丑、未,四墓之地,皆有余干杂处其中,故名杂状。统节之体,有万物得所之象。

将神类占

贵人所属

贵人为百神之主,得位为福,失位为殃。
螣蛇为卑贱之神,旺相为贵,休囚为忧。
朱雀文书,亦主刑戮、奸谗、口舌。
白虎道路,又为官灾、疾病、死亡。
勾陈主迟滞勾连之事,囚主讼,而旺主争。
元武为盗贼、虚耗之神,休失人,而旺失物。
六合为婚姻、和合,妇女得之,则为私门。
太常主酒食、衣裳,武职占之,则为擢任。
青龙所主财物,文官见之,尤为恩宠。
天后虽为妇人,庶士得之,亦主亨嘉。
天空,奴卑妄诞。
太阴,暗昧不明。

月将所属

寅,功曹,主木器、文书;
申,传送,主行程、消息;
卯,太冲,主林木、舟车;
酉,从魁,主金刀、奴卑;
辰,天罡,为词讼,兼主死丧;
戌,天魁,为欺诈,或称印绶;
巳,太乙,惊怪、癫狂;
亥,登明,阴私、哭泣;
午,胜光,官讼连绵;
子,神后,奸淫妇女;
丑,大吉,咒诅、冤雠;
未,小吉,酣歌、医药。

神将相乘

辰，乘贵人合禄，公门役吏；遇马，而为奔走公人。
戌，逢空禄临孟，为瞭哨、边军；见丁，而为逃窜、落阵。
大吉、小吉，作勾陈，斗争田地。
天魁、从魁，为六合，奴卑逃亡。
从魁，若乘武、合，妻妾怀妊。
传送，上会青龙，子孙财损。
胜光，如逢天马，必问行人。
太乙，若逢白虎，家多疾病。
未，逢天后，妇女奸淫。
丑，合贵、常，欲添财喜。
天空临酉，走失家奴。
常遇登明，亲朋酒食。
辰、戌，上见空、武，奴卑逃亡。
小吉单逢六合，婚姻、聘礼。

辰，逢勾、虎，必问田坟。
丑，作虎、勾，墓田破坏。
太岁、龙、常，来占官职。
子，乘龙、合，女受皇恩。
寅，乘龙、合，儿孙欢庆。
卯、酉，如同阴、武，私通、门户动摇。
巳、亥，若逢阴、后，二女争淫不已。
子，作六合，为荡妇；见亥，亦作孩儿。
丑，遇天空为矮子；会申，名为和尚。
寅，作朱雀，会卯为文章之士。
寅，乘元武，见巳为炼丹道人。
卯，上乘传送，为匠斫。
辰，上见白虎，是屠人。
巳，入酉宫，为犯徒刑远配；会太阴，亦作淫娟。
酉，加午上，为宠婢登堂；会六合，必主淫乱。
未，加酉，为继母。
申，传合，作医人。

戌，作天空，健奴、军吏。
亥，乘元武，乞丐、鬼神。

太常，乘破碎，为孝服。
天空，会勾陈，为斗争。
天后，临卯酉，一举成名。
月将，乘贵龙，片言入相。
勾、龙，同居旺地，财宝如山。
常、贵，共入官乡，当朝执政。
年，临孤寡，自甘半世孤灯。
日，遇空亡，多主首阳[①]饿死。
太阳，加神后之位，有水火之灾。
太阴，临胜光之宫，主自缢之患。
财遇绝官，而上乘旺气，定因白手成家。
子作白虎，而下见离明[②]，多主螟蛉承嗣。
午、命，加临卯酉，作事朝移暮改。
龙、合，下临丑未，为人佛口蛇心。
武，会太阴，嘲风弄月。
虎，同天后，恋酒迷花。
财同朱雀，主口舌上生财。
武见官鬼，因奸伪中成事。
财为天后，主宅主妻。
财作太阴，为奴为婢。
年，作卯酉而入空申，随娘再嫁。
时，逢酉未而乘刃绝，市井呼卢。
合、武乘旺，临酉、寅，非雷惊必主沉溺。
虎、蛇带煞，临未、巳，非虎咬必主蛇伤。
子、午、卯、酉为关格，谋望多主难成。
辰、戌、丑、未为墓神，多因掩蔽。

---

① 校者注：指伯夷、叔齐耻食周粟，饿死于首阳山。
② 校者注：午位。

天象

子,为阴云。
午,为电母。
卯,为雷门。
酉,为虹霓。
丑,为雨师。
未,为风伯。
寅,作龙神。
申,为水母。
戌,为天河。
亥,为水神。
辰,为水库。
巳,为风门。

分野

子,属青、齐。
丑,属吴、扬。
寅,属幽、燕。
卯,属宋、豫。
辰,属兖、郑。
巳,属荆、楚。
午,属梁、周。
未,属雍、秦。
申,属益、晋。
酉,属冀、赵。
戌,属徐、鲁。
亥,属幽、卫。

人品

子,为妇女、渔翁。
丑,为贵人、牧竖。
寅,为公吏、祝史。
卯,为媒妁、沙门。

辰，为僧道、屠宰。
巳，为乞丐、庖人。
午，为宫人、蚕姑。
未，为师巫、寡妇。
申，为军徒、公吏。
酉，为婢妾、沽儿。
戌，为僧道、狱吏。
亥，为盗贼、小儿。

总类

子，为水，为坎，为江湖、沟涧、内房、后宫，为妇女、后妃、乳妇，为渔翁、染匠，为聪明、淫泆①，为胎产、泄泻，为肾水、膀胱，为文墨、图书、珠玉、衣服、布帛、水物、石灰，为绿豆，为鼠、蝠、燕。

丑，为土，为坟墓、田园，为宫殿、桥梁、桑园，为尊贵，为神佛、牧儿，为喜庆，为冤雠，为脾腹、小肠，为宝珍、斗、斛、巾、带、首饰、鞋履、锁钥、车轮，为粟、米、牛、犀、龟、鳖。

寅，为木，为艮，为寺观、道路、桥梁、公门、公吏贵人、道士、儒者、祝史、木匠，为喜庆、信息、宾客，为背、胆、筋、发、脉，为文书、火炬、神像、香炉、剑器、桌席、匙箸、织机、棺木、神树、山林、花木，为稻，为虎、豹、猫、狸。

卯，为木，为震，为竹、花、草、木、门、窗、亭、槛，为术士、沙门、媒妁、牙保、妇女、兄弟，为阴私、和合，为手、肝、爪，为荣卫，为舟车、盘、盒、杓、梳、笙、箫、琴、笛、砧、屏、枕、帐、笼、床席、幡竿，为稻，为兔、驴、骡、狐、貉。

辰，为土，为山岗、城垣、井泉、墙、廊、田园、寺观、麦地、坟墓、争斗、凶恶、杀伐、腥荤，为胸、肩、皮、毛、项，为网罟、缸、瓮、碾、砲器、灰盆、坚硬、盐梅味，为麻，为龙、鱼、蛟、蜃。

巳，为火，为巽、窑灶、炉冶、店铺。为轻狂、惊怪、毁詈、取索、多言，为齿、面、咽、喉、三焦、唇，为文字、磁器、弓弩、鼎、筐、釜、锅，为赤豆、黍，为蛇、蚓、蝉、蟮、萤、飞虫、鸣虫。

午，为火，为离，为三河、道路、窑灶、城门、堂屋、宫室，为蚕姑，为骑马人，为词讼、口舌、火烛、信息、血光，为心、目、精神、魂魄，为文书、旌旗、衣架、橱柜、赤豆、黍、果食，为马厩、鹿、雀、獐、蚕。

---
① 原文：佚。

未，为土，为井圈、坟田、垣墙、酒肆、茶坊、神堂、佛殿、过院，为老妪、白头翁、牧羊人、父母，为宴会、酒食，为印信，为腕、膈、脊梁、胃门，为衣服、药饵、酒器、乐器、幡帘，为桑、柘、麻，为羊、鹰、雁、鸽、鹊。

申，为金，为坤，为道路、城宇、湖池、石路、神祠、坊场、街巷，为凶人、猎人、医人、缉捕，为疾病、死丧，为肺经、骨节、大肠，为钢、铁、金、银、刀、剑、绢、帛、羽毛、纸、布、兵器、磨、碓，为大麦、姜、蒜、产乳，为猿、猴、狮子。

酉，为金，为兑，为山石、门户、仓廪、楼兰、酒房、街巷、碑碣，为沽酒儿、金玉匠、外亲，为瘠癀、相貌，为口、耳、小肠、精血。为刀剑、钗钏、金石、珠玉、钱、镜、纸、绢、皮毛、碓、磨、门锁、口窍、石柱、石仙，为小麦、醋酢、酒酱，为鸡、雉、鸦、凫、鸭、鹅。

戌，为土，为山岗、坟墓、积土、秽所、牢狱、营寨、寺观，为屠、下贱、孤寒，为诈伪、侵欺，为足腿、命门、砖瓦、鞋履、枷杻、锁钥、磁盆、葫芦，为麻、五谷、田螺，为犬、狗、豺、狼。

亥，为水，为乾，为江湖、楼阁、台榭、坑厕、栏槽、仆室，为亡失、取索、哭泣，为头、肾、脾、疝、膀胱，为笔墨、图书、布、绢、毛发、伞、笠、管籥、幞头、帐幕，为禾、稻、果、梅花，为猪，为熊、罴。

总论分论

六壬课传总论

壬者，水也。天一之所生也。其体外阴而内阳，毫[①]厘之必监，而妍媸之悉彰也。贵人者，统御之主也。阴、后助其内，龙、虎、朱、元为其辅，而财帛之六合，衣食之太常备焉。勾陈如将军以御敌，螣蛇如大理以司刑，而天空则奏书以受谳者也。以月将定天，以时刻定地，而三才列、万变生矣。以时为先锋者，时为动之先机也。至于干上神为尊，而凡属外者，莫不统焉。支上神为卑，而凡属内者，无不统焉。此四课也。传者，事之发也。事有初、中、终，此所以有三传也。天地之道，其体在生，其用在克。盖万物不克不成，万事不克不发也。木非金，何以成材？金非火，何以成器？故因其克之多寡，而课以立焉。如上克，顺也；下克，悖也。悖则必先发矣。遥克者，斜侵也。如以弹为射，以嚆[②]为矢，虽中而不入于内也。昴星无克，无克而事何由兴，课何由立？盖酉为刑门，西方肃杀之气也。肃杀临而克伐之事起矣。至伏吟，则合而无克，如天地之闭塞焉。闭而不终闭，而阳起于干，阴起于支，必刑冲以发之。若夫返吟，则天地易位矣。既取正克以发用，而亦有丁、己、辛之无克者。阳绝于巳，阴绝于亥。丑金库而亥为金子；未木库而巳为木儿。则巳亥为丑未归藏之地也。觅父于其子，逢绝以求生。如居井栏之上，而张弧自护，其不坠也，几希矣。然必归之于干支者，万物之返本也。至于四课不全，则曰别责。盖干有支神，而支有干神，则内外之情合矣。不全而复不动，求之于其合也，故宜。若夫八专，则内外一家，主客不利。君子嫌之，而曰帷薄不修，严内外之分也。顺逆有取于三者，三为天道之来复也。如是，而六壬之课传全矣。叩之者诚，应之者敬。诚则无妄，敬则主一，鲜有不应者。

干支用神总论

课以干为主，先当审其干上所加之神，生、比、刑、冲、克、害、空、破

[①] 原文：豪。
[②] 原文：蒿。

何如也？以支为宅，又当审其支上所加之神，生、比、刑、冲、克、害、空、破何如也？吉神者，贵、合、龙、常、阴、后也。凶神者，蛇、雀、勾、空、元、虎也。吉神居生旺之地，吉而愈吉。凶神居所乐之地，凶不成凶。既审干支之吉凶，尤当审三传之所发。初传者，用神也。为心之所主，事之所向，故名之曰用。夫用神不可损伤，必与神将上下相生相比，则吉；若上下相克，而又入休败之地，则凶。若用在日之阴神，则为外事，其期远而迟；用在辰之阴神，则为内事，其期近而速。又凡事出于蓦然兴发、蓦然成就，所谓蓦越课者是也。若所发用神，地盘贼天将，贵神又贼天将，名曰连迫杀。主身不自由，被人抑伏。若天将为财，而上下夹克，则财不自由，或日之同类受克，乃身不由己。惟日鬼受克，乃为吉也。天将居中，而上下相生，则人我相合，有和美之象。天将居中，而上下相克，必彼此相违，有隔阻之象。用临长生，百事称心；用临死败，事多因谢；用临绝地，事体更兴；用若临鬼，举动不利；用若临墓，事多沉晦；用墓加生，事宜再发；用见克害，事主艰难；用刑，则恩中成怨、雠里成欢；用破，则暗里生灾、隐中阻隔；用空，则吉凶不成、事多虚诈；用冲，则事主反覆、聚散不宁；用克岁，则主岁中之有灾；用克月，则主月中之有祸；用克日，则尊长为有厄；用克辰，则宅中为不宁；用克时，主心有忧惊、灾生于卑贱；用克末，主事无结果、力阻于中途；用克命，主大运之偃蹇；用克年，主小限之坎坷；用财，宜去营生；用父，宜承旧庇；用官，则利于求官、干贵；用马，则利于远出求财；用带二马，主乘马登舟之事，若克年命，主损伤手足之灾；用见月厌，作事不成；用见丧吊，事干孝服；用临辰戌丑未，主事有归藏之地；用临巳亥寅申，主事有发生之机（如春得寅用、夏得巳用、秋得申用、冬得亥用，谓之机发当时。若春得巳用、夏得申用、秋得亥用、冬得寅用，谓之将来者进。若春得亥用、夏得寅用、秋得巳用、冬得申用，谓之成功者退。若春得申用、夏得亥用、秋得寅用、冬得巳用，谓之反弓相射也）。夫机发当时者，无往不利；将来有进者，亦获荣昌；成功已退者，须培养其根枝；反弓相射者，须晦藏其形迹。所谓事之先兆，观发用而预知者也。

论日辰

日上生日，百事吉。昼将，人助；夜将，神助。但忌空亡，及三传空脱，得不偿费。

日上克日，诸事不利。昼将，人害；夜将，神殃。旺相犹可，休囚乃甚。

日生上神，虚费百出。

日克上神，凡事抑塞。

日上生辰、辰上生日、或日辰上各自受生，两家顺利。

日上克辰、辰上克日，凡事离散。或日辰俱被上克者，两有相伤。

日上脱辰、辰上脱日，主我脱他，他脱我，或日辰俱被上脱者，彼此防脱，乘元尤甚。

日上见辰旺、辰上见日旺、或日辰各见旺神，不利谋动，动则为罗网。

日上见禄、马，主荣名迁动。

日上见辰马、辰上见日禄，君子迁官，小人身动、宅迁，凡占受屈。

日辰上见德神，利进发，乘吉将尤佳。

日辰上见六合、或见互合，主交易成就，但不利解散事。

日辰上皆乘墓，如处云雾、昏暗中，人、宅俱不亨通。日鬼之墓加干，不吉，将凶尤甚。

日辰坐于墓上，比上乘墓更不同。坐墓者，是本身情愿，甘受暗昧，家宅亦肯借与人，被人作践也。

日辰上见刑、害，宾主不投，各怀嫉忌、侵害。

日辰上逢败气，主身、宅俱衰败。

日辰上值绝神，宜结绝旧事。

日辰上逢死神、死气，凡事宜休息，不利动作。

日辰上空亡，虚声无实。

日上课不足，自身不足，行止不实。

辰上课不足，家宅不宁，仍主阴小灾殃。

日辰上魁、罡，凡占不自由，或六合发用，主隐身、避难、欺诈、私门。乘蛇虎加临，或为用，定有折伤之厄难。

日辰上见卯、酉，为阻隔。

日临辰，被克，自取卑幼凌犯。

辰临日，克日，卑幼上门凌犯。

日临辰，受生，以尊从卑，初虽难阻后终逸乐。

辰临日，生日，凡事不待我求彼，彼自上门顺从，不劳余力。

日临辰，生辰，是人往生宅，人衰宅旺。凡事他来求我，犹曰不得已而与之。此则情愿上门，屈往就彼，财耗人疲，虚费无得。

辰临日，脱日，主虚耗、遗失之象。

日临辰，克辰，事多费力，却得其财。

辰临日，受克，尊长得财，不利卑幼。

日临辰、辰临日，俱比和，乘吉将，凡占皆吉利。

论三传

课为体，传为用。传吉课凶，事终吉；传凶课吉，事少成，纵成亦无终始。

凡事始、末，系之三传。以初、中、末为次第。假如初鬼、中印、末财，便是先阻、中助、末得也。若初凶末吉，初虽艰难，终有成。初吉末凶，初虽好，终不济。初、末凶，中吉，事虽中合，无益。

初传，为发端门。乃心之所主，事之所向。须要神将比和，上下相生，为吉。若逢德禄，举事称心，事危有救。

中传，为移易门。乃事体中间一段。母传子，则顺；子传母，则逆。鬼，主事坏；墓，主事止；害，为折腰，事多阻隔；破，主中辍无成；逢空，为断桥折腰，事体不成。

末传，为归计门。乃事之结果。发用在初，决事在末，最为紧切。初传受下克贼，而终能制之，可以反吉为凶①。末克初，为终来克始，远行万里，病苏灾止。如破害有阻，吉凶皆不成。逢空亡，事无结果。

初传日之长生，末传日墓，有始无终。初传日墓，末传日之长生，先难后易。

初传凶，中、末吉，能解之。初、中凶，末吉，亦能解之。三传凶，行年吉，能解之。若三传、行年凶，不能解也。

三传神将，若将克神，为外战，忧轻，虽凶可解；神克将，为内战，忧重，虽吉有咎。

三传皆空，推事，了无一实。如两传空，一传实，却见天空，亦系三传空之象。如初、中空，以末传为主；中、末空，以初传为主。

三传自干上发用，传归支上者，名"朝支格"，主我求人干事；自支上发用，传归干上者，名"朝日格"，主人托我干事。朝日格，若神吉、传吉，则事易成合，不求自至；若神凶、传凶，祸起不测。如：丙寅日，干上午，三传辰巳午；壬寅日，干上戌，三传子亥戌是也。朝支格，俯就于人，不得自由。如：甲午日，干上辰，三传辰午申，甲木传于死地，行人不来，病者死。丁亥日，干上酉，三传酉亥丑，财被②贵人引入绝地，不利与贵交易。庚寅日，干上午，三传午辰寅，此乃支助日鬼，反害尊长。

三传不离干支，求物得，谋事遂，行人回，贼不出乡，逃不脱。

三传不离四课，名曰"如珠走盘"，谋事成，吉则吉，凶则凶，忌占病。

三传离日远，凡事难成，惟避难、占讼，灾可退。

三传、日辰互换，三合递相牵连，占事翻来覆去，不易了当。外有三传三合，

---

① 校者注：《六壬类聚》作"反凶为吉"。
② 原文：破。

为日干全脱、全生、全鬼、全兄弟，俱视天将吉凶及五行制化何如？假如全鬼为凶兆，若年、命、日、辰四处，有子孙爻，则制鬼矣。脱气要见父母，全生不可见财。

三传并日辰，上下皆合，则不得妄动，须寻日月冲破，方动。然又看三传凶吉何如？若吉则宜合，又不喜冲矣。凶遇冲，则凶散，却不以凶论。

三传生日，百事吉，占讼轻，无理亦不至凶。

三传克日，至凶，被冲则凶散。如癸亥日，辰加癸，三传辰未戌，初蛇、中勾、末虎，是戌冲辰，虎冲蛇，以凶制凶。若行年更在戌上，凶可散。或行年在辰，则戌一辰二，冲不能破，而辰反为癸之墓，便主全凶矣。

三传盗气，只宜退散，更防失物。若加蛇、虎、空亡之乡，主托人不得力，官事反覆。

三传递生干、克干，吉凶详《毕法赋》中。内干克初，初克中，中克末，求财大获，此最验。

三传、日辰，全逢下贼上者，毫①无和气。讼必刑，病必死。占事必家法不正，以致争竞。

三传有被日辰夹定居中者，若乘凶将，凶不可逃；乘吉将，吉不可遁。惟宜成合诸事。若占忧、病、讼、产、行人，皆不利。外有透出支干外者，只先紧后慢。更看所夹何如？

有三传被日辰夹定，如日辰上乘空亡，谓之"遇夹不夹"，始困终醒，有名无实，过后失时，反成差错，虽凶不至死，有吉不成喜。

有三传虽在日辰中间，而前欠一位或后欠一位，谓之"夹定虚一格"，主有小节不完。更看所虚如何？若是财，则因财不足，不能成事。更看天将吉凶断之（若年命填实，不在此限）。

又有传透出支干外者，名"透关格"，号曰"当时不时，过后失时"。凡事主失时，或心力不逮，致使已成之事为人破坏。如甲子日，子加丑，三传子亥戌是也。看所透者，是鬼爻，反吉成凶，主破财；若是退茹透出者，因退之慢而有所不及；进茹透出者，因进之过，反成不及；若是干透出支，不利外事，主有回还意，先动后静；支透出干，不利内事，惟宜外事。

论占时

时者，乃人之神机。符合自然，激发祸福之源，推测吉凶之首。故三传非时不发，月将非时不加。时与用，俱不可伤。

---

① 原文：豪。

如甲、乙日，金时；戊、己日，木时；庚、辛日，火时；壬、癸日，土时；丙、丁日，水时。皆时克日，用又助之，谋事皆凶。所谓：天网四张，万物尽伤者也。

地上正时为先锋门；天上正时为直事时。课一入手，便须于正时著意参详。

金日，得寅、卯时，为日干财，便是为求财事；而正时所乘之天盘将为白虎，虎为道路，便是往来出入求财也。旺相新财，休囚旧财。

如时为日马，定主出入；若马为日财，主因财出入；发用休气，主紧速之疾；若时为日马带鬼，或紧速官事。各随事体断之。

论太岁

太岁，乃五行之标，岁功之本，上主天庭之事。若作贵人，不必入传，皆为救助。讼得贵人力，惟不救病耳。入传而为鬼者，凶甚。月建，次之。

太岁在传，主一年凶吉之事。

初见太岁，中、末月建或日辰，谓之：移远就近，以缓为速。

太岁生我最吉，合我次吉，我生亦吉。若我克之凶甚，小事反为大也。日干年命上神，最不宜犯太岁，凶祸甚大。

太岁乘天乙相生，吉庆非常，惟君子可以当之，加官进禄；常人反凶。若太岁克日，号曰"太岁下堂"，君子、小人俱主灾孝。

太岁临日克辰，家长不安。岁破加月破，吉将犹可，凶将则凶。岁破、月破加日辰，破财耗失。

论月将

月将，太阳也。幽明之司，动静之机，祸福之柄。若入传，为福不浅。月建运天道而左行，月将禀天道而右旋。是以左为天关，右为地轴。占病见之为救神，他占为天心。临日，主动。乘天乙发用，为龙德，当有天恩之喜。

论年命

命为身之应，所占与日干同。大要不得与岁、月、日上神相伤，宜与日及类神相生、德、合。

年为用之助。亦不得与日、用相伤。克日为不及，克用事不成。

年命上见财，问财吉，逢鬼主官病，父母、兄弟、子孙，依法推详。

年命上神，与太岁相刑，常人主官事、忧疑。若逢太岁乘天乙，大人有天庭文书、恩泽之喜，或主横发得官。

年命上见月将，大能除一切凶祸。

年命上魁罡作凶将，凡事不利。

年命上见二马，迁官奉诏，出行大吉。若见破、勾为用，主疑惑，无定向。
年命上见天喜，又乘吉将，百事大吉庆。
年命上见月厌作死气，主有冤家人鬼相逼；见血忌，车马惊恐。
年命上见凶将，乘传送，主疾病服药；乘登明，主死水中。
年命临贵人，非常喜庆；若克年命，有官事。螣蛇，主惊疑；白虎，主斗狠。克年命者，灾。若乘死气，不出一月病，不过四十九日死。乘金煞，尤凶。乘生气克命，有传尸痨瘵之疾。丧门、吊客、病符在年命，凶。

论遁干

课传皆支神出现，其遁干为吉凶伏藏，最宜兼看。遁法有二：旬遁、五子遁。
甲，数之始，冠万物以为尊。占者，多主革故鼎新，重谋别用。
乙，为日精；丙，为月精。乙、丙所至，凶恶消藏。故婚姻得之，成。家宅得之，宁。盗贼得之，倾。大抵利明不利暗，利正不利邪。
丁，为玉女，为星精。能变化，能飞腾。故逃亡得之，远遁。盗贼得之，潜身。婚姻得之，奸淫、密成。病讼得之，幽暗难伸。大抵利暗不利明。
又云：丁主动，蛇马主动，虎常主忧，阴后主女人走，天空主奴婢走，元武主贼，雀主远音，勾主远兵，龙主飞腾，六合主子孙远行。
戊，为隐遁之象，利于逃亡。
己，为六阴之首，宜于守静。
庚、辛，肃杀之气，不宜动，动见死伤。惟占盗贼、渔猎可获。
壬者，天乙生水，为五行之始，位乎乾而为八卦之始。故《易》以乾为首，课以壬为名。此万物之祖，动之根也。占者观其动机，而萌芽见矣。
癸，数之终，效天地以为静，可以隐遁，可以伏藏。

论指斗

斗，即天罡也。凡课传皆视天罡所指。罡在日辰前，为灾已过。在日辰后，为灾将至。加日辰，为灾正发。加孟，为二亲；仲，为己身及兄弟；季，为妻妾、奴婢、财物。欲知来意，多用此法。
凡类占，除类神外，俱另有一法——视天罡所指为吉凶。
天罡加子为天关，加午为地关，加卯为天格，加酉为地格。凡遇天关、天格，必因天时所阻，遇地关、地格，必因道路所阻。更以刑、害、天官消息言之。

论旬丁

凡课传逢丁神，必主有动。庚辛日为凶动，壬癸日为财动。支上逢丁更带火鬼，须防火灾。逢丁乘马，凶动尤急。

庚午、辛未，卯是丁，因妻财凶动。

庚辰、辛巳，丑是丁，为墓田凶动。旺相为田，死囚为墓。

庚寅、辛卯，亥是丁，因子息凶动。

庚子、辛丑，酉是丁，因兄弟或己身凶动。庚日为兄弟，辛日为己身。

庚戌、辛亥，未是丁，因父母凶动。

庚申、辛酉，巳是丁，因官鬼凶动。庚日为鬼，辛日为官。

财动者，或有妻妾之喜，或远方封寄财物之象。

壬申、癸酉①，卯是丁，因子息财动。

壬午、癸未，丑是丁，因官鬼财动。

壬辰、癸巳，亥是丁，因己身或兄弟财动。

壬寅、癸卯，酉是丁，因父兄、长上之财动。

壬子、癸丑，未是丁，因官鬼财动。

壬戌、癸亥，巳是丁，因妻财动。

又如癸丑日，日上未乘丁，为初传，其财却不可取，缘三传皆鬼，如刀上蜜也。

论旬空

凡天盘空亡，转动即实，乃游行之空。凡吉凶等事，十有七八分。若地盘空亡，真落空矣。吉凶事主十分。

吉将吉神，生益我者，皆不宜空。凶将凶神，贼害我者，皆喜空。

凡太岁、月建、月将、行年、本命皆不算空。惟时空，则事必无成。日干不论地盘之空，天盘仍以空论。

如：甲子旬内，壬申日，壬禄在亥，地盘亥不算空，天盘日禄则言空也。

日上空亡，入途而返，凡事不就。屡验！

论来情

凡占来情，须详正时并发用。正时与日生、克、刑、冲、破、害、比、合，以定所占事体；发用旺、相、休、死，以定事体吉凶，并过去、未来、见②在。

时为日冲，主占动摇、被人相犯事。

---

① 原文：亥。

② 通"现"。下同，不赘。

时与日同，主出入迟滞或外人暗损财帛事。

时与日相生，迭为恩惠。时生日，得他人之惠；日生时，则我惠人。

时为日马，若临日上，主远行、动移事。临辰，主家宅动移事。

时为日禄，主求禄位或进身事。

时为日贵，或干贵及与贵人干事之兆。

时为日德，主赏赐事。

时为日空亡，主求谋不成或赚财失脱事。

时为日劫杀，主事急速或劫盗事。

时为日刑，主急速事或刑克官忧事。

时为日害，主损害自己，灾祸不测事。

时为日鬼，主鬼贼相犯或灾病失脱事。

时为日墓，主被人蒙蔽或争田土坟墓。旺相为田，休囚为墓。

时为日破，主破财、走失、破败之事。

再以发用、衰旺详其过去、见在、未来，以决吉凶，而来意得矣。

若同时人来占者，各以来方上神论之。如东方来，看卯上神；西方来，看酉上神。来方不真，则论坐位上神。坐位不正，则论本命上神。

论期候

过去、未来，若看远期，当于太岁上神详之。

如：正月占，巳加岁上，事在四月，为未来；亥加岁上，事在去年十月，为过去。

大都事端，吉凶起处看发用。吉之成合，与凶之究竟、期、散皆在末传。

用起太岁，吉凶应在岁内；月建，在月内；日干，应本日，日支同；旬首，应一旬，若非旬首，即当从本日支，次第推之（如：丑日，用寅，应第二日。用卯，应第三日。用辰，应第四日）。二十四气，每一气管十五日。占日，若得交气之日支发用，则应在本气日内。如：初二日丙子立春，初六日庚辰，巳加庚发用，得勾陈，主争田宅、斗讼，在十六日以前应之。七十二候，每候五日，以立春日为始，每一气三分之为三候。如发用得每候之第一日，则应在本候日内。用春夏秋冬四立日，应在一季。用时，应在本时。

一法，以用神上下所主为月期；以今日爱恶之神为日期，吉课以今日生我者为爱，凶课以今日克我者为恶。

假令吉课：戊己日，卯加辰为用，则月期在二月，卯故也。不在二月当在三月，卯在辰故也。日期即在丙丁，丙丁生戊己故也。假如凶课：甲乙日，巳加申为用，则月期在四月，巳故也。不在四月当在七月，巳加申故也。日期即在庚辛，庚辛克甲乙故也。

一法，用起阳神，取绝日为验；阴神，取墓日为验。

末传为结局之期。凶事，取末传冲处为散期；吉事，取末传合处为成期。全在通变者，旺相休囚气。

三合课，各以墓为期。如三合少一字，以少一字为期。

寅午戌，有寅午无戌，要①见天空，须候戌月戌日成就也。

又如间传课，名"折腰三合"，待中传对冲神为克应之日。谓之"虚一待用"。

论类神

凡课须兼看类神。如求官，责官星及龙、常；求名，责文书及龙、雀；求财，责财神、青龙；求婚，责天后；谒见，责贵人；求雨，责青龙；求晴，责天空、螣蛇；文字，责朱雀；衣服、饮食，责太常；田土，责勾陈；奴仆，责天空；媒保，责六合；道路，责白虎；盗贼，责元武等类。要入课传内，旺相不空，与日、辰、德、合、相生，求谋必济。

类神入传，若克日、辰、年、命，更乘旺相，立见倾败，谋亦无成。无气为鬼，亦主凶咎。或不入传，为在闲地。更又无气，或作空亡，乃曰：无类难成。凡求事宜退。

类神入局，主事速；不入局，有气则速，无气则缓。

凡在课、传、年、命，俱作入局。然即不入局，亦当以所占事类决之。如：占失脱，虽元武不入局，但求所居生克刑合喜畏，断其方所、色目，自验。

凡类神，用阳，观其大象；用阴，察其隐微。阳者，类神所乘之神；阴者，类神传去之神。乃类神上神也。

如：类神乘申临午，则午上所乘为阳，申上所乘为阴。

捕盗，则求元武之阴，乃见盗之胜负。访人，求日德之阴，乃见彼人长短。求妻，看天后之阴，乃见女人性情。求财，看青龙之阴，乃见财之得失。

论八煞

干有德、合、鬼、墓，支藏破、害、刑、冲。看其生、旺、休、囚，审其亲、疏、关、格。德，为庆会；合，乃和合；鬼，主伤残；墓，多蒙昧；破，须倾损；害，必阻隔；刑，有强弱；冲，则动摇。此理简明，式中关键。

---

① 《六壬类聚》作"又"。

论德

德者，福佑之神也。凡临月①入传，能转凶为吉，其名有四（谓天德、月德、日德、时德）。四德入传皆吉，日德尤吉，俱宜生旺，不宜休囚。

凡德加干发用为鬼，仍作德断，不可作鬼断。盖德神能化鬼为吉也。

凡德下贼发用，得贵神生扶，仍作全吉断。若无生扶，又见克泄，主喜处生忧。

如乙未日，申加午发用，申为乙德，受制于午，但阴阳贵神属土，脱午生申，仍作全吉之例。

凡德神临日，又会合带贵，主有意外之喜。惟不宜占病讼。

凡德临死绝，又值凶神，力减十之六七。

凡日德发用，又同下神克日，名鬼德格。主邪正同途。

凡德作官星，又临朱雀，名文德格。主应举得官，在官得荐。

论合

合者，和顺之神也。凡临日入传，主有和合、成就之喜。盖阴阳配合，奇偶交连，故凡事皆成也。其名有三：

一行合，即三合也。亥卯未木合，主繁冗驳杂；寅午戌火合，主侣党不正；巳酉丑金合，主矫革离异；申子辰水合，主流动无滞。

凡三合入传，主事关牵连，必过月方能了结。又主朋侪众多之应。

一干合，即五合也。甲己为中正合，乙庚为仁义合，丙辛为威权合，丁壬为淫泆合，戊癸为无情合。

凡中正合，乘贵人，主贵人成就，见贵得喜。与德神并，能解诸凶；若与阴、后、元、六相乘于卯酉，主有贵人奸邪不正之事。

凡仁义合，乘吉神，主内外和合，作事端肃。若乘阴、六、元、后临卯酉，主假仁义，以行奸邪之事。

凡威权合，乘吉神，主施威德，布号令，观兵讲武。若乘凶神，主挟威凌下，卑幼勉强承顺。

凡淫泆合，乘吉神，主阴谋成事。若乘阴、后、元、六临卯酉，主女子淫奔，家门丑行。

凡无情合，乘吉神，占事半实半虚。若乘凶神，主外合中离，百凡承顺，皆是假意。

一支合，即六合也。

凡合与德同入传，百事皆吉。即会凶神，亦主凶中和合。

---

① 疑为"日"。

凡合入传，视其进退，传进利进，传退利退，百事如意。

凡寅亥为破合，巳申为刑合。主谋事合而不合，成而不成；若得贵、青、德、禄乘之，仍主顺利。

凡合入传，谋事皆成，但不能即时了结；不宜占病、占讼。

凡暗中三合、六合，主失脱、藏匿难获。

凡天后、神后①作合，占婚立成。

凡刑、破二合发用，主②内吉外凶，占事须费力，然终有济。

凡合逢空、落空，又见刑、害，主和中藏祸，有德可解。

凡合带刑、害，虽乘吉神，其力亦减，但可宛转小用。

凡合克日，或乘蛇、空、朱雀，主合中有害，不可托人谋干，恐以直信人，反招不足。

上③三等合神，以干合为主，支合次之，行合又次之。要与德神、禄、喜临并，方为全吉。

凡三合在课中，作干支上神，交克干支者，主外合中离，各怀疑忌，或为人挑激，以致不和。

凡支干互合，名同心格，主一切谋望皆合意齐心。若见刑、害，又主同心之中暗生妒忌。

凡支加干上神，邻近相合，主彼此变换，共相谋事，皆有成就（惟壬子、戊午、丙子三日有）。

凡日干与支上神相合，支辰与干上神相合，名交车合。主交关成合之事。

一、长生合，宜合本营为（如甲申日，干上巳为支长生与支合，支上亥为干长生与干合）。

二、财合，宜交关取财，或财相交涉（如辛丑日，干上子为支财与支合，支上卯为干财与干合之例）。

三、脱合，不宜交涉，主彼此各怀相脱之意（如戊辰日，干上酉脱支与支合，支上申脱干与干合之例是也）。

四、害合，主彼此合谋，暗中相害（如丁丑日，干上午害干与支合，支上午害支与干合之例）。

五、空合，主先好后恶，有始无终（如辛亥日，干上寅空与支合，支上卯空与干合之例）。

六、刑合，主和美中生出争竞，及彼此各不循理（如癸卯日，干上戌刑干

---

① 原文：合。
② 原文：之。
③ 原文：右。据阅读习惯径改。

与支合，支上子刑支与干合）。

七、冲合，主先合后离，不论亲疏，五伦皆然（如甲申日，干上巳与支合，支上亥与干合，巳亥寅申相冲）。

八、克合，主交涉中生出争讼，或匿怨相交，笑里藏刀（如庚子日，干上丑克支与支合，支上巳克干与干合之例）。

九、三交合，凡交关用事，必有奸私，或交涉二三事（三交者，孟仲季各临孟仲季也。惟己酉日辰加干、丁卯日戌加干二课）。

十、交会合，主内外相合，或世代义门，更有外人相助。凡占事之有成，惟忌空亡（如乙丑日，干上子与支①合，支上酉与干合，三传巳酉丑又三合之例）。

论鬼

鬼者，贼害之神也。干支之中，阳克阳、阴克阴为鬼。

凡昼鬼，主公讼、是非；夜鬼，主神祇、妖祟。

凡鬼入传，若日干旺相，传中、命上见子孙，亦不为凶。

凡占讼、占病，忌鬼入传临日，见子孙为救神，凶可减。

凡占盗，鬼入传自相冲，或与盗神相冲，其盗自败。若落空带合，反难捕捉。

凡干上鬼发用，事多不美。若用见德、合，犹可望事、求官。

凡鬼宜衰败，不宜生旺。若鬼当时，亦不为凶（如甲为戊鬼，若在仲春，木贪生，反不制土，防过②时而为灾）。

凡鬼发用，又临克日鬼之乡，名攒眉格。占事主有两重不美。即遇救神，惟解其一。

凡鬼多有制，反不为凶。占事未免先值惊危，终乃无畏。若闻人谋害，尚在商量，不能为祸。惟白虎发用，大可畏忌。要年、命上有制鬼之神。

凡鬼发用是支神，又引中、末入鬼乡，谓之：家鬼弄家神。若无救神，祸必不免（如己丑日，支上寅发用作鬼，三传寅卯辰，皆归木乡之例）。

凡鬼发用，生末传作干长生，名"鬼脱生格"。主一切先凶后吉（如丙子日，干上子用为鬼，生末传寅之例）。

凡传虽脱干，能制暗鬼，名"借格"。犹有人来赚我，恰值我有祸患，欲借其力，姑遂其意用之，反有益也（暗鬼者，贵神克干也其。其凶甚于明鬼。如壬子日，未加卯发用，三传木局脱干，夜贵贵、勾、常为鬼，木反制之例）。

---

① 原文：干。
② 原文：遇。

论墓

墓者，伏藏之神也。凡墓入传临日，主一切闭塞、暗昧、壅蔽不通。

凡辰、未为日墓，戌、丑为夜墓。日墓刚速，夜墓柔延。若夜墓临日，自暗投明，诸事当有解救；如日墓临夜，自明投暗，一切愈见模糊。

凡寅加戌、巳加丑、申加辰、亥加未，自生入墓，如人坠井中，呼天不应，占病必死，占贼难获，占行人不来。

日之长生处乘墓（如甲乙日未临亥，丙丁日戌临寅之类），主旧事再发。

长生处自乘墓（如甲乙日辰加亥，丙丁日未加寅之类），主新事忽发。

凡生旺入墓，成而后败；墓入生旺，败而后成。自墓传生，凶中变吉。

凡墓发用，宜日干有气。若无气，占病防死，占讼防屈。

凡中传见墓，百事不顺，进退有悔。

凡末传见墓，百事终无成就。

凡墓逢冲则吉，逢合则凶。若年、命上神能克制之，亦可解救。

论破

破者，散也，移也。午破卯，主门户破败；辰破丑，主墙墓颓圮；酉破子，主阴小灾悔；戌破未，主人物刑伤；亥破寅，申破巳，破中有合，败而复成。（卯破午，丑破辰亦然。）

凡破，占事多中辍有更改。又主不完全。

凡四孟见酉，四仲见巳，四季见丑，名破碎煞。主凡物破损不完全。

凡破冲，主人情暗中不顺。占婚虽强成，难久；占产，虽胎动难生。若乘喜神、吉神，凡事主艰难而后遂。若逢空、落空，有声无形。

凡年、命上见破，主有损伤。

论害

害者，阻也，斗也。子加未，主事无终始，官非口舌；未加子，主营谋阻滞，暗里生灾；丑加午，主公讼不利，夫妻不和；午加丑，主事不分明，终难成就；寅加巳，主出行改动，退利进阻；巳加寅，主谋事阻难，口舌忧疑；卯加辰，主事有虚争，好中生斗；辰加卯，主求谋多阻，干事无终；酉加戌，主门户损伤，阴小灾疾；戌加酉，主暗中不美，奴婢①邪谋；申加亥，主先阻后得，事必有终；亥加申，主图事未遂，事必无始。

---

① 原文：隶。

凡害①必无和气，只宜守旧，动即有失。

论刑

刑者，伤也，残也。子刑卯，死败相刑，门户不正，尊卑不睦；卯刑子，明入晦出，子息不律，水陆不通；寅刑巳，刑中有害，举动艰难，灾讼骈至；丑刑戌，刑中有鬼，贵贱相侮，病狱交臻；巳刑申，戌刑未，刑中有破，长幼不和，身家零落。

凡自刑，主自逞自作，以致败落。事非顺成，死非正命。

凡刑发用，必见刑伤。刑干忧男，刑支忧女，刑时忧事。

凡时刑日，忧小人；日刑时，忧君子。

凡旺刑衰则福过②，死刑旺则祸起。

凡发用刑月建，不可对讼；刑日阴，不可远行；刑干支，诸事不安。干刑，应在外，速；支刑，应在内，迟。

凡上下相刑发用，又作日鬼，主反复乖戾，公私两忧。

论冲

冲者，动也，格也。

凡冲，主动移，反复不宁。子午相加，道路驱逐，男女争交，谋为变迁，举动差失。卯酉相加，分异失脱，更改门户，乘阴临合，淫泆③奸私。寅申相加，邪鬼作祟，夫妻异心。巳亥相冲，顺去逆来，重求轻得。丑未相加，弟兄两意，谋望无成。辰戌相加，悲喜不明，奴仆逃失。

凡岁、月、日、干、支皆不宜冲。冲岁，岁中不足；冲月，月中不足。

凡吉神不宜冲，冲则不吉。凶神宜冲，冲则不凶。

---

① 原文：事。
② 原文：遇。
③ 原文：佚。

御定六壬直指卷下

分类杂占

天时

问雨,以水神为主(亥、子),兼看龙、元、阴、后。

问晴,以火神为主(巳、午),兼看蛇、雀。

凡课体,炎上主晴;润下主雨;曲直主风;稼穑主阴;从革主雨。若遇空亡则反是。

三传,午戌传寅,则晴;寅午传戌,则不晴;子辰传申,则雨;子申传辰,则不雨。三传火上水下,主晴;水上火下,主雨;三传火土,主大晴;三传金水,主大雨。三传巳亥巳,为天门、地户相通,主阴;水神空,主晴;火神空,主雨。日克传,主晴;传克日,主雨。巳、午乘蛇、雀,主晴;亥、子乘元、阴,主雨。纯阳主晴;纯阴主雨。亥、子加巳、午、未、申,为水运乎上,主雨;若加亥、子、丑、寅,则无雨。水神克日,主雨;日克水神,主晴。

视巳、午所临之辰(地盘),而知其何日晴?视亥、子所临之辰,为知其何日雨?

青龙乘金,为云雾。勾陈加水,必有雨,冬主大雪。蛇主大雷,乘金、水主闪电,在亥、子则化龙。雀临巳、午为归巢,主旱风。元武在亥、子为居穴,主霖雨。白虎加寅、卯为出林,风。

一法:视天罡所临。指阳则晴;指阴则雨。

田禾

以日为农,以支为田,以支上神将占其吉凶。

财旺为丰年,子空为损耗,父发用曰徒劳,兄发用曰收薄。

水鬼旺相,为淹腐;火鬼临生,为焦枯;土鬼克类,水旱不调;金鬼伤类,蝗虫交集;木鬼主风,谷粒被吹。

日辰上下相生、比者,大丰。

日伤辰上者,主耕耘不力。

支上神伤日者,主有天灾耗失。

三传财神旺相,高低皆宜。

发用在日上二课，宜早种；在辰上二课，宜晚种。

又看课、传、日、辰，察其何田为今岁之所宜？如伏吟宜近，返吟宜远。辰上神是卯、辰、巳、午、未、申，宜高田；酉、戌、亥、子、丑、寅，宜低田。又看所乘之神吉凶。如高田吉，则宜高田；如高田凶，则又宜低田矣。不可胶执也。

木是稻禾金是麦，

黍并红豆火为之；

丑未土兮麻大小，

菜兼乌豆水应知。

又：寅为早禾，卯为晚禾；类神要入传，即不入传，要旺相。

乘吉将，与日相生、比和则吉，最忌空亡、刑、克。

畜牧（附占蚕桑）

六畜，只看支上之神，旺相则吉，休囚则凶。

又看类神所临何神（午马、未牛之类）？又看类神所临何处？旺相则吉，否则难养。

所乘之神来生日者，易养；克日者，不可养。

魁罡加，白虎乘之，必有病。

如：子、巳、寅、酉加于辰上，畜病必死（子为屠户，寅为铺师，巳为灶，酉为刀砧）。

占蚕，以午为蚕，未为叶，寅为茧子，卯为丝缕，申为绵帛，辰、巳为筐薄。

要干支相生，财神旺相，临家长年命上者，全收。否则看其缺陷处，以断分数。

四课遇官必遭伤损，遇亥戌必然黄死，遇丑则眠化，遇酉则自僵，遇子则鼠窃。

未作妻财，叶必腾贵。未逢朱雀，叶必争竞。

午为蚕命，宜于寅、卯、巳方安之，只要日辰发用，神将与天上午、地下午相生，十全收成也。受克则蚕病。

谋望

专以类神为主。如求财，要青龙财神入于课传。

如类神见于课传，干支上神比和而乘吉神者；

发用所乘之贵神，与日相合而不落空亡者；

三传俱退连茹而空亡者；

年命上神，与所谋之类神相合而不见刑冲、不落空亡者；

贵登天门、罡塞鬼户者（如甲日，丑加亥为贵登天门；辰加寅为罡塞鬼户）；

贵人覆日者；

三传俱吉者——皆可以谋望者也。

若类神不见于课传，日上神与支上神刑冲破害，而不相合者；

发用与日干刑冲破害，而天官复乘恶神者；

日上神与发用俱值空亡者；

发用空亡，又乘天空者；

三传空陷者；

干支坐墓，或干支互墓，与墓神覆日、墓神发用，而不见刑冲者；

日辰命上所乘之神皆凶，而发用复凶者——此皆不可谋望者也。

类神旺相者，速；休囚者，迟。劫煞发用者，速；驿马发用者，迟。类神临卯、酉者，速；临辰、戌者，迟。六阳宜公；六阴宜私。丁马并见，宜动；干支乘旺，宜静。干传支，我求人；支传干，人求我。传贵顺，则事顺；传贵逆，则事逆。去辱，喜空；求荣，喜实。

委托

以日为我，以辰为人。又看所托之人，系何类神（如：文视青龙，武视太常，奴视戌，婢视酉之类）？如辰上神生日，或与日比和者；

发用日德、日合，又乘吉神者；

干支虽凶，三传却吉者；

辰上神与类神，不遇空亡与刑冲破害者；

太岁月将作贵神发用者；

年命上神，或为日贵，或作福德，而与发用相比和者；

发用乘青龙、太常，而不克日者——此皆可以委托之占也。

若发用关格，复乘恶神者；

干支虽吉，三传独凶者；

辰上神克日，或遇空亡与日刑冲破害者；

岁破、月破并见三传，而类神复为岁破、月破者；

勾、空、元武作类神，而日上与发用并乘者；

太阴、蛇、雀作类神，而乘用来克日者；

三传初克末者——皆不可委托之占也。

先刑后合，先难而后易；先合后刑，先易而后难。三传递生干者，事虽大而必成；三传递克干者，事虽小而必败。

太岁、月将发用，宜于大事。

类神旺，可图现在；相，可图将来；休，可图过去。

罡在孟，尊长之事难图；在仲，等辈之事难图；在季，卑幼之事难图。

命运（附占寿夭）

以日为人，辰为宅，又为妻。命，看一生造化；年，看一岁吉凶。初传，管初运二十年，中传，管中运二十年，末传，管末运二十年。其生克衰旺墓脱天将，各依其类以断之。

又法：以本人当生月日时，看太阳到何宫？以月将加生时上，即以生日起四课、三传、大小运，并以立命法推之，分十二宫，随天将顺行。

一命宫 二兄弟 三妻妾 四子孙 五财帛 六田宅 七奴仆 八疾厄 九迁移 十官禄 十一福德 十二父母

附占寿夭法　专看命上神。若命受上神生者寿，见生气更确。若得长生见生气，寿尤多也。大端长生主寿。冠带、临官、帝旺，俱壮健，可望寿。沐浴，好色、多病。衰、病，俱主气血不足。而死、墓、绝、胎、养，俱夭。若命上被克，见死神、死气带白虎，或见空亡，皆即夭也。日上生日者寿。辰上生辰者，只主身健壮，不以寿夭论。三传四孟，以长生递生干及命者寿。四孟从干递生去者，为源消根断，虚痨病死。三传四仲，不夭不寿。三传四季者夭。

功名

以官禄为主。文视青龙，武视太常。雀为文书。虎加官鬼为催官使者，又主威权。

太岁为至尊之神，月将为福德之神。二马为致远之具，禄神为食禄之方。俱要得时、有气。马陷空亡、死、绝，不能远到。禄居旺、相、临官，必然久任。寅、申、巳、亥为长生、学堂，莫遇刑、冲、破、害。戌为印，未为绶，卯为轩车。

凡官星有气，当长生、帝旺之时，又值三传、上神生之，发达甚速。或官虽不当时，而自己居长生、帝旺之地，亦为有气，但不宜见剥官煞（即子孙是也），恐功名无成。若克官之神，自坐克方、及空亡、脱气、墓库，则不为害，但有阻滞，必待官星有气之年得之。若官星逢生，屡见升迁。如日干太旺，而官星不能克之，必待官旺之年，始得。若日休囚而官健旺，主人心已灰而富贵逼人。若有文无官，乃是生局，目下虽困，宜藏修以俟进取。

其升迁之迟速，文视青龙，武视太常，所乘之下神或作今日之日辰，则佳音可翘首而待。不然，视龙与日隔几位，而因以定其年（如甲日占，龙乘午加辰，与日禄隔三位，为迟三年也），视其神与支隔几位，而因以定其月（如戌为支，辰戌隔七位为七月），视天盘上神长生之地为何神？而因以定其日（如龙乘午，午长生在寅，寅上是辰，辰中有戊，是为戊寅），视龙临地盘之神，而因以定其时（如龙所临下神为辰，即辰时）。其龙、常所乘之神生日、比日、克日者，内除也。日干生克龙、常所乘之神者，外除也。其禄神下之神，即食禄之方。

州县以月建为上官，生干吉，克干不吉。

在朝官，太岁生日干，升迁之兆也。六丁带凶将，迁谪也。六丁带吉将，远行也。丁带凶克日，上章贬斥也。干支上乘罗网发用（干支前一位是），而年命上乘丧吊者，为丁忧之象。日上与发用系日墓，上乘白虎，或禄作闭口或三传为折腰空亡，与年命之神乘病符与凶煞者，主疾病不测之象。

三传自上克下，递克日干，而无解救之神，朱雀发用者，为弹劾之象。

金神三煞（即破碎），占功名大忌。见之多败少成。

出身但看日上。带凶煞出身微贱；贵人禄马临身，必主高品。

科第

小试以月建为考试官，乡试以岁破为考试官，会试以月将为考试官，殿试以太岁为主。要生合有情，便为吉象。

如月建乘吉相生，临干发用，德、禄见传，中批首也；见于中传，一等也；见于末传，二等也。

占乡试，如岁破乘吉，生干作贵，临干发用，传见德、禄、马、喜，魁元也。见于中、末传，名次在后也。会试看月将，亦然。

太岁乘吉，生干作贵，临干发用，五马交驰，六阳数足，状元也。或见于中传，三四马交驰，六阳缺一者，榜眼也。临于末传，六阳缺二者，探花也。日辰课传俱吉，而归并初传者，一甲也。归并中传者，二甲也。归并末传者，三甲也。

又须看帝幕贵人（用昼贵看夜，用夜贵看昼）加临年命日辰，并合吉将者，吉。

以雀为文，以长生为学堂，俱宜旺相生合。

占武举　以巳为弓，申为箭，午为马，三者并现又乘吉将，不落空亡者，此外场中也。申加午，中红心；加孟，四角花；加季，脱垛。

三传克日，阳刃、禄、马并见者，吉也。三场，则依文举断之。

财物（附占买卖）

日干所克者，为财；青龙为财神（六合亦为财神）。三传皆财，财多反无财，以财化鬼故也。

三传无财而子孙成局，反有财，以子能生财故也。

支来生日，易；克日，难。

财为发用，易；末传，难。

财临干，易；临支，难。

日上、辰上比和，将吉，易；日上、辰上背驰，难。

先难后易者，初来克日，而中、末被日克，求之宜缓；先易后难者，初为日克，而中、末克日，取之宜早。

欲知求财之方，则视青龙所乘之支。

财绝逢生，依然厚利。

财神临命，所求必成。

墓神作财，是因财而引身入墓也。

财归财库，其财聚而不散（如金财以丑为库，水财以辰为库）。

空手求财，须鬼入传，及马动、财旺则吉。

龙在寅，为入庙，伏而不动；龙在未，为入墓。俱无财。

附占买卖　　以日为己，辰为他人。俱以发用为物，以子孙为财源，买货时则为货物，卖货时则为主顾。

日辰俱吉，物贵宜卖。

日辰俱伤，物贱宜买。

白旺传死、墓，宜速卖。发用无气，中、末相生，宜积货有利。

宅舍

以干为人，支为宅。支之左右为邻。

日上神为旧宅；辰上神为①新宅。日上神旺相，旧宅好，如上神克日，自己不欲住。辰上神旺相，新宅好，如上神克辰，住不久也。

以辰上神视其衰旺，以辰上天官论其兴替（如贵人、螣蛇之类，各以吉凶消息断之）。视其空亡，如兄弟空则兄弟不测之类……

视其类神，如子为房、丑为厨、为花槛，寅为前过道、又书院，卯为前门、辰为积壤、巳为灶、午为堂、未为井、申为后过道、酉为后门、戌为浴堂、亥为厕、又为楼台、仓禀，兼以家长本命上神配之（喜相生，忌相克），而吉凶无遗矣。

日辰传命，大纲要有生气、旺气，得时得季，自然昌盛，虽有凶神亦无妨碍，更得吉将相助，美不可言。

旬丁亦宜细看，如乘天乙主贵人来，乘蛇主家人走，乘朱主有远信，乘合子孙外出，乘龙千里远游，乘空奴婢逃亡，乘虎主防孝服，乘常父母生灾，乘元主失贼，乘阴婢妾阴私，乘后妇女不谨。

---

① 原文：上。

火鬼（春午，夏酉，秋子，冬卯）、火怪（正月起戌，逆行四季）若临支，乘雀克日，须防火灾。

日上丁、马，人不安；辰上丁、马，宅不安。

坟墓

以日为生人，辰为亡人阴地。

辰生日、辰上神生日，大吉。

辰克日、辰上神克日，太凶。

若干支及上神相比和者，虽不荫人亦不生灾。

传生日者吉，日生传者凶。

支墓加支，定主坟上安坟，全要上神旺相，必能发达。如休囚死绝、支破、蛇虎加临，主子孙消耗无后。

总以干为人，支为穴。青龙为龙，白虎为虎，朱雀为案，天后为水，元武为主山。以生旺有气为高，受克无气为低（如青龙所临地盘之位生龙，则青龙好；克龙，则青龙不好）。

吉神生气，主体势尊严、秀丽迭出；带凶神恶煞，主体势巉岩、形局凶猛；空亡，主间断空缺；刑破，主破碎崎岖。

初传主初代吉凶，中传主中代吉凶，末传主末代吉凶。

丁马所值，主有动摇不安。

又有以初传为来龙，中传为穴，末传为案。假如：三传巳申亥。初传是巳，则来龙当是金局，须出水于丑。中传是申，阳日当是庚申落脉，阴日当是坤申落脉。末传是亥，旺则当作亥巳，乃回龙顾祖之格，衰则阳日常作壬丙，阴日当作乾巽。以旺则从本，衰则从左右也。空亡则不结穴。

婚姻

青龙为男，天后为女。日为男，支为女。青龙旺相则为佳男，天后旺相则为佳女。

青龙所乘神，生后或比合者，为男益女；天后所乘神，生、合龙者，为女助男。

日生旺，则男吉；辰生旺，则女吉。

日上乘天乙，则男贵；辰上乘太常，则女贵。

日上与辰上生合，为男女相得。

若龙、后所乘之神，刑、冲、破、害，或落空亡，或带孤寡，乘恶将者，皆不吉。

龙克后，日克辰者，男妨妇；后克龙，辰克日者，女妨夫。

男占，重辰上；女占，重日上。男占，重后；女占，重龙。

男占，忌日财空亡；女占，忌日官空亡。皆不成之兆（以日官为夫，日财为妻）。

六合者，媒也。所乘神要与龙、后①比和，而无刑、冲、破、害。

女之性情，看命上神。属水，吉主智慧；凶则轻盈、诡诈。属火，吉主方直；凶则猛暴无终。属木，吉主仁慈；凶则执拗散乱。属金，吉主刚断；凶则好杀多欲。属土，吉则持重有信行；凶则愚顽自用。

若不知女子之年命，则以天后所临地盘之神，断之。

女之妍丑，看支上神。

乘贵，则贵重美好。

乘蛇，有病，面多红色。

乘雀，在巳、午，能文；在亥、子，面麻；在寅、卯、申、酉，发少；在四季，雀子斑。

乘六合，姣好。

乘勾陈，粗短。

乘龙，美而清瘦。

乘空，肥而陋。

乘虎，丑而恶。

乘常，好而能饮。

乘元，黑而越。

乘太阴、天后，俱美好。

女子命上临魁罡者，貌丑。

日上乘天后，辰上乘六合，是未娶而先通也。

课、传循环三合、六合，是因亲而致亲也。日临辰上，男就女家也；辰临日上，女就男家也。

（课传所喜：三光、六仪、元胎、三阳、连茹；所忌：狡童、泆女、芜淫、八专，主奸淫。

孤辰、寡宿，主孤独。

返吟、别责，不久。

乱首，不孝。

无禄，贫乏。）

---

① 原文：合。

产孕

以日为子，以支为母。三传俱克日，难养；俱克支，损母。破今日之胎神，为生期。

又以子息长生之日，生。

又以五行养处，生。

又以白虎所临之日，生。最验。

诸占以虎为凶神。惟产，取虎为血神。若出现、发用，主产期速，或当日生。

辰上生日上，顺而易产；日上生辰上，逆而难产。

传顺、贵顺，头先出；传逆、贵逆，足先生。

伏吟、无丁、马，将俱凶恶，临产不出。

以妇行年上神，为受孕之月。如：得小吉，为六月受胎之类……

日上神，属阳为男；属阴为女。

又子孙属阳为男；属阴为女。

又三传阴包阳，为男；阳包阴，为女。

干支交车，主双生。

遇阴阳不备、昴星、虎视，必日月不足。

占孕要看生气，占产要见空亡、脱气。不要见三六合及四生之类，谓之"子恋母腹"，生时反有可患。若传旺相而长生遇脱气，皆不劳而生，子母均安。

天后为母，六合为子。二神不可临于凶处。

产以正时为命，伤时则子母俱凶。

胎神临绝受克，当日即生。

纯阴课，占产不吉。

疾病

以日为人，辰为病。日上克辰吉，辰上克日凶。

如四课、日辰俱墓，传、用复墓，而无刑、冲者；白虎乘死神、死气克日，而无解救者；白虎临辰克日，或辰作白虎克日者；命年俱墓，复乘死气者；恶煞、死气填满课传，而内有克日者；青龙乘日马，与元武乘浴盆煞加命上者（浴盆煞即四时季神）；日德、日禄发用，及加年命而俱值空亡者；为人占病而类神空亡者——此皆凶占也。

如年命入墓，而四课中有生气者；三传俱绝，而年命上有气者；课传俱凶，而类神在生旺乡者；课传虽填恶煞，而不来伤日者；白虎乘神克日干，而干上神反克白虎者；白虎乘神克日之支与支之上神者；白虎乘神生日，或日生白虎乘神与白虎作日之德神者；白虎虽作墓，而加午上者（加午为白虎烧身，如乘水神临午[①]反凶）；白虎克日，而虎之阴神能制虎者；日德、日禄发用，而不空亡者——此皆吉占也。

死期，以日干之绝神定（如木绝在申之类）；愈期，以日干之子孙定。

以辰上神为所受之病症。如亥子，水也，属肾；巳午火，属心；寅卯木，属肝；申酉金，属肺；辰戌丑未土，属脾胃。又：子，膀胱也；巳亥，头目也；寅申，手足也；辰戌，顶门也；丑未，肩背耳也；卯，大小肠也；午，营卫也；酉，肺与肝胆也。

见亥，颠斜头风。元武乘之，眼目流泪。
见戌，腹痛脾泄。天空乘之，行步艰难。
见酉，喘咳劳伤。太阴乘之，发肺伤脾。
见申，男唇破、女孕危。白虎乘之，疮疼骨痛。
见未，伤食翻胃、吐逆。太常乘之，气噎老疲。
见午，心痛目昏。朱雀乘之，伤风下痢。
见巳，齿痛呕血。螣蛇乘之，头白疮肿。
见辰，遗漏风瘫。勾陈乘之，咽喉肿痛。
见卯，胸胁多风。六合乘之，骨肉疼痛。
见寅，目痛腹疼。青龙乘之，肝胆胃疾。
见丑，气促伤残。天乙乘之，腰腿痿痹。
自巳至戌，白虎乘之，病在表；自辰至亥，白虎乘之，病在里。
男以天罡加行年上，功曹下是医神（如寅加子，医在正北方）。
女以天魁加行年上，传送下是医神（如申加午，医在正南方）。
医神，能克支，能制虎之乘神，则善。
医神属木土者，宜丸散；属水者，宜汤饮；属火者，宜灸；属金者，宜针砭。

出行

以日为人，以辰为所行之地。日上神克辰上神，一路坦然；辰上神克日上神，不可行。日上神生辰上者，必行；辰上神克日上者，不行。

干吉，宜行陆路；支吉，宜行水路。

卯临蛇、虎，中有忧惊。都将伤干，须防盗贼（谓游都煞，看在何方主盗）。

日临支，日上逢墓得冲，魁罡临日辰年命、天马驿马或丁神临日发用，日上旺相，斗罡加季，巳亥加卯酉发用，伏吟见丁马，必行也。或墓临日、辰上墓日、

[①] 原文似"干"字。

马会三合六合、马值空亡、马临长生、日上休囚、斗罡加孟、日辰上下相克、用起贵人入墓、伏吟无丁马，不行也。

马带青龙，一路安逸。

途中风雨：视三传，纯阳晴，纯阴雨，木多风，水多雨，土多阴，火多晴。

鬼临身，不可行。身带往亡煞或克日克支，不可行。

返吟，行人去而复返。

日上子孙，恐费重。

白虎为道路神，然不宜临课、传、年、命上。

若要投宿，以日为客，以辰为主。辰凶不可相投。

天罡加子、卯为天关格，风雨阻滞；加午、酉为地关格，关、津阻碍。

行人（朱雀之阴是信神）

以干为行客，以支为宅。彼此比和则归；刑、冲、破、害，则不归。

有暂出而确知其归者，以出门之时加今日之支上，看天罡下神为至期（如天罡加子，则子时至）。

有出虽久而确知其归者，以月将加正时，视天罡之下神：加孟，未发；加仲，半路；加季，即至。

罡乘日马，至期尤速。

如出久而疑其不归者，视四课内，或墓覆干，或墓覆支，或二马临支，或类神乘支，或日辰上见天罡，或初传是日之绝神，或为日之官鬼，或初传是日、而末传是辰，或末传是日之墓，或是天罡二马之墓，或类神临墓、临绝，或虎乘二马——此皆归者也。

归期以游神之下神，决之（如游神是子，下临寅，主寅月或寅日归）。

如行人绝无音信，则视行人之行年与今日之日干。要天盘上日，归地盘上日（如甲日看寅），其归之顺逆，准于贵人（贵神顺行，则自子而丑；贵神逆行，则自丑而子），归从门上过（卯酉为二门，或顺或逆，当必过之），门上之神不克日、不克行年，及地盘日上神不克日、不克行年，其人必归。

若日克初传、或辰克日、或初传空亡、类神空亡、二马空亡、马临长生、马入墓者，皆以不归断之。

遗失

失物看类神。

凡类见课传，不乘元武、不落空亡者，当于类神所临之地寻之。如失金银，类神是酉。若酉加子则于房内寻，盖子为房也。若子加卯则于房东方寻之，以卯为东方也。若类神乘元武，则为人盗去。

若辰上天空空亡，而不见元武，家人隐匿也。

日上乘太阴，隐藏者不密而可寻。

类神乘日贵，虽匿而终还。

类神作长生或入墓，虽失必得。

类神临日辰本家不失。

贵人顺行，元武不见，乃遗失也。

若疑家人为盗而未知孰是？则行年上乘元武者，是也。日上神能制武之所乘，则获。

（青龙财物太常衣，朱雀禽书卯舫车。

酉是金银并首饰，已为弓弩乐音俱。

功曹木器同桌凳，珠玉刀镡传送为。

亥伞图书文墨画，未为药物酒食储。

戌为印绶辰鱼谷，米麦丑牛以类推。）

六畜走失，各视其类。若遇子、寅、巳、酉及血支、死气之类，则为人屠宰矣。盖子为屠神，寅为铺师，巳为灶，酉为刀砧。如临相生之神，必得。临日辰，自归。

兵战

以日为我，以辰为敌。看生克旺衰，分彼此胜负。

勾陈为我将，地盘即为他将。宁可令我克制他，不可使他克制我。若更刑害日辰，便非吉兆。

又勾陈为主将，元武为客将。旺相者胜，囚死者负。勾克元，主胜；元克勾，客胜。

古法，以初中传为外，为客；末传为内，为主。如我入敌境，则宜初中制末；敌来侵我，则宜末制初传。

子孙能克制官鬼，故日干有子孙者胜。如六处（即日、辰、年、命、三传、正时也）无鬼，干支上见子孙，则为脱神。

财者，日所克也，能生鬼，故亦忌之。若六处无鬼，亦不忌财。

要察贼之所在，专看天目（春辰、夏未、秋戌、冬丑）。如春占，辰加亥，则贼在西北方也。

贼之来方，以初传定之。如初传见午，从南方来。

要识贼之来否？专看游都（甲己日丑，乙庚日子，丙辛日寅，丁壬日巳，戊癸日申）。游都临孟，虚信；临仲，半途；临季，速来。加日，则今日到。加前一位，则明日到。

游都加干支，旺相又克日干，主贼势凭陵。居休地，主贼不来。囚死又无克制，主贼自遁。上下相生，为喜游都，主有降卒。得勾陈克制游都，贼兵必败。

凡占兵，先审卦体，详其主客胜负，而后举兵。

一上克下，为元首课。主臣忠子孝，闻事皆实，利先举，不利后动；利为客，不利为主。

一下贼上，为重审课。主下凌上，事多不顺，利后应，不利先动；利主，不利客。

比和为用，占人不出邑里，占贼皆在比邻。此时行兵，进退狐疑，是当和允。

涉害为用，主作事稽迟，忧患难解。此时行兵，当审其几，察其微而动，否则不免致伤。

遥克为用，诸事皆轻。此时行兵，虽凶无畏。嚆矢利主，弹射利客。

昴星为用，刚日名虎视，利于动兵，忌关梁稽滞；柔日名冬蛇掩目，利于伏藏，若我往攻，敌必潜伏不见。

伏吟为用，刚日欲行中止；柔日伏藏不起。此时行兵，关梁杜塞，贼不越境。

返吟为用，祸从外起，子逆臣奸之象。此时行兵，事多反覆，尤宜审慎。

八专为用，主客不分。此时行兵，遇敌必战，要当时旺为吉。

别责为用，借径而行，出兵须用外助。

墓神下，可以藏兵。

元武神下，可以劫掠。

被围欲出，须向天罡神下（如罡加午，须出南方）。

盗贼（附占捕获）

以日干为失主，元武为贼，元武之阴神为盗神。

先当看其可捕与不可捕。其不可捕，则如辰、戌立干支上，名斩关课者；三传见日鬼，而乘青龙、六合、太阴，而丁马发用者；元武、三传皆比和而相生者；元武第二传为盗神，而上乘吉将者；盗神遁得旬丁，而天地盘比和者；元武是日刃，又临卯酉或克日者——皆不可捕。

一当视其匿于何方。如：盗神是子，贼在正北方，水泽、江河之所，东有桥梁、坟墓，西有水畔、楼台，前有神庙，物藏水中，其家有儿女悲啼之声。

盗神是丑，则在北方近东，或州邑之旁，或风伯、雨师之庙，或前贤、将军之祠，或仓库之侧，若旷野则桥梁、平田、坟墓之所。

盗神是寅，则东方靠北，林木之中，曲堤之所，或大木、枯竹、沽卖之家，寺观之旁，藏物窨中，以草掩之。

盗神是卯，则在东方，木竹丛中，曲屈水径，近寺观，有舟车，其家或竹木之工、舟车之匠。

盗神是辰，则在东方，岗岭塚穴之中，东有池塘，傍有枯骸之场，或潭沼渔猎之所，丹青彩画之家。

盗神是巳，则在东南方，炉灶之所，东有树木，夏秋有蝉鸣，春冬马嘶，藏物于树下，其家或巫或妇人主事。

盗神是午，则在南方，炉冶铁匠门侧，有牛马之物，物藏其中，或其家侩贩人、马、骡、牛之家。

盗神是未，则在南方近西，隐伏土冢之中，向东十步内有井田，常有歌唱，或其家牧羊、打拳、神鬼、沽卖之处。

盗神是申，则在西南方，近州县门墙城阙之所，远则村野、冲要之地，三叉路口，或邮亭、马舍之所，其家削斫之工、金石之匠。

盗神在酉，则在西方①，或地名金坑、酒务之所，城市之中，或近娼家，或胶漆工匠之处。

盗神在戌，则在西北，州郡及营寨之所，聚众之处，村居垒土，为山岗垒之地，有猪犬在门前，藏物近于楼台，奴仆兵卒之家。

盗神在亥，则在北方，居近水边，或点水旁地名、收港，其家曾为狱吏，物藏在内楼阁，门前赶猪，问而取之。

然必盗神天地盘比和者，可以此断。若上下相克，则盗不留。至于人之伴数，则视盗神隔元武之位而数之。

如：元武临辰加酉为初传，亥加辰为二课，是亥为盗神，自亥数至辰，隔六位，是为六人。所谓"盗神之本家知伴数"也。本家者，元武也。又必视盗之旺、相、休、囚，以为增减。

又当视盗为何等状貌（须视元武所乘之本位）。如：元乘子，是眼小、轻细人，女面着黑衣，下淡黄有青。

丑，大肚、阔口、貌丑、多须、身雄壮，著皂衣，下黄。

寅，短矮、美须、手把斑猫、爱骑马，著青衣有里。

卯，骨瘦、快走，著深青，作医人、术士之状。

辰，目大、眉粗、须长、凶相，著黄衣，中绛服，爱渔猎。

巳，瘦长人，能歌唱，语言试以"贼"，则触著②便欲交手。

午，斜视人，方长。若捕时先见一匹赤马后遇。著青衣，头带紫堂色。

未，眼露、头白、持物，其妻能作酒，若姓谈、姓张，尤的。

---

① 原文：北。
② 通"着"。

申，身材长，白面①，有痿病，少须，爱打弹，著黄色或淡白衣。

酉，身材粗长，面上有斑点，声响，著白衣裹肚。

戌，颜恶，多须，黑色，少发声，著半黄半白衣。

亥，肥人，丑貌，青黑色，背驼，著破衣持伞（若贼多，则为首者，是其状也）。

占捕人可用否？当视勾所乘神，克元所乘之神，则得。若勾乘神生武或比和，主受赂私通而不得。

若三传中，不见勾陈，则当视末传。盖初赃，中贼，末吏。此旧法也。若末克中者，捕得；相生比和者，不得。

朱雀为报信人，亦宜看。

元武在寅，败在申庚月日时；武在卯，败在酉辛月日时。余仿此。

至于远年大夥，不得其方向者，于天目煞所临之方，索之（天目：春辰，夏未，秋戌，冬丑）。

附寻人法：追寻君子，当责日德。善德者，阳也。君子属阳。如甲己日，占逃，则以月将加正时，视寅德所临之方而求之。余仿此。

又当视各属之类神。如占尊长，视太常；父，视日德；母，视天后；兄弟、朋友，视六合；妻女，视神后；子孙，视登明；姐妹，看太阴；佣工，看朱雀；奴，视天魁；婢，视从魁之类。

若追捕罪犯，当责辰刑②。盖刑者，阴也。小人属阴。既曰小人，责元武足矣。何又取刑？为其无所窃而去也。既无所窃，安可以盗目之？如：子日，占逃亡，则以月将加时，视卯刑所临之方而索之（如卯加寅，则往东北方，林木之处，索之）。

凡德克刑者，易获；刑克德者，难寻。

射覆

单看发用，不必兼取中末传。

发用值旺相相生，及见生气者，为活物；值休囚死墓，及见死气者，为死物。

发用与日辰俱旺相，更值功曹，为可食之物。

课得八专、昴星、涉害，主物有三四件。

伏吟，为近物，亦水边、穴隙、伏匿之物。

返吟，为远方物，及道路往来物。

发用孟神，圆物；仲神，方物；季神，尖碎。

---

① 原文：而。
② 《六壬类聚》作"刑辰"。

发用旺，圆而软；相，方而嫩；死，直硬、破碎；囚，细碎；休，体轻不全。旺相，新而完；囚死，旧而缺。

发用长生，物新而小；沐浴，润；冠带，枯槁；临官，新而壮；帝旺，近贵可用；若衰病及胎养，皆废闲故物。

发用子午，物有眉目；卯酉，有口肠；寅申，有毛角；巳亥，有面貌；辰戌，有手足；丑未，有孔窍。

发用属水，质主柔软，为近水曲物。壬为水物，或扁形；癸与子，物有爪有窍。

属火，质主虚锐，为上尖虚心烟火之物。丙与午，物有手足；丁与巳，主偏斜有光彩。

属木，质主直长屈曲草木之物。甲与寅，物丛杂，似有手足，纹①色斑点；乙与卯，为细长，似有口腹。

属金，质主刚硬，为方圆金铁炉冶之物。庚与申，有四角，或心空；辛与酉，似有头目，多头绪，或尖圆②。

属土，质主厚重，圆块泥土物。戊多刚破，或有皮角；己多细碎。

子，为妇女所裁制，或音乐中所用。

丑，为瓦石之物，有皱皱。

寅，为斑点文书，丛杂贵重，棱③角。

卯，为转动之物，形有口腹。

辰，为水土所成。

巳，为火土锻炼之物。

午，为文绣、书画。

未，为祭祀酒食，妇女衣服。

申，为铜铁兵器，医药碓磴。

酉，为刀钱金玉，斫削所用。

戌，为印绶兵器，塑画之物。

亥，为管籥④图画，或近水之物。其形曲，或小儿戏物。

天乙，方圆，五色分明，其色黄白，珍贵。

螣蛇，主空虚变幻。春夏，其体长；秋冬，其物盘曲。

朱雀，主文字，赤色文华之物。飞禽羽毛烟火之类。

六合，主丝蚕竹木，仪象声音之物。

---

① 原文：文。
② 原文：员。
③ 原文：稜。
④ 原文：鑰。

勾陈，主手棒干戈。

青龙，主青绿草木，衣钱珍奇，堪食之物。

天空，主空虚变幻，污浊不洁之物。

白虎，主坚硬凌[1]厉，五金刀剑之物。

太常，主衣裳饮食。

元武，主空虚流转，阴暗近水之物。

太阴，主金银首饰，珠玉铜锡之物。

天后，为衣裳缯帛，妇女经手之物。

发用见火神，其物必虚，天空亦然；见水神，其物必实。日辰上火神，发用上水神，其物半虚半实。

日辰俱入传，主物有表里。

甲青，乙碧，丙赤，丁紫，庚白，辛栗，壬黑，癸绿，戊黄，己绛。

子黑，午赤，卯青，酉白，申黑白，巳斑点，亥淡青，辰戌丑未纯黄。

甲己半青黄，乙庚兼碧绿，丙辛带赤白，丁壬暗惨黑，戊癸灰黄色。

甲己子午九，

乙庚丑未八；

丙辛寅申七，

丁壬卯酉六；

戊癸辰戌五，

巳亥无干四。

---

[1] 原文：稜。

《毕法赋》

前后引从升迁吉

初传居干前为引，末传居干后为从。主升擢官职。初传居支前引，末传居支后为从。主迁修家宅二事皆吉。

如庚辰日，寅加酉为初传，子加未为末传，初末引从庚干在内，又干上丑为昼贵人，兼三传下贼上，岂不应升擢官职也？夜占，乃墓神覆日，然亦无畏。中传未作天乙冲破丑墓，仍为吉课。此引从天干而兼拱贵也。

又如壬子日，初传巳加子为昼贵，末传卯加戌为夜贵，亦墓神覆日，赖中传之戌冲辰，

无妨。此为两贵引从天干格。必得上人提携，或两处贵人引荐成事。

又如丁亥日，初传巳加子，末传卯加戌，亦初末引从地支格。奈昼夜天将俱是白虎居于支上，岂宜迁修宅舍乎？特不知亦赖中传戌冲辰，众凶皆散。

昼夜贵人临干支上，拱其年命者　宜告贵成事，两贵扶持。如丁酉日，酉加丁，亥加酉，占人年命在申。

初末二贵拱年命格　如癸未日，初传巳加子，末传卯加戌，占人年命在亥。又名"末助初财初德"，亦贵人助贵人之兆也。

干支拱禄格　惟丁巳、己巳、癸亥皆伏吟，宜占食禄事。癸亥嫌禄空。

干支拱贵格　如庚午、己酉干支拱夜贵；甲子干支拱昼贵，亦皆伏吟。宜告贵人求事。

干支初中拱地盘贵人格　如庚午日，干上午、支上辰，是干支初中皆拱地盘之夜贵也，亦宜告贵人成事。

首尾相见始终宜

干上有旬尾，支上有旬首，名"周而复始格"。惟乙未、辛丑、丙申、壬寅、戊申五日。

干上有旬首，支上有旬尾。惟乙丑、辛未、丙寅、戊寅、壬申五日。干支隔四位方有。占事不脱，所谋皆成。去而复来。惟不宜占释散事，如有忧疑，未能决断。

天心格　乃年月日时皆在四课之内。占天庭之事，即日而成；若占阴私、鄙俚之事，反成咎矣。

回还格　乃三传在四课之中。如辛亥日，干上酉、亥上戌，三传戌酉申是也。至于干支自作三合者，内多回还格。如丁亥日，干上卯、支上未，三传未卯亥是也。占吉吉成，占凶凶就，凡事只宜守旧，不能动作。占病难退，讼不解。如女命占得干加支，男命占得支加干，来意占婚，尤验。宜详其生、克、空、脱、刑、破、害、墓而断之。

帘幕贵人高甲第

昼占得夜贵，夜占得昼贵，为帘幕官。临于占人年命之上，或临于干上，试必高中。

又旬首作帘幕官，临年命、日干之上者，尤的。惟乙己辛日有之。

又辰戌作旬首，帘幕临年命、日干者，必得魁元。凡庶民占得帘幕，得林下官扶持。若有官者占之，反为休官之象。

斗鬼相加格　或丑加未，或未加丑，作年命日干者，亦中魁元。缘丑中有斗宿，未中有鬼宿，二字合而成魁也。

亚魁星，天盘酉临年命日干者，占试必高中。缘酉为从魁也。

德入天门格　乃日德加亥为发用。士人占之必高中。以亥为天门，德者得也。

真朱雀格　如六己日，于会试年占得朱雀乘午，其文必合上意，必得高中。缘朱雀主文书，生太岁又生日干。以上诸格俱忌空亡。

如真朱雀克太岁，占讼必达朝廷，罪必至死。惟申酉岁，的。

朱雀乘神克帘幕官，其文不合主试意。

朱雀乘丁马，榜将出，甚忌。以发榜时，宜安静，恐防走失也。

昼夜贵拱年命者，赴试必中。如丁酉日，干上酉、支上亥，占人年命在戌。

源消根断格　如癸卯日，干上卯、支上巳，年命在辰，大宜占试。以二贵拱年命也。但脱气太重，虽高中，而终成劳瘵。

帘幕官不喜为日干之墓，不宜值本旬之空，不喜克日干。空亡尤甚，使试官置卷不视，徒劳一次。

占武举法，以巳为弓弩，申为箭，申加午必箭中红心。如申加寅、申、巳、亥为四脚花。以第几课发用，言其箭中之数。四墓脱垛。

催官使者赴官期

凡占上官赴任，见日鬼乘白虎，加临日干或年命之上，名"催官使者"。纵是远缺，必催速赴任。如值空亡，又是虚信。

催官符　即三传上神，生其官星者是也。

恩主举荐例　三传、年、命、日、辰，有父母爻者是，为食禄之地。如值长生、贵人，亦如之。如乙日见日贵为父母，己日见夜贵为长生。空亡不用。

四时返本煞　春得金局，夏得水局，秋得火局，冬得土局是也。如赴任占此及返吟课，多不满任。

六阳数足须公用

谓干支课传，皆居六阳之位也。卦名登三天。最宜公干，不利私谋。若三传递进。自夜传昼，尤妙。

五阳格　如课传五阳，则以占人年命补之，亦名六阳。

六阴相继尽昏迷

课传居六阴之位，利私干，不利公谋。或自昼传夜，昏迷尤甚。若天将值天后、太阴、元武、天空暗昧之神，或弹射发用，或坐于空乡，皆费力之甚也。占病，必死；求望，脱耗。课传五阴，而以年命补之，亦名六阴。

源消根断格　如癸卯、癸未、癸巳，干上卯，课传俱在阴位，又是下生上神，迤逦脱去。占病必虚耗难疗。凡占皆脱耗，其法如神。

旺禄临身徒妄作

日之禄神，作日之旺神，临于干上者，切不可舍此而别谋动作。如乙卯日，干上卯，幸得乘禄，乃不守此而就初传之财、中末之生，殊不知皆是旬内空亡，既逢于空，不免还归干上，就禄就旺。所谓"到处去来，不如守旧"之谓也。此格单就六阴日干说。若流阳日干，旺禄临身，尤是伏吟，不在此例。

又如辛巳日，干上酉，为日之旺禄，奈是旬空，凡占必所得不偿所费，不欲守困，未免去禄而就三传之财，别谋改业，遂致亨通。又不可如前论之。

又如癸亥日，干上虽乘子为日之旺禄，亦是旬空，未免弃禄而就初传之戌，乃日鬼乘白虎，又不免投中传酉，又值败气，又坐鬼乡（酉加戌上，坐在鬼乡），迤逦至末传申，始逢日之长生。凡占未免舍空禄而就艰难中，更进一步，始得遂意。

外有乙未日，干上卯，缘是闭口禄（旬尾为闭口）而不可守，遂投初传，奈是昴星不入之财，不免中传再归干上，受其旺禄，又不能守，至于末传，舍禄而归于宅上，处于干墓之乡，以此占之，乃托食于人，把心不定，终处于家中，受困厄而已。

禄被元夺格　如辛卯日，干酉为禄，缘昼乘元而夜乘虎，遂不可守，未免投初传丑，又是日墓，中传子，又是脱气，末传又是丁亥乘虎而遥伤日干，自末传亥至酉，又欠一位，终不能复投其旺禄也。

权摄不正禄临支

日干禄神加支上者。占事不能自己作主，受制于他人。或遥授职禄，或止宜食宅上之禄，或将本身之职禄替于男儿者。

外有日干之禄加支上，被支辰墓其禄，或被支克其禄神者，必因起盖房宅而失其禄。或被支辰脱其禄神者，必因起盖房宅而以禄偿债。

避难逃生须弃旧

如甲子日，戌加子作初传，虽曰日财，乃是旬空，中传申金又是日鬼，末传午火作日之脱气，三传既无所益，不免只就干上子水而受生，乃为避难逃生。

又如甲子日，辰加寅为初传，虽曰日财，奈昼夜天将皆是六合属木，其财上下交克，终不可得，中传午火乃日之脱气，末传申金又是日鬼，三传俱无所益，不免日干就子支而受生，亦谓避难逃生。

又如庚子日，子加申，此乃支神上门而脱干，兼三传水局，又天将蛇龙武，皆水中之兽，真脱耗庚金而不可逃者，然熟视之，天盘申金坐于辰土之上就生，子水坐于申金之上以就长生，各自就生。岂能蚀日干之庚金？亦为避难生。

占人本命作丁神，动摇不定，而坐长生之上，亦为避难逃生。

有避难逃生而终不能生者。如丁亥日，夜占，昴宿，三传午戌寅，缘始弃干上之墓，遂投初传之禄，奈是旬空，又弃空禄而再归干上中传之戌墓，然终不可受其久困，又投末之长生，奈值白虎，未免止居宅中，受惊危之长生而已。

有避难逃生而得财者。如壬午日，辰加亥作初传，乃是墓神覆日作用，三传辰酉寅，不免弃墓而投中传酉金之生，乃是旬空，遂再投末传寅木，又是脱气，然后弃其三传，而壬干加午以取财也。

墓作太阳格　谓墓神覆日，却作太阳，患难中得上人提携。

朽木难雕别作为

谓斫轮课中，卯为空亡者，是朽木不可雕也。值此，宜改科易业而别作营生。

众鬼虽彰全不畏

如壬辰日，戌加未为初传，丑加戌为中传，辰加丑为末传，三传皆为日鬼，诚为凶也。殊不知干上先有寅木，可以敌三传之土，兼是嚆[1]矢择比为用，又坐空乡，鬼力轻也。凡占未免先值惊危，下稍无畏，虽有谋害，不为祸也。且寅木切不可作脱气看，实为救神。如孔门之有子路，能御侮者也。

家鬼欺家人格　如己丑日，干上申，支上寅为用，三传寅卯辰，俱归木乡。此支上有鬼，引入鬼乡者。

家人解祸格　如癸亥日，辰加癸为用，三传辰未戌，皆是土神，夜将蛇勾虎，诚为凶也。不知支上有寅木，可以敌鬼，不为凶咎。此例必得宅中之人解祸。

引鬼为生格　如丙子日，以干上子作初传，虽是日鬼，却生末传寅，作丙火长生，反[2]不畏干上之子水，而亦不赖宅上未土来救。

---

[1] 原文：蒿。
[2] 原文：返。

传鬼为生格 三传皆作日鬼，生起干上之父母而生干是也。又如癸巳日，巳加丑用，昼将皆土神克日。殊不知土将生三传金局，三传金局生日干，反凶为吉也。

贵德临身消除万祸格 如乙丑日、乙巳日，并酉加巳为初传，三传金局并来伤其乙木，如用昼贵，凶不可遏，设用夜贵反为吉，言初传酉金上被螣蛇克，下被巳火伤，又被中传丑土来墓，末传巳火来克酉金，全无力克干，纵然干上乘申金，又为贵人、又为日德，贵德临身，能伏诸煞。

天将为救神格 如辛巳日，午加辛为用，三传火局并来伤干，诚为凶也。然昼夜天将皆是贵、常、勾土神，窃其火气以生日干，亦宜免祸。

脱气为救格 如壬子日，未加卯，三传木局并来脱干，并无日鬼，不合众鬼之例，不知夜将三传皆是勾、常、贵土神，并来伤壬干，反赖三传木局去其土将，岂不应斯格也？

须忧狐假虎威仪

如丁未日，干上子，其丁火实畏子水所克，全赖未支土神制其子水，不致伤干也。丁火喻狐，未土喻虎，故为狐假虎威仪也。凡占不可妄动，动则离其未土本位，则子水随迹而伤丁火矣。

鬼贼当时无畏忌

如戊子日，干上午，三传寅卯辰皆是日鬼，如春占木旺，反无所畏。盖木向春荣，自贪旺盛无意克土，直至夏秋其祸始发。如有祸时，便宜断绝，以免后患。余令皆然。

传财太旺反财亏

如戊申日，干上丑，三传子申辰，皆作日之财，兼昼夜天将皆是水中之兽，其财太旺，反①费己财。缘水自贪生旺，不与我作财，且待身旺之月，财气稍衰，方可取其财。余仿此。

脱上逢脱防虚诈

日干生其上神，上神又生天将者，名脱上脱。凡占虚耗不实之象。

无依脱耗格 惟丁未日，反吟，昼占，乃干生丑，丑生将，一火逢八②土，如忧事不止一件。一事未平，又来一事，必有大患。

---

① 原文：返。

② 校者注：《六壬大全》作"九"。亦有今人认为应作"十"，八、九"皆误"者。姑存其说。大抵：八者，为四丑乘四勾（依其课内析义，夜将）；九者，为四课三传中六丑三未（理由是：古人断课有一个特点，即在达到一定层次之后，有时断课随心所欲，随口就断，往往以大象决之，有时误课正断，并不拘拘于课。正所谓大道至简，法无定法者也。此例六丑三未，即其大象）；十者，四课上神、日支、中传、末传、空（巳乘）、二勾（未乘）。本人认为，二字字形近似，"八"或即是"九"之抄刻讹误。

脱盗格　乃干上逢脱气，天将作元武者例。

空上逢空事莫追

干上见旬空，乘天空者。凡占指空话空，全无实象。

脱空格　谓干上有脱，乘天空。

凡遥克为用，作空亡。凡占皆虚无实。

进茹空亡宜退步

如壬子日，干上子、支上丑，三传寅卯辰，皆是空亡。既向前值空，即宜退步，抽身急转，返就干支上子与丑合，庶使壬水不被三传全脱，可以全身远害，犹有所得。不利托人。如甲午日，干上卯，三传辰巳午，亦皆是空亡，亦宜退步。奈干支前后夹定脱气在内，尽被脱空。如遇丑为年命，始宜退步就其寅禄。

脱空格　如癸丑日，干上寅，是空亡，又寅卯辰为三传，使癸水生其脱空，虽有千金不当其消耗。如乘元武在干，尤甚。占讼，费而不直；占病，脱而虚怯。终无处退步。

踏脚空亡进用宜

谓退步三传，全值空亡者。如背后有三阱坑，宜进而不宜退也。如戊申日，干上辰，三传卯寅丑，皆作日鬼，幸遇鬼空，足以脱灾逃难，惟不宜守旧。缘干上乘墓，宜于三传之前再进一步，便逢禄神。此不利有官人占，以官空故也。

寻死格　如丙午日，干上辰，三传卯寅丑。木能生火而皆空。如占病，乃寻死格也。占父母病，尤急。占子孙病，不妨。占讼，理亏，问官不主张。以生我者空亡也。

又有甲子日，戌加子为初传，乃是本旬之空；申加戌为中传，乃是后旬之空；午加申为末传，乃外后旬之空。故向后全无实意，不宜进步。

占验课内，记有贼攻城，乙卯日，未加亥发用，困城之象也。赖末传亥水育干支，自墓传生，先迷后醒，亦危中之救。奈交甲子旬，亥水救神反空。所以预断：二十三日，甲子日，贼至。果验。观此，则旬后空亦当看。

胎财生气妻怀孕

谓日干之胎神，作日之妻财，又逢月内之生气者。占妻必孕也。如壬寅日，干上午，七月占，午加亥发用。壬水胎在午，又是日之妻财，及七月生气在午。

支之胎神作月内生气，亦主有孕，不必作干之财。即胎神临妻之年命，或临支上，亦主有孕。妻财作生气，纵不作胎神亦可用。

若孕神临空亡，必主损胎。

孕神乘元武，为婢妾之胎。

互胎格　如戊寅日，干上酉，乃支之孕神；支上午，乃干之胎神，或作夫妻之行年本命，必然受胎，不必寻生气及财神也。

占产，六合为子，天后为母，若临死气，恐防有损。

子恋母腹格　如干加支、支加干，而互相生者。利占孕则保育，不利占产。外有支加干而克干者，支为母，干为子，如俯首已见其子，亦主速。

胎神作空受克，占产当日便生，占孕必损。

血支、血忌值养神而克胎神者，占产主速，占孕有损。

昴星格　刚日生女，柔日生男，取俯仰而生也。

断小产诀，母之年命上神冲克胎神者，纵作生气，必是小产。

胎神坐长生，大宜占孕，不利占产。

丑为腹，腹加胎神，如腹内有胎。必主有孕。如丑临空，占产速，占孕凶。

伤支害母，伤干害子。干支俱伤，子母俱害。如产期，以本月之内破胎之日生，或害胎之日生，或刑胎之日生，或生气之日生，或以子息长生之日生，或以五行养日生，或以逐季天喜所临之日生。天喜者，逐季养神也。又妻本命纳音之胎神，冲破之日生。

夹定三传格　如干支夹定三传，或初末六合，如占产，子母俱不可保。缘气闭塞于中也。或母之年命透出支干之外，可免母凶。

胎财死气损胎推

交车相合交关利

谓干上神与支上合，支上神与干上合也。外有交车长生，宜合本而作营生；交车财，宜交关取利；交车脱，虽相交涉而各怀相诈之意；交车害，彼此各相谋害；交车刑，和美中必至争竞，两无礼也；交车冲，不论亲疏，先合后离；交车克，乃蜜中砒，笑里刀也，如相交涉，必至争讼；交车三合，乃三合为传，又支干交车相合，值此格者，家合仁义，外有帮扶，惟忌空亡。凡交车课，不利占解散事。

上下皆合两心齐

谓支干上神作六合，地盘支干亦作六合。

干支自合格　谓干上神与干相合，支上神与支相合。

干上神作六合格。

交车六合格，主客相顺，神和道合。内有一字空亡，反为凶咎。

外好里槎枒①格，上神作六合，下干支作六害。外虽好而中实猜忌。

日辰邻近格　如壬子日，子加亥与子上丑作六合，又是支加干邻近相合也。近而相得，尤为和美。

---

① 原文：芽。

彼求我事支传干

初传支上起，末传归干上者。必主托我干谋，凡事皆成。

我求彼事干传支

初传干上起，末传归支上者。凡事勉强，不免俯求于人。

金日逢丁凶祸动

如有官人占之，则赴任极速，不欲占人行年上神克去六丁所乘之神。常人占之，反宜制丁乘神。谓庚辛二干，三传、年命逢旬内六丁，必主凶动。又当看丁神所乘之神、六亲何属而断之。如丁卯，则因妻而凶动，或取财而祸起；丁丑，则因父母田墓而凶动，旺相为田，休囚为墓；丁亥，则因子息而凶动；丁酉，因兄弟或己身而凶动；丁未，则因父母长上而凶动；丁巳，则因官鬼及长上而凶动。如乘白虎，其动尤速；乘勾陈，必被官事勾连；如乘月之死气，必亲族在外报计而动往；乘贵人，必有贵人差遣；乘元武，欲逃；乘蛇雀武，或妻有血灾。

火鬼蛇雀克宅格　缘火鬼乘朱雀而克宅神，其末传又乘丁神而遥克日干者。必遭天火。春午、夏酉、秋子、冬卯为火鬼。值此者，宜以井底泥涂灶禳之。

人宅罹祸格　缘日上神克日，而支上神乘丁又克日，主身宅皆凶，人灾而宅必动摇。

蛇虎遁鬼格　专论蛇虎二爻。谓甲乙日，遁旬内之庚乘白虎；庚辛日，遁旬内之丁乘螣蛇者。凡占至凶至危，至怪至动，纵空亡不能解救。缘虎为庚，蛇为丁，皆本家也。

凶怪格　墓神、丁神，并临年命日辰者。如甲辰、乙巳日，逢丁未；庚辰、辛巳日，逢丁丑。极怪极凶。

马载虎鬼格　谓驿马乘白虎而克干也。

蛇虎乘丁格　谓蛇虎乘丁神而克干者。必主本身有凶。克支神者，必主家宅有变，屋宇塌倒，人口有灾。

水日逢丁财动之

壬癸二日，日辰、三传、年命，逢旬内之丁神者，必主财动，及远方封寄财物到来之象。如未有妻，则有娶妻之喜，如已有妻，则反有别娶之忧。如丁卯，则因子息动而有财；丁丑、丁未，则官鬼之财动；丁亥，则因己身或兄弟之财动；丁酉，则因父母或长上之财动；丁巳，则因妻妾之财动。如丁马交加，其动尤速。惟畏占人行年上神克去六丁所乘之财，则财不动。

太常乘日之长生临干者，来人必主婚姻之喜，或有锡命赐物之事；临支上者，宅中必有婚礼之喜，或开彩帛缎匹铺，或开酒食店肆，后俱有进益。

丑中有牛宿，子中有女宿，子与丑合，乘太常为用，谓牛女相会格。占婚必成。

传财化鬼财休觅

谓三传皆作日之财，而生起干上日鬼，而伤其日干者。必因取财而致祸，及防妻与鬼交而损夫。生支上鬼者，主破家。惟喜行年本命上神克制其鬼，庶不为害。此例虽不利取财，惟宜以己财而告贵人，侥幸关节，事必谐也。

因财致祸格　缘财反克干上之神是也。如庚辰，干上丑，初传寅木为财，乘白虎而伤干上丑土，必因财致祸。又旬中之丁，乘丑墓而覆日，亦是命灾运蹇而致然耳，更有娶恶妻而不孝父母之象。

财遁鬼格　日上神作财，却遁旬中干鬼，必因财致祸，因妻成讼。

借钱还债格　凡干支上神俱为日之财神者，不宜求财，谓之借钱还债不明。干上临兄弟，谓之懒取财。凡事退诿。

传鬼化财钱险危

三传俱鬼，则能去比肩，既无夺财之神，于传内有一作财神者，安稳而无破。如三合课中作日之鬼，两课俱空，独存中间一字为财者，其财终是危险中出，得之不安稳，君子不取也。

取还魂债格　缘三传全是脱气，反生干上财神者。

求财急取格　如乙未日，未加乙，虽是财就人。然宜速取，稍迟则财反被未来墓其乙木，却恐为祸。又如辛卯日，卯加辛，亦名财就人，亦宜速取，少缓亦必卯木克其戌土，反有害也。

危中取财格　缘干克支辰为财，支上神作鬼者，不免自惊危中取财。

眷属丰盈居狭宅

谓三传生其日干，反脱其支神者。值此必人口茂盛而居宅窄狭。切不可移居，恐生殃咎。其余占别事，即我旺彼衰，我胜彼负。

人旺弃宅格　缘三传生其日干而克其支神者。占人虽兴旺而无正屋可居。纵为官亦是寄寓。或嫌宅窄而别图广阔之象。

赘婿格　支加干而被干克者，其支上又乘脱气，或克支者，住居必无大厦。

屋宅宽广致人衰

谓三传盗脱日干之气，反生支辰者。必定不容人居住，不然人口少而居宽广之屋，致人口渐衰，宜弃此住场而别迁居址，庶免此患①。余占皆我衰彼旺，我负他胜。

兽头冲宅格　如壬辰日，申加戌作白虎，冲支上寅；辛巳日，伏吟，亥作虎冲支上巳之类。值此者，必对邻兽头冲宅，或有狮子道路冲宅，以致家道衰替，若白虎空亡，便不足畏。

---

① 原文：事。

三传递生人举荐

有初生中、中生末、末生日干者；有末生中、中生初、初生日干者。必得扶持，始终成就也。如值空亡，则虽有举荐之心，终无成就之实。

支上相生格　如壬戌日，干上申，支上未，未土生申金，金来生日之类。

两面刀格　如六戊日，伏吟，巳申寅，末传寅能助初生干，又能克干。所谓成也萧何，败也萧何。

外有三传生天将，天将生日干者。

三传互克众人欺

有初克中、中克末、末克日干者；有末克中、中克初、初克日干者。值此，必众口一词，互相欺凌。宜深自检束提防为上。

有始无终难变易

此一①句，乃是两项事体。夫有始无终者，乃因初传是日之长生，末传为干之墓是也。值此者，起初谋事，如花如锦，后来必无成就。难变易者，乃初为干墓，末为干之长生是也。自墓传生，先迷后醒。

舍损就益格　如甲辰日，丑加甲，丑乃甲之破碎，支上卯又作六害，又是干之羊刃，宜弃此而就三传子亥丑之生干。凡占不免舍无益而就亨途。

苦去甘来乐里悲

此句亦分两项说。夫苦去甘来者，如戊午日，末传申金生中传亥水，中传水生初传寅木，而克日干之戊土。诚为被寅木之苦，殊不知反赖末之申金冲克其寅木，又为戊土之长生。凡占未免先受磨折，后却安逸。又如六戊日，伏吟，乃初克中，中克末，末克日干，亦是先被寅苦，殊不知又赖寅径生其巳火而生戊土也。二格亦作成败萧何。

一悲一喜格　如癸亥日，干上戌乘龙克日，乃幸中不幸；支上申乘虎生日，乃不幸中幸。

乐里生忧格　如庚寅日，干上巳乃庚金之长生，支上亥乃寅木之长生。然递互相参，其庚金反被亥水脱，寅木又被巳火脱，却反为两边脱盗。

又如庚子日，干上巳作干之长生，殊不知巳火亦能克金，支上酉生支，殊不知水败于酉。

又如丙申日，夜占，干上起用，申亥寅，是递生之格，不知初传申加巳作日之财，受上下夹克，中传为日之鬼，末传乘虎遁壬。许多不美。

据此断课，似无定见。要而论之：四课切于三传，六亲重于天将，地支紧于遁甲，卦体重于神煞，年命切于他传，空亡等于墓库，贵德禄马可以统诸吉星，

---

① 原文：二。

克害刑冲何必再查恶曜。分轻重以断之，必无不响应者矣。

人宅受脱俱招盗

或干上支上皆乘脱气；或干上脱支，支上脱干者。必被人脱赚，盗窃财物。如占病虚弱，宜补。

遥克、昴星、别责，乘空落空为初传，将乘元武者，定主失脱，此法极验。

鬼脱乘元格　或日鬼或脱气乘元武发用，来意占失脱，最的。

财空临元武，防失脱。

干支皆败势倾颓

干支皆逢败气。占身气血衰败，占宅屋舍崩颓。更不可捕捉奸私，告讦他人阴事，倘若到官，必牵连自己旧过，同时败露。

破败神临宅格　缘支上有败气，又为破碎煞，必详其破败之何人？如己巳、己亥二日，干上乘酉，乃干之败气，又支之破碎，故总名破败神也。以类推之，必家中有破败之子。缘酉为己之子孙也。夜乘天后因妾而败。且酉为婢类，亦缘酒色而败家。

末助初传三等论

有末助初而生干者；有末助初而克干者；有末助初而作日之财神者。皆是傍有相助以各为其上之意。末助初克者，欲年命上神制末，始可言吉，生末则凶。如庚午日，干上午，三传午辰寅，生起午①火而克庚金。末传之寅木乃教唆指使之人也。其为公曹吏典道士，胡须人，或属虎人，或姓从木。详天将逐类而言之。不宜求财取财，反为祸也。

有末助初克干，而初传或乘空或落空，本无意克其日干，其末传徒为冤憎。所谓抱鸡不斗格也。

亦有末助初克干，缘末传空亡不能助其初传，其教唆人必自败露，所谓枉做恶人格也。

谒求祸出格　乃支上神作财，生干上神作鬼者。大不利谒贵求财，即有祸出。

自招其祸格　缘年命自助其初传克干者。

闭口卦体两般推

《心镜》云：阳神作元武，度四是终阴。

阳神者，谓旬首。甲子、甲戌、甲申、甲午、甲辰、甲寅是也。作元武，谓上乘元武神是也。度四者，谓从旬首翻②转逆数第四位是旬尾。所以谓终阴也。言以旬首加旬尾乘元武而发用者，是为闭口。只宜捕盗贼而追逃亡。亦有

---

① 原文：干。
② 原文：番。

旬尾加旬首为发用者，亦为闭口，更值初末上下六合，则气塞于中。占病即是哑重或禁口痢，或咽喉肿塞，或痰厥伤寒。占失脱，纵有傍[1]人见其贼盗偷物，竟不肯言。求人说事，但闭口而不语。余占更详天将而言其事类。如上乘贵人，告贵不允；上乘朱雀，讼屈难伸。余皆仿此。必须切闭口之意。

太阳照武宜擒贼

元武坐于太阳之上，占贼必败。缘贼人喜夜，可以藏形，岂宜被太阳之光照耀？临其上，不劳捕捉，必然自败。空亡亦好。缘太阳不怕云遮也。惟忌占时在夜，则太阳无光，贼反幸矣。如不临太阳之上，即加于卯辰巳午申天盘之上，亦可捕捉。若元武临天马、六丁，更临酉戌亥子丑寅上，其贼终不败露，必且远去。如占失财或物类，其财与物类坐长生之上者，必不失。

元武所临之神，有神作六合，谓之贼向傍连坐格。

捉贼不如赶贼格　假令甲日占，以申为贼，不可便以丙火去克之，虽去其鬼贼，终脱甲干[2]之气，不无所费，不如以壬水暗窃其申金，尚可以生甲木。所谓捉贼不如赶贼也。

游都之下，捉贼必获。游都煞：甲己日丑，乙庚日子，丙辛日寅，丁壬日巳，戊癸日申。

玄武加丁，主逃失。

贼捉贼者，如壬癸日，辰戌未丑为三传，自相刑冲，以凶制凶。又元之本家上神能制元者，亦是。

鬼作生气，贼来不已。

后合占婚岂用媒

占婚姻以干为夫，以支为妻。上乘天后、六合，或女之行年居在干上，男之行年居在支上。必有先通后娶之意，何用媒妁？

富贵干支逢禄马

干上有支驿马，支上有干禄神者，名富贵格。君子占之，加官添俸，富贵双全；常人占之，宅移身动。

尊崇传内遇三奇

旬内遁干，有三传全逢甲戊庚、或乙丙丁者。君子占之，贵居廊庙；常人占之，亦为吉泰之兆。

害贵讼直作曲断

如甲申日，未加申为夜贵，乃日之墓，又作空亡。丑作昼贵，又为寅制，初传子与未又为害。占讼情虽直而作曲断。余占皆弄巧成拙。止宜识时而谦退，

---

[1] 通"旁"。

[2] 原文：午。

庶不为祸。

课传俱贵转无依
课传俱是昼夜贵人，名曰遍地贵人，贵多不贵，反无依傍。

昼夜贵加求两贵
谓以贵人加贵人之上者。告贵求事，必干涉两贵人而成就。如占谒贵，不得见。缘贵人往见别贵也。纵然在宅，必会客而排筵宴。若同官占之，必可得见。

有两贵空害格，如己卯日，干上子、支上申，用夜贵，乃空亡之贵加宅上，又克宅，干上之贵人却作勾陈，又为六害。凡占必主家堂神位不安，尊卑相厌，邪正杂处，以致人口灾患。不宜告官，反致嗔怒。

贵人蹉跌事参差
谓昼贵临于夜地，夜贵却临旦方。如占告贵，事不归一。俗谚：尖担两头脱。贵在干前，事不宜迫，迫则贵怒；如在后，宜催，不催事被慢矣。

贵虽坐狱宜临干
谓贵人临地盘辰戌上者，虽名入狱，如乙辛二日占，却名贵人临身，反宜干投贵人，周全成就。余八干，始名天乙入狱，干官贵怒，惟宜私谋阴祷，亦名贵人受贿。如辰戌二日占得，乃贵人入宅，非坐狱也。

鬼乘天乙乃神祇
日鬼临身，缘是贵人，切勿作鬼祟看之。占病必是神祇为害。如临宅上，必是家堂神像不肃。宜修建斋献。

两贵受克难干贵
凡昼夜贵人皆立受克之方者，切不可告贵用事。缘二贵自受克制，怒而不能成就我也，即不在传，亦可断之。

又甲日丑加寅，乃昼贵临身，如占用文书之事。朱雀乘卯克丑。故贵人不肯用事。

二贵皆空虚喜期
如干投贵人，已蒙许允，后来却被搀越，以至有变，虚喜而已。

魁度天门关隔定
谓戌为天魁，亥为天门，凡戌加亥为用者，凡占谋用皆被阻隔。占病多是隔食、隔气，或邪祟为灾，药宜下之。占贼难获。访人不见。

罡塞鬼户任谋为
谓辰为天罡，寅为鬼户，凡辰加寅为罡塞鬼户。不论在传不在传，万鬼潜伏，作谋如意，毫无障碍。

两蛇夹墓凶难免
谓日干之墓上临螣蛇，下临地盘之巳者。凡事主凶。如年命居亥上冲破墓神，庶乎可延。

虎视逢虎力难施
虎视课，乃昴星课中之柔日也。刚日则专名昴星。缘鸡鸣而仰首，虎视而俯首也。虎视课逢虎，其势雄猛，纵有救神，亦难为力。如辛未日，申加未，三传申亥申，申为白虎本位，亥又乘白虎，一课六虎，灾害非常。

所谋多拙逢罗网
干上乘干前一位之辰，支上乘支前一位之神，名天罗地网。占得此卦，网罗兜身，诸事安能通快？若年命上神冲破干支之网，始无咎也。或遇空亡，亦名破罗破网。

干上乘支之网，支上乘干之罗者。凡事我欲罗网他，他先已罗网我，互相欺诈谋害。

天网自裹己招非
如甲申日，未加寅，乃墓神覆日，如占人本命亦是未，乃名天网自裹。自招其祸，非干他人亏算。

费有余而得不足
上神各生日辰而值上神皆空，更或三传逢脱，或破碎，或羊刃、日鬼，虽有所得，不足以偿所失。

用破身心无所归
用之为财，用之为禄，若作空被克，事无实获。

华盖覆日人昏晦
谓辰之华盖，作干之墓神，临于干上发用是也。

太阳照宅屋光辉
太阳临支，其屋必向阳而明朗。若占彼我，则利于他人，以支属人故也。

干乘墓虎无占病
干上乘白虎作墓神，占病必凶。若空墓或乘丁神，其凶尤甚。

支乘墓虎有伏尸
干墓临支；支墓临支者。必有伏尸鬼为祸。又以克宅者为的。兼主有孝服动。
墓门开格　如卯酉日占，干墓乘蛇虎加支，主重重有丧。
蛇墓克干加支者，知宅内怪异频见。

干支全伤防两损
干支各被上神克伐者，两边各有所亏。占身有伤，占宅有损。

夫妇芜淫各有私
干被支上神克，支却被干上神克者。何以名芜淫乎？缘夫妇乃人之大伦，既无好合之情，必有奸私之意。《心镜》中以甲子日，干上戌，支上申一课为例：

甲将就子受申克，子近甲兮魁必侵；妻怀内喜私情有，申子相生水合金。然非专言夫妇而已，如凡事占，先有人相允许，后各不相顾，彼此俱怀恶意。

真解离卦，缘干克支上神，支克干上神，或夫妇行年值此尤的。

干墓并关人宅废

谓日之墓作四季之关神发用者。如日干之两课上发用者，必主人衰；支辰之两课上发用者，必主宅废。

关神：春丑、夏辰、秋未、冬戌。

墓神覆日作生气格　如占作库务差遣必得。勿作墓看。

支坟财并旅程稽[①]

谓地支之墓作日干之财者。必主贩商折本，在路阻程，凡谋塞滞不亨通也。

疑惑格　卯酉占事，行年又在卯酉之上者，必行人进退疑惑。尤忌天车煞，即关神。

受虎克神为病证

金神作白虎，必是肝经受病；

木神作白虎，必是脾经受病；

水神作白虎，必是心经受病；

火神作白虎，必是肺经受病；

土神作白虎，必是肾经受病。惟虎受克及空亡，则易治。

日干之食神，即子孙爻，行年乘之，为运粮神。忌空。

禄粮神，是干之禄神，不可落空。

日鬼所临之处，亦可视其五行，而察其受病之经。与白虎同断。

连茹格，作日之财，必因伤食而得病。如行年命上神制其财神者，可医。如年命上神再生财神者，必死。

白虎乘日鬼而空亡，必已病而未愈。

虎墓格　日干之墓乘白虎，占病必是积块。

生死格　如正月生气在子，死气在午，乃生气克死气也。若甲寅旬中占之，乃生气空亡而死气实在。占病可畏。如行年上神亥水，犹可医治。缘亥水克其午之死气也。如死气克生气而又落空亡，或行年上神生其死气者，必死。如两不相妨者，占病迁延而未痊。

虎乘丁鬼格　六辛日，有白虎乘丁者，占病必有疼痛之处。如辛卯日，亥加丑作中传，旦占，乃亥乘白虎作丁神，必为头疼，以致不救。余观丁神乘类而言之。丑为脾痛、腹痛；卯手痛、目痛；巳齿痛、咽喉痛；未胃脘痛或积瘕痛；

[①] 原文：羁。

西大肠痛。

嚆①矢格，亦有疼痛处。

斫轮格　如卯加申，戌加卯，占病必手足不举，或有伤。

六片板格　缘六合乘申临卯，谓之尸入棺。申者身也。三月又无死气，上有六合，下有卯木，是死尸入棺也。尤详其类神而言之。如以申为父母，则断父母病，必死。以申为妻财，则断妻妾病，必死。若不乘六合，而于九月占，但病在床而未愈。以申为生气，卯为床。

宴喜致病格　如壬癸日，未为太常克干，或居干宅上，或发用。占病必因妻事及宴饮，或往亲家带病而归。

因妻致病格　如壬癸二日，未遁旬干者，必往妻家得病。最验。

血厌病虎作鬼格　白虎乘病符克干，尤可畏；或年命上乘血支血忌者，必是血病；或女命带月厌作血支血忌，必是血崩或堕胎，极验。

制鬼之位乃良医

如乙丑日，酉加乙，乃日之鬼，却赖支上有午火而克其酉金，此午火便是良医，或是本家亲人能医，或得家堂宗神保护。其余可随类而推之。其余占事，虽值危难中，必得人解救。以子孙能制官鬼也。

凡占喜见鬼者，惟妻占夫与有官人为宜，其余凶。

巳午作虎鬼，不宜灸；申酉虎鬼，不宜针。

制鬼之神加亥子，宜服汤药；加寅卯并四土之上者，宜丸散；巳午，宜灸；申酉，宜针。制神临空亡者，乃言不副行之医。

天医地医神所生者，为瘥期；所克者，为死期。

乃天地医也。

天鬼作日鬼，必疫病。

虎乘遁鬼殃非浅

谓白虎加临旬内之干为日鬼者。其应如神。凡占皆畏其咎，纵空亡亦不能为救。

鬼临三四讼灾随

谓日干之鬼临于第三四课者，官讼疾病接踵而至。

病符克宅全家患

病符者，本年旧太岁也。若临支又克支者，主合家患病，更乘天鬼，定遭时疫。天鬼者，正月酉，逆行四仲。若乘白虎，其凶尤甚。

涉害深者，必久病。

---

① 原文：蒿。

病符作月建之生气，虽病无妨；若死气，必死。

宜成合旧事格　缘旧年太岁临宅返生宅者，或生日干，或作日财，或作贵人者，却宜成合残年旧事，逐类而推之，切勿作病符看。

丧吊全逢挂缟衣

谓岁前二位为丧门，岁后二位为吊客。如干支上全逢，必主孝服。若命年上临之，必哭送姻亲。

如日鬼乘死气而加太常者，临干上，必主有外孝动。又太常乘白虎作丁神而克支者，亦主有内外孝服。

前后逼迫难进退

假令壬寅日，干上子，三传辰巳午，皆空而不可进，欲退后一步，逢地下寅盗气，又退一步，逢丑为干鬼。以此推之，惟宜守干上之旺，切不可妄动，以致虚耗百出。

又如癸日，午加癸为初传，乃午火受癸水所克，及归本家午上，又被亥水所克，使其午火去住不能也。午为日财，主财聚散。夜占，加元武，主重重失财；财为妻，主妻常病；午为马，主有马而常被人所挠。亦为屋，主频迁徙而作费用。亦为心，主有心病。亦为眼，主有目疾。

凡顾祖格、回还格，守旧则宜，而进退不能也。

空空如也事休追

谓三传皆空。亦有两传空，而一传不空，上临天空者。占事皆指空话空，全无实际。惟宜解散忧疑。如鬼空①尤妙。遇占病，久病者死，新病者安。若欲望望事成，须待出旬再谋可也。

凡鬼空亦宜制之，不然亦有虚耗之凶，为我难见彼之象。

亦有四课全空者，四课无形，事不出名，纵然出也，也是虚声。

要审时令：旺相之爻，过旬方用；休囚之象，到底无功。又曰冲空则实，克空为用。

凡吉神不宜空，凶神则宜空。

宾主不投刑在上

凡干支上乘刑者。有一字刑，乃四课上神逢辰午酉亥自刑者是也；二字刑者，乃干支上乘子卯是也，为无礼之刑；三字刑者，乃三传寅巳申或丑戌未是也。申巳寅为无恩之刑，凡占必恩中招怨也。丑戌未者，多恃势而欺凌之象。干上神生旺不空、乘吉神，方能刑他人，不然则为他人所刑矣。

凡讼，不论一字刑、二字刑、三字刑，皆被刑责。乘凶将尤甚。唯空亡、

---

① 原文无"空"字。据《六壬大全》补。

皇恩、天赦可解。

自刑中单言酉午为四胜煞。主各逞其能，邀功逞俊之意。

有干支上下自相刑者，为无恩刑。

彼此猜忌害相随

有干支上下各作六害，彼此自相猜忌者；有干支上神作六害，彼此两相猜忌者；有干支上下皆作六害，悖戾尤甚者；有干支三传皆作六害，所谋全无和气者；有干支上下交互作六害，我欲害人，人亦辨，意欲害我者。

如乙未日，干上子与地支未作六害、支上卯与干作六害，而支干上子卯又复相刑，辗转为害，无从解免。外如甲申日干上亥，支上巳；庚寅日干上巳，支上亥；丁卯、己卯日干上辰。

自身熬煎他人逸乐格　如辛丑日，干上酉与干作六害，支上子却与丑作六合。

互生俱生凡事益

互生：干上神生支，支上神生干。俱生：干上神生干，支上神生支。

自在格　支加干上而生干。

互旺皆旺坐谋宜

甲申日，干上酉，乃支之旺神；支上卯，乃干之旺神。庚寅日，干上卯，乃支之旺神；支上酉，乃干之旺神。凡值此者，人旺宅，而宅旺人；我旺彼，而彼旺我；尊旺卑，而卑旺尊；夫旺妻，而妻旺夫。然宜坐待，不宜谋动。盖坐待，则人口通泰，宅基安稳，无心中得人扶持而兴发。若谋意外之获，或远动而求谋，则变为罗网，缠绕身宅，反作羊刃杀也。然六处有冲，为破罗破网，不妨。

干支值绝凡谋决

干支上皆乘绝神。凡事皆当决绝。占病，愈。

人宅皆死各衰赢

干支上或乘死神，或互乘死神者，万事不利。

传墓入墓分爱憎

初传是日之长生、财神、禄神、官星等，不可值中末之墓。如是日之鬼及盗气等，却喜中末之墓也。

不行传者考初时

不行传者，谓中末空亡是也。中末既空，只以初传断其凶吉。

己未日，伏吟，三传未丑戌，中传丑乃旬内空亡，安能刑戌？既无中末，惟有干支并于初传而皆在未上，亦与独足相似。凡谋不成。

万事喜欣三六合

凡三传寅午戌，干支上见未；三传亥卯未，干支上见戌；三传申子辰，干支上见丑；三传巳酉丑，干支上见辰。乃三合课中，又与中间一字作合者也。经云：三六相呼见喜忻，纵然带恶不成嗔。夫带恶，如日鬼忌神之类，犹不为害。况三传生日，或作用神者乎？必有人在中相助成事。惟不宜占解释忧疑事。此占病，其势弥笃。然带恶者，目下虽可成就，倘有冲动，恶神旺相，其祸仍发。

三传合课，又逢天将六合居干支者，亦可用，但力稍轻。

合中犯杀蜜中砒

三合犯杀少人知，惟防好里定相欺；

笑里有刀谁会得？事将成合失便宜。

如三传寅午戌，干支上见午为自刑，见丑为六害，见子为冲；三传亥卯未，干支上见子为刑，见辰为六害，见酉为冲；三传申子辰，干支上见卯为刑，见未为六害，见午为冲；三传巳酉丑，干支上见酉为自刑，见戌为六害，见卯为冲。

初遭夹克不由己

初传坐于克方，又被天将所克。凡占身不由己，受驱策于人。宜详其受夹克者，是何类而言之。如财受夹克，则财不为己用之类。惟鬼受夹克者，方妙。

将逢内战所谋危

内战为发用者，如以申为天将六合，而乘巳火之上，则火能克金，主事将成合而被人搅扰也。余将各以其类推之。

三传干支皆下克上者，凡占必是家法不止，恶声出于室中，以致争竞。

人宅坐墓甘招晦①

谓天盘干支皆坐于地盘墓上者。乃心肯意肯，情愿受其暗昧，不惟本身甘招其侮②，即家宅亦情愿借与他人作践，无庸怨天尤人也。如壬寅日，亥加辰、寅加未之类。

亦有干坐于支墓之上，支坐于干墓之上者。两相奔投，各招昏暗。如丁丑日，未加辰、丑加戌之类。

干支乘墓各昏迷

如干支全被上神墓者，其人如在云雾之中。经云：墓覆日辰，人宅昏沉。又交互作墓神者，我欲昏昧他，却被他昏昧我也。

凡欲求宅，干加支，必得。缘己身入宅故也。或被支辰所克，我被脱，虽目下强得，其后终无益也。若支加干，得之尤不费力。缘宅来就人故也。亦不

---

① 原文：悔。

② 《六壬大全》作"祸"。

可受宅墓脱。如我有屋欲出兑者,如干加支、支加干,人宅两相恋,不能脱也。若宅生人,不可轻脱,后有长进。如被克、脱、墓者,终被屋所累。

信任丁马须言动

信任者,伏吟课也。刚日名自任,可委任于他人。柔日名自信,可取信于自己。凡值伏吟课,不可便言伏匿而不动。于传中及干支上有旬内丁神,或乘天马驿马者,必静中求动矣。如托人料理事体,必先允许,后却改易,故又无任无信也。凡占静中求动终是静,动中求静终是动,不易之理也。

课内无丁马,而占人本命行年上乘魁罡及丁马者,亦主动。

非伏吟而乘丁马者,亦动。

伏吟中传空者,占行人必中路阻住。缘中传空不能刑至末传也。余占必先有允许,后无实惠。

又甲子日,卯加甲,丁神天马相加,值丑为本命,乃名本命恋宅,全无动意。极验。

六丙伏吟日吉。缘初传为德禄,中传为财,末传为长生。只忌空亡。

六戊伏吟日凶。缘初传巳火克中传申金,中传克末传寅木而寅木伤日干。

来去俱空岂动移

夫来去者,返吟课也。缘初传与末传,初中末往来交互动象也。然有三传俱空者,虽有动意,实不能动。

移远就近格 谓魁罡乘青龙六合在日上。乃真斩关格。如占时发用,名动中不动,寻远在近。中末空亦然。如初见太岁,中末见月建或日辰,亦名移远就近,将缓为速。又如己丑日,干上辰、支上戌,虽干支上全乘魁罡,缘干墓覆,又是柔日昴星,伏匿万状,终不能动。庚寅日,干上辰、支上戌,亦是斩关课,主动。缘中末空亡,不能动。

似返吟课,癸未日,干上寅,不是返吟,缘三传申寅申,往来俱在干支上,似与返吟相类也,占事虽不免往来交通,下稍全无视事。缘始末皆空,又是柔日昴星,即用昼贵,三传合元合,阴私万状,兼干支上皆乘脱气,占事不出窠旋。

究之返吟课,谋事难成而反覆。

虎临干鬼凶速速

谓日干上之鬼乘白虎者。其凶速而又速。惟宜详其虎鬼,或空亡、或作鬼方、或作生方,他自恋生,不来害我。又虎之阴神,即虎之本家,能制虎者,虽目下值其灾祸,后却无事。

又有驿马载虎鬼者,其祸尤速。如甲子日,申加戌,昼将,上乘白虎作中传,诚为可畏,殊不知申坐戌空,又赖虎之阴神上乘午火能制虎鬼。经云:"虎之阴神能制虎，生者安宁病者愈"。此虎鬼论，如小人稍得其势，即为祸患，倘受制伏，随即缩首，灰飞烟灭而不能为害也。又如甲子日，申加午，昼将，上乘白虎作末传，其申不空，诚为可畏，尤赖申金坐于午火之上。经云："鬼作鬼方无所畏"。又如戊寅日，寅加亥，夜将，上乘白虎作中传，纵干上有申金，缘作空亡而不制其寅鬼，诚为凶也，殊不知寅木坐于亥水之上，受水长生，不来为害。经云："鬼自就生不来侵"。其余虎鬼无制不空等，占事皆凶。惟有官人占之，名催官符，赴任极速，不宜制空。

龙加生气吉迟迟

谓青龙乘生干之神，又作月内之生气者，虽目下未即峥嵘，却徐徐发福也。此例如君子施恩于人，未尝启齿，缓缓而来。

妄用三传灾福异

辛酉日，干上亥，既是辛日，岂可认为亥加戌下克上为初传？

乙巳日，干上卯，既是乙日，岂可认为卯加辰上克下为初传？

喜惧空亡乃妙机

天盘作空亡者，谓之游行空亡。其吉凶只七分。地盘作空亡者，谓之落底空亡。其吉凶有十分。

见生不生　如甲乙日，以亥为生，其亥水居申上，他自恋生，不来生我。或是亥水居于辰戌丑未之上，为土所制，纵日辰行年上见之，亦不能生我。至于亥入空则大凶。如生我者空亡，占父母上人病，主不救。其余官鬼、妻财、救神、脱气皆然。今人不改①此法，见生言生，见克言克，见财言财，见救言救。故吉凶未即响应也。

六爻现卦防其克

财神现卦，必忧父母。歌云："三传俱作日之财，得此须畏父母灾，年命日辰乘干鬼，争知此类不为灾"。盖官鬼能生父母，且窃其财爻之气，此名传财化鬼。若无官鬼爻，乃可言父母灾也。或求财而妨生计，或被恶妻而逆父母。然亦必干支年上先有父母爻，后被传财之克，方可言父母长上受灾。如无父母爻，则财神亦无处施虐，不在此例。又或财爻休囚，必待财旺月方用事。其财休囚，却为财也。其余六亲，俱以例断之，百无一失。

父母现卦，忧子息。歌云："父母现卦子孙忧，日辰年命细参求。同类比肩居在上，儿孙昌盛不为雠。"

子孙现卦，妨官鬼。歌云："子孙见时官鬼无，古法流传实不虚。岂知四处财爻现，官迁讼罪病难苏。"为官者，以生官而得升，占讼占罪占病，以生

---

① 校者注：疑为"考"之误。

官而反重。

官鬼现卦，忧己身及兄弟。歌云："官星鬼贼作三传，本身兄弟不宜占。父母之爻能透出，己身昆仲始安然。"

同类现卦，忧妻妾。歌云："干支同类在传中，钱财耗散及妻凶。支干上神乘子息，妻定无恙反财丰。"

凡六亲受克者，旺相无妨，休囚则受累矣。

三传现卦，而传自墓克者。如乙日，午加亥为用，三传午丑申，末传之申金为官鬼，被初传午火所克，又被中传丑来墓申，兼末之申金自坐于丑墓之上，其申金全无气力。

支干同类格　难求财，以干支各相争夺。

懒取财格　甲日，干上寅或卯，纵传内见财爻，必心多退悔，懒去取财，恐争夺也。

白蚁食尸格　壬癸日，申坐丑，夜将，上乘白虎，此父母爻乘白虎坐墓，必父母穴中生白蚁；若在者，必死。

旬内空亡逐类推

所筮不入仍凭类

如占失脱，当视元武、脱气、日盗，倘不在课传年命，宜从其类以求之服色、数目、品物。万占皆同。

非占现类勿言之

虽现其类，非值所占，则勿言之。如虎寅在支作用，必宅中有屋梁摧折之变。若求财行人，岂可以此为断乎？

常问不应逢吉象

如龙德、铸印、高盖乘轩、富贵、三奇诸吉象，宜有位者占之。常人不应逢此，惟有官讼而已。

已灾凶兆反无疑

如丧魂、天祸、伏殃、天狱诸凶卦，若见灾后逢之，为已应，无妨。未应之前值此，仍可忧耳。

御定六壬直指析义

甲子日第一课①

兄　青螣　丙寅　日禄　日德　驿马
子　朱勾　己巳　支德　破碎
官　后白　壬申　地医

```
白后  白后  青螣  青螣
 子    子    寅    寅
 子    子    寅    甲
```

```
           螣青  贵空
朱勾  巳   午    未   申  后白
合合  辰              酉  阴常
勾朱  卯              戌  元元
青螣  寅   丑    子   亥  常阴
           空贵  白后
```

课格：伏吟，元胎。

课意：两贵差跌，六虎陈列，病讼皆畏，仕宦怡悦。

解曰：昼贵临于夜地，夜贵临于昼地，谓之贵人差跌。干贵者，事多参差，不能归一。干支拱定昼贵，止求一处贵人方为有益。四课上两寅属虎，二子乘虎，初传寅虎，末传申虎，所谓六虎陈列也。二虎临宅，申虎又属官鬼，常人占病、占讼，岂不可畏？德禄驿马临日发用，末传官鬼乘虎为催官使者，故仕宦占之则怡悦也。

甲上加寅或卯，名懒求财格，心多退悔。

断曰：此自任之卦，又曰元胎，利静不利动，利上不利下，利君子不利小人。刑中有害，破中有合，吉凶祸福，相为倚伏。

天时：水火伏匿，龙神入庙，无雨有风。**谋望**：先难后易。**家宅**：恐有动迁，夜占防孝服。**婚姻**：不利，昼占女子美好；夜占女子丑恶。**疾病**：主失音，肝家受病，肾水枯竭，宜清金滋水。**胎孕**：聋哑。**求财**：不甚得意，防人暗害。**捕获**：女人在西北，男人在正南，俱不出境。**遗失**：在家中。**行人**：远者回转，近者将至。**出行**：宜从旱路。**征伐**：《玉帐经》云，青龙发用，得宝货与图书，防有伏兵，亦防吉中有凶。

《毕法》云：虎临干鬼凶速速、日乘旺禄休狂妄、虎乘遁鬼殃非浅、宾主不投刑在上。吴越春秋，三月酉时范蠡占吴王病，三传寅巳申，德禄在寅，病在巳，绝在申，春木旺金囚，无伤也。己巳有瘳，壬申全愈。

---

① 校者注：为保持原貌，720课贵神排盘仍沿其旧。至于今人有认为原书甲丙辛壬乙五干昼夜贵人颠倒错取者，请读者自行甄别，特此说明。

甲子日第二课

父　白后　甲子 _{福星}
父　常阴　空亥 _{日解　亡神}
财　元元　空戌

```
　　元元  常阴  白后  空贵
　　 戌    亥    子    丑
　　 亥    子    丑    甲
```

```
　　　　　　  朱勾  螣青
合合  辰    巳    午    未   贵空
勾朱  卯                申   后白
青螣  寅                酉   阴常
空贵  丑    子    亥    戌   元元
　　　　  白后  常阴
```

课格①：比用，连茹。

课意：见生不生，互换无形，占父母病，不得安宁。

解曰：三传虽水生干，而戌亥旬空，子亦贪合，皆不能为生，故曰见生不生。子丑寅亥虽交车相合，然空而无形，何益之有？父母爻空，若为尊长占病则凶。

后武相乘是暗期，从来明里不曾知；忽因天鬼来冲破，却觑旁人眼共眉。

断曰：此比用之课，知一而不知二。舍远就近，舍疏就亲；恩中主害，事起同类；欲行不行，欲止不止；节外生枝，先进后退。初传有阴助之意，惜乎入于无用之乡。谋官谒贵，有合而未合之象。惟利解散忧疑。《易》所谓"履虎尾而不咥人也"。

天时：主晴，久雨亦晴。家宅：经云，空神抵宅，门户虚堕，占者虑有失脱虚耗事。婚姻：虽成无益，得而复失；夜占系贵家之女，美好而能饮。胎产：临产则易生，是女胎或双生。疾病：头目有病，火气甚衰，新病渐安，久病及占父母皆凶。失物：难寻。捕获：不能得。行人：即归。出行：当从水路，恐有阻隔。征伐：彼此无接，无吉无凶，当整饬军容，以防万一，敌人虽有阴谋，不足畏也。

《毕法》云：交车相合交关利、闭口凡占莫测机、不行传者考初时。《课经》：夜占亥加子，太常乘日之长生临支，交车相合，主宅中有婚姻之事，或开彩帛铺，或开酒食店。三传皆在四课为盘珠格。若太岁日月临传，主事远大，谋为得遂。

---

① 校者注：原文每一课均无"课格""课意"四字，四字均为点校者所加。

甲子日第三课

财　元元　空戌
官　后白　壬申　支三合　地医
子　螣青　庚午　支冲　六仪　干奇

```
    后白 元元 元元 白后
     申   戌   戌   子
     戌   子   子   甲
```

```
           合合  朱勾
勾朱  卯   辰   巳   午  螣青
青螣  寅                未  贵空
空贵  丑                申  后白
白后  子   亥   戌   酉  阴常
         常阴 元元
```

课格：比用，悖戾，斩关，励德。

课意：不待启齿，慨然而惠，昼卜如言，夜占仔细。

解曰：支来生干，是慨然上门而惠我也，何待启齿？昼占则上乘天后，又益其生，所以如言。夜则乘虎，反主惊疑，所以更宜仔细。若贪初传之财，引入鬼乡与脱气之地，申坐戌空，三传系三旬空亡，占事到底无成，不可以先空后实许之。末传虽助初，则反克干上之神。若有妄动，后必有祸。况戌财既系旬空，两元相夹，得不偿费，又三传间退，所谓倒拔蛇者是也。日财坐空，乘元临支，防有失脱。

断曰：此课所占，多是外事。占忧疑自散，灾害不成，祸乱不作。

天时：当日有微雨或雪。家宅：防有虚耗，门户未宁。婚姻：难成，成亦必至暌离；占女黑而越礼，女就男家。产孕：得男喜，申日可生。功名：总是虚华①，徒劳心力。求财：惟利白手空拳，反有所获。逃失：难捕，虽闻其声，不见其人。出行：马带青龙，一路安逸，天气晴明，但恐关津阻碍。行人：初传空亡，行人当未归，应在半途。遗失：有家奴盗去，亦未入手。出兵：多见阻滞，劳而无功，敌使所言，情事不实。委托：惟当守正，不可托人。

《毕法》云：避难逃生须弃旧（初传旬空，中传日鬼，末传脱气，皆无益，止宜就干上子水受之）、踏脚空亡进用宜、虎临干鬼凶速速（申加戌，昼将乘虎可畏，而申坐戌空，虎阴上乘午火，亦能制虎）。《古鉴》：此课脾病，脉短病重，发用戌土乘武，四课不足，幸末传龙能克虎制鬼，久而自安。

---

① 通"花"。

甲子日第四课

子　螣青　庚午　支冲　干奇　仪神
兄　勾朱　丁卯　羊刃
父　白后　甲子　盗神

```
       螣青 阴常 后白 常阴
        午   酉   申   亥
        酉   子   亥   甲
```

```
         勾朱 合合
青螣 寅   卯   辰   巳 朱勾
空贵 丑            午 螣青
白后 子            未 贵空
常阴 亥   戌   酉   申 后白
         元元 阴常
```

课格：元首，三交，三奇，高盖，天烦。

课意：生空鬼存，破败家门，临难闭口，贵不施恩。

解曰：干上亥乃空生，支上酉乃实鬼也。酉为旬尾，居于宅上，闭口可以免难。酉破子水，子又败于酉，故主门户破败。两贵入狱，自己尚不能安，何有恩惠之施于人哉？

断曰：元首之卦，以尊制卑，以贵制贱。占事多顺，起于男子。为臣，忠；为子，孝。讼利先举，为客者胜。

天时：大晴。家宅：多有生意，门户若有酒馆食店或筵会之类，必能发福。婚姻：可成，女子美好。谋望：勤苦方成。遗失：在道路中获。出行：必见阻隔。产孕：恐是女胎，产时惊恐。行人：马临病气，当为病阻。疾病：主喘咳劳伤，发于肺，及于脾，虽重无害。出兵：发用青龙，有大胜之兆，冬春吉，夏秋忌。

《毕法》：六月占，亥加甲，亥为木之长生，父母爻空，又是死气，主父母有灾。又子将加卯，青龙发用，主文职。卯木官星乘雀，主文字发科。元首，主首擢。午为天马，卯为天车，子为华盖，为高盖乘轩。火为威仪，主礼部，数二，主品极尚书。末传为归结，子与天后相乘，主寿八十一。支上见酉，主招女，乘太常，主聪俊，配武弁。《指南》：卯年十一月，寅将加巳，龙神发用无气，又上克下，当暂归林下。明春禄马生起龙神，又当应召出山，位列公卿。德蛇相加，有邪正同处之象。

甲子日第五课

```
财    合合   空戌
子    后白   庚午   支冲  干奇  仪神
兄    白后   丙寅   驿马  天医  日德  日禄
```

```
       元元 螣青 后白 合合
        辰   申   午   戌
        申   子   戌   甲
```

```
          白后 常阴
空贵  丑   寅   卯   辰  元元
青螣  子              巳  阴常
勾朱  亥              午  后白
合合  戌   酉   申   未  贵空
         朱勾 螣青
```

课格：重审，斩关，炎上，狡童，泆女。

课意：支干互克，各被相触，昼畏中传，亡财失仆。

解曰：干上戌克子，支上申克甲，是各被相触也。中传午遁旬庚，上乘白虎，至凶至恶，纵空亡不能为解。《毕法》云：虎乘遁鬼殃非浅，占病甚危。初戌财仆既为旬空，又遭夹克，则仆亡财失，所不免也。

断曰：重审之卦，传见炎上，主多虚少实之象。以墓临生，明事反暗，求谋失意，事有难成，不可托人，亦不可投谒。解散忧疑则吉，守旧则亨。九流僧道，白手求财，无心谋干者，可望成就。盖重审以下克上，以卑犯尊，以贱役贵。事多不顺，起于女人，多是内事。阴小在下，不可遂意而行。课体虽曰芜淫，亦不止夫妇阴私暗昧也。

天时：晴，不雨。家宅：破耗致穷，常人有官事。婚姻：暗而不明；后克龙，辰克日，主女妨夫。产孕：男胎不实，防有伤损。疾病：属肺与大肠，久病则凶。出行：不利。行人：未至。遗失：为家人隐匿难寻。捕获：贼在东南，音信不实，捕之无踪。出兵：辰上克日，夜占元武克勾，大宜谨慎。

《毕法》云：初遭夹克不由己、夫妇芜淫各有私、六阳数足须公用、后合占婚岂用媒？《心镜》云：干将就子忧甲克，子近甲兮魁必侵；妻怀内喜私情有，甲子相生水合金。

甲子日第六课

```
兄   白后   丙寅   日德 日禄 驿马
官   朱勾   癸酉   六破
财   元元   戊辰   天贼 支墓
```

```
     白后  贵空  元元  朱勾
      寅    未    辰    酉
      未    子    酉    甲
```

```
                 空贵  白后
青螣  子         丑    寅    卯   常阴
勾朱  亥                     辰   元元
合合  戌                     巳   阴常
朱勾  酉         申    未    午   后白
                螣青  贵空
```

课格：知一，长幼，度厄。

课意：彼己遭孽，无德可说，惟忌交关，家道歇灭。

解曰：酉克干，未克支。寅乃日德，既已被克，则无可说矣。若论交关，则未墓干而酉败支，不惟家道消歇，人亦昏晦。财生干上之鬼，不利干谒，求财须防祸发。

朱雀作日鬼加于干上，在朝官员宜防弹劾。若上书献策，反受责斥。

断曰：知一之课，一曰比用，主转手托人之象。初传见禄马，君子占之可望动迁，但发用坐于墓上，凡事自招暗昧。且比用为同类，或有朋友谗妒之者。事主外来，利主不利客。又为闭口，凡事多不肯言，恩中生害，事有含冤。

天时：夜占虎乘寅临未，有大风，巳日可以望雨。家宅：常人有官讼是非，受贵人愚弄诳诈。疾病：伤于饮食，翻胃吐逆，或至不语，或至绝粒，尚可医。婚姻：难以成就，亦主克害。出行：防有是非，欲动身而有阻。行人：即可到家，路上防小人偷窃。产孕：胎神临于德禄，生女必有厚福。遗失：为粗眉大目人盗去，反要生事相害。捕盗：人在东南，难获。出兵：主有恩命，未获全功。

《毕法》云：干支全伤防两损、害贵讼直遭屈断。《古鉴》：九月卯将加申，占病，此人因往妻家有染，遂得阴症成痨。盖今日之干加未，未为妻家，天后在上，乃妻家之妇人。酉为色，勾陈为思虑，又酉为闭口，是思虑不敢言而成病也。

甲子日第七课

兄　白后　丙寅　日德　日禄　日马
官　螣青　壬申　地医
兄　白后　丙寅　天医

　　　　青螣　后白　白后　螣青
　　　　子　　午　　寅　　申
　　　　午　　子　　申　　甲

　　　　　　　青螣　空贵
勾朱　亥　　子　　丑　　寅　白后
合合　戌　　　　　　　　卯　常阴
朱勾　酉　　　　　　　　辰　元元
螣青　申　　未　　午　　巳　阴常
　　　　　　贵空　后白

课格：返吟，元胎，涉害。
课意：禄绝德废，以贵干贵，君子宜占，常人深畏。
解曰：寅乃日之德禄，临申被克，居于败绝之地，故云禄绝德废也。丑未昼夜贵人，彼此相加，往来反覆，有以贵干贵之象。中传青龙官动，利于君子，在常人则不免官事缠扰，非吉占也。

大概返吟诸课，事多反覆，谋望难成。
断曰：天地返吟，十二神各易其位，全无和气，来而复往，去而复来，凡事疑滞，远近关心。盖德禄既废，则动而无依，静而无倚。祸生于外，将及其身，所宜修德以召和也。

天时：夜占有雨。家宅：子孙耗费，兼有刑克，忧中有喜，喜中有忧。婚姻：交车合，媒人得力，或仆隶，或有印人；昼占女子甚凶躁，夜占则美。疾病：病属火症，或心血不足，防翻覆，秋占不吉。出行：半途而返。行人：即至。官讼：有刑责。胎产：应生长男，临期易生。出兵：防有奔败，众人亦恐离散。

《毕法》云：虎乘遁鬼殃非浅、干支值绝凡谋决。《指南》：亥将加巳。现任得夜贵，德丧禄绝，必将去位。朱雀月将加巳生日，四月有温旨相留，二马逢冲，秋必驰驿而去。《古鉴》：申年二月，亥将加巳。行年见子，子水生于申，申加于天后，初末皆见天后为雨露。申为尊长，寅为卑下，官星见两重雨露，当父子及第。甲以午为子，宅上子水克之，午为离、为目，子当病目。

甲子日第八课

父　青螣　甲子　盗神　福星
子　阴常　己巳　破碎　支德
财　合合　空戌

```
合合 阴常 青螣 贵空
 戌   巳   子   未
 巳   子   未   甲
```

```
合合  　　勾朱 青螣
         　　　
 戌   亥   子   丑   空贵
朱勾 酉               寅   白后
螣青 申               卯   常阴
贵空 未   午   巳   辰   元元
          后白 阴常
```

课格：知一，铸印，乘轩，度厄。

课意：夜贵初害，事小凶大，行人未归，彼此龃俉。

解曰：初传子害干上贵人，讼虽直而遭屈，事虽小而得凶。墓神覆日，占身则昏滞，占病则沉困，占行人则未归。干欲脱支，反被支上巳火脱去，是彼此欺诳。若市井牙侩之相与，全无实心也。

断曰：此见机之卦，欲用不用，欲言不言，事非一端，从中取用，进退不定，凡事有迟疑之象。发用又见六害，虽见生我助我，亦为无益。盖阴阳犹未通，血脉犹未和也。

天时：夜占龙神发用，至未日有雨。婚姻：夫妇受制，未必成就。疾病：齿痛呕血或惊悸之症，治之易痊。家宅：墓神加干，主人昏暗，只能利益于人，防小口病。求财：暗昧不明之财可得。谋望：先难后易。遗失：是文书、食物之类，宅里寻。捕获：在南方马市，却难寻获。出兵：恐有改图。

《毕法》云：害贵讼直遭屈断、彼此猜忌害相随。《古鉴》：申年二月，亥将加午。未墓加甲，谓之日入墓。墓上得子，六害相穿。未为眷属，上见天空而害于子水，父母螣蛇绕之，传归宅上，必因家眷入宅起讼。巳为破碎，为厨灶，乘太常是有服人分争。巳火为子，末传刑起未中丁火，应添小口。行年即寅，故当年兴讼。日上是未，故讼起六月。

甲子日第九课

财　元元　戊辰　支墓
官　螣青　壬申　地医
父　青螣　甲子　盗神　福星

　　　螣青　元元　合合　后白
　　　申　　辰　　戌　　午
　　　辰　　子　　午　　甲

　　　　　合合　勾朱
朱勾　酉　戌　亥　子　青螣
螣青　申　　　　　丑　空贵
贵空　未　　　　　寅　白后
后白　午　巳　辰　卯　常阴
　　　阴常　元元

课格：元首，润下，斩关，闭口，励德。
课意：昼虎遁鬼，传将俱水，既历灾危，然后美已。
解曰：午虎遁庚而为干鬼，其祸其速。幸三传皆水，可以制鬼而生干。未免先历灾危，后臻美利也。
　　支乘坟财，干并午虎，占病者庚午日凶。
　　元武乘神临于旬首，即为闭口课，不必旬尾加旬首也。更兼壬癸水将，多因私事，假借成公。
断曰：元首之课，以尊制卑，以贵役贱。事多顺绪，起于男子。事非一人，或关乡邻，或牵亲友。克应之期，未即归结。
天时：连绵有雨。家宅：防有动摇，家长有力，但财不能足用。考试：不利。求财：难得，恐为小人所夺。婚姻：大不吉。疾病：虚怯之症，医治可愈。胎产：胎不安，产不育。出行：旱路平安，水路有失。捕获：闭口课，大宜捕盗。商贾：必然折本，在路羁程。出兵：主胜，但恐将不得力。
《毕法》云：三传递生人荐举、支坟财并旅程稽、夫妇芜淫各有私、虎乘遁鬼殃非浅、合中犯煞蜜中砒。《课经》云：甲克支上辰土，支克干上午火。若男年命在支上，女年命在干上，谓之真解离卦。又斗罡系日辰阴阳发用，为死奇。天罡，辰也，灾劫恶煞，相并克贼，乘白虎更临岁月之上，为三死课。天罡临日，则旬内忧；临辰上，则月内忧；临岁，则岁内忧。

甲子日第十课

```
官  螣青  壬申  地医
父  勾朱  空亥  日解 亡神
兄  白后  丙寅  日德 日禄 日马
```

```
       后白 常阴 螣青 阴常
        午   卯   申   巳
        卯   子   巳   甲
```

```
                  朱勾 合合
螣青  申         酉   戌    亥  勾朱
贵空  未                    子  青螣
后白  午                    丑  空贵
阴常  巳         辰   卯    寅  白后
                元元 常阴
```

课格：重审，元胎，苟察。

课意：止宜散虑，两贵皆怒，支干俱刑，家庭难住。

解曰：干支俱被上神脱去，止宜散忧释虑而已，占事则无气也。两贵入狱，干谒非其所喜。干支各自相刑，子卯属于门户，门户不利，所以难住。

中末长生、德禄既空，独存申金，乃日之鬼，所谓"不行传者考初时"也。

断曰：初传克制末爻，德禄又临于空地，一切谋为有始无终，不能如意。中末皆空，但以初爻断其事类。

天时：昼占，雨；夜占，晴。家宅：干支俱脱，恐遭盗贼，人宅俱不平安。功名：虽有虚名，不能长久，或有官无禄。求财：无望。官讼：自相矛盾，官不肯休。胎产：女胎，顺利。行人：马空，未至。出行：当从水路，陆行防病。婚姻：可成，夜占女子能饮。疾病：禄神空，恐不能食；春夏占，医人得力。出兵：虽有胜兆，必见耗财失众。

《毕法》云：人宅受脱俱遭盗、脱上逢脱防虚诈、不行传者考初时。《课经》云：吉神受制，喜必虚声。《指南》：丑年五月，申将加巳。月将龙官内战，必因执政败事。干乘飞符，支见游魂，目今人宅必有灾非。又丁动刃逢，贵履地网，必见公讼拘系。幸勾阴生日，事可辨①雪。德神禄马，会入天门，定然位居显要，但值旬空，难以久远。

---

① 同"辩"，下同。

甲子日第十一课

```
财  合合  戊辰    天贼    支墓
子  螣青  庚午    仪神    干奇
官  后白  壬申    支三合  地医
```

```
       合合 青螣  螣青 合合
        辰   寅    午   辰
        寅   子    辰   甲
```

```
              后白  阴常
        贵空   未    酉   戌  元元
        螣青   午         亥  常阴
        朱勾   巳         子  白后
        合合   辰   卯    寅  丑  空贵
                  勾朱  青螣
```

课格：重审，不备，斩关，登三天，狡童。

课意：初财夹克，中午脱气，末乃虎鬼，惊危至矣。

解曰：初传辰为日财，既被甲克，又被六合卯克，即《毕法》所谓"初遭夹克不由己"也。中传午为子孙，而申加于午，是子孙与鬼为朋，不可恃以为救。惟幸甲干投于支上之子而就生，亦可以避难逃生耳。

辰乃日财，即支之墓，所谓"支坟财并旅程稽"。行商者占此，必致折本，阻于道路。

又干禄临支，占官者，必非正印。

断曰：此卦求官，愈尊愈吉，利于干谒天庭之事。小人得此，反为不利。盖知一之课，必知其一而后可用也。

天时：云浓有雨。家宅：家中动作皆宜，宅母主事，有赘婿在家。仕宦：有不次之擢。求财：可望。婚姻：急宜成就，后有好子。疾病：怒气伤肝，医人有力，在东南方住。出行：陆行有阻，水路大吉。行人：失利未归。出兵：得全胜，且获金宝玉帛。胎产：定是男喜，母子俱安，产期甚速。

《毕法》云：权摄不正禄临支、虎临干鬼凶速速、初遭夹克不由己、后合占婚岂用媒？避难逃生须弃旧、罡塞鬼户任谋为。《中黄经》云：辰午申为课，三天不可登；病死遭刑殗，讼须省部陈。《括囊赋》：日临辰位，招两姓以同居。

甲子日第十二课

```
财  合合  戊辰  天贼
子  朱勾  己巳  支德
子  螣青  庚午  支冲 仪神 干奇
```

```
        青螣 空贵 合合 勾朱
         寅   丑   辰   卯
         丑   子   卯   甲
```

```
        贵空 后白
螣青 午   未   申   酉 阴常
朱勾 巳             戌 元元
合合 辰             亥 常阴
勾朱 卯   寅   丑   子 白后
        青螣 空贵
```

课格：重审，进茹。

课意：解释忧疑，值此偏宜，求谋进取，寸步难移。

解曰：初乃夹克之财，临于六害，中末传皆脱干气。占者值此，止宜解释忧疑而已。干支皆乘旺气，一动即变为罗网，必触祸机，所以寸步难行也。

日阳克辰之阳，辰阴克日之阴，名杂乱课。在内在外，皆有不足之心。末助初传，先难后易。卯乘朱雀临寅，主有口舌、文书之事，进凶退吉。

卯乃丁神，十一月占，寅为天马，丁临天马，主有非常之动。若丑为本命，名曰本命恋宅，乃无动意，此法极验。盖丑加于子，为恋宅也。

断曰：连茹而进，泄气太甚。若春夏昼占，亦有子孙发贵之象。占此者，不有文书临门，必有口舌生事，亦当谨慎火烛。

天时：久晴无雨。家宅：宅有贵气，或贵官长者旧房，或有子在朋友上用情，以致耗费。功名：剥官煞旺，不利仕途。求财：三传皆子孙，不求财而财自至。疾病：不思饮食，医有速效。胎产：女孕，平安。行人：必因天时所阻，或阻于交易和合之事。出行：防有口舌牵连。婚姻：系贵家女，媒妁亦得力，他日必能持家生好子。官讼：得脱囚系。捕获：盗在正西方，系奴仆军役。出兵：防劫营。

《毕法》云：所谋多拙遭罗网、初遭夹克不由己。《课经》云：阴阳拱夹，奇偶有主；凶则重重，吉当累累；时旱多晴，天阴久雨。

乙丑日第一课

```
财　勾勾　戊辰　羊刃　六破　支墓
财　白螣　乙丑　福星　破碎
财　阴阴　空戌　勾神
```

```
　　　白螣　白螣　勾勾　勾勾
　　　丑　　丑　　辰　　辰
　　　丑　　丑　　辰　　乙
```

```
　　　　　朱空　螣白
合青　巳　午　　未　　申　贵常
勾勾　辰　　　　　　　酉　后元
青合　卯　　　　　　　戌　阴阴
空朱　寅　丑　　子　　亥　元后
　　　　　白螣　常贵
```

课格：伏吟，稼穑，斩关。

课意：木克九土，生阴生虎，伤食病胃，贪财祸阻。

解曰：日干一木而课传九土，身极弱而财极重，贪财有祸，此之谓矣。贪多则伤，且生太阴白虎之金，转而克我，病讼之祸，岂能免乎？

伏吟诸神各归本家，天地如一，伏而未发之象，稼穑有艰难之意。占得此者，名为鲸鲵归涧，凡事逼迫不由己出。若遇雷神，方能变化。斩关之课，不能安居。惟利隐身避难。暗中不顺，多见更改，或有中止。

断曰：此卦财多身弱，力不堪财，亦恐因财起祸。若得本命行年有生助之神，或冬春木旺，乃可无虞。诸事皆急于前而缓于后，劳而无功，成而不久。惟忧疑患难，却能解散也。

天时：亢旱无雨。家宅：有强梁之妻，把持门户，招事生非。求财：财多反财亏。婚姻：不吉，女亦凶恶。疾病：胃满腹胀，身体黄肿，医药不效。胎产：女胎，难养。出行：不能安居，却有阻滞。行人：羊刃临身，恐有刑伤，且恐勾留。出兵：昼将吉，夜将不利。坟墓：防有破坏。

《毕法》云：首尾相见始终宜、全财病体难担荷、用破身心无所归。《课经》云：乙日用起见天罡，地上辰昏同此方。象里争端须预备，或于失脱见乖张。

乙丑日第二课

父　常贵　甲子　游都　支合
父　元后　空亥　盗神　日医　大煞
财　阴阴　空戌　勾神

```
        元后 常贵 空朱 青合
         亥   子   寅   卯
         子   丑   卯   乙
```

```
              合青 朱空
勾勾　辰　　巳　午　　未　螣白
青合　卯　　　　　　　申　贵常
空朱　寅　　　　　　　酉　后元
白螣　丑　　子　亥　　戌　阴阴
              常贵 元后
```

课格：重审，退茹，龙德，励德。

课意：彼此无礼，丁禄难倚，凡占凶甚，婚姻为美。

解曰：子卯相刑，谓之无礼。今卯禄乘丁，而被刑于子，乌足恃也。中末空亡，惟解忧释患则可，岂有利于常占乎？子乘太常而合于丑，谓之牛女相会，故占婚姻则吉也。

夜占则帘幕临于支上，凡占帘幕官者，不喜空，不喜墓，不喜克，而空亡尤甚，使试官略不视其文卷。又朱雀所乘之神若克帘幕，其文必不能贴合主司之意。

干上卯辰相害，支上子丑相合，有自己煎熬，他人逸乐之象。

断曰：此卦旺禄临身，止宜守旧，自有财禄。妄动则变为罗网，祸且不测。当静以镇之，正以持之，不出户庭，乃为良善。

天时：有雨不大。家宅：防盗贼，屋少人多，奴仆不得力。胎产：女胎，见红不妨。疾病：手足拘挛，久病有碍。遗失：在宅内北方可获。出行：旱路平安，水路恐防有盗。行人：思归，未至。求财：止得本分之财，求之宜早。功名：未遇。见贵：在家，可谒。出兵：彼此相持，彼兵自乱，但恐有劫营暗通者，谨防之。

《毕法》云：旺禄临身徒妄作。《指南》：戌将加亥，占鸦鸣。游都贼符临干支，右见驿马、元武，左见劫煞贼符。主有贼八九人，自东北来劫邻人衣物，渡河而去。子发用，故来自东北。子加丑，为八九之数，勾陈遥克元武，五日后必获。

乙丑日第三课

父　元后　空亥 _{盗神　日医　大煞}
官　后元　癸酉 _{地医}
财　螣白　辛未 _{日墓}

^{后元　元后　常贵　空朱}
酉　亥　子　寅
亥　丑　寅　乙

　　　　^{勾勾　合青}
青合　卯　辰　巳　　午　朱空
空朱　寅　　　　　　未　螣白
白螣　丑　　　　　　申　贵常
常贵　子　亥　戌　酉　后元
　　　　　_{元后　阴阴}

课格：重审，间传，时遁。
课意：虎墓辛随，行人病归，名还魂格，迤逦生之。
解曰：凡三传入墓，行人必至。今墓上乘虎，所以病归也。亥乃空亡作用，得末传未土生酉，中传酉金生亥，迤逦相生，故曰还魂。然亥属空亡，终究无力，虽生犹不生也。末传财爻，遁为辛鬼，而乘白虎，求财者岂能免于祸乎？谋事有始无终，见美不美。夜占主有失脱。

末传未加酉上乘虎，占物，主茶叶。此课乃三旬空亡。

断曰：此卦五行潜于湮没之地，四时入于衰败之乡，闭塞不通，暗昧不明。占者身见孤独，别离乡井，虚耗财物，有自立门户之象。惟僧道相宜，余人则否。

天时：密云不雨，阴晴未判。家宅：人旺宅衰，尊长有碍。疾病：肾家虚损，新病解禳，久病则危。考试：文字蒙晦。求财：急于取利，须防祸患。仕宦：马空禄绝，不利差遣。胎产：怀妊有病，婢妾之孕。出行：旱路平安，水路防盗。行人：驿马空，行人未至。出兵：宜止而不行，勿为所诈。

《毕法》云：三传递生人荐举、有始无终生值墓、干乘墓虎有伏尸、贵人坐狱难干贵。《时遁诗》云: 时不利兮遁闷之，亥酉未兮报君知。君子待时方可吉，小人病患且防危。

乙丑日第四课

```
财  青螣  乙丑  福星  破碎
财  朱阴  空戌  勾神
财  后白  辛未  干墓  六冲
```

```
       后白 朱阴 朱阴 青螣
        未   戌   戌   丑
        戌   丑   丑   乙
```

```
         白合 常勾
空朱  寅  卯   辰   巳  元青
青螣  丑                午  阴空
勾贵  子                未  后白
合后  亥  戌   酉   申  贵常
         朱阴 螣元
```

课格：稼穑，赘婿，励德，游子，三丘，五墓。

课意：循环周布，昼夜辛墓，处此危疑，自来相顾。

解曰：三传不出四课，为循环格。凡事萦纡，不能直遂。课传纯财，嫌财太盛。《毕法》所云：传财太旺反财亏也。末传墓神乘虎，又遁辛鬼，可谓危疑至矣。未为日干之墓，而日干自去临于未，受未之墓，日干又能克未，所谓自来相顾也。支为干之财，上门而利于干，故占者最宜坐守此利。若贪而多取，必有祸矣。所当安于义命，乃为元吉。

断曰：鬼墓加干。墓者，五行潜伏湮没之地，四时虚绝衰败之乡，闭塞不通，暗昧不明。凡占者若有鬼墓加临，必有潜谋暗算，背地侵扰之者。占在病讼，尤为大忌。必三传年命，幸遇冲散，方可免难。

天时：久晴难雨。家宅：虽有田园，反为所累，尊长有悔。功名：财旺生官，恐有丁艰。疾病：大约脾肾之病，惟宜减食节欲，静以养之。胎产：是男喜，防有病。求财：虚而不实。出行：鬼墓临身，出门不吉。遗失：当在土中。捕获：夜占贼在西北方贵弁家。出兵：暗中有损，谍报军情，不可轻信。

《毕法》云：人宅坐墓甘招晦、全财病体难担荷、宾主不投刑在上。《照胆秘诀》云：辰阴刑辰罡处孟，定招卑幼惊惶横。夜占，戌作朱雀加支，宅中斗斛最多。

乙丑日第五课

```
子  元青  己巳   干奇 六仪
财  青螣  乙丑   福星 破碎
官  螣元  癸酉   医①神 地医
```

```
       元青 螣元 贵常 勾贵
        巳   酉   申   子
        酉   丑   子   乙
```

```
           空朱  白合
青螣  丑   寅    卯    辰  常勾
勾贵  子               巳  元青
合后  亥               午  阴空
朱阴  戌   酉    申    未  后白
           螣元  贵常
```

课格：从革，乙奇。

课意：外勾里连，虽被熬煎，众金生水，昼贵同全。

解曰：丑往加于巳，遂成金局伤干，是家中之人外勾里连以酿祸也。幸全金生起子水，而昼贵三传天将，俱来育身，是始虽煎熬，尚赖昼贵人之力，窃其金气，用以解祸。三传递生，以生干上之神而生干。则子之一字，乃全体化煞生身之神，所谓引鬼为生者也。

乙干克丑支为财，而支上乘鬼，求财者不免自惊危中取之。

干上子，支上酉，谓之首尾相见。

断曰：课名从革，先从后革。凡事多有阻滞，有气则革而增进，无气则革而退失。四课发传，又名蓦越，有意外之忧喜。

天时：有雨，恐连绵。**家宅**：宅主健旺，宅母有病；四月占，尤有刑克。**功名**：官文两旺，前程万里。**求谋**：革故从新，渐入佳境。**婚姻**：女贪男家，能主家政。**胎产**：胎安；难产。**疾病**：咳嗽劳伤之症，十月占之大凶。**官讼**：始怨终德，终成和好。**遗失**：是婢女窃去。**捕获**：贼党甚多，急难捕捉。**出兵**：大获全胜，彼必自来投诚。

《毕法》云：众鬼虽彰全不畏、贵虽在狱宜临干、一旬周遍始终宜、帘幕贵人高甲第、合中犯煞蜜中砒。《指南》：二月，亥将加卯，占会试，传将递生，格合周遍，且干支交车生合，主文思滔滔。又朱雀遁丙乘旺，主文词华丽，高中无疑。

---

① 原文字迹模糊，貌似"医"，暂以"医"代之，下同，以待高明。

乙丑日第六课

兄　白元　丁卯　禄神
财　朱朱　空戌　勾神
子　元白　己巳　寡宿① 六仪 干奇

白元 贵勾 阴空 合螣
卯　申　午　亥
申　丑　亥　乙

青后　空阴
勾贵　子　丑　寅　卯　白元
合螣　亥　　　　辰　常常
朱朱　戌　　　　巳　元白
螣合　酉　申　未　午　阴空
贵勾 后青

课格：知一，斫轮，四绝，察微。

课意：生虚鬼实，仕宦占吉，夜因神愿，禄动危失。

解曰：亥水空而申官实，是隆虚名受实害也。卦得斫轮，仕宦最宜，武职占之，尤有威权也。夜贵乘鬼，临于支上，病者急宜祈祷神祇，了还香愿，方得痊吉。卯为日之禄神，既被申克，昼占乘元，则为闭口；夜占乘虎，又逢丁神，其动如此，病者岂不危乎？

昼占帘幕临于支上，占考试者，当有同里之人，或系祖辈尊行，暗中摸索，有水乳之投。

断曰：生我不生，禄我不禄。求官见贵，虽有喜悦之象，不过深情厚貌而已，难用其力也。密云不雨，凡百占者，皆宜知机而退，守正待时，自有不期然而然之妙。

天时：有风，微雨。家宅：尊长有灾，防损小口，宅母当权，土木兴工。仕宦：任所不远，恐不能久任。功名：昼占可望中式，但恐未必正榜。求财：只宜得本分之财，不能大旺。婚姻：夜占主贵介之女，人亦端好，但不能助夫益子。疾病：胃口不开，肺家亦有病，急还家堂旧愿，医人不得力，秋防加病。胎产：虽是男胎，恐是虚喜。出行：宜于水路，利见贵人。行人：马空，未至。行师：不宜躁动，为主者胜。遗失：在门内寻。捕获：四月占之，即见擒获。

《毕法》云：避难逃生须弃旧、闭口凡占莫测机、鬼乘天乙乃神祇。《玉成歌》云：日鬼加临辰两课，必然官吏到门庭。

---

① 校者注：原文字迹模糊，貌似"寡宿"，但查无此起例，而有辰见巳为孤神、丑见戌为寡宿（参考第七课）者，大抵乙辰同宫也。在此注出，以待高明。

乙丑日第七课

```
财  朱朱  空戌   孤神 勾神
财  常常  戌辰   六破 支墓 羊刃
财  朱朱  空戌   孤神 勾神
```

```
     青后 后青 常常 朱朱
      丑   未   辰   戌
      未   丑   戌   乙
```

```
          勾贵 青后
合螣  亥   子   丑   寅  空阴
朱朱  戌                卯  白元
螣合  酉                辰  常常
贵勾  申   未   午   巳  元白
          后青 阴空
```

课格：返吟，稼穑，斩关，关格。

课意：日墓临支，宅有伏尸，三传俱陷，妻丧财遗。

解曰：支乘墓虎，则有伏尸。今未为乙之墓，虽临于支，而昼夜贵神并未乘虎，然亦以伏尸同论者，虎异而墓同也。三传往来俱陷于空，而皆属于妻财，则占妻者必有鼓盆之患；占财者必有致寇之凶。谓之妻丧财遗，不亦宜乎？

朱雀主文章，陷空无气，必然抄袭旧文，不明题旨。

春秋占，诸事获吉。

丑加未，夜将乘青龙，主有雨。

断曰：返吟之卦，孤神无依，事多反覆，百凡疑滞。三传皆财神往来，必有因财而起争端者。斩关发用，有逃亡避难之象。传见孤辰，有别离乡井之象。

天时：乍晴乍雨。家宅：人口不安，宅东有女人墓作祟。婚姻：昼占女子甚秀美，却恐有破败之者。胎产：应得女胎，生亦易育。考试：文字空虚，不贴书意。求财：主有争斗。疾病：口舌起病，不思饮食，即好亦防翻覆。出行：水路可行，恐中道而返。行人：近者即至。遗失：在旧地寻觅。捕获：逃去已远。出兵：须别寻良策，庶可建功。

《毕法》云：全财病体难担荷、来去俱空岂动移？《玉成歌》云：返吟占事休言定，往复双双两事因。常占须主身摇动，不动人情有怨心。

乙丑日第八课

```
兄  空阴  丙寅
财  后青  辛未  干墓  六冲
父  勾贵  甲子  游都  六合
```

```
      合螣 阴空 空阴 螣合
       亥  午  寅  酉
       午  丑  酉  乙
```

```
            合螣 勾贵
朱朱  戌   亥  子   丑  青后
螣合  酉              寅  空阴
贵勾  申              卯  白元
后青  未   午  巳   辰  常常
           阴空 元白
```

课格：重审，励德，天狱。

课意：凶里藏利，迤逦而至，昼传夹克，寅全死气。

解曰：酉来克乙，可谓凶矣。得支上午火克之，遂迤逦至末，皆为财也。但三传昼占皆系夹克，则财已无气，而费用百出，争竞多端，岂能安享而无事乎？

干上克初，初克中，中克末，为求财大获。

酉为日鬼，午火克制酉金，所谓制鬼之位乃良医也。占病当有本家亲人医治，占灾亦有人解救，占讼亦有人辨雪。酉为明鬼，午遁庚为暗鬼。干酉支午，又为四胜煞。凡占皆有自逞其能，邀功见美之意。

断曰：此课三传全受夹克，凡事不能由己，忍耐为佳。

天时：水升火降，当有雨。**家宅**：主有火烛血光之灾，阴私口舌之事。**求财**：必主大获，耗费亦重。**婚姻**：干支俱乘桃花咸池，不成为妙。**胎产**：是双生，一男一女。**出行**：正九月不利远行。**行人**：传墓为来，行人远至。**捕亡**：易获。**遗失**：在木柜上寻。**出兵**：多在中途止息，大宜防夜。

《毕法》云：宾主不投刑在上、制鬼之位乃良医。《古鉴》：八月，卯将加戌，占脱保正。此名官鬼缠身，初传功曹，身已入官，焉能得脱？乙见酉官，螣蛇缠绕，必被勒认。初传天空，不认即当入狱。中传天后，认即无事。末传勾陈，子未相穿，断然难脱，脱亦复作。支上午作太阴，与我关说，却为他人作内鬼也。

乙丑日第九课

官　螣合　癸酉　医神　地医
财　青后　乙丑　福星　破碎
子　元白　己巳　干奇　六仪

　　　　螣合　元白　勾贵　贵勾
　　　　酉　　巳　　子　　申
　　　　巳　　丑　　申　　乙

　　　　　　朱朱　合螣
螣合　酉　　戌　　亥　　子　勾贵
贵勾　申　　　　　　　　丑　青后
后青　未　　　　　　　　寅　空阴
阴空　午　　巳　　辰　　卯　白元
　　　　　　元白　常常

课格：重审，狡童，从革。

课意：俗庶难任，病讼俱兴，守官宜卜，俸倍职升。

解曰：纯金克身，末传乘虎，庶民遇之，岂能免于病讼？若夜占乃贵德临身，能除一切凶咎。官爻重叠，而催官又临宅上，仕宦得此，知必能升俸增秩矣。

金局并来伤干，昼占凶不可遇。若用夜贵，则初传酉金上被蛇克，下被巳伤，又被中传丑土来墓，末传巳火来克，则酉金全然无力。

酉加巳为胎坐长生，大宜占孕，不利占产。又丑加酉为腹胎格，来人值此，必占妻孕。缘丑为腹，酉胎在腹内也。

断曰：从革之课，革故鼎新，事主冗杂不一，动摇不定。凡占诸事，皆有迟疑不进之象。

天时：风雨兼至。家宅：有阴私暗昧之事，当以礼自防为吉。婚姻：女益男家，然合中有刑，不免妨害。胎产：男喜，难产。官讼：牵连众人，秋占可虑。疾病：患不一症，肝经受伤，难治。出行：不宜远行，陆路遇贵。行人：得利即至。捕亡：可获。遗失：家中二女窃去。出兵：大宜斟酌。

《毕法》云：贵虽坐狱宜临干、鬼乘天乙乃神祇、后合占婚岂用媒？众鬼虽彰全不畏、制鬼之位乃良医、传墓入墓分憎爱。《中黄经》云：日辰衰木见真金，三传无火却成坭。

乙丑日第十课

财　螣青　辛未　干墓　六冲
财　阴朱　空戌　孤神　勾神
财　白后　乙丑　福星　破碎

```
螣青  勾常  阴朱  螣青
 未    辰    戌    未
 辰    丑    未    乙
```

```
           后合  阴朱
 贵勾  申   酉   戌   亥  元螣
 螣青  未            子  常贵
 朱空  午            丑  白后
 合白  巳   辰   卯   寅  空阴
           勾常 青元
```

课格：重审，斩关，富贵，丘墓，阴不备。

课意：支干乘墓，如处云雾，磨罗而归，妻财共聚。

解曰：墓覆干支，人宅昏滞，夜占未蛇更凶。乙畏未墓，归于支上，辰遁为戊，而丑中有癸，戊与癸合，则妻财聚矣。

干上虽作日财，却遁旬中干鬼。谓之财遁鬼格，必因财致祸，因食丧身，因妻致讼。

春丑、夏辰、秋未、冬戌为关神。秋占此课，乃干墓作关神发用，人口有灾。

昼贵地盘旬首，上神乘武，亦为闭口卦。

断曰：三传俱财，财多反不如意。中间见阻，却喜相冲，冲散凶事，大宜解释忧疑。然中末传空，百事逢之，到底归于散漫。

天时：昼占，雨；夜占，晴。家宅：人宅不能光明，却藏秀气；妻妾欢宁，儿孙诗礼。仕宦：昼占可望升迁，夜占迟滞。求财：须要循分守义。婚姻：可以出赘。疾病：主吐逆惊伤，或气冲而食不化，医在西南方，延之可治。出行：必有阻滞。行人：立至。胎产：男胎，立产。出兵：始虽相持，终归和好。

《毕法》云：干支乘墓各昏迷、全财病体难担荷、干墓并关人宅废、宾主不投刑在上。《指南》：二月，亥将加申，占起复进京。曰：干支乘墓，时未亨通。干神归支，利静不利动。中末空亡，半途而返。青龙居干发用，今年却当起官。年上酉为印信，阴神见贵生日，必补尚宝[①]之职。

---

① 校者注：尚宝，明朝官职。

乙丑日第十一课

官	贵勾	壬申	德神	日解	支亡神
财	阴朱	空戌	孤神	勾神	
父	常贵	甲子	游都	六合	

```
    合白  青元  贵勾  朱空
     巳    卯    申    午
     卯    丑    午    乙
```

```
              贵勾  后合
  螣青   未    申    酉    戌   阴朱
  朱空   午                亥   元螣
  合白   巳                子   常贵
  勾常   辰    卯    寅    丑   白后
              青元  空阴
```

课格：重审，间传，龙德，涉三渊。

课意：脱空昼迎，禄作元丁，干官贵怒，凶吉无成。

解曰：午乘天空，脱干之气，而能制初传之申鬼，亦一救神也。卯禄乘丁，昼占作武，恐因禄动而耗费也。夜贵坐克，日贵入狱，干贵者不逢其喜而逢其怒也。中末皆空，则吉凶两不成矣。

禄临支上，谓之权摄不正。凡占不自尊贵，受屈于人，或遥授职禄，或受宅上之禄，或将本身之禄，替于儿孙，六乙日皆同。

未加巳为两蛇夹墓，占病必有积块，占讼必被囚禁，占事必见凶祸。干上脱气乘空，名脱空格。凡占无中生有，全无实际，所谓脱上逢脱防虚诈也。

断曰：此卦事多隔手，有不能退，不能遂之象。

天时：主晴。家宅：夜占得贤妻，生好子；昼占多虚耗，防失脱。婚姻：女贪男家，亦可入赘，夜占女美。疾病：医人得力，虽危无害。胎产：男喜，八月占即生。行人：寅午日来。仕宦：可作佐贰。出行：宜从水路。遗失：财神空，恐难寻。捕亡：昼占往北方，夜占往南方。出兵：劳而无功。

《毕法》云：权摄不正禄临支、两贵受克难干贵、鬼乘天乙乃神祇、人宅皆死各衰赢。《涉三渊》诗云：欲动不动涉三渊，申戌子兮在日前；进退艰难还万状，虽然对面隔层天。

乙丑日第十二课

兄　空朱　丙寅 劫财
兄　青合　丁卯 禄神
财　勾勾　戊辰 羊刃　寡宿　支墓

```
青合  空朱  朱空  合青
 卯    寅    午    巳
 寅    丑    巳    乙
```

```
             螣白  贵常
朱空  午     未    申    酉   后元
合青  巳                 戌   阴阴
勾勾  辰                 亥   元后
青合  卯    寅     丑    子   常贵
           空朱   白螣
```

课格：元首，进茹，罗网，夹定格。

课意：支干拱传，惟喜春占，疑凶凶有，向后灾潜。

解曰：干乙支丑，夹拱寅卯辰在内，会而为木，克身克宅，凶诚不免也。春则贪其生旺，不为害矣。若一休囚，便出而为灾，故疑其凶，凶未始不有也，但潜伏而向后乃发耳。所谓"旺相相生灾未发，死囚刑克便灾临"者是也。

冬春占，又为三阳课：天乙左行，阳气顺也，一；日辰在天乙前，阳气伸也，二；用神旺相，阳气进也，三。占此者，凡事吉庆。

断曰：联茹而进，顺时而动，吉无不利矣。春占正当交泰之时，依门傍户，可显功名，亦防有兄弟牵连之祸。

天时：先雨后晴。家宅：主不聚财，且防孝服。胎产：女胎，易产，颇亦伶俐。婚姻：女家多有口舌欺诳。疾病：棺椁煞见，占病大凶。干谒：且宜止息，不利正五九月。求财：劫财重重，不能生聚。捕获：恐被伤。遗失：恐夹带在人身上。出兵：申严号令，须防间谍。

《毕法》云：所谋多拙遭罗网、彼此猜忌害相随。《通神集》云：起日离辰，不出家庭(谓四课三传，皆寅卯辰巳午也)。《玉成歌》云：三传带合须干谒，类就其干众所占(如甲乙日见寅卯入传也)。《括囊赋》云：内出外而己求，阳入阴而被索。

丙寅日第一课

兄　勾空　己巳　<small>日德　日禄　六害　三刑</small>
财　螣元　壬申　<small>天贼　支冲</small>
父　白合　丙寅　<small>游都</small>

<small>白合　白合　勾空　勾空</small>
寅　　寅　　巳　　巳
寅　　寅　　巳　　丙

```
            合白  朱常
勾空  巳    午    未    申   螣元
青青  辰                酉   贵阴
空勾  卯                戌   后后
白合  寅    丑    子    亥   阴贵
           常朱  元螣
```

课格：伏吟，元胎，自任，临官，励德。

课意：干传入支，行人远归，禄财生聚，所卜皆宜。

解曰：初从干上，末归支上，乃我托人干事也。支马在申，传归支上，行人虽远，必至。禄马长生，与财相聚于三传，所求无不遂意。但课体刑冲，善始保终为吉。

断曰：此自任之卦，又名元胎励德。占事静则宜，动则滞。事主藏匿，屈而不伸，君子守正修德则亨。求官见贵，喜逢禄马，但不脱刑冲，美中未美也。

凡占遇励德之课，当思致君泽民之意，自然有泰无否。

春夏吉，秋平，冬忌。年命在戌亥者，不利。

天时：主先晴后雨，见虹电，刮风。**家宅**：人财兴旺，不利六畜。**婚姻**：难成；昼占，子多；夜占，女性悍。**胎产**：易产，胎防犯聋哑。**疾病**：主脉紧涩，寒热，不进饮食，然末传生干，易愈。**求财**：未称意。**失物**：不出其家。**捕获**：不出邑里，动中得获。**出行**：不果，在路安。**行人**：远行回轮，近行将至，应在亥戌日。**争讼**：和息则吉，不然招刑险。**征伐**：防诈，又不动之象。

《毕法》云：我求彼事干传支(有礼下求人之意，旺相吉；凡伏吟，惟六丙日吉，缘初传为德禄，中传为财，末传为长生也，各忌空亡)。《风后元经》：丙辛日，寅为游都敌主帅，冲为鲁都敌偏帅。若临于日辰之上，敌帅当日即至。《玉成歌》云：伏吟举动心无遂，刚主行人到户庭。

丙寅日第二课

```
官  元螣  甲子   福星 戏神
官  阴贵  空亥   六破 支合
子  后后  空戌   三合 干墓
```

```
     元螣 常朱 空勾 青青
      子   丑   卯   辰
      丑   寅   辰   丙
```

```
         勾空 合白
青青  辰   巳   午   未  朱常
空勾  卯                申  螣元
白合  寅                酉  贵阴
常朱  丑   子   亥   戌  后后
         元螣 阴贵
```

课格：知一，斩关，退茹，天网。

课意：畏空官鬼，病防再至，子丑夜常，牛女合位。

解曰：亥为丙之官，子为丙之鬼。亥既旬空而临地盘子位，又日贵夜贵皆落空处。占病官鬼为主，故畏其落空，防其再发也。凡已了之事占此，俱恐复生事端，举病占以例其余耳。子与丑合，而夜占乘太常，是为牛女合位，占婚宜之。

拔茅连茹，事多蓦地；三传退神，先难后易。

断曰：此卦官贵财元皆空，求官见贵，皆枉劳心力。喜干奇支仪临日，旬奇临辰，旬仪发用，能逢凶化吉。阳日比阳，主事起同类，或自外来。大约宜改图去就。

天时：昼占，欲雨还晴；夜占，密云不雨。家宅：空阔，难居，多口舌，防火灾。婚姻：昼占不成，夜占易合，不烦媒妁。胎产：是男，难产，产或不育。疾病：暴病醮神即愈，久病医药无功。求财：微末，艰难。出行：宜迟，宜从陆。行人：近出即到，远者亥日到。盗贼：脱逃拒捕，出旬必获。

《毕法》云：屋宅宽广致人衰（支阴发用，为家鬼生支克干，惟宜兑卖宅舍，以钱预备灾患之费）、二贵皆空虚喜期（旦暮贵人皆值空亡，如干谒贵人，已蒙许允，后被他人搀越，或有人报喜，且勿信，或同姓名人，终非我喜，诚为虚喜而已，反有所费也）。

丙寅日第三课

```
子  勾朱 乙丑  日医
官  朱贵 空亥  六破 支合
财  贵阴 癸酉  破碎
```

```
     螣后 合螣 勾朱 空勾
      戌   子   丑   卯
      子   寅   卯   丙
```

```
              白青 常空
空勾 卯  辰   巳  午 元白
青合 寅            未 阴常
勾朱 丑            申 后元
合螣 子  亥   戌   酉 贵阴
        朱贵 螣后
```

课格：重审，间传，龙战，隔角。

课意：虽生难恃，子卯无礼，反为败神，切休恋贵。

解曰：木虽生火，而丙火败于卯，何足恃也？卯来刑子，子息不律，无尊卑之礼也。两贵皆空，不宜求贵。干支皆败，不宜讼争。极阴之课，课体冥蒙，合中有破，百事逢之不利。

断曰：此重审之卦，又名龙战。主身心迷惑，进少退多，必当详审而折衷于理，庶免咎悔。四时占之，皆有始无终。昼占多诈，夜占贵人登于天门，却无阻滞。若占人年命在子，两贵拱之，必有贵人虚声相助。

天时：久阴，多雨有风。**家宅**：损人口；昼占有火烛惊怪，夜占有喜事。**婚姻**：不成，成亦有刑克。**胎产**：生女，难产有惊。**疾病**：病淹缠，医不效，昼占尤为危急。**求财**：费力难得，得之亦不利己。**失盗**：为内贼，匿不出，又为捕人纵盗。**出行**：宜缓，速动防水火灾。**行人**：迟归，先得信。**争讼**：此不胜，彼破财。**兵战**：防虚诈设伏，宜坚壁清野待之。

《毕法》云：干支皆败势倾颓（干支上皆逢败气，占身气血衰败，占宅屋舍倾颓，尤不可告诉阴私，必至牵连己过，同时败露）、宾主不投刑在上（干上卯，支上子，干支上神各为无礼之刑；主交涉，各有异心，讼必两败）。《风后元经》：支上神生日上神，又两神相刑，探报半虚半实。昼占虚诈不实，归于两军和解。《指掌赋》云：大吉小吉作勾陈，斗争田地。

丙寅日第四课

```
官  朱贵  空亥   六破  支合
财  后元  壬申   天贼  支冲  驿马  鲁都
兄  常空  己巳   日德  日禄  六害  三刑
```

```
      后元 朱贵 朱贵 青合
       申   亥   亥   寅
       亥   寅   寅   丙
```

```
           空勾 白青
      青合  寅   卯   辰   巳  常空
      勾朱  丑           午  元白
      合螣  子           未  阴常
      朱贵  亥   戌   酉   申  后元
              螣后 贵阴
```

课格：嚆①矢，元胎，龙德，不备。

课意：执弓忘矢，事声迤逦，舍此危疑，彼来生己。

解曰：神遥克日，发用旬空，是犹执弓而亡矢也。末传迤逦冲起空亥克干，乃声势危疑而已，不足畏也。中传之财，切不可取。喜支来生干，静守为吉。

断曰：此嚆矢之卦，一名元胎，以四孟发传也。而用神空亡，事主动摇，人情倒置。干谒占之，主客虽和，阴有侵损。人自外至，不可容纳。须防口舌官事，西南而至。老人小儿占之，反为大吉之兆。亥年月时，占事有成。

天时：久雨必晴；久晴虽有雨，不大。家宅：利老幼口，阴人不和。婚姻：夜占吉，可用，犹宜迟归。胎产：防小产，产母安。疾病：病虽小而难痊，妇人啾唧，老人小儿即愈。求财：无利，遇利且勿取。失盗：贼在西南，赃不获。出行：东方吉。行人：在路上，有虚惊。争讼：纷扰忧疑，终归解散，不能为害。征伐：开地千里，战胜之兆；然用神落空，宜持重观变，方不失众；正五九月尤不可轻动，当行反间，亦可得敌臣之功。

《毕法》云：彼求我事支传干、互生俱生凡事益、鬼乘天乙乃神祇、龙加生气吉迟迟。《课经》云：此俱生格，乃干上神生干，支上神生支。又皆值长生，彼此和顺，宜合本营生。又支加干上而生干，名自在格。

---

① 原文：蒿。下同，不赘。

丙寅日第五课

子　膡后　空戌　三合　干墓
兄　元白　庚午　羊刃
父　青合　丙寅　游都

　　元白　膡后　贵阴　勾朱
　　　午　　戌　　酉　　丑
　　　戌　　寅　　丑　　丙

　　　　　青合　空勾
勾朱　丑　寅　卯　辰　白青
合膡　子　　　　　巳　常空
朱贵　亥　　　　　午　元白
膡后　戌　酉　申　未　阴常
　　　贵阴　后元

课格：重审，炎上，斩关，狡童。

课意：自墓传生，先迷后醒，全无和气，上刑下刑。

解曰：初传戌为火墓，末传寅为火长生，此先迷而后醒也。事防再举，病防再发。寅刑丙上课巳，而丑刑支上神戌，日辰上下相刑，何和气之有哉？丑为甲子旬奇，今临课首，占官当居一品之尊。贵入廊庙，常人得此，犹可散凶。

断曰：此卦象火旺太过，有燎原之势。明事反成暗事，图谋枉劳不遂。卯生人占之，遇贵登天门，权要无比。犹嫌性太刚躁，须容忍乃无伤也。余占多虚少实。

天时：旱热，时有雾及闪电，有雨亦微。田禾：干旱，低处有收。家宅：防火烛；昼占有奴婢欺主作奸。功名：可得显名，虚而不实。求财：未遂。婚姻：自相得，不用媒；又云，起天后，终六合，名为泆女格，最忌。胎产：防不育；如系狎邪私孕，反可育。疾病：为热，为闭结；新病作福保之可愈；久病危，即愈亦防再发。遗失：奴婢所偷窃。出行：宜东方，宜从陆，下人投势利北。行人：干墓临支发用，若系奴仆幼辈，出旬即到。争讼：宜得有力调解。征伐：将尊功高，然须慎重，勿食饵兵，方解忧释难。

《毕法》云：尊崇传内遇三奇、先难后易墓先施、干墓并关人宅废、合中犯煞蜜中砒。《袖中金》：魁临支，中传白虎，为斩关得断，利于逃亡。《观月经》：甲子于甲戌，大吉两旬奇；万事皆和合，千灾速解离。

丙寅日第六课

官　合螣　甲子　福星
子　阴常　辛未　支德　日解　支墓　大煞
父　青合　丙寅　游都

<pre>
　　白青　贵阴　阴常　合螣
　　辰　　酉　　未　　子
　　酉　　寅　　子　　丙

　　　　　勾朱　青合
合螣　子　丑　　寅　　卯　空勾
朱贵　亥　　　　　　　辰　白青
螣后　戌　　　　　　　巳　常空
贵阴① 酉　申　　未　　午　元白
　　　　后元　阴常
</pre>

课格：知一，四绝，度厄。

课意：彼己灾殄，三传外战，干支坐墓，事终难辨。

解曰：干遭水克，支受金伤，己与彼俱灾也。三传皆地盘受克，为外战不和之象，且递克至于干神，须防人来凌己。巳坐戌上，寅坐未上，则为自临墓库，甘于昏晦，是非何辨？干上旬首，支上旬尾，初传生末传以生干，而支神生干神以发用，是谓引鬼为生，顺正无咎，妄求有悔。

断曰：知一之卦，求官见贵吉，但惊疑不定，人情失和。所喜辰为干奇支仪，临干支阴；子为旬仪，临于干上，能转祸为福，化难成恩也。

天时：多雨少晴。家宅，人宅俱坐墓，必近有坟堂庙宇；酉加寅，主尊长有灾。科名：可获高第。婚姻：夫妇和合，恐家中尊卑不喜。求财：大有得，恐因财生恼。疾病：幼者不吉，祟惊宜禳，老年人虽病易痊。投谒：主宾集会，猝然有暗昧之惊。失脱：或是金物，或坠②水中，宜寻。出行：宜缓。行人：迟至。争讼：事起同类，宜和。兵战：主将坐谋，当以奇兵远出取胜。仕宦：防被台省参劾。

《毕法》云：一旬周遍始终宜、人宅坐墓甘招晦、支干全伤防两损。《观月经》：三上来临下，小者必低蕤（鬼发初传，而中子孙，末父母，小口不利）。《袖中金》：六甲旬首见于初传，是为仪神发用。末传得吉将，始终喜庆之卦也。

---

① 原文：朱贵。
② 原文：堕。

丙寅日第七课

父　青元　丙寅 _{游都}
财　后合　壬申 _{天贼　驿马　鲁都　支冲}
父　青元　丙寅 _{游都}

<small>青元　后合　常空　朱贵</small>
寅　申　巳　亥
申　寅　亥　丙

<small>　　　　合后　勾阴</small>
朱贵　亥　子　丑　寅　青元
螣螣　戌　　　　　卯　空常
贵朱　酉　　　　　辰　白白
后合　申　未　午　巳　常空
<small>　　　阴勾　元青</small>

课格：无依，元胎，比用，察微。

课意：交互虽密，合之却益，德禄鬼财，并无实迹。

解曰：四课两互，六合相交，有德应之，成事却有益也。德禄鬼财，往来不定，吉凶皆不足言也。鬼陷空亡，不能为害。惟鬼加日辰三传，而年命无制伏者，凶。

断曰：此无依之课，十二神各易本位，无所凭藉。来者思去，去者复来。况干上阳神阴神俱值空亡，凡动无益。但当镇之以静，行之以礼。三四九十月，得此稍吉，吉中终藏凶象。

天时：晴雨不常。仕宦：防遭弹劾，若上书献策，或受斥责。家宅：主移徙改造，又居左右近通衢。婚姻：两家有是非，媒妁奔走。胎产：防堕。求财：得而复失，亦多争端。疾病：寒热往来，鬼空可即愈，亦防复发。失盗：贼难获。出行：近行即返，远行正五九月不利。行人：于路不安，或有阻隔。争讼：变诈百出，多费解释则易。兵战：宜休甲息马。

《毕法》云：支干值绝凡谋决、鬼乘天乙乃神祇、支干全伤防两损、彼此猜忌害相随。《心镜》云：无依是返吟，逃者远追寻；合者应分散，安巢别改林；守官须易位，结友也分襟。《袖中金》云：刑冲破害，事带两端。《指要》云：天地乖隔，南北相违之象。动则宜，静则扰，主两事，用神旺相始宜。又云：反覆不定，病主两症。一名结绝格，若占得昼贵，尤宜告诸贵人，结绝凶事。

丙寅日第八课

官　合后　甲子　福星　六仪
兄　常空　己巳　日德　日禄　六害　三刑
子　螣螣　空戌　三合　干墓

　　　合后　阴勾　空常　螣螣
　　　子　　未　　卯　　戌
　　　未　　寅　　戌　　丙

　　　　　　朱贵　合后
螣螣　戌　　亥　　子　　丑　勾阴
贵朱　酉　　　　　　　　寅　青元
后合　申　　　　　　　　卯　空常
阴勾　未　　午　　巳　　辰　白白
　　　　　　元青　常空

课格：比用，乘轩，铸印，察微。

课意：两蛇夹墓，家遭咒诅，熟视三传，略无好处。

解曰：墓来覆干而两蛇夹之，晦而且凶也。天空加巳，主奴婢于灶下咒诅家长，或灶有损破。三传克贼空脱，何好处之有？

天空乘巳被克，方可言灶破；遇戌墓，方可言奴婢咒诅。

断曰：此卦宅暗人昏，善恶混处，诈变不一。幸传入空亡，不过虚惊而已。求官见贵，摇摇不定。须宁心忍耐，见怪不怪。广积阴德，暗中自得神明之佑，久而凶消吉至。

天时：阴晦霾雾，久得清明。家宅：奴婢咒诅，灶自破坏；又主宅近庙墓，窗户幽暗。婚姻：夫妇和合，家道有成。胎产：是女，恐临盆不育。功名：蹭蹬未遂。求财：得而复失。交易：和合而未成。投谒：虚费跋涉。疾病：主上逆呕吐，宜服丸方。逃亡：自归。捕捉：难获。出行：不得抽身。行人：即至。争讼：多诈。坟葬：兆吉，宜子孙，可发贵。

《毕法》云：两蛇夹墓凶难免、支干乘墓自昏迷。《课经》云：墓覆日辰，人宅昏沉，如在云雾中行，凡占皆不亨快。《古鉴》：戊申六月丙寅，未加寅占身位。支干带墓鬼发传，传归日上。六月死神在戌，两蛇夹之。带迷惑煞，主伏尸之殃。鬼入宅阴，归于日上，渐次侵入。中传虽有生气，受死气之克化鬼，戌年戌月未日死矣。后皆应。先因造宅筑基，掘去古坟十余也。

丙寅日第九课

财　贵朱　癸酉 破碎
子　常阴　乙丑 日医
兄　勾空　己巳 日德　日禄　六害　三刑

　　　后螣　合青　常阴　贵朱
　　　戌　　午　　丑　　酉
　　　午　　寅　　酉　　丙

贵朱　酉　　后螣　阴贵　子　元后
　　　　　　戌　　亥
螣合　申　　　　　　　　丑　常阴
朱勾　未　　　　　　　　寅　白元
合青　午　　巳　　辰　　卯　空常
　　　　　勾空　青白

课格：重审，从革，地网，龙德。

课意：守死赔钱，夜将助焉，所得一贯，家费万千。

解曰：酉虽为丙之财，而丙火死于酉，况夜将皆土，脱干之气，为耗无穷。三传虽会成财局，难供宅上午火之费，是所入者一贯，而所出者万千也。

断曰：此卦合中有破，笑中有刃。先从后革，变金成铁。事防再举，病防再发。大忌命上乘水，乃为自招其殃。求官见贵，多不喜悦。凡百谋为，成而有变。惟文明之象，足以应之。可得去旧生新，以合从革之义。

天时：多晴少雨。家宅：人口不宁，兄弟不和。婚姻：合中有破。胎产：午加寅，主正妻有孕。科名：文字改变从新，可得高捷。求财：得少去多，且有口舌。疾病：隔塞中风，或禁口痢，或伤筋骨，皆有凶象。失脱：有见贼人，却不肯说。出行：不利西南，防破财。行人：书信浮沉，盘费不继。争讼：不得伸理，须防人暗害。兵战：宜偃旗息鼓，屯积粮草。

《毕法》云：两贵受克难干贵、传财太旺反财亏、宾主不投刑在上、合中犯煞蜜中砒。《袖中金》云：旬尾加旬首为闭口，凡占多主秘密，不能测其机关，告贵不允，枉狱不伸。《观月经》云：一下贼其上，顺行忧浅，逆行忧深。入墓有害，传生可避。

丙寅日第十课

```
财  螣合  壬申  天贼 驿马 鲁都 支冲
官  阴贵  空亥  大耗[①] 六合
父  白元  丙寅  游都
```

```
     螣合 勾空 阴贵 螣合
      申   巳   亥   申
      巳   寅   申   丙
```

```
           贵朱 后螣
   螣合  申  酉  戌  亥  阴贵
   朱勾  未          子  元后
   合青  午          丑  常阴
   勾空  巳  辰  卯  寅  白元
           青白 空常
```

课格：重审，进退，不备。

课意：递相荐引，夜无凭准，屈尊就卑，所谋和允。

解曰：三传递生，必有荐引之喜。但中末空陷，未免徒有其名。夜将凶多，尤虞阻滞，其无凭准宜矣。干就支生，占者凡事心存谦抑，则所谋可成，所求可允。

断曰：此卦重审元胎，干乘支马，支承干禄，富贵兆也。申为财，加巳为用。中传官鬼，三传递生日干。昼占六合为用，贵人登天门，主谋为利禄，入财纳官，或得上人荐举，终履高位。夜占财被蛇伤，况遁出壬癸，中末空亡，恐因贪召祸。

天时：多小雨，有电。家宅：多隙地，有藩篱，人口安吉。婚姻：先刑后合，媒妁玉成。胎产：是男，易产，天后落空，恐或不育。功名：昼占得京职，须有嘱托；夜占有悔。求财：有关节货赂。疾病：从色欲得之，支生干，可愈。失脱：昼占不寻自来，夜占不可获。出行：从西绕北至东，大吉，夜占路中防失财物。行人：若系幼辈，即到。争讼：须用财贿关节，夜占不胜。兵战：宜设备，利为主。

《毕法》云：权摄不正禄临支、三传递生人荐举、日辰禄马财官动、富贵干支逢禄马、用破身心无所归。《袖中金》云：申加巳，名生胎，为忧课，主事生新，心忧身喜。《课经》云：三传递生，日辰生旺，主人亨利，时运开通，故名亨通。若值空亡破刑，凡事亦难就矣。

---

① 原文字迹模糊，难以辨识，貌似"大耗"。

丙寅日第十一课

子　青白　戊辰　仪神　干奇
兄　合青　庚午　羊刃
财　螣合　壬申　支冲　天贼　鲁都　驿马

```
        合青 青白 贵朱 朱勾
         午   辰   酉   未
         辰   寅   未   丙
```

```
            螣合 贵朱
朱勾  未    申   酉   戌  后螣
合青  午              亥  阴贵
勾空  巳              子  元后
青白  辰    卯   寅   丑  常阴
            空常 白元
```

课格：重审，间传，斩关，励德。

课意：壬申乘马，见财难舍，得来何用，添修屋瓦。

解曰：申财遁为壬鬼克日，如此得财，可谓从危险中出矣。既在眼前，谁能舍之？然丙得申财，旋为支上辰土脱去，支为宅舍，非添修屋瓦而何？

断曰：此卦辰午申三传，名为登三天。惟利君子，不利小人。贵者将迁，下吏罢退，庶人居宅不安。又主进中有退，凡事必费力而成。人有私谋暗祷，喜逢此占。

天时：雨迟不大，旋霁，有晚霞。家宅：费修理，宜开西方门。婚姻：不宜。胎产：应得女，易产，有虚惊。功名：正途得超擢，异路防蹉跌。求财：费力，得不偿失。疾病：见凶，宅神为祟。捕捉：贼匿私门，难缉，或远去不可追踪。出行：利速行，宜西方。行人：将到，于关津处为轩盖所阻。争讼：须越诉省部得伸，又两造势卑者遭谴。兵战：宜暗设伏兵，昼占不利，夜占大胜。

《毕法》云：昼夜贵加求两贵、罡塞鬼户任谋为、龙加生气吉迟迟、鬼乘天乙乃神祇。《袖中金》云：天罡临支发用，传有白虎，为斩关得断，更带血支羊刃，必伤人而走。《指南》载：戊寅三月，丙寅日，戌加申占请告。决其不允，更主升迁。盖因官登三天，传将进引，又龙神乘相气，太岁加行年而生青龙日干也。后果屡疏不允，旋历显任。

丙寅日第十二课

```
子  青白  戊辰  仪神 干奇
兄  勾空  己巳  六害 三刑 日德 日禄
兄  合青  庚午  羊刃
```

```
      青白 空常 朱勾 合青
       辰   卯   未   午
       卯   寅   午   丙
```

```
           朱勾 螣合
合青① 午    未   申   酉  贵朱
勾空  巳             戌  后螣
青白  辰             亥  阴贵
空常  卯    寅   丑   子  元后
           白元 常阴
```

课格：重审，进茹，六化，龃龉。

课意：第四课用，末与日共，格号朝元，百发百中。

解曰：支阴发用，末传又归干上，乃朝元格也。事有终始，发无不中。干支皆乘旺神，事可坐谋而得。又第四课发用，课名蓦越，事出蓦越而成，又为过去之事。课用年命空亡，或为人代占。

断曰：此卦乃朝日格。昼占青龙在末传，夜占青龙在初传。事主成合，不求自至，无心中得。但传进贵逆，事虽顺速，境有迟阻。遇空亡，反可消灾避祸也。

天时：时旱多晴，时涝多雨。家宅：宅旺人强，不宜兴作改造。婚姻：另议。胎产：是女，若已四胎后，当连得男矣。科名：得熟题佳作，可望连飞，但喜中逢破，须防贴出磨勘之类。求财：或自至，有心求之不得。疾病：淹缠不伤身，忌轻换医药。逃亡：虽远，不缉自归。出行：宜多约伴，主速归。行人：占日已启行。争讼：牵连未结。兵战：昼占防有敌急攻急围，夜占必胜，终归降顺。

《毕法》云：所谋多拙遭罗网、互旺皆旺坐谋宜。《课经》云：丑加子为腹胎格，盖子为日胎，丑为腹也，值此来意必占妻孕。又云：主客、父子、夫妇皆极兴旺，不利谋动，惟宜坐待；或已遭丧失，欲复旧业，得此极佳。倘外求远动，则变为罗网，缠绕身宅，反为灾祸。《订讹》云：连珠课，主吉凶重叠不已，进连珠事顺。

---

① 原文：后青。

丁卯日第一课

父　空勾　丁卯　仪神
官　元螣　甲子　三刑　福星
兄　合白　庚午　日禄　六破

```
空勾 空勾 朱常 朱常
 卯   卯   未   未
 卯   卯   未   丁
```

```
           合白 朱常
勾空  巳   午   未   申   螣元
青青  辰             酉   贵阴
空勾  卯             戌   后后
白合  寅   丑   子   亥   阴贵
           常朱 元螣
```

课格：伏吟，三交，龙战，奇化。

课意：三重卯丁，子水居中，动用非细，鬼贼须逢。

解曰：丁乃变动之神。此课三丁叠见而三传刑冲，所动必惊人之事也。但鬼贼在中，为害亦小。盖子卯相刑，而午被子克。三传凶神相为制伏，所闻忧患皆属虚声。若昼占末传乘虎禄，亦惊忧难守也。此卦不可便言伏匿不动，支神传首，皆旬内丁神，必静中求动，不可不知。

断曰：此卦亦名三交，有进退不能之象。又名龙战，主身心疑惑，进少退多。占事静宜动滞，凡百谋为，皆不能远，两头干事难成。春吉冬平，夏秋忌。

天时：久晴夜占有微雨。家宅：不宁，小口有凶灾。婚姻：两无益，不成。胎产：防胎伤腹中，久不出。功名：宜安卑处贱，躁进则凶。求财：无益。投谒：虽不藏匿，必在他处方见。疾病：胎孕聋哑或不语，呻吟淹滞日久。失脱：不远，可获。出行：屡改日期，终不成行，行必有惊恐。行人：速至。争讼：主为田宅，防有刑责。兵战：不利，宜固守。

《毕法》云：信任丁马须言动。《观月经》云：忽然值恶将，破散别离情；刚日刑中正，柔日宅内惊。《袖中金》云：用支无德，刑中有害；破中有合，凶中有吉；祸福倚伏，不可执一。

丁卯日第二课

```
子  常朱  乙丑  日解 奇神
官  元螣  甲子  福星 仪神 三刑
官  阴贵  空亥  孤辰① 鲁都 天贼
```

```
      常朱 白合 勾空 合白
       丑  寅  巳  午
       寅  卯  午  丁
```

```
          勾空 合白
   青青 辰 巳 午 未 朱常
   空勾 卯         申 螣元
   白合 寅         酉 贵阴
   常朱 丑 子 亥 戌 后后
          元螣 阴贵
```

课格：重审，退茹，夜衰，三奇。

课意：禄在虎旁，勿恋寅乡，食一粒粟，失半年粮。

解曰：午禄乘虎不可守也。若恋寅木之生己，则引入初传脱乡，贼必相机而起矣，其耗费岂小哉？所谓贪一粒之粟，而反失半年之粮也。

断曰：此重审退茹之卦，凡百谋为，多有阻滞，守旧则吉。占主下不顺上，事从内起，或缘女人。兵、讼，后者胜。贵顺吉，贵逆凶。墓绝传生旺吉，生旺传墓绝凶。初克末吉，末克初凶。全要末传得吉将，天月德等，可化凶为吉也。

天时：有雨，昼占雨难得。家宅：宅近坟庙河池，常有孤寡老阴人是非。婚姻：不成。胎产：宅神冲动胎神，防不实。科名：有奇遇，而幞贵空，防错误贴出。求财：财不顺理，得亦即耗。投谒：两贵皆空，所至不利，或有意外遭逢。疾病：迟愈，昼占见寒热凶。失脱：难寻。出行：不宜。行人：留滞旅舍，或有恙。争讼：彼此不利，宜和息。兵战：宜集众筹画，亥年月小利。

《毕法》云：日乘旺禄休狂妄、鬼乘天乙乃神祇、二贵皆空虚喜期。《袖中金》云：退茹三奇丑子亥，为入墓卦，有收藏之象，仕进无心。《课经订讹》云：甲子旬用丑为三奇，盖丑为玉堂，鸡鸣于丑而日精备。占主凡事逢凶化吉，不忌刑杀。士有奇遇，官有超擢，兵以奇胜，若奇精有损，福亦减半。

---

① 原文字迹模糊，貌似"孤辰"。

丁卯日第三课

```
子  勾朱  乙丑  奇神 孤神①
官  朱贵  空亥  孤辰
财  贵阴  癸酉  六冲
```

```
   朱贵 勾朱 空勾 常空
    亥   丑   卯   巳
    丑   卯   巳   丁
```

```
       白青 常空
空勾 卯  辰  巳  午 元白
青合 寅          未 阴常
勾朱 丑          申 后元
合螣 子  亥  戌  酉 贵阴
       朱贵 螣后
```

课格：涉害，间传，察微，极阴。

课意：传课俱阴，事转沉沦，递相脱赚，勿依贵人。

解曰：极阴之课，昏迷太甚，事转沉沦之谓也。巳火脱卯，而丑土脱丁，干支神互相脱赚，得于此而失于彼也。又昼贵受克，而夜贵受脱，贵人方自不安，焉能复为我干事乎？且二贵皆空，虚喜而已。经曰：极阴之卦丑亥酉，百事逢之悉皆丑，信哉。

断曰：此卦为俱比于阴，而用涉害，事有两而取一；历诸艰阻而后已，乃苦尽甜来之兆。宜晦迹韬光，不宜侥幸求益。目前未遂，终须勤而有得。

天时：密云不雨，有风。**家宅**：主向北房不聚财，难发贵。**婚姻**：有阻。**胎产**：迟滞而安。**功名**：先费机关，后得称意。**求财**：急取则得，缓即消散。**投谒**：相见和悦，而少实际。**疾病**：主久病，虚脱。**失脱**：失物可寻，逃人难获。**出行**：路有险阻。**行人**：跋涉不还。**争讼**：彼此脱赚，忧疑百端，控省部，方得伸理。**兵战**：渡水穿林，士马劳倦。**坟葬**：墓神克日干纳音，不可用。

《毕法》云：二贵皆空虚喜期、鬼乘天乙乃神祇。《课经》云：正月丁卯日，亥将丑时，二下贼上。若先取涉害，不取仲神，则丑加卯前行，只历辰中乙木一重，归本家丑位。亥加子前行，历辰戌未巳戌土五重，归本家亥位。亥涉害深，当取亥加丑为用，三传亥酉未。

---

① 原文字迹模糊，貌似"孤神"。

丁卯日第四课

官　合螣　甲子　仪神　勾神　地医①
财　贵阴　癸酉　六冲　刑亡
兄　元白　庚午　日禄

　　　贵阴　合螣　勾朱　白青
　　　酉　　子　　丑　　辰
　　　子　　卯　　辰　　丁

　　　　　　空勾　白青
青合　寅　　卯　　辰　　巳　常空
勾朱　丑　　　　　　　　午　元白
合螣　子　　　　　　　　未　阴常
朱贵　亥　　戌　　酉　　申　后元
　　　　　　螣后　贵阴

课格：遥克，二烦，天网，三交。

课意：禄乘元虎，重遭鬼苦，中间闭口，尚忧门户。

解曰：初鬼螣缠，中财闭口，末禄虎元，皆无足取。幸虽遭初传子鬼相克，赖系嚆矢之微，干上辰土又能制之。所忧者，子卯相刑，门户之间有不利耳。

断曰：此卦占者多因内事，或来外侮。如有凶势，不久自休，忧喜皆未实也。事远难就，后动方宜。喜旬仪发用，二贵顺行，纵有恶煞，不能为害。久之渐生吉庆，和气盈门，刑伤解散矣。

天时：阴曀变幻，有雨不沾。**家宅**：主尊卑大小不睦，宜小心门户。**婚姻**：不宜，合则有损。**胎产**：有虚惊。**功名**：有进步，禄未厚。**求财**：艰难得之，亦或贵人默助。**疾病**：主脏腑有灾，虚劳惊恐，遇良医速愈。**失脱**：可寻。**出行**：不利远行，兼忌正二月。**行人**：即回，路有惊恐。**争讼**：宜解，防遭责罚。**兵战**：冬占利出兵。

《毕法》云：彼此猜忌害相随。《袖中金》云：嚆矢第三课为用，乃辰之阳神自战。两阳相克，重而有力，不可先动。《指窍》云：三交家隐奸私客，不是逃亡即避迍。《曾门》云：三交德气在内，刑气在外，利于居家，不宜远行。凡百举事，喜者反怒，解者复结。《课经订讹》云：第三四课发用，为远射，凶势渐小矣。

---

① 原文字迹模糊，貌似"地医"，起例不明。

丁卯日第五课

子　阴常　辛未　支墓　羊刃　合神①
父　空勾　丁卯　仪神
官　朱贵　空亥　支合　孤辰

　　阴常　朱贵　朱贵　空勾
　　未　　亥　　亥　　卯
　　亥　　卯　　卯　　丁

　　　　　青合　空勾
勾朱　丑　寅　卯　辰　白青
合螣　子　　　　　巳　常空
朱贵　亥　　　　　午　元白
螣后　戌　酉　申　未　阴常
　　　　贵阴　后元

课格：元首，曲直，四墓，复生，不备。

课意：传课循环，事在关栏，木局休恃，昼将宜看。

解曰：四课三传，不离亥卯未三字，是循环不已也。主事即多端，不出关栏也。木局生干，似乎可恃。而昼将纯土，又来脱干，是得失相半，不能全美也。

卯②虽生干而亦败其干，亥虽生支而奈坐旬空，利宅不利人，利彼不利己。

断曰：此卦一上克下，三传木局，名曰曲直。今卯加未为先直后曲。譬如美材逢春畅茂，惜渐有朽蠹之忧。惟德足以合之，斯成乔荫，不致始菀终枯。

丁日枝枯者，火脱木也，此就局言。若以日干言，则局于干又为父母矣。大凡君子吉，小人凶。

天时：多风少雨。家宅：宜增造。婚姻：彼此华贵，本属旧戚，秋冬及夜占不利。胎产：生男，夜占不宁。功名：贵显，外任宜东方；科第，春试利。求财：易得，昼占脱气不利。疾病：主风症、肝气，乍病易愈，久病难愈。失脱：在西南方，茂林木器中。出行：往东方得利。行人：即回，传信不实。争讼：宜得贵人调解，祸患不成。兵战：利主，先者胜，又见罢兵之象。

《毕法》云：互生俱生凡事益、鬼乘天乙乃神祇。《观月经》云：利用为船车，修造觅材植，百事悉亨通，春占必好极。《指掌赋》云：三传纯父母，不求安而身自安。又云：见生不生，不如无生。

---

① 原文字迹模糊，貌似"合神"。
② 原文：亥。据文义校正。

丁卯日第六课

子 螣后 空戌 孤辰 六合 大耗[1]
兄 常空 己巳 驿马 破碎 天医
官 合螣 甲子 仪神

常空 螣后 贵阴 青合
巳　戌　酉　寅
戌　卯　寅　丁

　　　　　勾朱　青合
合螣　子　丑　寅　卯　空勾
朱贵　亥　　　　　辰　白青
螣后　戌　　　　　巳　常空
贵阴　酉　申　未　午　元白
　　　　后元　阴常

课格：重审，地网，天狱，传墓。
课意：干上长生，守则无穷，动逢鬼墓，命忌巳宫。
解曰：寅乃丁火长生，能守则终身用之不尽。弃而不守，动逢鬼墓矣。若其人本命在巳，己[2]中有丁，则既被戌墓，又逢子克，难保其延长也。

《毕法》云：龙加生气吉迟迟。谓青龙乘生干之神，又作月内之生气，虽目下未见峥嵘，却能徐徐发福。若三月夜将，占得此课便是。

断曰：此卦若炉冶既成，谋欲铸印，卯不入传，则为模损，勿用。占者当思改革，或安心守旧，自有生意。若更妄动，虽费尽工夫，不免化金成铁。

天时：昼占有雨，即晴；夜占久晴后雨，有闪电。家宅：主隳废或借与人作践。婚姻：主和合，又主私合，不烦媒妁。胎产：胎气不宁，夜占难产。功名：贵顺可得，亦未通达。求财：得之甚难，耗于妇人。疾病：主颠狂，新病即愈，久病见危，宜用符药厌祷。失脱：系奴婢所窃，未离家。出行：近行宜屡迁其地，远行宜止。行人：干墓临支，立至。争讼：主息而复起。兵战：主失众不利。

《毕法》云：后合占婚岂用媒？干墓并关人宅废、将逢内战所谋危。《课经》云：春丑、夏辰、秋未、冬戌为关神。如日干之墓作关神发用临干，则应宅废人衰。如丁卯日冬占，戌加卯发用是也。

---

[1] 原文字迹模糊，貌似"大耗"，又似"火鬼"或"大煞"。
[2] 校者注：古文"巳己已"三字同形，"己中有丁"不等于"巳中有丁"，可能原解析者存在疏忽或理解错误。请读者留意。

丁卯日第七课

父　空常　丁卯　干奇　支仪
财　贵朱　癸酉　支冲
父　空常　丁卯　干奇　支仪

　　　　空常　贵朱　阴勾　勾阴
　　　　卯　　酉　　未　　丑
　　　　酉　　卯　　丑　　丁

　　　　　　合后　勾阴
朱贵　亥　子　丑　寅　青元
螣螣　戌　　　　　卯　空常
贵朱　酉　　　　　辰　白白
后合　申　未　午　巳　常空
　　　　　阴勾　元青

课格：返①吟，三交，二烦，斫轮。

课意：满地皆丁，岂容少停，夏昼火厄，贵财夜迎。

解曰：课传四卯皆丁，其动非细。况兼返吟冲动，岂容少停也。夏火旺之时，昼占酉为火鬼，乘朱雀以克宅，主有火灾。夜占则酉为天乙，定得贵人之财也。又支干上神，互克干支，亦名芜淫。今干克支上神，支克干上神，为真解离卦。或夫妇行年，又值此者，尤的。

支上癸酉，为财遁鬼格，又为财作闭口格。

断曰：此无依之卦，亦曰斫轮。传见卯酉，和而未和，反覆蹉跎，君子贞吉。若勉强而成，毕竟损多益少。故合者则为任重致远，有迁除之喜，否则虽动无益，有疑莫决矣。惟利反复旧事，或改换门户，以应其兆。

天时：忽阴忽晴，多旱。家宅：主门户破坏，夏昼占防火灾，又主夫妻反目，阴人不宁。婚姻：有刑克，不宜。胎产：防堕或病瘖哑。功名：大利，昼占主考试之官，夜占奉朝命召对，宜迟发。求财：财出贵人，难于启齿。疾病：反复未宁，或患口痢，或咽喉肿塞，或痰厥，不纳饮食。失脱：远去，难寻。出行：宜从陆，利西方。行人：在路，复展转他处。争讼：闭门结讼，各投势要。兵战：互有伤损，坚守为宜。

《毕法》云：夫妇芜淫各有私。《课经》云：火鬼乘蛇雀克宅，主家中火灾。火鬼者，春午、夏酉、秋子、冬卯是也。如夏占，此课酉加卯昼将，乘雀克宅，须以井底泥涂灶禳之。

---

① 原文：反。

丁卯日第八课

```
兄  常空  己巳   游都 驿马 破碎 天医
子  螣螣  空戌   干墓 支合
父  空常  丁卯   仪神
```

```
       勾阴 后合 常空 合后
        丑   申   巳   子
        申   卯   子   丁
```

```
                朱贵 合后
      螣螣  戌   亥   子   丑  勾阴
      贵朱  酉              寅  青元
      后合  申              卯  空常
      阴勾  未   午   巳   辰  白白
                元青 常空
```

课格：重审，铸印，乘轩。

课意：彼己皆凶，空墓居中，末丁初马，事无定踪。

解曰：干被子克，支被申克，彼此皆凶也。戌为空墓，而居中传，主事体中间蒙蔽不明。传墓非吉象。逢干墓，事即当止。而初末马丁动摇，驰驱殆无宁刻。若仕途得此，必得荣差也。

断曰：此重审之卦，亦名铸印。巳为炉，戌为印，卯为印模。戌卯空亡，则为破印损模，或难迁擢。人宅俱被克制。子加未，举事无终始；申加卯，为竞强争进，主有侵损。喜得铸印乘轩之格，可以远患就福也。

天时：或有雷，或有虹霓，雨少。家宅：人口小损，屋破坏，主远出。婚姻：就婚贵家吉，娶即非正。胎产：末传刑胎神，防堕。功名：掇巍科，应显辟，尤利署印，独不利家。求财：宜远投人，重求轻得。疾病：有祟，昼占甚危。失脱：自还。出行：仕宦最吉，余主避灾。行人：必归，不能如期。争讼：患难忧疑之事，和好而止。兵战：罢兵息甲，信使往来，讲和之象。

《毕法》云：支干全伤防两损、后合占婚岂用媒？《课经》云：丁卯日，申加卯，昼将，上乘六合，为六片板格。缘六合乘申临卯，为尸入棺。申者，身也。卯者，棺也。占病不宜。又当察其类神而言之。占妻病必死，盖妻财入棺故也。

丁卯日第九课

子　朱勾　辛未 _{支墓　火煞①}
官　阴贵　空亥 _{地医　干德　鲁都}
父　空常　丁卯 _{六仪}

　　　　阴贵　朱勾　空常　阴贵
　　　　亥　　未　　卯　　亥
　　　　未　　卯　　亥　　丁

　　　　　后螣　阴贵
贵朱　酉　戌　亥　子　元后
螣合　申　　　　　丑　常阴
朱勾　未　　　　　寅　白元
合青　午　巳　辰　卯　空常
　　　　勾空 青白

课格：重审，曲直，不备，回环。

课意：昼将脱丁，传却生身，好恶中半，遁循贵嗔。

解曰：昼将皆土，脱干之气。三传皆木，又生丁火。一生一脱，可谓好恶各半矣。课传不离亥卯未三者，是循环无端也。昼夜两贵，皆受下贼，见必嗔矣。

以回环格言之，此系重审，非涉害也。占凶凶成，占吉吉就，又名盘珠。

断曰：此卦宅暗生空，大体有冥蒙锢蔽之象，凡事主勾留不遂。中传亥值旬空，是为栋梁之材，其中朽腐，不堪任重，良工袖手。若舍而他求，可获顺利。春占、夜占吉。

若占病，亥虽日鬼，空不足畏。未受支克，亦不能救。主医虽识症，实无成功。

天时：有风，出旬乃雨。家宅：宅近庙墓，多树木，主贫窘。婚姻：不成。胎产：主生女，难产。功名：目下难成。求财：外求无得，作家有益。干谒：不遇，遇必遭主人之怒。疾病：为虚脱或目疾，求得良医，医自有恙不至。失脱：难获，在林内或入人箱柜。出行：未能离家。行人：占久出者即至，占方出者仍回。争讼：昼占为田土，夜占为口舌，防有枷杻之灾。兵战：利为主，宜后动。

《毕法》云：两贵受克难干贵、制鬼之位乃良医、鬼乘天乙乃神祇。《袖中金》云：木以水为根，丁日枝枯。《课经订讹》云：自上传下则曲，亥加未是也。卯加亥，先曲后直，始难终易，风传事多不实。

---

① 原文字迹模糊，貌似"火煞"或"大煞"。

丁卯日第十课

```
财  贵朱  癸酉  六冲
官  元后  甲子  福星  勾神
父  空常  丁卯  仪神  六仪
```

```
   贵朱 合青 常阴 后螣
    酉   午   丑   戌
    午   卯   戌   丁
```

```
        贵朱 后螣
螣合  申  酉  戌  亥  阴贵
朱勾  未          子  元后
合青  午          丑  常阴
勾空  巳  辰  卯  寅  白元
         青白 空常
```

课格：重审，三交，六仪，地烦。

课意：交车眷恋，递相推荐，自己昏迷，权摄可羡。

解曰：午未卯戌，交相眷恋，自初传递生，直至于干，为有人荐举之象。戌墓覆日，自己昏迷也。旺禄临支，权摄可羡也。

正月初五六七，二月初三四五，三月初一二三，四月初一，遇此日皆为地烦卦。

断曰：此卦三传递生，主人亨利，时运开通。惜日遭墓覆，主昏晦而未明。人宅受脱，亦虚耗而不实。又三交事体勾连，二烦触处荆棘，俱宜慎之为吉。中末临旬仪支仪，主渐获后福。

天时：久阴，亦时有雨，得雷而晴。家宅：家有阴私不明之事，兼防盗窃财物，女口有灾。婚姻：易合而不宜。胎产：易产，防产后血脱。功名：被荐，而自失机会，署印袭职则吉。求财：得即耗散，大约耗于筑坟造屋之类。疾病：或血症，或产症，皆系虚脱，宜补。失脱：不宜根寻，寻之反损。出行：利投亲赴荐，防遗忘物件。行人：丑寅日到。争讼：得吉者有人暗助，凶者防徒流之罪。兵战：有来使，多虚少实，始终不一。

《毕法》云：权摄不正禄临支、三传递生人举荐、人宅受脱俱招盗。《课经》云：午加酉为死交，酉加午为破交，返①吟为反目交，皆不能成合之象。课无阴合，则名三交不交，或年月日时皆仲，则名三交不解，二者祸更甚于交也。若气旺将吉，又名乘轩，占官大贵。

---

① 原文：反。

丁卯日第十一课

财　贵朱　癸酉　六冲　支德①
官　阴贵　空亥　干德　鲁都　天贼　地医
子　常阴　乙丑

```
      朱勾  勾空  阴贵  贵朱
      未    巳    亥    酉
      巳    卯    酉    丁
```

```
            螣合  贵朱
朱勾  未    申    酉    戌   后螣
合青  午              亥   阴贵
勾空  巳              子   元后
青白  辰    卯    寅    丑   常阴
            空常  白元
```

课格： 重审，间传，励德，龙战。

课意： 昼夜贵聚，事无凭据，本身力弱，占病深虑。

解曰： 夜贵被克，昼贵空亡，虽入用传，不得其力。况贵多则事不归一。贵人不救病。丁火死于酉，本身力弱，所以深可虑也。末助初财，遍地贵人，反无依据。酉财昼雀夹克，中末空亡，用破传空，身心不利。如用夜贵，名咄目煞，乃贵人咄目专视，反坐罪也。

断曰： 此极阴之卦，事见冥蒙。酉为闭口，又遭夹克，心迹难明，告贵不允。又卦名龙战，事主进退逡巡，疑惑不定。若积德之家，自致安宁。倘生妄求，必成灾悔。

天时： 久阴。**家宅：** 虚耗，主出孤寡善人，或欺诳不实之人。**婚姻：** 不宜。**胎产：** 胎动不安，生女，防喑哑。**功名：** 已仕转动，未仕蹭蹬。**求财：** 不由自己，任人予夺。**投谒：** 先从后违，主客异志。**疾病：** 主气病，或呕吐咽塞，或在心肺，乍病愈，久病危。**失脱：** 逃人自归，失物贼系妇人，见者不肯言。**出行：** 遇贵无益。**行人：** 春秋占必来，冬夏占不至。**争讼：** 利后动，终解释。**兵战：** 昼占虚诈，夜占有功，虎头蛇尾。

《毕法》云：课传俱贵反无依、昼夜贵加求两贵、鬼乘天乙乃神祇、用破身心无所归。《订讹》云：六阴朦昧，似涉重渊，公凶私利，病患缠延。《课经》云：酉临干为亚魁星。又云：酉加丁干，谓之财作闭口。

---

① 原文貌似"支德"，但疑其有误。

丁卯日第十二课

```
子  青白  戊辰  寡宿 六害
兄  勾空  己巳  游都 驿马 破碎 天医
兄  合青  庚午  日禄 六破
```

```
      勾空 青白 贵朱 螣合
       巳  辰   酉  申
       辰  卯   申  丁
```

```
              朱勾 螣合
  合青  午   未   申   酉  贵朱
  勾空  巳             戌  后螣
  青白  辰             亥  阴贵
  空常  卯   寅   丑   子  元后
            白元 常阴
```

课格：见机，顺茹，斩关，龙战。

课意：夜占财退，必因同类，病者腰疼，昼贵勿恃。

解曰：日财申也，夜占乘蛇，且三传与日同类，有兄弟分争之象，财之所以退也。辰为腰，临卯被克，而乘白虎，虎专主筋骨，故腰痛为害也。

此夹定三传格，谓日课未在午前，日支卯在辰后，夹定三传，凡事进退，皆不由人。

断曰：此龙战斩关之卦，前程有阻，心多疑贰，欲进不能，欲退不得。君子占之，获福重叠，顺茹之象不虚也。寅午之岁，及酉月酉时占，俱不利。又干支皆乘前一辰，网罗身宅，岂能亨快？止利守己，则为干支乘旺。倘若妄动，变为网罗，又作羊刃。

天时：夜占有雨，昼占有雷电无雨，后久晴。家宅：室窄人多，主有伏尸。婚姻：吉，但宜迟合。胎产：未实，又主连胎。功名：先难后易。求财：有得，见妻成灾。疾病：主腰痛，先重后轻，书符合药，厌祷最宜。失脱：在家左右前后，不漏。捕捉：昼占贼远去，不可获；若及之，必伤人而走。出行：正宜更新，外出主投人得所。行人：未还。争讼：宜和。兵战：主敌人求和之象。

《毕法》云：所谋多拙遭罗网。《照胆诀》云：除定开危卯未方，龙阴后合可迍藏。《课经》云：丑加子为腹胎格，盖丑为腹也。

戊辰日第一课

父　朱勾　己巳　禄神　盗神
子　后白　壬申　游都
官　青螣　丙寅　长生　鲁都　天贼　驿马

```
合合  合合  朱勾  朱勾
辰    辰    巳    巳
辰    辰    巳    戊
```

```
           螣青  贵空
朱勾  巳   午    未    申   后白
合合  辰              酉   阴常
勾朱  卯              戌   元元
青螣  寅   丑    子    亥   常阴
           空贵  白后
```

课格：伏吟，天罗，斩关，泆女，元胎。

课意：昼虎乘生，夜龙鬼并，机关在末，能败能成。

解曰：白虎凶将，而昼临长生，不幸中之幸也。青龙吉将，而夜乘日鬼，幸中之不幸也。寅若生巳，则巳亦生干。申若克寅，则寅亦克干，成败所由分也。机关不亦危乎？

巳克申金，申克寅木，寅克戊土，是为三传递克。后寅生巳火，巳生戊土，是为末助初生，故有苦尽甘来之喻。

断曰：此卦递刑递克，自任无恩，先必有人克害于我，遂至众口一词，沸然腾谤。或常人素行凶横，遂被雷攻。朝官遇此，亟宜提防检束，反有升迁之美。

天时：密云不雨，见风反为晴。**家宅**：平安，宅神脱日，不富。**婚姻**：女求男，成就迟。**胎产**：生女，胎安易产，七月占，防不育。**功名**：应举得魁，仕得捧印。**求财**：昼占得田土，夜占费口舌。**投谒**：在家，宾主合。**疾病**：胎气吉，余病危，尊长尤不利。**失脱**：离本家，即不可获。**出行**：迟迟后出。**行人**：立至，值家中有喜事。**争讼**：胜负不定。**兵战**：兵刃相接，慎者无败。

《毕法》云：三传互克众人欺、宾主不投刑在上、信任丁马须言动、变克翻为两面非。《课经》云：伏吟卦，惟六戊日凶。盖三传递克日干，全无和气，切不可作甲戊庚三奇言之。

戊辰日第二课

官　勾朱　丁卯 六害
官　青螣　丙寅 驿马 干奇 仪神 鲁都 天贼
兄　空贵　乙丑 六仪 破碎

　　　青螣　勾朱　勾朱　合合
　　　寅　　卯　　卯　　辰
　　　卯　　辰　　辰　　戌

　　　　　　　朱勾　螣青
合合　辰　　巳　　午　　未　贵空
勾朱　卯　　　　　　　　申　后白
青螣　寅　　　　　　　　酉　阴常
空贵　丑　　子　　亥　　戌　元元
　　　　　　白后　常阴

课格：比用，退茹，不备，天罡。

课意：鬼临干墓，宜求门户，冬昼火灾，病讼如缕。

解曰：辰为戊土之墓，卯以干鬼临支，是为墓中之鬼，占病见凶宜矣。卯辰相害，事多虚声。且卯为门户，故宜谨之。又昼乘朱雀克宅，在冬占为火鬼，主有火灾也。墓神覆日，非忧即病。鬼临三四，官讼难免。

断曰：此卦连茹逆传，阳课不备，事主牵连疑贰，谋望难成。又墓临干，鬼临支，人既昏昧，宅亦未宁。若能检点身心，勿妄动作，自然灾消福至。巳、丑岁，三七十一月，占病遇之，多见哭泣。卯加辰，乘朱雀，大概有口舌文书之事。

天时：昼占无雨，夜占可得。家宅：谨守门户，防有火灾。婚姻：不成。胎产：防有枝指、缺唇之病。功名：求官见贵，破中有成。求财：反复不得。疾病：淹缠或主疫气，或头疼发热。失脱：财物难获，逃亡急寻。出行：不能动，动亦阻隔不利。行人：未至，占寅卯生人即至。争讼：利为客者，又主牢禁病缠。兵战：将军辰卯年命者最忌，敌兵必至，战不成。

《毕法》云：尊崇传内遇三奇、彼此猜忌害相随、鬼临三四讼灾随。《金口三才赋》：木入土乡，疮灾牢狱。朱雀文书口舌，六合喜庆婚姻。

戊辰日第三课

兄　空贵　乙丑　直符　六仪　六破
财　常阴　空亥　亡神
子　阴常　癸酉　干合　支合　日解

　　　　白后　青螣　空贵　勾朱
　　　　子　　寅　　丑　　卯
　　　　寅　　辰　　卯　　戌

　　　　　　合合　朱勾
勾朱　卯　辰　巳　午　螣青
青螣　寅　　　　　未　贵空
空贵　丑　　　　　申　后白
白后　子　亥　戌　酉　阴常
　　　　　常阴　元元

课格：重审，间传，极阴，龙德。

课意：彼己受克，丁马身宅，夜传皆陷，静躁无益。

解曰：卯丁克日，寅马克宅，是为彼己俱伤。虽曰丁马宜动，如此动之，何益也？用神乘天空，中传旬空，末传坐空，三传俱陷，躁固有失，静亦无得。然静守虽无所益，不愈于妄动生灾乎？

断曰：此重审之卦，又名间传，动多阻滞。所喜初传乘空，譬若阴暗弥漫，忽得好风吹至，拨云雾而睹青天也。

天时：重阴，得风而解。家宅：门户阻塞，丁多而贫。婚姻：女长于男，昼占吉。胎产：生女不实。功名：未遂。求财：虚。疾病：伤脾胃之症，无妨，久病危。交易：须见参差，宜忍。出行：东方吉。行人：还家。争讼：田土口舌，文书惑乱。兵战：昼占吉，夜占凶。坟墓：局合三奇，发丁发贵，宜多种松楸。

《毕法》云：支干全伤防两损、用破身心无所归、夫妇芜淫各有私。《课经订讹》云：鬼临墓为得地，引类呼朋，故名鬼呼。《古鉴》：戊申六月，未将酉时，占家宅。曰：戊辰干支，丑又为土，加于卯门，主有土塞东边门。干上得卯，支上得寅，寅卯六月入墓，为死木，主壁外有两棺。末传酉加亥为败地，乘太阴为老妇，主以酒病死。丑亥酉名为极阴，惟传空可解。然亦主家道消索。俱验。

戊辰日第四课

官	青螣	丙寅	驿马	三奇	长生	鲁都
财	常阴	空亥	亡神			
子	后白	壬申	游都	六合		

元元	空贵	常阴	青螣
戌	丑	亥	寅
丑	辰	寅	戌

		勾朱	合合			
青螣	寅	卯	辰	巳	朱勾	
空贵	丑			午	螣青	
白后	子			未	贵空	
常阴	亥	戌	酉	申	后白	
		元元	阴常			

课格：元首，奇化，元胎，地结。

课意：守之见伤，动入空乡，昼虎祛祸，夜龙辅戕。

解曰：寅木克干，不可守也。弃之而入中传，亥乃动入空乡，亦不居也。昼虎乘申克寅鬼而空亡祛祸，夜龙助寅伐干而脱干财。吉凶祸福，互相倚伏。岂可执而论哉？

断曰：此卦抑塞未通，图谋未遂，内生灾恼，外见侵凌，幸元首元胎，又传中有解，主先忧后喜，难中有易。春季夜占，为阳开泰运之象，申亥年月不利。

天时：昼占先晴后雨，夜占雨多。家宅：主兄弟众，宅两旁主有小巷，东者宜闭。婚姻：谐合，得妻财。胎产：昼占即产，夜占生女不育。功名：加官进禄，试者登科。求财：夜占大有利。疾病：昼占似凶而后愈，夜占似愈而反甚。失脱：系奴婢所窃，递入势家。出行：上官赴任吉，余无利。行人：有恋不肯行。争讼：先者胜。兵战：夜占吉，得宝货图书。坟墓：主低洼，或被贼挖。

《毕法》云：干支全伤防两损、三传递生人荐举、喜惧空亡乃妙机、龙加生气吉迟迟（三月占）。《心镜》云：三传俱孟是元胎，五行生处主婴孩；所占百事皆新意，或卜怀胎结偶来。《括囊赋》云：元首尊神，所作仰为领袖。又云：元胎欲卜于婴孩。又云：寅加巳兮灶更。

戊辰日第五课

财	青螣	甲子	旬首 地医 三合
子	螣青	壬申	长生 游都
兄	元元	戊辰	寡宿 干墓

```
        螣青 青螣 朱勾 空贵
         申   子   酉   丑
         子   辰   丑   戌

              白后 常阴
空贵  丑   寅   卯   辰  元元
青螣  子                巳  阴常
勾朱  亥                午  后白
合合  戌   酉   申   未  贵空
              朱勾
              螣青
```

课格：重审，润下，旬化。

课意：上和下睦，传财盛极，春夏可取，秋冬难得。

解曰：巳酉丑，申子辰，干支上下三合。申子辰作传，而干上乘丑，又作六合，可谓上下和睦矣。春夏水当休囚，若于此时求之，反可有得。若秋冬水旺及时，传财太旺，反使财亏也。戊日辰乘元武，为收魂神，十一月尤忌，辰为死气故也。大吉真贵临日，主有神圣降佑。

断曰：此润下之卦，触处皆财，又得青龙入传，可云称心遂意。传课中三合六合，经云：三合相呼见喜忻，纵然带恶不成嗔。何况三传皆作日之财，全无障碍。干上六合，主有人在内相助而成，惟占病及解释忧疑事不宜。秋冬亦不利。

天时：大雨沾足，久阴不晴。家宅：平安，宜疏通沟渎。婚姻：和合，女性过柔。胎产：生女，产迟。功名：仕宦顺利，惟不利文书。求财：春夏大利，秋冬不利。疾病：不利尊长，余火病及上部病速愈，肾家病淹滞难愈。失脱：在西方，贼有窝藏者。出行：利舟楫，不宜从陆。行人：即归家。争讼：宜和，贱者牵连不已。兵战：昼忧，夜吉。

《毕法》云：万事喜忻三六合、六爻现卦防其克。《心印赋》云：三合相加日上临，干支上下一同寻；或占喜事兼姻事，最好相宜望信音。

戊辰日第六课

```
财  青膡  甲子  旬首  三合
兄  贵空  辛未  福星  勾神
官  白后  丙寅  驿马  三奇  长生  鲁都
```

```
    后白 勾朱 贵空 青膡
     午   亥   未   子
     亥   辰   子   戊
```

```
          空贵 白后
青膡  子   丑   寅   卯  常阴
勾朱  亥               辰  元元
合合  戊               巳  阴常
朱勾  酉   申   未   午  后白
          膡青 贵空
```

课格：缀瑕，四绝，度厄。

课意：夜贵日蹬，虎鬼骖乘，正月妻胎，七月损孕。

解曰：未乃夜贵临子，而子登于日，既入传亦为害贵，讼必遭枉断。末传马载虎鬼，病讼甚速。子乃戊土胎才，在正月为生气，故妻怀胎。在七月为死气，故损孕。

此涉害卦，子午俱下克上，俱与日比，各到本家地盘位上，各涉四害。子加巳，午加亥，又皆孟也。比同，涉害同，加孟又同，故刚日用干上之子发用。《诀》所谓"复等柔辰刚日差"者，是也。

断曰：此卦名缀瑕，亦名复等。事主吉凶忧喜，皆属虚声。但宜结绝旧事，不可图新。养拙持谦，灾消福至。以干用子，遁出甲鬼，必有病讼临身。初传被下贼，归地盘又被上克，所谓"前后逼迫难进退"也。

天时：昼占风，夜占雨。家宅：虚耗，主有神庙作灾，宅中斛斗堆垛。婚姻：不足。胎产：防损。功名：欠利，用财捐者可得。求财：得利。疾病：得于饮食，象凶。捕捉：不宜迟。出行：夜占吉。行人：亥子生人即至。争讼：甚急速，必得罪于远方。兵战：多历难辛。

《毕法》云：夫妇芜淫各有私。《心印赋》云：子来加巳为极阳，戊癸为合吉则昌，若逢蛇虎无福祥。《观月经》云：忽然涉害起，先举莫相争；卦入谁家体，相随灾福生。

戊辰日第七课[①]

财 勾朱 空亥 亡神
父 阴常 己巳 禄神 德神 盗神
财 勾朱 空亥 亡神

<pre>
        元元 合合 阴常 勾朱
         辰   戌   巳   亥
         戌   辰   亥   戌
</pre>

<pre>
              青螣 空贵
  勾朱 亥   子   丑   寅 白后
  合合 戌   卯 常阴
  朱勾 酉   辰 元元
  螣青 申   未   午   巳 阴常
              贵空 后白
</pre>

课格：返吟，元胎，见机，斩关。

课意：课传俱空，行住无踪，我去彼绝，久病须凶。

解曰：戌亥旬空，巳又坐空，辰亦落空，是四课三传无一不空也。返吟空作往来，是行住无踪也。巳亥俱临绝地，以占久病极凶，未丑月占长上病尤不吉。

断曰：此无依之卦，又兼传课俱空。所谓孤辰寡宿，乃十干不到之地，五行脱空之乡。吉固消亡，凶亦解散。占主事带两途，远近系心，往返无常，有疑莫决。惟宜复理旧事，兼利避祸潜逃。

返吟统震之体，孤寡统革之体，君子总以恐惧修省，改旧图新为要。

天时：占处忽阴忽晴，有雨多在远处。家宅：不利家长。婚姻：不成，若系下人，一鳏一寡则合。胎产：防摇动堕落，若产后占病反宜。功名：反复求谋，恐归无益。求财：近财有，远财无。投谒：频往不遇。疾病：怔忡虚脱暴病，醮祭吉，久病及尊长病凶。失脱：无踪，防再失。出行：有离乡漂泊之象。行人：不得归。争讼：屡讼不成。兵战：得敌空营，军实空乏，宜罢兵息众为吉。

《毕法》云：来去俱空岂动移？《袖中金》云：元胎事主四人共谋，终见灾异。返吟四孟为绝元胎也。《指南》：甲戌年二月，戌将辰时，占科名。德入天门，两贵加魁罡，冲克生空，必中高魁。发榜果验。

[①] 本课三传，有书作"巳亥巳"者。

戊辰日第八课

官　白后　丙寅　驿马　长生　三奇　仪神
兄　贵空　辛未　福星　勾神
财　青螣　甲子　旬首　地医

```
        白后  朱勾  常阴  合合
        寅    酉    卯    戌
        酉    辰    戌    戌
```

```
            勾朱  青螣
合合  戌    亥    子    丑  空贵
朱勾  酉                 寅  白后
螣青  申                 卯  常阴
贵空  未    午    巳    辰  元元
            后白  阴常
```

课格：重审，斩关，天罗，飞魂。

课意：鬼虽潜伏，唯嫌夜卜，三传窝犯，利害相逐。

解曰：寅乃日鬼，虽乘虎发用，然俯则与酉为雠，仰则与未为难，潜伏不能为祸。惟仕宦夜占，贵临寅地，致官星不显，是所嫌也。三传虽递克之财，但俱下贼，事多窝犯，利害相逐，祸福倚伏也。

寅递克为财，克干为鬼，所谓两面刀者是也。

断曰：此卦三传受制，全无和气。又兼戌为课墓，临于日上，酉脱辰土，临于支上，是为人宅荒凉，出多入少。日鬼发用，中传入墓，仕宦不宜，常人为喜。又子未卯辰酉戌，课传皆为六害，有怙势相倾，以少凌长之象。或有鬼物损人，亦未可定。

天时：六合雨师，并临干上，得雨必多。家宅：墙屋穿破，防贼人。婚姻：昼占可成，夜占不吉。胎产：胎神受未害，防因饮食伤。功名：官星未现。求财：防因财致祸。疾病：风疾肝症，愈防复发。失脱：物可得，人难获。出行：远行谒人，主客反复，路宜防害。行人：五日内至。争讼：因财而起，或因酒色，两造俱损。兵战：军中时惊，夜防贼劫。

《毕法》云：彼此猜忌害相随。《照胆秘诀》云：三刑六害同传日，蛇虎疾病朱官方。《心印赋》云：寅加酉上为用初，中末未与子上居；传墓为来有一失，行人远至及文书。《袖中金》云：飞魂、丧魄，更值天乙逆行，白虎入传，不见生气，乃大凶之课。

戊辰日第九课

财	青螣	甲子	旬首	三合
兄	元元	戊辰	寡宿	干墓
子	螣青	壬申	长生	游都

青螣	螣青	空贵	朱勾
子	申	丑	酉
申	辰	酉	戌

		合合	勾朱			
朱勾	酉	戌	亥	子	青螣
螣青	申			丑	空贵
贵空	未			寅	白后
后白	午	巳	辰	卯	常阴
		阴常	元元		

课格：弹射，润下，斩关，励德。

课意：交车作合，彼此相脱，已往之财，末助可夺。

解曰：辰与酉合，巳与申合，合干作火，可谓交车合矣。然戊被酉脱，辰被申脱，彼此互脱，始虽相合，终必相脱也。财临第四课发用，是为已往之财。而末传来助，亦可以复得也。戊日，辰为元武并临，占病大凶。末助初财，占婚尤的。

断曰：此弹射之课，远而无力，吉则虚名虚利，凶亦虚惊虚恐。润下全局，而干神与传交车六合，是于淹留之中而得和顺之象。凡占必遂。贵立门户，君子升迁，小人斥退。夏三月得之，又逢顺贵，大吉，秋冬不利。

天时：有雨。家宅：同居和好，夜占有口舌，防火烛。婚姻：两相愿而难成。胎产：女胎，难产。功名：须贵人汲引。求财：中阻，终归有得。干谒：昼占不遇，夜占投合。疾病：难愈，宜祷水神。失脱：主有家中人与外贼勾合，匿多水处。出行：舟行利，防失物。行人：必来。争讼：牵连人众，上人不碍，下贱人受谴。兵战：昼占不宁，夜占大胜。

《毕法》云：交车相合交关利、万事喜忻三六合。《指南》：己丑年十一月，寅将戌时，占兵事。游都乘蛇临支，主有兵。子乃北方，当从北至。干上昴星，为日之败气。又龙化为蛇，其兵必退。交车相合，末又生初，城中人归顺。

戊辰日第十课

财　勾朱　空亥 亡神
官　白后　丙寅 驿马 三奇 仪神 鲁都
父　阴常　己巳 德神 禄神

　　　合合　贵空　勾朱　螣青
　　　戌　　未　　亥　　申
　　　未　　辰　　申　　戌

　　　　　　朱勾　合合
螣青　申　　酉　　戌　　亥　勾朱
贵空　未　　　　　　　　子　青螣
后白　午　　　　　　　　丑　空贵
阴常　巳　　辰　　卯　　寅　白后
　　　　　　元元　常阴

课格：弹射，元胎，孤寡。

课意：财马官鬼，皆不相干，执弓忘弹，坐守为欢。

解曰：亥乃日之财，寅乃辰之马，又为日之官鬼。财马官鬼，俱为空陷，而不相干也。三传递生，动则投脱，反有所耗，不如守干之生①，足以自取欢乐，动何益哉？

断曰：此弹射之卦，寡宿受日遥克而发用，凡事无力。而传空又为失弹遗镞，不能成事。况元胎，主事暗伏，君子守正则亨；僧道九流，遇此为吉。小人侥幸，终归虚幻。

虽三传递生，而初中空陷，徒有荐举之名，而无荐举之实。

天时：欲雨还止，但见虹霓。家宅：东北方有土堆，防口舌官非。婚姻：不宜。胎产：女安，男不实。功名：若小前程，迟得。求财：守分自足，外求无得。投谒：劳而无功。疾病：主伤血分。失脱：非奴婢所窃，即在僧道寺观。出行：若不为文书及尊上之事，行未远，当返。行人：占奴仆即至，余未归。争讼：不成害，宜和。兵战：虚张声势，旋即解散。

《毕法》云：三传递生人举荐、旬内空亡逐类推。《袖中金》云：第二课为用，乃日上两课自战，不干内事，不可出尖。又申加巳，为生胎，为忧课，主事生新。《肘后经》云：课逢旺孟有来意，忽然相气临孟神，新事欲来须防备。

---

① 校者注：本书对土之长生立论有两种，一是土长生在申墓于辰，二是土长生在寅墓于戌。请读者阅读时留意甄别，才能对其神煞起例等有更深入的理解。

戊辰日第十一课

```
子   后白  壬申 游都
兄   元元  空戌      大煞  日医① 六冲
财   白后  甲子 旬首 地医
```

```
       后白 䐠青 阴常 贵空
        申   午   酉   未
        午   辰   未   戌
```

```
             后白 阴常
贵空  未    申   酉    戌  元元
䐠青  午              亥  常阴
朱勾  巳              子  白后
合合  辰  卯      寅   丑  空贵
         勾朱   青䐠
```

课格：重审，间传，泆女，涉三渊。

课意：初生末财，两事俱乖，子遁虎鬼，金鬼火煨。

解曰：申乃长生，临午而金被克，几煨烬矣。末子乃日之财，遁甲乘虎，化为狞恶之鬼。两事俱乖，全无益也。中传河魁、元武并乘，而与日上未贵相刑，夜占干贵不喜。

断曰：此重审之卦，又名泆女，有淫讹不明之象。夜占不利，昼占贵登天门，神藏煞没，罡塞鬼户，鬼不敢窥，宜于逃灾避难。申加午为炉火，天后临之，谓之不成，主有漏失。

天时：大雷雨。**家宅**：昼占当得横财，夜占防火烛。**婚姻**：美中有丑，不宜成。**胎产**：生女，有虚惊。**功名**：夜占利朝京引见，必有异数。**求财**：有获，防失脱。**投谒**：主宾庆会，稍有不足。**疾病**：暴病、极险、即愈，久病难痊。**捕捉**：不可获，当自归。**出行**：无事而出必犯事，有难而行必免患。**行人**：申虎乘二马，远信立至。**争讼**：惊恐愈大，得福愈多。**出兵**：凶中化吉，多防虚诈。

《毕法》云：罡塞鬼户任谋为、虎乘遁鬼殃非浅。《邵子断验》：卯命人六月，未将加巳。曰：涉三渊之课，一生跋涉。干支午未相合，出身甚好。历三仕，两丁忧，子孙居火上，日后以弟为子。盖初传临于羊刃之鬼，故难得子也。末传妻在空亡，为子息所克，临天后秽神，妻当因产而死。卯命与干支皆属东方，今顺归西北而不返，当死于外州也。

---

① 原文字迹模糊，貌似"日医"，也似"日墓"。

戊辰日第十二课

```
官  青螣  丙寅   驿马 长生 六仪 鲁都
父  螣青  庚午   羊刃 天医
父  螣青  庚午   羊刃 天医
```

```
       螣青 朱勾 贵空 螣青
        午   巳   未   午
        巳   辰   午   戊

             贵空 后白
    螣青 午  未  申   酉  阴常
    朱勾 巳          戌  元元
    合合 辰          亥  常阴
    勾朱 卯  寅  丑   子  白后
           青螣 空贵
```

课格：别责，不备，进退。

课意：用鬼传刃，舍益就损，屈尊居卑，甘受偃蹇。

解曰：动逢鬼刃，宜守旺生，却乃往投支脱，是为舍生之益，就脱之损；屈孟之尊，居季之卑。甘受中末传之偃蹇，终不得亨也。

断曰：此别责之卦，亦名芜淫。阳日取干合上神为用，阴阳不备，全无克制，事主变更，动则有咎。申子年命者，尤为不利。如将神相生，又光明正大，则所谋皆吉，得人相助。若当季神生日占，尤声名显达。

天时：昼占先晴后雨，夜占先雨后晴。家宅：有迁移之兆。婚姻：不宜。胎产：女。功名：昼占由贱而贵，夜反是。求财：得。疾病：易瘥。失脱：寻得，不全。出行：忌正五九十月。行人：至。争讼：和，吉。兵战：昼占先忧疑，后大胜，又得宝物图书；夜占先胜后有惊，吉凶相半，宜斟酌敬慎。

《毕法》云：权摄不正禄临支、互生俱生凡事益、所谋多拙遭罗网、合中犯煞蜜中砒。《课经订讹》云：不备谋为欠正，凡事倚仗他人，借径而行。《指南》：丁丑七月，午将巳时，或占一大司马何日罢官？曰：行当入相出将矣。盖驿马螣蛇临年发用，中末月将青龙生日辰，蛇化为龙，太岁作贵居命，皆入相之征。又天罡加卯，静有动机，课传天吏、二马全逢，干支上乘羊刃、勾陈，出将无疑。戊寅、己卯年连验。

己巳日第一课

父　合青　己巳 _{寡宿}
子　贵常　壬申 _{六合　干长生　亡神}
官　空朱　丙寅 _{日德　长生　勾神}

　　合青　合青　螣白　螣白
　　巳　　巳　　未　　未
　　巳　　巳　　未　　己

　　　　　朱空　螣白
合青　巳　午　未　申　贵常
勾勾　辰　　　　　酉　后元
青合　卯　　　　　戌　阴阴
空朱　寅　丑　子　亥　元后
　　　　白螣　常贵

课格：伏吟，自任，元胎。

课意：德印长生，君子利亨，迤逦克伐，寅为祸萌。

解曰：初巳为长生，末寅乃日德，又作官爻，仕人求进，岂有不亨利乎？但初克中，中克末，末克干，是寅又为祸萌也。常人值此，必有被人侵凌之患。平日所为过恶，亦必有攻讦之者。现任朝官，须防弹劾，总宜谨饬为妙。

己巳伏吟，干支拱定日禄，宜占食禄事。又系两勾夹墓，年命在辰宫者不利。

末传助初传而生日干，必有人暗地相助。如夜占寅乘天空，亦恐闲话多而实心少也。

断曰：元胎之课，如婴儿之隐伏，有滞而未通之象。大约宜静不宜动，利上不利下。惟君子修身俟命，无不亨嘉矣。

天时：早雨晚晴。家宅：宅去生人，主人口进益；若时逢生旺，占者当有兴隆发越之象。仕宦：循分守职，前程远大。求财：出外无益，在家经营，可以获利。婚姻：男性刚强，女性柔顺，能主中馈，益夫宜子。胎产：男喜，平安，产时顺利。疾病：脾土受克，法宜调治，天医得力，可保无事。出行：马空有阻。行人：在外受益，未即回家。遗失：匿在本家。逃亡：尚在境内。出兵：三传递克，止宜坚守。

《毕法》云：三传互克众人欺。《括囊赋》云：害挟太常，动止则尊亲有讶。德乘朱雀，谋谟而官吏无亏。

己巳日第二课

官　青合　丁卯　地医
官　空朱　丙寅　日德　六害　勾神
兄　白螣　乙丑　游都　支合　六仪

　　　青合　勾勾　合青　朱空
　　　卯　　辰　　巳　　午
　　　辰　　巳　　午　　己

　　　　　　　合青　朱空
勾勾　辰　　巳　　午　　未　螣白
青合　卯　　　　　　　　申　贵常
空朱　寅　　　　　　　　酉　后元
白螣　丑　　子　　亥　　戌　阴阴
　　　　　常贵　元后

课格：元首，连茹，斩关，三奇，不备。

课意：旺禄临身，动作遭刑，君子宜卜，遁乙丙丁。

解曰：干上午为己土之禄神，守之可以资生。若弃之而别就，则支上辰为自刑，又为墓神。若投三传，则初中克干，末传昼夜各乘蛇虎，皆非佳境，是以不宜动作。传遁乙丙丁为三奇格。君子占之，则官居台鼎，常人得此，亦可以免祸。

断曰：卦名元首，占事多顺。以卑事尊，以幼事长之象。但事起于家庭。讼利于后应。凡百皆宜守旧，不宜妄动，自必有先难后获之应也。

天时：龙已化蛇，多晴少雨。家宅：妻女多刑，官非蜂起；占年遇季，春闱必捷。仕宦：显赫异常。求财：始占甚吉，终防虚耗。婚姻：夫妻可谐，德情均劣；辰午自刑，恐多伤克。胎产：胎神乘阳，可得男胎，产时略难。疾病：官鬼两重，病非一症；干上胜光，化煞生身，虽重无害。出行：支上墓神，身不能动。行人：即至。官讼：寅卯时占，谓之天网四张，难于解脱，幸得承问官救拔，终得无事。行师：辰上神脱日上神，应防敌人虚诈。

《毕法》云：尊崇传内遇三奇、旺禄临身徒妄作、虎乘遁鬼殃非浅、闭口卦体两般推、众鬼虽彰全不畏。真朱雀格，凡四季年占，朱雀乘午，春闱必捷。以朱雀主文书，临日生日，又生太岁故也。

己巳日第三课

兄　白螣　乙丑 _{游都}　_{干奇}　_{仪神}
财　元后　空亥 _{驿马}　_{日解}　_{六冲}
子　后元　癸酉 _{支三合}　_{破碎}

_{白螣　青合　青合　合青}
丑　卯　卯　巳
卯　巳　巳　己

　　　　_{勾勾　合青}
青合　卯　辰　巳　午　朱空
空朱　寅　　　　　未　螣白
白螣　丑　　　　　申　贵常
常贵　子　亥　戌　酉　后元
　　　　_{元后　阴阴}

课格：重审，间传，极阴，不备。

课意：支乘幸焉，枉历三传，乙丑夜虎，破败忘钱。

解曰：支来生干，格名自在。求谋人助，事事尽善，守之可也。若弃而妄动，初传逢乙丑蛇虎，中财空马，末又为土之败地，所历三传，无一可依。若或强动，岂有不破败乎？

丑亥酉作三传，名极阴课，又名倒拔蛇。占事不吉，更多阴昧，病讼皆凶。再逢丧吊，死亡难免。

断曰：课名重审，又曰龙战。以下僭上，以卑犯尊，事多不顺，起于阴小，不宜任性。更当重审，方能免患。又课名不备，经营必有未周。末传破碎，凡事多不完整。

天时：既名极阴，必主阴雨，元武临毕，霖雨自久。家宅：宅来生人，人众宅窄，蛇虎作官，谨慎出入。仕宦：龙生虎脱，美恶相参。求财：龙合就我，终须易得。婚姻：日上乘龙，可称佳婿，支上乘死，女防不寿。胎产：妊必不足，产必受惊。疾病：丑加卯为用，主妇女腹痛。出行：陆路必坦，舟楫有惊。行人：未归。逃盗：急切难获。行军：利客不利主。

《毕法》云：虎乘遁鬼殃非浅。《课经》云：六月昼占，青龙乘巳生干，又作月内之生气，虽目下未见峥嵘，后却徐徐发福，所谓"龙加生气吉迟迟"也。

己巳日第四课

```
官  空朱  丙寅   日德 六害 勾神
财  合后  空亥   驿马 六冲 日解
子  贵常  壬申   空亡① 六合 干长生
```

```
   合后 空朱 青螣 常勾
    亥   寅   丑   辰
    寅   巳   辰   己
```

```
     白合 常勾
空朱 寅 卯 辰 巳 元青
青螣 丑         午 阴空
勾贵 子         未 后白
合后 亥 戌 酉 申 贵常
       朱阴 螣元
```

课格：嚆矢②，元胎，斩关，励德。

课意：夜传俱空，万事无踪，勿欺嚆矢，委镞有功。

解曰：中末皆陷，若逢夜占，初传复乘天空，所为万事无踪也。寅为嚆矢，末传申金，矢后有镞矣，亦可以成功而得志，岂得以其嚆矢而欺之哉？

断曰：高冈之土，作墓覆日，如关之相阻，若非斩拔，何能进步？所以传中贵有木神克去土墓，事方有济。今初传虽有寅木，但嫌前途尽空，终无所益耳。

天时：天空发用，朱雀飞腾，万里无云。家宅：干上乘墓，人必昏迷；支上乘官，事因涉讼；昼将口舌，夜将欺诳。婚姻：财官相会，定然可成；但恐不能偕老。胎产：胎恐不实，产亦不育。疾病：病症克人，昏迷难治。谒贵：贵人已空，何由得遇？求财：财爻落空，焉能如意？出行：驿马落陷，必有所阻。行人：马不为所乘，何由得至？出师：初传日德，又系斩关，其始必勤；中末皆空，其后必怠。

《毕法》云：闭口卦体两般推、不行传者考初时。《指南》：三月戌将丑时，占雨。断以巳午日先有狂风；出旬甲日小雨，乙日大雨。盖斗罡加未，风伯发用，故先主风。贵登天门，龙神飞天，故后主雨。因中末皆空，水母未实。所以必待出旬而始得沛然。甲乘休气，故小。乙日巳亥相冲，故大。

---

① 原文字迹模糊，貌似"空亡"，或即是"亡神"之误。
② 原文俱作"蒿矢"，现俱更正为"嚆矢"，上下皆同，不赘。

己巳日第五课

官　白合　丁卯　地医
财　合后　空亥　驿马　日解
兄　后白　辛未　福星

　　　螣元　青螣　合后　白合
　　　酉　　丑　　亥　　卯
　　　丑　　巳　　卯　　己

青螣　丑　　空朱　白合　　　　常勾
　　　　　　寅　　卯　　辰
勾贵　子　　　　　　　　巳　元青
合后　亥　　　　　　　　午　阴空
朱阴　戌　　酉　　申　　未　后白
　　　　　螣元　贵常

课格：元首，曲直，洗女，天网。
课意：卯乘合虎，与贼为伍，虽有催官，常人被苦。
解曰：发用虎鬼，三合作传，中末虽空，俨如乌合。将又乘合，岂非与贼为伍之象？究竟贼众空虚，不久自仆。干乘虎鬼，若仕人得此，乃谓催官符也。常人未免病讼相连矣。
断曰：课逢元首，事皆顺序。昼夜所乘之将，后合互临。又卯为私门，亥为阴昧。凡占必须以礼自持，则奸杀可免。
天时：卯乘白虎，为出林风，必主有风；天罡指阳，木朽火生，必主无雨。家宅：支成金局以克干之木局，屋宅宽广，人丁衰替，长幼不宁。仕宦：卯乘虎鬼，又乘丁神，升迁甚速。求财：亥财既空，又复变鬼，全局脱财，锱铢亦失。婚姻：最忌后合，彼此不洁。胎产：上强下弱，孕必生男；三传克日，儿必难育。疾病：脾胃受伤，外鬼作祟，幸中末空亡，急治可愈。出行：驿马空亡，旬丁发用，心急行迟。行人：出旬马实，不久自归。出师：主能胜客，客复胜主；反覆循环，终归私解。
《毕法》云：屋宅宽广致人衰、虎临干鬼凶速速、后合占婚岂用媒？不行传者考初时。《笔尘》云：越王于十二月巳时，占欲回国。当是十二月初，太阳尚在丑宫，则木局官鬼，旦暮皆乘白虎，谓之催官使者。故劝王驰马速归。稍迟至午，即无禄之课矣。

己巳日第六课

子　螣合　癸酉　破碎　支合
兄　常常　戊辰　日墓　天贼
财　合螣　空亥　驿马　六冲　日解

```
      后青 勾贵 螣合 空阴
       未   子   酉   寅
       子   巳   寅   己
```

```
           青后 空阴
  勾贵 子  丑  寅  卯 白元
  合螣 亥            辰 常常
  朱朱 戌            巳 元白
  螣合 酉  申  未  午 阴空
           贵勾 后青
```

课格：涉害，无禄，伏殃。

课意：课名无禄，干支不睦，破败墓建，空财后逐。

解曰：寅巳子未，交互六害，土败于酉，又作子破。干支既乖，破碎发用，中传辰乃土墓，末传亥乃空财。课象既戾，传体亦凶，无一可者。又名无禄，居卑处下者，必有难容者矣。

《经》曰：四上克下归来速。占行人者，寅日即归。占产同断。

断曰：课名见机，两比不比，有欲用不用，欲言不言之象。动而必静，盛而必衰。年命若逢救神，方为福佑。

天时：子加巳宫，水运乎上，且毕星发用，龙升雀降，必有滂沱。家宅：昼占贵人入宅，居亦不久；夜占则破败难堪，争讼不免。婚姻：女子虽贵，嫌其财落空亡，毁誉并至，成亦恐难偕老。胎产：胎神作贵，子必清奇，但云无禄，儿必不寿。疾病：败气发用，病必沉疴，喜干支乘德，不久自痊。出行：水陆俱坦，但子水生寅木，驿马空亡，欲行终止，或出旬待马实始行。行人：已在中途，或出旬始归。行师：昼将则吉，夜将则凶。

《毕法》云：支干全伤防两损、彼此猜忌害相随、胎财生气妻怀孕(正月占)、胎财死气损胎推(七月占)。《指南》：正月子将加巳，占众门生会试。断曰：惟戊戌者必中，余皆下第。盖初末暗拱戌命，月将甲贵临年，朱雀又生幕贵，是以中甲无疑，果然。

己巳日第七课

父　元白　己巳
财　合螣　空亥　驿马　六冲　日解
父　元白　己巳

元白	合螣	后青	青后
巳	亥	未	丑
亥	巳	丑	己

合螣	亥	勾贵 子	青后 丑	寅	空阴
朱朱	戌			卯	白元
螣合	酉			辰	常常
贵勾	申	未 后青	午 阴空	巳	元白

课格：返吟，无依，元胎，重审，孤寡。

课意：生乘虎来，频失财钱，所谋无实，陷没三传。

解曰：巳火为己土之父母，更迭生干。昼夜元虎叠见，未免有屡屡失脱之患。三传为作事之体，俱陷空亡，自然谋事皆虚。若捕风捉影，空自往来，徒费心力而已。

断曰：课名无依，传曰元胎，始终不一，远近相疑。顺逆天将，皆乘元虎，必致惊失叠见。事起家庭，祸由内作，妻宅尽空，居无所止。若申酉月占，则登明乘死神死气，主宅内有自经而死者，必至家业耗尽，反覆呻吟之象也。

天时：天门地户相通，必主浓阴；水火俱空，不晴不雨。家宅：多空少实，必有废炉败厕。仕宦：往反无定，不能满任。谒贵：昼占则遇，夜将徒劳。婚姻：昼夜青龙居干二课上，婿可云佳，但嫌妻财空陷，占女不吉。胎产：弥月者易产，未产者必堕。求财：财神落空，虽得必失。遗失：已被窃去，难得难寻。盗贼：元武居于支之阴神，必系家贼，又居空陷之处，名元武打洞，断难缉获。出行：陆路平坦甚吉，水路惊险甚凶。行人：无室无马，空怀桑梓之念。疾病：病空人实，不久自愈。行师：我实敌虚，利客不利主，敌人不过虚张声势而已。

《毕法》云：来去俱空岂动移？喜惧空亡乃妙机。《课经》云：己巳日返吟，干支拱地盘贵人，干支阴神拱天盘日禄。若占升迁官禄，无不惬意。遇子午命人尤的。

己巳日第八课

父　元白　己巳
兄　朱朱　空戌　支德　大煞① 支墓
官　白元　丁卯　日医

　　　白元　朱朱　元白　勾贵
　　　卯　　戌　　巳　　子
　　　戌　　巳　　子　　己

　　　　　　合螣　勾贵
朱朱　戌　　亥　　子　　丑　青后
螣合　酉　　　　　　　　寅　空阴
贵勾　申　　　　　　　　卯　白元
后青　未　　午　　巳　　辰　常常
　　　　　　阴空　元白

课格：知一，铸印，斩关，乘轩，励德。

课意：循环无已，鬼助生气，铸印乘轩，常占生畏。

解曰：四课不离于三传，三传皆附于四课，故曰循环转换无已。事必牵连，有忧疑难释。末传卯助巳生干，所谓鬼助也，主有人于尊长之前相助。又曰：铸印乘轩，仕宦得此，可冀升迁。常人占之，则深为可畏也已。

断曰：朱雀克贵不宜干请，缘贵人不乐用事故耳。凡占宜舍近就远，相与和同，事必晚就。如问科名，夜占登第。又子为巳火之胎，作日财临干。正月占此，妻必怀妊。申酉月占，妻必损孕。

天时：占晴得晴，占雨得雨，冬占必雪。功名：得太阳禄马生扶，必主乘轩。求财：子作贵人临干，主得贵人之财。婚姻：女家豪贵，男亦显荣。胎产：巳为双女，女子之祥。疾病：虎鬼克干，病体沉重；年命有救，或可延生。家宅：支上乘墓，宅必蒙昧，戌又空陷，忧及弟兄。出行：陆路坦坦，舟楫难行。行人：业已乘轩，何愁不至？捕获：七九月中，一无漏网。出军：有战，必胜。

《毕法》云：帘幕贵人高甲第（夜将方是）、传墓入墓分憎爱。《课经》云：己巳日，巳加子发用，为铸印乘轩。盖戌中有辛金，巳中有丙火，丙辛相合，金遇火而成印。末传卯为车轮，有乘轩之象。又为生我者，传墓入墓，大不利占生计及长上之事。

---

① 原文字迹模糊，貌似"大煞"或"天煞"。

己巳日第九课

子　螣合　癸酉　破碎　支合
兄　青后　乙丑　游都　地医
父　元白　己巳

　　青后　螣合　白元　合螣
　　丑　　酉　　卯　　亥
　　酉　　巳　　亥　　己

　　　　　　朱朱　合螣
螣合　酉　　戌　　亥　　子　勾贵
贵勾　申　　　　　　　　丑　青后
后青　未　　　　　　　　寅　空阴
阴空　午　　巳　　辰　　卯　白元
　　　　　元白　常常

课格：涉害，从革，察微，泆女。

课意：传生空亥，索还魂债，昼贵加贵，夜贵深怪。

解曰：己干为支上酉金所脱，复自支上传出金局以生干上之亥水。原酉金本来脱我，我挟亥水反去脱酉，不惟不损，翻有所益。亥为空财，于己无益。今得酉金一生，便是实财，故曰索还魂债。又昼贵临于夜贵之上，必是贵人往贵人之家。干谒必涉两贵。夜贵入狱，疑有深怪之事。

断曰：见机之卦，复传从革。凡事更变，先难后易。子孙爻现，必忧官职。若财爻再现，则仕宦大利。惟不利病讼耳。

天时：六阴相继，先风后雨。家宅：财气甚薄，生息颇蕃，有成有败，先困后饶。功名：剥官煞重，未见全美。求财：得失相等。婚姻：泆女从革，占婚不吉。疾病：虚怯之症，赖有良医，病虽不增，患不脱体。出行：虚耗无马，不能动移。谒贵：昼贵他往，夜贵入狱，俱难相见。行人：天罡加孟，未能即至。出师：利主不利客，军需不足，可取资于敌。

《毕法》云：后合占婚岂用媒？传墓入墓分憎爱、合中犯杀蜜中砒。《心镜》云：定知四处财爻现，官迁讼罪病难痊。《课经》云：己巳日，子加申为胎坐长生格。占孕最吉，占产最凶。以子恋母腹，难产故也。

己巳日第十课

```
子  贵勾  壬申  支合  亡神  干长生
财  元螣  空亥  驿马  日解
官  空阴  丙寅  日德  支长生① 勾神
```

```
    元螣 贵勾 白后 阴朱
     亥   申   丑   戌
     申   巳   戌   己
```

```
贵勾  申   后合 阴朱     亥  元螣
          酉   戌
螣青  未                子  常贵
朱空  午                丑  白后
合白  巳   辰   卯   寅  空阴
          勾常 青元
```

课格：重审，元胎，斩关，励德。

课意：长生财德，三事无力，昼夜推之，两贵蹉跌。

解曰：申乃己土长生，临巳受刑。巳又为金生之地，未免恋生不能舍去。中传亥财值旬空，末传寅德又陷空，三事无力矣。子加酉，昼贵临于夜地。申加巳，夜贵临于昼方。若占告贵，事不归一，所谓"尖担两头脱"者是也。贵人若顺，告贵无阻，则宜进步。贵人若逆，告贵不允，则宜退步。贵在干前，事不宜迫，迫则必为贵所怒。贵在干后，事则宜催，不催则彼必缓慢无力矣。

断曰：重审之课，忠孝为先。元胎之传，受生为上。君子循理，遇此无伤。小人肆欲，必致悖乱。且支干互脱，三传又脱，虚诈诳骗，无有穷尽。占者得此，必须步步留心，方能脱患。

天时：水母被刑，天罡指阴，自然滂沛。**家宅**：不甚安宁，不利子息。**功名**：官星落空，填实有望。**求财**：虚耗百出，得亦终失。**婚姻**：支干交脱，彼此虚耗。**胎产**：夜占男妊，贵而易产。**官讼**：无伤。**出行**：水路宜行。**疾病**：空墓临干，老少不吉。**逃亡**：近水处问信。**行人**：天罡临季，出旬自至。**出师**：营垒宜固。

《毕法》云：贵人蹉跌事参差、空上逢空事莫追。《课经》云：己巳日，申加巳生中传之亥水，中传亥水又生末传之寅木，寅木反克日干之己土，是恩变为雠，名恩多怨深格。

---

① 原文字迹模糊，貌似"支长生"。

己巳日第十一课

财　元䗽　空亥　驿马　日解
兄　白后　乙丑　游都　地医
官　青元　丁卯　日医

后合　䗽青　元䗽　后合
酉　　未　　亥　　酉
未　　巳　　酉　　己

䗽青　未　贵勾　后合　戌　阴朱
　　　　　申　　酉
朱空　午　　　　　　　亥　元䗽
合白　巳　　　　　　　子　常贵
勾常　辰　卯　　　　　寅　白后
　　　　青元　　　　　空阴

课格：间传，弹射，不备，寡宿，进退。
课意：弹射亡丸，勿干贵官，降志求生，夜丑须看。
解曰：日遥克亥神而逢空，是弹射而无丸，喻求财无所得而反有所费也。子为昼贵，临戌入狱。申为夜贵，临午被克。贵人自顾不暇，干之何益？未被酉脱，遂往就于巳以求生，有舍己从人之象，故曰降志求生，又曰逃生避难。夜丑须看者，以丑为遁鬼，夜乘白虎，不可不防也。
断曰：弹射之卦，事多不实，祸福俱轻，有志惑心疑，进少退多之象。且财爻落空，夜占元武发用，定主失脱。且干上之酉，乃己土之败气，又为支之破碎，昼占乘合，家中必有破败之子，缘酉为己土子孙。倘夜占乘后，必为婢妾所破也。
天时：课传六阴，昼占酉乘六合，阴云之象。家宅：支干各乘破败，财空鬼实，官灾失脱难免。求名：帘幕不现，干支破败，纵求无益。求财：须防失脱。婚姻：女占稍利，男卜不吉。胎产：孕主满胎，育子不肖。疾病：良医虽有，破耗无已。行人：天罡乘孟，行者未发。出行：陆路有损，水路防失。遗失：元武发用，日上酉金又作空亡，窃资远遁，恐不能获。出师：敌诈不实，防有虚惊。
《毕法》云：两贵受克难干贵、虎乘遁鬼殃非浅、避难逃生须弃旧、干支皆败势倾颓。《玉成歌》云：事占知一须云近，遥克当传主远寻。

己巳日第十二课

子　贵常　壬申　破　合　亡神　干长生
子　贵常　壬申　破　合　亡神　干长生
父　朱空　庚午　　日禄　　直符

```
    螣白  朱空  后元  贵常
    未    午    酉    申
    午    巳    申    己
```

```
朱空  午   螣白 贵常   酉  后元
          未   申
合青  巳              戌  阴阴
勾勾  辰              亥  元后
青合  卯   寅   丑   子  常贵
          空朱 白螣
```

课格：昴星，龙德，天罗，虎视，掩目。

课意：辰之阴神，及夫课名，三传并见，五虎纵横。

解曰：未作辰阴，上乘白虎一也。课名虎视二也。申为白虎之本家，两见于传中，一见于干上，共成五虎。一课五虎，凶恶极矣。昼占则的。夜占则未作螣蛇，凶亦不杀。

断曰：课名冬蛇掩目，不动不变，有伏匿之象。支干阴神又作天罗地网，遇患不能避，遭难不能逃。惟利占功名官禄之事，以传见二贵一禄，昼贵又登天门故也。

天时：不动不变。家宅：仕人占之有非常之喜，庶人占之有非常之祸。功名：必得官禄，但非正印，以权摄不正之故。求财：遁壬逢生，暗财必丰。婚姻：午作日禄，妆奁必厚。胎产：女子之祥。寻访：不动不变，无踪无迹。捕获：元武在罗网之中，获之最易。疾病：虎视逢虎，不比泛常，总不见鬼，虎脱难当。出行：水路颇佳，恐不能行。行人：罡加于①卯，道路甚遥，不久自归。出师：午火制申金，利主不利客。

《毕法》云：权摄不正禄临支、所谋多拙逢罗网、虎视逢虎力难施。《课经》云：六己日，申加未，昼将乘太常临于日干者，必主占婚姻之事，缘太常与日之长生相并故也。《古鉴》：亥将戌时，占逃亡。贤人在东北，缘己德在寅，寅临于丑。小人则在西南，缘巳刑申，申临于未。申七未八，七八五十六里。遁得壬申、辛未，壬六辛七，共十三，计六十九里。

---

① 原文"干"。

庚午日第一课

兄	后白	壬申	德神	禄神	驿马	天医
财	青螣	丙寅	地医	支合	大煞	
官	朱勾	己巳	破碎	亡神		

螣青　螣青　后白　后白
午　　午　　申　　申
午　　午　　申　　庚

		螣青	贵空			
朱勾	巳	午	未	申	后白	
合合	辰			酉	阴常	
勾朱	卯			戌	元元	
青螣	寅	丑	子	亥	常阴	
		空贵	白后			

课格：伏吟，元胎，自任。

课意：昼德乘虎，中财休取，献纳尤宜，不利商贾。

解曰：申乃德禄，昼占乘虎，不可守也。中传之寅乘蛇作财，已不可取，而况寅上又乘遁鬼乎？末传巳火又来伤干，守之无益，动必大伤。不如静守惊危之德禄，还可以聊生也。

庚午伏吟，干支拱定夜贵人。若年命在内，大宜告贵用事，得以成就。拱日禄亦然。

断曰：自任之卦，元胎为用，旺相则吉，休囚则凶。惟宜守己待时，不宜妄动。如有必不得已而动，则又有功。

天时：占晴不晴，占雨不雨。功名：昼占利于武职，或有节钺之任。求财：迟得，不可贪多。家宅：优游静守，不宜躁动；若强出头，必有祸患。婚姻：夜占性躁，恐有刑伤。胎产：双生男喜。官讼：防有刑责，和解则吉。出行：马已动矣，陆行甚利。行人：近者即刻可到。遗失：在家中旧地再寻。捕获：尚在本境。疾病：肺家受病，巳午日防增病。出兵：昼占不胜，夜占稍吉。

《毕法》云：旺禄临身徒妄作、任信丁马须言动。庚午伏吟，子作虎，冲支上午，为狮兽冲宅，必有对邻兽头冲其本家，或道路上有狮子冲宅，以致家道衰替。如对邻陷于空亡，便不足畏也。丑加丑，亦谓之两贵夹。

庚午日第二课

官	螣青	庚午	鲁都	
官	朱勾	己巳	破碎	亡神
父	合合	戊辰	寡宿	

```
        合合  朱勾  螣青  贵空
         辰    巳    午    未
         巳    午    未    庚
```

```
合合  辰   朱勾   螣青  未  贵空
              巳    午
勾朱  卯                 申  后白
青螣  寅                 酉  阴常
空贵  丑   子    亥    戌  元元
          白后  常阴
```

课格：遥克，逆茹，嚆矢。

课意：交关且尔，可疑嚆矢，蛇雀空逢，五火焚毁。

解曰：午未申巳交互相合，然以未合午而悔，以申合巳而疑，则虽交车相合，而尚多不足之处也。午火伤庚，其力虽微，而三传引入鬼乡，三传俱火，夜占又逢蛇雀，五火齐发，庚金焉能免其焚毁哉？

折蒿为矢，力弱难伤，缓而且轻。然引入鬼乡全是火局，则微金受烁矣。惟仕宦占之，则官星虽旺，赖干上未土化煞生身，方为官文全美。昼占帘幕贵人临干，占试事必隽。

断曰：嚆矢之卦，兼逆连茹，其始虽有凶勇之势，愈久愈微，盖忧喜皆未实也；祸由外作，兵利为主。

天时：课传全是火土，久雨当日即晴。家宅：宅坐长生，主人宅兴旺，夜占防火烛。功名：甚利，以退为进。求财：合伙营生则利。婚姻：可成，女益于男。胎产：属女，孕则稳，产则易。疾病：病势甚急，防有血症，惟养脾补肾为妙。出行：恐有阻，不能动身。行人：尚未归。遗失：当在家中东南。捕获：在西北方，楼台池水之旁。出兵：可以取胜，昼占则吉。

《毕法》云：帘幕贵人高甲第。《玉成歌》云：水乘火将皆惊恐，勾雀同传主讼争。《指掌赋》云：三传克日，众鬼难堪。

庚午日第三课

官　螣青　庚午 _{鲁都}
父　合合　戊辰 _{孤神}
财　青螣　丙寅 _{大煞　地医　支合}

　　青螣　合合　合合　螣青
　　寅　　辰　　辰　　午
　　辰　　午　　午　　庚

勾朱　卯　合合 朱勾　午　螣青
　　　　辰　巳
青螣　寅　　　　　未　贵空
空贵　丑　　　　　申　后白
白后　子　亥　戌　酉　阴常
　　　　常阴 元元

课格：元首，间传，顾祖，回环。

课意：幸名顾祖，上门欺侮，可恨者寅，暗助初午。

解曰：午发用，间退至寅，名为顾祖，其名可谓幸矣。但支午临干克庚，又为上门乱首，是敢于欺侮者也。弃而投中传之生，而辰遭夹克，又不足投。更进而就末传之财，乃寅木遁鬼乘蛇，暗助初传午火，反来伤庚，尤为可恨也。庚遂移而投戌上以受生，亦可谓之避难逃生。

干上午，支上辰，乃干支与初中传，拱地盘之夜贵，宜告贵成事。

助刑戕德格：乃六处有神作支之自刑，又作干鬼，又结连三传为鬼，来伤庚德。

断曰：见机之卦，又名顾祖，有功成身退之象。《顾祖诗》曰：顾祖迎亲复旧庐，求财谋望始图维；惟有庚日不宜见，鬼来又向病中居。

天时：龙神发用，宜有雨。求财：到手之后须防后祸。婚姻：不吉，不孝公姑。胎产：胎临长生，恐其难产。疾病：脾家受克，不能即愈。争讼：有人唆讼，防遭遣责。出行：驿马陷空，未能起程。行人：末回。捕获：在正东方，难获。遗失：为人带去。出兵：夜占将星克武，可以全胜。

《毕法》云：我求彼事干传支。《课经》云：末传寅生起初传午火而克庚金，乃教唆词讼之人也。或为公曹、吏人、道士，或为胡须人，或属虎人，或其姓从木，再详天将言之。

庚午日第四课

官 朱勾 己巳 _{破碎 亡神}
财 青螣 丙寅 _{大煞 地医 支合}
子 常阴 空亥 _{日盗 日医 支德}

<small>白后 勾朱 青螣 朱勾</small>
子　卯　寅　巳
卯　午　巳　庚

　　　　　<small>勾朱 合合</small>
青螣 寅　卯　辰　巳 朱勾
空贵 丑　　　　　午 螣青
白后 子　　　　　未 贵空
常阴 亥　戌　酉　申 后白
　　　　<small>元元 阴常</small>

课格：元首，元胎。

课意：昼生夜克，讼凶官吉，亥喻萧何，贵不悯恤。

解曰：巳临庚上，昼乘勾陈，则土将能生。夜乘朱雀，则火将为克，天将生克，吉凶分途矣。常人占讼，则官兴而凶。仕人占宦，则官成而吉。亥为末传，来克初巳，固能消灾免祸。然生寅助巳，亦未始非亥也。所谓成也萧何，败也萧何，皆亥之一神为之矣。两贵入狱，求之则怒，岂有悯恤之心哉？

断曰：元首之卦，理宜从顺。元胎之课，事宜从新。苟能事事顺理，必有革故鼎新之象。

天时：朱勾发用，龙神入庙，不能得雨。家宅：女人当坐喜，亦防火烛。婚姻：干上官，支上财，三传财生官，主女益男家，来即受胎。胎产：是男喜，亦平安，但有病，产时略艰难。疾病：肝家有火，初病易治，久病难痊。求谋：有人在中间撮合，便欲于①中取利。出行：水陆平安，但恐有病，亦防有阻。行人：马犹落空，不能即至。遗失：有人欲破败之。捕获：隐东南贵人家。出兵：主胜客，恐旷日持久，频有书信往来阵前。

《毕法》云：金日逢丁凶祸动。《课经》云：巳加庚，卯加午，为丁神临宅，是为人宅罹祸。盖日上神克日，而辰上神乘丁，又克日故也。丁神乘卯，卯为日财。占者必因妻而起祸，否则因财而起祸。

卯为胎财，若十月占，死气在卯，《毕法》所谓"胎财死气损胎推"也。

---

① 原文：干。

庚午日第五课

父　合合　空戌　支墓 孤神
官　后白　庚午　鲁都
财　白后　丙寅　大煞 地医 支合

　　合合　白后　青螣　元元
　　戌　　寅　　子　　辰
　　寅　　午　　辰　　庚

　　　　　　白后　常阴
空贵①　丑　寅　卯　辰　元元
青螣　　子　　　　　巳　阴常
勾朱　　亥　　　　　午　后白
合合　　戌　酉　申　未　贵空
　　　　　朱勾 螣青

课格：知一，炎上，斩关。

课意：自来生身，切勿信凭，倘遇夜卜，总是幽冥。

解曰：辰来生支，昼夜皆乘元武，恐反虚盗，不足凭也。戌午空陷，不能会火局以克我，是彼虽有虚声，而无实祸也。寅为财神，坐于鬼方，亦不敢取，是吉凶皆无所就矣。至于夜占遇之，愈加幽冥。然而大体不吉，岂独夜占为然哉？

干上辰土生庚金，支上寅木生午火。只宜坐待其时，倘动，其干支即坐于脱气之乡，谓之乐里生忧。

戌为六合，临寅奸丑、阴私不明、奴婢逃走。

戌为孟上神，故不论涉害。

断曰：炎上之课，斩关可通，有旧事翻新之象。三传全鬼，反为不畏，当有鬼神暗中默佑，转祸为福。

天时：炎上局，自戌传寅，主晴。家宅：宅多暗昧之神，家有阴私之事。功名：自墓传生，官星正旺。求财：财神临支守虎，难以到手。婚姻：一派私淫之象，断不宜成。胎产：阴私婢妾之孕，恐是病胎。疾病：昼占当是肺气受病，宜清邪火，急切难愈。出行：宜从陆路，亦防盗贼。行人：他往未到。遗失：已为人取去。捕获：在北方道路旁，或在僧道家。出军：贼从西转东，其势正盛。

《毕法》云：众鬼虽彰全不畏、后合占婚岂用媒？《课经》云：三传虽全伤日干，不知反生干上辰土，育养庚金，是谓传鬼为生格。

---

① 原文：朱贵。

庚午日第六课

```
父  合合  空戌   支墓 三合 孤神
官  阴常  己巳   破碎 亡神 长生
子  青螣  甲子   游都 六冲
```

```
     螣青 空贵 合合 常阴
      申   丑   戌   卯
      丑   午   卯   庚
```

```
              空贵 白后
青螣  子    丑   寅    卯  常阴
勾朱  亥                辰  元元
合合  戌                巳  阴常
朱勾  酉    申   未    午  后白
           螣青 贵空
```

课格：比用，龙战，官爵。

课意：长生虽在，全无倚赖，丑为干墓，卯作支败。

解曰：巳乃长生，落于空亡，又被初传戌墓，末传子克，其不足倚赖明矣。丑为干墓而临于支，卯为支败而临于干。彼此交互，俱无美意。是四课三传，皆无益矣。况初中俱是空陷，吉凶不成，尤不宜占父母病也。

干上卯生支，支上丑生干。虽有生旺之名，反成衰败之象。盖以卯败午，而丑墓庚也。不可作互生格。亦有干神生干，支神生支者，名俱生格，主彼此各有生意。

六庚日，卯加申，乃胎临本日，占产可言当日便生，为胎神克绝也。

断曰：比用之卦，从违宜审，又名龙战。君子修德则吉，小人违德则凶。凡事止有虚声，不足深信。

天时：阴霾，未雨。家宅：外面尽好，中实破败；凡事虚花，全无实际。婚姻：心虽欲成，宜防刑耗。疾病：向有旧病，医之可以除根。求财：些少不多。功名：不能如意，夜占当有同姓人提拔。胎产：男喜，占产即生。逃亡：自归。行人：有阻未至。出行：未能动身。行师：为主者胜。

《毕法》云：金日逢丁凶祸动、胎财生气妻怀孕。《照胆秘诀》云：戌加卯上是合乡，信至人归见福昌。

庚午日第七课

财　白后　丙寅　大煞　地医
兄　螣青　壬申　德神　禄神　驿马　日解
财　白后　丙寅　大煞　支三合

　　　　后白　青螣　螣青　白后
　　　　午　　子　　申　　寅
　　　　子　　午　　寅　　庚

　　　　　　青螣　空贵
勾朱　亥　　子　　丑　　寅　白后
合合　戌　　　　　　　　卯　常阴
朱勾　酉　　　　　　　　辰　元元
螣青　申　　未　　午　　巳　阴常
　　　　　　贵空　后白

课格：返吟，涉害，元胎。
课意：财虽可绝，七虎排列，切勿取财，秋占焚爇。
解曰：寅财临申，巳投绝地，况兼七虎相持，岂可取乎？秋占火鬼是子，昼将乘螣蛇克宅，主有火灾，宜以井底泥涂灶穰之。
干支拱昼贵，大宜干贵。又昼夜两贵相加，必求两贵人而后成；或干涉两贵人，或谒贵不见，往见别贵；或贵人在宅，自会别贵，大概不止一贵人也。
庚日申为本命，返吟课为人入鬼门，占病必死。
财遁丙鬼，必因财致祸，因食伤身，因妻成讼，占者切宜谨慎。
断曰：无依之课，又曰元胎，大抵人情暗中不顺，反覆后成，纵有吉神吉将，凡百艰难。
天时：昼占主雨，夜占主风。家宅：主有变更之事，亦防有孝服。求财：反覆不定，须防祸福。婚姻：夜占女子美貌，昼占不吉。胎产：生亦不育。疾病：病不一症，医不一方，昼占是火克肺金之病。行人：未至。出行：恐防有阻，半途而返。捕获：不可得。遗失：原在旧地。出师：杀气太重，止宜和好。
《毕法》云：虎乘遁鬼殃非浅、宾主不投刑在上。《课经》云：庚日返吟、伏吟，皆是地盘旬首上神乘元武，为闭口课。《玉成歌》云：返[1]吟占事休言定，往复双双两事因；常占须主身摇动，不动人情有怨心。

---

[1] 原文：反。

庚午日第八课

父 元元 戊辰 孤神
兄 朱勾 癸酉 羊刃 勾神 网罗
财 白后 丙寅 大煞 地医 支合

```
    元元 勾朱 后白 空贵
     辰   亥   午   丑
     亥   午   丑   庚
```

```
         勾朱 青螣
合合 戌   亥   子   丑 空贵
朱勾 酉                寅 白后
螣青 申                卯 常阴
贵空 未   午   巳   辰 元元
         后白 阴常
```

课格：比用，用墓，闭口。
课意：生旺财气，三传皆值，夜元雀虎，末财衰替。
解曰：初传辰土生干，中传酉金为日之旺神，末传寅木作日之财爻。三传有生有旺，兼有财气，故曰生旺财气，三传皆值。细视干上丑墓，弃之诚是。但投初传，则辰落空亡，不可相倚。再就中传，又逢羊刃网罗，亦不可近。再投末传之财，又带丙鬼，复乘凶将，真衰替至极之象也。

断曰：薹越之课，事皆忽起，患由内生，占必仓卒，情必疏远。脚踏空亡，只宜进步，不宜退缩。凡占多系虚惊，究竟终无实济。

天时：天罡指亥，水运乎上，箕毕相会，风雨大作。家宅：午乘白虎作干之阴神，亦是催官使者，仕宦安居，常人防病讼。求财：财气虽有，恐取之致祸。婚姻：寅乘天后，又系日之妻财，与日冲克，不吉。胎产：上强下弱，胎神属阳，孕必生男。功名：禄败官害，墓神覆日，占官不吉。疾病：病神克宅，病者必多。遗失：元武盗宅，被窃难寻。出行：陆路有墓，乘贵可行；水路空陷，虚费必多。行人：天罡加孟，行者未发。出师：利客不利主。

《毕法》云：人宅受脱俱遭盗、脚踏空亡进用宜、三传互克众人欺、墓神覆日人昏晦、虎乘遁鬼殃非浅(昼占)。《课经》云：庚午日，丑加申，干上丑脱支，支上亥脱干。彼此相脱，真有东手财来，西手财去之象。

庚午日第九课

父　元元　戊辰　孤神
兄　螣青　壬申　日禄　日解　驿马　天医
子　青螣　甲子　游都

```
 白后  合合  元元  青螣
  寅    戌    辰    子
  戌    午    子    庚
```

```
朱勾  西   合合  勾朱  子  青螣
          戌    亥
螣青  申              丑  空贵
贵空  未              寅  白后
后白  午   巳    辰   卯  常阴
          阴常  元元
```

课格：涉害，润下，闭口，励德，斩关。

课意：脱干伤支，占失无疑，人身多病，宅渐崩颓。

解曰：申子辰水局，脱日干之庚金，去克支辰之午火，所以占人多病，占宅崩颓也。大凡全脱，不止于病，更主遗失财物，故曰占失无疑。再若脱上逢脱，则事事虚诈，令人不可思拟。

断曰：见机之课，须斟酌时宜，见可便行，最忌迟疑。若操刀不割，必致自伤。支干上神，自相脱骗，真似掩耳盗铃之状。若不见机，终必损己。更详发用，乃系干阴。占事必从外起，患从外生，凡百皆主无益而有损。

天时：青龙带水升天，更兼润下，大雨无疑。**功名**：子孙爻现，占官不吉。**求财**：虚耗百出，焉能有得？**婚姻**：夜占青龙临干，可称佳婿；戌乘午上，女颇不佳。**胎产**：孕必生男，昼将损母，夜将伤儿。**疾病**：必系虚弱之症，或是怔忡心疾。**遗失**：两元脱干，盗尽财物。**出行**：中传龙乘驿马，庚申同宫，如乘飞骥。**行人**：天罡加仲，已在中途。**出师**：以日为我，辰为敌；日上作申子辰水局，辰上作寅午戌火局，以水制火，直如摧枯拉朽耳。**盗贼**：元武乘辰，必系目大、眉粗、须长，凶相；盗神乘申，必在西南方，近州县城关之所，远则村野冲要之地、三叉路口，或邮亭马舍之间。

《毕法》云：脱上逢脱防虚诈、六阳数足须公用。《课经》云：庚午日，子加申，课传皆阳，凡占利公干，而不利私谋。《指掌赋》云：辰申子为呈斗，玩阴阳于天象。

庚午日第十课

```
兄  朱勾  癸酉  羊刃 网罗 勾神
子  青螣  甲子  游都
财  常阴  丁卯  支破
```

```
    青螣 朱勾 白后 勾朱
     子   酉   寅   亥
     酉   午   亥   庚
```

```
            朱勾 合合
螣青  申    酉   戌   亥  勾朱
贵空  未              子  青螣
后白  午              丑  空贵
阴常  巳    辰   卯   寅  白后
           元元  常阴
```

课格：重审，高盖，三交，伏殃，二烦。

课意：财内藏丁，无礼相刑，必然凶动，休倚贵屏。

解曰：卯乃日财，暗藏丁火，潜克庚干，子卯为无礼之刑，必有横逆相加，故曰凶动。昼贵居戌，夜贵居辰，皆云入狱。且昼贵临夜地，夜贵临昼地，又曰贵人蹉跌。或有干请，何能相助？占者勿恃为屏障而肆志，庶能免患。

断曰：网罗发用，捕获相宜，羊刃与勾雀相并，临于酉上，婢媵防灾。见财即取，必至受伤。或妻妾相竞，祸起萧墙，家破后已。缘课传皆冲，转转① 相破故也。

天时：毕宿发用，天罡指丑，龙蛇在传，必主大雨。功名：官星不现，贵人入狱，而且蹉跌，占官不吉。求财：财神虽现，嫌其化鬼，不宜取之。家宅：门户破败，居亦不久。婚姻：干上乘空，男家不吉；支上乘破，女家不吉。胎产：胎神系卯，必产娇娃；子午相冲，妊必动摇。疾病：虚痨之症，难禁丁克，亥为庚之病地，恐难脱体。出行：末传乘丁，必主行动，无甚好处。行人：天罡加季，末传乘丁，行人立至。遗失：不见元武，定非窃盗，不遗于酒地，定失于儿曹。出师：干上乘脱，支上乘败，末传乘丁，谨防慎守。

《毕法》云：金日逢丁凶祸动、贵人蹉跌事参差、宾主不投刑在上、传财化鬼财休觅。《神应经》云：庚午日，亥加干，末传见卯，上乘丁神，的。是因妻而凶动，由财而祸起。

---

① 校者注：疑为"辗转"之误。

庚午日第十一课

```
兄  后白  壬申  日解 驿马 天医 日禄 日德
父  元元  空戌  孤辰 支墓 三合
子  白后  甲子  游都
```

```
        元元 后白 白后 元元
         戌   申   子   戌
         申   午   戌   庚
```

```
              后白   阴常
贵空  未    申    酉    戌  元元
螣青  午                亥  常阴
朱勾  巳                子  白后
合合  辰    卯    寅    丑  空贵
           勾朱  青螣
```

课格：涉害，间传，乱首，斩关，魄化，芜淫，涉三渊，飞魄。

课意：中末空堕，自招其祸，事绪紫纡，病者难可。

解曰：中传戌土为鬼之墓，末传子水为干之脱。鬼墓既空，见脱不脱，庚既无患矣。乃自投于支上，受午火之燔炙，岂非自招其祸耶？由干而传于支，由支而传于初，由初以及于中，又传作支干之阴神，真是四课不离于三传，三传不离于四课。头绪甚多，紫纡转辗。病者自不能脱然，忧疑自不能释然也。

断曰：乱首之课，五伦悖逆，忧患难消。吉事易成，仇讼不释。若逢吉煞，可以避难，大宜书符合药。缘贵登天门，神藏煞没；罡填鬼户，魑魅潜消也。

天时：课传皆阳，天罡临寅，必主大晴。功名：禄临支上，权摄不正。求财：财神不现，恐无所得。家宅：禄居宅上，日德相并，宅美财丰之象。婚姻：男颇不佳，女甚美好。胎产：孕必生男，产母安吉。疾病：病缘自致，有德可解。出行：乘马入宅，不能远行。行人：天罡加孟，马未出宅，中传空墓，行人迟滞。遗失：元武乘空，失物难有。出师：利主不利客。

《毕法》云：权摄不正禄临支、罡塞鬼户任谋为。《课经》云：庚午日，戌加干。干支与初中传，皆拱地盘之夜贵。宜占官禄升迁之事，所谓"前后引从升迁吉"也。

庚午日第十二课

父　元元　空戌　孤辰　支墓　三合
父　贵空　辛未　仪神　六合
兄　阴常　癸酉　天贼　羊刃　勾神

　　　后白　贵空　元元　阴常
　　　申　　未　　戌　　酉
　　　未　　午　　酉　　庚

　　　　　贵空　后白
螣青　午　　未　　申　　酉　阴常
朱勾　巳　　　　　　　　戌　元元
合合　辰　　　　　　　　亥　常阴
勾朱　卯　　寅　　丑　　子　白后
　　　　　青螣　空贵

课格：昴星。

课意：失系来情，未免虚惊，无中生有，然后安宁。

解曰：发用旬空，上乘元武，又是人宅受脱。占者来情，必是失物。戌为鬼墓，所以的有虚惊。但戌不应传，因刚日昴星，始得用传，故曰无中生有。又曰安宁者何？缘庚金得初中父母爻来生也。

断曰：虎视转篷，吹毛求疵之象。隐之愈密，索之愈力，更加以天罗地网，凶不能逃，祸不能避。心迷意惑，进退乖离。诸占不吉，只宜占官禄之事。缘支干拱地盘夜贵，又拱天盘之禄神故也。

天时：天地不动，晴日占晴，雨日占雨。**功名**：前后引从，贵禄何患不得？**求财**：财神不见，从何而得？**家宅**：人宅受脱，空戌乘二武发用，遭窃无疑。**婚姻**：天后得旺，夜占女吉，昼占从魁临干，太常亦乘旺气，虽不甚吉，亦不可以言凶。**胎产**：刚日昴星，必主生女。**疾病**：鬼墓发用，占病不吉。**出行**：前罗后网，不能行动。**行人**：天罡虽则加仲，两合相控，罗网相阻，必不能至。**遗失**：两武盗宅，必不能得。**出师**：出师不利，恐遭罗网。

《毕法》云：前后引从升迁吉、所谋多拙逢罗网。《百章》云：庚午日，酉加庚，酉为羊刃、网罗，太常主宴会酒食之事。三煞相并，必主筵上操戈，席中争斗。

辛未日第一课

父　青后　辛未
父　后青　乙丑　日墓　六冲　破碎　解神①
父　常常　空戌　羊刃　六破　孤神

　　　　青后　青后　常常　常常
　　　　未　　未　　戌　　戌
　　　　未　　未　　戌　　辛

　　　　　　勾贵　青后
合螣　巳　午　　未　　申　空阴
朱朱　辰　　　　　　　酉　白元
螣合　卯　　　　　　　戌　常常
贵勾　寅　丑　　子　　亥　元白
　　　　后青　阴空

课格：伏吟，稼穑，斩关，游子。

课意：自宅传人，彼求我身，守之上等，动则遭迍。

解曰：支上神发用，末传归于干上，人来求我干事也。若在他课，或可起而应人之求。惟伏吟必须静守，乃为上策。况四课三传，无字非刑，苟一轻动，彼此相刑，其势不已，迍遭难免矣。

断曰：此稼穑之卦，又名游子。天地鬼神，不动不克，自信其柔，进用于人。传无丁马，凡事有身不由，家宅不宁之象。宜检身谨恪，方得优游。若三刑全有气，日用旺相，神将吉祥，为不获已而应人，亦可成事也。

天时：和风甘雨，极利田禾。家宅：主兴土工，或进田宅。婚姻：吉礼即行，主有奁田。胎产：主女，初见胚胎。功名：未利，农部得之吉。求财：有财，未能入手。疾病：或瘖哑，或脾疾，得之饮食妇人。失脱：或埋土中，逃人虽不远，难获。出行：不利，利赴喜庆酒席。行人：当来不来，他乡安乐。争讼：不出田土房屋，宜和解。兵战：利亥卯岁月。

《毕法》云：宾主不投刑在上、彼求我事支传干。《金口三才赋》云：纯土乃丑妇当权，孤立则尊人不利，青龙应婚姻财宝，天后或奸心暗昧。《指要》云：游子稼穑，亦名五坟卦，不宜占病。

---

① 原文字迹模糊，貌似"解神"，又似"医神"。

辛未日第二课

```
官  合螣  己巳   日德 驿马 寡宿
父  朱朱  戊辰   寡宿 支墓 勾神
财  螣合  丁卯   盗神 日解 地医 支合
```

```
     合螣 勾贵 空阴 白元
      巳   午   申  酉
      午   未   酉  辛
```

```
           合螣 勾贵
朱朱  辰   巳   午   未  青后
螣合  卯                申  空阴
贵勾  寅                酉  白元
后青  丑   子   亥   戌  常常
          阴空 元白
```

课格：嚆矢，退茹，天罡。

课意：闭口难言，遂往投传，化为全火，以致凶迁。

解曰：旬尾加干，禄成闭口，不可守也。初传巳居午乡，二传辰居巳乡，末传至卯，旬遁丁火，乘以夜蛇，三传全化为火矣。辛往投之，遂连受克，屡迁而得凶，宁非自致哉？

又为自劳人逸格。盖干上酉与干作六害，支上午却与支作六合也。

断曰：此嚆矢之卦，又为退茹。君子占之，禄厚官高，德尊财富。中传文书，朱雀并临，学问深藏，才名特显。小人得此，官非丛起，殃病相随，兢兢守之，尚忧不免也。凡事祸福不测，忧在西南，喜在西北。

天时：晴多雨少。家宅：宅吉，人口不宁，宜谢土神。婚姻：不佳。胎产：生女，主大惊恐。功名：仕宦有升迁之喜，不可取财，考试不可触试官。求财：有财不可取，取则生灾。疾病：阴人小口有灾，甚凶，宜祈禳。失脱：见者不肯言。出行：宜往西北远方，谋事必成。行人：即至，非随贵官及文书之事，即有病。争讼：为口舌而起，成讼，凶，宜和。兵战：利行羽檄，不利交锋。

《毕法》云：鬼乘天乙乃神祇、宾主不投刑在上、鬼临三四讼灾随。《神应经》云：辛日末传见卯遁丁，必因妻而凶动，因财而祸起。《中黄经》注云：白虎加卯酉临门，必有出入之事，元武不克日无妨。若比日干，宜求横财于阴私中。

辛未日第三课

官　勾贵　庚午　_{禄神①六合}
父　朱朱　戊辰　_{勾神 支墓 寡宿}
财　贵勾　丙寅　_{亡神 游都 大煞}

　　　　　螣合　合螣　勾贵　空阴
　　　　　卯　　巳　　午　　申
　　　　　巳　　未　　申　　辛

　　　　　　　朱朱　合螣
螣合　卯　　辰　　巳　　午　　勾贵
贵勾　寅　　　　　　　　未　　青后
后青　丑　　　　　　　　申　　空阴
阴空　子　　亥　　戌　　酉　　白元
　　　　　元白　常常

课格：元首，顾祖，龙德，死奇。

课意：巳午两火，并来为祸，取末寅财，其灾难躲。

解曰：支上之巳、发用之午，两火并来克干。中传天罡，二雀并乘，但见其克，不见其生矣。辛金历此险危，而往取末传之财，殊不知寅又遁丙，丙火又成灾患。虽欲避之，胡可得乎？

末助初传，局内子加寅，夜得太阴，主妇人妊孕，六辛准此。

断曰：此元首之卦，又名天罡，在上君子协其德者占之，自然万事亨通，合乾元之象。若太岁在午，昼贵发用，即号龙德之课，尤见云行雨施，功高泽溥。逆间传午辰寅，又为顾祖格。凡所求谋，无不顺利。苟非其人，则为伏殃，为死奇，主彼此不睦，动摇未休，灾多福少。

天时：久晴无雨。家宅：宜恢复祖居。婚姻：主女性不贞淑，不宜成。胎产：胎安，昼占得男，夜占得女。功名：主显达，受赂则败。求财：必系词讼，或由贵人得之，有咎。疾病：凶，作福可解。失脱：难获。出行：主东南方，见贵或文书之事。行人：占家长弟兄即到。争讼：不利，夜占尤凶。兵战：利为客，后举者胜，慎重则吉。

《毕法》云：胎财生气妻怀孕、鬼乘天乙乃神祇。《心镜》云：龙德卦宜干禄位，恩赐真官拜圣君。《曾门》云：斗为死奇，仲为己身。

---

① 原文字迹模糊，貌似"禄神"，亦似"解神"。下同。

辛未日第四课

```
子  合白① 空亥   三合 孤神
父  白后② 辛未   财墓 日解
父  白后  辛未   财墓 日解
```

```
  螣青 阴朱 阴朱 白后
   丑   辰   辰   未
   辰   未   未   辛
```

```
             后合 阴朱
贵勾  寅    卯    辰    巳  元螣
螣青  丑                午  常贵
朱空  子                未  白后
合白  亥    戌    酉    申  空阴
             勾常 青元
```

课格：别责，芜淫，不备。

课意：支生我躬，去寻脱空，惭赧而回，快乐无穷。

解曰：支乃上门生我，宜守而勿失也。却去投初传亥水，亥既旬空，又为脱气，能无惭愧而归乎？归而中末两传皆为生我，虽亦坐空，而日支填实，重重生意，其快乐何如！

断曰：此别责之卦，亦名芜淫，亦名寡宿。四课不全不克，别从其类，责取支合前神为用。谋为欠正，凡事倚仗他人，借径而行。吉凶多系于人，不干于己也。支来生日，尤见自在逍遥，况寡宿之象，事属虚声，吉凶皆不成就。二阴争阳，又像孤独。占宅占婚，不宜得此。

天时：有雨，未足。家宅：宜谨慎闺门，又主有孤独之人。婚姻：大不宜。胎产：男胎，或系私妊，或属婢媵。功名：营求难得，任运终成。求财：宜空手求之。投谒：不喜而归。疾病：主妇人有疾，新病吉，久病凶。失脱：物宜寻，必归；逃人难获。出行：宜远行，避祸必免。行人：即归。争讼：主因妻财起衅，宜和解。兵战：止宜虚张声势，交锋不利。坟墓：支辰青龙生日，昼占可发财丁。

《毕法》云：夫妇芜淫各有私。《观月经》云：四课如不备，其卦号芜淫；日上无阳类，二女竞男心。《括囊赋》云：不备芜淫，必有阴私而起潜。《袖中金》云：魁罡临日辰，传有白虎，为斩关得断，逃者永不获矣。

---

① 原文"元白"。
② 原文"青后"。下同。

辛未日第五课

财	后合	丁卯	盗神	日解①	地医	支合
子	合白	空亥	三合	孤神		
父	白后	辛未	财墓	日解		

```
    合白  后合  贵勾  常贵
     亥    卯    寅    午
     卯    未    午    辛
```

	贵勾	后合		
螣青 丑	寅	卯	辰	阴朱
朱空 子			巳	元螣
合白 亥			午	常贵
勾常 戌	酉 青元	申 空阴	未	白后

课格：知一，曲直，伏殃，狡童。

课意：午丁双见，先恶后善，携财祷贵，庶免灾殄。

解曰：午火临干克干，卯遁丁临支发用，亦克辛金。然而午与日支未合，卯与辛课戌合，始虽相雠，中归和合也。昼贵临身作官，亥卯未全局是木，为日之财。若以己财告贵，贵喜财生，必能免我之害。或输财求爵，亦能有成，斯理同也。

干上午，得支之胎神；支上卯，得干之胎神，为互胎格。又三合为传，支干复交车相合，名交合格。三传财爻，必忧父母。幸干上先有午火，窃财爻而生父母，不为乖也。

断曰：三传木局，先直后曲。虽遇辛而成器，有震动不宁之象。

天时：有风无雨，欝②见虹霓。**家宅**：人宅不宁，若中高第，改换门第，建竖旗杆，则为吉应。**婚姻**：不宜，若先苟合，则应。**胎产**：主双胎，或私胎。**功名**：利以财求。**求财**：得财虽多，终以奉势。**疾病**：占父母病势危，多进参药无恙。**失脱**：主有奸拐之事，或投势要。**出行**：宜载宝谒贵，或赴捐纳例。**行人**：迟至。**争讼**：笑里藏刀，先恩后雠；若先龃龉，后反和解。**兵战**：多聚粮草，利和不利战。

《毕法》云：帝幕贵人高甲第、交车相合交关利、金日逢丁凶祸动、传财化鬼财休觅、后合占婚岂用媒？干支全伤防两损。《金匮经》云：二上克下，同类相摧，朋友谗佞，祸从外来。《精蕴》云：昼占虽日鬼临身，缘是贵人，勿作鬼祟看。

---

① 原文字迹模糊，貌似"日解"。
② 校者注：即"郁"也。

辛未日第六课

兄　青合　癸酉　日禄
父　阴阴　戊辰　寡宿　勾神　支墓
子　合青　空亥　孤辰　支合

　　　青合　贵常　朱空　元后
　　　酉　　寅　　子　　巳
　　　寅　　未　　巳　　辛

　　　　　　　螣白　贵常
朱空　子　　丑　　寅　　卯　后元
合青　亥　　　　　　　　辰　阴阴
勾勾　戌　　　　　　　　巳　元后
青合　酉　　申　　未　　午　常贵
　　　　　空朱　白螣

课格：涉害，无禄，四绝。

课意：无禄可守，禄又闭口，君子恶之，彼己有咎。

解曰：禄以养君子也。卦名无禄，且闭口而临绝乡，此为君子失其所养，故深恶之。况干受巳火之克，支被寅木之伤，彼己均有殃咎也。

断曰：此涉害之课，又四上克下，名为无禄。日辰阴阳俱战，不得其所，几于无路可投，有否之象。占者多主孤独无助，屈者难伸。惟赖末传亥水可护日干，而又值空亡，悔咎难免矣。凡事先发者胜。幸神将尚吉，君子谨身省过，亦能绝处逢生，先否后喜。若恃强妄作，必致穷于无措。

天时：有雨，应雷不雷。家宅：不宁，主家有暗者。婚姻：为弟兄昼占者宜，夜占不用。胎产：防胎死腹中，产亦可畏。功名：不利。求财：将本求者利极轻微，空手反利。投谒：宾主不和。疾病：主噤口不语，或绝饮食，凶。失脱：难寻，逃者怕归。出行：防在路缺少资斧。行人：占幼辈即归。争讼：主尊长凌欺卑幼，有屈难言。兵战：宜慎安营，忌东方。

《毕法》云：支干全伤防两损、彼此猜忌害相随、胎财死气损胎推。《括囊赋》云：见无禄兮少子孙。《指南》：十月丑将加午，占赴召。曰：游都临支，贼符克干，课名无禄。此去必不得意，且遇大兵，然则病乎？曰：病符坐空，阴神又制之，病无虑也。后果验。

辛未日第七课

官　元后①　己巳　　日德　寡宿　驿马
父　螣白　　乙丑　　日墓　六冲　解神　破碎
父　阴阴　　戊辰　　寡宿　支墓　勾神

白螣	螣白	勾勾	阴阴
未	丑	戌	辰
丑	未	辰	辛

	朱空	螣白		
合青　亥	子	丑	寅	贵常
勾勾　戌			卯	后元
青合　酉			辰	阴阴
		白螣	常贵	
空朱　申	未	午	巳	元后

课格：返吟，无依，天网，井栏关。

课意：意欲来求，奈何互墓，甘分沉沦，两贵皆怒。

解曰：干上乘支墓，支上乘干墓。我欲使他昏迷，却被他昏迷了去，此所谓天网恢恢也。干复坐于支墓之上，支复坐于干墓之上，彼此颠倒，自招昏晦，甘心沉沦而不悔。往来投奔，亦何为哉？日贵午临子，夜贵寅临申，两贵皆受克，所以怒也。

断曰：此无依之卦，亦名无亲。傍井倚栏，敧斜冲射，为象涣散而不属，不能长久。动则相宜，静则反扰。事主速成，亦复易败。况干支互墓，人宅昏晦，初末传及日上阴阳皆值空亡。凡有谋为，皆无终始。

丑加未，占雨主有云。

天时：阴晦，多风雨。家宅：主有伏尸，或在邻舍对门。婚姻：主女卑微而年长，反覆不定。胎产：主卑妾有孕，防不实。功名：淹滞无成，荫袭则大利。求财：与人交易，各失便宜。投谒：贵人不喜。疾病：新病易瘥，久病凶。失脱：系女人所窃，难觅。出行：欲出复止，夜占防遇小人。行人：归者复出，出者复返。争讼：主因妇人或失盗事，宜两和。兵战：欠利，防有奸人细作。

《毕法》云：首尾相见始终宜、干支乘墓各昏迷、两贵受克难干贵、支乘墓虎有伏尸。《课经订讹》云：日鬼发用，中末逢墓，常人为喜。《心印赋》云：日辰上见墓神加，病者无痊灾可嗟；行人失约路途赊，若当时日来归家。

---

① 原文：合。

辛未日第八课

```
官  元后  己巳    日德 寡宿 驿马
父  勾勾  空戌    羊刃 六破 孤神
财  后元  丁卯    盗神 支三合 日解 地医
```

```
    元后 朱空 空朱 后元
     巳   子   申   卯
     子   未   卯   辛
```

```
              合青 朱空
  勾勾  戌   亥   子    丑  螣白
  青合  酉              寅  贵常
  空朱  申              卯  后元
  白螣  未   午   巳    辰  阴阴
            常贵 元后
```

课格：涉害，铸印，乘轩，励德，度厄。

课意：上刑下刑，昼失娉婷，本无和气，况有旬丁。

解曰：巳申戌未子卯，四课三传，无一不刑。上下之间，全无和气。卯乃辛之妻，而昼乘元武，则为婚财两失。况末遁旬丁，反助初鬼而伤于干耶？

断曰：此见机之卦，亦名铸印乘轩。君子知机①，行仁布德，自当官禄显荣，声名洋溢，财帛丰盈。若不足以当之，则内外刑伤，触处皆成荆棘。况初末传皆见天后元武，印模为支上神所刑，名曰铸印不成。即德位相当者，亦宜谨凛，见机②而作，不俟终日，非有介石之贞，未能免咎。

天时：蒸热得雨。**家宅**：益人丁，宜谨门户。**婚姻**：不宜。**胎产**：主女胎，防损。**功名**：主有除授升迁，然位高防险。**求财**：主空手得之，或系暗昧，防因财生患。**疾病**：主妇人狂病见鬼，凡病先重后轻，久病不吉。**失物**：失物难得，逃亡怕归。**出行**：宜上官之任，常人不利。**行人**：占僮仆必至。**争讼**：主为妻财之事，宜消解。**兵战**：军中不宁，主将逍遥，士卒抢攘。

《毕法》云：宾主不投刑在上、人宅皆死各衰羸。《观月经》云：河魁本是印，火到自然成；在职重超擢，居官更显荣。又云：三下制其上，六亲意不虞；象还同长幼，事不免嗟吁。

---

① 原文：几。
② 原文：几。

辛未日第九课

子　合青　空亥　孤辰　三合
财　后元　丁卯　盗神　地医　日解　支三合
父　白螣　辛未　财墓

　　　　后元 合青 常贵 贵常
　　　　卯　 亥　 午　 寅
　　　　亥　 未　 寅　 辛

　　　　　　　　勾勾 合青
青合　酉　 戌　 亥　 子　朱空
空朱　申　　　　　　 丑　螣白
白螣　未　　　　　　 寅　贵常
常贵　午　 巳　 辰　 卯　后元
　　　　　 元后 阴阴

课格：知一，曲直，寡宿。

课意：昼财失散，动多灾难，夜贵纯财，外徒好看。

解曰：三传全财，财太旺者，必反伤财。昼将皆属水兽，重叠生之，脱其干气，故为失散之象。况刃网在前，动则必遭灾难也。以夜将言之，六合亦财，天后生财，财益旺矣。但初中空陷，末传金虎踞墓，外虽好看，内则空虚耳。

断曰：此知一之卦，成曲直之局。占事主先屈后伸，始难终易。善恶混处，繁冗驳杂，宜于审择固执。虽三合六合，象极和同。而四课三传，不落空陷者，仅存午未。交关纷错，毫无实际。虽遇辛日，难望其器之成也。

天时：密云不雨，大风虹见。家宅：主常有喜庆宴会，防婢妾有奸窃事。婚姻：和合，夜占更吉。胎产：女胎，产极难。功名：主得虚衔，遇贵有济。求财：得利，亦多虚耗。疾病：得于饮食，妇女难愈。失脱：难获。出行：得好伴，一路安乐，但耗财。行人：占幼辈即至，余未回。争讼：主为财产，或舟车之事，宜和解。兵战：昼占大胜，岁月逢亥卯则吉。

《毕法》云：贵虽坐狱宜临干、万事喜忻三六合、金日逢丁凶祸动。《心镜》云：用神今日比，事因同类起。《精蕴》云：卯加亥为胎坐长生，大宜占孕，惟不利占产。干上寅，支上亥，如夜占宜结绝告贵之事，谓"干支值绝凡谋决"也。

辛未日第十课

```
子  元青  空亥  三合 孤神
父  后白  乙丑  解神 六冲 破碎 干墓
父  后白  乙丑  解神 六冲 破碎 干墓
```

```
      后白 常勾 朱阴 后白
       丑  戌  辰  丑
       戌  未  丑  辛
```

```
            白合 常勾
   空朱 申  酉  戌  亥 元青
   青螣 未         子 阴空
   勾贵 午         丑 后白
   合后 巳  辰  卯  寅 贵常
          朱阴 螣元
```

课格：别责，励德，芜淫，不备。

课意：昼乘虎墓，弃迎贼伍，留宿仍前，俯就免苦。

解曰：昼占虎临金墓，墓覆日干，弃而往迎登明，则与元武为伍矣。盖亥为盗神，又乘元武，盗脱干气，遂进而停留中末以为止宿之地。乃仍前虎墓重重，凶之甚矣。不得已而俯就支上戌课，虽曰相刑，犹免其苦也。

断曰：此别责之卦，亦名芜淫。主有惊忧怪异，而无实害。事不周全，物多偏缺，求望难成。二阳争阴，纪纲不肃，咎多福少宜矣。昼占贵人立卯，名为励德。君子升迁，小人斥退。夜占盗神发用，中末天后，恰合芜淫，可不谨诸？三传四课，惟干阴及支不落空陷，凡事皆虚，祸亦减也。

天时：求雨得雨，求晴未晴。家宅：昼占防尊长灾，夜占防有奸私。婚姻：不吉。胎产：不实。功名：昼占谒贵可得，微员不利。求财：无所得。投谒：不遇。疾病：占长上凶，行年本命在未上有救。失脱：夜占为女盗，难获。出行：不吉。行人：占同辈立至。争讼：昼占须仗贵力，余不得宜。兵战：小挫反为祸。

《毕法》云：干乘墓虎无占病、空空如也事休追。《括囊赋》云：不备芜淫，必有阴私而起潜。《中黄经》云：元武登明上，眼目泪交流。《课经》云：干墓乘虎，占病必死。若年命得小吉乘蛇，庶几可救。

辛未日第十一课

```
财  贵常  丙寅  游都 大煞 亡神
父  朱阴  戊辰  孤辰 勾神 支墓
官  勾贵  庚午  六合 禄神
```

```
      元青 白合 贵常 阴空
       亥   酉   寅   子
       酉   未   子   辛
```

```
            空朱 白合
青螣  未   申   酉   戌   常勾
勾贵  午               亥   元青
合后  巳               子   阴空
朱阴  辰   卯   寅   丑   后白
          螣元 贵常
```

课格：弹射，出阴。

课意：夜禄虎守，却宜闭口，倘居窘乡，释然无咎。

解曰：辛禄在酉，禄临支上，夜虎守之，难以往就。况酉是旬尾，宜闭口以应之，不可哓哓强求也。辛课在戌，戌落旬空。子加其上，亦脱干气，非窘乡乎？然安分居之，反得安然。出于三阴而坐受寅财之利，莫之咎也。

断曰：此弹射之卦，日阴发用，乃日上两课自战，作事无力，不干内事，不可出尖。中传得辰土，是为弹射有丸，主蓦有灾悔。寅辰午三传，为出于三阴入于三阳，有自谷迁乔之象。兼之日自生子，子生用神。虽一路耗脱，却得欣欣向荣，眼前未遂不足为忧也。

天时：求晴即霁，求雨迟得。家宅：主虚耗损财。婚姻：有成，终见衰弱。胎产：主婢妾不正，防不实。功名：捐财得之，无俸禄。求财：折本无利。投谒：不见。疾病：主虚脱，不能食，无妨。失脱：盗者在宅，见者不言。出行：就禄不利，耗财处反安。行人：来，有小阻。争讼：宜解。兵战：昼占大吉。

《毕法》云：权摄不正禄临支、空上乘空事莫追、一旬周遍始终宜。《课经》云：干上子盗脱干气，昼乘天空，名脱空神，凡占皆无中生有，全无实迹。《心镜》云：日克课神名弹射，纵然得中还无利；家有宾来不可留，每有口舌西南至。

辛未日第十二课

兄　空阴　壬申　天贼　仪神　三奇　鲁都
子　元白　空亥　支三合　孤神
兄　空阴　壬申　天贼　仪神　三奇　鲁都

```
白元 空阴 阴空 元白
 酉   申   子   亥
 申   未   亥   辛
```

```
            青后 空阴
勾贵 午  未  申  酉 白元
合螣 巳          戌 常常
朱朱 辰          亥 元白
螣合 卯  寅  丑  子 阴空
        贵勾 后青
```

课格：昴星，天罗，掩目。

课意：五虎昼逢，殃祸重重，全作六害，夜稍从容。

解曰：申为白虎本方，昼占虎又乘亥，今课传二亥三申，共为五虎，所以殃祸重重也。三传申亥申，四课申亥子未酉戌，全作六害。惟夜占将皆空元，虽亦阴贼虚诈，而不至如白虎之酷烈，无过脱耗而已，似稍从容也。

断曰：此昴星之卦，柔日为冬蛇掩目，阴性从地，其气下沉，伏而视之，事主暗昧不明，进退维谷，祸从内起。占者当收敛精神，决断万物，惟义所在，归责于躬。昼占凶咎层叠，有惊天动地之象。夜占亦忧疑幻怪，千态百出，慎之慎之。

天时：昼占大风沍寒，夜占阴雨有风。家宅：不宁，主病患耗失。婚姻：大不吉，恐因婚得灾。胎产：或双胎，主大惊恐。功名：不宜躁进。求财：防被人脱赚，反致家道空乏。疾病：主虚弱，暴病吉，久病难瘥。失脱：难寻，逃亡自归。出行：不宜远行，防遇小人。行人：未回，有惊恐。争讼：防阴谋虚诈。兵战：不利，宜解甲休卒。

《毕法》云：虎视逢虎力难施、所谋多拙遭罗网、彼此猜忌害相随、宾主不投刑在上。《括囊赋》云：昴星归去而防险。《照胆秘诀》云：白虎猖狂满屋伤。《课经》云：干上亥乃脱气，天将又是元武，为脱盗格。

壬申日第一课

兄	常空	空亥	日德 日禄 鲁都 天贼 六害
父	青元	壬申	盗神
子	后合	丙寅	驿马 六冲

<pre>
      青元 青元 常空 常空
       申   申   亥   亥
       申   申   亥   壬
</pre>

<pre>
              合后 勾阴
     朱贵 巳 午 未 申 青元
     螣螣 辰   酉 空常
     贵朱 卯   戌 白白
     后合 寅 丑 子 亥 常空
              阴勾 元青
</pre>

课格：伏吟，自任，元胎，寡宿，杜传。

课意：昼德禄空，脱马未逢，长生乘武，守动勿容。

解曰：亥乃日之德禄，本落旬空。昼占又乘天空，是为空上逢空。寅为驿马，动则脱日之气，幸在末传，尚未逢也。申金居中，虽本日之长生，而昼乘元武，反多耗费。夫德禄空空，长生元武。初中两地，既不可守矣。及动而至末，马乘六合，奸私盗脱，又何利焉？

天盘地盘，皆作六害，所谓"彼此猜忌"也。

断曰：此自任之卦，亦名元胎，亦名杜传。禄马交驰，似乎眼前兴旺，然恐临时脱空，惟宜杜门晦迹，谦损自持，则晦①中得吉。又课传皆孟，格合元胎，凡事皆有新意。夜占将吉，昼占将逢空脱奸私，必见惊恐。

天时：有雨，若久雨即难晴。家宅：昼占主空虚，防盗。婚姻：昼占不宜，夜占迟吉。胎产：主婢妾有孕，正月占防不育。功名：仕途迁擢，试得科第。求财：反复未得。疾病：不吉，暴病愈。失脱：昼占难获。出行：远行不宜。行人：乍登途。争讼：必归和解，忧患冰释。兵战：防敌行诈，水旺时吉。

《毕法》云：空上逢空事莫追、彼此猜忌害相随。《袖中金》云：六壬日自刑，壬申日不为空亡。《指要》云：《心镜》言行人立至门者，是本家暂出之人，非远回人至也。

---

① 原文"梅"。

壬申日第二课

```
官  白白  空戌  孤辰 天医
父  空常  癸酉  仪神 破碎 干奇
父  青元  壬申  盗神
```

```
   合后 勾阴 空常 白白
   午   未   酉   戌
   未   申   戌   壬
```

```
            朱贵 合后
螣螣  辰    巳   午   未  勾阴
贵朱  卯             申  青元
后合  寅             酉  空常
阴勾  丑   子   亥   戌  白白
          元青 常空
```

课格：元首，退茹，斩关，朝支。

课意：先鬼后空，退则有功，凡谋勉力，关格须逢。

解曰：戌为日鬼，却落旬空，虽两虎并临，不足畏也。壬干退而就申，申乃日之长生，庶有功也。先逢虚惊之鬼，又历破败之酉，于艰难中，更退一步，始得生息。故凡百谋为，必当勉力。但魁度天门，终不免于关隔。犹驾舟而登剑阁，御车而涉河津，其否多亨少宜矣。

此课一名抱石投江。

断曰：此元首之卦，格合退茹，亦名斩关，凡事阻碍。君子应拔茅之吉，莫辞劳苦。小人戒关隔之凶，勿强纠缠。三传朝支，利下不利上。斩关逢虎得断，利私不利公。

壬癸日，辰加巳，谓之两蛇夹墓，占病必有积块在腹。

天时：先见风雷，久而有雨。家宅：主有孤独别离，并防逃盗。婚姻：不宜。胎产：主女胎，或私孕。功名：催官极速，防有空脱阻滞。求财：艰难得之，亦防虚耗。疾病：主隔气或食积，宜下之；久病凶，猝病即瘥。失脱：自归，否则难获。出行：不得出。行人：有阻或恋他乡。争讼：不解即防被刑。兵战：不利，有失众之象。

《毕法》云：魁度天门关隔定、干乘墓虎无占病、虎临干鬼凶速速。《括囊赋》云：戌为白虎兮犬惊。又云：关遏隔远，占行客而未来。《课经》云：干上发传，末归于支，为朝支格，不免俯就于人，被人抑勒，不能自由。

壬申日第三课

财　元后　庚午　胎神①
官　后螣　戊辰　日墓　支合　寡宿　地医
子　螣合　丙寅　六冲　驿马

```
        后螣  元后  常阴  空常
         辰    午    未    酉
         午    申    酉    壬

           后螣 阴贵
贵朱  卯   辰   巳   午  元后
螣合  寅             未  常阴
朱勾  丑             申  白元
合青  子   亥   戌   酉  空常
          勾空 青白
```

课格：元首，顾祖，间传，泆女。

课意：宅败人衰，末助初财，阴人夜遁，七月怀胎。

解曰：人宅俱乘败神，初传遭日与昼夜将夹克，不由己用矣。赖末传寅木助初生财，或望有成也。午为日干妻财，又天后元武皆属阴将，故为妇人。夜乘元武，主逃遁也。午又为壬水胎财，在七月为生气，故主怀孕。

断曰：此元首间传之卦，为顾祖格，有复旧业之象。凡谋皆吉，但间传逆退，必有留连阻隔。昼占初起天后，末归六合，名为泆女，阴私不正。况干支皆乘沐浴，是为人宅俱败。占身气血衰弱，占宅屋舍荒颓，干上酉为婢类，或缘酒色破家。

天时：昼占雨多时见日，夜占久阴。家宅：防破败及婢仆奸逃。婚姻：不宜成。胎产：七月占妻孕吉，正二月不吉。功名：待时。求财：得财，即为酒色所耗。疾病：心肾两家之疾。失脱：主系妇女所窃，逃去难寻。出行：利东方。行人：占弟兄即至。争讼：主奸拐不明，防发觉旧事。兵战：防偷营劫寨。

《毕法》云：宾主不投刑在上、干支皆败势倾颓、初遭夹克不由己、后合占婚岂用媒？《课经》云：壬申日，巳将加未，夫行年甲寅，妻行年己亥，上下相生作合，乘本命旺气，为繁昌课，一名德孕课。《中黄经》云：天后相刑暗昧生，不逢战克必婚成。

---

① 原文字迹模糊，貌似"胎神"。

壬申日第四课

财　阴贵　己巳　大煞　游都　六合　六破
子　螣合　丙寅　驿马　六冲
兄　勾空　空亥　德神　禄神　天贼　六害　鲁都

　　　　螣合　阴贵　阴贵　白元
　　　　寅　　巳　　巳　　申
　　　　巳　　申　　申　　壬

　　　　　　贵朱　后螣
螣合　寅　　卯　　辰　　巳　阴贵
朱勾　丑　　　　　　　　午　元后
合青　子　　　　　　　　未　常阴
勾空　亥　　戌　　酉　　申　白元
　　　　　青白　空常

课格：元首，病胎，不备，自在。
课意：坐谋有益，动用费力，元虎临身，稍有忧惕。
解曰：长生临日，坐守可以得益。若动而发用，取初之财，反逢旬遁己土克伤日干，中传脱气，末传旬空，费力万端，不能收效也。昼将元武，夜将白虎，乘申临干，不免稍有忧惕。幸坐空亡，不为大害。
断曰：此亦为元首之卦，名病元胎，身喜心忧。两人共事，未得和同。干支乘刑，为动履不宁之象。若臣忠子孝，扶纲植常，身名俱泰。苟不能忘私，亏心暗室，终失便宜。又两阳争一阴，各怀奸私，情意相背。处家应物，尤宜光明严谨，庶免其咎。
天时：昼占多风，夜占多雨。家宅：人口小不安。婚姻：未宜。胎产：主产前多病，产后安。功名：顺利，应试亦吉，第三场小心。求财：可得。投谒：有事干之，恐失和气。疾病：主寒热相侵，难以速愈。失脱：寻得，物已不全；逃亡自归。出行：远行忌二、六、十月。行人：留滞未归。争讼：防刑狱，利为客者。兵战：昼占吉，拓地千里；夜占军扰不宁。
《毕法》云：宾主不投刑在上。《课经》云：支加干上而生干，为自在格，亦可作俱生格，所谓"互生俱生凡事益"也。《袖中金》云：巳加申为病胎，又名怕课。胎孕有病，安得不怕？主身喜心忧。

壬申日第五课

```
兄  合青  甲子  羊刃 仪神 三合
父  白元  壬申  盗神
官  后螣  戊辰  干墓 地医 寡宿 支合
```

```
       合青 后螣 贵朱 常阴
        子  辰  卯  未
        辰  申  未  壬
```

```
            螣合 贵朱
朱勾  丑    寅  卯    辰  后螣
合青  子              巳  阴贵
勾空  亥              午  元后
青白  戌    酉  申    未  常阴
            空常 白元
```

课格：重审，润下，励德，斩关，狡童，六仪。

课意：所谋驵诈，妻财最怕，夜贵在日，昼贵居夜。

解曰：日干之水欲脱支申之气，而反被墓于支上之辰，是所谋皆欺诈而不实也。三传水局与日同类，有妨妻财。歌云"日干同类入传中，财帛冰消妻妾凶"者是也。巳乃日贵，居于夜地。卯乃夜贵，居于昼方。两贵蹉跌，事多参差也。未乘太阴加亥，主小儿婚姻。

断曰：此重审之卦，局名润下。未辰二土比和，昼将龙蛇同类，主喜庆之事重见叠出。贵人立酉，亦名励德。天罡临支，亦名斩关。君子升迁，宵人远遁。夜占为狡童之格，有玷伦常也。水归冬旺，若遇其时，百事遂意。

天时：得雨，沾足。家宅：近水吉。婚姻：主小儿结婚，余昼占和合，夜占不正。胎产：主婢妾私孕。功名：有成。求财：难得。投谒：防笑中有刀。疾病：难愈。失脱：难获，逃亡自归。出行：多见周折。行人：留恋他方。争讼：任彼诈谋，终归无用，静以待之。兵战：得胜。

《毕法》云：合中犯煞蜜中砒、贵人蹉跌事参差、后合占婚岂用媒？《课经》云：一日内全无顺贵人者，凡告贵竟无相允意，不宜进前，进则反挫。《玉成歌》云：三传带合需求事，类就其干众所占。

壬申日第六课

```
财  元后  庚午  胎神
官  朱勾  乙丑  支德 奇神 日解 支墓
父  白元  壬申  盗神
```

```
      青白 贵朱 朱勾 元后
       戌   卯   丑   午
       卯   申   午   壬
```

```
          朱勾 螣合
合青  子   丑   寅   卯  贵朱
勾空  亥               辰  后螣
青白  戌               巳  阴贵
空常  酉   申   未   午  元后
          白元 常阴
```

课格：涉害，度厄，四绝。

课意：午被挤排，夜损妻财，惟妨长上，手足防灾。

解曰：干上是午，发用亦是午，两午皆日之妻财。昼天后，夜元武，皆日之同类，既遭夹克，又临绝地。夜遇为真元武，尤有损于妻财也。申为长生父母，而临中传丑墓，午既克申，丑又墓之，申长生无气，上乘夜虎，非长上之灾而何？

断曰：此涉害之卦，亦名度厄。三下贼上，不利尊长。凡事险阻艰难，必历尽风霜，方得生机萌动。日上阴阳相害，支上阴阳相合，主他人投分，自家失和。况初遭夹克，全不由己。占者务须养晦深藏，知机[①]引退，庶得绝处逢生。

天时：久雨则难晴，求雨雨亦小。家宅：主有文书口舌之事，宅舍借人作践。婚姻：美中不足。胎产：利七月占，生女吉，男防不育。功名：有奇遇，终未显达。求财：有财，亦为他人费尽，己不能主。疾病：不利尊长，作福可挽。失脱：不见，逃者捉归。出行：投人欢洽，正二月不利出门。行人：占长辈即归。争讼：主为盗贼田土之事，有意外昭雪，或得贵力取胜。兵战：不利。

《毕法》云：初遭夹克不由己、人宅坐墓甘招晦、三传递生人举荐。《课经》云：丑为腹，午胎在丑下，为腹胎格。《订讹》云：仕者占此，主事从邻邑发动，山鹊合群，同气相亲之兆。神将吉，因动成喜；神将凶，面合心离。

---

① 原文：几。

壬申日第七课

子　螣元　丙寅　驿马　六冲
父　白合　壬申　盗神
子　螣元　丙寅　驿马　六冲

白合　螣元　勾空　阴贵
申　寅　亥　巳
寅　申　巳　壬

　　　合白　朱常
勾空　亥　子　丑　寅　螣元
青青　戌　　　　　卯　贵阴
空勾　酉　　　　　辰　后后
白合　申　未　午　巳　阴贵
　　　　　常朱　元螣

课格：返吟，无依，知一，励德，元胎。

课意：交居先绝，前脱后脱，元合昼逢，两贵不悦。

解曰：支干交居绝地而寅发用，则支为先绝。但初末皆寅，前后盗脱日干之气。申昼乘六合，亦能脱干。两寅乘元武，尤为盗气也。日贵巳乘亥，亥水克巳火。夜贵卯乘酉，酉金克卯木。两贵受克，其不悦宜矣。

支上寅作盗气乘元，必家人作盗。

断曰：此无依之卦，用称知一，格合元胎。贵临卯酉，亦名励德。课体反覆不宁，凡事不可烦扰黩乱。宜上爱其下，下敬其上，息争去怨，自然福至灾消。干支皆贼其上，两阴神又皆克其下，返吟四孟，曰绝元胎。寅巳申亥，复相穿害，可不慎哉？

天时：昼占有雨，夜占为电、为风。家宅：主有原主加价，宜与结绝。婚姻：主佳儿佳妇，惜为强暴阻隔，难合。胎产：忌正月占，防胎损不实。功名：昼占吉，夜占反覆。求财：主交关奴仆刑狱之事，先失后得。疾病：占妻及老人、小儿，不吉；余反覆，主饮食不进。失脱：将露。出行：宜为告贵结旧事，不宜为谋禄出。行人：在道。争讼：宜和。兵战：无利，宜息。

《毕法》云：两贵受克难干贵、彼此猜忌害相随。《课经》云：十月占寅为月将，照破元武，最宜擒贼，或乘天空尤佳。《精蕴》云：此课是为交车合财，惟宜以财交涉。又绝神作日财，宜结绝财物事。

壬申日第八课

```
官  后后  戊辰  干墓 地医 支合 寡宿
父  空勾  癸酉  三奇 六仪 干奇
子  螣元  丙寅  驿马 六冲
```

```
   元螣 朱常 空勾 后后
    午   丑   酉   辰
    丑   申   辰   壬
```

```
              勾空 合白
   青青  戌   亥    子   丑  朱常
   空勾  酉               寅  螣元
   白合  申               卯  贵阴
   常朱  未   午    巳   辰  后后
            元螣  阴贵
```

课格：元首，斩关，天罡。

课意：墓干墓支，人晦宅晦，动则灾危，三传不美。

解曰：辰为水墓，丑为金墓，今干壬支申，各居本墓之下。经云"墓覆日辰，人宅昏沉"是也。三传屡动而进，初逢墓鬼，中逢败气，末逢脱气，步步生灾，时时危厉，谓之"美也"得乎？

断曰：此元首之卦，亦名斩关。日墓覆日，辰墓覆辰。上下昏蒙，人宅屯晦。又辰加壬为用，是辰之华盖作日之墓神。凡占身位，多见蹭蹬。反赖日墓坐空，天后并临，与我同类，当时阴助。占者总宜广积阴功，见机①而动。遇危疑交战之地，惟理是顺，则合元首之吉，大服群情。常人占之，亦得逃灾脱祸。

天时：春季占，大雨。**家宅**：主尘暗弊陋，妇人争权。**婚姻**：主女性悍泼，不宜。**胎产**：主系鬼胎，有惊。**功名**：主有意外遭际，为人所破。**求财**：难得，得即耗于女人。**疾病**：先重后轻，主昏晕否塞。**失脱**：难获。**出行**：谒贵无益，利南方，勿近妇人。**行人**：不来，在彼处不如意。**争讼**：事因阴人起，或争坟地，宜解散，吉。**兵战**：主军中有阴气，威不能振，且不宁。

《毕法》云：首尾相见始终宜、干墓并关人宅废、干支乘墓各昏迷、华盖覆日人昏晦。《课经》云：传墓入墓，自明投暗。如人下井，一脚深于一脚。《玉成歌》云：墓神加日身灾滞。又云：斩关游子身当动。

---

① 原文：几。

壬申日第九课

官　勾朱　辛未　日医[①]
兄　常空　空亥　德神　禄神　六害　鲁都　天贼
子　贵阴　丁卯　干三合

　　　　　螣后　元白　勾朱　贵阴
　　　　　辰　　子　　未　　卯
　　　　　子　　申　　卯　　壬

　　　　　　　白青　常空
空勾　酉　戌　亥　子　元白
青合　申　　　　　丑　阴常
勾朱　未　　　　　寅　后元
合螣　午　巳　辰　卯　贵阴
　　　　朱贵　螣后

课格：重审，曲直。

课意：刑害无礼，脱空后至，夜将赖传，昼占弛废。

解曰：子卯相刑而宾主不投，申亥相害而彼此猜忌。中传旬空，末传坐空，而复脱干之气。刑害既在其前，脱空又随其后，何利之有？夜占将皆土属，与三传木局，反有克制之宜；昼占则空上乘空，空脱驰废，何可当也？

断曰：此重审之卦，合曲直之局，事多不顺，或起妇人，先屈后伸，始难终易。盖木以水为根，水日虽与局相宜，然亦盗日之气，又况刑害错见，空脱相随，凡百谋为，鲜能遂意。君子知机[②]而动，纵使吉事未成，亦得凶事消散也。

天时：有风而雨少。家宅：主有口舌文书之事，防小人。婚姻：夜占吉，宜缓成。胎产：主婢生子，防有虚惊。功名：试者可高第，仕宦防章劾。求财：多耗散，若系子息幼辈之财，获利必倍。疾病：主肝气伤脾，或眩晕，新病凶。失脱：主奴婢盗窃，在道路深林。出行：宜缓。行人：占幼辈立至。争讼：主口舌田土之事，宜解散。兵战：无大功，安营不宜近林木。

《毕法》云：宾主不投刑在上、人宅皆死各衰赢、合中犯煞蜜中砒。《课经》云：胎坐长生，大宜占孕，不利占产。《神应经》云：壬申日，末传见卯是旬丁，为子息之财。《三车一览》云：朱雀作日鬼，虽不临干，如临年命，亦作雀鬼格，防有弹章。

[①] 原文字迹模糊，貌似"日医"。
[②] 原文：几。

壬申日第十课

财　朱贵　己巳　_{游都　六合　六破　大煞}
父　青合　壬申　_{盗神}
兄　常空　空亥　_{日德　日禄　鲁都　天贼　六害}

_{后元　常空　朱贵　后元}
寅　亥　巳　寅
亥　申　寅　壬

　　　　　_{空勾　白青}
青合　申　酉　戌　亥　常空
勾朱　未　　　　　子　元白
合螣　午　　　　　丑　阴常
朱贵　巳　辰　卯　寅　后元
　　　　_{螣后　贵阴}

课格：弹射，不备，元胎。
课意：昼占必失，家道寂寞，惟宜俯就，两贵无力。
解曰：昼占，天将皆是土木，土既克干，木亦脱干。巳虽贵人财爻，而旬遁为己。申虽壬水长生，而与亥相害，其有所失必矣。且亥脱支气，又空上乘空，家道寂寞，不亦宜乎？但亥即壬也，自干加支，以就长生，格名俯就，以尊从卑，始虽艰难，终归逸乐。凡事勉强而后成也。昼贵巳加寅，夜贵卯加子，皆临刑地，安得有力以及人乎？
断曰：此弹射之卦，昼得贵人土，为有丸，凡事亦有力。但干支耗泄，贵人失地，苟或妄求，得不偿费。喜日上为支马，支上为日禄，而阴神及用皆作财神，顺以应之，富贵可卜也。
天时：晴雨调匀。家宅：人丁不旺，防有暗盗。婚姻：和合中又见相破。胎产：主私合婢孕。功名：待时而行。求财：失而复得，得而复失。投谒：外合内离。疾病：暴病即愈，久病难瘳。失脱：难获。逃人不归。出行：不利。行人：庚申日必至。争讼：有解，忧疑消散。兵战：多虚少实。
《毕法》云：权摄不正禄临支、富贵干支逢禄马、人宅受脱俱招盗、空上逢空事莫追。《课经》云：干支上寅亥作六合，而干支亥申作六害，为外好里槎芽格。《秘要》云：嚆矢课见金为有镞，弹射课见土为有丸，若传空亡，名遗镞失矢。

壬申日第十一课

兄	元白	甲子	羊刃	仪神	三合	
子	后元	丙寅	驿马	六冲		
官	螣后	戊辰	干墓	地医	支合	寡宿

<pre>
      元白 白青 贵阴 阴常
       子   戌   卯   丑
       戌   申   丑   壬

            青合 空勾
  勾朱 未   申   酉   戌 白青
  合螣 午   亥 常空
  朱贵 巳   子 元白
  螣后 辰   卯   寅   丑 阴常
            贵阴 后元
</pre>

课格：重审，间传，向阳。

课意：两贵共处，病笃可愈，以凶制凶，蛇冲虎去。

解曰：巳加于卯，乃昼贵临于夜贵之家。而卯加于丑，亦夜贵归于真贵之地，所谓两贵共处也。虎乘财墓覆宅，占病必笃。而所以可愈者，虎为凶神属金，蛇为凶神属火。今得末传辰蛇冲克戌虎，以凶制凶，其凶自去也。

断曰：此重审之卦，亦为顺进间传。子寅辰为向阳之格，从朔方幽都渐升旸谷。占主自暗入明，初凶后吉。子卯、丑戌、申寅相刑，申亥、卯辰相害，宾主不睦，上下分争。惟当谨守纲常，力行仁义，虽逢患难，必有变通。

天时：有雨不足，既雨难晴。家宅：主房屋向东，昼占可获藏物。婚姻：有两家女，俱未得成。胎产：男胎，防不实。功名：须贵力交荐，然尚未亨。求财：宜于家中求之，外求难得。投谒：贵在贵家，不遇，遇亦不和。疾病：暴病虽危，必愈，久病难瘥。失脱：宜多访亲友。出行：即归。行人：将到，复有他往。争讼：有解，利后动。兵战：不顺利，防有意外。

《毕法》云：昼夜贵加求两贵。《课经》云：子寅辰有向三阳之象，凡占病愈讼解，人情皆美。《心印赋》云：子临四季虎来并，小口频频灾祸兴。又云：元武传来暗损财，须防盗贼女人乖。

壬申日第十二课

官	阴常	乙丑	日解	支德	支墓	奇神①
子	后元	丙寅	驿马	六冲		
子	贵阴	丁卯	干三合			

白青	空勾	阴常	元白
戌	酉	丑	子
酉	申	子	壬

		勾朱	青合			
合螣	午	未	申	酉	空勾	
朱贵	巳			戌	白青	
螣后	辰			亥	常空	
贵阴	卯	寅	丑	子	元白	
		后元	阴常			

课格：元首，连茹，三奇，天网。

课意：守之则旺，动遭刃网，牛女宜婚，喜事怅怏。

解曰：干乘旺水，支乘旺金，各守其旺可也。动而前进，必遭网刃矣。丑乘太常，临子相合，又为牛女交会，故宜婚姻。但子酉相破，申亥相穿，又且中末传寅卯，并来会丑而脱日干。喜中反生惆怅，美中不美也。

断曰：此元首之卦，亦名连茹，居高临下，顺风而呼。又且旬奇发用，号曰玉堂，可谓吉矣。然丑寅卯为阳光将泰，日精未舒，主有声名而未蒙实惠也。

三传丑寅卯，遁旬中乙丙丁三奇，所谓"尊崇传内遇三奇"。君子占之，官居一品，小人亦可消灾。

天时：雨难得，既雨亦难晴。家宅：主有房屋勾连不宁，防口舌灾。婚姻：成就，美中不足。胎产：胎动不宁，易产。功名：始利后偃蹇。求财：可有两处。投谒：宾主欢洽。疾病：形壮内虚，静养无害。失脱：难寻。出行：进中有退。行人：尊长即至，余迟迟。争讼：必见官，忧疑解释。兵战：昼占可小胜，夜占宜罢息。坟墓：支墓发用，传遇三奇，昼占青龙临支阴，营葬吉。

《毕法》云：所谋多拙遭罗网、互旺皆旺坐谋宜、水日逢丁财动之、一旬周遍始终宜、尊崇传内遇三奇。《心印赋》云：三位相连作三传，进行千里见回还。《课经订讹》云：天网惟利田猎、行刑、追逃、捕盗，中末见子孙为解网，反凶为吉。

---

① 原文字迹模糊，据上文校为"奇神"。

癸酉日第一课

官　阴勾　乙丑 _{支墓　羊刃① 　　支三合}
官　白白　空戌 _{仪神　六害　孤神　干奇}
官　勾阴　辛未 _{干冲}

_{空常　空常　阴勾　阴勾}
　　酉　　酉　　丑　　丑
　　酉　　酉　　丑　　癸

　　　　　_{合后　勾阴}
朱贵　巳　午　未　申　青元
螣螣　辰　　　　　酉　空常
贵朱　卯　　　　　戌　白白
后合　寅　丑　子　亥　常空
　　　　_{阴勾　元青}

课格：伏吟，自信，天罡，励德，稼穑，三奇。

课意：支干互生，华盖伤刑，昼夜占病，先重后轻。

解曰：干上丑生酉，支上酉生癸，为支干互生。丑乃干支之华盖，而与戌未三传递刑。盖于相生之中，复成蒙蔽，则不免彼此昏迷矣。癸日戌乘两虎，昼夜遇之，占病极凶，先因冲击不宁而病重，后赖支上酉金重叠窃败其气，病得轻也。

断曰：此自信之卦　亦名稼穑。信己之柔，进用于人。土局沉滞，不遇雷神变化，凡事逼迫，不能自由。幸癸日遇之为脱难煞。课体折腰，戌虎中陷，更得重金以泄其怒，可以免灾。兼之旬奇发用，上下相生，人宅互旺，春占亨利。

天时：有云无雨，但见蒸湿，得风而燥。家宅：主闲房宽广，宜拆卖储钱备患。婚姻：中平。胎产：防有胎漏，见血终得安。功名：有奇遇后却平常。求财：先见有利，终少实际。疾病：主脾肾之疾或见血，虽凶无害。失脱：主于喜事中失物，不出家。出行：主欲见贵，未得行。行人：中路被阻，进退两难。争讼：主争竞田土，或兄弟以力② 相伤，防犯刑禁。兵战：无利，主中道而止。

《毕法》云：宾主不投刑在上、屋宅宽广致人衰、互生俱生凡事益。《精蕴》云：三传自相刑冲，可以凶制凶，名贼捉贼。《袖中金》云：脱难煞，物极则变，变则通。常人占之，名鲸鲵归涧③。《玉成歌》云：三刑为鬼入家破，日鬼用扶官职辉。

---

① 原文字迹模糊，貌似"羊刃"。
② 校者注：疑为"刃"之误。
③ 原文：润。

癸酉日第二课

官　勾阴　辛未　干冲
财　合后　庚午　勾神　日解　盗神①
财　朱贵　己巳　福星　日盗　破碎　德神　大煞　医神

　　　勾阴　青元　常空　元青
　　　未　　申　　亥　　子
　　　申　　酉　　子　　癸

　　　　　　朱贵　合后
螣螣　辰　　巳　　午　　未　勾阴
贵朱　卯　　　　　　　　申　青元
后合　寅　　　　　　　　酉　空常
阴勾　丑　　子　　亥　　戌　白白
　　　　　元青　常空

课格：嚆矢，退茹。

课意：守禄为良，动被传伤，勿欺嚆矢，昼镞坚刚。

解曰：子为癸禄，临于日上，守之为良。若弃而动，则被初传来克矣。况中末午巳叠生初未②，日鬼有力，必为所伤。虽卦名嚆矢，而昼占乘太阴，是为矢带金镞，其性坚刚。岂可欺其无力，漫然不畏哉？

断曰：此遥神克日之卦，又为逆传连茹。支阴发用，元无势力。利主不利客，利小不利大，利后动不利先发。昼占乘太阴，主有欺诈虚诞之事。祸从内起，不可不慎。日上旺禄极美，惜被未害午冲，美中不足。仕宦占之，则为官禄俱显。

天时：先阴后晴。家宅：人宅俱旺，夜占灶有惊怪。婚姻：宜成，防有破阻。胎产：主生男，迟产。功名：必得显达，防有罚俸之事。求财：可得，亦防有阻。投谒：和合，有举荐之兆，防为他人忌挠。疾病：主小恙，无事，辰戌年命者凶。失脱：物难寻，逃自归。出行：利西北，不利西南。行人：将至。争讼：有教唆者，目下虽和，后防翻悔。兵战：泥中有刺，防敌佯输诈败，不可追赶。

《毕法》云：旺禄临身徒妄作、互旺皆旺坐谋宜。《中黄经》云：太阴克日起奸私，终有阴人起讼词。《指南》：己丑年五月，申将酉时占续弦。干支上下相合，支上生干，女家愿嫁。财官旺相，偕老生男。但末助初鬼克害，又财乘旬鬼，必因妻致讼。俱验。

---

① 校者注：原文字迹模糊，无以辨认，貌似"盗神"或"浴神"，暂以"盗神"代之，以待高明。下文第四课同。

② 原文：末。

癸酉日第三课

官　常阴　辛未 _{干冲}
财　阴贵　己巳 _{德神　福星　日盗　破碎　大煞　医神}
子　贵朱　丁卯 _{六冲}

```
  阴贵 常阴 空常 勾空
   巳   未   酉   亥
   未   酉   亥   癸
```

```
           后螣  阴贵
贵朱 卯    辰    巳    午    元后
螣合 寅               未    常阴
朱勾 丑               申    白元
合青 子    亥    戌    酉    空常
           勾空  青白
```

课格：嗑矢，回明，间传。

课意：干传无用，射物难中，昼若占之，苏宽病讼。

解曰：亥值旬空，未为败地，日上初传，俱无用也。未为矢，虽有太阴金镞，而其用既败，且末传卯转克之，则以此射物，必难中也。夜占中末吉将被克，病讼不宜。若昼占则三传皆生其将，病讼可以苏宽也。

断曰：此嗑矢之卦，亦名间传。支上发用，不可先动。传既逆退，格合回明。大忌骤然举事，不妨隳心懒意以待之，纵有耗失，后必得偿。若一著动差，必有崎岖惊恐也。

卯加巳，两贵相加，事必干涉两贵。

天时：久雨则晴，旱占雨小。家宅：宅吉，有生助于人。婚姻：不的。胎产：主生女，产母虚。功名：自心懈怠，不乘机会。求财：难得。投谒：不称意，生悔心。疾病：主虚弱之症，宜大进补剂得效。失脱：不获，逃之无踪。出行：不宜。行人：迟来。争讼：有解。兵战：昼吉，夜占有虚惊。

《毕法》云：空上逢空事莫追、水日逢丁财动之、昼夜贵加求两贵。《课经》云：回明格，由阴至阳，有缺月渐回之象。事宜迟进，吉事渐成，凶事渐消也。夜占乃死气作日鬼，乘太常入宅，主有内孝服至。《金口诀云霄赋》云：行商得利逢坤门，洒洒之征。《指掌赋》云：未加酉为继母。

癸酉日第四课

```
财  元后  庚午   盗神 勾神 日解
子  贵朱  丁卯   六冲
兄  合青  甲子   禄神 六破 仪神
```

```
     贵朱 元后 常阴 青白
      卯   午   未   戌
      午   酉   戌   癸
```

```
              贵朱 后螣
螣合  寅   卯   辰   巳  阴贵
朱勾  丑             午  元后
合青  子             未  常阴
勾空  亥   戌   酉   申  白元
         青白 空常
```

课格：涉害，轩盖，三交，二烦。

课意：全伤身宅，戌空午实，元后夺财，彼凶己吉。

解曰：戌加干克癸为伤身，午加支克酉为伤宅。但戌值空亡。而午受卯生，是戌空而午实也。虽初财乘元武天后，夹克夺之，不为己用。然彼此之凶固在，而我不害其为吉。惟昼占干鬼乘白虎，亦有凶象。

断曰：此涉害之卦，亦名三交，本合高盖乘轩之格。寅申月仕宦占之，可致显庸。但魁罡系于丑未，日月宿加四仲，号为天地二烦，有明夷暗伤之象。又午加于酉为死交，凡事不成，进退维谷。占者有德则应吉，无德则应凶也。

天时：有雨。家宅：主宅有伤破，夜占防有奸私事。婚姻：可用，夜占不宜。胎产：先防不实，若损堕后，次胎得男。功名：正七月占之大吉，六月占之有凶。求财：可得。投谒：宜见贵，宾主和悦。疾病：重，难愈，主有脓血之灾。失脱：主匿他家，难以寻觅。出行：防遇雨，不利正二六月。行人：未至。争讼：主斗伤见血，求贵可解。兵战：不利，宜罢息。

《毕法》云：干乘墓虎无占病、支干全伤防两损。《精蕴》云：虎鬼空亡，目前有灾，后却无畏。有官人占之，赴任极速，名催官符，反不宜空。《观月经》云：四仲来加仲，发用阿谁先？有救须华盖，非此罪迷天。

癸酉日第五课

财　阴贵　己巳　_{日德　福星　日盗　　破碎　大煞　医神}
官　朱勾　乙丑　_{羊刃　支墓　支三合}
父　空常　癸酉　_{日解}

　　　　　朱勾　阴贵　阴贵　空常
　　　　　丑　　巳　　巳　　酉
　　　　　巳　　酉　　酉　　癸

　　　　　　　　　螣合　贵朱
朱勾　丑　　寅　　卯　　辰　后螣
合青　子　　　　　　　　巳　阴贵
勾空　亥　　　　　　　　午　元后
青白　戌　　酉　　申　　未　常阴
　　　　　　空常　白元

课格：元首，从革，不备，回还。
课意：昼将生金，传金育身，回还曲折，皆藉众人。
解曰：昼将贵人、勾陈、太常皆为土属，而生传金。三传会成金局而生日癸。课传俱不离巳酉丑，回还曲折，无往不遇生我之人，可谓多助之至矣。
断曰：此元首之卦，局名从革。日德发用，盘珠回还，有和美之象。上下欢悦，交易大通。若岁月日时，皆在四课之上，即合天心之格。事主远大非常。更得顺传，则为移远就近，其功立就。但课体不备，又复纯阴，阴多昏暗，必须先从后革，静以待动，阴极生阳，乃得众金生水，百事昌吉也。
天时：为密云不雨之象。家宅：主改故为新，多置别业。婚姻：昼占吉，主至戚缔姻。胎产：主女胎，防难产。功名：得人扶，安享不劳。求财：有得，醵金为会，更佳。投谒：和合。疾病：主在肺家及筋骨，难愈。失脱：藏山石道途之处。出行：不利，出亦即复还。行人：立至。争讼：交缠不得解，防刑罚。兵战：得道者多助，昼占胜，夜占不利。
《毕法》云：彼求我事支传干、三传递生人举荐。《课经》：癸巳年七月，巳将加酉，巳为太岁，又为月将，又为日贵。昼占乘贵人发用，为龙德课。如龙行雨泽，德及万物。主君恩及下，万姓欢忻。《心印赋》云：丑加巳上乘阴合，贵人举荐两相同。

癸酉日第六课

子　贵朱　丁卯　六冲
官　青白　空戌　孤神　六仪　六害　干奇
财　阴贵　己巳　日德　日福①　日盗　破碎　大煞　医神

　　勾空　后螣　贵朱　白元
　　亥　　辰　　卯　　申
　　辰　　酉　　申　　癸

　　　　　　朱勾　螣合
合青　子　　丑　　寅　　卯　贵朱
勾空　亥　　　　　　　　辰　后螣
青白　戌　　　　　　　　巳　阴贵
空常　酉　　申　　未　　午　元后
　　　　　　白元　常阴

课格：见机，四绝，斫轮。

课意：两贵拱宅，昼传虎戌，熟视兔蛇，夜不安逸。

解曰：夜贵卯临申，昼贵巳临戌，拱酉在中。所嫌者，蛇乘日之鬼墓，临于宅上耳。然而中传戌虎，可以破墓冲蛇，以凶制凶，凶自散也。但夜贵入于狱墓，为贵人不得安逸，不足恃也。

卯亥皆比涉害，卯得四重，亥得五重，宜以亥为用，此即用孟上神为见机之说。酉日日墓临酉乘蛇，为真墓门开。

断曰：此见机之卦，亦名斫轮。卯中乙木，与申中庚金作合成器。癸日为得舟楫，任重致远。占官大利，但须先历艰难，后方遂意。中末皆空，恐有花无果，不宜躁进耳。

天时：昼占晴，夜占有雨。家宅：主宅前后，有贵家为邻，或与前邻有斗讼之衅。婚姻：夜占可用，亦恐有阻。胎产：防不实，主女胎。功名：目前有高迁之美，后恐成虚。求财：虽见有得，防落空地。投谒：乘兴而往，兴尽而回。疾病：行年临卯者不祥。失脱：有盗者，或藏军卫势家。出行：戌亥月日，或西北方利。行人：始发，占弟兄即至。争讼：昼占不吉，宜知机②止息。兵战：昼占不利主将，夜占可胜，益中有损。

《毕法》云：互生俱生凡事益、将逢内战所谋危。《占验》：辛卯三月，戌将加卯，占前程。曰：太岁乘朱发用，文书必达朝廷。中末财官空陷，贵入空墓，功名必有始无终。支上月建蛇墓克日，主上台不足。两贵拱支，虎鬼冲蛇，以凶制凶，尚可瓦全。

---

① 原文字迹模糊，貌似"日福"。
② 原文：几。

癸酉日第七课

子　贵阴　丁卯　六冲
父　空勾　癸酉　日解
子　贵阴　丁卯　六冲

<small>空勾　贵阴　朱常　常朱</small>
酉　卯　丑　未
卯　酉　未　癸

　　　　<small>合白　朱常</small>
勾空　亥　子　丑　寅　螣元
青青　戌　　　　卯　贵阴
空勾　酉　　　　辰　后后
白合　申　未　午　巳　阴贵
　　　　<small>常朱　元螣</small>

课格：无依，三交，龙战，励德。

课意：三传身宅，夜将相克，满目旬丁，门户动悬。

解曰：身宅三传，与夜将俱属土神，群克日癸，何可当也？卯酉为门户，而卯为旬丁，今课传各见两丁，丁主动摇。满目旬丁，其为动摇非细。门庭之悬，乌能免哉？或因门户而财动，或因子息而费财也。

卯为夜贵作脱气，必被贵人脱赚。

断曰：此无依之卦，格合三交，亦名励德。往来无恒。久动思静，久静思动。有失和气，事必难成。阳前阴后，君子则吉，小人则凶。若人年更立卯酉，为龙战之象。一生一杀，进退维谷，动有乖离。惟谨身静守，方可无咎。

天时：晴雨不常。家宅：宜谨慎门户。婚姻：不和谐。胎产：主私孕难育。功名：仕者防被参劾，上书被斥，应试不售。求财：得失反覆，多为门户子孙所耗。投谒：往返不遂意。疾病：或吐泻霍乱，或寒热反覆。失脱：得而复失。出行：从贵则宜，余必反覆。行人：归当复出。争讼：纷纭不已，或得贵力可解。兵战：昼占大胜，事多反覆。

《毕法》云：两贵受克难干贵、制鬼之位乃良医。《课经》云：日鬼临干，却赖支上食神克制，或是本家亲人能医，或得家堂祖宗保护。如乘贵人，必得上人除释过愆，见被禁囚亦得赦原而免祸。

癸酉日第八课

官	常朱	辛未	干冲				
兄	合白	甲子	日禄	六破	仪神		
财	阴贵	己巳	日德	福星	破碎	大煞	盗神	医神

```
    常朱  螣元  勾空  元螣
     未    寅    亥    午
     寅    酉    午    癸
```

```
              勾空  合白
     青青  戌  亥    子   丑  朱常
     空勾  酉            寅  螣元
     白合  申            卯  贵阴
     常朱  未  午    巳   辰  后后
              元螣  阴贵
```

课格：知一，度厄，迍福。

课意：财官德禄，俱受其克，前后引从，足可解厄。

解曰：未为日鬼临寅，子为日禄临未，巳为财德临子，是四者皆被下贼也。癸课在丑，初传未加寅，于丑前为引，末传巳加子，于丑后为从，拱日于中，足可解三贼之厄。

断曰：春占为八迍五福课。用死一迍，寅木太胜二迍，仰丘俯仇三迍，将雀四迍，雀与刑合五迍，子临未下贼乘虎六迍，子得虚宿，主坟墓哭泣七迍，干蛇支武八迍。初死末相一福，末生初，子投母二福，初雀末贵三福，巳受子克，得贵人救四福，癸德附戌，戌寄丙、午临日五福。占者主先忧后喜。

天时：风多雨少，不久即晴。家宅：人多意杂，时有不宁。婚姻：可成。胎产：似胎非胎，或是病积；临产占之，立产。功名：官有升迁之兆，科第大吉，然文字不称。求财：虽有得，不可过贪。投谒：见喜悦。疾病：不妨。失脱：难获。出行：主有是非，宜结好伴。行人：占幼辈即至。争讼：主自家庭而出，或坐窝犯。兵战：昼占不利，夜占吉。

《毕法》云：前后引从升迁吉、彼此猜忌害相随、将逢内战所谋危。《要览》云：三传俱下贼上，迍迍克去，名为内战。占者必有窝犯，讼自家庭而出。惟仕宦则从微至著，大有显荣。《心印赋》云：子临四季虎来并，小口频频灾病兴。

癸酉日第九课

父　空勾　癸酉　日解
官　阴常　乙丑　支墓　羊刃　支三合
财　朱贵　己巳　日德　福星　破碎　盗神　大煞　医神

　　　　朱贵　阴常　空勾　朱贵
　　　　巳　　丑　　酉　　巳
　　　　丑　　酉　　巳　　癸

　　　　　　白青　常空
空勾　酉　　戌　　亥　　子　元白
青合　申　　　　　　　　丑　阴常
勾朱　未　　　　　　　　寅　后元
合螣　午　　巳　　辰　　卯　贵阴
　　　　　　朱贵　螣后

课格：涉害，从革，不备，盘珠。

课意：贵财心术，俯就岂逸，昼将生传，传金生日。

解曰：巳为贵财临日，旬遁己鬼，其为利也，必由心术致之，可以安守矣。乃动而俯就酉支，旋入支墓，连受败脱，舍益就损，以是求逸，岂为计之得哉？幸终归日上，又且昼将纯土，生传之金，而三传纯金复生日也。

断曰：此涉害之卦，局合从革，传课回环，如盘走珠，不出盘外。将生传，传递生日，喜得众情，福可致而患自解。然事主两端反覆，钩曲未伸，金缺未纯，课阴不备，日辰交克，革而未从，从而复革。君子占之，还当省戒。

天时：久晴，雨未得。家宅：主屋舍宽而人口衰，防婢妾走失。婚姻：宜入赘，余美中不足。胎产：胎安产迟。功名：有人举荐则吉，自求未称意。求财：顺利，快足。投谒：徒费心力。疾病：主伤肝肾或筋骨。失脱：难获。出行：无利，利在归时。行人：速归。争讼：和解。兵战：不利，变动有益。

《毕法》云：夫妇芜淫各有私、三传递生人举荐、传墓入墓分憎爱。《课经》云：午加寅为胎坐长生，大宜占孕，反不利产。又日上神作财，却遁旬中干鬼，必因财致祸，为食伤身，因妻成讼。此夜占乘朱雀者宜防之，昼占不论。《云霄赋》云：美女失音，白雉飞来巽户。又云牵牛至金门之路，血畜虺赢。

癸酉日第十课

```
官  螣后  戊辰  支合
官  勾朱  辛未  干冲
官  白青  空戌  干奇 仪神 孤辰 六害
```

```
      贵阴 元白 勾朱 螣后
       卯   子   未   辰
       子   酉   辰   癸
```

```
            空勾 白青
   青合  申  酉  戌  亥  常空
   勾朱  未          子  元白
   合螣  午          丑  阴常
   朱贵  巳  辰  卯  寅  后元
            螣后 贵阴
```

课格：元首，稼穑，斩关。

课意：交互徒然，夜禄乘元，弃而欲动，众土为愆。

解曰：丑与子合，辰与酉合，交车互合，似非徒然。然子乃鬼禄，昼占乘白虎，虽甚惊危，尚可守也。夜占乘元武，必致为所耗窃，徒然交合，何利之有哉？禄既无用，弃宅而动，遂入鬼墓，进逢全土，愆难免矣。

断曰：此元首之卦，亦名斩关。三传俱季，斗罡加日发用，又为墓神覆日，大象昏蒙，事主沉滞。喜动而自刑，中被子穿，末落空陷，遂使蒙者通一隙之光，滞者开一线之路。占者利更新外出，每事筹画，自可凶消吉至。

天时：温湿无雨而有雾。家宅：宜卖宅储钱备患，喜有大力者为持门户，诸凶不能为害。婚姻：不宜。胎产：防不实。功名：始见阻滞，后稍通达。求财：保其固有足矣。疾病：主脾肾之疾，久而得愈。失脱：逃盗难获。出行：虽未顺，胜于在家，尤利避患。行人：阻滞未归。争讼：难和，终有解救。兵战：军中不宁，临事不果。

《毕法》云：权摄不正禄临支、干墓并关人宅废。《课经》云：墓神乘蛇覆日，辛未传戌乘虎冲辰，谓之破墓冲鬼，以凶散凶。《订讹》云：罡作官鬼为真符，贵人临鬼户，谓之斩关逢吏。《括囊赋》云：游子商贾而未回，斩关逃窜而速疾。

癸酉日第十一课

官　阴常　乙丑　支墓　羊刃　支三合
子　贵阴　丁卯　六冲
财　朱贵　己巳　日德　福星　日盗　破碎　大煞　医神

　　　　阴常　常空　朱贵　贵阴
　　　　丑　　亥　　巳　　卯
　　　　亥　　酉　　卯　　癸

　　　　　　青合　空勾
勾朱　未　申　　酉　　戌　白青
合螣　午　　　　　　　亥　常空
朱贵　巳　　　　　　　子　元白
螣后　辰　卯　　寅　　丑　阴常
　　　　　贵阴　后元

课格：元首，间传，出户。

课意：昼贵夜聚，无屋可住，彼已怀脱，虚鬼空布。

解曰：巳加于卯，是昼贵临于夜贵之家，故曰昼贵夜聚也。丑为宅阴，而投空亥，是无屋可住也。干支各被上神所脱，彼此须防怀诈而来。丑又为日鬼，既落空乡，亦为虚布，为祸为福，皆无力矣。

断曰：此元首之卦，间传顺进，合出户之格。旬奇发用，宜有意外遭逢。君子鸿渐而升阳，小人狐疑而不决。惜初传即遭空陷，不过虚声，干支皆被脱耗，彼此无益。求谋恐少实际，不如静以俟之，秋冬则吉。

天时：云合后散，出旬有雨，不多。家宅：屋敝人窘，犹须防耗。婚姻：两贫相宜，余不吉。胎产：主怀妊多恙，孕防不实。功名：戌亥年命者利，余无益。求财：反有所耗失。疾病：主虚弱，有救。失脱：主不一次，难觅。出行：不利。行人：未归，不知何往。争讼：两造皆耗，自归消释。兵战：昼占吉，夜占尤大胜，用兵以分合为妙。坟墓：利营寿圹，益人。

《毕法》云：水日逢丁财动之、人宅受脱俱招盗、昼夜贵加求两贵。《课经》云：卯为夜贵作脱气，必被贵人脱赚，或因神祇耗财。又卯为日门，巳为地户，自丑传巳，有出户之象。凡占访人不在，行人出，利干望。

癸酉日第十二课

兄	常空	空亥	寡宿 驿马 天医①
兄	元白	甲子	日禄 仪神 六破
官	阴常	乙丑	支墓 羊刃 支三合

<常空> <白青> <贵阴> <后元>
　亥　　戌　　卯　　寅
　戌　　酉　　寅　　癸

		勾朱	青合		
合螣	午	未	申	酉	空勾
朱贵	巳			戌	白青
螣后	辰			亥	常空
贵阴	卯	寅	丑	子	元白
		后元	阴常		

课格：重审，进茹，孤寡。

课意：三传拱定，行人归近，事不出家，贼在彼隐。

解曰：干上寅在末传前，支上戌在初传后，拱定亥子丑于中，故占行人为已近也。由宅上神戌以及亥，故事不出乎家庭。末从子丑入寅，为日上神，昼乘元武，贼不离乡邑。夜虎临宅作鬼，主人口不宁，喜初传落空，又得干上寅相救，庶无大咎。

断曰：此重审之卦，顺传连茹。阳神拱夹三奇，全见旬仪入传，支仪入课。宜万事和同，重重吉庆矣。乃干上脱气，支上空亡，一脱一空，彼此无利。惟黄冠缁流，得此为上吉，余俱不取。用神本是旬空，又行空地，又乘昼空，吉固虚无，凶亦消散也。

天时：时旱多晴，时阴久雨。家宅：宅休囚，丁不旺。婚姻：媒妁虚言，终归影响。胎产：占胎未实，占产立下。功名：先见虚声，后或有奇遇。求财：反有耗折。投谒：不遇而返。疾病：暴病即愈，久病凶。失脱：物散，人难获。出行：不得动身，乍出即返。行人：异乡孤独，未得还家。争讼：防囚系，旋得解散。兵战：未利，宜坚守营垒，多设坑堑。

《毕法》云：所谋多拙遭罗网、空上逢空事莫追。《课经》云：干上逢脱气，昼将乘元武，名脱盗格。《袖中金》云：连珠三奇亥子丑，阳光在下，空怀宝以迷邦。《订讹》云：孤寡前去后空，阴惆阳怅，大端不吉。或遇三奇六仪为救神，名孤寡再醮。

---

① 原文字迹无以辨认，貌似"天医"或"三奇"或"六X"，暂以"天医"代之，以待高明。

甲戌日第一课

```
兄  青螣  戊寅  日禄 干德 寡宿
子  朱勾  辛巳  亡神
官  后白  空申  驿马 孤辰
```

```
    元元 元元 青螣 青螣
     戌   戌   寅   寅
     戌   戌   寅   甲
```

```
           螣青  贵空
朱勾  巳   午    未    申  后白
合合  辰               酉  阴常
勾朱  卯               戌  元元
青螣  寅   丑    子    亥  常阴
           空贵  白后
```

课格：伏吟，元胎，斩关。

课意：马载虎鬼，昼占可畏，幸而值空，夜财失费。

解曰：申为驿马，本为日鬼，昼占乘虎，是马载虎鬼，来伤日干，岂不可畏？幸喜申值空亡，凶当稍杀。但宅上之戌财，昼夜皆乘元武，若无盗贼之忧，必有失脱之患。其曰夜财失费者，不过对"昼占"之语，交互成文耳。

断曰：自任斩关，又曰元胎，如婴儿隐伏之状，只宜守旧，不宜动谋，否则灾患与失脱相并矣。

此课马空禄实，守土官得之无害。若外差占此，恐有阻隔不行，倘年命有马，或能填实，不同此论。

天时：火母实，水母空，又火上水下，恐不能雨。家宅：自有丰禄，静守则宜；若一妄动，刑耗百出。仕宦：禄实官空，三传刑冲，秋占则吉，余皆不宜。婚姻：占男昼吉，占女皆凶。胎产：二阳包阴，孕必成女，伏吟元胎，产必迟延。逃盗：不出里间。疾病：脾气虚弱，肝家受病，不久自愈。出行：伏吟马空，出旬或可。行人：近则立至，远则难定。出师：昼占则凶，夜占则胜。

《毕法》云：旺禄临身徒妄作、宾主不投刑在上。《秘要》云：甲日伏吟，旬首上神昼夜皆乘元武，是闭口卦，止宜明哲保身。又甲日干上见寅，传内即见财爻，亦必心多退悔，谓之"懒去取财"，恐其争夺也。

甲戌日第二课

父　白后　丙子　_{天医　福星　盗神}
父　常阴　乙亥　_{大煞}
财　元元　甲戌　_{六仪}

```
 后白 阴常 白后 空贵
  申   酉   子   丑
  酉   戌   丑   甲
```

```
              朱勾 螣青
合合  辰   巳   午   未  贵空
勾朱  卯                申  后白
青螣  寅                酉  阴常
空贵  丑   子   亥   戌  元元
          白后 常阴
```

课格：知一，退茹。

课意：奇仪既夹，常人难压，君子宜占，试登高甲。

解曰：甲课在寅，寅即甲也。今寅居卯上，戌居亥上，是寅戌夹亥子丑在内。亥子丑上遁得乙丙丁，为天上三奇。又甲戌旬首，以戌为六仪，又为魁星。君子得此，有不高掇巍科者乎？常人之才德，不足当此，必有不胜而难压者也。凡属仕宦，秋占皆利。

断曰：知一退茹之象，舍远就近，舍疏就亲，恩多主害，事起同袍。凡占狐疑，必上下和合，乃为吉象。又鬼墓加干，防人暗中侵害，用兵尤宜忌之。

天时：天罡指巳，水神发用，雨不甚大。**家宅**：财官双美，必是诗书礼乐之家。**仕宦**：支干夹奇，尊荣之至。**婚姻**：金土相生，常贵相当，必是佳儿佳妇。**胎产**：下强上弱，二阳包阴，胎必成女，子丑相合，产必迟延。**求财**：主得贵人之财。**疾病**：病来脱人，人去墓病，不能即愈。**远行**：宜从陆路，且得贵人提挈。**行人**：天罡加孟，行者未归。**失物**：已被盗去。**出师**：宜因粮于敌国，必得满载而归。

《毕法》云：鬼临三四讼灾随。《课经》云：甲戌日，丑加寅，乃昼贵临身，名贵人忌惮格。缘朱雀乘卯，克天乙之丑土。占此者，不可告贵，缘贵人忌惮，不肯用事，故也。《指掌赋》云：子亥戌为重阴，安嘉遁之贞，宁甘没齿。

甲戌日第三课

```
子  螣青  壬午  地医
财  合合  庚辰  天贼 六冲
兄  青螣  戊寅  日禄 干德 寡宿
```

```
        螣青 后白 元元 白后
         午  申  戌  子
         申  戌  子  甲
```

```
            合合 朱勾
勾朱  卯   辰   巳   午   螣青
青螣  寅              未   贵空
空贵  丑              申   后白
白后  子   亥   戌   酉   阴常
          常阴 元元
```

课格：涉害，见机，间传，励德，顾祖。

课意：六位全阳，常人散殃，马载虎鬼，催人勿遑。

解曰：四课三传，无一非阳，宜于公用。盖阴翳之气，既已消释，则常人得此，岂不可以散其灾殃乎？官鬼乘虎，为催官符。今虎之阴神，虽制白虎，而马实载之，则扬鞭而去。自有乌可已之势。虽欲求安，而不可得，是所谓催人勿遑者也。

卯作雀临巳，申作虎临戌，为归巢格，占行人立至。又白虎临宅，未免丧服。遇戌年，则为丧吊全逢矣。

断曰：见机之卦，当察机辨色，因时制宜，不当犹豫逡巡也。初传龙蛇空陷，凶既不成，喜亦不就。午为脱气，冲干上神，恐子孙有耗费之患。

天时：昼占雨而后晴，夜占晴而后雨。家宅：白虎脱支，恐多死丧之耗。仕宦：占官问禄，得此最吉。求财：昼占不吉，夜占必得。婚姻：辰土昼夜乘六合，与支干上神作三合，必成之象。胎产：课传六阳，妊必成女，难产。疾病：虎鬼克干，占命属火，方为有救。出行：驿马临宅，自不能留。行人：天罡加仲，必在中途。出师：利客不利主。

《毕法》云：六阳数足须公用、催官使者赴官期。《课经》云：甲戌日，干上子，支上申，谓之"危中取财格"。缘干克支辰为财，今支上有鬼，不免自惊危中取财也，喜旬中申空，亦可无畏。

甲戌日第四课

官　后白　空申 驿马 孤辰
子　朱勾　辛巳 亡神
兄　青螣　戊寅 日禄 干德 寡宿

　　合合 贵空 后白 常阴
　　辰　 未　 申　 亥
　　未　 戌　 亥　 甲

　　　　 勾朱 合合
青螣　寅　卯　辰　巳　朱勾
空贵　丑　　　　　　午　螣青
白后　子　　　　　　未　贵空
常阴　亥　戌　酉　申　后白
　　　　　元元 阴常

课格：遥克，嚆矢，元胎。

课意：矢箭来伤，幸尔空亡，居家闭口，生计荣昌。

解曰：嚆矢无力，用传又空，是为忘矢，无力甚矣。未乃旬尾，临于宅上，名曰闭口。谨言慎语，方能免患。亥为甲木之长生，阴神又系水母，有本之水，源源来生，则生计自然荣昌矣。

断曰：日鬼发用，兼乘驿马，占仕宦事极迅速，惜乎初申空亡耳。

白虎乘申加亥[①]，谓之虎奔登明，必主家有病人。

天时：初传落空，出旬有雨。家宅：干乘生气，支作财神，内外受益，但空鬼为灾，不无伏尸杯影之事。仕宦：官马皆空，占宦不吉。求财：德禄临于末传，夜占乘龙尤吉。婚姻：昼占不佳，夜占可就。胎产：二阳包阴，孕必成女。疾病：虎鬼空陷，病危可治。求谋：前空后实，先难后易。出行：夜占水陆俱宜，但马空不能即行。行人：天罡加季，行人立至。行军：恐有伏兵，宜加谨备。

《毕法》云：夫妇芜淫各有私、宾主不投刑在上。《吴越春秋》：子胥曰："时加鸡鸣，青龙在西，德在土，刑在金，是日贼其德也。主父有逆子，君有逆臣。"（《笔尘》解曰：课名嚆矢，申为旬空，加亥[②]为六害，又为日破，又为日鬼。三传刑战，干克支上神，支克干上神，满盘略无和气，故主有逆子叛臣也。）

---

① 原文：害。
② 原文：害。

甲戌日第五课

```
财   合合  甲戌  六仪
子   后白  壬午  地医
兄   白后  戊寅  日禄 干德 寡宿
```

```
      白后 后白 后白 合合
       寅   午   午   戌
       午   戌   戌   甲
```

```
              白后 常阴
空贵   丑   寅   卯   辰   元元
青螣   子               巳   阴常
勾朱   亥               午   后白
合合   戌   酉   申   未   贵空
           朱勾 螣青
```

课格：重审，炎上，赘婿，斩关。

课意：内外勾连，宅盛人愆，亡财后至，奴婢防奸。

解曰：三传脱干，占必遗失也。寅去加午，午去加戌，会成火局，自支阴而及于干阳，内外勾连之象。三传脱日生支，自然人愆宅盛。戌为日财，下被寅克，上被合伤，此财非复为我所有。今忽作初传，仍作日财，是亡财复至也。戌为奴婢，合为奸私，寅为鬼户，三者相并，则奴婢必有奸私逃走者矣。

断曰：支神加于干上，受干之克。如以妻就夫，乃舍己从人之象。占者多主屈意从人，不能由己。

天时：课传皆火，不能有雨。家宅：三传递生，居必宽敞。仕宦：三传克官，功名难就。求财：有得有失。婚姻：三合相连，必结朱陈。胎产：课传皆阳，妊必生男。疾病：虚脱之症。行人：不能即归。出师：粮储不足。

《毕法》云：初遭夹克不由己。《指南》：八月未将加亥，占武试。曰：河魁临干发用，贵居年命之上，格合盘珠。喜朱雀遁乙奇乘长生旺气，文字甚合试官之意。传送加子，箭必中垛，联捷无疑。《古鉴》：亥将加卯，占走失。曰：支戌刑未，未临于亥，当于西北亥上寻获。未八亥四，四八三十二里。亥为水，亦为楼台。未为酒食，藏于近水酒馆中。悉验。

甲戌日第六课

```
父  青螣  丙子   天医 福星 盗神
财  贵空  癸未   六破 干墓① 鲁都
兄  白后  戊寅   日禄 干德 寡宿
```

```
        青螣  阴常  元元  朱勾
         子    巳    辰    酉
         巳    戌    酉    甲
```

```
              空贵  白后
      青螣  子  丑  寅  卯  常阴
      勾朱  亥          辰  元元
      合合  戌          巳  阴常
      朱勾  酉  申  未  午  后白
              螣青 贵空
```

课格：知一，四绝。

课意：初末拱贵，尊上偏喜，空鬼虚惊，互乘脱气。

解曰：初子末寅，天盘则拱丑贵，三传则引从未贵。若占贵及尊长之事，必甚喜悦也。干上之酉鬼，乃是旬空，即有意外之虞，亦不过虚惊而已。惟干上乘支之脱气，支上乘干之脱气，未免有人宅两失之耗耳。

断曰：知一之课，比和作用，事有两岐，择乃惟一。蓦然而起，卒然而止。托人不实，交易难成。我得于彼，彼必取偿于我，亦互得互失之象也。

寅加未乘夜虎，主有神庙作祟。

天时：天罡临毕，出旬大雨。**家宅**：事由家长，祸非外来，人宅受脱，盗贼难防。**仕宦**：有禄无官，或占人年命能填实者可得。**求财**：于此得来，于此失去。**婚姻**：支干相克，占男更凶。**胎产**：儿空母实，恐不成胎。**谒贵**：夜占可遇。**疾病**：人空病实，病必难愈，或年命上神，乘水神水将者必痊。**出行**：人空马空，不能即行。**行人**：天罡加仲，必在中途。**行师**：蓦有虚声，切勿惊恐；夜占将占，可以获胜。

《毕法》云：前后引从升迁吉、人宅受脱俱招盗。《课经》云：六甲日，干上酉，夜占为雀鬼格。缘朱雀作日鬼，加于干上，朝官宜防飞章弹劾，并不宜上书论奏，恐反遭黜责也。《中黄经》云：丑入午传多诅咒。《玉成歌》云：天空在未井多怪。

---

① 原文字迹模糊，貌似"干墓"。

甲戌日第七课

兄	白后	戊寅	日禄 干德 寡宿
官	螣青	空申	驿马 孤辰
兄	白后	戊寅	日禄 干德 寡宿

```
      合合  元元  白后  螣青
       戊    辰    寅    申
       辰    戌    申    甲
```

```
           青螣  空贵
    勾朱   亥    子    丑   寅   白后
    合合   戌              卯   常阴
    朱勾   酉              辰   元元
    螣青   申    未    午   巳   阴常
               贵空  后白
```

课格：返吟，元胎，斩关。

课意：夜禄虎雄，鬼却乘龙，细详好恶，来去俱空。

解曰：寅乃日禄，夜乘白虎，是好者却变而为恶矣。申乃日鬼，昼乘青龙，是恶者反变而为好矣。但来去俱空，详其好恶，不过似山上浮云，水中明月已耳。

断曰：返吟、元胎，有反覆不宁之象。祸福始萌，动静难守。强者能弱，柔者能刚。境逆者宜进取，境顺者当退守，亦塞翁得失之象也。

支上神乃日干之财，反生干上之鬼，不宜干贵求财，昼占亦吉。大约从前旧事可成，经久之事须防翻覆。

寅加申乘天后，占远路信息，文字往来。

天时：占晴不晴，占雨不雨。家宅：财与贼俱，防有失脱。仕宦：官禄俱空，占仕不吉。求财：自家难保。婚姻：昼占男吉，又嫌其空。胎产：儿虚母实，恐不成妊。疾病：暴病则吉，久病则凶。捕盗：占逢八月，一无漏网。出行：马空不果。行人：天罡加季，行者即归。出师：来去俱空，暂宜解军。

《毕法》云：来去俱空岂动移？空空如也事休追、喜惧空亡乃妙机。《课经》云：六甲日，申加甲，乃干上神作日干之明鬼。支上辰土遁出庚金，作日干之暗鬼。乃明暗二鬼，亦是鬼临三四之意。《玉成歌》云：返吟占事休言定，往复双双两事因；常占须主身摇动，不动人情有怨心。

甲戌日第八课

```
父  青螣  丙子  天医 福星 盗神
子  阴常  辛巳  亡神
财  合合  甲戌  六仪
```

```
    螣青 常阴 青螣 贵空
     申   卯   子   未
     卯   戌   未   甲
```

```
              勾朱 青螣
合合  戌    亥   子    丑  空贵
朱勾  酉              寅  白后
螣青  申              卯  常阴
贵空  未    午   巳    辰  元元
           后白 阴常
```

课格：知一。

课意：夜贵作墓，讼庭官怒，解纷恃戌，枉者可错。

解曰：未为夜贵，又是木墓，覆于日上。初传子水，与未贵相害。若论讼狱，必致问官之怒。末传戌土，克去子水，为之解纷，则贵怒自当少解，否则终于受屈而已。乌能申其直而错其枉哉？

断曰：课名知一，相与比邻，善恶并处，事有两岐，执中宜一。祸从外来，失在居邻。凡占皆主狐疑，亦恩中生害之象也。

天时：水运乎上，天罡指亥，占天必雨，但末克初传，雨不能久。家宅：家有内财，衣禄不匮。求财：外财消耗，分内可得。婚姻：昼占欠佳，夜占乃吉。胎产：上强下弱，孕必成女，倘或夜占，母子皆吉。仕宦：迟久，可得正印。谒贵：贵人不喜，干求不遂。失物：恐在家中，可以寻得。远行：有恋宅之心，未能遂意。疾病：墓神覆日，人必昏沉；支上克干，病势必笃；若年命有救，始可言吉。官讼：先难后易。行人：天罡指孟，马又空亡，行者未归。出师：昼占不宁，夜占大胜。

《毕法》云：害贵讼直遭曲断、华盖覆日人昏晦。《纂义》云：未乃财神，为闭口，临于干上，占病不吉。夜常临支，十月占，乃死气作太常入宅克宅，主有内孝服。昼贵丑受寅克，又作天空，亦逢贵人之怒。《照胆秘诀》云：盗入青龙①防喜贼。

---

① 校者注：即指子为盗神，上乘青龙。

甲戌日第九课

兄　白后　戊寅　日禄　干德　寡宿
子　后白　壬午　地医
财　合合　甲戌　六仪

```
后白  白后  合合  后白
 午    寅    戌    午
 寅    戌    午    甲
```

```
            合合    勾朱
朱勾  酉    戌      亥    子  青螣
螣青  申                  丑  空贵
贵空  未                  寅  白后
后白  午    巳      辰    卯  常阴
            阴常    元元
```

课格：元首，炎上，励德，洪女，不备。

课意：劳心取财，宅广人灾，宜乎作赘，耗盗萦回。

解曰：甲寄于寅，寅即甲也。是寅干临于戌支之上，以取此财；不知戌又遭六合所克，彼此夹克，取之心亦劳矣。三传作寅午戌，脱干而生支，未免人衰宅广也。干为夫，支为妻，干加支上是以夫就妻，如赘婿然。但寅被午脱，午被戌耗，展转相脱，萦回不已甚乎。

断曰：支干皆是一气，类成三合，事干众人，共干同谋，有成而不成，脱而不脱之象，亦须防人脱赚。

天时：课传尽①火，亢旱之象。家宅：财不由己，且多虚耗。仕宦：脱气甚盛，功名无望。求财：艰辛可获。婚姻：三合多成，子孙甚众。胎产：男喜，易产。谋望：多虚少实，事干暗昧。疾病：极虚之症，恐是怔忡。出行：恐不起身。行人：天罡加孟，尚未起程。出师：防奸人脱赚，恩化为怨。

《毕法》云：权摄不正禄临支。《精蕴》：五月未将加卯，妇人占婚。曰：课得不备，两夫之象。青龙为正夫，乘申金克之，又属空亡，必逃亡而去。青龙之阴为偏夫，临子乘蛇，子阴又乘元武，已入群盗矣。甲戌日，法取午为媒人，午上见河魁为奴仆，干支在传为邻近，当有邻仆作媒。炎上夏旺为新事，当再嫁。发用天后，与日相生，三传交合，姻事必成。

---

① 原文：畵。

甲戌日第十课

官　螣青　空申　驿马　孤辰
父　勾朱　乙亥　大煞
兄　白后　戊寅　日禄　干德　寡宿

```
  元元 常阴 螣青 阴常
   辰   丑   申   巳
   丑   戌   巳   甲
```

```
         朱勾 合合
螣青  申   酉   戌   亥   勾朱
贵空  未                 子   青螣
后白  午                 丑   空贵
阴常  巳   辰   卯   寅   白后
         元元 常阴
```

课格：重审，元胎。

课意：生鬼皆空，禄被虎攻，宅逢丁马，动意尤浓。

解曰：申为甲木之日鬼，既遇旬空，亥为甲木之长生，亦临空陷，祸福不实之象。寅为日禄，却被夜虎冲克，不可守矣。申为驿马发用，丑为旬丁临辰，所以动意尤浓也。

断曰：重审之课，以下逆上，岂无忧惊？初中空陷，虚花过半。末传日禄尚旺，亦苦去甘来之象也。

天时：水神则空，火神则实，传余风伯，风而且晴。家宅：财气尽有，子孙亦多，有改造创新之意。功名：官星落陷，虚而不实。求财：昼占主得贵人宅内之财，夜占主得奴仆宅内之财。婚姻：昼占亦可，夜占不吉。胎产：二阳包阴，孕必成女。疾病：乃脾泄之疾，或肝脾受伤，久病则危。谒贵：贵人坐狱，干之不利。出行：干支上乘丁马，有跃跃欲行之状。行人：天罡加季，行者速归。出师：壁垒甚坚，但游都在支，恐有虚约盗营之变。

《毕法》云：喜惧空亡乃妙机。《秘要》云：干上巳，昼占乘太常。日干生巳火，巳火又生太常，谓之脱上逢脱，当防虚诈。又酉加午为损孕格。盖子为甲乙之胎神，乃作空亡，又被下神酉金所脱。占孕必损，占产即日便生。《纂义》云：天罡乘武临丑，主遗亡走失事。《指掌赋》云：酉加午上，为宠婢登堂。

甲戌日第十一课

财	合合	庚辰	天贼 六冲
子	螣青	壬午	地医
官	后白	空申	驿马 孤辰

青螣	白后	螣青	合合
寅	子	午	辰
子	戌	辰	甲

贵空	未	后白申	阴常酉	戌	元元
螣青	午			亥	常阴
朱勾	巳			子	白后
合合	辰	卯 勾朱	寅 青螣	丑	空贵

课格：涉害，斩关，间传，泆女，登三天。

课意：昼虎空亡，临危弗殃，财乘遁鬼，申命全伤。

解曰：申乃日鬼，昼占乘虎来伤甲木，以其空亡不畏，故曰临危弗殃也。辰土为日干之财神，遁出庚金作日之暗鬼，且又生起申金，并力伤日，是此财断不可取，撄祸不小也。

断曰：贵登天门（昼将），罡塞鬼户，利于天庭奏对及功名殿试，并谋望事务，无不相宜。又须占人年命，有生无克，乘于旺相，方为全吉。

天时：课传六阳，水母空陷，天罡指阳，本当大晴，然天将尽属云水，阴云之象也。家宅：财受夹克，财不由己，喜虎鬼空陷，病讼皆安。仕宦：催官已空，功名不吉。求财：合伙交关，似有利益。婚姻：有必成之势。胎产：课传六阳，妊必生男。疾病：肝经之病，或肾水不足，虎鬼既空，可以不药而愈。出行：究竟马空，行期未定。行人：天罡加孟，尚未起程。出师：行军甚利，恐进中有阻。

《毕法》云：初遭夹克不由己、后合占婚岂用媒？《精蕴》：三月酉将未时，占何日升迁？曰：到任后第三年七月戊寅日辰时得升信。盖青龙乘午加辰，与甲隔三位，故曰三年（视青龙下神与日隔几位而定其年）。戌与辰隔七位，故云七月（视青龙下神与支隔几位而定其月）。午火生寅，寅中有戊，故曰戊寅（视天盘长生之神，以定其日）。青龙所乘之下是辰，故曰辰时（视青龙之地盘而定其时）。至于武官之占，则视太常。

甲戌日第十二课

```
财  合合  庚辰  天贼 六冲
子  朱勾  辛巳  亡神
子  螣青  壬午  地医
```

```
      白后 常阴 合合 勾朱
       子   亥   辰   卯
       亥   戌   卯   甲
```

```
              贵空 后白
螣青  午   未  申   酉  阴常
朱勾  巳            戌  元元
合合  辰            亥  常阴
勾朱  卯   寅  丑   子  白后
          青螣 空贵
```

课格：知一，进茹。

课意：昼传盗休，赖尔亥水，末助初财，交居和美。

解曰：三传皆火，盗甲木之气，难免休囚。幸赖支上之亥水，足以治之。初传辰土，下被卯克，上被合伤，财非己有。幸末传之午火，生起初传之辰土，亦可以复作我家之财矣。干支上下卯与戌合，寅与亥合，交车作合，可谓和美之甚也。

断曰：知一之卦，事有两岐，孕或奇偶。宾主既合，事罔不济，但不免有进寸退尺之象。

天时：天罡指卯，龙神飞天，主雨。家宅：子息既多，家亦富饶。求财：大有生意。婚姻：旺夫益子。疾病：不过虚脱之疾，家有良医，手到病瘥。出行：水路甚吉。行人：尚在中途。出师：持久和解。

《毕法》云：初遭夹克不由己。《指南》：申将加未，占雨。曰：龙神飞天，贵人居子，皆行雨之象。神后加亥，明日必雨。中传辛巳，巳中丙火暗与辛金化水，又辛壬上见亥子加临，六日后当连雨。又：丁丑七月，午将加巳，占何日大拜？曰：目今尚未可得，且有丁艰之事。盖仕宦逢罗网，主有此应。目下未得者，缘初传辰卯相害，勾陈与青龙脱气也。后俱验。

乙亥日第一课

财　勾勾　庚辰　直符　羊刃　支德
父　元后　乙亥　大煞　日医　盗神
子　合青　辛巳　仪神　驿马　支冲

```
元后 元后 勾勾 勾勾
 亥   亥   辰   辰
 亥   亥   辰   乙
```

```
          朱空 螣白
合青 巳   午   未   申 贵常
勾勾 辰             酉 后元
青合 卯             戌 阴阴
空朱 寅   丑   子   亥 元后
         白螣 常贵
```

课格：伏吟，自任，斩关。

课意：支夜三武，三勾可虑，末马遁辛，特来相苦。

解曰：支乘三武，既防其盗干矣，干又乘三勾以克支，岂不可虑乎？末传巳乃驿马，旬遁乘辛，又来伤干，则所以苦我者，非一端而矣。

断曰：自任之卦，占静则宜，占动则滞。甲而未坼，屈而未伸。又名斩关，有隐遁之形，无安贞之象。

伏吟有马须言动，今末传之马，遁辛伤干，又不利于动也。

末助初财，却遁庚鬼又乘勾陈，必有争斗之事，或因财涉讼，致起祸端。

天时：日上乘土神土将，阴而不雨。家宅：有一好子，未免劳碌。求名：不利。求财：防起争端。婚姻：暗昧不吉。胎产：女孕。疾病：初末传遁得庚辛二鬼，必系肝经受病，然人克病症，不久自痊。出行：青龙乘马，一路平安。行人：久于稽留，近日将至。出师：尚无吉兆。

《毕法》云：支坟财并旅程稽。《纂义》云：自高自大，自逞自是，棱角太过，由此误事。勾留不快，屈而未伸。自家不是，反怨别人。《秘要》云：乙亥日见丑为财，上乘旬丁，夜乘白虎，必出入求财，或因妻妾而动。《心印赋》云：乙庚用起见天罡，地上同辰亦此方，预防争夺见乖张。

乙亥日第二课

财　阴阴　甲戌　病符[1]
官　后元　空酉　破碎　寡宿
官　贵常　空申　日解　日德　六害　勾神

　　　　　后元　阴阴　空朱　青合
　　　　　　酉　　戌　　寅　　卯
　　　　　　戌　　亥　　卯　　乙

　　　　　　　　合青　朱空
勾勾　辰　巳　　午　　未　螣白
青合　卯　　　　　　　申　贵常
空朱　寅　　　　　　　酉　后元
白螣　丑　子　　亥　　戌　阴阴[2]
　　　　常贵　元后

课格：元首，斩关，励德，闭口。

课意：退入鬼藩，幸而空焉，病防再至，煞号销魂。

解曰：初财两阴相夹，乙不敢取，次第退归于酉申，是入于鬼域也。幸申酉皆空，不能为害。倘遇出旬，鬼复填实，安知病愈者不再发也？乙日金鬼本空，出旬则实，谓之销魂煞。遇年命有救，乃可无妨。

断曰：旺禄临身，宜占食禄。凡百所占，咸宜守旧。但踏脚空亡，当奋力前进，方为有功。苟首鼠两端，即陷于空败之乡，祸且不测矣。

天时：毕宿与水母皆空，龙神与六合相并，出旬大雨。家宅：卯与戌合，宜室宜家之象。仕宦：申酉之岁、或三秋之月，必能遂意。求财：戌上加阴，未免从惊危中得来。婚姻：干支相合，洵是佳妇佳儿。胎产：上强下弱，男妊，产速。求谋：凡事俱有关隔，必待成后获利。疾病：课体关格，恐是隔食气阻之疾，或肝脾受病，速治可愈；若至出旬，病必有加。出行：支干相合，不能速行，出旬有实，冲卯乃行。行人：天罡加孟，尚未启行。出师：和解为上，防有损失。

《毕法》云：旺禄临身徒妄作、鬼乘天乙乃神祇、踏脚空亡进用宜。《课经》云：乙亥日戌加亥为用，为魁度天门。凡占皆被阻格。《纂义》云：占产，在甲申旬中生；盗逃，在甲申旬中获。

---

[1] 原文字迹模糊，貌似"病符"。
[2] 原文：后元。

乙亥日第三课

官　后元　空酉 破碎 寡宿
财　螣白　癸未 干墓 地医
子　合青　辛巳 六冲 驿马 仪神

　　螣白　后元　常贵　空朱
　　　未　　酉　　子　　寅
　　　酉　　亥　　寅　　乙

　　　　　勾勾　合青
青合　卯　辰　　巳　　午　朱空
空朱　寅　　　　　　　未　螣白
白螣　丑　　　　　　　申　贵常
常贵　子　亥　　戌　　酉　后元
　　　　元后　阴阴

课格：遥克，嚆矢，洗女，寡宿。

课意：交车虽美，所畏嚆矢，熟视初传，全无威势。

解曰：干上寅木与支神亥水作六合，支上酉金与干寄辰土作六合，交车相合，凡事皆美。所畏者嚆矢带金为有镞，力足以伤人。细观发用之酉，已作旬空，又谓之遗镞。矢既无镞，又何威势之足畏哉？

三传乃三旬空亡，凡事散乱。

断曰：遥克嚆矢，已属疏远。今又空亡，是毫无影响。喜既虚声，忧亦泡影。止宜交关财利，及合本经营，或有俾益。课体洗女、寡宿，大不宜占婚姻。

天时：日上昼乘朱雀，夜乘天空，毕宿落陷，晴而有风之象。家宅：室内空虚，必居嫠妇；财爻虽现，取之撄祸。功名：官星落空，填实可望。求财：财乘墓虎，不取免患。婚姻：支上乘空，占婚不吉。胎产：妊恐成女，母空儿实，孕凶，产吉。求谋：凡占皆无倚靠。疾病：昼占是积块之疾，或肾水虚涸之症，虽不能即愈，亦不致大害。逃盗：难获。出行：从陆路去。行人：天罡加仲，尚在中途。出师：鬼空防诈，不可因粮于敌。

《毕法》云：后合占婚岂用媒？《秘要》云：遥克、昴星、别责，遇发用空陷，将乘元武，定主失脱，此法极验。又《课经》云：乙亥日，干上寅，支上酉，为交车脱，缘寅木脱亥水，酉金脱辰土。虽相交涉，主彼此各怀脱赚之意。

乙亥日第四课

```
财  青螣  丁丑  福星 天医
财  朱阴  甲戌  病符
财  后白  癸未  干墓 地医
```

```
      元青 贵常 朱阴 青螣
       巳   申   戌   丑
       申   亥   丑   乙
```

```
         白合 常勾
空朱  寅  卯   辰  巳 元青
青螣  丑              午 阴空
勾贵  子              未 后白
合后  亥  戌   酉  申 贵常
        朱阴 螣元
```

课格：重审，稼穑，芜淫，励德。

课意：递互克伐，不相顾接，财化为鬼，求贵事捷。

解曰：干上丑土克支，支上申金克干，不相顾接，而互相克伐也。三传皆土，生起支上之申金克日，是传财化鬼，财必难取，取必得祸。夫申为夜贵，又为官爻。而三传财神生之，故求贵之事甚捷也。如病则祷神，讼则求贵，或纳粟得官，或乞恩补授。总之利于有官，不利于平人。

断曰：昼占为励德，利君子而不利小人，更不宜问父母之事，缘三传克父母爻也，幸赖支上申金，窃土气而生父母，又遇空亡，仍为不吉。此亦见救不救之例也。

天时：三传全土，水母又空，虽则夜有青龙，或待出旬始雨。**家宅**：财旺生官，只宜出仕之家，常人占之，讼病相扰。**功名**：不无所费。**求财**：财多反亏。**谒贵**：贵人在牖，遇之极易。**谋望**：耗财无益。**婚姻**：昼占平平，夜占甚吉。**胎产**：下强上弱，妊必成女，交车相克，必有所伤。**疾病**：昼占乃肾水虚耗，或系积块之症。**出行**：课名游子，定有所往。**行人**：天罡加季，行者立至。**出师**：昼占凶，夜占吉。

《毕法》云：传财化鬼财休觅、闭口卦体两般推。《三车一览》云：乙上丑，亥上申，不可执，为芜淫。但先有人相许，后却不顾耳。《秘要》云：传财化鬼，其祸必自宅中发出。唯行年本命上神，能制其鬼，庶无深害。

乙亥日第五课

财　阴空　癸未　干墓　地医
兄　白合　己卯　日禄　日符①
父　合后　乙亥　日医　大煞②　盗神

　　　　白合　阴空　贵常　勾贵
　　　　卯　　未　　申　　子
　　　　未　　亥　　子　　乙

　　　　　　空朱　白合
青螣　丑　　寅　　卯　　辰　常勾
勾贵　子　　　　　　　　巳　元青
合后　亥　　　　　　　　午　阴空
朱阴　戌　　酉　　申　　未　后白
　　　　　　螣元　贵常

课格：涉害，曲直，泆女。
课意：自墓传生，先迷后醒，昼占家宅，昏晦伶仃。
解曰：未乃乙木之墓神，亥乃乙木之长生。初传未土，末传亥水，是自墓中传出长生也。占事先昏晦而后通明。未墓昼乘白虎克宅，墓主暗昧，虎主丧凶，自然宅内多昏晦伶仃之事矣。
断曰：课乃见机，传曰曲直，宜尖上取尖，美中求美。倘或悠柔不决，必至曲屈难伸。又支干相害，不宜占交加之事。利于兄弟，而不利于妻孥。
夜占帘幕临日，利占科第。天后阴神乘虎，亦防断弦。
天时：天罡指阳，水母空陷，木局主风，晴而有风。家宅：自墓传生，先凶后吉，日渐光明之象。仕宦：昼夜皆有帘幕，占试甚利。求财：不能如意，取之有祸。谒贵：事干两贵。婚姻：支干克害，占婚不吉。胎产：上强下弱，男妊；子母相害，难产。疾病：肾水不足之疾，或有痞积，病症克人，宜慎宜谨。出行：陆路可行。行人：天罡加孟，尚未启行。逃亡：难获。出师：昼夜皆凶。
《毕法》云：贵虽坐狱宜临干、支乘墓虎有伏尸、干墓并关人宅废、彼此猜忌害相随、合中犯杀蜜中砒。《纂义》云：未为干墓，临支克支，上乘白虎，宅中必有伏尸为祸。《课经》云：亥年正月，亥将加卯为灾厄课。盖未为丧车，乘死气加亥，又为岁虎故也。

---

① 原文字迹模糊，貌似"日符"，大抵即是日上病符。下同。
② 原文字迹模糊，据前文校为"大煞"。

乙亥日第六课

```
子  阴空  壬午   鲁都  天贼
财  青后  丁丑   福星  天医
官  贵勾  空申   日解 日德 六害 勾神①
```

```
       青后 阴空 阴空 合螣
        丑   午   午   亥
        午   亥   亥   乙
```

```
                  青后 空阴
        勾贵  子   丑   寅   卯  白元
        合螣  亥            辰  常常
        朱朱  戌            巳  元白
        螣合  酉   申   未   午  阴空
                  贵勾 后青
```

课格：重审，不备。

课意：中丁初脱，空鬼居末，幸遇支生，死而后活。

解曰：初传午火，为乙木之脱气。中传丑土，上乘遁丁。末传申金，乃日干之官鬼，空亡无气。则三传之中，无一佳境。而午又为乙木之死地，若非支神之亥水相生，安能死而复活乎？

断曰：支干皆刑，又复相克，宾主不投，室家不睦。事起于女，患由于下。凡百所占，皆勿通利。末传空亡，不如退守为佳。

乙亥日，午加亥为用，为恩多怨深格，缘干生初传，初传生中传，中传生末传，是为恩也。末传克日干，是反成雠也。支加干生干，为自在格。

天时：天罡指毕，课体阳不备，青龙乘丁，皆为雨象。家宅：宅来生人，主发财丁。仕宦：静守生气，恐防不久。求财：主得妇女之财。谒贵：贵人空陷，恐不能遇。婚姻：支来加干，女家俯就。胎产：二阳包阴，上弱下强，恐是女孕。疾病：金鬼克木，肝经之症，然已空陷，不药可愈。出行：昼占不利，夜占水路甚吉。行人：天罡加仲，尚在中途。出师：宜守生气，粮储足备。

《毕法》云：闭口卦体两般推。《课经》云：乙亥日，午加亥为用，不利仕宦，惟利常人。盖末传之申金为官鬼，既被初传午火所伤，又被中传丑土所墓，复兼空陷，是申金全无气象矣，复何畏哉？

---

① 原文字迹模糊，据前文校为"勾神"。

乙亥日第七课

子　元白　辛巳　仪神　支冲　驿马
父　合螣　乙亥　大煞　盗神　日医
子　元白　辛巳　仪神　支冲　驿马

合螣　元白　常常　朱朱
亥　　巳　　辰　　戌
巳　　亥　　戌　　乙

	勾贵	青后		
合螣	亥	子	丑	寅	空阴
朱朱	戌			卯	白元
螣合	酉			辰	常常
贵勾	申	未	午	巳	元白
	后青	阴空		

课格：返吟，元胎。

课意：昼将凶恶，须防有失，动则双双，费用不赀。

解曰：巳为乙木之脱气，昼乘白虎，既极凶恶，夜乘元武，岂免遗失乎？传有两马，来往不已，是动则双双也。亥之生我也少，巳之脱我也多，其费用岂小哉？

断曰：返吟之卦，反覆呻吟，变迁不常，得失无定，主宅舍动移之事。

巳乘白虎加亥，主小儿有咽喉之病，及木器橱柜锁有伤损，或车船有翻覆之患。支马临绝，行人即来。

天时：久晴而始雨，雨而复晴，终是晴多雨少。家宅：来者思去，去者思归，夜占防盗，失不止一。仕宦：贵禄不见课传，官星与青龙又皆藏匿，占官不吉。求财：财爻临身，宜得文书狱卒之财。谒贵：无因致前。婚姻：男亦不贵，女亦欠佳。胎产：妊者防坠，产者防迟，下强上弱，产乃弄瓦。疾病：肺经有疾，或肝经受制，或轻或重，寒热往来，热多冷少。出行：陆路可行，水路不吉。行人：天罡加季，行人立至。出师：昼夜占之皆不吉，或损将士，或伤资财，或失盔甲。

《毕法》云：虎乘遁鬼殃非浅（昼将）。《秘要》云：白虎加临旬内之遁鬼，其祸最深，纵空亡亦不能为救。《照胆秘诀》云：巳亥中间常缺欠，重求轻得报君知。

乙亥日第八课

兄　空阴　戊寅 _{六合 亡神① 六破}
财　后青　癸未 _{地医 支三合②}
父　勾贵　丙子 _{游都 六仪③}

　　膁合 常常 空阴 膁合
　　酉　辰　寅　酉
　　辰　亥　酉　乙

　　　　合膁 勾贵
朱朱　戌　亥　子　　丑　青后
膁合　酉　　　　　　寅　空阴
贵勾　申　　　　　　卯　白元
后青　未　午　巳　辰　常常
　　　　阴空 元白

课格：重审，斩关，不备，励德。

课意：空鬼干遇，支乘实墓，用鬼获财，迤逦克去。

解曰：酉乃干鬼，旬空无畏。辰乃支墓，实克亥支。宅必昏晦矣。酉克初传寅木，寅克中传未土，未克末传子水，皆是递克之财，此所谓"用鬼获财"者也。

断曰：重审之卦，利上不利下，支干自刑，三传受制，大约忧喜皆无实在也。三传全受夹克，寅受阴酉夹克，未受龙寅夹克，子受贵未夹克，不宜干贵求财，恐其致祸。

辰就支上，谓"避难逃生"。

天时：水运乎上，箕毕相会，天罡临亥，风雨大作。家宅：人宅自刑，门衰祚薄。仕宦：官禄两空，占官不吉。求财：昼占获财，夜占费力。谒贵：昼占必遇，夜占不吉。婚姻：六合事成，但恐不吉。胎产：下强上弱，占妊成女；支干带刑，产亦欠利。疾病：脾胃伤食所致，或痢疾之类，喜鬼空无害，但不能即愈。出行：陆路欠安，舟楫不吉。行人：天罡加孟，尚未启行。出师：昼占中平，夜占防诈。

《毕法》云：避难逃生须弃旧、干支全伤防两损、宾主不投刑在上。《要览》云：乙亥日，干上酉，支上辰。干支上神作六合，但支上神为日之财，反生干上之鬼，有求荣反辱之象。乙日干上见六合乘酉，谓之"对神隔将"。《玉成歌》曰：对神隔将主人离，辰上逢之宅破期。

---

① 原文字迹模糊，貌似"亡神"。
② 原文字迹模糊，貌似"支三合"。
③ 原文字迹模糊，貌似"六仪"。

乙亥日第九课

```
财  后青  癸未   地医 干墓①
父  合螣  乙亥   盗神 大煞 日医
兄  白元  己卯   日禄 日符
```

```
   后青 白元 勾贵 贵勾
    未   卯   子   申
    卯   亥   申   乙
```

```
          朱朱 合螣
螣合  酉   戌   亥   子   勾贵
贵勾  申             丑   青后
后青  未             寅   空阴
阴空  午   巳   辰   卯   白元
          元白 常常
```

课格：重审，曲直，泆女，丧门。

课意：官贵无补，夜禄乘虎，宅虽旺临，昼乘元武。

解曰：申金为乙木之官星，夜贵又临其上，俱为空陷，是无补益也。卯为日禄，临于亥上，虽则旺相，然夜虎惊忧，昼元费耗，亦何益之有？

酉为乙木之胎神，今作空亡，受下神巳火之克，为损孕格。占产当日便生，占孕恐致损堕。

断曰：曲直之卦，事因同类，起于女子，有欲济未济之象。申虽日鬼临身，缘是贵人，切勿作鬼祟目之。占病是神祇为患。又谓之闲贵人，不宜占讼。

天时：天罡指阳，日上皆空，曲直生火，大晴之象。**家宅**：旺禄临亥，家道必丰，但嫌元虎，不甚安宁。**仕宦**：官星与贵人皆空，求官不吉。**求财**：青龙与财父发用，急宜取之，迟则不得。**谒贵**：夜贵临干，夜占甚吉。**婚姻**：男嫌贵空，女嫌将凶，且恐不就。**胎产**：母实儿空，恐不成胎。**疾病**：肝脾之病，恐难痊好。**出行**：陆路空克，水路惊忧。**行人**：日马不见，天罡加孟，行者未归。**出师**：昼占无威，夜亦不吉。

《毕法》云：权摄不正禄临支、贵虽坐狱宜临干、鬼乘天乙乃神祇、二贵皆空虚喜期、干墓并关人宅废。《指南》：戊子二月，亥将加未，占兵。曰：游都居西南恋生，且离日辰远，贼符临干支，水陆必有伏兵。然乘死绝之气，且初传休囚夹克，末传建旺制初，是守坚敌弱，不能持久。至丑年会金破局，即难支矣。

---

① 原文字迹模糊，貌似"干墓"。

乙亥日第十课

财　螣青　癸未 _{干墓 地医}
财　阴朱　甲戌 _{病符}
财　白后　丁丑 _{福星 天医}

　　　合白　空阴　阴朱　螣青
　　　巳　　寅　　戌　　未
　　　寅　　亥　　未　　乙

　　　　　　　后合　阴朱
贵勾　申　　酉　　戌　　亥　元螣
螣青　未　　　　　　　　子　常贵
朱空　午　　　　　　　　丑　白后
合白　巳　　辰　　卯　　寅　空阴
　　　　　勾常　青元

课格：重审，稼穑，飞魂，游子。

课意：钱财遍地，得不偿费，两贵俱空，虎丁可畏。

解曰：三传皆土，作乙木之财，财可谓旺矣。不知反生起支阴之巳火以脱干，是所得不偿所费也。申子为乙日之贵人，今皆空陷，是已蒙允许，而被人搀越，不过虚喜而已。至于末传，乃事之结果。而丑上遁丁，夜乘白虎，宁不可畏之甚乎？

断曰：重审之卦，一曰稼穑，有艰难之象。凡事逼迫，不能由己。占者克尽辛勤，方能遂意。华盖覆日，占行人则不归，占逃亡则自归。

戌乘朱雀，当有恶犬吠人。

天时：日已被墓，青龙升天，天罡指阴，必然大雨。家宅：寅为乙木之兄弟，居宅脱宅，恐被失脱。仕宦：二贵皆空，占官不吉。求财：传财太旺，反无所得。谒贵：恐不能遇。婚姻：日辰相克，占婚不吉。胎产：昼占犹吉，夜占难产。疾病：肝气受伤，或目痛腹疼；子孙乘虎，医人不见效。出行：昼占陆路可行，夜占皆所不吉。行人：课名游子，不能即返。出师：将不得力，夜占防败。

《毕法》云：宾主不投刑在上、干墓并关人宅废、华盖覆日人昏晦、二贵皆空虚喜期。《纂要》云：乙亥日，未加辰，秋占，与关神相并，主人口衰替。假若加临于支上，则为宅废也。倘墓神作生气，必作库务差遣，不求自得，勿作关墓视之。

乙亥日第十一课

官　贵勾　空申　六害 日德 勾神 日解
财　阴朱　甲戌　病符
父　常贵　丙子　游都 六仪

　　　　青元　白后　贵勾　朱空
　　　　卯　　丑　　申　　午
　　　　丑　　亥　　午　　乙

　　　　　　　贵勾　后合
　螣青　未　　申　酉　　戌　阴朱
　朱空　午　　　　　　　亥　元螣
　合白　巳　　　　　　　子　常贵
　勾常　辰　　卯　寅　　丑　白后
　　　　　　　青元 空阴

课格：重审，间传，涉三渊，寡宿。

课意：虎入朱雀，讼极凶恶，不论空亡，贵难倚托。

解曰：《毕法》谓甲戌旬中，申加午发用者，为虎入朱雀，虽空不论，占讼最凶。夜贵空陷，坐于鬼方。昼贵入狱，皆难依托也。

断曰：间传、涉渊，有奔驰阻隔之象。出门无马，渡河无舟，必先难而后易，苦去而甘来也。

夜占丁虎克宅，灾祸非小。或屋宇坍塌，以致损人。或人口灾病。谓之"蛇虎乘丁格"。

天时：天空临干，朱雀飞空，天罡指阳，必主大晴。家宅：丑丁克宅，极凶之象。仕宦：日德与贵人皆空，占官禄不利。求财：两贵皆空，唯财独存，求之可得。谒贵：昼占夜卜，皆不能遇。婚姻：支干相害，两皆不吉。胎产：午为子息，胎必成男；产不甚吉。疾病：气促伤残，日德发用作空，占尊长病难痊。出行：陆路防诈，水路甚凶。行人：天罡加孟，且无日马，行者未归。出师：有失众之象。

《毕法》云：喜惧空亡乃妙机、两贵受克难干贵、彼此猜忌害相随。《课经》云：干上之午，昼乘天空，日干生上神，上神生天将，名为"脱上逢脱"。凡占俱无中生有，尽被脱耗。又三传皆是贵人，谓之"贵多不贵"。凡占权摄不一，反无依倚。如用夜贵，乃名"咄目煞"。若贵人咄目专视，反坐罪也。《纂要》云：两蛇夹墓，病有积块，难愈。

乙亥日第十二课

```
财  白螣  丁丑  福星 天医
兄  空朱  戊寅  六合 亡神 六破
兄  青合  己卯  日符 日禄
```

```
    白螣 常贵 朱空 合青
     丑   子   午   巳
     子   亥   巳   乙
```

```
          螣白 贵常
朱空  午  未  申  酉  后元
合青  巳          戌  阴阴
勾勾  辰          亥  元后
青合  卯  寅  丑  子  常贵
          空朱 白螣
```

课格：元首，连茹，三奇。

课意：拱虚一位，所欠财利，木命属龙，方始遂意。

解曰：此拱虚格也。日干为辰，日支为亥，干上乘巳，支上乘子，是子巳夹拱丑寅卯辰四神在内。而三传尚无辰字，是辰乃所虚之一位也。辰乃乙木之财，所欠者非财利而何？倘占人本命属辰，则财利全美，方为称意也。

断曰：元首之卦，罗网高张，以尊制卑之象。事多顺利，起于男子。白虎①乘巳脱干，又遁旬鬼，恐被子孙脱漏之事。辰阴夜虎乘丁克宅，宅中惊恐。

天时：水下火上，恐不能雨。家宅：日辰相克，阴神相害，不安之象。仕宦：贵人临支，日禄临传，春时占此，功名必得。求财：财爻虽发传，蛇虎难当，得财亦险。谒贵：贵人临宅，不招自至。婚姻：佳儿佳妇，匹配相宜。胎产：上强下弱，二阴包阳，产必生男。疾病：以病克人，占病不吉。出行：水陆俱佳，龙马临干，出行最吉。行人：天罡加仲，已在中途。出师：凡百惊疑，昼夜不利。

《毕法》云：所谋多拙遭罗网。《中黄经》云：乙亥日，巳加辰，子加亥，为天罗地网。盖干支各乘羊刃，如网罗兜裹，不宜妄动。或年命冲破，乃为破罗破网。《纂要》云：乙日胎神在酉，上乘后合，十月占为私孕格，否则婢妾有孕。

---

① 校者注：此白虎当是指神煞之白虎，非天将之白虎也。

丙子日第一课

兄　勾空　辛巳　日禄　日德　破碎　支德
财　螣元　空申　鲁都　天贼　孤神　地医
父　白合　戊寅　游都　日马　天医

```
元螣 元螣 勾空 勾空
 子   子   巳   巳
 子   子   巳   丙
```

```
          合白 朱常
勾空 巳   午   未   申  螣元
青青 辰                酉  贵阴
空勾 卯                戌  后后
白合 寅   丑   子   亥  阴贵
          常朱 元螣
```

课格：伏吟，自任，元胎。

课意：禄财错综，昼空无用，寅马为生，夜虎凶动。

解曰：巳乃日禄，既乘天空；申乃日财，又值旬空，昼占俱无用矣。寅，马也；昼占乘六合为生。夜占乘白虎为克，故主凶动也。

断曰：此伏吟自任之卦，一名元胎。为伏而未发，屈而未伸之象。利上不利下，利远不利近。守则有功，触则生患。当闭塞柔顺以应之，苟不获已而后动，或动中有成。天空到巳，谓之受辱，亦名投绝。幸作日禄，稍足解之。然中空无力，事主变易。

天时：昼占，久晴，有雨不大；夜占，始雾后风。家宅：主有孤寡之人，家堂神像不宁。婚姻：主女家微贱，或兵家女。胎产：主女或聋哑。功名：缓得。求财：未遂意。投谒：主客不和，徒劳无益。疾病：主不能言语，宜祈家堂神像。失脱：主家内人盗去，难寻；逃者隐乡邻家。出行：近处利，夜占有惊恐。行人：中途有阻。争讼：宜解。兵战：不顺利，主半途而止。

《毕法》云：宾主不投刑在上、任信丁马须言动。《课经订讹》云：天地鬼神不动不克，无所取择，自任其刚，进用于时，故名自任。若任已过，刚必成愆咎。《指南》：辛未四月，酉将酉时，占东省地方安否？曰：日上勾陈月建被支之元武将星克制，且乘天鬼凶煞，主有伏地兵作乱。又传将递克，伏吟见丁马，官防参劾。后果验。

丙子日第二课

```
子    后后  甲戌   干墓
财    贵阴  空酉   六破  绞神①
财    螣元  空申   鲁都  孤辰  天贼  地医

       后后 阴贵 空勾 青青
        戌   亥   卯   辰
        亥   子   辰   丙

                勾空 合白
青青  辰   巳   午   未  朱常
空勾  卯             申  螣元
白合  寅             酉  贵阴
常朱  丑   子   亥   戌  后后
         元螣 阴贵
```

课格：知一，退茹，斩关，六仪，沃女。

课意：病死墓绝，彼此不悦，病讼再兴，财如鬼夺。

解曰：丙火病于申，死于酉，墓于戌，绝于亥，四者咸备，凶可知矣。支上亥克丙，干上辰克子，是彼此不相悦也。墓神发用，凶遇墓止。但昼夜俱乘天后而克干，病讼再兴，实由于此。申酉乃日之财，中末连空，一若鬼夺以去，虽欲积贮，何可得哉？

断曰：此知一之卦，又名退茹。课传厄塞，动多阻碍。进既遇刑而不和，退又陷空而无得。惟利解释，不利谋干。事多起于同类。内战危疑，恩中有害。和同则吉，乖异则凶。又天后并临于戌，亦名沃女，有暗昧阴私之象。

天时：有雨且大，夜占即止。家宅：吉，防婢妾小人有越礼之事。婚姻：不宜。胎产：主生女，防临盆不育。功名：宜进不宜退。投谒：昼占宜见贵，主有文字之事，十分如意。求财：可得而反复。疾病：主咽隔，因食而得，宜下之。失脱：难寻，逃亡亦难获。出行：疑惑不前。行人：占女人即至。争讼：不成，已成有解。兵战：贼猛，不可轻击，宜迁营。

《毕法》云：魁度天门关隔定、鬼乘天乙乃神祇、干墓并关人宅废、夫妇芜淫各有私。《括囊赋》云：不备芜淫，必有阴私而起谮；拔茅连茹，何妨类聚以求财？《纂要》云：魁度天门，凡事有阻。又云：亥加支鬼乘天乙，乃家堂神祇。

---

① 原文字迹模糊，貌似"绞神"。

丙子日第三课

子　勾朱　丁丑　支合　日医
官　朱贵　空亥　亡神
财　贵阴　空酉　六破　绞神

```
     后元 螣后 勾朱 空勾
      申   戌   丑   卯
      戌   子   卯   丙
```

```
           白青 常空
空勾  卯   辰   巳   午   元白
青合  寅                未   阴常
勾朱  丑                申   后元
合螣  子   亥   戌   酉   贵阴
          朱贵 螣后
```

课格：重审，斩关，极阴，三奇。

课意：身败瘦瘠，墓神克宅，乘旬丁旺，旧财可得。

解曰：卯乃丙火败脱之神，身被败脱，难免瘦瘠。戌乃丙火之墓，覆支克支，宅象昏晦矣。亥虽克丙，幸得丑为救神。酉财虽居鬼乡，而丑乘旬丁，亦可以助其丙火之力，旧财何不可得之有？昼夜贵人俱不得地，虽入传无益也。

断曰：此间传之卦，卦体课传俱阴，故名极阴，利于暗中私求密祷。丑发用为台土当门，出入隔碍。朱雀主口舌文词，勾陈主留连禁锢。日干上卯虽曰生助，实以败干，占者不可不慎。喜丑作旬奇，日精备焉，占事可有意外之获。

天时：久阴淫雨，暂晴即变。家宅：主见怪异，或有伏尸。婚姻：阻滞未成。胎产：防损堕。功名：求贵得荐举。求财：无得，得亦易耗。投谒：昼占宜见贵，有文字之事遂意。疾病：宜服通利之剂，逢春即见凶。失脱：难寻。出行：路多阻折，难行。行人：本日可到。争讼：宜得贵人调解，不解必败。兵战：不利，惟秋八月大吉，见酉尤佳。

《毕法》云：昼夜贵加求两贵、支乘墓虎有伏尸。《课经》云：阴主退，自丑逆传而极于酉，有阴入阴之象，凡占有暗昧不明之事。《精蕴》云：戌加子，夜乘螣蛇克支，宅中当有怪异频见。

丙子日第四课

```
兄  元白  壬午  羊刃 六仪 六冲
父  空勾  己卯  盗神 勾神 三刑
官  合螣  丙子  福星
```

```
        元白 贵阴 朱贵 青合
         午   酉   亥   寅
         酉   子   寅   丙
```

```
                空勾 白青
青合  寅     卯   辰    巳  常空
勾朱  丑                午  元白
合螣  子                未  阴常
朱贵  亥     戌    酉    申  后元
           螣后  贵阴
```

课格：元首，三交，二烦，轩盖。

课意：马载长生，酉财难侵，夜元昼虎，占婢逃淫。

解曰：寅乃丙火长生，上乘禄马。酉乃丙火之财，坐于鬼方。恃其子而伐我生，财之所以难侵也。酉，婢也，午火临于奴婢，夜元昼虎，必有奸私逃走之事。

寅固生干，酉亦生支，而反败其支，又作旬空，不可作俱生论。

断曰：此元首之卦，又名轩盖，为居尊制卑之象，事起男子。正大光明，百凡顺利。且仲神加支辰，阴阳三传皆仲，六合入课入传，三者交加，应妫九五含章之吉。君子占之，获福宜矣。但午虎乘遁鬼，又坐空亡，名为丧马。午加酉为死交，兼犯天地二烦，小人占之，但取其咎。

天时：夜占有雨。家宅：主暗昧，内有阴邪。婚姻：和合。胎产：主婢生子，防血逆。功名：正七月利。求财：难得。疾病：魂游千里。出行：遇雨。行人：未得归。争讼：彼此难结，舟车多费。兵战：利车战，军中多惊，酉年月吉。

《毕法》云：虎乘遁鬼殃非浅。《观月经》云：胜光本是马，太冲本是车；神后为华盖，三传定不虚；明君加宠禄，圣主赐天书。《曾门》云：三交之因，家匿罪人。《心镜》云：弦望晦朔天烦合，男犯刑伤被利缠；子午卯酉地烦会，女人流血复迍邅。

丙子日第五课

财　后元　空申　_{天贼　鲁都　地医　孤神}
子　白青　庚辰　_{干奇　仪神　支墓}
官　合螣　丙子　_{福星}

_{白青　后元　贵阴　勾朱}
辰　　申　　酉　　丑
申　　子　　丑　　丙

　　　　_{青合　空勾}
勾朱　丑　寅　卯　辰　白青
合螣　子　　　　　巳　常空
朱贵　亥　　　　　午　元白
螣后　戌　酉　申　未　阴常
　　　　_{贵阴　后元}

课格：弹射，润下，闭口，泆女。

课意：交居匪吉，昼占财失，三合六合，占官必陟。

解曰：子与丑合，巳与申合，此干支上下交居也。然丑为申墓，子又克丙，虽交居，而亦不为吉。申，日之财也。昼占乘元武，必主失脱。三传申子辰为三合会成水局，而干之阴阳巳酉丑又成金局，与三传各作六合。以此占官，官必陟也。

断曰：此弹射之卦，又为润下全局。日遥克神，故名弹射。中传见土，虽曰有丸，然坐空亡，即为失弹，祸福皆无力也。

三传俱鬼，若传内有一财出现，其财可安稳而得，谓之传鬼化财。若两课俱空，独存一财，乃名全鬼变财，财甚危险。如此课虽有干上丑土制水，但昼占皆乘水兽，得财须防发祸。

天时：多雨。家宅：不兴旺，防妻室有灾。婚姻：失正，不宜。胎产：主女，易产。功名：仕者得升迁，试者可获科第。求财：吉利。投谒：不遇。疾病：占妻病不吉。失脱：财物散，人难获。出行：宜从水路。行人：来而有喜。争讼：宜和解。兵战：不利，虚张声势。

《毕法》云：众鬼虽彰全不畏、万事喜忻三六合、后合占婚岂用媒？《袖中金》云：弹射第三课为用，乃日辰两阳神相战，作事凶重有力，不可先动。《秘要》云：后阴乘白虎，恐有断弦忧。《纂要》云：遥克课乘空发用，将乘元武，定主失脱。

丙子日第六课

官　合螣　丙子 福星
子　阴常　癸未 大煞① 日解 六害
父　青合　戊寅 　　　游都 天医 支马

　　青合　阴常　阴常　合螣
　　寅　　未　　未　　子
　　未　　子　　子　　丙

　　　　　　勾朱　青合
合螣　子　　丑　　寅　　卯　空勾
朱贵　亥　　　　　　　　辰　白青
螣后　戌　　　　　　　　巳　常空
贵阴　酉　　申　　未　　午　元白
　　　　　　后元　阴常

课格：涉害，四绝，不备，乱首。

课意：课传上克，乱首丧德，采葛寻脑，妻财作慝。

解曰：四课三传皆被上克，而支子发用，临干克干，课名乱首。丙德在巳，为子水所克，是丧德也。酉乃丙之妻财，酉加于寅，寅加于未，未加于子，子来克丙，寻致乱之根原，譬如采葛寻脑，非始于妻财作慝而何？

《毕法》：子寅涉害俱同，但子克日不比，而寅生日可比，故三传旧用寅酉辰。

断曰：此见机之卦，亦名上门乱首。盖日往加辰，而辰克日发用者，事体犹轻。今辰来加日，而克日发用，则为尊不凌卑，卑反犯上之象。宜征讨不顺，以应师卦。

六害相加，名侵害课。

天时：有雨，难晴。家宅：家口不宁，不利于妻。婚姻：丑时占，和合；余不用。胎产：防伤损。功名：先见挫折后有成。求财：勉强有得，终见不足。疾病：主口愿未还，惊忧百出，占妻病尤凶。失脱：目下难获，久自见。出行：不利。行人：即至，主在路不宁。争讼：主一家自相凌犯，外讼两损。兵战：昼占不宁，夜占得金宝，然须谨慎，不可轻敌。

《毕法》云：三传互克众人欺、支干全伤防两损、彼此猜忌害相随。《袖中金》云：三上克下，为长幼不利于小。《课经》云：干上子为初传，虽是日鬼，却生末传寅木长生，又赖宅上未土为救，谓之"引鬼为生格"。

---

① 原文字迹模糊，貌似"大煞"。

丙子日第七课

兄　元青　壬午　<small>六仪　六冲　羊刃</small>
官　合后　丙子　<small>福星</small>
兄　元青　壬午　<small>六仪　六冲　羊刃</small>

<small>合后　元青　常空　朱贵</small>
子　午　巳　亥
午　子　亥　丙

朱贵　亥　<small>合后</small>子　<small>勾阴</small>丑　寅　青元
螣螣　戌　　　　　　　卯　空常
贵朱　酉　　　　　　　辰　白白
后合　申　未　午　巳　常空
　　　　<small>阴勾　元青</small>

课格：返吟，知一，无依，三交。

课意：德禄旺刃，并皆灰烬，到处去来，难退难进。

解曰：丙之德禄在巳，而午为旺刃，今皆冲激受克，化为灰烬矣。去从克处去，来从克处来。到处受克，所谓"前后逼迫"也。其为进为退，不亦难哉。

断曰：此无依之卦，亦为三交。火水未济，反复呻吟。虽合高盖之称，而车轮朽脱，非君子利有攸往之象也。

朱雀作日鬼加干，谓之雀鬼格，朝官忌有弹章。

丙日干上临亥，为结绝格，常问必主病讼。如已见灾，偏宜结绝旧事。又作昼贵，宜告贵人结绝。

天时：阴晴不定。家宅：主家有逃匿之人，少树木。婚姻：昼占吉，主反复难合。胎产：夜占生女，防伤堕。功名：反复中获如意。求财：只宜合伴出门经营，夜占不利。投谒：频数有益。疾病：主寒热反复。失脱：已在道路。出行：主为谒贵及文书之事。行人：当至，将复他往。争讼：夜占阴私不明之事，事多反复，若能安分，化祸为福。兵战：昼占大胜，夜占失物损将。

《毕法》云：鬼乘天乙乃神祇、前后逼迫难进退。《指南》：戊子四月，戌将辰时，占升迁。曰：太岁作鬼冲克青龙，财官、禄马俱入空绝，纵得升迁，必有意外之变。六月果得升，未几以疽发背而卒。《纂要》云：雀立登明，求事不成。

丙子日第八课

```
兄  常空  辛巳   日德  日禄  支德  破碎
子  螣螣  甲戌   干墓
父  空常  己卯   日盗  勾神  三刑
```

```
   螣螣 常空 空常 螣螣
    戌   巳   卯   戌
    巳   子   戌   丙
```

```
            朱贵  合后
    螣螣 戌  亥   子   丑  勾阴
    贵朱 酉           寅  青元
    后合 申           卯  空常
    阴勾 未  午   巳   辰  白白
            元青 常空
```

课格：重审，铸印，不备。

课意：自取其祸，课传相锁，两蛇加墓，德禄何可？

解曰：干往加支，反被克制，是为上门自取祸也。又系干支锁合，难以解忧释虑。戌为丙火之墓，临日而为两蛇所夹，其为凶灾必矣。发用虽曰德禄，而传入墓库，乌乎可哉？有官者占之，大是偃蹇。

断曰：此重审之卦，亦名铸印乘轩，有显官荣禄之象。

巳为炉，戌为印，卯为印模。戌中辛金逢巳中丙火作合，煅炼铸成，故名铸印。卯为车，故名乘轩。若夏月火日，蛇雀之火太旺，戌卯或值空亡，则为破印损模，求官又为不吉。

天时：燥热未得雨。家宅：吉利，夏秋防火烛。婚姻：可用，六礼烦费。胎产：是女，即生男，防不实。功名：求官有成，现任不利。求财：交易之财，有利。投谒：得遇。疾病：象凶，有阴德可保。失脱：可获。出行：上官见贵吉，主遇墟墓惊恐。行人：即来，春占本日至。争讼：中多虚诈，主事起饮食间。兵战：昼占利，夜占中平。

《毕法》云：权摄不正禄临支、两蛇夹墓凶难免、传墓入墓分憎爱。《古鉴》：己酉十一月朔，卯将戌时，占前程。曰：卯来克戌，戌去墓丙，巳去入宅被克，定阻，服制满后得差。又合回避，方欲出头，数又尽矣。果丁内艰起，复避兄任，归九年染恙，竟卒。

丙子日第九课

```
财  贵朱  空酉   六破 绞神
子  常阴  丁丑   日医 支合①
兄  勾空  辛巳   日德 支德 日禄 破碎
```

```
       螣合 青白 常阴 贵朱
        申   辰   丑   酉
        辰   子   酉   丙

              后螣  阴贵
贵朱  酉   戌   亥   子  元后
螣合  申             丑  常阴
朱勾  未             寅  白元
合青  午   巳   辰   卯  空常
           勾空 青白
```

课格：重审，从革，斩关，伏殃。

课意：三传无迹，两贵坐厄，夜将生之，财亡再获。

解曰：初传旬空，中传坐于空位，末传又乘空神，是三传皆空，无形迹也。酉为夜贵，受丙之克。亥为昼贵，被未之克。两贵皆坐厄地，岂能得贵之力乎？金局俱空，财既亡失，若夜占得天乙、太常、勾陈之土生之，不啻再获，大宜索债。

断曰：此卦从革之局，又为重审。事利后动，先从后革，有气则革而增进，无气则革而速退，百凡宜详审后行。

辰乘虎加子，乃支墓临支克支。如占家宅，必有孝服，或有伏尸。盖罡虎临宅，惊恐总非细耳。

天时：欲雨旋晴，出旬有雨。家宅：罡虎临宅，主有惊恐。婚姻：不宜，亦不成。胎产：恐不实，夜占得男。功名：秋占大吉，余不用。求财：宜空手求之，持本者反无利。投谒：未遇。疾病：占小口有灾，卯月占病凶。失脱：宜寻，亦难见。出行：恐所往无倚托。行人：速来。争讼：不宜投托势要，宜和解。兵战：损失，或将士病患。

《毕法》云：两贵受克难干贵、支乘墓虎有伏尸、合中犯杀蜜中砒、空空如也事休追。《课经订讹》云：丙丁日从革，局虽为财，但酉加巳为愁课。盖酉为秋令肃杀，万物愁苦也。《照胆秘诀》云：占宅忌见辰克日，支干上下休藏鬼。

---

① 原文字迹模糊，貌似"支合"或"干三合"。

丙子日第十课

财　螣合　空申　_{鲁都　天贼　地医　孤神}
官　阴贵　乙亥　_{亡神}
父　白元　戊寅　_{游都　支马　天医}

_{合青　空常　阴贵　螣合}
午　卯　亥　申
卯　子　申　丙

　　　　　_{贵朱　后螣}
螣合　申　酉　戌　亥　阴贵
朱勾　未　　　　　子　元后
合青　午　　　　　丑　常阴
勾空　巳　辰　卯　寅　白元
　　　　_{青白　空常}

课格：重审，元胎，寡宿。

课意：己财先费，众人怀惠，倘若夜占，一事无济。

解曰：申为丙财，加干发用，而值旬空，是现在己财先耗费矣。初生中亥，中生末寅。寅虽日之长生，然昼乘元武，夜乘白虎，难以倚赖。三传递生，徒以我财惠众，于我何利焉？昼占犹有六合、贵人虚声相援；夜占则初蛇末虎，于事尤无济矣。

断曰：此重审之卦，三传皆孟，为退步长生，名曰生胎。事主迟而有喜。然初中皆落空陷，费尽辛勤，所求未得。又合中多见刑冲，亦防亲昵之间，暗生衅隙。占者每事详审，勿隳志气，自有收成。酉年月吉。

天时：秋占有雨，余无雨。家宅：主家道不足。婚姻：不利，昼占吉，又恐不成。胎产：占胎不实，临产立下。功名：主有人举荐，然有其心，无其实。求财：无所得。投谒：相得甚欢，却无实际。疾病：暴病愈，久病难。失脱：难寻，逃亡为关津所获。出行：不利。行人：未来。争讼：无实害，然既解，仍怀怨心。兵战：防失众，敌无踪影。

《毕法》云：二贵皆空虚喜期、合中犯煞蜜中砒。《课经》云：三传递生，必得众人之力，始终成就。如值空亡，虽有成就之心，乃闲话多，赤心少。《心印赋》云：空亡用起喜无成，忧灾虽有不为迍。

丙子日第十一课

```
子   青白  庚辰   干奇 仪神 支墓
兄   合青  壬午   羊刃 六仪 六冲
财   螣合  空申   鲁都 天贼 地医 孤神
```

```
        青白 白元 贵朱 朱勾
         辰  寅  酉  未
         寅  子  未  丙
```

```
          螣合 贵朱
    朱勾 未 申 酉 戌 后螣
    合青 午         亥 阴贵
    勾空 巳         子 元后
    青白 辰 卯 寅 丑 常阴
        空常 白元
```

课格：重审，间传，励德，登三天。

课意：交互六害，各怀驵侩，传脱刃空，全无倚赖。

解曰：子与未穿，巳与寅穿，干支上下交互六害。如我意欲加害于他人，不知他已先办害我之意，此往彼来，交易险诈，非各怀驵侩而何？全赖动而得吉，庶可免咎。乃三传初脱干气，中作丙刃，末陷旬空，尚何恃以无恐乎？

断曰：此重审之卦，顺进间传，为登三天之格。事主由下而上，由晦而明。君子当之，有位弥尊，望弥重之象。否则，为翰音登天之凶。昼占贵人立酉，宜谨身修德。夜占龙化为蛇，始荣终辱。惟初秋为得其时令，吉可卜也。

天时：云蒸雷起，忽复解散，秋占有雨。家宅：贫耗，内外不和，家有坏梯。婚姻：可合而未成。胎产：防有损堕。功名：七月吉，夜占主廷试被斥。求财：费本，受惊，终归无得，秋占有利。疾病：骤病易好，久病凶。失脱：盗物难获，逃亡自归。出行：平稳。行人：子辰日来，昼占有丧车同行。争讼：事达于上，却易解散。兵战：昼占不利，夜占大胜。

《毕法》云：二贵皆空虚喜期、罡塞鬼户任谋为。《古鉴》：己酉十月朔，卯将丑时，戊辰生人占升迁。曰：子日为关，今登天而不过关，目下有阻。白虎入宅临父母，必主丁艰。申值旬空，行年未上又见空亡，逢空则止，运亦尽矣。后皆验。

丙子日第十二课①

```
父  白元  戊寅  游都 天医 支马
父  空常  己卯  盗神 勾神 三刑
子  青白  庚辰  干奇 仪神 支墓
```

```
   白元 常阴 朱勾 合青
    寅   丑   未   午
    丑   子   午   丙
```

```
         朱勾 螣合
合青 午   未   申   酉 贵朱
勾空 巳            戌 后螣
青白 辰            亥 阴贵
空常 卯   寅   丑   子 元后
         白元 常阴
```

课格：知一，进茹，蒿越。

课意：支干拱簇，所虚者禄，夜贵作空，昼贵履狱。

解曰：干上乘午，支上乘丑，内拱三传寅卯辰，所虚者巳为日禄，不足之象。酉乃夜贵，加申落空；亥乃日贵，临戌入狱，两贵皆无力也。

断曰：此知一之卦，三传顺茹，凡事起于同类。又日辰拱夹，前虚德禄兄弟之爻，主名位犹屯，同类不足，小节未完。又蒿越用神，盗支生干，为人旺宅衰之象，止宜安守故业，不可妄动，动反生灾。寅卯年，春月得之为吉。

天时：阴雨，间有日光。家宅：可发丁，宅虽未宁，切不宜迁移。婚姻：和合，宜男，恐不悦于舅姑。胎产：防妊者自恃身壮，反伤胎见血。功名：仕者守部久不选，或有官无俸。求财：冬春有利。投谒：未合。疾病：连绵难愈，若不能饮食者凶。失脱：在东南方，或不离己身，逃亡自归。出行：不利贵者，常人平平。行人：申未日来。争讼：事难解散，利客不利主。兵战：不能取胜。

《毕法》云：眷属丰盈居狭宅、所谋多拙遭罗网、彼此猜忌害相随。《课经》云：丑中有牛宿，子中有女宿，丑加子乘太常为牛女相会格。又传生支脱干，主人多宅窄，切不可迁居宽广之屋，反生灾咎。《袖中金》云：顺连茹寅卯辰为正和，展经略而果沐恩光。

---

① 原课三传为"寅辰卯"，现据其下文及通干校正为"寅卯辰"。

丁丑日第一课

```
子　常朱　丁丑　日解　破碎
子　后后　甲戌　干墓　勾神　支刑
子　朱常　癸未　大煞　羊刃　日医　六冲
```

```
　　　常朱　常朱　朱常　朱常
　　　丑　　丑　　未　　未
　　　丑　　丑　　未　　丁
```

```
　　　　　合白　朱常
勾空　巳　午　　未　　申　螣元
青青　辰　　　　　　　酉　贵阴
空勾　卯　　　　　　　戌　后后
白合　寅　丑　　子　　亥　阴贵
　　　　　常朱　元螣
```

课格：自信，稼穑，游子，三奇。

课意：身动则徙，彼投于己，两丁拱墓，静中动矣。

解曰：伏吟见丁而动，今干即是丁，为身自动而徙于支，支神发用，还传至干，为彼投于己也。干，丁也；支，即旬丁，亦丁也。中传戌为日墓。凡占，传墓事止。今初末两丁夹之，是于静之中有动象矣。

断曰：此伏吟自信之卦，本象潜藏伏匿，止而不发。况纯土稼穑，为艰难之兆，宜静以应之。然日辰逢丁，干支上神两两冲动，稼穑化为游子。若三、九月，天马并临，则有必动之势。丑未作年命者，占试必中。盖丑中有斗，未中有鬼，二字合为魁也。

天时：阴多雨少。田禾：可得丰收，终防虚耗。家宅：不宜动土，恐致口舌。婚姻：主田家女，或库吏家女，入赘吉。胎产：不佳。功名：若屯田、版筑等官，必得异擢，余不利。求财：无得，且有耗折。投谒：不值。疾病：主脾泄积聚，难愈。失脱：难追。出行：主有私欲事，或往妇女家。行人：飘流未归，或有私恋。争讼：主争夺田产。兵战：吉，尤利屯田。

《毕法》云：费有余而得不足、彼求我事支传干。《课经》云：交车冲，不论亲疏，先合后离。《指窍》云：凡逆传四季者，春占越库，散财不以其道；夏占传魁，委用不得其人；秋占杀墓，势将兴而将起；冬占伏阴，机渐收而渐藏。

丁丑日第二课

官　元螣　丙子 _{福星 六合}
官　阴贵　乙亥 _{日德 日马 鲁都 天贼}
自　后后　甲戌 _{干墓 勾神 支刑}

_{阴贵 元螣 勾空 合白}
亥　子　巳　午
子　丑　午　丁

　　　　　　_{勾空 合白}
青青　辰　巳　午　未　朱常
空勾　卯　　　　　申　螣元
白合　寅　　　　　酉　贵阴
常朱　丑　子　亥　戌　后后
　　　　_{元螣 阴贵}

课格：重审，退茹。

课意：昼禄虎边，遂谒三传，随鬼归墓，终受淹缠。

解曰：午为丁禄临日，然昼占乘白虎，不可守也。遂动而投于三传，初传子鬼，中传亥鬼，而入于末传之戌墓，始终受淹缠昏滞之咎而已。子鬼坐丑方受克，似不能为害。然丁课坐未，与之冲动，亦未见安宁也。

断曰：此重审之卦，逆传连茹，利为主而后动。长上有厄，事从内起，咎由妇人，往多不顺，详审后行则吉。在君子则有不终家食之象，然志欲扶摇，身仍淹滞。在常人则为破产、涉讼之象，大约半生磨折，始就安逸也。百凡有始鲜终。

天时：多雨久阴。家宅：人旺不宜买奴婢，主时有官非盗失。婚姻：主有官讼，久始得合。胎产：主女，即产。功名：必历两官，后见蹭蹬。求财：有损无益。疾病：难安，亦不大凶。失脱：夜占反受贼累，为官所诈。出行：不利，未远即返。行人：即至。争讼：昼占宜求贵助，夜占不利。兵战：宜用权变，恐不果断。

《毕法》云：鬼乘天乙乃神祇、将逢内战所谋危。《袖中金》云：重阴安嘉遁之贞，宁甘没齿？《古鉴》：午将加未，占前程。曰：丁德在午，亥为上德，子为紫微，丑为北斗，主有阴德洪大。传递乙丙丁三奇，贵人在中，午禄扶身乘虎，行年催官，子蛇前引，必得高第，小则郎官，大则侍从，未易量也。俱验。

丁丑日第三课

官　朱贵　乙亥　_{日德　日马　鲁都　天贼}
财　贵阴　空酉　_{地医①}
子　阴常　癸未　_{六冲　大煞　羊刃　日医}

_{贵阴　朱贵　空勾　常空}
酉　亥　卯　巳
亥　丑　巳　丁

空勾　卯　_{白青}辰　_{常空}巳　午　元白
青合　寅　　　　　　　未　阴常
勾朱　丑　　　　　　　申　后元
合螣　子　亥　戌　酉　贵阴
　　　_{朱贵}　_{螣后}

课格：重审，间传，时遁。

课意：遍地贵人，利见大人，支干互绝，六位阴纯。

解曰：亥乃昼贵，酉乃夜贵，见于三课四课，又在初传中传，遍地皆是。利于谒见，不利于倚托，贵多则不专也。火绝于亥，土绝于巳。今支干互绝，宜于两相更代之事。又三传间递，纯是六阴地位，宜于私谋阴干，不利公事也。

断曰：此重审之卦，退茹间传，合时遁格。用起孟神，传仲及季，以阴加阴，有朋从阴谋之事，起于下人女子。若循理而行，则应牝马之贞，黄裳之吉。否则忧疑患难，自临绝地矣。中末空亡，凡事有始无终，吉凶皆虚而不实。

天时：多阴晦，亦无雨。**家宅**：宜与人互相兑换而居，夜占朱雀内战，防口舌火烛。**婚姻**：不成。**胎产**：主女胎，或婢妾生子。**功名**：现任主多差委，权摄考试，恐荐而不售。**求财**：八月可得。**疾病**：主犯寒邪，日轻夜重。**失脱**：主女子盗窃，深藏难觅。**出行**：谒贵多遇而无力。**行人**：占尊长即归。**争讼**：主为交易田产，或阴私之事，各投势要，终归解散。**兵战**：宜用间谍，临时权变。

《毕法》云：昼夜贵加求两贵、课传皆贵转无依、不行传者考初时。《课经》云：亥酉未为时遁格，盖酉为太阴，未中丁为玉女，利隐遁潜形。自亥传未，如人入幽暗求隐，有遁身之象，君子吉而小人凶也。《纂义》云：夜占朱雀内战，家有口舌火烛。

---

① 原文字迹模糊，貌似"地医"。

丁丑日第四课

官　合螣　丙子　<small>六合　福星</small>
子　白青　庚辰　<small>支墓　六破</small>
子　螣后　甲戌　<small>干墓　勾神　支刑</small>

<small>阴常　螣后　勾朱　白青</small>
未　戌　丑　辰
戌　丑　辰　丁

<small>　　　空勾　白青</small>
青合　寅　卯　辰　巳　常空
勾朱　丑　　　　　　午　元白
合螣　子　　　　　　未　阴常
朱贵　亥　戌　酉　申　后元
　　　　<small>螣后　贵阴</small>

课格：昂星，掩目，虎视。

课意：递相暗昧，各甘其晦，魁罡乘丁，如骑虎背。

解曰：支墓覆干，干墓覆支，是为递相暗昧。乃干复自坐于戌，支复自坐于辰，又为各甘其晦也。故《毕法》有"天网恢恢"之喻。魁罡主动，而丁又变动之神，今魁乘旬丁，罡乘课丁，其动凶猛，如骑虎背也。

断曰：此昂星之卦，名冬蛇掩目，亦名虎视。魁罡系于丑未，人宅俯仰皆在墓中，否塞甚矣。倘更日月宿临四仲，则为天地二烦。夜占则又蛇虎纵横，尤为凶象。占者当如蛰虫坏户，退藏于密，极意提防，庶可免咎。

天时：主有雷电，昼占雨足，夜占风多。家宅：夜占有大惊恐事，或多怪梦。婚姻：不宜，若成必夫妇不睦。胎产：昼占得男吉，夜占立产，有虚惊。功名：中有危险，兢慎终吉，午生人尤佳。求财：计谋多左。疾病：暴病无事，久病凶，主惊疾。失脱：难获。出行：利赴任，余有悔。行人：淹滞。争讼：不利。兵战：昼占不宁，夜占获金宝之兆。

《毕法》云：干支乘墓各昏迷、人宅坐墓甘招晦、虎视逢虎力难施。《课经》云：丁丑日，辰加未，夜将白虎乘墓，临身入传，卦体虎视，如逢三虎，有力难施，惊危不免。《括囊赋》云：昂星归去而防险。

丁丑日第五课

```
兄  常空 辛巳  游都 六仪
子  勾朱 丁丑  日解 破碎
财  贵阴 空酉  地医
```

```
     常空 贵阴 朱贵 空勾
      巳   酉   亥   卯
      酉   丑   卯   丁
```

```
                青合 空勾
勾朱  丑   寅   卯   辰  白青
合螣  子              巳  常空
朱贵  亥              午  元白
螣后  戌   酉   申   未  阴常
              贵阴 后元
```

课格：元首，从革。

课意：小利先施，大财必归，传空将土，重重取妻。

解曰：干，自己也；支，他人也。酉本我财，然是空财。今加丑上，是我以小利施于彼。遂致巳加于酉，合成三传金局，皆为我利矣。初传乘空，中传脱气，末传旬空，而得夜将纯土生之，皆化为实，重重皆我妻财也。

断曰：此元首之卦，合从革之局，事多顺利，起于男子，有正大光明之象。但三合退行，必有阻隔。卯酉临于干支，体同龙战，不免疑忌乖离。贵人立卯，阴小有灾。初末皆空，中间耗窃，枉用心术工夫，始终虚而不实。

天时：气燥，有云少雨。家宅：宜进田财，多蓄奴婢。婚姻：再娶吉，然防拂逆翁姑。胎产：防不实。功名：尊显者吉，微员不利。求财：随地有财，却不得实。疾病：主父母灾，腹痛、血痢，暴病即解。失脱：捕风捉影。出行：宜避患远行，不利吊丧问疾。行人：占奴仆、文书，速到。争讼：乍讼难解，久讼即和。兵战：步步谨慎，始无挫折。

《毕法》云：人宅皆死各衰羸、合中犯煞蜜中砒。《课经》云：范蠡为越王占产，申加子，巳为用，旺火克下死金，上强下弱，决生男。《指南》：正月亥将加卯，占升迁，三传空脱，太岁龙神落陷，互乘死气，春得金局，官难满任，明年宜请告。不听，果被劾罢。

丁丑日第六课

```
父  空勾  己卯   天医 干奇 仪神
子  螣后  甲戌   干墓 勾神 支刑
兄  常空  辛巳   游都 六仪
```

```
    空勾 后元 贵阴 青合
     卯   申   酉   寅
     申   丑   寅   丁
```

```
         勾朱 青合
合螣  子  丑  寅   卯  空勾
朱贵  亥           辰  白青
螣后  戌           巳  常空
贵阴  酉  申  未   午  元白
         后元 阴常
```

课格：重审，四绝，斫轮。

课意：木坐空申，斫朽木轮，事虽败坏，再造出旬。

解曰：申金旬空，卯木坐于其上，虽为斫轮，不免朽木难雕矣。丁火败于卯，而脱气于戌，巳又支①之破碎，事必败坏。然出旬则申金填实，再造可成也。

按甲辰旬，卯落旬空，方为朽木。今申空当为无斧，亦作朽木难雕。

断曰：此重审之卦，格合斫轮。乙庚作合成器，占主官荣爵显。惜申值旬空，则为斧斤未利，亦同朽木之论，必须待时改图，不当率意任行也。子午卯酉，皆临绝地，但宜了结旧事，不利谋为。昼占卯用，为勾陈内战，夜为天空内战。

天时：久雨即晴，久晴有雨。家宅：不富，主有造作之事。婚姻：夜占吉，主吉期改卜。胎产：胎神临绝，防损。功名：良材未遇，改图有成。求财：未得，宜田产加绝。疾病：暴病吉，久病凶，年命寅酉尤忌。失脱：夜占难获。出行：有阻。行人：占弟兄即至。争讼：得贵力调解。兵战：事多虚声，防失众。

《毕法》云：所谋多拙遭罗网、空上逢空事莫追。《课经》云：干上乘支之网，支上乘干之罗，我欲网罗他，他已网罗我。申遇空亡是为破罗。《袖中金》云：凡卯木坐空，亦谓之朽木难雕。宜弃业别作生理。《订讹》云：传见本日墓神，名曰旧轮再斫。来意：主退官失职，再谋兴复。

---

① 校者注：巳为卯之破碎，非支丑之破碎，故疑其下文漏一"阴"字。

丁丑日第七课

官　朱贵　乙亥　日德　日马　鲁都　天贼
子　阴勾　癸未　六冲　羊刃　大煞　日医
子　勾阴　丁丑　破碎　日解

```
勾阴  阴勾  阴勾  勾阴
 丑    未    未    丑
 未    丑    丑    丁
```

```
          合后  勾阴
朱贵 亥    子    丑   寅 青元
螣螣 戌              卯 空常
贵朱 酉              辰 白白
后合 申    未    午   巳 常空
          阴勾  元青
```

课格：返吟，无亲，井栏射。

课意：动意先有，主客相就，契义难忘，欢欣如旧。

解曰：丁主动。干，丁也；支，亦丁也。干支相加，两丁交互，是意已先动，两丁迭为宾主以相就也。亥中有壬，初传亥与日干丁壬相合，而中末丑未，复往来稠密，可谓契义难忘矣。中传未之课丁，与末传丑之旬丁又成两丁相通，其欢忻之情宜如旧而不改矣。德神发用，能解百凶。

断曰：此返吟无亲之卦，为井栏斜射之格。占主一身两用，旁求易就，直道难容。凡事速成，亦复易破。静则宜，动则扰也。昼夜贵人皆克其所临之神，亦主贵人嗔怪。

天时：求雨即得，占晴未晴。家宅：宅吉人和，但时有移动。婚姻：始见反复，终得成就。胎产：主胎不宁，昼占吉。功名：大利，多历旧任，同官极相得。求财：转展不一，后有厚蓄。疾病：虽甚无防，须防反复。失脱：寻得，逃亡自归。出行：多遇亲故。行人：即归。争讼：贵人不悦，变作不常。兵战：昼吉夜凶，交锋不一。

《毕法》云：传墓入墓分憎爱、贵人蹉跌事参差。《纂要》云：丁丑日无克，丑宫癸水，遥射巳宫丙火，以巳上亥神为用，如傍井倚栏，斜冲射之，不出井外也。亥是官星德神，不宜值中末之墓，有官人占之不利。如寻常人，却喜鬼入墓也。

《心印赋》云：登明忽来传上居，干求贵位必悬鱼。

丁丑日第八课

```
兄  常空  辛巳 游都 六仪
子  螣螣  甲戌 干墓 勾神 支刑
父  空常  己卯 天医 干奇 仪神
```

```
    朱贵 元青 常空 合后
     亥   午   巳   子
     午   丑   子   丁
```

```
              朱贵 合后
     螣螣  戌  亥   子  丑  勾阴
     贵朱  酉          寅  青元
     后合  申          卯  空常
     阴勾  未  午   巳  辰  白白
              元青 常空
```

课格：重审，铸印，乘轩。

课意：彼此不足，然后和睦，虽尔貌恭，终赖其仆。

解曰：未为子害，丑为午害，日与辰先自有不足之处，然后未合于午，丑合于子，交相和睦也。然子午丑未，又实相冲，其为和睦，貌恭而已。午火能生支丑，而子水仍克干丁，惟赖中传戌土遥制。戌为奴仆，是赖奴仆之力以救患也。

断曰：此重审之卦，格合铸印，又得乘轩，君子大亨，常人不吉，事主迟钝晚成。又：一下用事，两上无权，事由阴小，不利长上，凡百宜循理而行。中传两蛇夹墓，若更夏日占之，则为火气太旺，致印模有损，反非佳兆。

天时：旱热少雨。家宅：宅利，家长不宁，赖有干仆。婚姻：门第皆贵者吉，常人不利。胎产：生女必贵，防有损。功名：应举必捷，谒选必得，官必升擢，摄篆得实授。求财：仕者财旺，经营者难。投谒：和好。疾病：多凶少吉。失脱：终得，逃亡可获。出行：上官赴任为宜。行人：占同辈即至。争讼：为人所欺，防被囚禁。兵战：昼凶夜吉，宜慎重。

《毕法》云：权摄不正禄临支。《指南》：癸酉二月，亥将加午，有被劾者占回奏吉凶。曰：天空发用，必面君奏对。铸印乘轩，必迁官转职。虽四课上下冲害，支阴制禄，止于罚俸耳。交仲秋，天诏临龙神日禄，午居丑上，必节钺斗牛之分矣。果验。

丁丑日第九课

```
财  贵朱  空酉  地医
子  常阴  丁丑  破碎  日解
兄  勾空  辛巳  游都  六仪
```

```
    贵朱  勾空  空常  阴贵
     酉    巳    卯    亥
     巳    丑    亥    丁
```

```
            后螣  阴贵
贵朱  酉    戌    亥    子  元后
螣合  申                丑  常阴
朱勾  未                寅  白元
合青  午    巳    辰    卯  空常
            勾空  青白
```

课格：重审，从革，蓦越。

课意：传生亥鬼，夜将无畏，两贵虽伤，空财生起。

解曰：三传合成金局，生起干上亥鬼，亦可畏矣。喜夜将纯土，足以制之，庶无大害。昼贵临未，执拗受克；夜贵临巳，空亡被伤，不可干也。初传旬空，中传坐空，末传临空，财局已亡，而夜将生起，为复得之兆。

断曰：此重审之卦，局合从革。酉加巳为愁课。课象本是和合，而日辰内外交冲，变为激拨。又且两贵受制，三传俱空，事起蓦然，有声无实。若安静守拙，反得自然快乐。倘强图非分，徒费奔波，终归无益。

天时：欲雨还晴。家宅：宅旺发财，主人不宁。婚姻：后有不吉。胎产：卯日生男，防不实。功名：惟宜纳财得官，或承袭固有之职，余无成。求财：可获，珍宝失而复得。投谒：不利见贵人。疾病：欠宁。失脱：或藏土中，获之。出行：利西方。行人：在外占得，为已归；家中占之，为未动。争讼：遭官怒，然易解散。兵战：无利，防众心有变，或敌将窥营。

《毕法》云：传财化鬼财休觅、两贵受克难干贵、鬼乘天乙乃神祇。《课经》云：三传皆财，取之即生起干鬼，此如刀上之蜜，不可舐也。惟昼占宜以财告贵，乞恩泽而得补授。《心印赋》云：酉加巳上用朱禽，干贵求财有信音。

丁丑日第十课

```
兄  合青  壬午  日禄 支德 六害
子  后螣  甲戌  干墓 勾神 支刑
子  青白  庚辰  支墓 六破
```

```
    朱勾 青白 常阴 后螣
     未   辰   丑   戌
     辰   丑   戌   丁
```

```
         贵朱 后螣
螣合  申   酉   戌   亥  阴贵
朱勾  未              子  元后
合青  午              丑  常阴
勾空  巳   辰   卯   寅  白元
         青白 空常
```

课格：昴星，掩目，虎视。

课意：干支乘墓，昼占蛇虎，两贵皆空，略无少补。

解曰：干支皆为墓神所覆，而昼占更逢蛇虎，不止昏晦而已也。夜贵旬空，昼贵又坐空，欲藉贵人之力，岂有所益哉？

断曰：此冬蛇掩目之卦，昼占又为虎视逢虎，提防暗算，惊恐非常。倘更遇日月宿加四仲，便为天地二烦，其祸尤烈。幸初传午乘龙神发用，为日禄支德，虽传入墓中，反得末虎冲散，以凶散凶。凡事谨慎，虽有忧患，不为大害。

天时：主风雨雷电，兼有虹霓。家宅：主昏暗不吉，昼占多怪梦、惊恐，夜占宜防奸私。婚姻：不吉。胎产：占产即下，占胎防败损。功名：蹭蹬难成。求财：难得。投谒：不遇。疾病：在外凶，在家虽凶无害。失脱：难寻。出行：有惊恐。行人：即至。争讼：彼此俱损。兵战：不利。坟墓：西南有惊。

《毕法》云：两贵皆空虚喜期、虎视逢虎力难施、人宅坐墓甘招晦、干支乘墓各昏迷。《课经》云：昴星传见蛇虎甚凶，惟午加卯为明堂，主万事昌隆。盖午为离明，卯为天驷、房心明堂之宿，遇凶成吉。又未加辰，丑加戌，为干支互坐丘墓，不宜两相投奔，必是愚蠢之人也。《心镜》云：用起昴星为虎视，秋分在西知生死；女人淫泆问何因？此地名为难禁止。

丁丑日第十一课

```
财  贵朱  空酉  地医
官  阴贵  乙亥  日德 日马 鲁都 天贼
子  常阴  丁丑  破碎 日解
```

```
        勾空 空常 阴贵 贵朱
         巳   卯   亥   酉
         卯   丑   酉   丁
```

```
              螣合 贵朱
朱勾  未  申  酉  戌  后螣
合青  午          亥  阴贵
勾空  巳          子  元后
青白  辰  卯  寅  丑  常阴
         空常 白元
```

课格：重审，间传，凝阴，孤寡。

课意：身临空死，求财不喜，丁马俱逢，两贵徒尔。

解曰：酉为丁之财神，又为丁之死方。今值旬空，而临于日干之上，是财在目前，既如空花，亦如鸩毒，不可求也。中传支马，末传旬丁，坐之必有动意。奈两贵皆空，虽入课入传，亦徒然耳。干支上皆乘死神，万事不可轻动。

断曰：此重审之卦，顺进间传，为凝阴之格。起于阴小，不利长上。事多悖逆，不利先动。况一空再空，毫无捉摸。惟僧道九流遇此无妨。士俗占之，皆主乖睽悔吝，凡百无成也。仲秋酉金秉令，庶为有益。

天时：凝阴不解。家宅：主幽暗不明，人宅俱不吉。婚姻：不吉，亦不成。胎产：防不实。功名：屡谋不利，八月占得吉。求财：捕风捉影。投谒：不遇。疾病：暴病吉，久病凶，主伤寒症。失脱：不还，逃亡自返。出行：既出必复返。行人：占奴仆即至。争讼：惊恐，两造阴谋俱不成。兵战：昼占凶，夜占吉。

《毕法》云：昼夜贵加求两贵、人宅皆死各衰赢。《心印赋》云：凝阴有履霜坚冰之象，事主幽暗不明。《古鉴》：己酉年午将加辰，占前程。曰：太岁作朱雀，亥鬼临之，丁火受绝，主上书言事而被贬窜。酉为宠妾，亥贵加之，反克其妻。卯为日母，被制于酉，本宫见巳，会起酉丑，是宠妾而弃妻离母也，遭贬宜哉。

丁丑日第十二课

财　螣合　空申　日盗　亡神
财　贵朱　空酉　地医
子　后螣　甲戌　干墓　勾神　支刑

　　空常　白元　贵朱　螣合
　　卯　　寅　　酉　　申
　　寅　　丑　　申　　丁

　　　　　　朱勾　螣合
合青　午　　未　　申　　酉　贵朱
勾空　巳　　　　　　　　戌　后螣
青白　辰　　　　　　　　亥　阴贵
空常　卯　　寅　　丑　　子　元后
　　　　　　白元　常阴

课格：重审，进茹，流金。

课意：守之乏财，进步陷没，墓神助财，折本再发。

解曰：干上空财不可守也。进而取酉，不特旬空，又为死地，能无陷没乎？喜末得戌墓，生起初中申酉之财。已失者可以复得。是动而谋为，反折其本；静而安守，反获再发也。

断曰：此重审之卦，顺进连茹。卦体虽顺，卦德则逆。况三传及日课，阴阳俱落空陷，几如梦幻泡影。若安分守己，听其自然，见忧不忧，闻喜不喜，反可坐而获福。倘妄有作为，则不特如捕风捉月，亦且财耗人殃。三秋占之稍吉。

天时：秋有雨，余占少雨。家宅：不发丁，家有孤独人。婚姻：无成。胎产：占胎防不实，占产立下。功名：难就。求财：经营折耗，坐守反有。投谒：昼占所投人，为事不安，夜占不遇。疾病：自愈，久病凶。失脱：出本家即难获，逃亡捉归。出行：无利而归。行人：占家长即至，余秋月至。争讼：主争空财，可不成讼。兵战：不遇敌，防失众。

《毕法》云：空空如也事休追、进茹空亡宜退步、所谋多拙逢罗网。《袖中金》云：顺茹申酉戌为流金，似霜桥走马。《指南》：庚寅七月，午将加巳，占行人。曰：进茹逢空，元武劫杀入辰之阴阳，主当地交界，有兵戈盗贼。宅中眷属，退居山水之间。九月节后，子丑日方到。后果如期，以避贼迟发也。

戊寅日第一课

父　朱勾　辛巳　　日德　日禄　日盗　六害
子　后白　空申　　日马　游都　支冲
官　青螣　戊寅　　十奇　仪神　鲁都　天贼

　　　　青螣　青螣　朱勾　朱勾
　　　　寅　　寅　　巳　　巳
　　　　寅　　寅　　巳　　戊

　　　　　　螣青　贵空
朱勾　　巳　　午　　未　　申　　后白
合合　　辰　　　　　　　　酉　　阴常
勾朱　　卯　　　　　　　　戌　　元元
青螣　　寅　　丑　　子　　亥　　常阴
　　　　　　空贵　白后

课格：伏吟，自任，元胎。

课意：连名状论，台阁上言，我求于彼，顺受和焉。

解曰：初克中，中克末，末克干，三传递克，平日所为凶横，被人连名攻讦也。仕途则防台阁上言，宜自检束。自干传支，为我有求于彼，虽彼递相克制而来，我惟顺以受之。末助初生，终归于和而后已焉。

断曰：此自任之卦，课传皆孟，格合元胎，有屈而不伸，伏而未发之象，事多暗昧。守正而静则亨，妄为而动则滞。又三传自内向外，迤逦递克，直至于干，其势可畏。喜中传折腰，末助初生，祸或中止，而反得阴助也。

天时：昼占无雨，夜占有雨而尚远。家宅：昼占有火烛惊怪，夜占安稳。婚姻：夜占可成，防女不永。胎产：昼占有惊，夜占生男。功名：宜荫职，余防被劾。求财：艰难，夜占可得。投谒：半途而废。疾病：猝病凶，久病无妨。失脱：家内人盗窃，逃者隐乡邻。出行：夜占及申年月宜。行人：中路被阻，出旬始至。争讼：始干众怒，终得解。兵战：不利，宜静以待动。

《毕法》云：我求彼事干传支、三传互克众人欺。《秘要》云：寅能助初生干，亦能克干，是两面刀。《指南》：癸酉六月未时，占官。曰：斗罡居支前，传课刑克，蛇鬼入宅，龙神伤岁，当防弹章。入秋，果被劾解任。

戊寅日第二课

```
财  白后  丙子  胎神①
财  常阴  乙亥  六合 六破
兄  元元  甲戌  大煞 日医② 地医
```

```
      白后 空贵 勾朱 合合
       子   丑   卯   辰
       丑   寅   辰   戌

              朱勾 螣青
合合 辰  巳   午   未  贵空
勾朱 卯                 申  后白
青螣 寅                 酉  阴常
空贵 丑  子   亥   戌  元元
        白后 常阴
```

课格：知一，退茹，斩关，重阴，三奇。

课意：三奇六仪，凡谋可施，稍嫌幽暗，斩关昼驰。

解曰：三传四课，凡历戌亥子丑寅卯辰，旬首是戌，既为旬仪矣。而亥子丑遁为天上乙丙丁三奇，戌寅辰又遁为地上甲戊庚三奇，是三奇六仪，全入课传。凡有谋为，可以任其施展矣。稍嫌墓神覆日，不免幽暗不明耳。然斩关之课，昼占喜天乙神光乘丁而临天梁，天后掌华盖掩形，太阴主潜藏隐匿，可以疾驰万里，尚何阻隔之有哉？

断曰：此知一之卦，连茹退传，格合重阴，事起同类。狐疑不定。六合并临天关，天后传归元武，有奸私暗昧之象。干支墓覆，人宅俱昏。惟冬月占之，百凡顺利。

天时：阴雨多。家宅：主昏暗，有逃亡者。婚姻：美中不足。胎产：胎气旺，或系私孕。功名：主有奇遇。求财：有获，防被盗窃。疾病：得之色欲，留连未愈。失脱：宜寻。出行：利避难，速行。行人：关津有阻。争讼：有解。兵战：昼夜不宁。

《毕法》云：后合占婚岂用媒？魁度天门关隔定。《课经》云：干为夫，支为妻，岂宜上乘六合，以应私情？《曾门》"定章"云：戊己之辰可逃亡，再得天上三奇乙丙丁者，追之不得。《照胆秘诀》云：除定开危卯未方，龙常阴合可逃藏。

---

① 原文字迹模糊，貌似"胎神"。下文同。
② 原文字迹模糊，貌似"日医"。遍查六戊日，能辨认者，"日医"的可能性大。

戊寅日第三课

兄　空贵　丁丑
财　常阴　乙亥　六合　六破
子　阴常　空酉　日解　破碎

```
         元元  白后  空贵  勾朱
          戌    子    丑    卯
          子    寅    卯    戌
```

```
              合合  朱勾
  勾朱  卯    辰    巳    午  螣青
  青螣  寅                未  贵空
  空贵  丑                申  后白
  白后  子    亥    戌    酉  阴常
              常阴  元元
```

课格：重审，间传，极阴，三奇，龙战，励德。

课意：我就他侮，他中我计，天道好还，子卯狠戾。

解曰：以干就支，戊受寅克，诚为所侮矣。殊不知戊课在巳，巳火反脱寅木之气，岂非中计而不觉乎？子卯固无礼相刑，寅来刑巳，丑亦去刑戌。天道好还，狠戾还得狠戾之报也。

干支互坐墓上，必是愚人，主彼此各招昏晦；余传内虽有所喜之神，或年命上神克去，乃是心多懒退，不肯向前。

断曰：此重审之卦，间传退逆，格合极阴。上下不顺，宾主失和，修德则升，悖理则斥。若年命更在卯酉，为龙战之象，主身心疑惑，进退乖离。惟旬奇玉堂发用，足以消灾致福。

天时：阴晦寒沍。家宅：人口不安，宜祈土神。婚姻：主为养媳，或夫不爱。胎产：昼占生男。功名：占弟兄，主有奇遇，显官更有升擢，卑秩不利。求财：得之不光明，终被耗脱。疾病：不妨。失脱：难得，逃亡自归。出行：不利。行人：有阻。争讼：主为田土、文书，遭贵怒，后有解。兵战：不利。

《毕法》云：宾主不投刑在上、人宅坐墓甘招晦。《课经》云：干上卯，昼将朱雀作日鬼，名雀鬼格。在朝防弹章，且不宜上书言事，反受黜责。《心印赋》云：朱雀克日事纷纭，望事求财总不成。《玉成歌》云：卯乘前二招唇吻，天空立用事无凭。

戊寅日第四课

官	青螣	戊寅	干奇	仪神	鲁都	天贼
财	常阴	乙亥	六合	六破		
子	后白	空申	日马	游都	支冲	

```
    后白 常阴 常阴 青螣
     申   亥   亥   寅
     亥   寅   寅   戊
```

```
         勾朱 合合
青螣  寅   卯   辰   巳  朱勾
空贵  丑               午  螣青
白后  子               未  贵空
常阴  亥   戌   酉   申  后白
         元元 阴常
```

课格：元首，元胎，不备，乱首。

课意：两位空申，岂胜四寅，守动皆祸，昼夜贵嗔。

解曰：支临干而克干，乃是上门乱首，所恃者申金为救耳。然寅聚四鬼为朋，虽有两申，却值旬空，以两位之空神，岂能胜四寅之实鬼耶？守之固坐受其殃，动则又逢初传之克，皆不免于祸患也。昼夜贵人临于罡魁，谓之入狱，干之必生嗔怒。

断曰：此元首之卦，四孟出传，格合元胎。合中有破，日遭辰克，有俯就他人之象。

天时：先风后雨，冬占有雪霰。家宅：宅旺人弱。婚姻：夜占可用，主赘婿他家。胎产：平安，昼占生男。功名：申年月占者有成。求财：有得，不能安享。投谒：始虽交欢，终必吴越。疾病：主惊恐，老人、小儿甚凶。失脱：难得，逃亡不返。出行：不果，出亦不利。行人：未动身，申年月占在道。争讼：中有人两地指唆。兵战：昼占不利，夜占吉。

《毕法》云：合中犯煞蜜中砒。《吴越春秋》：吴王欲赦越王，越王喜，范蠡占曰：戊，囚日也。功曹为螣蛇临戊，青龙在胜光临酉，死气也。时克其日，用又助之，天网四张，万物尽伤，王何喜焉？子胥果谏，复囚石室。《精蕴》：寅加巳，占婚。曰：四课虽是互合，却不喜末传之申作天后来克日上之寅。寅鬼，夫也。青龙亦为夫，受后之克，夫妻不睦之象，且阳不备，必然克夫。

戊寅日第五课

兄　合合　甲戌　　大煞① 日医　地医
父　后白　壬午　　羊刃　支合
官　白后　戊寅　　干奇　仪神　鲁都　天贼

```
        后白  合合  朱勾  空贵
         午    戌    酉    丑
         戌    寅    丑    戌
```

```
              白后  常阴
空贵  丑    寅    卯    辰  元元
青螣  子                 巳  阴常
勾朱  亥                 午  后白
合合  戌    酉    申    未  贵空
              朱勾  螣青
```

课格：重审，炎上，泆女，斩关。

课意：虎鬼夜潜，斩关昼占，我旺彼败，屋破人添。

解曰：斗魁加支上发用，是为斩关。但寅鬼夜乘白虎，其象凶险，不如昼占也。火局生干脱支，若分人我，即为我旺而彼败。若论家常，则为人多而宅隘也。占者得此，切不可移居宽广，反生灾悔。

断曰：此重审之卦，局成炎上，格合斩关。事多不顺，起于阴小，虚而不实。先喜后嗔，先合后散。利于行动，不利安居。六合并临于戌，而加鬼门，主有奸丑不明之事。丑戌相刑，彼此恃势，传虽三合，亦似笑中之刀、蜜中之砒而已。

天时：久旱，密云有电；昼占可雨，夜占发风。**家宅**：人多宅少，防奴婢奸逃之事。**婚姻**：不可用。**胎产**：生女，难产。**功名**：晚得，须人帮扶，亦防人暗损。**求财**：有阻隔。**投谒**：面和心背，恩中有怨。**疾病**：易瘥，防后再发。**失脱**：主奴婢窃逃，可获。**出行**：利避患潜踪。**行人**：即至。**争讼**：同伙参商，利于见官剖雪。**兵战**：昼占不吉，利火攻。**坟墓**：主墓中生白蚁。

《毕法》云：合中犯煞蜜中砒、后合占婚岂用媒？《课经》：壬午年正月初八日，亥将卯时，占守城。曰：火局生身，但嫌干上丑为合中犯煞，须至癸未日，冲散丑刑，则援兵至而贼退矣。果于十三日援兵至，十五日贼移营去。

---

① 原文脱字，据上下文校补为"大煞"。

戊寅日第六课

财　青螣　丙子 _{胎神}
兄　贵空　癸未 _{福星　支德　支墓}
官　白后　戊寅 _{干奇　仪神　鲁都　天贼}

_{元元　朱勾　贵空　青螣}
辰　酉　未　子
酉　寅　子　戊

_{空贵　白后}
青螣　子　丑　寅　卯　常阴
勾朱　亥　　　　　辰　元元
合合　戌　　　　　巳　阴常
朱勾　酉　申　未　午　后白
　　　　_{螣青　贵空}

课格：重审，四绝。

课意：交互逢败，夏夜火怪，鬼虽是寅，熟视何碍？

解曰：土败于酉，木败于子，日辰上交互相加，为我欲败他，他先败我。不宜讦人阴事，反被牵扯己之旧过，同时获罪也。夏占火鬼在酉，临支克宅，夜乘朱雀，当防火怪也。寅虽日鬼，然熟视盘中，下有未雠，上有酉难，彼自顾不暇，何能有碍于我哉？

断曰：此重审之卦，两上不胜一下，事多不顺，起于阴小。又五行皆临绝地，干支互乘败神，凡事小心详慎，自能转祸为福也。昼占螣蛇入水，主虽有惊忧，后即消散。

天时：有雨，雨中时见日出。家宅：主屋舍颓坏，夏夜防火烛。婚姻：昼占男家不欲，夜占女家不允。胎产：胎神临绝地，防损，昼占主男。功名：先否后泰，不利西方。求财：夜占吉。疾病：主气血衰败。失脱：昼占即获。出行：防有阻滞。行人：占有职人即归。争讼：主为下人奸私，或反被告讦。兵战：昼占防小挫，夜占大利。

《毕法》云：干支皆败势倾颓。《课经》"神将论"云：螣蛇发用在子，曰坠水，主惊疑怪梦，凶灾不成。又云：子乘龙合，女占必受皇恩。子午乘龙，妻妾怀孕。又云：朱雀在酉，曰夜噪，主官灾起。《心印赋》云：子居巳位卯居申，结绝旧事最为真。

戊寅日第七课

官　白后　戊寅　鲁都　干奇　仪神　天贼
子　螣青　空申　游都　支冲　日马
官　白后　戊寅　鲁都　仪神　干奇　天贼

　　　　　白后　螣青　阴常　勾朱
　　　　　寅　　申　　巳　　亥
　　　　　申　　寅　　亥　　戊

　　　　　　　青螣　空贵
勾朱　亥　　子　　丑　　寅　白后
合合　戌　　　　　　　　卯　常阴
朱勾　酉　　　　　　　　辰　元元
螣青　申　　未　　午　　巳　阴常
　　　　　　贵空　后白

课格：无依，元胎，度厄。

课意：彼此合忌，交淡如水，生克既无，如斯而已。

解曰：干支上阴阳神，交互作六害，又两两作六合。似乎有利有害，然动而三传，往来空陷，方且无生无克，何有于害？何有于合？君子处此，惟有淡交如水，使生克合害，皆归空虚，福亦不生，祸亦不成。如斯而已，岂可轻动哉？

断曰：此返吟无依之卦，四孟课传，三下贼上，事主远而暗昧，反覆不定。亲者疏，合者散，迟疑隐伏。又罡魁易位，四月占之，为天罡课。万物被伤，小则阻滞，大则灾殃。幸来去俱空，有菩提无树、明镜非台之象，吉凶皆不实也。惟利九流僧道。

天时：雨欲作而还止，出旬沾足。家宅：主有空巷，往来不宁。婚姻：不成，申年月昼占成。胎产：昼占惊恐，夜占女胎，吉。功名：秋试有望，余无成。求财：宜结绝田产旧事，或借本营生。疾病：不利占妻妾。失脱：勿寻。出行：空劳往返。行人：在道，未至。争讼：先见纷纭，后即解散。兵战：无成功。

《毕法》云：彼此猜忌害相随、干支值绝凡谋决、来去俱空岂动移？《秘要》云：昼占三重白虎作长生，乃不幸中之幸。夜占三重青龙作日鬼，乃幸中之不幸也。《袖中金》云：返吟四孟，为绝元胎。

戊寅日第八课

```
财  青螣  丙子  胎神
父  阴常  辛巳  日德 日禄 日盗 六害
兄  合合  甲戌  大煞 日医 地医
```

```
   青螣 贵空 常阴 合合
    子   未   卯   戌
    未   寅   戌   戌
```

```
         勾朱 青螣
合合  戌  亥   子   丑  空贵
朱勾  酉            寅  白后
螣青  申            卯  常阴
贵空  未  午   巳   辰  元元
         后白 阴常
```

课格：知一，斩关，铸印，蓦越。

课意：禄神及德，戌墓子克，夜贵闭口，作墓临宅。

解曰：巳乃日之德禄，今居中传，却被初传子水克之。末传戌土墓之，则德禄俱废矣。未加寅，夜占为贵人临宅。然未乃旬中之尾，名为闭口，有求于贵，必不见诺。况未又为木墓，今覆宅上，必主晦暗而不明也。

断曰：此知一之卦，干支上见刑害，事多起于同类。自知自见，不觉其为寇仇也。斗魁临日，格合斩关，忧疑险阻，必得与贵和同，方能免咎。虽名铸印，然巳临水乡，火不胜水，又无印模，又名铸印不成。

天时：雨多晴少。家宅：主形势低暗，灶被水坏。婚姻：吉，可用，夜占尤胜。胎产：主女，占胎不安，占产即下。功名：主得印绶，但有阻隔。求财：虽有得，即遇耗失。投谒：不合。疾病：主不能言语、饮食。失脱：即在家中，人不肯言。出行：马在贵前，同贵人行，吉，尤利避祸。行人：占尊长即至。争讼：事起蓦然，不利告贵。兵战：昼占有惊，夜占吉。

《毕法》云：一旬周遍始终宜。《课经》云：子年戌月寅日，卯将戌时，子为太岁，又为日财，德合加未为用，初传青龙，末传六合，为时泰课。占者万事亨利。《照胆秘诀》云：除定开危卯未方，龙常阴合可逃藏。

戊寅日第九课

```
兄  空贵  丁丑
父  后白  壬午  羊刃  支合
子  朱勾  空酉  日解  破碎
```

```
    合合  后白  空贵  朱勾
    戌    午    丑    酉
    午    寅    酉    戌
```

```
朱勾  酉   合合  勾朱  子   青螣
            戌   亥
螣青  申              丑   空贵
贵空  未              寅   白后
后白  午   巳    辰   卯   常阴
           阴常  元元
```

课格：昂星，虎视，三光，转蓬，励德。

课意：首末皆空，刃虎居中，两贵勿恃，终守困穷。

解曰：酉既旬空，丑亦坐空，占事必无终始也。午为羊刃，昼占乘虎，居中独存，动必遭其祸也。昼贵临酉空脱，夜贵临卯被克，皆不足恃也。三传无益，两贵难依，计惟守空败之酉金，终身于困穷而已矣。

断曰：此昂星虎视之卦，主举动稽滞，多历惊危，难进易退，虚耗百出。又转蓬为惶惑不定之象。三传阴甚，暗昧昏沉。幸而初末俱空，吉凶皆归无实。丑为玉堂旬奇，贵临卯酉，格合励德。君子俯仰无愧，自能避灾获福。

天时：多雨多风，久阴。**家宅**：主宅旧人贫，防有败子。**婚姻**：不成。**胎产**：胎坐长生，昼占即产，夜占生女。**功名**：艰苦难得。**求财**：如捕风捉影。**投谒**：不遇，即遇无益。**疾病**：甚见危险。**失脱**：主在北方，难获。**出行**：欲行还止，既行复返。**行人**：未归。**争讼**：惊忧易散，被系即解。**兵战**：昼占吉，夜占不利。

《毕法》云：人宅受脱俱招盗、虎视逢虎力难施。《课经》：六月午将寅时，虽是昂星虎视，却为三光。夏占得丑贵人临之，戊课在巳，是日有气。寅支传午，又是辰有气。既光其身，又光其宅，又光其动作，三者皆有光华，故名三光。占者万事吉昌，不劳费力也。

戊寅日第十课

```
子  螣青  空申   游都  日马  支冲
财  勾朱  乙亥         支合  六破
官  白后  戊寅   鲁都  干奇  仪神  天贼
```

```
     螣青 阴常 勾朱 螣青
      申   巳   亥   申
      巳   寅   申   戊
```

```
             朱勾 合合
    螣青  申  酉  戌  亥  勾朱
    贵空  未              子  青螣
    后白  午              丑  空贵
    阴常  巳  辰  卯  寅  白后
             元元 常阴
```

课格：重审，元胎，不备。

课意：虚生天干，中传财散，祸乃自招，夜鬼凶悍。

解曰：申为戊土长生，临干发用，岂不为美？然值旬空则为虚生矣。亥为戊土之财，初传相生而出，岂不顺利？然坐空乡，则为财散矣。所存者末传寅为日鬼，夜占乘虎，尤极凶悍，胡可近哉？而戊课之巳，自往加寅，以招其祸，于人乎何尤？

干乘支马，支乘干禄，而寅虎临于亥地，是谓鬼自就生，不来侵犯也。

断曰：此重审之卦。一下克上，事多未顺，必从内起，利后动不利轻举。又名生胎，凡事有鼎新之象。惜初中空陷，吉凶皆虚耳。若于七月得之，申金填实，好事即能真确矣。盖禄马俱临，时逢旺气，虽旬空无害。

天时：秋占有雨，余占无雨有风。家宅：利出外，若在家不免虚耗。婚姻：七月昼占吉，余恐不成。胎产：胎神临败地，宜防损漏。功名：主有虚声荐引，或无实际。求财：虚费唇舌，或关田土，终防耗散。疾病：火症或头目之症，或得之女色，其象甚凶。失脱：难寻，或投势家，吏不敢擒。出行：主欲东行，不能离家。行人：占家长当日至，余在道。争讼：事无实迹，不利到官。兵战：防虚诈。

《毕法》云：权摄不正禄临支、富贵干支逢禄马。《纂要》云：白虎名催官符，占赴任必速。又干上申昼乘青龙，若九月占，作月内之生气，虽目下未见峥嵘，却徐徐发福，惜值旬空耳。

戊寅日第十一课

兄	合合	庚辰	干墓 六仪 天医
父	螣青	壬午	羊刃 支合
子	后白	空申	游都 支冲 日马

```
    螣青 合合 阴常 贵空
     午   辰   酉   未
     辰   寅   未   戌
```

```
          后白   阴常
贵空  未   申    酉   戌  元元
螣青  午              亥  常阴
朱勾  巳              子  白后
合合  辰   卯    寅   丑  空贵
          勾朱  青螣
```

课格：重审，间传，斩关，登三天，狡童。
课意：自墓传生，终不能宁，递相挽抑，两贵皆丁。
解曰：初传日墓，末传长生，自墓传生，先迷后醒也。而申值旬空，徒然受墓逢刃，终成虚语，岂能宁处乎？干上乘支墓，支上乘干墓，互相牵挽掩抑，以就昏昧。丑贵旬丁，未贵亦藏课丁，主贵人动变。惟贵登天门，仕宦占之最吉。
断曰：此重审之卦，斗罡加辰发用，课名斩关，亦名登三天。事起阴小，利于后动，所往阻隔，不得遂意而行。况末传空脱，为欲登高而不能之象。夜占用起六合，终于天后，主阴私不正，君子所羞。惟罡塞鬼户，利阴谋私祷，避难逃灾。然利大人大事，不利常人小用也。秋占吉。
天时：久旱得雨。家宅：主人昏宅暗，尤宜谨慎闺门。婚姻：夜占不宜。胎产：防因病损胎，七月昼占得男。功名：年命在丑，七月昼占大利。求财：无益。疾病：风瘫之症，虽危有解。失脱：主奴仆幼辈所窃，不可获。出行：利上任及逃避患难。行人：在路。争讼：防事情转大。兵战：昼夜皆吉。

《毕法》云：罡塞鬼户任谋为、干支乘墓各昏迷、后合占婚岂用媒？《课经》云：贵登天门，辰藏煞没，丑加亥者为的，四孟月尤佳，缘四维为月将也。"神将论"云：六合在辰曰违礼；天后在申曰奸私。起六合，终天后，谓之狡童。

戊寅日第十二课

兄　合合　庚辰　干墓　六仪　天医
父　朱勾　辛巳　日德　日禄　日盗　六害
父　螣青　壬午　羊刃　支合

```
合合 勾朱 贵空 螣青
辰   卯   未   午
卯   寅   午   戌
```

```
           贵空 后白
螣青 午    未  申   酉 阴常
朱勾 巳           戌 元元
合合 辰           亥 常阴
勾朱 卯    寅  丑   子 白后
          青螣 空贵
```

课格：重审，进茹。

课意：身宅罗网，守之自旺，动作他谋，许多恶况。

解曰：干上午，支上卯，皆前一位神，名天罗地网。占得此者，兜裹身宅，不得亨快也。支上乘旺，止利静守在家。若妄有动作，则变为罗网，缠其身宅。初入墓中，继逢绝地，终见羊刃，凶咎百出矣。如得行年本命，冲破罗网，始见亨通。

卯乘朱雀加支，天罡蓦越发用。主口舌文书，事起忽然，进凶退吉。

断曰：此重审之卦，顺进连茹，名为升阶，有观光上国之象。凡占守旧则吉，积善余庆，主有人来相助，始虽阻碍，终得其援引卫护之力。巳午岁春夏逢之，大利。

天时：初见兴云，旋复晴皎。家宅：不吉，然宜守旧。婚姻：主仓猝而合，后防惧内。胎产：主胎气旺，昼占生男。功名：安命自来，求进反退。求财：无得。疾病：不妨。失脱：主有窝者，难获。出行：有阻，虽远必返。行人：忽然到家。争讼：终不明剖，不如和息。兵战：进中有退之象。

《毕法》云：所谋多拙遭罗网、干墓并关人宅废。《古鉴》：一助教四十六岁，申将未时，占前程。曰：日上天罗、羊刃，支阴发用，传归日上，昼将青龙，当赴任矣。行年到亥，见子即为地网，必阻外艰。卯六数，辰五数，巳四数，此十五年，合至监司之职。自后入午天罗，必见谪降。二十三年，大运终矣。后皆验。

己卯日第一课

官　青合　己卯　日医　支仪
财　常贵　丙子　日盗　三刑　勾神
父① 朱空　壬午　日禄　支破　飞符②

```
        青合 青合 螣白 螣白
         卯   卯   未   未
         卯   卯   未   己

            朱空 螣白
合青  巳   午   未   申  贵常
勾勾  辰              酉  后元
青合  卯              戌  阴阴
空朱  寅   丑   子   亥  元后
         白螣 常贵
```

课格：伏吟，自信，三交。

课意：卯鬼交逢，昼合夜龙，随时闭口，灾祸犹攻。

解曰：卯为日鬼，交逢课传，重叠五见。又况昼将六合，夜将青龙，亦皆木类，助鬼可知。未为旬尾，而临日干，是为闭口，当随时缄默。犹且不免昼虎夜蛇之凶。若使轻举妄动，则灾祸之攻，必不免矣。

断曰：此伏吟自信之卦，三传四仲，格合三交，事主藏匿，静中求劳，动中得滞，有屈而不伸，前不能退，后不能遂之象。又支墓覆干，主自被昏迷。六合并临于卯，主阴私不明。若戌月占此，名曰天烦，多凶少吉。

天时：先雨后晴。家宅：宅旺，人口未宁。婚姻：和美，但恐受制于内。胎产：不实或主聋哑。功名：可得，但宜静俟，动则有咎，夜占试必中。求财：当藉贵人之力。投谒：不遇，虽遇，两情不吐。疾病：主僵伏喑哑，或不进饮食，作福吉。失脱：不出家中，逃者难获。出行：不能动身，行亦复返。行人：未至或先得音信。争讼：不利见官，和息为吉。兵战：昼占得金宝，美丽，夜占大胜，得货物图书，忌暗中侵袭。

《毕法》云：鬼临三四讼灾随、丧吊全逢挂缟衣。"神将论"云：雀乘午火居南方，四刑冲煞，当主火烛，幸伏吟，神煞不动耳。《玉成歌》云：伏吟举动心无遂，三交凶吉皆因内。

---

① 原文：官。
② 原文字迹模糊，貌似"飞符"。

己卯日第二课

兄　白螣　丁丑　干奇　日刑　日冲　游都
财　常贵　丙子　日盗　三刑　勾神
财　元后　乙亥　日解　三合

```
         白螣 空朱 合青 朱空
          丑   寅   巳   午
          寅   卯   午   己
```

```
            合青 朱空
勾勾  辰   巳   午   未  螣白
青合  卯                申  贵常
空朱  寅                酉  后元
白螣  丑   子   亥   戌  阴阴
          常贵 元后
```

课格：重审，退茹，三奇，励德，蓦越。

课意：遁传三奇，所卜皆宜，动用既可，退守无亏。

解曰：三传旬遁得乙亥、丙子、丁丑，为天上三奇。日月星精，珠联璧合。占者得之，无往不宜也。动而三传，既得子亥之财，退守日上，又有旺禄之生。进退动静，无所不可也。丑为玉堂，子为明堂，亥为绛宫。

断曰：此重审之卦，顺进连茹。凡事当周详审顾，循理而行，退中有进，欲行不行，欲止不止。事防再举，节外生枝。上神生日，传见三奇，逢凶不凶，遇吉愈吉。仲夏得此，年命又临旺神，必有奇福蓦然而至。惜其丑午穿心，子午冲击，未免美中不足。

天时：风雨调和，岁时丰穰。家宅：宅吉人安，主有果木隙地。婚姻：吉，防翁姑不喜，昼占为佳。胎产：安。功名：夏占及年命生日者，必得显达。求财：遂意。投谒：有意外之遇。疾病：主气干呕恶心，愈防再发。失脱：难获，知者不肯言。出行：宜南方及夏日，必得称心。行人：速至。争讼：主为口舌虚诈，宜和解。兵战：昼夜皆利，益多损少。

《毕法》云：尊崇传内遇三奇、旺禄临身徒妄作。《课经》云：酉加旬首戌上，昼乘元武为闭口卦。《袖中金》云：丑子亥为入墓，有收藏之态，仕进无心。《心印赋》云：日上神与命上神相生合，喜福来亲。又云：子丑相加事必成，更逢吉将转欢欣。

己卯日第三课

兄　白螣　丁丑　干奇　日刑　日冲　游神①
财　元后　乙亥　日解　三合
子　后元　空酉　支冲　灾煞　孤辰

元后　白螣　青合　合青
亥　　丑　　卯　　巳
丑　　卯　　巳　　己

　　　　　勾勾　合青
青合　卯　辰　巳　午　朱空
空朱　寅　　　　　未　螣白
白螣　丑　　　　　申　贵常
常贵　子　亥　戌　酉　后元
　　　　元后　阴阴

课格：涉害，间传，极阴，九丑，龙战。
课意：身马宅丁，不容少停，元脱空败，阴极阳生。
解曰：身乘卯马，宅乘旬丁，马动丁随，决主于动，不容少停也。末传酉乘元武，盗脱日干之气，又系旬空，又系土败之地，至此极矣。物极而变，或者阴尽阳生之候乎。

此课因未加酉，故有此说，余不然也。

断曰：此涉害之卦，格合极阴。又己卯日，丑加辰发用，是名九丑。戊己乃北辰下降之日。卯为阳盛阴绝之辰，刑杀不正，万物纽结，上下迍邅，事多凶咎。况涉害主久历艰辛，龙战主人心疑惑，极阴进寸退尺，动有乖离也。所喜上神生日，乃有人上门助我，不劳我力。然终嫌末传不实，有始鲜终耳。

天时：久阴霖雨。家宅：主人多屋窄，幽暗不明。婚姻：相宜，然美中不足。胎产：主女胎，难产。功名：年命在巳者吉。求财：有得。疾病：主腹痛惊危，然不妨。失脱：难获。出行：不利。行人：有信，丑巳日至。争讼：难解，至达省部。兵战：防有变。

《毕法》云：眷属丰盈居狭宅、龙加生气吉迟迟。《课经》云：昼将六月占，青龙乘生干之神，又作月内之生气，若君子欲施惠于人，未尝启齿，缓缓作福。《观月经》云：四辰连五日，九丑主恶声，大吉将加仲，大小两时并，三年与三月，不出大凶生。

---

① 原文：游神。疑为"游都"之误，但"游神"亦对。姑因之。

己卯日第四课

```
财  勾贵  丙子   日盗 三刑 勾神
子  螣元  空酉   支冲 灾煞 孤辰
父  阴空  壬午   日禄 支破 飞符
```

```
     螣元 勾贵 青螣 常勾
      酉   子   丑   辰
      子   卯   辰   己
```

```
             白合 常勾
  空朱  寅   卯   辰   巳  元青
  青螣  丑               午  阴空
  勾贵  子               未  后白
  合后  亥   戌   酉   申  贵常
             朱阴 螣元
```

课格：弹射，三交，励德，二烦。

课意：守辰厄塞，动值遥克，中末皆空，解忧释惑。

解曰：辰乃水土之墓，守之则为墓所覆，厄塞而不通。动而逢子，为弹射之财，又遭贵人、勾陈两土夹克，虽有财而不为己用也，遂投中未。两传俱空，只宜解散忧疑。若占好事，是谓捕风捉影 凡百无成。

断曰：此弹射之卦，三传皆仲，格合三交，事主动摇，人情倒置。利客不利主，利先不利后。况午加酉为死交，凡事失节阻碍，不能成合。辰阳与日干相竞，凶重有力。幸传空为遗镞失弹，祸福俱无成也。又日月宿加四仲，斗罡系丑未，行年立卯酉，名天地二烦，为咎不小。

天时：求雨不雨，求晴不晴。家宅：身宅不安，宜谢工神。婚姻：刃；吉。胎产：防不实，兼防产难。功名：显者升迁，小吏迪否。求财：用尽机心，终归无益。疾病：春夏无事，秋冬及久病大凶。失脱：难寻。出行：不宜。行人：不来。争讼：解散。兵战：昼占开地千里，夜占土卒折伤。

《毕法》云：夫妇芜淫各有私，彼此猜忌害相随。《课经》：三月十五口西将子时，男命行年在子，日宿酉并临子，罡系未，为天烦格。女命行年在午，月宿卯并临午，罡系未，为地烦格。德气在内，刑气在外，天地翻覆，莫大忧烦也。

己卯日第五课

兄　后白　癸未　福星　羊刃　鲁都　支墓
官　白合　己卯　日医　支仪
财　合后　乙亥　日解　三合

　　　后①白　合后　合后　白合
　　　　未　　亥　　亥　　卯
　　　　亥　　卯　　卯　　己

　　　　　　空朱　白合
青螣　丑　　寅　　卯　　辰　常勾
勾贵　子　　　　　　　　巳　元青
合后　亥　　　　　　　　午　阴空
朱阴　戌　　酉　　申　　未　后白
　　　　　螣元　贵常

课格：涉害，曲直，洗女，不备，魄化，飞魂。

课意：上门见制，循环不已，昼贵休干，夜亦如是。

解曰：支临干而克干，乃是上门乱首。日干见制，尤为不堪。三传亥卯未不离四课，是谓循环不已，事主牵连不断也。昼贵子临辰上，既入于狱。夜贵申加子上，又陷于空。虽曰昼夜贵加，恐干之者，徒劳无益耳。

断曰：此涉害之卦，合曲直之局。事主疑难，留滞。欲行不行，先直后曲，多算则胜，少算则败。幸己日根固，春占甚宜也。四课不备，又传逢后合，必有阴私不明。辰来克日，上门乱首，亦象邪慝犯上。倘逢冬夏仲月，虎入行年，则为飞魂魄化，尤见凶咎，占者慎之。

天时：多风或阴雨。**家宅**：春吉，主多树木，秋不利，防有奸私不明之事。**婚姻**：不宜。**胎产**：胎神坐墓，防有损。**功名**：可望显达，春占尤吉。**求财**：甚微，防因财生咎。**疾病**：主疫气，夜占虎临干鬼甚凶。**失脱**：难获。**出行**：投人吉，远行有阻。**行人**：即归。**争讼**：主为争财，牵连难结。**兵战**：夜占不吉。

《毕法》云：后合占婚岂用媒？虎临干鬼凶速速。《袖中金》云：飞魂丧魄，二者聚散去来之神。若于日辰行年上见者，更值白虎入传，不见生气，健者忧衰，病者忧死。《订讹》云：己日根固，木得土为根也。若以日干官鬼论，大约君子吉，小人凶。

---

① 原文：合。

己卯日第六课

兄　朱朱　甲戌　大煞　支合
父　元白　辛巳　破碎　驿马
财　勾贵　丙子　日盗　三刑　勾神

```
        元白 朱朱 螣合 空阴
         巳   戌   酉   寅
         戌   卯   寅   己
```

```
         青后 空阴
勾贵  子   丑   寅      卯  白元
合螣  亥                辰  常常
朱朱  戌                巳  元白
螣合  酉   申   未      午  阴空
              贵勾 后青
```

课格：重审　斩关。

课意：生气居中，子戌不容，身边官鬼，于火有功。

解曰：巳火能生己土，今在中传，为初传之戌所墓，又为末传之子所克，是前后皆不相容也。寅虽日鬼，今临身上，反能克开戌墓，耗脱子气，使巳得安然，致生日之功，是巳之有功于己，非以寅之有功于巳耶。

断曰：此重审之卦，事多不由己愿。中见更改，遍历艰辛，方可遂意。又斗魁加辰发用，格合斩关，利于避难奔逃，非安居之象。

寅为日鬼，又为日德而生福神，可善可恶，介乎两端。处正则获福，妄动则招损。

朱雀并临宅上发用，恐招文书口舌。幸入墓无冲，可以安处。若仕人却喜冲动也。

天时：久不见日，亦有风雨。家宅：主人口不和，兼防火烛。婚姻：先难后喜。胎产：胎神临绝，子妻冲克，婢孕防损。功名：有成。求财：有得，交易亦成。疾病：主上逆呕吐，手足不举，大象无妨。失脱：宜寻戌月，擒盗必获。出行：利避患。行人：申日来。争讼：主经三四处官司。兵战：申严号令，无有不克。

《毕法》云：巳坐戌，旦乘白虎作墓，主父母墓中生白蚁，如在堂主病灾。"神将论"云：朱雀南方，文书可防，辰戌投网，乖错遗亡。《百炼金》云：重审利主后举亨，用起朱雀士卒惊；朱空太阴日辰土，彼此欺诈机最深。

己卯日第七课

官　白元　己卯　日医　支仪
子　螣合　空酉　支冲　灾煞　孤辰
官　白元　己卯　日医　支仪

　　白元　螣合　后青　青后
　　卯　　酉　　未　　丑
　　酉　　卯　　丑　　己

　　　　　勾贵　青后
合螣　亥　子　　丑　　寅　空阴
朱朱　戌　　　　　　　卯　白元
螣合　酉　　　　　　　辰　常常
贵勾　申　未　　午　　巳　元白
　　　　　后青　阴空

课格：返吟，无依，三交，九丑。

课意：俱鬼俱空，见凶不凶，夜忧酉鬼，火怪虚逢。

解曰：卯乃干鬼，酉乃支鬼，今酉值旬空，而卯复坐空。虽俱可畏，而却俱消散。乍见为凶，实不成凶也。酉夜乘螣蛇，临宅克宅，夏占更为火鬼，宜防火灾。然既落空亡，不过为火怪虚惊而已，曷足畏哉？

断曰：此返吟无依之卦，卯酉相加发用，主事不和。亲情反覆，近者必远，合者应分。又格合三交，课名九丑。前不能进，后无所依，万物纽结，凡谋不利。

元合蛇虎入传，主有盗贼阴私，惊疑病讼。反幸三传俱空，虚声无实。

天时：忽阴忽晴，昼占密云不雨，夜占闪电大风。家宅：主门户动摇，更改修换。婚姻：不成。胎产：不实。功名：得而复失。求财：虚费奔波。投谒：反复不遇。疾病：暴病惊忧，久病不吉。失脱：耗失无存，逃者难获。出行：欲行频止，卒不果行。行人：未动身。争讼：始见惊疑，终归解散，囚系者即得释。兵战：交锋不成，虚声相恐，防失众。

《毕法》云：后合占婚岂用媒？来去俱空岂动移？《课经》云：酉夜乘蛇克宅，夏占主遭天火，宜以井底泥涂灶禳之。《指窍》云：卯酉为分气，分则异，异则争，定主分争之事。卯为外门，主生气。酉为内门，主杀气。

己卯日第八课

父　元白　辛巳　驿马　破碎
兄　朱朱　甲戌　大煞　支合
官　白元　己卯　日医　支仪

```
   青后 贵勾 元白 勾贵
    丑   申   巳   子
    申   卯   子   己
```

```
            合螣 勾贵
朱朱 戌   亥   子   丑 青后
螣合 酉           寅 空阴
贵勾 申           卯 白元
后青 未   午   巳   辰 常常
         阴空 元白
```

课格：知一，铸印，乘轩，励德。

课意：身宅俱贵，夜费昼惠，末来助初，卯鬼无畏。

解曰：昼贵临身，夜贵临宅，是身宅俱贵也。然夜贵在支为鬼，有损于家，不如昼贵之日财于身，有实惠耳。初传巳火生干，末传卯木助之，卯虽日鬼，助生克墓，殊为有益，何足畏哉？

断曰：此知一之卦，事起同类，恩中有害，贵于和衷安分，方获吉庆。传见铸印乘轩，仕宦得之，官禄通显，常人反为灾咎，且主每事迟钝。传墓入墓，夜贵克宅，昼贵与己课作六害。凡占必尊卑相轧，邪正同处，以致人口灾患。

天时：晴多雨少，时有风。家宅：不利，主家庭神位不肃。婚姻：相宜，恐不成。胎产：安。功名：朱雀克贵，占试不宜，占有印官员吉。求财：守己财，有生发。疾病：昼占父母沉重，夜占凡病见凶。失脱：勿追，恐反有伤损。出行：宜上任。行人：归。争讼：不利，求贵宜和。兵战：昼占不畏，夜防失物。

《毕法》云：末助初传三等论。《古鉴》：酉命生人，午将加丑，占前程。曰：子加未，为鼠忌羊头。戌加巳，为蛇惊犬吠。妻制父母，身克子息，宅贵空亡，神像不整。铸印而元武破范、白虎损模。乘轩而虎金伤卯，谓之堕轩。心术不正，好谈人短，功名必无成。又占雪。曰：申为水母，正在当权。火伏水腾，申子会水，加临日辰；又三传顺布，末传卯作白虎，夜半作雪，当有七寸。果然。

己卯日第九课

兄	后青	癸未	福星 羊刃 鲁都 支墓
财	合螣	乙亥	日解 三合
官	白元	己卯	日医 支仪

合螣 后青 白元 合螣
亥　未　卯　亥
未　卯　亥　己

		朱朱	合螣			
螣合	酉	戌	亥	子	勾贵
贵勾	申			丑	青后
后青	未			寅	空阴
阴空	午	巳	辰	卯	白元
		元白	常常		

课格：涉害，比用，曲直，乱首，不备。

课意：灾祸难遏，夜虎居末，自招其咎，何由免脱？

解曰：亥财临于日上，不为我用，反与未卯合而为鬼。灾祸之生，难以止遏也。夜占白虎乘末传卯鬼，为害滋甚。良由己去加支，自取乱首，非关他人之过，其咎何由脱免也哉？

涉害：亥历戌土一重，未历卯乙①二重，又未在仲，亥在季，故应用未。

断曰：此涉害之卦，局成曲直。始难终易，事贵和同。四课不备，三传循环，遇屯宜止。又日往加辰被克，乃不自尊重，致取其辱。财近身而传化鬼，亦防贪财致悔。

天时：多风少雨。家宅：主上下不和，宜谨慎门户。婚姻：不宜，防夫受制。胎产：胎神坐长生，宜胎不宜产。功名：吉利，宜纳粟求官，改易姓名。求财：防因财致祸。疾病：天后受克临死乡，不利占女病。失脱：盗神生鬼，或致成讼。出行：求官吉，宜春月。行人：即至。争讼：主为妻财，或奸私不明之事，防枷杻。兵战：昼占大胜，夜占无威，军中不宁。

《毕法》云：后合占婚岂用媒？二贵皆空虚喜期。《课经》云：干支自作三合，三传不出四课，名回环格。占凶凶成，占吉吉就。《心镜》云：乱首下欺上，若更将得卯酉，神得后合，主男女讹杂。再值魁罡勾空，至有不可名言之事。

---

① 原文"乙"后有一"未"字，疑为衍文。

己卯日第十课

```
子  后合  空酉   支冲 灾煞 孤辰
财  常贵  丙子   日盗 勾神 三刑
官  青元  己卯   日医 支仪
```

```
    后合 朱空 白后 阴朱
     酉   午   丑   戌
     午   卯   戌   己
```

```
                后合 阴朱
贵勾  申   酉   戌   亥  元螣
螣青  未            子  常贵
朱空  午            丑  白后
合白  巳   辰   卯   寅  空阴
          勾常 青元
```

课格：重审，三交，蕃越。

课意：交车颇美，脱空初值，元卯末逢，穿窬防备。

解曰：卯与戌合，午与未合，干支上下，交车相合，大为美事。但初传之酉，既落旬空，又脱日气，值此只宜解释忧疑耳。凡所谋为，皆不利也。太冲类为贼人，狡猾不正，又乘元武，居末传作鬼，当提防穿窬之辈。

断曰：此重审之卦，孤辰发用，占骨肉至亲不利，占身主见孤独，别离乡井，自立门户。惟宜于僧道九流，及解仇释怨，消忧散祸。又格合三交，利隐匿避灾。占者当固穷守分，大辨若讷，大巧若拙，方能免咎。

天时：重阴无雨。家宅：虚耗不足，子加酉乘贵人，主尊长有灾，或是妇女奸私口舌。婚姻：不宜亦不成。胎产：占胎不实，占产即生。功名：主改任。求财：耗散。投谒：一片虚情，全无实际。疾病：新病即愈，久病凶。失脱，不获。出行：防损失。行人：望久不至，后忽然至。争讼：难中生易，宜解怨释结。兵战：军政更张，防失众心。

《毕法》云：权摄不正禄临支、交车相合交关利。《课经》云：交车六合，传见三交，凡交关用事，必有奸私，或相交涉二三事。《指窍》云：人只知旬空为十干不到处，不知惟虚能起化此正天之中也，故曰天中煞。

己卯日第十一课

财　元螣　乙亥　日解　三合
兄　白后　丁丑　干奇　日刑　日冲　游都
官　青元　己卯　日医　支仪

　　　螣青　合白　元螣　后合
　　　未　　巳　　亥　　酉
　　　巳　　卯　　酉　　己

　　　　　　貴勾　后合
螣青　未　申　　酉　　戌　阴朱
朱空　午　　　　　　　亥　元螣
合白　巳　　　　　　　子　常贵
勾常　辰　卯　　寅　　丑　白后
　　　　　青元　空阴

课格：遥克，弹射，间传，纯阴，溟蒙。

课意：弓在弹亡，夜失须防，六阴全备，两贵渺茫。

解曰：日克遥神，是名弹射。然日上酉既空脱，初传亥又坐空，岂非弹丸已失，虚张空弮乎？空财夜乘元武，须防遗失也。丑卯巳未酉亥六阴全备，不见一阳，昏昧太甚。昼贵子加戌，入狱受制；夜贵申加午，空亡被克，皆渺茫不足恃也。

断曰：此遥克弹射之卦，日之阴阳自相战，多主外事。虚声相射，不得实用，耗费百出，凡事难成。若遇非常惊恐，却反消散，不足为患。吉不成吉，凶不成凶也。课传纯阴，阴极者阳自生，知机①静守，待时而动，斯为得之。

天时：占雨还晴，占晴久阴。**家宅**：幽暗不明，防阴私走失。**婚姻**：不成，成亦不利。**胎产**：有虚惊，却易产。**功名**：不利，位高者危。**求财**：虚耗不足。**投谒**：干贵无益。**疾病**：日马乘丧车临病，占病大凶。**失脱**：不获。**出行**：仲秋吉，余不宜。**行人**：必至。**争讼**：易为解散，有前程者不利。**出兵**：防诈变，不吉。

《毕法》云：六阴相继尽昏迷、两贵受克难干贵、人宅受脱俱招盗。《课经》云：溟蒙之格，利阴谋私干，不利于公。兼天将蛇元后合，干支皆乘盗气，用神坐空，费力不可言也。《指掌赋》云：从魁若乘武合，妻必怀娠；太乙若逢白虎，家多疾病；财遇天中煞，产业倾颓。

---

① 原文：几。

己卯日第十二课

兄　勾勾　庚辰　日贼　支害
父　合青　辛巳　破碎　驿马
父　朱空　壬午　飞符　支破　日禄

```
         合青 勾勾 后元 贵常
          巳   辰   酉   申
          辰   卯   申   己

          　　 螣白 贵常
朱空  午   未   申   酉  后元
合青  巳           戌  阴阴
勾勾  辰           亥  元后
青合  卯   寅   丑   子  常贵
          空朱 白螣
```

课格：重审，进茹，斩关。
课意：虚贵干遇，宅乘日墓，拱三欠一，惟禄难顾。

解曰：申乘夜贵临干，恰是旬空，遇而不遇也。辰为干墓临宅，宅必昏迷也。干上申，支上辰，内拱巳午，欠一未字。午为日禄，进不得未，虚拱于前，则禄不足顾矣。

三传自墓传生，为先迷后醒之象。

断曰：此重审之卦，顺进连茹，进中有退，节外生枝，迟则阻滞，急则顺利也。墓神发用，常人安静则吉，有官者须努力向前，庶可得禄。

斗罡加辰发用，又勾陈并临，犹人遇凶神，重土闭塞，天关难度。喜贵登天门，利于隐避，宜更新外出也。

天时：日多云，夜多露。家宅：宅卑暗，防时有斗殴之事。婚姻：可成。胎产：胎旺，防不足月。功名：努力可得，初见蹭蹬。求财：主有恩赐钱帛，或防弟兄争夺为患。投谒：勤求有益。疾病：淹缠，不妨。失脱：主在道路，或系奴仆远遁。出行：虽有阻隔，忧疑亦吉。行人：可至。争讼：主争田斗杀，防问罪。兵战：利客不利主，进退疑贰，稍伤士卒，不为凶。

《毕法》云：所谋多拙遭罗网、干墓并关人宅废。《占验》：寅将加丑，占官职。曰：申作长生、贵人，生己土，当有尊长提携。又秋金司令，当作刑官。行年白虎乘丁，其势必动。午为禄神临马，朱雀并之，临巳为炉冶，当有炉冶执事。悉验。

庚辰日第一课

兄	后白	空申	日德 日禄 日解
财	青螣	戊寅	大煞 支仪 驿马
官	朱勾	辛巳	长生 劫煞①

```
  合合 合合 后白 后白
  辰   辰   申   申
  辰   辰   申   庚
```

```
            螣青  贵空
朱勾  巳    午    未    申  后白
合合        辰          酉  阴常
勾朱        卯          戌  元元
青螣  寅    丑    子    亥  常阴
            空贵  白后
```

课格：伏吟，自任，元胎。

课意：空禄宜舍，去乘财马，官鬼长生，须分真假。

解曰：申为日禄，既系旬空，又乘昼虎，不宜守也。舍而之中传，既为日财，又为辰马，足可乘矣。末传巳本长生，然夜乘朱雀，为克我之将，是长生而官鬼也；必昼乘勾陈，实有以生我者方是。长生中有真假之分，可不辨乎？

断曰：此伏吟自任之卦，三传皆孟。利上不利下，利远不利近。伏匿不动，触则成咎。占者守正修德则亨。孤辰发用，多虚少实，改动为宜。

虎旺金乡，勾陈捧印，螣蛇生角，考试仕宦皆吉。

天时：有欲雨之状，得风辄散。**家宅**：安静，昼占防虚惊，夜占防妇女口舌。**婚姻**：不宜。**胎产**：占胎，日上神乘虎克胎神，防堕；占产即生。**功名**：申月巳将占者，荣贵；余不过虚喜。**求财**：所得细微。**疾病**：不妨，老人及小儿忌。**失脱**：难寻。**出行**：有阻。**行人**：近者即至，远者回轮。**争讼**：惊忧易解，患难易消。**兵战**：有更变，失众之象。

《毕法》云：宾主不投刑在上、后合占婚岂用媒？《课经》云：丑是旬丁，因父母之墓田而凶动。《古鉴》：丁巳生人，戊申年子将占武职。曰：武职主兵，金旺为宜。今天地盘之申俱空，太常不上传，武无位而禄虚，非吉占也。幸寅上青龙入庙，巳上朱雀为本命长生、官星、学堂，改文必显。果以己酉、庚戌联捷。

---

① 原文字迹模糊，无从辨认，据下文校为"劫煞"。

庚辰日第二课

```
财  勾朱  己卯  六害
财  青螣  戊寅  大煞 驿马 支仪
父  空贵  丁丑  福星 支破 破碎 墓神
```

```
        青螣 勾朱 螣青 贵空
         寅   卯   午   未
         卯   辰   未   庚

              朱勾 螣青
合合  辰   巳   午   未  贵空
勾朱  卯                 申  后白
青螣  寅                 酉  阴常
空贵  丑   子   亥   戌  元元
              白后 常阴
```

课格：元首，退茹，联芳。

课意：始贪货财，丁马随来，详分昼夜，冬雀火灾。

解曰：卯为日之财，临宅发用，似乎可取，故人必贪之。然中传寅为日马，末传丑为旬丁。方欲取财，而丁马随至，则宜相机①而生变动。若株守初财，必无利也。卯乘朱雀临宅克宅，冬月火鬼在卯，昼占主有火灾也。

断曰：此元首之卦，占事多顺，忧喜皆实。连茹逆传，退中有进，和平安静，自当化难为祥。用神与支作六害，又生鬼克日。凡得利之地，须防暗侵，常存退步为佳。

天时：风多雨少。家宅：防有口舌文书之事，或奴仆逃走，冬月防火灾。婚姻：不利，或因妻而致讼。胎产：主有私娠，或涉口舌。功名：宜捐财得官，或藉妻家之力。求财：有得，防致祸。疾病：主长上有灾。失脱：难获，主捕役受贿。出行：昼占为贵人差使。行人：在道。争讼：为财起见，或至破家。兵战：互有胜负。坟葬：末传丑是旬丁，必因父母之墓田而凶动。

《毕法》云：金日逢丁凶祸动。《课经》云：冬占火鬼克宅，末传又乘丁克日，必遭天火，宜以井底泥涂灶禳之。《神应经》云：丑是旬丁，旺相为田，囚死为墓。《指掌赋》云：逆传连茹卯寅丑，联芳悔吝，须知否极泰来。

---

① 原文：几。

庚辰日第三课

官　螣青　壬午 _{鲁都 日贼}
父　合合　庚辰 _{三刑 支墓}
财　青螣　戊寅 _{大煞 支仪 驿马}

_{白后 青螣 合合 螣青}
子　寅　辰　午
寅　辰　午　庚

_{合合　朱勾}
勾朱　卯　辰　巳　午　螣青
青螣　寅　　　　　未　贵空
空贵　丑　　　　　申　后白
白后　子　亥　戌　酉　阴常
　　　　_{常阴 元元}

课格：涉害，见机，间传，顾祖。

课意：彼此不和，寅来教唆，尊求卑下，莫被财魔。

解曰：干被午克，支被寅克，彼此皆受克制，不能和美。而寅为日财，乃助初克日，有如教唆词讼之人，若取此财，必生灾悔矣。自干传支，是谓以尊求卑，谦下乃宜也。末传寅财来冲庚位，当视如魔怪，不可为其所惑。

断曰：此见机之卦，事多阻滞，虚声无实，吉不成吉，凶不成凶。改变动移，贵乎得中守正。又贵人立卯酉，大位者占之，必主升迁荣庆，常人则身宅不安也。

天时：占晴未晴，占雨未雨，必待出旬。家宅：不安，宜谢土神，或有孕妇借歇。婚姻：不宜。胎产：占胎安，占产不宜。功名：官禄空亡不利，惟五月昼占吉，可得科名。求财：防因财而致祸。投谒：主宾客会集。疾病：月内见凶。失脱：宜寻，逃亡自归。出行：不利。行人：即至。争讼：主有教唆之人，或为吏曹，或为道士，或有胡须人，或姓从木旁人，或属虎人。兵战：昼占大胜，夜占众心不宁。

《毕法》云：干支全伤防两损、我求彼事干传支。《精蕴》云：末虽助初而初坐空乡，无力克干，为抱鸡不斗之象。又午辰寅为顾祖格，盖午为寅之子孙，寅乃午之长生，自午传寅有复旧庐之象。凡谋皆吉，惟庚日占病凶也。

庚辰日第四课

官　朱勾　辛巳　长生　劫煞
财　青螣　戊寅　大煞　支仪　驿马
子　常阴　乙亥　日医　日盗

```
  元元 空贵 青螣 朱勾
   戌   丑   寅   巳
   丑   辰   巳   庚
```

```
青螣  寅   勾朱    合合    巳  朱勾
             卯     辰
空贵  丑                   午  螣青
白后  子                   未  贵空
常阴  亥   戌     酉        申  后白
          元元    阴常
```

课格：元首，元胎。

课意：夜巳鬼名，昼巳长生，亥分生克，能败能成。

解曰：一巳也，昼占乘勾陈辰土，土能生金，则为长生矣；夜占乘朱雀午火，火能克金，则为日鬼矣。亥水居末，若径冲克巳火，则巳火不能伤干，而为救神。若作三传递生，则亥生寅，寅又生巳，反为助初而克干，是成败皆在亥也。

断曰：此元首之卦，三传俱孟，亦名元胎。顺利之中，多有隐伏。干支阴阳，俱带刑煞，切不可妄动招悔。喜巳为长生，寅为驿马，三传递生，官临日上发用，又且勾陈捧印，螣蛇化龙。仕宦占之，更逢旺相，显达何疑，常占不利。

天时：久旱得阴，出旬有雨；久雨得止，出旬大晴。**家宅**：宅吉人不旺，防有奴仆盗窃。**婚姻**：和合。**胎产**：胎神临败地，防损。**功名**：四七月占，大吉。**求财**：昼占不吉，夜占利。**疾病**：沉重缠绵。**失脱**：可获，逃者自归。**出行**：改期，上官者吉。**行人**：在道，戌日至。**争讼**：防有刑罪，和解则吉。**兵战**：昼占防折伤士卒，夜占军容不整。**坟葬**：元武临墓，防水侵或贼损。

《毕法》云：三传递生人荐举。《纂要》云：夜占朱雀作日鬼加干，为雀鬼格。朝官防弹章，不利上书言事，临年命可用。"神将论"云：勾陈在巳，金生火旺，故主迁拜。螣蛇在寅，旺则生角成龙，衰则失时，反为蜥蜴。

庚辰日第五课

```
子  青螣  丙子 游都①
兄  螣青  空申  日禄 日解 日德
父  元元  庚辰  三刑 支墓
```

```
      螣青 青螣 青螣 元元
       申   子   子   辰
       子   辰   辰   庚
```

```
             白后 常阴
    空贵  丑  寅   卯  辰  元元
    青螣  子           巳  阴常
    勾朱  亥           午  后白
    合合  戌  酉   申  未  贵空
             朱勾 螣青
```

课格：重审，润下，不备，斩关。

课意：彼求于己，似乎不美，事到周全，致成迤逦。

解曰：自支上神传至干上神，为彼求于己。辰既克子，子亦脱庚，似乎不美也。然及其周全合局之后，则末生中，中生初，初复受生于日干，致成迤逦递生。传课回环，绝无间杂，谓之不美，不可得矣。

断曰：此重审之卦，合润下之局。占者当详审而后行，流动而不息，以应其象。三传不出四课，主谋望必成，亲情和合。所谓三传皆子孙，不求财而财自至也。凡三合成局，事主牵连，终见耗脱。中传空陷，亦名折腰格也。

天时：雨多，草木盛长。家宅：虚耗，主弟兄少，树木多。婚姻：夜为子孙占，吉，可用，主女家微贱。胎产：胎神临墓，主产迟。功名：主有人推荐，却见虚耗。求财：得不偿费。投谒：和合而有不足。疾病：子蛇主妇人灾哭，暴病即愈，申酉月占子孙病即愈。失脱：盗神临空地，盗去可以复还。出行：有虚惊。行人：申戌日来。争讼：和解。兵战：昼占有惊，夜占大胜。

《毕法》云：三传递生人举荐、万事喜忻三六合。《课经》云：未加亥为贵登天门，神藏煞没。又支加干而生干，名自在格。《订讹》云：水性就下，吉凶事皆下人当之。三传喜顺，元武并临，定主盗脱。

---

① 原文字迹模糊，貌似"游都"。

庚辰日第六课

官　后白　壬午　鲁都　日贼
父　空贵　丁丑　福星　墓神　支破　破碎
兄　螣青　空申　日德　日禄　日解

```
    后白 勾朱 合合 常阴
     午   亥   戌   卯
     亥   辰   卯   庚
```

```
            空贵  白后
青螣  子    丑    寅    卯   常阴
勾朱  亥                辰   元元
合合  戌                巳   阴常
朱勾  酉    申    未    午   后白
           螣青  贵空
```

课格：涉害，绝嗣，蓦越。

课意：四课犯上，祭祀绝享，中丑遁丁，动之灾障。

解曰：四下贼上，为绝嗣卦，故曰祭祀绝享。守其干上固有之财，犹之可也。若动而之传，初逢午鬼，显而易知。中传之丑，虽曰生干，却是干墓，又旬遁为丁，亦作日鬼。末传空陷，德禄无气，重重灾障，何可当哉？

断曰：此涉害之卦。《课经订讹》谓：四下犯上，被上夺禄，应名无禄。占主孤独失业，小人无礼，横灾暗祸，事起蓦然。利主不利客，宜后不宜先，静而必动，守正则吉。

天时：风雷电闪，欲雨还止。家宅：午乘虎加亥，防火灾；亥乘朱加辰，主小儿哭泣。婚姻：合而不合。胎产：亥日生，防损堕。功名：始利终钝。求财：宜守己财，妄求反失。投谒：见喜，有相助之意。疾病：主血妄行，或寒热，或痨瘵危笃。失脱：难寻，主妇女拐逃。出行：不利远行。行人：亥日至，或当日至。争讼：主横逆之事，易结。兵战：不利，防中变。

《毕法》云：金日逢丁凶祸动、胎财生气妻怀孕、胎财死气损胎推。《订讹》云：此课神将凶，骨肉分离。神将吉，来意主分财异居。《曾门》云：此占利居家，不利为客，宜训教子弟。《指掌赋》云：初生中，中生末，名遗失而事久陵夷。凡发用之气要聚于干上，初生中末，则益我之气薄矣。

庚辰日第七课

财　白后　戊寅　驿马　支仪　大煞
兄　螣青　空申　日德　日禄　日解
财　白后　戊寅　驿马　支仪　大煞

元元　合合　螣青　白后
辰　戌　申　寅
戌　辰　寅　庚

　　　青螣　空贵
勾朱　亥　子　丑　寅　白后
合合　戌　　　　　卯　常阴
朱勾　酉　　　　　辰　元元
螣青　申　未　午　巳　阴常
　　　　贵空　后白

课格：返吟，无依，元胎。

课意：动意虽切，满目空绝，夜逢五虎，惊不可说。

解曰：遍地禄马，往来冲激，动意可云切矣。然申乃旬空，寅临绝地，虽欲动而不可得也。申本虎也，夜占白虎在寅。三传及日上阴阳之神，共为五虎。逢此岂非至惊至危乎？幸其俱空，或虚惊多而实祸少耳。

断曰：此返吟无依之卦，三传皆孟，四孟临绝，为绝元胎之格，凡事无成。况中传旬空，初末坐空，日上两神无不空者，营营扰扰，真如捕风捞月。惟遇难逢凶，虽惊危之至，却得消解，反为福也。宜静以待动。

天时：久雨难晴，久旱未雨。家宅：贫耗劳苦，防婢仆奸私逃盗之事。婚姻：不宜。胎产：防损。功名：难成。求财：徒费奔波，反多折耗。投谒：十无一遇。疾病：夜占极凶，暴病瘥，久病危。失脱：主宅内人盗，反复不一次，失散难追。出行：防惊恐失脱，往而复返。行人：在路，或别有所往。争讼：不利，若在刑狱，却得即释。兵战：彼此虚作声势，若被围困，即解。坟葬：屡迁不宁，防水防贼。

《毕法》云：后合占婚岂用媒？昼夜贵加求两贵、来去俱空岂动移？《袖中金》云：寅申乘龙，隔墙有祸。《指掌赋》云：年临孤寡，自甘半世孤灯；日遇空亡，多主首阳饿死。

庚辰日第八课

```
财  白后  戊寅   大煞 支仪 驿马
父  贵空  癸未   飞符 勾神
子  青螣  丙子   游都
```

```
      白后 朱勾 后白 空贵
       寅   酉   午   丑
       酉   辰   丑   庚
```

```
           勾朱 青螣
合合  戌   亥   子    丑  空贵
朱勾  酉             寅  白后
螣青  申             卯  常阴
贵空  未   午   巳   辰  元元
           后白 阴常
```

课格：重审，蒿越，引从。

课意：己财先费，方获厚利，初引末从，旬丁昼贵。

解曰：寅为日之财，因坐空乡，故为财费。三传日克初财，迤逦克去，无非财也。财复得财，非厚利而何？干上丑为旬奇，得初传寅为前引，末传子为后从。丑旬遁为丁鬼，昼为旦贵临身，夜为帘幕临干，仕宦者利有攸往矣。

断曰：此重审之卦，前引后从，日干拱贵，乃升迁吉兆也。虽墓神覆日，中传入墓，而丑未相冲，两墓俱开矣。所惜者用神坐空，则前引无力，未免虚声，难期实效耳。又未为干奇，寅为支仪，酉月占百事顺利。

天时：晴雨调和，而百谷少实。家宅：人安吉，颇虚耗。婚姻：妻财坐空不宜。胎产：安，主婢孕，昼占生女。功名：八月占科第、升迁吉，余占虚声无实。求财：小财不去，大财不来。疾病：暴病吉，久病凶。失脱：难获。出行：另改日期。行人：来迟，音信浮沉。争讼：消解。兵战：更变不一，秋占利。

《毕法》云：前后引从升迁吉。《课经》云：庚辰日干上丑，十月占为凶怪格。谓月厌、大煞、天目、飞廉、丁神、墓神俱临也。若更临年命，主极怪极凶。《订讹》云：初末传拱干，主得人提携成合。两贵拱干，主官职升擢。

庚辰日第九课

父　元元　庚辰　三刑　支墓
兄　螣青　空申　日德　日禄　日解
子　青螣　丙子　游都

　　　青螣 螣青 元元 青螣
　　　　子　申　辰　子
　　　　申　辰　子　庚

　　　　　　合合　勾朱
朱勾　酉　戌　亥　子　青螣
螣青　申　　　　　丑　空贵
贵空　未　　　　　寅　白后
后白　午　巳・辰　卯　常阴
　　　　　阴常 元元

课格：元首，润下，不备，励德，闭口。
课意：课传循环，脱空在关，无心俯就，两贵难扳。
解曰：三传不离乎四课，循环而不穷也。事主牵连不断。初末水土皆脱，中申又值旬空。三传虽曰递生，实无所益。俯就于支，支既不甘受脱，我亦何甘受元武之耗乎？两贵临门，昼贵脱败，夜贵被克，俱不足扳也。
断曰：此元首之卦，合润下之局，事虽顺而迟缓，亦主动而丛杂。三传盗泄旺气，又兼空脱逢空，虽见有人相助，究归虚耗。譬如人，肉充皮润而骨髓已空，徒有其形，未免痿废矣。秋冬稍吉，亦主先难后易。
天时：雾露连朝，不成甘雨。家宅：门户冷落，人口衰残。婚姻：不利。胎产：胎安，难产，主生女。功名：虽虚声相引，毫无实际。求财：百般耗折，或为子孙蠹耗。投谒：见贵无益。疾病：上下俱脱，必主吐泻虚损。失脱：难获。出行：多费。行人：申日至。争讼：欲解不解。兵战：昼占凶，宜止息，夜占胜。
《毕法》云：避难逃生须弃旧、脱上逢脱防虚诈。《古鉴》：癸亥生人，戊申六月午将占身位。曰：满盘盗气，一生受子孙之累。初任巡辖，次任巡检，水陆三任，水边屯住。宅上螣蛇，十二年主怪出，寄居避之。申死在子，子九申七，寿六十三。其人前后十男一女，磨折破家，无一长大者。历任皆验。

庚辰日第十课

财　白后　戊寅　驿马　支仪　大煞
官　阴常　辛巳　长生　劫煞
兄　螣青　空申　日德　日禄　日解

```
       合合  贵空  白后  勾朱
        戊    未    寅    亥
        未    辰    亥    庚
```

```
          朱勾  合合
螣青  申   酉    戌   亥  勾朱
贵空  未              子  青螣
后白  午              丑  空贵
阴常  巳   辰    卯   寅  白后
          元元  常阴
```

课格：弹射，元胎。

课意：夜贵闭口，马负财走，幸而逢生，空亡随后。

解曰：夜贵旬尾临辰，是为闭口。贵人不发言，干支何益？寅乃日之财，马负之而发用，宜远动求财。若株守则财反走失也。中传逢日干长生，诚为有幸。奈末传申值旬空，如有缺陷，随后而至，求事之成难矣。

断曰：此弹射之课，日上两课自战，作事无力。多主外来，不干于内，未可出尖。末见空亡，是为失丸遗镞。主蓦然有灾，虚惊无实。又申加巳为生胎，名为忧课。主狐疑犹豫，有始鲜终，吉凶皆不成也。

天时：有风，见虹无雨。家宅：主衣冠门第，秋占有喜。婚姻：七月昼占吉，余不利。胎产：卯临败地，防损。功名：申年月吉，余美中不足。求财：宜远求速取。投谒：不见礼遇。疾病：暴病愈，久病凶。失脱：急追，逃亡自归。出行：有惊险。行人：在道，将至。争讼：利客不利主。兵战：不吉。

《毕法》云：贵虽坐狱宜临干。《纂义》：辰戌日为贵人入宅。《古鉴》：己未生人，子将，占应试。曰：夜贵在宅，自身难显。日上子息，来传我气，子得中第。勾陈滞神，身当患痢不入场。寅妻乘白虎加盗气上，十月防炊臼之梦。五旬后当得官。但未为闭口，巳临绝地，得官后一二年，当办终事矣。俱验。

庚辰日第十一课

兄	后白	空申	日德 日禄 日解
父	元元	甲戌	仪神①
子	白后	丙子	游都

后白　螣青　白后　元元
申　　午　　子　　戌
午　　辰　　戌　　庚

```
                  后白  阴常
贵空  未      申   酉    戌   元元
螣青  午                 亥   常阴
朱勾  巳                 子   白后
合合  辰   卯       寅   丑   空贵
          勾朱     青螣
```

课格：涉害，间传，斩关，涉三渊。

课意：初中泛浮，两虎堪忧，乘生坐克，乐里成愁。

解曰：初传申为旬空，中传戌为坐空。虽有德禄旬仪之美，泛泛浮浮，与我何涉？申，虎也。又乘昼虎，已不堪其忧。况重以戌乘两武，子为脱乡乎？然且忧乐相半，何也？盖庚上得戌生，乐矣，而下被午克。辰上得午生，乐矣，而下被寅克。乐一边即愁一边也。

断曰：此涉害之卦，又为涉三渊之格。历遍艰辛，终防侵害。凡百求谋，劳而无得。惟秋占为吉，乃自立之象。

贵登天门，罡塞鬼户。六神藏，四煞没。斩关得断，华盖隐形。利逃灾避难，不利追捕也。

天时：大风忽止，阴雨连绵。家宅：宅旺人隆，不利举动，暗中有损。婚姻：不成，主女有病。胎产：占胎不安，占产即下。功名：无成。求财：不得。疾病：禄空乘虎主绝食，危甚。失脱：不获，逃亡，不可踪迹。出行：利避难远去。行人：即来。争讼：速解。兵战：待时而动。

《毕法》云：虎乘遁鬼殃非浅、罡塞鬼户任谋为、互生俱生凡事益。《袖中金》云：魁罡临日辰，传有虎阴申酉，为斩关得断，逃者永不获矣。《指掌赋》云：先生后克，乐极生悲，即《毕法》所云"乐里生忧格"也。

---

① 原文字迹模糊，貌似"仪神"。

庚辰日第十二课

官　螣青　壬午 _{鲁都 日贼}
父　贵空　癸未 _{飞符 勾神}
兄　后白　空申 _{日德 日禄 日解}

_{螣青　朱勾　元元　阴常}
　午　　巳　　戌　　酉
　巳　　辰　　酉　　庚

		_{贵空}	_{后白}		
螣青	午	未	申	酉	阴常
朱勾	巳			戌	元元
合合	辰			亥	常阴
勾朱	卯	寅	丑	子	白后
		_{青螣}	_{空贵}		

课格：嚆矢，进茹，丽明。

课意：支干交会，拱贵在内，嚆矢带金，申空无畏。

解曰：巳与申合，酉与辰合，干支上神与干支交车作六合也。巳酉拱夹三传，而初传末传又拱中传夜贵在内，凡事易成。嚆矢得申金，是为有镞。又乘昼虎，势若可畏。然值旬空，则为遗镞，不过虚惊而已。

断曰：此嚆矢之卦，顺进连茹，进中有退，事主动摇，人情颠倒，吉凶倚伏。又魁罡临于二八之门，为天网四张，万物被伤之象。喜末传空陷，始虽惊恐，终得无事。利主不利客，利小不利大。忧在西南，喜在西北。

天时：忽晴忽雨。家宅：主有孝服，阴人离散，或有孕妇寄宿。婚姻：再议，媒妁虚诳。胎产：胎神临绝地，防伤。功名：主有官无禄，七月占吉。求财：申为旬外甲财，主为同伙弟兄脱耗，改谋可得。疾病：凶，宜祈神作福。失脱：难见。出行：宜往西北，亦防耗脱。行人：即来。争讼：主起于口舌，宜和。兵战：夜占不利，昼占胜。

《毕法》云：所谋多拙遭罗网。《心镜》云：遥神克日名嚆矢，虽然射我不足畏，家有宾来不可留，每忧口舌西南至。《袖中金》云：顺连茹午未申为丽明，威权独盛。《指掌赋》云：顺连茹空，名曰声传空谷，退吉而进则不宜。

辛巳日第一课

官　合螣　辛巳　日德　长生
兄　空阴　空申　仪神　鲁都　六合　六破　亡神
财　贵勾　戊寅　大煞　游都　勾神　六害

```
合螣 合螣 常常 常常
 巳   巳   戌   戌
 巳   巳   戌   辛
```

```
                勾贵 青后
合螣  巳   午   未   申  空阴
朱朱  辰            酉  白元
螣合  卯            戌  常常
贵勾  寅   丑   子   亥  元白
           后青 阴空
```

课格：伏吟，元胎，斩关。

课意：旅情未已，半路而止，凡事折腰，遇中有滞。

解曰：伏吟本伏匿而不动，若魁罡加于日辰之上，则为斩关，似有行动之意。末传寅木作日财，必出外而求财也，旅情岂能已乎？中既空亡，所以半路而止。又：中空名折腰格，主中间无力，首尾不应，所以相遇之中，尚有阻滞。巳虽日之德禄，三传刑冲破害俱全，总宜不动为妙。

断曰：伏吟又作元胎，如天地未判，祸福始基，屈而未伸。最宜守之以正，方能致福。按此课，若得年命有吉神相助，最宜求官，缘末传寅木助初传之巳火，作辛金之官星，又兼日德与六合相并故也。

天时：水下火上，不动不变，寅木生火，何能有雨？家宅：夜占平安，昼占不吉。科名：帘幕不见，二场欠利，命乘贵人，中亦可许。求财：财神虽见，可望而不可即。婚姻：刑害不一，损多益少。胎产：课名悬胎，又主腰折，支被寅刑，产母不吉。疾病：鬼墓临干，老少不吉；中申空陷，多因腰疾。出行：半途必返。行人：天罡加罡，不动之象。遗失：元武不见，必非贼窃，寻觅可得。出师：昼占可忧，夜占稍吉。

《毕法》云：末助初兮三等论。《课经》云：辛巳日伏吟，辰上克日，课体本凶。要知金生于巳，巳中有丙，丙与辛合，故辛金不畏巳火，反有相合相助之意。倘命能填实申金，翻成吉课。

辛巳日第二课

财　螣合　己卯　　日解　日盗
财　贵勾　戊寅　　大煞　游都　勾神　六害
父　后青　丁丑　　日墓　地医　福星　日医

```
    螣合  朱朱  空阴  白元
     卯    辰    申    酉
     辰    巳    酉    辛
```

```
          合螣  勾贵
朱朱  辰   巳    午   未  青后
螣合       卯              申  空阴
贵勾       寅              酉  白元
后青       丑    子   亥   戌  常常
              阴空 元白
```

课格：元首，退茹，斩关，励德。

课意：人足乘丁，岂容少停，斩关月将，万里行程。

解曰：丁乃极动之神。末传丑遁旬丁，如人足之乘丁，动必不止。又干乘白虎，罡乘朱雀，罡又加于支上，课名斩关。虽万里之行，岂容少停乎？

断曰：元首课以上克下，格合退茹。居上者宜以礼法自持，在下者当知逆来顺受，庶可弭患。若稍加任性，凶祸难免。虽旺禄临身，却逢空陷，禄不可守矣。急宜就财，翻能致旺。

天时：罡虽指巳，但雀飞龙潜，水神在下，终当不雨。家宅：休气临宅，昼夜皆乘朱雀，恐父母有口舌文书之事。功名：禄马俱空，占官不吉。求财：昼占极利，夜占费力。婚姻：男亦不佳，女亦不吉。产孕：胎神与子孙爻不见，又且母实儿空，恐不成胎。疾病：人空病实，禄陷丁伤，恐不能起。出行：行程万里。行人：天罡虽则临巳，然末传乘丁，行人即至。遗失：见盗不盗，或为妻妾所藏。出师：昼占则吉，夜占则凶。

《毕法》云：金日逢丁凶祸动、胎财生气妻怀孕（三月占）、胎财死气损胎推（九月占）、旺禄临身徒妄作（指日禄不空者，禄空当别论）。《神应经》云：酉加辛，末传见丁丑，凶必因田而起，祸必由墓而生。昼占犹可，夜卜尤甚。又《课经》云：此日占人年命上加酉，占应试，必中魁元，缘酉为亚魁星故也。

辛巳日第三课

父　后青　丁丑　日墓　地医　福星　日医
子　元白　乙亥　驿马　天网①　支冲
兄　白元　空酉　日禄　日符②　破碎　孤辰

```
       后青 螣合 勾贵 空阴
        丑  卯  午  申
        卯  巳  申  辛
```

```
              朱朱 合螣
   螣合 卯   辰  巳   午  勾贵
   贵勾 寅              未  青后
   后青 丑              申  空阴
   阴空 子   亥  戌   酉  白元
              元白 常常
```

课格：间传，极阴。

课意：申夜空空，墓脱须逢，家须富有，丁马逢凶。

解曰：申本旬空，夜复乘空，故曰空空。丑为日墓，亥为日脱。末传酉金，又作旬空。事皆陈腐，说尽空谈。宅上卯木，乃是财星。上乘六合，家道必丰。然马脱之，丁伤之，恐祸患必逢也。

断曰：极阴间传，昏晦之中，复多阻隔。初墓逢丁，中遇脱马，末逢空禄、昼元夜虎，其凶愈甚。更名蓦越，主事起忽然，祸生于内，昼占犹可，夜卜不祥。

丑加卯，夜占乘后，主妇人腹病，亦主家中妇人有妊，为腹胎格。

天时：课名极阴，青龙发用，毕宿居未，虽天罡指午，终必有雨。**家宅**：房屋甚好，人丁不多。**功名**：酉命昼占，官禄可得，他命夜占，皆为不吉。**求财**：自己有财，外求则无。**婚姻**：占女则吉，占男则凶。**胎产**：母实儿空，恐不成胎。**疾病**：午为辛金之病地，必主肺疾，丑加卯又主腹痛。**出行**：陆路不利，水路甚吉。**行人**：天罡加仲，必在中途。**捕获**：元武与盗神俱空，贼必难获。**出师**：昼占则吉，夜占防诈。

《毕法》云：金日逢丁凶祸动、交车相合交关利、空上逢空事莫追。《神应经》云：辛巳日，丑加卯为用，丑上墓丁克日。必因墓招尤，由田致祸。或因饮食，或缘财利。祸基于妇人，灾成于顷刻。《课经》云：干上申，支上卯，为交车合财，大宜交关取财。

---

① 原文字迹模糊，貌似"天网"，又似"支德"。
② 原文字迹模糊，貌似"日符"。

辛巳日第四课

财	贵勾	戊寅	大煞 游都 勾神 六害
子	合白	乙亥	驿马 天网① 支冲
兄	空阴	空申	仪神 鲁都 六合 六破 亡神

```
        合白 贵勾 阴朱 白后
         亥   寅   辰   未
         寅   巳   未   辛
```

```
              后合 阴朱
   贵勾  寅   卯   辰    巳  元螣
   螣青  丑              午  常贵
   朱空  子              未  白后
   合白  亥   戌   酉    申  空阴
              勾常 青元
```

课格：遥克，弹射，元胎。

课意：彼己可守，贵临户牖，昼虎脱马，夜虎闭口。

解曰：干上未土生辛，支上寅木生巳，彼此各生，故曰可守。夜贵临宅，如在户牖，然宜于告贵。亥为驿马，昼乘白虎以脱辛干，故曰昼虎脱马，妄动则必生乖矣。甲戌旬中，未为旬尾，未临戌上，是旬尾加旬首，谓之闭口。夜虎临未，故曰夜虎闭口，惟谨言可以脱祸也。

断曰：遥克之课，一名弹射，祸福皆轻。发用愈远，弹愈无力。占或代庖，事或疏远。末传作空，中道宜止。

天时：课传寅木生火，火巳在上，水俱在下，天罡虽则指未，风多雨少。功名：夜占必得，昼占不实。求财：夜占宜得贵人之财，急当勇退；昼占费力，不能全美。婚姻：支干自生，各有美好；支干各刑，均有不足。产孕：子母皆安。疾病：合虎脱干，必患虚症。出行：水陆俱安，行期必缓。行人：天罡加未，行人立至。遗失：元武不见，恐非贼窃，急寻必有。出师：有刑有生，吉凶各半。

《毕法》云：互生俱生凡事益。《占验》：庚寅十月，卯将加午，占日蚀。曰：以太岁作游都，临翌轸发用，勾陈披刑带杀，楚地当有战争之象。弹射有丸，惊忧必重。中传虎马居支阴冲克支神，末传太阴冲克太岁，然是旬空，阴谋必败。又河覆井，虎出林，来年定主风多水涝。后果皆验。

---

① 原文字迹模糊，貌似"支德"，但查无此起例。暂以"天网"代之，以待高明。

辛巳日第五课

```
官  常贵  壬午
财  贵勾  戊寅   大煞 游都 勾神 六害
父  勾常  甲戌   文德
```

```
        青元 螣青 贵勾 常贵
         酉  丑  寅  午
         丑  巳  午  辛
```

```
              贵勾 后合
    螣青 丑  寅  卯   辰 阴朱
    朱空 子          巳 元螣
    合白 亥          午 常贵
    勾常 戌  酉  申   未 白后
           青元 空阴
```

课格：元首，炎上。

课意：将土传火，常人免祸，君子宜占，宅丁倾堕。

解曰：三传合为火局，作日之官爻。君子得此，有升擢之兆。常人值此，必遭官讼。幸昼夜天将皆土，盗脱火气以生日干，故可以免祸。但墓作丁神，临支克干，定主人灾宅堕也。

断曰：元首炎上，文明之象。元遁三传作甲戊庚三奇，再值四德相加，吉神临命，真是无往不利，至吉之课也。

又为遍地贵人格，主事不归一，反无依倚。或权摄不正，或所委不一，以贵多反不贵也。如夜占又名咄目煞，若贵人咄目专视，反加罪戾，不利告贵，占讼尤凶。

天时：火局土将，占天不雨。**家宅**：丁神克日，人宅俱祸。**功名**：贵用官旺，占官必得。**求财**：官旺者财必休。**婚姻**：才貌相当。**胎产**：母子皆吉。**疾病**：午为辛之病地，三传全鬼，年命有救方吉。**出行**：水陆俱吉。**行人**：尚未起程。**出师**：必能开地千里。**遗失**：元武临酉，恐为婢仆所窃。

《毕法》云：众鬼虽彰全不畏、尊崇传内遇三奇、课传俱贵转无依。《指南》：己丑正月亥将加卯，占大同吉凶。曰：游都居支前，贼符侵酉地，西北兵动无疑。初传旺相，生合末传，主奸人内外勾连。中传月建克末传，必破城杀将。又旬遁丁神，临辰之阳，入辰之阴，更有当地盗贼蜂拥而来，终必归降也。

辛巳日第六课

父　白螣　癸未　天医
财　贵常　戊寅　大煞　游都　勾神　六害
兄　青合　空酉　日禄　日符　破碎　孤辰

```
       白螣 朱空 朱空 元后
        未   子   子   巳
        子   巳   巳   辛
```

```
             螣白 贵常
朱空  子   丑   寅   卯   后元
合青  亥           辰   阴阴
勾勾  戌           巳   元后
青合  酉   申   未   午   常贵
     空朱 白螣
```

课格：涉害，无禄，不备，乱首。

课意：课传上克，名为无禄，彼此皆怕，就门涸渎。

解曰：四课上神皆克下神，课曰无禄。日干辛金被巳火所克，支神巳火被子水所伤，故彼此皆怕也。巳本支辰，今临干克干，是为乱首。如上门欺凌，故曰就门涸渎。

断曰：课名不备，诸事不周，在上者必孤，居下者必散。缘上皆克下，不能忠恕，自然婢仆离散。以致上不能守其禄位，下不能保其妻子也。

天时：天罡指毕，水已上升，忽逢未克，雨必不大。家宅：众叛亲离，门衰祚薄，虽见子孙，终必孤独。功名：既名无禄，何能有官？求财：青合逢空，财爻临墓，财必不得。婚姻：男亦不佳，女亦不吉。产孕：胎财坐墓，产必不易；逢生气犹吉，逢死气则凶。疾病：病来克人，禄又空绝，蛇虎发用，占幼必死。出行：辰上神克日上神，行亦不能，去亦不吉。行人：彼尚来归，此何能返？遗失：元武临干克干，必为贼劫；然元武恋后坐墓，必不他适，获之最易。兵战：御下当宽，攻城不利。

《毕法》云：干支全伤防两损、胎财生气妻怀孕、胎财死气损胎推。《观月经》云：日为尊者父，辰作少年儿，尊者来加子，少年反克之。因名为乱首，老者必低蕤。家内应无礼，官司岂有仪？又《课经》云：辛巳日，子加巳，秋占，子为火鬼，夜将乘朱雀克宅，防遭回禄。

辛巳日第七课

官　元后　辛巳　日德　长生
子　合青　乙亥　驿马　支德① 六冲
官　元后　辛巳　日德　长生

　　元后 合青 勾勾 阴阴
　　巳　 亥　 戌　 辰
　　亥　 巳　 辰　 辛

　　　　　朱空 螣白
合青　亥　子　丑　寅　贵常
勾勾　戌　　　　　卯　后元
青合　酉　　　　　辰　阴阴
空朱　申　未　午　巳　元后
　　　　白螣 常贵

课格：返吟，无依。

课意：长生莫举，就辰浊土，失十得一，勿登贵堵。

解曰：巳乃辛金之长生，临亥受后元之夹克，何能生干？更就辰之浊土，又被戌土所冲，得之无几；却被中传亥水任意盗脱，所谓得一而失十也。昼贵午临子，夜贵寅临申，皆受下神冲克，求必无益，贵人之门墙，不可登矣。

断曰：返吟无依，事必反覆。得物必失，败事乃成。多主改动，又主两岐②。占者狐疑，无所依倚之象也。

天时：天门地户相通，青龙带水升天，定然有雨。**家宅**：德神受克，尊长有灾。**功名**：官星虽有，被亥所克，贵禄不见，功名不吉。**求财**：所得不偿所失。**婚姻**：龙后冲克，占皆不吉。**胎产**：天后为母，六合为子，子母相冲，昼占易产。**疾病**：寒热往来，反复不定。**出行**：课名斩关，青龙乘马，往来不已。**行人**：天罡加季，行者立至。**遗失**：元武克日，的是贼窃。**盗贼**：三传尽是元武盗神，支上阴阳各乘元盗，谓之遍地皆盗，且盗神作青龙乘马，恐不能获。**兵战**：返吟课，不利出师。

《毕法》云：两贵受克难干贵、初遭夹克不由己。《精蕴》云：巳火为辛金之官星，今被夹克，是官不由己。又巳为辛金之长生父母，亦是生不由己之类。《照胆秘诀》云：天倾西北日月随，地陷东南江海归；巳亥中间常缺欠，重求轻得告君知。

---

① 原文字迹模糊，貌似"支德"，但其起例有以戌为支德，无亥为支德者，应以"网罗"代之。
② 通"歧"。上下同，不赘。

辛巳日第八课

财　后元　己卯　日解　日盗
兄　空朱　空申　仪神　鲁都　六合　六破　亡神
父　螣白　丁丑　日墓　地医　福星　日医

```
      后元 勾勾 空朱 后元
       卯   戌   申   卯
       戌   巳   卯   辛
```

```
                合青 朱空
勾勾  戌    亥   子    丑  螣白
青合  酉              寅  贵常
空朱  申              卯  后元
白螣  未   午   巳   辰  阴阴
         常贵 元后①
```

课格：重审，斩关，励德，不备，斫轮，乱首。

课意：课同斫轮，昼虎遁丁，自取乱首，凶动难停。

解曰：卯加辛用，亦斫轮体也。虽作辛财，昼乘元武，必有失脱。中传空亡，又为折腰。末传丁丑，昼夜各乘蛇虎，凶已不可遏矣。辛复往加于巳，受巳炙克，名自取乱首，凶祸自不能停也。

断曰：木器欲成，非金不就。凡事皆新，先忧后喜。卯木加辛，名曰财来就我，急宜取之，迟则戌土反受其克矣。又卯为妻妾，昼乘元武，必因妻妾而失财。戌加于巳，何云受克？缘戌有辛寄，辛金受克故也。然巳火固能克金，亦能生土。凡占吉凶各半，祸福无不自己求之者。

天时：天罡加亥，水运乎上，占必有雨。家宅：外面似有进益，却反虚耗。功名：官禄不见，恐不能得。求财：必有所得，必有所失。婚姻：以夫就妻，不甚美好。胎产：干支上下交克，占者不吉。疾病：金日逢丁，恐难脱体。出行：有轮无马，恋家不行。行人：天罡加亥，尚未启行。兵战：昼占盗失，夜占无威。坟葬：丁火临墓，不吉。

《毕法》云：金日逢丁凶祸动、不行传者考初时。《古鉴》：戊申十一月，寅将加酉，占妻。曰：日去加辰，夫就妻也。夫长妻少（卯长于戌），九年相守（巳四，戌五），至第八年（丑数八），因作生地（丑乃墓地，申乃生地），与兄弟不足（申乃同类，上见勾陈），得地而死（丑为卯财故得，内藏丁虎故死）。目下主丧妻，缘磨压东门，当有再娶之事（卯为东门，申为磨石）。后皆验。

---

① 原文：后元。

辛巳日第九课

兄　青合　空酉　日禄　日符　破碎　孤辰
父　螣白　丁丑　日墓　福星　地医　日医
官　元后　辛巳　长生　日德

```
    螣白  青合  常贵  贵常
     丑    酉    午    寅
     酉    巳    寅    辛
```

```
          勾勾  合青
青合  酉  戌    亥    子  朱空
空朱  申              丑  螣白
白螣  未              寅  贵常
常贵  午  巳    辰    卯  后元
          元后  阴阴
```

课格：知一，从革，狡童。

课意：昼虎丁丑，凶祸必有，禄空破碎，居家难守。

解曰：中传丑土，旬丁所附。夜则乘蛇，昼则乘虎。无论所筮何事，必罹凶祸。宅上龙合乘禄，本乃佳征。然逢空亡破碎，恐宅必破而资必耗也，故曰居家难守。

断曰：从革狡童，事多更改，发用空禄，喜必虚声。凡百所占，必皆始虚终实。但中墓末鬼，丁作蛇鬼，是吉则虚，而凶则实也。倘人逢酉命，或时遇仲秋，占官问禄，尚有吉象。

昼占帘幕临日，但惜禄神入墓。

天时：天罡在子，毕宿与青合皆空，不能有雨。家宅：外观富贵，家内难堪。功名：酉命人占，可以必得。求财：可得贵人之财。婚姻：婿必乘龙贵客，女有厚奁虚名。胎产：必生贵子，产母甚吉。疾病：人实病空，冬占甚吉。出行：丁神乘墓，终日奔驰。行人：天罡乘孟，丁神被墓，行人不归。兵战：明鬼不惧，将乘元后也；暗鬼难防，将乘蛇虎也。

《毕法》云：权摄不正禄临支、贵虽坐狱宜临干、虎乘遁鬼殃非浅、传墓入墓分憎爱、合中犯杀蜜中砒。《玉成歌》：从魁同虎干支住，宅里须言有孝人。又云：三传带合须干谒，类就其干众所占。《指掌赋》云：酉丑巳为献刃，远近俱被其伤。

辛巳日第十课

```
兄    空朱  空申    六合  六破  仪神  鲁都  亡神
子    元青  乙亥    支冲  驿马  支德①
财    贵常  戊寅    勾神  游都  大煞  六害
```

```
       元青 空朱 朱阴 后白
        亥   申   辰   丑
        申   巳   丑   辛
```

```
        白合  常勾
空朱  申  酉   戌   亥  元青
青螣  未            子  阴空
勾贵  午            丑  后白
合后  巳  辰   卯   寅  贵常
         朱阴 螣元
```

课格：重审，元胎。

课意：虎墓值丁，暗祸来侵，宅中败走，夜贵真诚。

解曰：虎墓临干，又值旬丁，丁作暗鬼，故曰暗祸来侵。宅上乘申，申上乘亥，亥为辛金之败气，必是宅中有败荡之人走动也。三传申既劫财，亥复脱气，皆非佳境。惟末传寅木，乃辛金之妻财。昼夜乘太常天乙，暗助辛金，方为真实之益利耳。

天空之阴作元武，必有盗贼入宅相欺。

断曰：宅上旬空发用，宅已空虚。墓虎乘丁，临日作鬼，人复被祸。幸末传作救，告贵相宜。倘年命乘吉，亦可脱灾免患矣。

天时：天罡指丑，昼龙得水，必主有雨。**家宅**：必有兄弟子侄之类，败荡家业。**功名**：课体本凶，占官则吉。**求财**：主得贵人财帛。**婚姻**：男不佳，女不吉。**胎产**：天罡加丑，必生恶女，产母乘空，易生且速。**疾病**：主脾痛或腹痛，却肾经受病，以致不救。**出行**：陆路甚凶，水路虚费。**行人**：天罡加季，驿马乘龙，行人立至。**兵战**：主客皆凶，无功而有害。

《毕法》云：干乘墓虎无占病、虎乘遁鬼殃非浅。《三车一览》云：月厌、大煞、天目、墓神、丁神，临年命日辰，皆主怪异凶灾。辛巳日，干上丑，十月占极凶。又云：日墓乘鬼在六处，谓之虎墓，占病，必是积块，惟空亡尚可治耳。

---

① 原文貌似"支德"，但其起例不明。

辛巳日第十一课

```
财  贵常  戊寅  勾神 游都 六害 大煞
父  朱阴  庚辰  病符
官  勾贵  壬午
```

```
      白合 青螣 贵常 阴空
       酉   未   寅   子
       未   巳   子   辛
```

```
          空朱 白合
青螣  未   申   酉   戌  常勾
勾贵  午            亥  元青
合后  巳            子  阴空
朱阴  辰   卯   寅   丑  后白
          螣元 贵常
```

课格：遥克，弹射，出三阳，间传。

课意：弹射助鬼，赖有子水，未土不甘，财寅可委。

解曰：弹射之财，辛不能取，反助起末传午火，以伤辛干；幸得子水为救，鬼不为祸也。支上未土不甘，欲害子水，乃惧干阴之寅，不敢加害。更喜发用作救，是积财以消祸也，故曰可委。

断曰：弹射间传，事皆轻浅，祸福皆由于旁起。象主间隔，且多厄塞。又支干各乘六害，亦主客不和之象也。

天时：箕毕乘干支之阴神，天罡临于寅上，风多雨少之象。家宅：人宅相害，焉能致祥？功名：官贵被干上神克去，日禄又空，占官不吉。求财：藉他人之财，弭自己之患则可，若问入己，恐不能取。婚姻：男女相害，皆不甚吉。胎产：子母作害，产不甚吉。疾病：赖有良医，不至困甚。失脱：为婢仆所窃，昼仆夜婢。出行：行人与所去之地不甚相宜，马又不见，恐不能行。行人：人与宅不和而且害，天罡加孟，更兼无马，行人不归。兵战：弹射利客，夜占亦吉。

《毕法》云：彼此猜忌害相随、空上逢空事莫追。《秘要》云：子加辛干，日之脱气，又乘天空，为脱空神。凡占皆无中生有，全无实际。又干上子，支上未，支干上神作六害，主彼此各相猜忌。《括囊赋》云：害挟太常，动止则尊亲有讶。《指掌赋》云：寅辰午为出三阳，金鲤波中。

辛巳日第十二课

官　勾贵　壬午
父　青后　癸未 天医
兄　空阴　空申　六合　六破　仪神　鲁都　亡神

<small>青后　勾贵　阴空　元白</small>
未　午　子　亥
午　巳　亥　辛

```
                青后  空阴
勾贵   午    未   申   酉   白元
合螣   巳              戌   常常
朱朱   辰              亥   元白
螣合   卯   寅   丑   子   阴空
            贵勾 后青
```

课格：遥克，嚆矢，进茹。

课意：嚆矢带金，射中伤身，虚惊定有，守默因循。

解曰：嚆矢射人，本不为害。末传见申金，矢已有镞，射必伤人。幸值申空，又为遗镞，虽不中伤，虚惊难免。欲有举动，又逢罗网，只可静待，听彼亥子脱盗，因循守困而已。

断曰：遥克嚆矢，始若雷吼，后必渐消。事主虚远，祸福皆轻。又四课之阴阳，亥午自刑，子未相害，子午相冲，亥子克午火，未土克亥水，交相冲克，彼此牵制，各立门户，乖戾之极。更不止宾主不投，夫妻反目也。

天时：火被水制，水被土伤，不晴不雨。**家宅**：卯月日占，宅有孝服。**功名**：官星与贵人相并发用，求贵固宜，然三传递生日上之亥水，亥水制官，反为不美。**婚姻**：极不相宜。**求财**：财爻不现，纵得有失。**胎产**：子母皆凶。**疾病**：主吐血，心经有病，难愈。**出行**：马已临身，不得不行。**行人**：驿马临干，行者速归。**兵战**：各有损益，终为客胜。

《毕法》云：所谋多拙逢罗网。《占验》：戊申十一月寅将加丑，占孙读书。曰：干上亥作元武，一金生两水，重重盗气，当有老人遗泄之疾。宅既克干，干又自脱，不特前程难得，宜当夭亡。《指南》：占行人。曰：已起程矣。丙戌日到。盖驿马临干，贵人入辰，又嚆矢为用，行人速来。马临绝地，又为用之墓绝，故到。

壬午日第一课

```
兄  常空  乙亥  干德 鲁都 日禄 支德
财  合后  壬午  胎神
兄  元青  丙子  羊刃 六冲
```

```
     合后 合后 常空 常空
      午   午   亥   亥
      午   午   亥   壬
```

```
              合后 勾阴
朱贵  巳   午   未   申  青元
螣螣  辰                酉  空常
贵朱  卯                戌  白白
后合  寅   丑   子   亥  常空
          阴勾 元青
```

课格：伏吟，自任，杜传。

课意：禄上空常，财禄可伤，倘若他逐，暗伤不睦。

解曰：旺禄临身发用，昼乘天空，夜乘太常，禄被天将所伤，且又带刑，甚觉难守。未免就中传之财，不知午火又临于劫财之上，是财复受伤，故曰财禄可伤。财禄虽伤，尚宜谨守，终有所益。若或弃此而改图，必就末传之子水。子乃网罗、羊刃，又是败气、劫财，冲午克午，暗中相伤，岂有一点和气乎？

断曰：伏吟自任，刚暴自用，任其所刑，必成过愆。今者自刑，乃为杜传，有杜塞不通之象。

天时：天罡居于本位，水火相参，忽雨复晴，既晴复雨之象。家宅：宅乘自刑，必有所伤，复乘后合，阴私难免。功名：日禄与日德发用，初必得意，后不称心。求财：有得有失。婚姻：男不佳，女不吉。胎产：七月占胎，必然妻孕，难免刑伤。疾病：恐患不语、呻吟之症。出行：网罗居末，又无丁马，不动之象。行人：本家暂出可归。兵战：昼占欺诈，夜占稍可。

《毕法》云：胎财生气妻怀孕（七月占）、胎财死气损胎推（正月占）。《占验》：十月寅将加寅占升转。曰：现在食禄，又兼太常，主有兼职，却未升转。幸得监司恳告解任，盖子午乃官贵往来之所，亦监司之家。月建前神，亦为监司，必恳于此解任也。果然。

壬午日第二课

官　白白　甲戌 _{支墓}
父　空常　空酉 _{勾神　仪神}
父　青元　空申 _{驿马　天医　盗神}

```
      螣螣  朱贵  空常  白白
       辰    巳    酉    戌
       巳    午    戌    壬
```

```
             朱贵  合后
    螣螣  辰   巳   午   未  勾阴
    贵朱  卯            申  青元
    后合  寅            酉  空常
    阴勾  丑   子   亥   戌  白白
             元青  常空
```

课格：元首，退茹，六仪，斩关。

课意：关隔频频，虎戌临身，退求生意，空亡后蹲。

解曰：戌加亥发用，为魁度天门。凡占皆主阻隔。戌土作白虎临干克干，诸事皆极凶险，急切不能逃避，未免退归申酉金地以求生，又逢空陷，真是前不能进，后不能生，进退无门之象也。幸第四课辰蛇一冲，凶危可散。

断曰：六仪斩关，本为行动之吉象。今逢关隔退茹，则寸步难行。且虎作明鬼，昼夜随身而不舍，危亦甚矣。倘逢申酉月将与申酉月建，始不言凶。

天时：课名关隔，晴不见日，阴不见雨。家宅：昼占为贵人临宅，家有贵人则吉，无贵人则凶。功名：催官使者发传，官必速得，后恐不吉。求财：财爻不见，龙常皆空，财不能得。婚姻：昼夜皆乘白虎，男必凶暴；昼占女贵，夜占女凶。胎产：日上乘阳，上强下弱，产必生男。疾病：必是肺虚肾竭之疾，恐难脱体。出行：马临空陷，出旬始行。行人：天罡加巳，尚未启行。兵战：昼夜皆凶。

《毕法》云：魁度天门关隔定、干乘墓虎毋占病、不行传者考初时、虎临干鬼凶速速、催官使者赴官期。《精蕴》云：戌加亥，旦墓皆乘白虎，占病多是隔食隔气，或是邪祟，下之为佳。诸占皆不脱关隔二字，犹之乎驾舟楫而登剑阁，御辒辌而过江津也。

壬午日第三课

```
子  螣合  戊寅  地医
兄  合青  丙子  羊刃  六冲
官  青白  甲戌  支墓
```

```
     螣合 后螣 常阴 空常
      寅   辰   未   酉
      辰   午   酉   壬
```

```
           后螣 阴贵
贵朱  卯   辰   巳   午  元后
螣合  寅             未  常阴
朱勾  丑             申  白元
合青  子   亥   戌   酉  空常
          勾空 青白
```

课格：元首，斩关，间传。

课意：阳拱阳神，两贵为邻，辰酉合定，酒色败身。

解曰：支神为宅，宅之左右为邻。壬日以巳卯为贵人，今巳卯居于辰之左右，而支神阴阳，得寅辰午三阳间拱昼夜贵人在内，岂非阳拱阳神，两贵为邻乎？酉临亥上，得水为酒，又为女子。辰即勾陈，乃私欲之神。辰酉相合，自然恋酒贪色矣。何以言败？盖辰为水墓，酉为败地故也。

断曰：课名斩关，发用天梁，利遁逃，宜隐逸，乃行旅之象。此课干支自刑，未免伤身，又自相合，且后合重重，必有阴私，祸非外来，必由自致。

天时：天罡指午，风伯发用，有风无雨。家宅：支干自刑，全无和气。功名：末传昼夜乘龙虎，占官可得。求财：财爻不见，青龙作鬼，取之甚难。婚姻：男不佳，女不吉。胎产：子母相合，又且自刑，三传逆布，占产不吉。疾病：昼占病凶，夜占病减。出行：水陆路俱不佳。行人：天罡加仲，行者半途。兵战：初传克末传，利客不利主。

《毕法》云：空上逢空事莫追、宾主不投刑在上。《指掌赋》云：寅子戌为冥阴格。盖寅为日出之方，子戌阴气盛旺，自寅传戌有阳退入阴之象。凡占自明入暗，犹防暗损，占官最凶。

壬午日第四课

```
财  阴贵  辛巳  游都 福星 破碎 亡神
子  螣合  戊寅  地医
兄  勾空  乙亥  日禄 干德 支德 鲁都
```

```
       合青 贵朱 阴贵 白元
        子   卯   巳   申
        卯   午   申   壬
```

```
             贵朱 后螣
   螣合  寅   卯   辰   巳  阴贵
   朱勾  丑            午  元后
   合青  子            未  常阴
   勾空  亥   戌   酉   申  白元
             青白 空常
```

课格：元首，元胎。

课意：虚生难靠，往临脱耗，天将宜详，且贵勿告。

解曰：申金本生壬水，临干甚善。但逢旬空，是以不足相靠。初传往临，既值空乡，又为破碎。再投中传，复为脱气，是往临其脱耗也。末投壬禄，既被空勾土将相克，又与支上卯木并力脱干，而且占则贵人又坐空亡，告之何益乎？

断曰：元首元胎，事方基始。发用旬空，凡占不实。或因妻失财，或因子致脱。相合者空亡，相刑者实在，好事去而恶事存也。

天时：水母已空，天罡指未，有风无雨。家宅：人空宅伤，虽贵何益？功名：官爻不见，贵空禄克，占官不吉。求财：财已落空，安能有得？婚姻：男空女刑，占皆不吉。胎产：子空母刑，孕产皆凶。疾病：人空病实，赖末有救。出行：水陆路俱防伤损。行人：马空不至。出师：昼吉夜凶。

《毕法》云：费有余而得不足、苦去甘来乐里悲。《古鉴》：己酉二月，戌将加丑，占幼童病。曰：初传巳火，末传亥水，主上热下冷。中传寅木，主风气击搏。巳火伤金，又主下部不通，因食咸冷物，致伤肺金，遂成下胚上喘之症。申金本可生壬水，奈遇旬空，谓之见生不生。申七亥四，恐二十八日不能过也。悉验。

壬午日第五课

```
官  青白  甲戌  支墓
财  元后  壬午  胎神
子  螣合  戊寅  地医
```

```
      青白 螣合 贵朱 常阴
       戌   寅   卯   未
       寅   午   未   壬
```

```
            螣合 贵朱
       朱勾  丑  寅  卯  辰  后螣
       合青  子           巳  阴贵
       勾空  亥           午  元后
       青白  戌  酉  申  未  常阴
               空常 白元
```

课格：重审，六仪，炎上，励德。

课意：交互传合，递互相脱，财化成鬼，凶化难遇。

解曰：寅与亥合，午与未合，卯与戌合，三传作三合。中传又与干合，是为交互传合也。寅木脱干，未土脱支，初传脱支，末传脱干，是为递互相脱也。三传作火局，本为日干之财，奈生干上未土，反来克干，是财已化鬼。其所化者甚凶而难遇，故曰凶化难遇也。

断曰：重审炎上，事属于逆。占主文书，或言炉冶。有合有散，有喜有嗔。课名闭口，用宜缄默。又系交车脱合，其中各怀欺骗，乃笑里藏刀之象也。

天时：三传火局，生土克水，天罡指阳，晴而不雨。家宅：干支互生，人宅两旺，彼此相滋之象。功名：财旺生官，占官必得。求财：财已化鬼，未必能得。婚姻：彼此相合，必缔朱陈，阴阳相刑，刑伤必有。胎产：传逢三合，产必迟延。疾病：病症克人，三合六合，病难脱体。出行：合而又合，驿马不见，难于启行。行人：有所贪恋，不能即归。兵战：宜夜不宜昼。

《毕法》云：万事喜忻三六合、合中犯杀蜜中砒、交车相合交关利。《课经》云：冬月丑将加巳，日辰旺气遇三合六合、交车合者，为和美课。最宜交关财利，主人情和悦，全无障碍，有人相助，虽有鬼杀，亦不能阻也。

壬午日第六课

财　元后　壬午 _{胎神}
官　朱勾　丁丑 _{日解 六害}
父　白元　空申 _{驿马 天医 盗神}

　　　白元　朱勾　朱勾　元后
　　　申　　丑　　丑　　午
　　　丑　　午　　午　　壬

　　　　　朱勾　螣合
合青　子　丑　　寅　　卯　贵朱
勾空　亥　　　　　　　辰　后螣
青白　戌　　　　　　　巳　阴贵
空常　酉　申　　未　　午　元后
　　　　白元　常阴

课格：重审，不备，赘婿。

课意：支财就日，夜元空失，熟视其中，占尊不吉。

解曰：午乃支财，临于日上。夜占乘元，不免空失矣。熟视末传之申金，乃日干之长生父母。昼乘元武，夜乘白虎。初传午火克之，中传丑土墓之，又复空陷。若占尊长，岂云吉乎？

断曰：课体不备，事物不全，初传午火，下被亥克，上被元后所克，谓之夹克，乃是财不由己。虽则不能由己，却又推之不去，终不相离。缘四课不离于三传，三传不出于四课故也。

支加干被克，为赘婿课，有田宅相连事。

天时：水母已空，又被午克丑墓，恐不能雨。家宅：勾朱脱宅，与日上相害，时有口舌争竞之患。功名：官星临宅，卯命人占，功名可得。求财：财虽随己，不为己用。婚姻：支干相害，两皆不吉。胎产：子母相害，午受夹克，儿必不活。疾病：肾气虚脱，恐不能起。出行：陆路甚凶，水路亦险。行人：马已落空，行人迟滞。兵战：昼夜俱不甚吉。

《毕法》云：初遭夹克不由己、彼此猜忌害相随。《秘要》云：壬癸日申加丑，夜将上乘白虎，此乃父母爻上乘虎坐墓，父母墓中必有白蚁。若昼将上乘元武，必墓中有水。父母在堂患病，有不起之象。

壬午日第七课

```
财  元螣  壬午  胎神
兄  合白  丙子  六冲 羊刃
财  元螣  壬午  胎神
```

```
   元螣 合白 勾空 阴贵
    午   子   亥   巳
    子   午   巳   壬
```

```
         合白 朱常
勾空 亥    子   丑   寅  螣元
青青 戌              卯  贵阴
空勾 酉              辰  后后
白合 申    未   午   巳  阴贵
          常朱 元螣
```

课格：返吟，比用，三交，度厄，励德。

课意：三财被贼，二贵受克，昼旺虎临，左右不得。

解曰：干上巳火之财，为亥水所贼；初末两传之午火，为子水所贼，是三财被贼也。卯贵临于酉地，巳贵落于①亥宫，皆受下神克贼，是二贵受克也。子为日旺，昼乘白虎，又系羊刃、网罗，故左右皆不能得也。

壬日午发用，必占妻孕，七月尤的。

断曰：返吟课体，南北相易，东西互居，事多反覆。占必多疑，遇凶翻吉，得喜乃忧。非一定之体，塞翁得失之象也。

天时：晴日必雨，雨日必晴。家宅：干支相克，上下不和，焉能致福？功名：龙常与官星俱不见，又且两贵受克，占官不吉。求财：满目皆财，上下相制，皆非已有。婚姻：占男昼吉，占女皆凶。胎产：占胎欲坠，占产生男。疾病：支水克干火，昼占甚凶。出行：来者思去，去者思归，丁马不见，终无实济。行人：虽无丁马，去者必归。逃亡：宜问亲友。兵战：昼夜皆有不吉。

《毕法》云：两贵受克难干贵、受虎克神为病症。《课经》云：壬午日，德禄皆系于亥，巳为壬水之绝地，今亥加巳上，为德丧禄绝，诸占不吉。又云：占病宜视日干之禄神，为禄粮神，日干之食神，为运粮神，不宜受克与落空，如占久病，必绝食而死。《括囊赋》云：螣蛇巳午而怪梦。又云：元武乘午兮职转。

---

① 原文：丁。

壬午日第八课

官　后后　庚辰
父　空勾　空酉　仪神　勾神
子　螣元　戊寅　地医

后后　勾空　空勾　后后
辰　　亥　　酉　　辰
亥　　午　　辰　　壬

　　　　　勾空　合白
青青　戌　亥　　子　　丑　朱常
空勾　酉　　　　　　　寅　螣元
白合　申　　　　　　　卯　贵阴
常朱　未　午　　巳　　辰　后后
　　　　元螣　阴贵

课格：知一，斩关，不备。

课意：彼己俱伤，卑下不甘，未免一动，盗失多端。

解曰：壬水日干，被上神辰土所克，午火支辰，亦被上神亥水所克。干支皆被上神所伤，故曰彼己俱伤。日为尊长，辰为卑幼，日去临支克支。而支之阴神，遂往加干而克之，是卑幼不甘也。壬干不免一动，去就初传之辰土，乃是鬼墓。再投中传，又是败气旬空。更投末传寅木，又是脱气，复乘蛇武落陷，更多耗散。是盗失者，非一端矣。

断曰：知一斩关，乃行旅之顺境。又曰不备，事必不全。祸生于内，灾及阴小。三传中末皆空，不得已临支取财，亦为避难逃生格也。

天时：天罡指亥，墓神覆日，宜乎有雨，然毕宿空亡，终不过阴而已。家宅：尊长相欺，卑幼有愆，彼亦受克，患亦难释。功名：墓神覆日，贵人不见，虽有官星，恐亦不吉。求财：财爻与青龙不见，难必其有。婚姻：男不佳，女不吉。胎产：占逢七月，妻必有妊，干支皆刑，产不甚吉。疾病：墓神覆日，病必难痊。出行：陆路不吉，水路稍可。行人：天罡加孟，尚未起程。兵战：利主不利客。

《毕法》云：权摄不正禄临支、不行传者考初时。《越绝书》：吴王召公孙圣，占得亥将加午。圣曰：干上辰克干，支上亥克支，求救于寅，寅败于酉，命属上天，不能逃亡，非但自伤，且伤吴王。

壬午日第九课

```
官  勾朱  癸未  日医
兄  常空  乙亥  日禄  干德  支德  鲁都
子  贵阴  己卯  六破
```

```
      后元 白青 勾朱 贵阴
       寅   戌   未   卯
       戌   午   卯   壬
```

```
              白青  常空
     空勾 酉   戌   亥   子  元白
     青合 申               丑  阴常
     勾朱 未               寅  后元
     合螣 午   巳   辰   卯  贵阴
              朱贵 螣后
```

课格：重审，曲直，斩关。

课意：人少宅宽，虽费成欢，三传俱脱，逃避尤安。

解曰：三传未亥卯木局，脱干之壬水，去生支辰之午火，乃人少宅宽也。既而卯与戌合，寅与亥合，交互相合，是虽有所费，而彼此却成欢悦之象。再壬被三传所脱，未免就初传之未土，而与丁火相合。乃避难逃生，而亦可以相安也。

断曰：重审曲直，事属逆征，外观有余，内观不足之象。始屈终伸，利用舟车。春占最吉。

天时：天罡指阳，木局脱水，不雨而风。家宅：屋宅极多，更兼华美，但恐人丁欠旺。功名：支上戌土官星，昼夜各乘龙虎，似有可为，奈木局全去伤官，占恐不吉。求财：己财难守，何瑕他求？婚姻：朱陈可结，占婿极佳。胎产：子恋母腹，占产最迟。疾病：夜占肾虚，三传自墓传生，不久自愈。出行：一路坦然，恐难离别。行人：天罡加孟，尚未启行。兵战：利主不利客。

《毕法》云：万事喜欣三六合、屋宅宽广致人衰。《观月经》云：三六相呼见喜欣，纵然带恶不成嗔。夫带恶者，乃金日得寅午戌，土日得亥卯未，木日得巳酉丑，火日得申子辰，纵然克干，亦不能为祸，主有人在中相助。《精蕴》云：壬午三传脱气。如夜占，皆是勾贵常土神，并来伤干，却赖三传木局克去，乃应脱气为救之格。

壬午日第十课

```
父    空勾  空酉  仪神 勾神
兄    元白  丙子  六冲 羊刃
子    贵阴  己卯  六破
```

```
    元白 空勾 朱贵 后元
     子   酉   巳   寅
     酉   午   寅   壬
```

```
                空勾  白青
青合  申   酉   戌   亥   常空
勾朱  未             子   元白
合螣  午             丑   阴常
朱贵  巳   辰   卯   寅   后元
         螣后 贵阴
```

课格：重审，三交，二烦，寡宿。

课意：交互生意，终是不美，昼号三交，夜乃损己。

解曰：干上寅生支，支上酉生干，交互生意，而寅又脱壬，酉乃午火死地，终是不美。课号三交，将乘勾虎，主杀伤争斗丧孝之患。午加酉为交，酉加午为破，主交事不成。夜将空元，而贵人临子受刑，须防损己失财也。

断曰：此课发用空破，中传劫盗，末传脱气，始终如此。欲求事成，不亦难乎？春占酉将，课名二烦。

天时：天罡指阴，毕宿空破发用，阴而不雨之象。家宅：逢破逢败，萧条之象。功名：贵人破刑，官禄不见，恐不能得。求财：财爻青龙不见，难必其有。

婚姻：干上六害，支上相破，占婚不吉。胎产：下强上弱，子息属阴，产女之象。

疾病：酒色虚脱之症，延及肺经，大补下元方愈。出行：辰上克日，出行不吉。

行人：天罡加季，行人即归。兵战：昼占有畏，夜占敌诈。

《毕法》云：互生俱生凡事益。《课经》云：六壬日，干上寅木作壬水之脱气。昼占天将乘元武，为脱盗格，凡占皆主盗脱失物。又《指窍》云：四仲顺加子午卯酉。春占陷阱，如鸟投笼。夏占正烦，若牛受刃。秋曰失友，状若离散而复合。冬月出渐，名曰阴极而阳生。

壬午日第十一课

父　青合　空申　驿马　天医　盗神
官　白青　甲戌　支墓
兄　元白　丙子　六冲　羊刃

白青　青合　贵阴　阴常
　　戌　申　卯　丑
　　申　午　丑　壬

　　　　青合　空勾
勾朱　未　申　酉　戌　白青
合螣　午　　　　亥　常空
朱贵　巳　　　　子　元白
螣后　辰　卯　寅　丑　阴常
　　　贵阴　后元

课格：重审，间传，励德，九丑。
课意：丁与壬午，求谒为良，虎入朱雀，遇殃不殃。
解曰：丁丑临壬，官鬼之财动矣，故利于干求官贵也。申为白虎，午为朱雀，以申加午，是为虎入朱雀。幸申乃旬空，戌鬼落陷，故凶不成凶也。

虎入朱雀，占讼不论空亡，最凶。

断曰：重审间传，发用空陷，凡百所占，尽是虚声。若占凶事，大可化小，小可化无。若占吉事，成少败多。中传之官星，又复不实。只余末传之子水，又作劫财。昼夜上乘元白，恐不免有所失脱也。

五行生处见青龙，财帛亦能如意。

天时：天罡指阳，水母落空，恐不能雨。家宅：日本临支作空亡，尊长防失，且宅上尽空，家徒壁立。功名：官爻空陷，占官不吉。求财：丑中有丁火，乃壬水之财，丑为官鬼，临于日上，主得官长之财帛。婚姻：男实女空，多是虚语。胎产：下强上弱，产必生女，母空儿实，产必易生。疾病：肺金受病，尚可医治，若逢久病，恐防不吉。出行：陆路相宜，水路空虚，驿马填实，必定启行。行人：驿马落空，当从水路而来，或子丑日至。兵战：敌虚可攻，昼获财宝，夜获大胜。

《毕法》云：水日逢丁财动之、喜惧空亡乃妙机。《课经》云：六壬日，丑加亥，八月昼占，日鬼作死气，乘太常，加临于日干之上，必主内外有孝服也。
《指掌赋》云：传送上会青龙，子孙财损。

壬午日第十二课

官　阴常　丁丑　日解 六害
子　后元　戊寅　地医
子　贵阴　己卯　六破

```
　　　　青合　勾朱　阴常　元白
　　　　 申　　未　　丑　　子
　　　　 未　　午　　子　　壬
```

```
　　　　　　勾朱　青合
合螣　午　　未　　申　　酉　空勾
朱贵　巳　　　　　　　　戌　白青
螣后　辰　　　　　　　　亥　常空
贵阴　卯　　寅　　丑　　子　元白
　　　　　　后元　阴常
```

课格：元首，进茹，芜淫，三奇。

课意：交互凌虐，盗脱不祥，刃乘元虎，脱虚相伤。

解曰：干上神子水克午支，支上神未土克壬干，交互凌虐也。初传丁财，似乎可以远动而求之，中末则又脱气。欲守干上旺子，乃是羊刃、网罗，昼夜天将复乘元虎，其脱耗相伤，岂复能免哉？

断曰：进茹网罗，只宜守己，不宜动谋。且干支互克，彼此相害，和气全无，不宜占交加之事。更申为日本，上乘龙合而作空亡。父母分上，亦止有虚喜而已。

天时：水母已空，初传克水，水下火上，占天不雨。家宅：人宅相害，又系芜淫，占宅不吉。功名：官爻与日上相合，似乎有成，然被寅木所伤，日禄又空，恐无实际。求财：水日逢丁，占财自有，但为木伤，不能全美。婚姻：彼此互伤，各有所私，占婚最忌。胎产：支干相害，复又相克，子母皆伤。疾病：脾胃之病，刃乘罗网，幸赖中末脱刃制鬼，终必有救。出行：罗网在前，马又空陷，支干相害，必不能行。行人：天罡加仲，中途有羁，行人迟滞。兵战：昼夜平平，未见全胜。

《毕法》云：所谋多拙遭罗网、夫妇芜淫各有私、彼此猜忌害相随。《课经》云：壬午日，干上子，不可执为芜淫。但先许而后不相顾，彼此无情耳。干支上子未作六害，亦主各相猜忌。

癸未日第一课

官　阴勾　丁丑　羊刃　六冲
官　白白　甲戌　六破　干仪　干奇　日医[①]
官　勾阴　癸未

```
      勾阴 勾阴 阴勾 阴勾
       未   未   丑   丑
       未   未   丑   癸
```

```
              合后 勾阴
朱贵  巳   午   未   申  青元
螣螣  辰             酉  空常
贵朱  卯             戌  白白
后合  寅   丑   子   亥  常空
          阴勾 元青
```

课格：伏吟，自任。

课意：四丁分布，勾入火库，侥幸得财，切勿再顾。

解曰：丁乃干之财，丑丁，未亦丁也。四课尽皆丑未，岂非四丁分布耶？丁为日财，戌乃火库，癸水贪取丁财，被财勾引入于库中，侥幸得财，不宜再取。贪则反为戌土所伤，祸必旋踵至矣。

断曰：伏吟、自信、自任，体本至静，凡占不动。此课却满目皆丁，变而为至动之象，谓之无信无任。或静中求动终是静，或动中求静终是动，本位不易故也。

天时：课名稼穑，占天不雨。**家宅**：干支相冲，人宅不宁，主田土争讼，婢妾阴私之事。**功名**：贵人禄马不见，官鬼太多，占官难得。**求财**：主得官贵之财，恐因财而致祸，不宜贪取。**婚姻**：支干相冲，初末相刑，龙后冲克，皆为不吉。**胎产**：上强下弱，传阴包阳，孕必成女；支干相冲，产必易速。**疾病**：三传全鬼，病势必笃，又为折腰，患必在腰。**出行**：旬丁发用，居者必行。**行人**：支干相冲，行人不归，旬丁发用，奔驰不已。**盗贼**：旬丁发用，三传比和，贼必难获。**兵战**：昼占夜卜，俱不甚利。

《毕法》云：宾主不投刑在上、任信丁马须言动、水日逢丁财动之、我求彼事干传支。《神应经》云：癸未日，初传见丑是丁，因官鬼之财而动。辰戌月占，不利出入。寅申月占，主争斗田宅之事。《课经》云：壬癸日，辰戌丑未为传，三传自相冲刑，可以凶制凶，谓之以贼捉贼。又内有四金字，可以化鬼也。

[①] 原文字迹模糊，貌似"日医"，其起例不明。

癸未日第二课

```
财  朱贵  辛巳   破碎 干德 大煞 盗神 福星
官  螣螣  庚辰   勾神 干墓 支墓
子  贵朱  己卯   地医
```

```
    朱贵  合后  常空  元青
     巳   午   亥   子
     午   未   子   癸
```

```
              朱贵 合后
螣螣 辰   巳    午    未 勾阴
贵朱 卯               申 青元
合后 寅               酉 空常
阴勾 丑   子    亥    戌 白白
         元青  常空
```

课格：弹射，退茹，蓦越。

课意：支干上下，各自和畅，巳火丙雀，俱财可向。

解曰：子与丑合，午与未合，各自和畅也。初传巳火，中传辰土，元遁得丙；末传卯木，上乘朱雀，明财暗财，皆可向而就之也。

断曰：弹射退茹，凡事疏远，退而不进。支干各自相合，又复相冲，主聚中有散，离中有合。然终始相生，事事和顺。凡百所为，行止皆决，心无疑贰。但嫌中传之辰土，下临巳宫，昼夜乘蛇，谓之两蛇夹墓。幸而课名蓦越，弹射伤轻。若逢他课，祸患恐不能解也。

天时：雀飞龙潜，火上水下，恐不能雨。家宅：支上合支，干上合干，人宅皆善，可以致祥。功名：初末皆乘朱贵，禄旺临于干上，中传又作官星，功名不求而自至。求财：财爻发用，末又助初，更兼入库，所获必丰。婚姻：男女皆佳，患在不成。胎产：三传阴包阳支，胎必生男，支干相冲，占产必易。疾病：两蛇夹墓，病势最凶，幸人克病，或可延生。出行：驿马发用，而临墓地，中道有阻之象。行人：天罡加孟，行人尚未起程。兵战：昼占吉，夜占不宜。

《毕法》云：课传俱贵转无依、胎财生气妻怀孕（七月），胎财死气损胎推（正月）。《秘要》云：癸未日，干上子，乃支之胎神；支上午，乃干之胎神，此为互胎格。如遇夫妻之行年，必然妻孕，不必再寻生气及财神也。

癸未日第三课

财　阴贵　辛巳　破碎　大煞　干德　盗神　福星
子　贵朱　己卯　地医
官　朱勾　丁丑　羊刃　六冲

　　贵朱　阴贵　空常　勾空
　　卯　　巳　　酉　　亥
　　巳　　未　　亥　　癸

　　　　　后螣　阴贵
贵朱　卯　辰　　巳　　午　元后
螣合　寅　　　　　　　未　常阴
朱勾　丑　　　　　　　申　白元
合青　子　亥　　戌　　酉　空常
　　　　　勾空　青白

课格：弹射，间传，解离。

课意：课传五阴，贵不一心，朱丁初马，动获赀金。

解曰：四课三传，五阴相继。夜贵临于昼贵之上，又作初中两传，所以事干两贵，心不能一也。末传丑土，乃是旬丁。初传巳火，乃是驿马。中传卯木，上乘朱雀。若远动求财，必许其盈囊而满橐也。

断曰：弹射间传，祸福无力，有间隔之象。二贵相承，权不归一。又癸绝于巳，未绝于亥，干支之上，彼此乘绝。宜退换屋宅与交代职任，可无葛藤不绝之患。

天时：六阴相继，毕宿落空，浓阴而已。家宅：昼占贵人临宅，但支干相冲，居必不久。求财：财爻发用，主得贵人之财。婚姻：占女则吉，占男不佳；支干相冲，终不能谐。胎产：六阴生女，占产必速。疾病：人已克病，不久自愈。出行：驿马发用，支干相冲，必定启行，水路甚吉。行人：天罡加仲，必在中途。兵战：昼占则吉，夜占中止。

《毕法》云：六阴相继尽昏迷。《课经》云：癸未日，干上亥，支上巳，谓之真解离卦。支克干上神，干克支上神。或夫妇行年又值此者，尤的。占者必是解离之事，乃夫妻反目，不能齐家之象也。

癸未日第四课

```
官  青白  甲戌   六破 干奇 干仪 日医
官  常阴  癸未
官  后螣  庚辰   勾神 干墓 支墓
```

```
        朱勾  后螣  常阴  青白
         丑    辰    未    戌
         辰    未    戌    癸

              贵朱  后螣
螣合  寅   卯   辰   巳  阴贵
朱勾  丑             午  元后
合青  子             未  常阴
勾空  亥   戌   酉   申  白元
         青白  空常
```

课格：元首，斩关，稼穑，游子。

课意：自干归家，我求于他，满地鬼贼，闭口为嘉。

解曰：初传乃干之上神，末传乃支之上神。自干而传及于支，正所谓"我求彼事干传支"也。支上两课尽皆鬼贼，又旬尾加于旬首，谓之闭口卦。凡事闭口，可以免祸。

断曰：稼穑斩关，有沉滞之象。惟利逃亡，又为脱难格。一水五土，制克已极。物极则变，变则通。久厄者占之，反可散解。常人遇此，更名鲸鲵归涧。凡事逼迫，不能由己。若遇雷神（太冲、六合），方能变化。占者多系田宅耕农、土工筑室之事。

天时：课传皆土，亢旱之象。家宅：墓神覆日，支阴乘丁，昏晦不宁之象。功名：发用催官，得之必速。求财：昼占不利，夜占财险。婚姻：支干相冲，终难得就。胎产：阳支包阴，产必生女。疾病：占病大凶，或年命有寅卯相加，庶几有救。出行：课名斩关，虽无丁马，亦可云动。行人：支干之阴阳皆冲，行者不归。盗逃：必能寻获。兵战：昼占不利，不能取胜。

《毕法》云：干乘墓虎毋[1]占病、鬼临三四讼灾随、我求彼事干传支。《指南》：丑将加辰，占被参吉凶。曰：最难辨雪。太岁岁破克日，主君相见责，却喜虎头蛇尾，先重后轻。又支乘皇恩，命乘天赦，初末传以凶制凶，反无凶矣。至明春太岁作救，方能脱难。俱验。

---

[1] 原文：母。

癸未日第五课

```
财  阴贵  辛巳  大煞 破碎 干德 盗神 福星
官  朱勾  丁丑  六冲 羊刃
父  空常  空酉  日解 天医
```

```
     勾空 贵朱 阴贵 空常
      亥   卯   巳   酉
      卯   未   酉   癸
```

```
              螣合 贵朱
     朱勾  丑  寅   卯   辰  后螣
     合青  子              巳  阴贵
     勾空  亥              午  元后
     青白  戌  酉   申   未  常阴
              空常 白元
```

课格：涉害，从革，励德。

课意：三传育身，昼将生金，有官有印，俗庶难胜。

解曰：昼将纯土生传，三传金局生干，并力育身，生旺极矣。又兼酉为印绶，丑为官星，富而且贵，仕宦所宜。若庶俗平民，岂能胜此印累累而绶若若哉？

断曰：涉害之卦，事主迟疑。类成金局，又主革故从新之象。但末传空亡，独留中传丑土克干，而旦将又克之，此亦生空鬼实之例。

天时：天罡指阳，毕宿空亡，水将全无，占天不雨。家宅：贵人临宅，夜占乃吉。功名：昼占贵人发用，日禄临支，求官最吉，但嫌权摄不正。求财：丑中有丁，水日逢之，求财必获。婚姻：支干上神，阴阳互冲，男女虽佳，朱陈难缔。胎产：六阴相继，胎必成女；支干相冲，占产必速。疾病：人与病冲，三传生日而克支，不药可愈。出行：贵人乘马发用，出行最吉。行人：支干相冲，天罡加孟，行者未归。兵战：昼占甚吉，夜占最凶。盗贼：元武昼夜皆空，谓之打洞，占捕难获。

《毕法》云：空上逢空事莫追（夜占）、费有余而得不足、万事喜欣三六合、合中犯杀蜜中砒、三传递生人举荐。《课经》云：卯加未，昼将乘雀克宅，主遭火灾。《指掌赋》云：巳丑酉为反射，怀杀伐以酬恩。

癸未日第六课

```
子  贵朱  己卯  地医
官  青白  甲戌  日医 六破 干仪 干奇
财  阴贵  辛巳  破碎 干德 大煞 盗神 福星
```

```
  空常 螣合 贵朱 白元
   酉   寅   卯   申
   寅   未   申   癸
```

```
              朱勾 螣合
合青  子    丑   寅   卯   贵朱
勾空  亥              辰   后螣
青白  戌              巳   阴贵
空常  酉   申   未   午   元后
          白元 常阴
```

课格：重审，斫轮，罗网，励德。

课意：虚生实盗，贵多难告，朽木难雕，妻财怎靠？

解曰：金乃生水之神，申加癸上生干，今作旬空，是生我者空也。寅木乃癸水之盗气，今临支而脱干，是盗我者实也。课传之中，昼贵入狱，夜贵受克，贵人虽多，告之何益？又巳为癸之妻财，坐墓而落空，取之必有祸矣，尚可倚靠乎？卯木落空，木空则朽，朽则难雕，不能成器矣。凡遇斫轮课者，例皆同。

断曰：斫轮遇朽，巧术难施，必宜改图易辙，事乃有成。凡占尽是虚名，惟惊忧可解耳。

天时：天罡加酉，箕毕相会，出旬大雨。家宅：人宅冲克，不宁之象。求财：财爻已空，焉能得有？仕宦：贵多不贵，兼之入狱受克，占官不吉。婚姻：支干相冲，恐不能就。胎产：以子损母，占产不吉。疾病：人空病实，尊长难痊。出行：昼占虽吉，防惊防失。行人：天罡加仲，必在中途。兵战：昼占凶，夜占吉。坟葬：不吉。

《毕法》云：所谋多拙逢罗网、费有余而得不足、将逢内战所谋危。《纂要》云：癸未日，干上申，乃支之网。支上寅，乃干之罗。凡占必是他欲网罗我，我欲网罗他，互相暗昧。凡仕宦占者，值干之罗网，主丁父服。值支之罗网，主丁母服。《秘要》云：申为长生，夜占乘虎，坐于丑墓，必父母坟中生白蚁，否则疾病。

癸未日第七课

```
官  常朱  癸未
官  朱常  丁丑  羊刃 六冲
官  常朱  癸未
```

```
     常朱 朱常 朱常 常朱
      未   丑   丑   未
      丑   未   未   癸
```

```
勾空  亥   合白 朱常  寅  螣元
            子   丑
青青  戌              卯  贵阴
空勾  酉              辰  后后
白合  申   未   午   巳  阴贵
          常朱 元螣
```

课格：返吟，稼穑，乱首，游子。

课意：俱丁俱鬼，加临不美，暗以财交，讼论遂止。

解曰：未丑俱丁，俱作日鬼，彼此加临，不为美也。丑未相刑，俱乘朱雀，争讼谅不免矣。而又各带暗财，若以财暗交，讼必可止。倘在朝官员，凡有弹章献策之事，必遭责黜。缘六阴相继，惟利阴谋故也。

断曰：此无依之卦，又逢稼穑，凡百迟疑，作事必多阻滞。又带刑冲，有起复不宁之象。若秋冬占此，或占人年命上乘金木，方为吉兆，可以化孽成祥。

天时：课传上下，尽皆火土，天罡指戌，不能有雨。**家宅**：人宅相冲，又复相刑，事多不宁。**功名**：贵登天门，昼占甚吉。**求财**：财多鬼多，取之费力。**婚姻**：支干相冲，多不能就。**胎产**：课传纯阴，胎必成女；支干相冲，产必甚速。**疾病**：浑身皆病，良医难得；年命有木，方能有救。**出行**：课名游子，行踪不定。**行人**：天罡加季，行人立至。**兵战**：昼占不佳，夜亦欠美。

《毕法》云：两贵受克难干贵、水日逢丁财动之。《观月经》云：壬癸日，巳加亥，卯加酉，贵人皆立于受克之方，切不可告贵用事，不论在传不在传，俱如此说。《精蕴》：酉年二月，丑为年命，妻占夫病。曰：妻之年命，上乘华盖，鬼乘太常，又是死气为吊客，此为孝帛盖妻头，必不可救。

癸未日第八课

财	阴贵	辛巳	破碎 干德 盗神 大煞 福星
官	青青	甲戌	六破 日医 干仪 干奇
子	贵阴	己卯	地医

阴贵 合白 勾空 元螣
巳　子　亥　午
子　未　午　癸

		勾空	合白			
青青	戌	亥	子	丑	朱常
空勾	酉			寅	螣元
白合	申			卯	贵阴
常朱	未	午	巳	辰	后后
		元螣	阴贵		

课格：知一，铸印，度厄。

课意：彼己唇吻，相交和顺，末助初财，宜讲秦晋。

解曰：干上午与支上子相冲，支辰与日干丑未相冲，口舌难免。既而干上之午与支辰相合，支上之子与日干相合，是交车相合，岂非交相和顺之象乎？末传卯木，助起初传之巳火，作日之财神，是财甚厚也。支干上下，先则相冲相害，后则相合相和，有类乎秦晋，仇敌而作婚姻也。

断曰：此知一之卦，又名铸印，有加官进级之象。人有未和，事有未顺，切须坚心忍耐，后必成功。

天时：水运乎上，天罡指亥，占天有雨。功名：旺神临支，初末乘贵，课名铸印，占官最吉。求财：财爻临身又发用，财神作贵人，主得贵人之财。婚姻：先难后易，终必成就。胎产：下强上弱，胎必成女；支干相冲，产必易速。疾病：白虎乘支克干上神，主得心疾，不久可愈。出行：贵人乘马，出行最宜。行人：天罡加孟，尚未起程。兵战：干被支克，利主不利客。

《毕法》云：权摄不正禄临支、课传俱贵转无依、胎财生气妻怀孕（七月占）、胎财死气损胎推（正月占）。《秘要》云：初传巳加子，末传卯加戌，宜告贵成事，谓之末助初财初德，乃贵人助贵人也。又是交车合，宜交关取财，合本营运之事。《纂义》云：年命在亥，为前后引从，必得两贵成就。

癸未日第九课

父　空勾　空酉 日解 天医
官　阴常　丁丑 羊刃 六冲
财　朱贵　辛巳 破碎 干德 盗神 大煞 福星

```
       贵阴  常空  空勾  朱贵
        卯    亥    酉    巳
        亥    未    巳    癸
```

```
          白青  常空
空勾 酉   戌    亥    子 元白
青合 申              丑 阴常
勾朱 未              寅 后元
合螣 午   巳    辰    卯 贵阴
         朱贵  螣后
```

课格：涉害，从革。

课意：人丰宅堕，我福他祸，昼将生传，传金生我。

解曰：全金脱支生干，若占人宅，必主人口丰盈，居宅倾堕也。倘占人己，必主我福他祸。昼将皆土，尽生三传。三传皆金，又生癸干。则虑始保终，概可知矣。

断曰：见机之卦，传逢从革。凡有所占，皆宜见机革旧，择善从新。先俱起于虚声，终必归于有济。其三传自末递生，必主多人举荐，愈久而愈吉之象也。

天时：毕宿发用，全金生水，但遇酉空，出旬有雨。**家宅**：人多屋狭。**功名**：贵人临干，占命属子，必贵无疑。**求财**：主得贵人、文书之财。**婚姻**：昼占男吉，夜占女吉，干支相冲，恐不能就。**胎产**：下强上弱，又是六阴，产女无疑；支干相冲，产必易速。**疾病**：肾气大虚，急宜峻补，久病则凶。**出行**：支干相冲，马巳临身，必定速行。**行人**：天罡加仲，必在中途。**兵战**：昼占则凶，夜占稍吉。

《毕法》云：三传递生人举荐、传墓入墓分憎爱、水日逢丁财动之、眷属丰盈居狭宅。《指南》：丁丑二月戌将午时，占会试。曰：贵德财马临身，且居太岁之位，必应今年甲榜。况年上乘月将青龙，主片言人相。又旬首河魁为官星，乃文明之宿。二者会于行年，未有不捷者。果应。

癸未日第十课

官	螣后	庚辰	勾神 支墓 干墓
官	勾朱	癸未	
官	白青	甲戌	六破 日医 干仪 干奇

```
      阴常 白青 勾朱 螣后
       丑   戌   未   辰
       戌   未   辰   癸

              空勾 白青
  青合  申   酉   戌   亥  常空
  勾朱  未              子  元白
  合螣  午              丑  阴常
  朱贵  巳   辰   卯   寅  后元
            螣后 贵阴
```

课格：元首，斩关，稼穑。

课意：众情皆恶，宜自相度，闭口居中，免被凌虐。

解曰：三传四课，无一非鬼，且重值魁罡，极凶极恶。宜深思曲虑，相机而动，方能免患。若不度量而疏忽乘之，必罹其祸也。中传闭口，必须谨言，庶可免凌虐之患。

断曰：墓神覆日，暗昧不明，凡占不免阻滞。夜虎临宅克干，至惊至危。尚喜凶神冲战，能使大事化小，此亦以凶制凶之道也。

天时：墓神覆日，占天不晴，课传皆土，阴而不雨。家宅：昼占犹可，夜占至凶。功名：官鬼太多，反不为贵。求财：一点丁财，恐不敢取。婚姻：男不中和，女不柔顺，兼且不就。胎产：昼则易产，夜则忧惊。疾病：土克水之象，年命若临木神，尚可救。出行：课名游子，岂得家居？行人：天罡加季，行者立至。兵战：昼夜俱凶。

《毕法》云：鬼临三四讼灾随、干墓并关人宅废。《古鉴》：七月午将加卯，占前程。曰：官不迁转，止宜治生。又一人占病，课同。曰：命不长久。或问其故。曰：前是乙未生人，中传临未为命，自墓中引出，末传见旬首，周而复始。官方初起，如何迁转？旬遁癸未，未克癸水为财，又三传全鬼化财，故可治生。后是丙辰生人，本命自来墓身，是添一墓神在其身上，如何得以长久？后，二人皆验。

癸未日第十一课

财　朱贵　辛巳　破碎　福星　干德　大煞　盗神
官　勾朱　癸未
父　空勾　空酉　日解　天医

　　　　常空　空勾　朱贵　贵阴
　　　　亥　　酉　　巳　　卯
　　　　酉　　未　　卯　　癸

　　　　　　青合　空勾
勾朱　未　申　　酉　　戌　白青
合螣　午　　　　　　　亥　常空
朱贵　巳　　　　　　　子　元白
螣后　辰　卯　　寅　　丑　阴常
　　　　贵阴　后元

课格：遥克，弹射，励德，间传。

课意：传及支干，总下生上，销根断源，凡谋恶况。

解曰：四课三传，皆下生上也。脱盗滋甚，乃为枝销其根，流断其源。凡有所谋，俱系极恶景况。缘皆脱骗，使人不及知觉，不及防闲故也。

断曰：弹射间传，美恶俱轻，事中多阻，主失多而得寡。利于尊长，不利于卑幼。初实末虚，亦有始无终之象。

天时：天罡加寅，毕宿落空，晴而有风。家宅：宅上乘空脱宅，虚耗百出；支干相克相冲，居亦不安。求财：己财难保，何暇他求？婚姻：干实支空，昼占皆凶；倘若占男，夜将则吉。功名：贵人发用，又与朱雀驿马相并，求官可许。胎产：课传皆阴，胎必成女；母空儿实，产必甚吉。疾病：必是虚弱之症，然人实病空，不久自愈。出行：宅空人实，驿马发用，必行之象。行人：天罡加孟，尚未启行。兵战：昼占则吉，夜占则凶。

《毕法》云：昼夜贵加求两贵、三传递生人举荐、六阴相继尽昏迷。《秘要》云：源消根断格，占病者必因不摄而致疾。《课经》云：三传递生，必有人推荐。如值空亡者，虽有举荐之心，终无成就之实，乃闲话多而赤心少也。《玉成歌》云：水乘火将皆惊恐，勾雀同传主讼伤。又云：地足天头加酉卯，将乘蛇虎远行游（戌亥为天头，辰巳为地足，加酉卯乘蛇虎，主有远行）。

癸未日第十二课

父　青合　空申　六仪　游都
子　后元　戊寅　亡神　鲁都　天贼
父　青合　空申　六仪　游都

空勾	青合	贵阴	后元
酉	申	卯	寅
申	未	寅	癸

		勾朱	青合		
合螣	午	未	申	酉	空勾
朱贵	巳			戌	白青
螣后	辰			亥	常空
贵阴	卯	寅	丑	子	元白
		后元	阴常		

课格：昴星，掩目。

课意：元盗昼乘，满目空神，守弃不可，身若浮萍。

解曰：寅木临干，本脱癸水，昼将又乘元武，盗脱更甚。初末俱申，皆系旬空。癸干欲守，恐被寅木盗脱。若弃而前行，皆又逢空。是守既不能，弃又不可，身若浮萍飘荡而已。

此为似返吟课，虽非返吟，而三传往来，皆在支干，与返吟相类也。

断曰：柔日昴星，昴星者，酉中有昴宿，故以酉下为用。如冬蛇之掩目，藏蛰不动，宜防暗昧之忧。若昼占将乘元后，则阴私万状，更有不可告人者矣。

天时：柔日昴星，天罡指阴，若待出旬，必然大雨。家宅：支之阴阳尽空，有室如悬罄之象。求财：青龙已空，财爻不见，难必其有。婚姻：支干相冲，宅上空陷，占婚不吉。功名：官禄不见，青龙又空，占官不吉。胎产：柔日昴星，孕必成女；儿实母空，占产甚吉。疾病：病空人实，不久自愈。出行：驿马不见，伏匿之象，及春始行。行人：天罡加仲，恐在中途。兵战：昼占有获，夜占大胜。

《毕法》云：所谋多拙逢罗网、虎视逢虎力难施。《纂要》云：干上寅，支上申，初传申为虎之本家，中传寅亦是虎，末传又是申虎，所谓虎视逢虎者也。凡值此课，必惊天动地，不能免祸。

甲申日第一课

兄　青螣　庚寅　日德　日禄　驿马
子　朱勾　癸巳　日刑　劫煞　支合
官　后白　甲申

```
后白 后白 青螣 青螣
 申   申   寅   寅
 申   申   寅   甲
```

```
              螣青 贵空
朱勾  巳  午   未   申  后白
合合  辰             酉  阴常
勾朱  卯             戌  元元
青螣  寅  丑   子   亥  常阴
          空贵 白后
```

课格：伏吟，自任，元胎。

课意：行人到户，来必欺侮，昼禄遁庚，末逢众虎。

解曰：伏吟驿马发用，行人即归。支神阴阳皆金，干神阴阳皆木，自干传支，动必受其欺侮也。寅为日禄，旬遁庚鬼。夜犹得青龙相助，昼则蛇火脱气，必成灾咎。寅禄既不可守，中传巳又脱日，欲投末传，遂逢众虎。盖申固虎也，又乘昼虎，支神阴阳，众虎为群，胡可当哉？

断曰：此自任之卦，课传皆孟，名曰元胎，乃隐伏未发之象，静以待时则吉。发用禄马俱全，螣蛇生角，勾陈捧印，官上催官。仕宦占之，显达可必，尤喜见水，若年命逢申者不利。

天时：风多雨少，夜占有雨。家宅：干支互绝，宜与人兑换房屋。婚姻：夜占可用，但防刑克。胎产：胎旺，或主婢孕。功名：夜占龙马驾德禄，科名大利，惟申巳年命者不足。求财：难得。投谒：利见贵求名。疾病：主见血光，甚凶，幸有解神，不妨。失脱：近处寻获。出行：宜远行。行人：即至。争讼：不利，宜静以待动。兵战：昼占不宁，夜占大胜。

《毕法》云：宾主不投刑在上、我求彼事干传支、信任丁马须言动。《袖中金》云：元胎见禄马龙雀，大利占试。如常人见勾陈白虎，必有讼事或病人也。亥月占主胎产，行年见龙生男，见后生女。螣惊、虎伤、勾有厄也。

甲申日第二课

父　白后　戊子 福星
父　常阴　丁亥 长生
财　元元　丙戌

<pre>
        螣青 贵空 白后 空贵
         午   未   子   丑
         未   申   丑   甲
</pre>

<pre>
                朱勾 螣青
     合合 辰   巳   午   未   贵空
     勾朱 卯   申   后白
     青螣 寅   酉   阴常
     空贵 丑   子   亥   戌   元元
                白后 常阴
</pre>

课格：知一，退茹，重阴。

课意：递相蒙蔽，两贵恃势，生计虽荣，子息废弃。

解曰：干墓覆支，支墓覆干，彼此递相蒙蔽也。昼贵在干，夜贵在支，而丑与未为恃势之刑，两贵亦不相能也。子亥，水也。戌乘双武亦水也。全水生干，生计可谓荣茂矣。然制火太甚，为日干之子孙者，不几废弃乎？

断曰：此知一之卦，连茹逆传，退中有进，恩中生害。事起同类，和衷则吉，疑贰则凶。后阴元武，一片奸私。子未丑午，四神交害，人旺宅衰，主宾不合。百凡谨慎防闲，免受暗中侵损也。

阴贵相助，秋冬占之大吉。

天时：淫雨连旬不止。家宅：不和，防损小口，夜占天空，主屋上兽头落。婚姻：不宜。胎产：胎安，产易，防不育。功名：有人暗中默助。求财：得后亦防耗失。疾病：夜占主鬼为殃，可禳，若占子孙病凶。失脱：宜寻。出行：迟疑不决。行人：迟归。争讼：可解，防暗害。兵战：少利，秋冬吉。

《毕法》云：昼夜贵加求两贵、干支乘墓各昏迷。《课经》云：干支见昼夜贵人，事须两贵周全，方得成合。《袖中金》云：子亥戌为重阴，安嘉遁之贞，宁甘没齿？《指掌赋》云：三传纯父母，勿虑身而身自安；《毕法》云"六爻现卦防其克"，此为父母现卦，子孙忧也。

甲申日第三课

子	螣青	空午	灾煞
财	合合	壬辰	
兄	青螣	庚寅	日德 日禄 驿马

合合	螣青	元元	白后
辰	午	戌	子
午	申	子	甲

勾朱①	合合	朱勾		
勾朱 卯	辰	巳	午	螣青
青螣 寅			未	贵空
空贵 丑			申	后白
白后 子	亥	戌	酉	阴常
	常阴	元元		

课格：涉害，间传，顾祖，励德。

课意：宅内脱空，嗣息飘蓬，庚赖此制，然后尊崇。

解曰：午为甲之子，今居宅上，脱干之气，又值旬空，既脱且空，嗣息有飘蓬之象矣。寅旬遁为庚，是谓禄旁有鬼，禄不可就，全赖午火克制庚金。然后禄为我享，而成其尊崇也。五月占之，月建填实，方符此沦。

断曰：此涉害见机之卦，凡事留连迟滞，进退不定，格名顾祖，有复旧之象。贵临卯酉，大吏升迁，微员降斥，亦主阴小有灾。凡百谋望，宜进不宜退，退则遇空也。

天时：求晴未晴，求雨戌日可得。**家宅**：主屋舍倾颓，家业衰替，宜复旧庐，春夜占防火灾。**婚姻**：成合，美中不足。**胎产**：占胎吉，占产不宜。**功名**：仲夏占吉，余恐虚声无实。**求财**：来处不正，防人窃耗。**疾病**：主气血衰败，新病不妨，久病凶。**失脱**：不获，防再失。**出行**：宜慎，恐遇小人。**行人**：在途，出旬必至。**争讼**：惊忧反覆，后有解。**兵战**：有失众之象，宜慎。

《毕法》云：干支皆败势倾颓、脚踏空亡进用宜。《指南》：未将射覆。袁天罡断法，青龙子孙主文书，午为易气，当是易经。又用东方朔断法，本课三传纯阳，取遁甲"丁卯"，仰视得丑，阴神是亥，取亥发用。三传亥酉未，亥主图籍，又为日干文书。未数八，亥数四，发之，果易书一册，八十四页。

---

① 原文：朱勾。

甲申日第四课

```
子  朱勾  癸巳  劫煞  日刑  支合
兄  青螣  庚寅  日德  日禄  驿马
父  常阴  丁亥  长生
```

```
      青螣 朱勾 后白 常阴
       寅  巳  申  亥
       巳  申  亥  甲
```

```
              勾朱 合合
青螣  寅      卯   辰      巳  朱勾
空贵  丑                   午  螣青
白后  子                   未  贵空
常阴  亥      戌   酉      申  后白
              元元 阴常
```

课格：元首，元胎。

课意：自支传干，彼来相向，丁马交横，闭口为上。

解曰：初传支上神，末传干上神，自支传干，为彼来求我之事也。寅为驿马，亥遁旬丁，交横而至，势处极动，不容少停矣。旬尾加支发用，为闭口之卦，必须谨言，乃为上策。

断曰：此元首之卦，课传皆孟，格合元胎。以尊制卑，凡事顺利，起于男子。然君子占之，则合元首之象，而正大光明。小人占之，财合元胎之象，而暗昧隐伏。仕宦则有勾陈捧印，螣蛇生角之祥。常人则有争斗官非，火烛惊怪之咎。又支干各乘长生，而互相脱盗，为乐里生忧格。

天时：忽晴忽雨。家宅：主有争夺田房，口舌文书之事。婚姻：不宜。胎产：主暗哑，胎神临败脱，防损堕。功名：考试得科第，仕宦得迁擢，惟忌申害年命。求财：轻微。疾病：主心腹咽喉，或中风不语。失脱：难得，见者亦不肯说。出行：不利。行人：即至。争讼：防刑责，忌多言、评人阴事。兵战：互有胜负。坟葬：吉，树木茂盛，然防伏根侵圹，又两空夹墓，防有孔穴。

《毕法》云：上下俱合两心齐、彼此猜忌害相随、闭口卦体两般推。《袖中金》云：旬尾加旬首发用，为闭口卦。凡占多主秘密，不能测其机关。上乘朱雀，占讼，枉者不伸。《指掌赋》云：上下六合，主客和同；上下刑害，冤雠相见。

甲申日第五课①

```
财  合合     丙戌
子  后白     空午  灾煞
兄  白后     庚寅  驿马  日德  日禄
```

```
        青螣 元元 后白 合合
         子   辰   午   戌
         辰   申   戌   甲
```

```
                白后 常阴
空贵  丑    寅   卯    辰  元元
青螣  子              巳  阴常
勾朱  亥              午  后白
合合  戌    酉   申    未  贵空
          朱勾 螣青
```

课格：涉害，炎上，狡童，斩关。

课意：魁罡并临，中末空沉，若当寅月，虎马庚侵。

解曰：斗魁临日，天罡临辰，动作非常也。戌加干发用，名曰斩关。中传午值旬空，末传寅坐空地，沉沦无气矣。寅为日马，旬遁庚鬼，夜乘白虎克日，其势凶恶。若非空陷，则侵害难免，可不畏哉？

断曰：此涉害见机之卦，合炎上之局。占主顾盼迟疑，多虚少实，先合后散，遇明成暗。又木日盗气，戌加寅为以墓临生，掩其虚灵之体。罡加日建，得驿马贞神，更值年命，仕人得美差，常人不利。

天时：云合无雨，日欲现而不现，风欲起而不起。家宅：不安，防阴小有越理之事。婚姻：不宜。胎产：主婢妾孕，或不实。功名：未得遂意。求财：可得，宜与下隶私谋，但不由己用。投谒：未遇。疾病：主热病，或在心及妇人血病。失脱：主奴婢窃逃。出行：利于避难。行人：立至。争讼：利见官，必能辨雪。兵战：不利。坟葬：不吉，主坟墓破坏。

《毕法》云：初遭夹克不由己、不行传者考初时。《课经》云：寅遁旬庚日鬼，而乘夜虎遥伤日干，至凶至危，纵空亡不能解救。《袖中金》云：天后厌黩，六合私门，用起六合，终于天后，曰狡童。

---

① 此课有认为三传是"子申辰"者。

甲申日第六课

```
财     合合   丙戌
子     阴常   癸巳  劫煞 日刑 支合
父     青螣   戊子  福星
```

```
        合合  常阴  元元  朱勾
        戌    卯    辰    酉
        卯    申    酉    甲
```

```
              空贵  白后
青螣   子    丑    寅    卯   常阴
勾朱   亥                辰   元元
合合   戌                巳   阴常
朱勾   酉    申    未    午   后白
              螣青  贵空
```

课格：知一，罗网，铸印。

课意：交互乘旺，各临墓上，动遭罗网，中传懊丧。

解曰：木旺于卯，金旺于酉。今干上乘酉，支上乘卯，为干支交互乘旺也。然寅坐未上，申坐丑上，又为干支各坐墓库，自招昏滞。若静以守之，则为旺来就我；倘妄相投奔，则旺变为罗网矣。中传巳火制鬼，却被戌墓子克，与我全无情况也。

断曰：此知一之卦，事起同类，进退狐疑，恩中有害，合中有离。虽巳戌相加，亦有铸印之象。然戌下巳上，金火反位，子又临巳灭火，不得以正格论。

天时：云蒸电掣，必雨。家宅：兴旺中防晦滞灾咎。婚姻：和合中有刑破。胎产：胎神作鬼临绝，不吉。功名：必得，三月占更吉，但非正印官。求财：可得。投谒：美中有诈。疾病：有解。失脱：主在亲邻处。出行：不得出，出亦不利。行人：占幼辈至。争讼：难结。兵战：吉。

《毕法》云：互旺皆旺坐谋宜、人宅坐墓甘招晦。《古鉴》：一县令巳未生，戊申年申将，占身命，得比用。日上乘破碎、雀、鬼，官位不明。初传戌财，并临六合，主私门受财。阴神化罗网，酉鬼伤身，明年八月事发遭勘。寅为功曹坐墓，当谪为曹属。行年在巳，子克、戌墓，巳为旬尾阳极，庚戌年当得暴疾，闭口而终矣。前后俱验。

甲申日第七课

兄　白后　庚寅　日禄　日德　驿马
官　螣青　甲申
兄　白后　庚寅　日禄　日德　驿马

```
　螣青　白后　　白后　螣青
　　申　　寅　　　寅　　申
　　寅　　申　　　申　　甲
```

```
　　　　青螣　空贵
勾朱　亥　子　　丑　寅　白后
合合　戌　　　　　　卯　常阴
朱勾　酉　　　　　　辰　元元
螣青　申　未　　午　巳　阴常
　　　　贵空　后白
```

课格：返吟，元胎，乱首。

课意：缘不自尊，凶犹可言，若逢夜卜，八虎攒吞。

解曰：干往加支，却被支克，不自尊重，以取乱首之侮。支亦来加干克干，并见上门乱首之咎。其像甚凶，然犹可言也。若夜占则凶又甚焉。寅坐申上，申坐寅上，传课寅申，共为八虎。往来冲突，孰能御之？静以观变，尚且至惊至危。况往而自取，能免吞噬之患耶？

断曰：此返吟无依之卦，又名乱首。干支互加，而日干独被支克，无往而非横逆也。况干支皆临绝地，禄马俱尽，何适而可？昼占尚有龙神解救，夜占极凶。

天时：狂风骤雨，时作时止。家宅：人口不安。婚姻：昼占反覆，夜占不宜。胎产：胎神遇胎，又坐旺地，主有双孕，夜占即产。功名：宜引退。求财：无得有失。疾病：昼占可愈，夜占大凶。失脱：虽有窝藏，必致败露。出行：不利。行人：在路，昼占主有信息文字远来。争讼：凶，防遭刑险。兵战：不利，春占稍吉。

《毕法》云：权摄不正禄临支、干支值绝凡谋决、昼夜贵加求两贵。《课经》云：申加甲为明鬼。寅加支，遁旬庚为暗鬼。又绝神作鬼，止宜结绝凶事，释解官讼。《观月经》云：乱首卦名白虹贯日，或主他姓乱宗。若系本支，亦主卑幼无礼。若又上下和顺，必遭官司。

甲申日第八课

父　青螣　戊子　福星
子　阴常　癸巳　日刑　支合　劫煞
财　合合　丙戌

　　　后白　空贵　青螣　贵空
　　　午　　丑　　子　　未
　　　丑　　申　　未　　甲

　　　　　　勾朱　青螣
合合　戌　　亥　　子　　丑　空贵
朱勾　酉　　　　　　　　寅　白后
螣青　申　　　　　　　　卯　常阴
贵空　未　　午　　巳　　辰　元元
　　　　　　后白　阴常

课格：比用，铸印。

课意：干支墓临，夜讼难胜，人渐通泰，宅渐隆兴。

解曰：未为木墓，丑为金墓，干支皆为墓覆，既各昏迷；而夜占初传子未相穿，未贵人也，贵人相害，讼能直乎？若占人宅，却又是两贵临于身宅，人必通泰，宅必兴隆。渐者，墓固迟滞；又两贵皆空，尚能虚喜，出旬以后，渐登亨衢也。

断曰：此知一之卦，干支皆为墓覆。凡事暗滞难通。喜墓神逢空，反见暗里生明，难中化福。然发用无力，凡所谋为，亦虚而不实。惟九流僧道孤独之人，乃为大吉也。

天时：占晴不久，占雨必须出旬。家宅：利改造发贵。婚姻：迟合。胎产：主女孕。功名：得贵人虚声相引。求财：主有私门贿赂，未即入手。疾病：久病不宜。失脱：武上神克勾上神，主吏不能捕。出行：改期。行人：立至。争讼：有解。兵战：防失众。坟葬：发贵，但丑上午相穿，防兽穴，或水穿激。

《毕法》云：干支乘墓各昏迷、害贵讼直遭曲断。《古鉴》：一广文辛未生，戊申年亥时，占前程。曰：干支皆墓，用神害贵，前程迟滞。巳为闭口，主无子。今年有灾，防为医误。庚申禄尽矣。果验。又同此，占家宅。曰：灶下有坟坑，移灶则声影绝。于第三间暖阁掘下五尺，必有老人葬此，迁去即安矣。试之，果然。

甲申日第九课

财　元元　壬辰
官　螣青　甲申
父　青螣　戊子 福星

```
    元元 青螣 合合 后白
     辰   子   戌   午
     子   申   午   甲
```

```
       合合 勾朱
朱勾 酉 戌  亥 子 青螣
螣青 申         丑 空贵
贵空 未         寅 白后
后白 午 巳  辰 卯 常阴
      阴常 元元
```

课格：元首，润下，励德，闭口，蓦越。

课意：人盛宅隘，我成他败，干上脱空，三传可解。

解曰：申子辰合为水局，以生干而脱支。论人宅，则为人盛宅隘。论彼我，则为我成彼败也。凡父母财官，空即无力。独我生之神，而值空陷，是为空脱，盗我之气愈甚。今幸三传水局，足以克制午火，而解空脱之患也。

断曰：此元首之卦，合润下之局。凡事顺利，起于男子。以上制下，正大光明。宜先不宜后，宜动不宜静。天罡临支阴发用，主蓦然有变，继则浮游不安。惟智者乐水，足以当之。盖以元首之尊，而兼有润下之象。宜布德施惠，膏泽及人，斯协其吉。

天时：多雨露。**家宅**：主人多屋窄，沿河处防贼入。**婚姻**：不宜。**胎产**：主生女，防有胎病，难产。**功名**：有人举荐，秋冬占之吉，主河防、水利等职。**求财**：得之不以其正，还防脱耗。**投谒**：合中有嫌。**疾病**：主泄泻虚脱，天罡作墓，大象甚凶。**失脱**：不出宅中而难获。**出行**：防有失。**行人**：先有书信。**争讼**：主为盗贼失脱，难解。**兵战**：水师吉，宜罢兵讲好。**坟葬**：主有水患、贼耗，不宜于祖墓上葬妻妾。

《毕法》云：人宅皆死各衰赢、合中犯煞蜜中砒、三传递生人举荐。《观月经》云：三传俱是水，润下水因由，忽然盗贼起，元武倍添愁。

甲申日第十课

官　螣青　甲申
父　勾朱　丁亥　长生
兄　白后　庚寅　日德 日禄 驿马

　　白后 勾朱 螣青 阴常
　　寅　 亥　 申　 巳
　　亥　 申　 巳　 甲

螣青　申　朱勾　合合　亥　勾朱
　　　　　酉　　戌
贵空　未　　　　　　　子　青螣
后白　午　　　　　　　丑　空贵
阴常　巳　辰　卯　寅　白后
　　　　　元元　常阴

课格：重审，元胎。

课意：冲克生扶，贵怒畏初，马载夜虎，非细驰驱。

解曰：巳亥、寅申相冲，申寅、亥巳递克。然四孟长生，交作六合，是传课干支，互相冲克，又互相生合也。两贵入狱，干之①必怒。初申绝鬼，深为可畏。末寅遁庚，马载夜虎，其为变动岂小哉？

断曰：此重审之卦，事多不顺，起于阴小。又格合元胎，主狐疑不决。青龙折角，不免刑冲。当详审后行，勿妄动取咎。

天时：有雨，但防风雹。家宅：防口舌争斗，兼有脱耗。婚姻：不宜，惟昼占可用。胎产：胎神临败地，防损。功名：有成，防阻碍。求财：防因财致讼。疾病：闭口临身，主中风不语，饮食不进。失脱：难寻。出行：防惊恐，投人不利。行人：在路。争讼：大有惊忧，终得解散。兵战：吉而未纯。

《毕法》云：虎乘遁鬼殃非浅、彼此猜忌害相随。《古鉴》：一县丞，申将，占官职。曰：初传申官临巳，巳为双鱼，主兼职。中亥长生临宅，上官承顾。末寅身临亥，名达天庭。亥为学堂，有绛帐之荣。果以权县印得荐引见，补上宫教授。《指南》：巳将，占院试。曰：月建旬首发用，龙雀乘旺，德禄乘马，干支六合，首荐无疑。又辛未年，戌将，占升迁。曰：龙常并见，城吏全逢。青龙内战，奇遇超擢。朱雀生日，公卿交誉。驿马德禄，俱入天门，非天官而何？然贵履地网，主自欲引退。悉验。

---

① 原文：支。

甲申日第十一课

```
财  合合  壬辰
子  螣青  空午  灾煞
官  后白  甲申
```

```
    白后  元元  螣青  合合
     子    戌    午    辰
     戌    申    辰    甲
```

```
贵空 未   后白    阴常   戌 元元
螣青 午    申      酉    亥 常阴
朱勾 巳                  子 白后
合合 辰    卯      寅    丑 空贵
         勾朱    青螣
```

课格：涉害，斩关，间传，登天。

课意：支干魁罡，中末空亡，移远就近，岁月时详。

解曰：魁罡临于日辰，动用非细。六合并于日上，乃真斩关卦也。况辰午申为登三天之格，事情远大非常。惜中末空亡，名为动中不动，事无究竟。止宜移远就近，解散凶咎而已。如初见太岁，中末见月建日辰，亦名移远就近，将缓为急。或占时发用，亦名动中不动，远求无功，反在近处也。

断曰：此涉害斩关之卦，非安居之象。主忧疑进退，多历艰辛，初遭夹克，事不由己。日上私门，多是阴谋私祷。奈中末皆空，凶固不成，吉亦不就。

天时：欲晴还阴，欲雨还止，大风忽起。家宅：不宁，虽凶有解。婚姻：不宜，亦不成。胎产：胎防伤损，产有惊恐。功名：百计营求，迄无成就。求财：利私谋纳贿，然到底成空。疾病：危险，暴病即愈。失脱：急寻可得。出行：远行不到，还作近游。行人：远者未归，近者即至。争讼：惊忧，终解。兵战：小利，未足恃，须出敌不意，方获大胜。坟葬：防破坏。

《毕法》云：支坟财并旅程稽、罡塞鬼户任谋为、不行传者考初时。《课经》云：龙登天则雨，官登天则迁，所忌空脱，惟争讼疾病，反喜空亡也。《指掌赋》云：空亡乃耗散之神，中为折腰，末为刖足。辰戌网罗之煞，在日毁卵，在辰覆巢。

甲申日第十二课

```
财   合合   壬辰
子   朱勾   癸巳
子   螣青   空午  灾煞
```

```
      元元 阴常 合合 勾朱
       戌   酉   辰   卯
       酉   申   卯   甲
```

```
螣青 午   贵空    后白          酉 阴常
          未      申
朱勾 巳                         戌 元元
合合 辰                         亥 常阴
勾朱 卯   寅      丑            子 白后
         青螣    空贵
```

课格：重审，进茹，罗网，升阶。

课意：人宅皆旺，动遭罗网，夜占脱甚，互坐墓上。

解曰：木旺于卯　金旺于酉，干支皆乘旺神。守之为贵，若妄动，定遭罗网缠绕身宅，变为羊刃，反生灾咎也。中末脱干之气，夜占则加以雀蛇火将，其脱弥甚矣。寅坐金墓之上，申坐木墓之上，干支互墓，各招昏晦，不宜两相投奔也。

断曰：此重审之卦，顺进连茹，顺中有逆，进中有退，静宜动滞，有始无终。若已见蹉跌，而图复旧业，大为吉兆。如本安处，忽求分外，反生灾悔。又互坐丘墓，如愚蠢之人，两相投奔，适取昏迷，占者尤当猛自警省。

天时：云多雨少。**家宅**：不昌，又主情愿借屋与人作践。**婚姻**：两旺可合，但恐有伤。**胎产**：胎临绝地，防不育。**功名**：有始鲜终。**求财**：不由己力，终不可得。**疾病**：或如狂，主得之饮食，禁忌即愈。**失脱**：急寻，迟则难觅。**出行**：宜近处，远行不利。**行人**：未有期。**争讼**：主为口舌、文书，进凶退吉。**兵战**：利主不利客，忧患消解。**坟葬**：不吉，不能发贵。

《毕法》云：互旺俱旺坐谋宜、所谋多拙遭罗网、人宅坐墓甘招晦。《订讹》云：前位神覆盖遮隔，不得出头，遇丁马更凶，得年命冲破为有救。《指掌赋》云：午正阳，有泰阶之象，从辰巳升之，岂非观光乎？但传空曰"声传空谷"，退吉，而进则不宜。

乙酉日第一课

```
财  勾勾  壬辰  日刑 羊刃
官  后元  乙酉  三刑
兄  青合  辛卯  日禄 恩赦① 支冲
```

```
     后元 后元 勾勾 勾勾
      酉   酉   辰   辰
      酉   酉   辰   乙
```

```
          朱空 螣白
合青  巳   午   未   申  贵常
勾勾  辰              酉  后元
青合  卯              戌  阴阴
空朱  寅   丑   子   亥  元后
          白螣 常贵
```

课格：伏吟，自信，斩关，杜传。

课意：可与交关，众鬼相攒，合中有祸，奴婢欺瞒。

解曰：辰与酉合，干支上下交车相合，彼此齐心，故曰可与交关也。酉居旺地，临宅之阴阳，又入中传，群相攒结，以作日鬼，虽与干合，而合中有克也。酉为婢女，昼乘元武，夜乘天后，末传更入私门，故主奴婢有奸欺之事。

断曰：此伏吟自信之卦，凡事伏匿不动，隐而未发，自信其柔，以与世接，静以待动也。斩关发用，不获安居。天罡作财，财强身弱。鬼生盗阴，主有重重耗失。反喜末传坐空，事当改变，可于凶中化吉，不必忧惊。

天时：宿雾重阴，遇风而解。家宅：不宁，防有奸私逃拐之事。婚姻：不用。胎产：主生女。功名：非正途，或有官无禄。求财：羊刃作财，求之得祸。投谒：主客面和心背。疾病：绝食者凶，暴病有解。失脱：宜寻，家中婢女所窃。出行：不利远行。行人：未至。争讼：宜和息。兵战：少快利。

《毕法》云：上下相合两心齐、任信丁马须言动。《课经》云：用起自刑，中投支上，复自刑。末取冲，传行杜塞，名杜传格，事主中止改图。《指南》：丁丑年，酉将，占六甲。宅上酉神，侧室怀孕。双勾乘罡发用，必是双胎，一男一女。酉为兑，作胎鬼死气；卯为震，作支胎生气。男必生，女必死也。果验。

---

① 原文字迹模糊，貌似"恩赦"。

乙酉日第二课

```
官  贵常  甲申  日德 日解 仪神
财  螣白  空未  干墓
子  朱空  空午  鲁都
```

```
        螣白 贵常 空朱 青合
         未   申   寅   卯
         申   酉   卯   乙
```

```
        合青 朱空
勾勾  辰  巳  午  未 螣白
青合  卯          申 贵常
空朱  寅          酉 后元
白螣  丑  子  亥  戌 阴阴
         常贵 元后
```

课格：遥克，嚆矢，退茹。

课意：辛申并至，常人可畏，身宅皆凶，君子斯贵。

解曰：卯，旬遁辛而临干；申，遥克干而发用，明暗两鬼并至，身既凶矣。宅上神克其身，将乘大吉小吉，皆助鬼而仇我，是宅亦凶而不可居也。常人遇此，病讼交侵，财息并没，宁不可畏？君子反是旺禄临身，官星照宅；更喜中末墓脱俱空，独显初传，乘天乙太常发用，斯为可贵之格。

断曰：此嚆矢之卦，连茹逆传。事主动摇不定，人情倒置乖离，退中有进。利主不利客，利东北不利西南。天罡励德，君子获吉，小人成灾。但中末落空，祸福俱轻，凡事止息。

天时：浓阴小雨，占晴难晴。家宅：宅神克禄，防因宅失禄；又主有口舌来自西南，不可留宾；又阴人小口有灾，宜谢土神。婚姻：不成。胎产：主女胎，占产速。功名：有官有禄，大吏升迁。求财：无得。疾病：凶。失脱：在西南方寻。出行：不果。行人：亥日至。争讼：主为田土屋宅，始惊忧，终解散。兵战：未有胜兆，且宜休息。

《毕法》云：旺禄临身徒妄作、鬼乘天乙乃神祇、不行传者考初时。《指掌赋》云：申未午为凌阴，主行险侥幸，危者安而安者危。逆连茹空，名脚踏空亡，进宜而退则不可。《袖中金》云：辰之阳神相克，凶重有力，不可先动，传空为遗镞也。

乙酉日第三课

```
财  螣白  空未  干墓
子  合青  癸巳  干奇 破碎
兄  青合  辛卯  日禄 支冲 恩赦
```

```
   合青 螣白 贵常 空朱
    巳   未   子   寅
    未   酉   寅   乙
```

```
青合 卯   勾勾 合青       朱空
          辰    巳   午
空朱 寅              未   螣白
白螣 丑              申   贵常
常贵 子   亥   戌   酉   后元
         元后 阴阴      
```

课格：弹射，间传，回明。

课意：昼虎墓身，勿近财婚，取之有咎，讼枉难伸。

解曰：未为干墓，昼乘白虎临宅，宅昏人病。幸不克支，应得稍轻也。日财发用，主财物之来。六合临卯，主婚姻之事。然虎能伤干，酉来冲卯，贪财必遭噬害，成婚不得令终，不如勿近之为得也。未害寅上昼贵，讼虽理直，必遭枉断也。

断曰：此弹射之卦，事从内起，远而难就，利客不利主，宜后不宜先。况空亡发用，动作尤虚，祸福不实。惟利九流僧道，及孤独之人。若常占，必难为骨肉。

酉日，干墓加支，又乘蛇虎，为真墓门开，当有内丧，宜合寿木以禳之。

天时：大风，有雷电。**家宅**：门户不宁，防有重丧，或宅下有伏尸。**婚姻**：不吉，亦不成。**胎产**：不安，防产难。**功名**：有微禄而已。**求财**：必因财致祸，财空即免。**疾病**：主腰脚之疾，在右半，新病愈，久病凶。**失脱**：难获。**出行**：访人不遇，谋事不成，宜止。**行人**：未归，六月占，即至。**争讼**：不利，宜即解散。**兵战**：防失众，成中有变。**坟葬**：兆吉，宜寿圹，多植树木，若已葬，防有蚁攒蛇穴。

《毕法》云：干墓并关人宅废、支乘墓虎有伏尸、夫妇芜淫各有私。《课经》云：未巳卯为回明格，自未传卯，由阴至阳，有缺月渐回之象。凡事不可骤举，只宜迟进。吉事渐成，凶事渐消也。

乙酉日第四课

```
财  青螣  己丑  福星 支墓
财  朱阴  丙戌  日冲
财  后白  空未  干墓
```

```
      白合 阴空 朱阴 青螣
       卯  午  戌  丑
       午  酉  丑  乙
```

```
                白合 常勾
    空朱  寅   卯  辰   巳  元青
    青螣  丑            午  阴空
    勾贵  子            未  后白
    合后  亥   戌  酉   申  贵常
              朱阴 螣元
```

课格：重审，稼穑，九丑。

课意：面前相害，私里眷爱，若论财交，彼明己昧。

解曰：午与丑相害于上，而辰与酉相合于下，虽外貌不和，而内情实相爱也。三传纯土，俱为日干之财神。然干被支墓覆蔽，而发用日财反去生支，非彼明己暗而何？

断曰：此重审之卦，三传皆四季之神，局合稼穑。凡事艰难，不由自主。卑下擅专，不利长上。必须详审后行，方免悔咎。支墓覆干，防人欺蔽。宅上神空脱克支，亦恐门户隳颓。三传递刑，支干上神交害，末传空陷，有财散人怨之象。慎之慎之。

天时：云蒸雾起，风多雨少。家宅：主家长昏昧，阴人用事，下有欺诈。婚姻：不吉。胎产：胎神临败，防损。功名：财中化官，可以得官，但少结局。求财：经商者折本，家财防病讼耗失。疾病：主脾病，下元虚，难愈，长上尤忌。失脱：宜速寻。出行：不安宁。行人：在路，有阻隔。争讼：多为田土文书，始缠终解。兵战：未利，宜屯田缓攻。

《毕法》云：支坟财并旅程稽、宾主不投刑在上、传财化鬼财休觅、彼此猜忌害相随。《课经》云：三传皆财，生支克干，惟宜纳粟求官，或以财告贵。《心镜》云：乙戊己辛壬午①日，四仲相并九丑因；大吉临于支干上，发用天灾将及人；不但纳妻并嫁女，最忌游行及出军。

---

① 校者注：疑为"五"之误。

乙酉日第五课

子　元青　癸巳　干奇　破碎
财　青螣　己丑　福星　支墓
官　螣元　乙酉　三刑

　　青螣　元青　贵常　勾贵
　　丑　　巳　　申　　子
　　巳　　酉　　子　　乙

　　　　　　空朱　白合
青螣　丑　　寅　　卯　　辰　常勾
勾贵　子　　　　　　　　巳　元青
合后　亥　　　　　　　　午　阴空
朱阴　戌　　酉　　申　　未　后白
　　　　　　螣元　贵常

课格：元首，从革。
课意：满盘皆鬼，来生子水，宜远求财，忧变成喜。
解曰：三传金局，皆为日鬼，若可忧也。殊不知反生干上子水，还以养干，合三传递生之格。切不可以中传丑土为财，即往取之，生支引鬼，祸不旋踵。宜迤逦远求，则金自生水，水自生干。干支阴阳，各成三合。巳申、子丑、辰酉，互成六合，变忧为喜。纵然带煞，不成嗔矣。
断曰：此元首之卦，合从革之局。事起男子，权由上人，每多顺利。巳加酉为先革后从，先阻后通，化难为易，变仇为恩，全得众力之助。秋冬占之，百事迪吉。
天时：望雨得雨，时和物生。**家宅**：防有小盗。**婚姻**：所占多合，择其善者。**胎产**：胎神作鬼，入墓临腹，将见元蛇，防系鬼胎。**功名**：先阻后成，得贵人举荐之力，不可取财。**求财**：旋来旋去，迟得乃安。**投谒**：晚合。**疾病**：淹缠而无害。**失脱**：不远。**出行**：到处和合。**行人**：未动不动，已行即到。**争讼**：难中生易，变仇成好。**兵战**：大胜之兆。**坟葬**：夜占龙蟠龟伏，大吉。

《毕法》云：众鬼虽彰全不畏、贵虽坐狱宜临干、万事喜忻三六合。《指掌赋》云：一上克为元首，理势顺而百事攸宜。巳丑酉为反射，怀杀伐以酬恩。《心印赋》云：丑加巳上乘青龙，贵来举荐两相同。

乙酉日第六课[1]

父	合螣	丁亥	长生	驿马
子	阴空	空午	鲁都	
财	青后	己丑	福星	支墓

合螣　常常　阴空　合螣
亥　　辰　　午　　亥
辰　　酉　　亥　　乙

```
          青后 空阴
勾贵  子   丑  寅   卯  白元
合螣  亥            辰  常常
朱朱  戌            巳  元白
螣合  酉   申  未   午  阴空
          贵勾 后青
```

课格：知一，不备，四绝。

课意：亥水乘丁，奔入庭宅，舍益就损，空脱交并。

解曰：亥水生乙木，乘丁神而加干发用，最为有益，无事他求矣。乃弃而不守，遂遭中末之空陷，无所依藉。乃投酉求合，甘心受脱。空脱交并，转思亥之生我，不有天渊之隔耶？舍益就损，悔之晚矣。

断曰：此比用之卦，四课不备，事有两端，人不一致，择其善者而从之。舍近就远而适得近，舍亲就疏而弥得亲。虽起蓦然而仍不离身位。所嫌轻己徇人，甘心自陷，不无悔咎。若审机[2]守分，反得自在逍遥也。

天时：有雨，求晴未得。家宅：宅安，或以造屋致贫。婚姻：主家贫，离祖出赘。胎产：胎安，占产易产。功名：防以官为家，败身辱祖。求财：守旧相安，妄求有损。疾病：新病愈，久病凶。失脱：邻人所取，逃亡不远。出行：宜北方。行人：即归。争讼：但宜自守，其事自解，不可受彼笼络。兵战：昼凶夜吉。

《毕法》云：不行传者考初时。《课经》云：舍传中之空脱，而回就干上以受生，为避难逃生。乃不就干上之亥，而情愿加酉，贪合受脱，名不受福德。《心印赋》云：午加亥上酉加寅，子居巳位卯居申，诸经名此为四绝，结绝旧事最为真。《金匮经》云：欲知其一，必知其日。二下贼上，妻财争讼，咒诅不宁。

---

[1] 《六壬经纬》以"午丑申"为三传。
[2] 原文：几。

乙酉日第七课

兄　白元　辛卯　日禄　支冲　恩赦
官　螣合　乙酉　三刑
兄　白元　辛卯　日禄　支冲　恩赦

```
 螣合  白元  常常  朱朱
  酉    卯    辰    戌
  卯    酉    戌    乙
```

```
        勾贵  青后
合螣  亥  子    丑  寅  空阴
朱朱  戌              卯  白元
螣合  酉              辰  常常
贵勾  申  未    午  巳  元白
        后青  阴空
```

课格：返吟，无依，龙战。

课意：三辛临卯，所谋被恼，夜逢蛇虎，禄难求饱。

解曰：卯旬遁辛，作日干之鬼。支上一卯，初末传二卯，共为三卯，则有三辛矣。众鬼为朋，日干受制，又况酉为阻隔，卯为失约。用重卯酉，事主参差，所谋焉往而不恼怀也。卯禄遁鬼，还入鬼乡，夜乘虎金伤干，难以往取。虽临于宅，又被宅克，欲求安享，无是理矣。

断曰：此返吟无依之卦，事出两途，往返无常，欲动不动，每从下起，得失靡定，有疑莫决。又卯酉相加，主门户不宁，谨防奸私逃盗之事。

天时：风雨交作，反覆不已。家宅：或因修宅而多费，亦防男女奸私。婚姻：不明，不宜成。胎产：胎气旺而不宁。功名：有官有禄，而非正印。求财：未顺利。投谒：不合。疾病：惊忧反覆，宜加谨慎。失脱：系宅中人。出行：惶惑不定。行人：归或复出。争讼：往来纷争，忧惊难解。兵战：不利，宜慎。

《毕法》云：权摄不正禄临支、上下交合两心齐、虎乘遁鬼殃非浅。《课经》云：禄加支而被支克，必因起盖屋宅而失其禄。《订讹》云：卯酉卯，占主家宅门户道路之事，神将凶动，有重重惊恼。《指掌赋》云：用卯为龙战，用酉为虎斗，主事改而忧疑不定。

乙酉日第八课

```
财  后青  空未  干墓
父  勾贵  戊子  游都
子  元白  癸巳  干奇 破碎
```

```
     后青 空阴 空阴 螣合
      未   寅   寅   酉
      寅   酉   酉   乙
```

```
朱朱 戌   合螣 勾贵   丑 青后
       亥   子
螣合 酉              寅 空阴
贵勾 申              卯 白元
后青 未   午   巳   辰 常常
         阴空 元白
```

课格：知一，不备，乱首，蓦越。

课意：三传空盗，切勿倨傲，上门欺凌，以德为报。

解曰：未既旬空，子又坐空，巳复盗气，是为三传空盗，全不得力矣。支来加干克干，乃上门乱首，业受制于卑下。若仍尊倨，自处傲忽，其害滋甚。寅，支之德也，来自支上，与日比和，支虽以德相报，亦不足赎其欺凌之罪矣。

断曰：此知一之卦，事起同类，恩中有害。又名上门乱首，主有外来欺侮，无端嗔辱。幸发用传空，其祸可解。但孤辰寡宿，止宜僧道茕独之人。凡占无成，必须更改。

天时：风雨不时，防虫螟伤稼。**家宅**：主系德门旧族，但恐主虐奴横。**婚姻**：不成。**胎产**：防有伤损。**功名**：必系门荫，不求自来。**求财**：夏占大获。**疾病**：凶中化吉，夏占不利小儿。**失脱**：不获。**出行**：防失脱。**行人**：迟至。**争讼**：忧疑有解。**兵战**：防变。**坟葬**：夏昼占可用，余不宜。

《毕法》云：害贵讼直遭曲断。《指南》：庚寅年，未将，占阴宅。曰：贵人左旋，逆水之局。申为对案，艮山坤向。未为来龙，虽空乘进，非真龙正穴，然有可取。初中财贵逢空，一二代虚名虚利。末传为宅之长生、学堂，上临河魁朱雀，第三代子孙发贵矣。又丙子年，戌将，占一重辟。曰：皇恩临干，天赦居支，太岁贵人生日，六月当豁免出狱，但戌临孟位，又属本命，谪戌①不免。

---

① 原文：戍。

乙酉日第九课

官　贵勾　甲申　日德　日解　仪神
父　勾贵　戊子　游都
财　常常　壬辰　羊刃　日刑

```
    元白 青后 勾贵 贵勾
     巳   丑   子   申
     丑   酉   申   乙
```

```
            朱朱  合螣
螣合  酉   戌   亥   子  勾贵
贵勾  申             丑  青后
后青  未             寅  空阴
阴空  午   巳   辰   卯  白元
          元白 常常
```

课格：元首，润下，罗网。

课意：人盛宅狭，贵多不惬，将土传水，财印相接。

解曰：申子辰会为水局，生干而脱支，故为人盛宅狭之象。昼夜贵加，又课传皆贵，贵多反无依据，不相浃洽也。昼夜将俱土属，于日为财。而三传纯作水局，于日为印，非财印相接而何？

断曰：此元首之卦，会润下之局，正大光明，顺利和美。课传三合，又互见六合，百事有人扶助。但天将皆作日财，主长上有灾。末助初克，支上生鬼，除求官者，皆有妨碍。

天时：雨水多而无害。**家宅**：发丁和好。**婚姻**：未宜。**胎产**：胎吉，占产不宜。**功名**：主有人推荐，显达。**求财**：难得，亦防得咎。**投谒**：和美。**疾病**：难退，占尊长危。**失脱**：可获。**出行**：安稳。**行人**：即归。**争讼**：各投势要，难决易和。**兵战**：昼占小利，夜占大胜。

《毕法》云：万事喜忻三六合、课传俱贵转无依。《指南》：乙酉年，申将，占兵。曰：水局生干，合中无煞，旺财生官贵，所攻必降。但旺气在内，城不可拔。辰阴太乙，乘虎克支，应防东南有兵变。及师行，果验。又：庚寅年，酉将，一人占子逃失。曰：申为坤方，加于辰而类成水局。元武临天门而上乘未土，垣中有鬼柳二宿，孤辰为僧。卯未相乘得四十八，丙丁日见矣。果于西南四十八里金山寺中，近水楼房寻得。

乙酉日第十课

财	螣青	空未	干墓
财	阴朱	丙戌	日冲
财	白后	己丑	福星 支墓

青元　常贵　阴朱　螣青
卯　　子　　戌　　未
子　　酉　　未　　乙

		后合	阴朱		
贵勾	申	酉	戌	亥	元螣
螣青	未			子	常贵
朱空	午			丑	白后
合白	巳	辰	卯	寅	空阴
		勾常	青元		

课格：重审，稼穑。

课意：两未墓乙，赖众悯恤，子害戌刑，丑冲渐吉。

解曰：未墓覆干发用，乙木两遭蒙蔽，昏滞甚矣。幸而支上子来穿之，中传戌来刑之，末传丑来冲之，墓遂得开，而渐渐获吉。若非众情悯恤，群效其力，乙干岂能自振乎哉？

断曰：此重审之卦，三传纯土，局号稼穑。以下犯上，既多逆而不顺，又若一夫力田，亦劳多而获寡，难进易退，事当详审，不可任意妄行。况发用空亡，象主别离孤独。凡有谋为，百无一就，守旧方吉。

天时：占晴不久，占雨未得。家宅：多宾朋酒食之费。婚姻：不成。胎产：胎神临败。功名：谋复旧职可得。求财：难得。疾病：不利尊长。失脱：昼占当败露。出行：不宜。行人：迟至。争讼：宜解散。兵战：昼吉夜凶。坟葬：防出败子。

《毕法》云：宾主不投刑在上、彼此猜忌害相随、干墓并关人宅废。《指窍》云：稼穑卦，乙日得之无大害，见蛇虎主虚耗。《精蕴》云：此卦占婚姻，三传皆财。青龙发用，中传天喜。干上克支上为妻，似乎必成之象。不知第四课元武乘卯刑子，则女家有畏心而不就也。大抵占婚，最忌第二课、第四课有刑克，及三传与日辰不和。

乙酉日第十一课

官　贵勾　甲申　日德　日解　仪神
财　阴朱　丙戌　日冲
父　常贵　戊子　游都

　　　　白后　元螣　贵勾　朱空
　　　　丑　　亥　　申　　午
　　　　亥　　酉　　午　　乙

　　　　　　　贵勾　后合
螣青　未　　申　　酉　　戌　阴朱
朱空　午　　　　　　　　亥　元螣
合白　巳　　　　　　　　子　常贵
勾常　辰　　卯　　寅　　丑　白后
　　　　　　青元　空阴

课格：重审，间传，涉三渊。

课意：空脱临身，宅乘马丁，贵来官显，福佑财亨。

解曰：午既旬空，又脱干气，今临身上，耗费无穷也。亥①为支马，又遁旬丁，今乘宅上，变动不一也。夜贵来坐午上，虽入空乡，而旺宅在前，不害其为官星德神。中传戌财，末传帝幕，一往亨通矣。

断曰：此重审之卦，顺进间传，为龙涉三渊之格。事不顺利，阴小有权，长上见厄。发用坐空，凡事虚声不实，凶可化吉，迟而后成，屈抑耗泄，宜固穷安分，静以俟之。

天时：晴雨皆待出旬。家宅：有移动之象。婚姻：未成。胎产：胎神坐空墓，防不实。功名：多历难辛，终归有得。求财：尚未称意。投谒：干贵不合。疾病：暴病有解，久病不吉。失脱：贼去难寻。出行：屡动有阻。行人：寅庚日来。争讼：改换问官，方得亨利。兵战：昼凶夜吉。

《毕法》云：空上逢空事莫追、两贵受克难干贵、人宅受脱俱招盗。《课经》云：立春日，子将，占得此卦。凡四立日，日干临前一日日干，发用申为干绝之地，又为穷冬之辰。干上空脱，两贵皆怒，主九十日有灾。故《心镜》云"遇此是名天祸卦，天降之灾四五旬，白虎死亡元武盗，官追朱雀斗勾陈，天空遇事多欺诈，此法详推岂免迍？"

---

① 原文：午。

乙酉日第十二课

父　元后　丁亥　长生　驿马
父　常贵　戊子　游都
财　白螣　己丑　福星　支墓

```
元后 阴阴 朱空 合青
 亥   戌   午   巳
 戌   酉   巳   乙
```

```
            螣白 贵常
朱空  午    未   申   酉   后元
合青  巳              戌   阴阴
勾勾  辰              亥   元后
青合  卯    寅   丑   子   常贵
           空朱 白螣
```

课格：重审，进茹，龙潜。

课意：面前被盗，前路可造，因动逢生，庶免空耗。

解曰：巳临我上而脱我气，犹人当面为盗。被其盗者，无可如何，不如舍之而去，以就三传。初乘丁马，动而之长生之地。中之子水，亦生我也。况至末传，更遇日财，较诸耗脱之巳，不大相悬绝耶？

断曰：此重审之卦，顺进连茹，循理则为亨通，逆理则为罗网。主子孙改动，阴贵扶持。先耗后益，转咎为祥。旧事重新，失而复得。相机[1]而动，株守非宜。

天时：得雨沾足。家宅：主人多宅隘，有老阴人持家，防奴妨主。婚姻：虽颇耗费，日后和美。胎产：胎旺，主生女。功名：稳足得人扶持。求财：先有所费，得足补偿。投谒：和好得益。疾病：不妨。失脱：复得。出行：远程吉利。行人：即归。争讼：宜和解。兵战：军中不宁。

《毕法》云：所谋多拙遭罗网、眷属丰盈居狭宅、尊崇传内遇三奇。《课经》云：亥子丑，亦名润下格。生干脱支，应人口丰隆，而屋舍窄狭，切不可迁居宽广，反生灾咎。此造化使然，不可逆也。《指掌赋》云：若顺连茹亥将顺行，亥子丑为龙潜，阳光在下，空怀宝以迷邦。"神将论"曰：青龙财喜，多主亨通。飞天在巳，君子欲动。太阴在戌，绣衣主婚。

---

[1] 原文：几。

丙戌日第一课

兄　勾空　癸巳　日禄　日德　亡神
财　螣元　甲申　驿马　天贼　鲁都
父　白合　庚寅　游都　三合

```
    后后 后后 勾空 勾空
    戌   戌   巳   巳
    戌   戌   巳   丙
```

```
        合白 朱常
勾空 巳  午   未   申  螣元
青青 辰              酉  贵阴
空勾 卯              戌  后后
白合 寅  丑   子   亥  阴贵
        常朱 元螣
```

课格：伏吟，斩关，元胎。

课意：财禄长生，传内俱逢，居家昏暗，闭口不宁。

解曰：巳为禄，申为财，寅为长生，俱在三传之内，是不待外求，可以坐享矣。但戌为丙之墓，而临于支上，支为宅，所以居家昏暗也。巳乃旬尾，遁癸为闭口，夫闭口之禄，岂能安享而无事哉？闭口在干，总要慎尔话言，始获安吉。

凡禄神作闭口，大不利于占病，不必旬尾加旬首也。

断曰：自任之卦，乃天地闭塞，四伏未发之象。又名斩关，虽无丁神，静中亦有动机矣。凡丙日伏吟皆吉。缘三传俱为喜神，但巳火克申，申金克木，递克之课，不免众人欺凌耳。

天时：青龙入墓，无雨。家宅：祖业甚好，静以守之，自享安闲之福，若强动则不宜。功名：三传递克，外任恐上司参，京官恐言官劾。求财：甚得利益，小有惊疑虚耗。谒贵：不宜。婚姻：天后居宅，能主中馈，性甚贞静，可以成婚，且多婢媵。胎产：孕男，但支为墓神，难产。疾病：久病不吉，宜祈禳。失脱：闭口，恐无人肯言。出行：丁马不动，不能行走。行人：近者即至。兵战：为客者胜。坟墓：紧簇得气，当挨右点穴。

《毕法》云：三传递克众人欺、宾主不投刑在上。《玉成歌》云：伏吟举动心无遂，刚主行人到户庭。又云：天空立用事无凭，前带勾陈勾引情。

丙戌日第二课

```
父  空勾  辛卯   日盗① 支德 支合
父  白合  庚寅   游都  三合
子  常朱  己丑   破碎  勾神 三刑 日医
```

```
        螣元 贵阴 空勾 青青
         申   酉   卯   辰
         酉   戌   辰   丙
```

```
              勾空 合白
   青青  辰   巳   午   未  朱常
   空勾  卯            申  螣元
   白合  寅            酉  贵阴
   常朱  丑   子   亥   戌  后后
              元螣 阴贵
```

课格：元首，退茹，斩关。

课意：退入生乡，进之亦强，壬辰在上，守之见殃。

解曰：退连茹，则宜退矣。然退而入于子亥，则为全木之生乡。进而入于巳午，则为丙干之旺气，所以进之亦强也。至于干上之辰为脱气，遁为壬鬼，虽乘青龙吉神，而欲守此脱鬼，有不见殃者乎？不如更进一步，就于德禄之地，而食其旺气，乃可以安堵而无恙也。

断曰：元首之卦，传名退茹，似乎退易而进难，却宜进多而退少。又支干俱生上神，凡事虚费百出，恐有盗失损财之患。幸辰与酉合，托人定为得力。

天时：有雨有风，雨后即晴。家宅：人亦和平，但内外泄气。功名：辰虽官墓，而戌能冲之，遁壬透出，功名远大，若岁月建辰尤妙。求财：支上酉财，干卯冲之，难获。婚姻：中吉。胎产：男喜，易养。谒贵：可见。求谋：可成。疾病：肺经有病，人病相合，未能脱体，五月不妨。出行：水陆皆通。行人：可至。兵战：游都白虎居中传，恐有劫营偷寨之事，辰与酉合，宜讲信修睦为上。坟墓：发财之地。

《毕法》云：屋宅宽广致人衰。《指掌赋》云：卯寅丑联芳悔吝，须知否极泰来。《纂义》云：六害无情事未宁，全凭阴骘两相成。《秘要》云：勾陈加卯，须防公扰。

---

① 原文字迹模糊，貌似"日盗"。

丙戌日第三课

```
子 勾朱 己丑    日医 破碎 勾神 三刑
官 朱贵 丁亥    寡宿 支仪 劫煞
财 贵阴 乙酉    六害
```

```
    元白 后元 勾朱 空勾
     午  申  丑  卯
     申  戌  卯  丙
```

```
           白青 常空
    空勾 卯 辰  巳 午 元白
    青合 寅        未 阴常
    勾朱 丑        申 后元
    合螣 子 亥  戌 酉 贵阴
          朱贵 螣后
```

课格：重审，间传。

课意：交车六合，我丰彼乏，二贵相投，事恐废业。

解曰：干上卯与戌合，支上申与巳合，干得卯之生，支被申之脱，则交合之后，必我丰而彼乏矣。昼贵亥水，酉又投其家，合而为水以入传，则官鬼太旺，所以克制我者深矣。往时之业，得毋废弛而不振乎？然在仕宦占之，反为吉象也。

断曰：重审之卦，事从内起，咎由女人。又三传间进，有阻隔之象。所喜干上神生日，凡百谋为，俱有当然而然，不虑而获之应。但事有隔手，不能直遂耳。

天时：龙不出现，主晴。**家宅**：人旺宅窄，可以发财，或有贵人接引。**功名**：幕贵出现，占试必中。**求财**：财与干合，求之必得，但不无费心。**谒贵**：昼占相合，夜占相悖。**婚姻**：可成，且旺夫益子。**胎产**：孕女，难产。**疾病**：心经受病，需求东方医人治之则吉。**求谋**：上神生日，所谋百事皆吉。**出行**：台土当门，出行有阻。**行人**：立至。**失脱**：急捕则获。**兵战**：彼此相持，不能取胜。

《毕法》云：昼夜贵加求两贵、六阴相继尽昏迷。《观月经》云：丑上乘朱雀，须言举荐人。《纂义》云：丙日得雀贵勾，主有贵人勾留接引之意，常占则不吉也。《指掌赋》云：丑亥酉为极阴，如月隐西山。

丙戌日第四课

```
官  朱贵  丁亥   支仪 劫煞 寡宿
财  后元  甲申   鲁都 天贼 驿马
兄  常空  癸巳   日德 日禄 亡神
```

```
         白青 阴常 朱贵 青合
          辰   未   亥   寅
          未   戌   寅   丙
```

```
                空勾  白青
     青合  寅   卯    辰    巳  常空
     勾朱  丑              午  元白
     合螣  子              未  阴常
     朱贵  亥   戌    酉    申  后元
              螣后  贵阴
```

课格：嚆矢，元胎。

课意：昼贵嚆矢，告之委靡，生气临身，宅中自毁。

解曰：亥贵临寅被脱，而又为嚆矢发用，则贵人委靡无力而不可告也。寅木临身而生丙火，则人丁之旺可知。惜乎支上戌未相刑，宅中岂能无拆毁之患乎？

长生临干，官星禄马俱动，若遇旺相，仕宦大利。

断曰：嚆矢之卦，祸福俱轻，然得申金亦能为害，须防口舌从西南来。又元胎有隐伏之象。事主远而多暗，常有忧心。虽可创新，终宜守旧。

天时：主有雨，若冬占必主下雪。家宅：人丁兴旺，宅居破损，改造修葺之则吉。功名：官文两旺，城吏俱见，禄马兼全，功名远大之象，夜占更妙。求财：远来之财，或阴亲外戚之资，昼占有虚耗。婚姻：寅与亥合，申与巳合，一团和气，必成。谒贵：和合得意。胎产：孕男，难育。求谋：上神生日，百事皆成。疾病：旧病重发，出外遇灾；若年命上得丑，医之即愈。官讼：理正，问官见恤，不忧刑伤。出行：丁马俱动，青龙在传，陆行万里。行人：在中途。兵战：防敌人暗出奇兵。

《毕法》云：鬼乘天乙乃神祇。《课经》云：巳加申乃禄神闭口，占病有失音之患，或痰厥不纳饮食，或口禁咽肿至于绝粒，占食禄者亦忌。《秘要》云：寅加巳，夜占乘龙，若逢生气，将来必然发福。

丙戌日第五课

```
财  贵阴  乙酉  六害
兄  常空  癸巳  日德  日禄  亡神
子  勾朱  己丑  日医  破碎  勾神  三刑
```

```
      青合  元白  贵阴  勾朱
       寅    午    酉    丑
       午    戌    丑    丙
```

```
            青合  空勾
勾朱  丑    寅    卯    辰  白青
合螣  子                巳  常空
朱贵  亥                午  元白
螣后  戌    酉    申    未  阴常
            贵阴  后元
```

课格：弹射，从革。

课意：将助财业，尽得尽失，纵取归家，如汤沃雪。

解曰：夜将贵常勾纯土，助起三传之金，不为无益矣。然丙得传金，却被天将脱去，是一得之中，又有一失也。挈财归家，而支上寅午戌会成火局，以消其财。又宅上午为羊刃，昼乘白虎，夜乘元武，其失脱耗费之象，非如汤之沃雪乎？谚所谓"左手接来右手去"者是也。

断曰：弹射之课，得土为有丸，虽能击人，其祸福犹小。惟干上成金局，支上成火局，以火烁金，不免宅旺而人衰也。却喜午乘旬空，虽昼夜元虎临之，犹或有未消之财，归我囊橐也。格名从革，凡事不防因旧增新。

天时：风雨不久，云开日见。家宅：劫财既多，虚耗百出，所得不足以偿所失。功名：难得。求财：财亦成局，到家消尽。婚姻：龙后不现，不成婚姻。胎产：女喜，难产。疾病：肺经受病，日医临干，求治可愈，伏尸为灾，祈祷则吉。出行：宜从陆路，出外受益。行人：未归。兵战：坚阵[1]以待之，毋贪金货财宝。

《毕法》云：传财太旺反财亏。《通神集》云：禄作闭口，不利占病，不必旬尾加旬首也。《指掌赋》云：酉巳丑为操会，已过受时岂失宜？

---

[1] 原文：陈。

丙戌日第六课

官　合螣　戊子 _{福星 天医}
子　阴常　空未 _{大煞 日解 六破}
父　青合　庚寅 _{游都 三合}

　　合螣　常空　阴常　合螣
　　　子　　巳　　未　　子
　　　巳　　戌　　子　　丙

　　　　　　勾朱　青合
合螣　子　　丑　　寅　　卯　空勾
朱贵　亥　　　　　　　　辰　白青
螣后　戌　　　　　　　　巳　常空
贵阴　酉　　申　　未　　午　元白
　　　　　后元　阴常

课格：知一，四绝，不备。

课意：并来克身，甘分昏沉，禄既闭口，病托食欤。

解曰：子水临干发用，并来克身。而丙投戌墓，是自己甘心以受昏沉也。巳禄遁癸，既为闭口，上乘太常，若占病必因多食贪味，以致不起也。

子水克丙火为鬼，中传未能制之，则为救神，不得以脱气视之矣。末传寅为丙火之长生，所谓引鬼为生也。然临未上，且合夜龙，是天将与地神俱随入墓。虽属生气，亦为无用矣。占病大忌。

断曰：知一之课，阳神不备，事起同类，愁由恩生。凡事狐疑不定，五行入墓，止宜结绝旧事。

天时：主晴。家宅：三传递克伤干，迟滞未达，每事不能称心。功名：官文俱不得力，劳而无功。求财：不得。谒贵：恐反被贵人欺。婚姻：不吉。胎产：男孕，多病难产。疾病：先凶，后渐平复，久病可忧。出行：所谋未遂，不能离家。行人：即日可归。失脱：可获。兵战：进退俱难，宜出奇以胜之。坟葬：青龙甚旺，吉地可葬。

《毕法》云：权摄不正禄临支、不行传者考初时。《占验》：五月申将加丑，占女病。曰：胎鬼发用，血忌加支，必胎产所致。不备主脉息虚弱，冬月不保。问本地安否？曰：贼符加干支，必有兵警。幸干神生支，可无破城之虞。又问考试。曰：科举必取，省试不中。后皆验。

丙戌日第七课

兄	常空	癸巳	日德 日禄 亡神
官	朱贵	丁亥	支仪 劫煞 寡宿
兄	常空	癸巳	日德 日禄 亡神

	螣螣	白白	常空	朱贵
	戌	辰	巳	亥
	辰	戌	亥	丙

		合后	勾阴		
朱贵	亥	子	丑	寅	青元
螣螣	戌			卯	空常
贵朱	酉			辰	白白
后合	申	未	午	巳	常空
		阴勾	元青		

课格：返吟，元胎，斩关。

课意：三传闭口，壬虎夜走，进退俱难，人伤宅朽。

解曰：丙禄在巳，巳乃旬尾发用，是闭口禄也。辰为食神，昼夜天将，俱乘白虎；天干遁壬，为丙之鬼，临于宅上，人乌得不伤，宅乌得不朽乎？进而趋传，而巳为闭口；退而入宅，而辰为虎鬼。进退之际，不亦难哉。

天罡乘虎临戌，占宅，主西有破窑。

雀作日鬼加干，朝官防有弹章责黜。

断曰：返吟之卦，往来无依。加以元胎斩关，动而又动，远近系怀之象。又干上克干，支上墓支，干支上全逢自刑，止宜告贵结绝旧事，所谓"干支值绝凡谋决"也。

天时：风雨交加，电掣雷声。家宅：门户萧条，讼病相连，且多孝服哭泣之事。功名：朱克禄闭，恐不久任。求财：宜空手问利，亦不能多得。谒贵：恐不得贵人意。婚姻：不必成。胎产：或主生男，然非成家之子。疾病：肾水受伤，不能饮食，久病难医，新病宜服药祈神。争讼：官不肯休。出行：囊橐无资，有贵人提携可行。行人：已起身，尚不能即到。兵战：相持日久，军中恐有庚癸①之呼。坟葬：白虎重叠，防人口不安。

《毕法》云：鬼乘天乙乃神祇、虎乘遁鬼殃非浅。《秘要》云：亥子加巳午克日，占病必系寒热往来，或虚痨之症。《照胆秘诀》云：天倾西北日月随，地陷东南江海归；巳亥中间常缺欠，重求轻得告君知。

---

① 校者注：乞粮之隐语。

丙戌日第八课

```
财  后合  甲申   鲁都 驿马 天贼
子  勾阴  己丑   破碎 勾神 日医 三刑
兄  元青  空午   羊刃 地医
```

```
        后合 空常 空常 螣螣
         申   卯   卯   戌
         卯   戌   戌   丙
```

```
                 朱贵 合后
    螣螣  戌   亥   子   丑  勾阴
    贵朱  酉              寅  青元
    后合  申              卯  空常
    阴勾  未   午   巳   辰  白白
               元青 常空
```

课格：知一，斩关，不备。

课意：两蛇夹墓；抱石而渡，采葛寻根，申加卯故。

解曰：戌为墓神，来覆日上，两蛇夹之，灾难不能免也。戌来墓丙，丙遂临子，如抱石而渡，祸更烈矣。采葛寻根者，盖因申加于卯，卯遂加戌，戌又墓巳，巳又投于子水之中。丙以申为财，因财生祸，一至此哉。

断曰：知一之卦，恩中生怨之象。财神入墓传墓，非不能取，第恐取之而贻害不小耳。又：巳加子乘空，锅灶无故自破。四课不备，诸事不能完美。

天时：水升火降，然水神不现，无雨。家宅：凡事昏昧，合中却有异心，幸财气有情，犹有一点生意。功名：无望。求财：取之宜慎。婚姻：不吉。胎产：女孕，产时有虚惊。疾病：关隔不通，宜节饮食，以调治之。求谋：凡事不能如意。出行：申居初传，课名斩关，前途顺利。失脱：在近处藏匿，不能远走，可获。行人：不数日即到。兵战：主能胜客，然客有救兵，引去不可追之。

《毕法》云：两蛇夹墓凶难免。《古鉴》：乙丑生人，申年正月，子将加未，占终身。曰：支来墓日，两蛇夹住，进退不得。春卯为天地转杀，太岁逼之，入宅克宅。卯为丙母，六月当死。申为丙妻，临墓亦加转杀，上乘六合，妻孕亦死。午作寡妇、羊刃加于本命，丑上旺神既空，至丑年自身亦不善终矣。皆应。

丙戌日第九课

```
财　贵朱　乙酉  六害
子　常阴　己丑  破碎  勾神  三刑  日医
兄　勾空　癸巳  日德  日禄  亡神
```

```
      合青  白元  常阴  贵朱
       午    寅    丑    酉
       寅    戌    酉    丙
```

```
        后螣  阴贵
贵朱  酉  戌   亥   子  元后
螣合  申            丑  常阴
朱勾  未            寅  白元
合青  午  巳   辰   卯  空常
         勾空 青白
```

课格：重审，从革。

课意：夜将助财，唯长上灾，虎元加寅，全去其财。

解曰：夜将纯土，助起巳酉丑金局。三传皆作日之财神，财旺则克父，所以忧长上之有灾也。支寅又乘元虎，与午戌会成火局，以劫其财，则支上之父母，适所以耗其财也。长上之灾，益可卜矣。

断曰：重审之卦，以下犯上，局名从革，当舍旧图新。酉午皆自刑，而寅刑巳，丑刑戌，所为蜜中之砒也。

天时：风多雨少。**家宅**：财爻成局，费耗亦多；三传递生，有人挈扶。**功名**：官星不现，而财爻成局，有纳粟奏名之象。**求财**：所得者皆文章官贵之物。**谒贵**：能得贵人之心，自仗贵人之力。**婚姻**：财来就我，可成。**胎产**：女孕，产时有不速之客来。**疾病**：脾家受病，或多饮食之故，医方甚良，往东南方求之则得。**出行**：一路平安，宜从早[①]去。**行人**：客况甚佳，未必归。**失物**：家中人盗之。**兵战**：不能取胜。

《毕法》云：两贵受克难干贵、合中犯煞蜜中砒。《占验》：子将加辰，占家宅。曰：支干穿心六害，牛马自伤。午为妇人，又离为目而入墓，主妇人失明。用酉为婢，末传巳克乘空，乃仆人诳言潜婢。太阴为老妇，酉主血光，埋于丑墓，是老妇血滞遂成痨瘵。丑为山、为田，上乘朱雀，主山地有争。子为池塘，加辰入墓，池亦有争也。俱验。

---

① 校者注：疑为"旱"之误。

丙戌日第十课

财　螣合　甲申　驿马　天贼　鲁都
官　阴贵　丁亥　支仪　劫煞　寡宿
父　白元　庚寅　游都　三合

　　　青白　常阴　阴贵　螣合
　　　辰　　丑　　亥　　申
　　　丑　　戌　　申　　丙

　　　　　　贵朱　后螣
螣合　申　　酉　　戌　　亥　阴贵
朱勾　未　　　　　　　　子　元后
合青　午　　　　　　　　丑　常阴
勾空　巳　　辰　　卯　　寅　白元
　　　　　　青白　空常

课格：重审，元胎。

课意：亥临财气，反被财制，迤逦育身，丁马交位。

解曰：申为丙之财，亥水临之以受生，是丙欲取财，而亥乘之以克丙，岂非反被财制乎？既而金能生水，水能生木，木来生丙，迤逦育身，即所谓"三传递生人举荐"者也。中传亥遁丁神，初传申为驿马，丁马交驰，其动自不能已矣。仕宦值此，有一岁九迁之兆。

断曰：重审之卦，以下净上，以地承天之象。元胎发用，事体从新。大约后吉先迍，先难后易也。

天时：先雨后风。**家宅**：外观甚美，内少撑持之人，问名觅利俱可，日渐兴隆之象。**功名**：财官双美，城吏俱全，丁马皆动，前程万里。**求财**：不论多寡、大小，无不如意。**婚姻**：中吉。**胎产**：女孕，难养。**疾病**：始有忧惊，终却不妨。**失脱**：寻之可得。**出行**：车马奔驰，万里可通。**行人**：马在初传，可决即至。**逃亡**：自归。**兵战**：客胜于主，宜筹先发制人之策。

《毕法》云：三传递生人荐举。《精蕴》：四月申将巳时，占前程。曰：申为相气，财乘六合为用。中传官贵登于天门，主以财纳官，考授京职。末传父母乘元，发财发身。三传递生，必有上人提挈。为子求官，亦不免用财取贵。支上丑为天喜，主妻怀孕。

丙戌日第十一课

官　元后　戊子 _{福星　天医}
父　白元　庚寅 _{游都　三合}
子　青白　壬辰 _{干奇　仪神　支冲}

_{白元　元后　贵朱　朱勾}
寅　子　酉　未
子　戌　未　丙

_{螣合　贵朱}
朱勾　未　申　酉　戌　后螣
合青　午　　　　亥　阴贵
勾空　巳　　　　子　元后
青白　辰　卯　寅　丑　常阴
_{空常　白元}

课格：重审，间传。

课意：空脱临身，雠如家人，墓呼病者，虎载壬辰。

解曰：未为旬空，而又脱气。今临干上，必多遗失之事矣。鬼贼发用，即宅上子水，是家人作鬼也。戌乃丙之墓，子鬼坐于墓中，如招呼病人，安得不危乎？末传壬辰，以遁鬼而乘虎，且脱干气，其害更有甚焉者矣。

子未相害，戌未相刑，未既空亡，则害不成害，刑不成刑矣。凡事皆恐半途而废。

断曰：重审之卦，间传而进，事有隔手，多因阴人而起。若与妇人无关，必有阴私之事。盖神后乘天后，临魁发用故也。中传寅为长生，上遁庚财，似乎鬼化为财。惜乘武虎，须防惊耗。

天时：连绵风雨之兆。家宅：子鬼发用，而下受戌克，上遭戊克，虽有官非，尚无妨害。功名：不甚利。求财：虽有而防劫夺之祸。谒贵：自己意懒，贵亦无力。婚姻：不吉。胎产：孕男，产易。疾病：服药有效，求神亦灵。出行：干上空亡，恐防有阻。行人：思归，未至。官讼：不利。失脱：家人自盗，寻之可得。兵战：主能胜客，防敌夜遁。

《毕法》云：彼此猜忌害相随、虎乘遁鬼殃非浅。《玉成歌》云：日鬼加临辰两课，定然官吏到门庭。《肘后经》云：初来克末凶还甚，始被终欺祸自消。

丙戌日第十二课

官　阴贵　丁亥　支仪　劫煞　寡宿
官　元后　戊子　天医　福星
子　常阴　己丑　破碎　勾神　日医　三刑

　　　元后　阴贵　朱勾　合青
　　　子　　亥　　未　　午
　　　亥　　戌　　午　　丙

　　　　　　朱勾　螣合
合青　午　　未　　申　　酉　贵朱
勾空　巳　　　　　　　　戌　后螣
青白　辰　　　　　　　　亥　阴贵
空常　卯　　寅　　丑　　子　元后
　　　　　　白元　常阴

课格：重审，三奇，进茹。

课意：昼贵入宅，结绝凶逆，旺气虽临，熟视何益？

解曰：昼贵临支，而支戌为丙日之墓。墓者万物之终，故凶逆之事，可以结绝也。干乘午火旺气，可以坐守而勿失矣。不知午乃旬空，虽旺亦何益乎？

三传亥子丑，名联珠三奇。

亥乘贵神临支，《毕法》所谓"鬼乘天乙乃神祇"也。

断曰：联茹而进，课属重审，乃用下犯上之象。午未既空，水鬼无制。幸末传丑土，回澜砥柱，又与支神相刑，非为全吉。惟羊刃空亡，妻灾可无虑耳。

天时：阴霾连旬。家宅：不有讼事，则有贵人到家。功名：必得巳午岁月，化煞生身，方能得实。求财：空手问利可得。谒贵：引鬼破家。婚姻：未吉。胎产：弄璋之喜，午日方产。疾病：病不一症，药不一方，九十月恐防不起。出行：亥子丑为三河，水路宜小心谨慎。行人：发用居戌库，必来无疑。逃盗：难获。兵战：主能胜客，宜坚阵①以待之。坟葬：左傍太空，却能发贵。

《毕法》云：所谋多拙遭罗网、鬼临三四讼灾随。《占验》：四月申将未时，占前程。曰：日上午作青龙，乘羊刃自刑，谓之退鳞，此任不赴。亥为官加于戌，亥水为江，戌在西，应补江西。末传丑乘太阴，丑乃土，土为太守，丙年当终于此任。果验。

---

① 校者注：原文：陈。

丁亥日第一课

```
官  阴贵  丁亥   日德  鲁都① 天贼
子  朱常  空未   大煞  羊刃  日医  地医
子  常朱  己丑   天医  日解
```

```
     阴贵 阴贵 朱常 朱常
      亥   亥   未   未
      亥   亥   未   丁
```

```
              合白 朱常
勾空   巳    午   未   申   螣元
青青   辰              酉   贵阴
空勾   卯              戌   后后
白合   寅    丑   子   亥   阴贵
             常朱 元螣
```

课格：伏吟，杜传。

课意：身宅皆丁，岂容少停，递相吞啖，惊怪交并。

解曰：本身是丁，宅亥遁丁，是身宅皆丁也。丁为动神，四课三传俱是丁神，变动不已极乎？土既克水，水复克火，递相吞啖，惊恐怪异之事不一而足矣。

阴日伏吟，支上发用，奈亥为自刑，复归于干。未又刑末传之丑，刑冲交并，全无一息静机。是伏吟主静，而此课则全是动象也。但中传未空，谓之折腰，凡事必有间断作辍。

断曰：自信之课，柔而专用。而传复杜塞，必须中道改图。占者遇未年未月，或月将是未，庶几作事，可有十得四五之望。

天时：占晴则晴，占雨则雨。**家宅**：凡事不宁，只宜守旧。**功名**：丁神兄弟太旺，无望。**求财**：数中并无一点财气。**谒贵**：无益。**婚姻**：门楣相当，礼仪俱盛，但联姻之后，不无小有言语之伤。**胎产**：女喜，未月未日产。**疾病**：水能克火，心与小肠受病，日医出现，在邻近求医治之则吉。**求谋**：不能如意。**出行**：不能起程，犹恐半途而返。**逃亡**：在近处觅。**行人**：未至。**兵战**：彼此相持，往来互伤。

《毕法》云：鬼乘天乙乃神祇。《三车一览》云：丁亥伏吟，自具丁马。占行人必中路被阻，缘中传空亡，不能驲至末传，是以进退两难。余占，必先允许，后无实惠。

---

① 原文字迹模糊，据下文校为"鲁都"。

丁亥日第二课

子　后后　丙戌　干墓
财　贵阴　乙酉　破碎
财　螣元　甲申　日盗　六害　劫煞　勾神

　　贵阴　后后　勾空　合白
　　　酉　　戌　　巳　　午
　　　戌　　亥　　午　　丁

　　　　　　勾空　合白
青青　辰　　巳　　午　　未　朱常
空勾　卯　　　　　　　　申　螣元
白合　寅　　　　　　　　酉　贵阴
常朱　丑　　子　　亥　　戌　后后
　　　　　元螣　阴贵

课格：元首，退茹，斩关。

课意：昼虎乘禄，初戌墓宅，弃此得财，死病为厄。

解曰：午为丁禄，昼占乘虎，危而不可守也。戌为日墓，乘后覆日，晦而不可居也。然戌以上克下，发用而为初传矣。果能舍此而寻中末之财，则酉与申，皆可为我用也。然丁火病于申，死于酉，其祸与戌相等，则灾厄之来，谅不免矣。

旺禄临身，艰难中尚可进步。但午为旬空，禄不可恃，三传又入于病死墓之乡。诸占不吉。惟马月马年填实，则福禄又可绵长。

断曰：天鬼临亥，号为关格。百凡谋为出入，多有阻隔之象。

天时：有雨。**家宅**：禄空财绝，毫无气焰。**功名**：不利。**求财**：艰难得之，终不旺相。**谒贵**：不能遇，且无力。**婚姻**：女子虽美而悍，不成为妙。**胎产**：受孕不实，临产不易。**疾病**：脾胃之病，反覆淹缠，恐防不救。**官讼**：彼来克我，防欺诈诳诱之局。**出行**：防有病患，志气昏沉。**行人**：心亦欲归，复因财别图，而往他处。**兵战**：彼兵无粮，我兵又不利于速战，且静以待之。**坟葬**：穴中防有水，宜葬女人。

《毕法》云：干墓并关人宅废、后合占婚岂用媒？魁度天门关隔定。《古鉴》：戌将加亥，占产。曰：占时与日比，用神克下，当生男。亥为头，戌为足，恐有倒生之象。末传蛇对冲卯，卯上寅作白虎，为血忌，卯日当生矣。果然。

丁亥日第三课

财　贵阴　乙酉 破碎
子　阴常　空未 大煞　日医　地医　羊刃
兄　常空　癸巳 游都　支冲　驿马

　　　阴常　贵阴　空勾　常空
　　　　未　　酉　　卯　　巳
　　　　酉　　亥　　巳　　丁

　　　　　　白青　常空
空勾　卯　　辰　　巳　　午　元白
青合　寅　　　　　　　　未　阴常
勾朱　丑　　　　　　　　申　后元
合螣　子　　亥　　戌　　酉　贵阴
　　　　　朱贵　螣后

课格：弹射，间传。

课意：用遥传陷，自支归干，破碎临支，钱财不完。

解曰：酉为弹射，而发用遥克，业已无力矣。况中传未为旬空，末传巳为陷空，从何处求益乎？酉为破碎，金煞来临宅上，钱财耗散，有不可胜言者矣。

巳酉丑方成金局，今中传以未居之，谓之虚一待用。若年命上神临丑，或岁月是丑，则冲未而会成金局，财为我用矣。况巳火生未土，未土生酉金，三传递生，财气未始不旺，所嫌者支乘破碎耳。秋占为吉。

断曰：弹射之课，为力已微。间传而退，有山遥水隔之象。自支传归干上，名曰朝元，事皆人求于我。

天时：主晴。家宅：壮基之课，人宅利益，财来财去，亦得亦失。功名：不显。求财：阴亲贵人之财，求之可得。谒贵：夜占得贵人力。婚姻：可成。胎产：孕女，产易，产时有西南方阴人至。疾病：病轻，易治。求谋：凡事可成。出行：马临干头，支又冲之，必定起程。行人：马临末传，不数日即到，但恐到后，另有他行。兵战：我去生他，他复传我，两家讲信，修睦为上。

《毕法》云：夫妇芜淫各有私、不行传者考初时。《指掌赋》云：未加酉为继母。《中黄经》云：马见巳亥在路岐。《指窍》云：酉未巳为励明，出入从其所便。

丁亥日第四课

```
兄  常空  癸巳   驿马 游都 支冲
父  青合  庚寅   六破 六合 亡神
官  朱贵  丁亥   日德 鲁都 天贼
```

```
   常空 后元 勾朱 白青
    巳   申   丑   辰
    申   亥   辰   丁
```

```
            空勾 白青
青合  寅    卯   辰    巳  常空
勾朱  丑                午  元白
合螣  子                未  阴常
朱贵  亥   戌    酉    申  后元
          螣后  贵阴
```

课格：元首，元胎，斩关。

课意：昼名斩关，干上天罡，闭口突出，大利逃亡。

解曰：天罡加干，昼占青龙临之，所谓真斩关也。癸巳发用为闭口，若能谨慎语言，出其不意而突然以出，则利有攸往，谁能追而捕之哉？

巳为闭口，亦为驿马。而末传又乘丁神，故与动相宜。若冬春占此，官文两旺，举子必然登第，仕宦必得高迁。但干受辰脱，上乘青龙，不免欢喜中费财耳。

断曰：元首之课，贵神驿马，与官星交动。若更并年月吉将，其福未有艾也。

天时：风雨交加。家宅：六亲皆好，事业可图，三传递生，得人钦敬。功名：癸遁巳上，为闭口官星，不宜多事，交至中末，则大发矣。求财：财临支上，取之尚难。谒贵：得贵人欢心。婚姻：恐女不正。胎产：孕男且贵，产时亦易。求谋：诸事可成。疾病：当有肺病，医治可愈。争讼：无事。出行：昼占宜由陆路，夜占宜由水路。行人：马恋生，不能动身。盗逃：不得。兵战：有解甲、息兵之状。

《毕法》云：鬼乘天乙乃神祇。《指南》：壬午九月，辰将加未，午命人占功名。曰：贵德官星临年，月将青龙居干，且羊角相加（谓辰加未，辰有角星，未为羊），应未年甲榜。岁居干后，日生青龙，先京职而后外任。但身禄不得地，岁君临嗔怒之所，恐为国家起见，不保其官。

丁亥日第五课①

子　阴常　空未　大煞　羊刃　日医　地医
父　空勾　辛卯　三合　干奇　仪神
官　朱贵　丁亥　日德　鲁都　天贼

　　空勾　阴常　朱贵　空勾
　　卯　　未　　亥　　卯
　　未　　亥　　卯　　丁

　　　　　青合　空勾
勾朱　丑　寅　　卯　　辰　白青
合螣　子　　　　　　　巳　常空
朱贵　亥　　　　　　　午　元白
螣后　戌　酉　　申　　未　阴常
　　　　贵阴　后元

课格：涉害，曲直，不备。

课意：人得传力，将传废宅，自取其祸，半危半吉。

解曰：木局生干，人得传力也。木局脱支，宅不因之而废乎？况天将俱属土，能克亥水，未临支上，又复克之，宅之废也宜矣。然此家宅之祸，由丁自取也。盖丁课在未，自上支门克支，支遂投卯而成木局，生身脱宅。其生也，其吉也；其脱也，其危也。两两相半，吉凶平分矣。

此为回环格，乃三传俱在四课之中，又为干支相会，非不备课也。占凶凶成，占吉吉就。

未与卯俱上克下也，涉害取用。未与卯俱四克，但未为孟上神，而又先见，故此课亦有用未发用者。

断曰：涉害之课，其机最深，类成木局，凡事丛杂，又名回环。止宜守旧则吉，不可妄动。

天时：木局主风。家宅：眷属丰盈居狭宅，宜增修以廊充之。功名：官文两旺，惟不利土年月时。求财：卯上有辛财，出旬可得。谒贵：昼占得贵人之力。婚姻：天后财神俱不出现，不必成。胎产：女胎，坚固，而产则难。疾病：中风之症，有余之病，宜消道清理以治之。求谋：凡事可成。出行：贪恋家室，未必能行。失物：不远。兵战：彼此交通和好，大有轻裘缓带之风。坟葬：支来生干，葬之大吉。

《毕法》云：眷属丰盈居狭宅。《指掌赋》云：常贵共入官乡，当朝执政。《心印赋》云：未卯亥为正阳，遵发生之意。

---

① 校者注：此课三传原文为"卯亥未"。

丁亥日第六课

兄　元白　空午　日禄
子　勾朱　己丑　日解　天医
财　后元　甲申　日盗　六害　勾神　劫煞

　　　勾朱　元白　贵阴　青合
　　　丑　　午　　酉　　寅
　　　午　　亥　　寅　　丁

　　　　　　勾朱　青合
合螣　子　　丑　　寅　　卯　空勾
朱贵　亥　　　　　　　　辰　白青
螣后　戌　　　　　　　　巳　常空
贵阴　酉　　申　　未　　午　元白
　　　　　　后元　阴常

课格：重审，四绝。

课意：交关且尔，妻财废弛，禄既空亡，守之何裨？

解曰：午与未合，寅与亥合，交关相合，非不美也。然寅上遁庚，为丁之妻财，今陷旬空，则废弛而无用矣。午为日禄，又系空亡，守之究何益哉？

中传丑为干之脱气，末传申为干之病乡，皆不可投。又申为丁财，既被初克，又被中墓，全无气象。惟干上寅遁庚财，却又陷空，故不利于求财。

虎乘午为用，谓之白虎内战，防有火灾。

断曰：四绝之课，最宜结绝旧事。禄神落空，即居显位亦不免衿肘之患。惟年月太阳填实，方能丰富。

天时：昼占主风，夜占主雨。家宅：人宅虽安，虚名虚利。功名：出旬填实，便有所望。求财：财气甚微。婚姻：女占男，吉；男卜女，不吉。胎产：孕女，产不得顺。疾病：白虎内战，恐防增病，急求医治。出行：交车合，恐不能起程。行人：自至。兵战：无约而请和者，谋也，宜防虚诈。

《毕法》云：权摄不正禄临支、前后引从升迁吉、将逢内战所谋危。《精蕴》云：初传午居干后，末传申居干前，亦为前后引从，主有升迁之象。

丁亥日第七课

兄　常空　癸巳　驿马　支冲　游都
官　朱贵　丁亥　日德　鲁都　天贼
兄　常空　癸巳　驿马　支冲　游都

　　　朱贵　常空　阴勾　勾阴
　　　亥　　巳　　未　　丑
　　　巳　　亥　　丑　　丁

　　　　　　合后　勾阴
朱贵　亥　子　丑　寅　青元
螣螣　戌　　　　　卯　空常
贵朱　酉　　　　　辰　白白
　　　后合　申　未　午　巳　常空
　　　　　　　　阴勾　元青

课格：返吟。

课意：改变双双，丁马俱张，论讼难诉，闭口为良。

解曰：巳为双女，亥为双鱼，凡事主有重叠。且巳为驿马，亥为丁神，往来交错于三传之中，主事有变动，祸福皆不单行也。贵人作鬼来克，论讼难以分诉。发用闭口，惟谨尔出话，以远祸患，何用多其词说为哉？

干上丑，昼占上乘太阴，乃日干生其上神，上神又生天将，名脱上逢脱，多虚诈不实。

断曰：返吟之课，反覆变迁，事皆未定。巳亥相加，重求轻得之象。

天时：主晴。**家宅**：比劫既多，财难得聚。**功名**：日德作官，将乘贵人、朱雀，丁神值之，不日升迁。**求财**：不得。**谒贵**：必两三次，方能谒见。**婚姻**：昼占女子肥陋，夜占能饮。**胎产**：孕女，不实。**疾病**：头目之疾，或患寒热劳病，大宜补火。**出行**：意在必行，从水路去。**行人**：不论远近，指日可归。**逃盗**：难捕。**兵战**：以主胜客，拓地千里。

《毕法》云：鬼乘天乙乃神祇。《指南》：寅将加申，占回奏。曰：龙神克战，课将返吟，官难满任。巳为驿马，上乘皇诏，主一任未了，二任又临，其降调乎？《精蕴》：占雨。曰：丑为雨师，未为风伯，上乘常雀是无雨矣。三传水火往来，乃阴晴不定之象。火在南为离，水在北为坎。诀曰：坎离交变，日出淋漓。

丁亥日第八课

兄　常空　癸巳　驿马　支冲　游都
子　螣螣　丙戌　干墓
父　空常　辛卯　干奇　仪神　三合

贵朱	白白	常空	合后
酉	辰	巳	子
辰	亥	子	丁

螣螣 戌　亥(朱贵)　子(合后)　丑　勾阴
贵朱 酉　　　　　　　　　寅　青元
后合 申　　　　　　　　　卯　空常
阴勾 未　午(元青)　巳(常空)　辰　白白

课格：重审，铸印，斩关。

课意：壬辰及子，支干双水，引从虽远，虎墓宜视。

解曰：干乘子水，支神遁壬亦水，两水克干，丁火安能当其灭没哉？初传巳，末传卯，引从支上辰在内，主迁修家宅之喜。但辰土临亥为拱墓，而白虎凶神乘之，大宜详审，不可轻动也。赖中传戌蛇冲辰虎，方不为害。占人年命在戌上，谓之破墓冲虎。或居巳上，二戌冲辰，众凶皆散也。

断曰：铸印之课，大宜求官见贵，君子占之则吉。子水克丁，辰土克亥，若占官讼，必两败俱伤，所谓彼此全伤者也。

天时：大风无雨。家宅：身宅俱伤，惟贵家则吉，亦防孝服。功名：大吉。求财：可得，不宜取之太急。婚姻：女甚凶狠，成之不吉。胎产：主得贵子。谒贵：未必得见。疾病：肾水大亏，恐不能治。出行：墓神临马，不能动身。行人：即归。失脱：可以寻见。兵战：以主胜客，有万里封侯之象。

《毕法》云：支乘墓鬼有伏尸、彼此全伤防两损、制鬼之位乃良医。《占验》：九月辰将加亥，占病。曰：课得铸印，占病不吉。两蛇夹墓，白虎入宅。支墓临支克支，三日内必死。《课经》：未年二月，戌将加巳，亥命占功名。曰：岁、月、日、命、马，俱在巳，发用又遇天魁太常，为官爵课，无官得官，有官进爵。

丁亥日第九课

```
子  朱勾 空未  羊刃 大煞 日医 地医
官  阴贵 丁亥  鲁都 天贼 日德
父  空常 辛卯  干奇 仪神 三合
```

```
     朱勾 空常 空常 阴贵
      未   卯   卯   亥
      卯   亥   亥   丁
```

```
              后螣 阴贵
   贵朱  酉   戌 亥   子  元后
   螣合  申           丑  常阴
   朱勾  未           寅  白元
   合青  午   巳 辰   卯  空常
              勾空 青白
```

课格：重审，曲直，不备，回环。

课意：人丰宅隘，后失倚赖，三传皆空，昼将驵侩。

解曰：支来克干，为上门乱首。但亥卯未合为木局，生干脱宅，是人丰宅隘也。殊不知未亥皆空，而亥乃昼贵，既陷空地，后必失其倚赖矣。昼将皆土，又来脱干，特假三传之生，以暗肆其欺罔，非驵侩而何？

卯为干之父母，乘太常临支，宅中必有婚礼之喜；或开设布帛酒食店肆，后必长进。

回环之格，三传不离四课，凡事可成，惟不宜解释忧疑。亥加未，酉加巳，两贵立受克之方，难以干贵。

断曰：三传曲直逢空，有材大而不中绳墨之象。事从内起，祸由妇人。止宜守旧，不宜动作谋为。

天时：有雷无雨。**家宅**：平常，守旧则吉。**功名**：有文无官，冬季占之则吉。**求财**：卯遁辛财，取之自获。**谒贵**：两贵受克，难于干贵。**婚姻**：女益男家，或系旧亲成之，吉。**胎产**：女胎，不育。**疾病**：肝病，宜祈祷。**求谋**：止宜文书、尊长之事。**出行**：未必遂意。**行人**：卯为门户，末传临之，行人至门。**兵战**：中止之象。

《毕法》云：鬼乘天乙乃神祇、两贵受克难干贵、眷属丰盈居狭宅。《指掌赋》云：未亥卯为从吉，待时而动。又云：大吉小吉作勾陈，斗争田地。

丁亥日第十课

```
兄  合青  空午 日禄
子  后螣  丙戌 干墓
父  白元  庚寅 六合 六破 亡神
```

```
    勾空 白元 常阴 后螣
     巳   寅   丑   戌
     寅   亥   戌   丁
```

```
            贵朱 后螣
螣合  申    酉   戌   亥  阴贵
朱勾  未              子  元后
合青  午              丑  常阴
勾空  巳    辰   卯   寅  白元
           青白 空常
```

课格：昂星，斩关，炎上。

课意：四虎来咥，宜守术业，火局临木，受用不乏。

解曰：两寅乘虎，共四虎也，凡占至惊至危。戌墓乘蛇后临干，凶而不可守也。初传午禄，虽为旬空，赖龙合木将生之。又龙合为术业，故为可守。火局临于木上，木能生火，其生自不能已矣。且火能生干上神之土，而土生寅遁之庚，支财受用，岂得空乏哉？

断曰：虎视之课，发用无力，百凡未得称心。华盖覆日，又日生上神，主虚费百出，昏沉不乐。孤辰发传，主人有别离。

天时：主晴。家宅：昂星逢蛇虎，必多怪异虚惊。功名：龙化为蛇，日渐萧索。求财：寅上遁庚，虽得亦惊危之财。谒贵：无力。婚姻：女淫而恶，不可成。胎产：男孕，产时恐有惊危。疾病：年命遇辰，尚可望生，余难救。出行：干支俱生上神，防有失脱。行人：中传空亡，半途有阻。争讼：以凶制凶，反可为福。盗逃：中途匿藏。兵战：彼此相持，兵连祸结。

《毕法》云：避难逃生须弃旧、虎视逢虎力难施、华盖覆日人昏晦。《秘要》云：干上墓不可守，遂投初禄，却值旬空；弃禄再归干墓，终不可受；又投末传长生，奈逢白虎；止宜困守宅中，受惊危之长生耳，是谓避难逃生。

丁亥日第十一课

```
财  贵朱  乙酉 破碎
官  阴贵  丁亥 鲁都 日德 天贼
子  常阴  己丑 日解 天医
```

```
空常 常阴 阴贵 贵朱
 卯   丑   亥   酉
 丑   亥   酉   丁
```

```
朱勾  未  膑合 贵朱  戌  后膑
          申   酉
合青  午            亥  阴贵
勾空  巳            子  元后
青白  辰  卯   寅   丑  常阴
         空常 白元
```

课格：重审，间传，极阴。

课意：自用传辰，礼下于人，财为破碎，妻婢伤身。

解曰：干传于支，盖我有求于彼，自不得不礼下于人也。干上发用两酉，妻婢之象，乘破碎金煞，且火死于酉，绝于亥；丑加亥为遗泄，必因妻婢以丧败其身也，占者可以知所戒矣。

占人年命在申，贵人拱定，必得两贵成就其事。

日上见财，主妻不安，财不聚，末助初财，占婚尤的。

丑加亥，夜乘太常，凡有求望，必涉水过桥。

断曰：重审之卦，贵人蹉跌①，凡事少喜多嗔。三传又名极阴，而逢间传，进中有阻，事体不甚明白。

天时：主晴。**家宅**：间传凝阴，昏滞酒色，若年命上乘阳明之神，便可转凶为吉。**功名**：功名顺利，初时不无所费。**求财**：宜得贵人之财，但有分耗之者。**谒贵**：宜专心归一，莫使尖担两头脱。**婚姻**：可成，美而且贤，且日后家道隆盛。**胎产**：女孕，亦易产。**求谋**：百事可成。**疾病**：泄泻虚痨之症，求西北方医之则吉。**出行**：水陆皆通，前途无碍。**行人**：即归。**逃亡**：自归。**兵战**：无意于争，终归和解。

《毕法》云：昼夜贵加求两贵、我求彼事干传支、鬼乘天乙乃神祇。《古鉴》：亥生人，五月申将加午，占前程。曰：破碎加干，必因费财得官。九丑在宅，主淫乱；在本命，主贪色；末传又见丑作阴加在官星；太阴者，阴晦也；当因色而死。

---

① 原文：差迭。

丁亥日第十二课

财　腾合　甲申　日盗　六害　勾神　劫煞
财　贵朱　乙酉　破碎
子　后腾　丙戌　干墓

```
       常阴 元后 贵朱 腾合
        丑   子   酉   申
        子   亥   申   丁
```

```
         朱勾 腾合
合青 午   未   申   酉 贵朱
勾空 巳             戌 后腾
青白 辰             亥 阴贵
空常 卯   寅   丑   子 元后
         白元 常阴
```

课格：重审，连茹。

课意：三传财喜，入宅化鬼，仔细推详，病死墓矣。

解曰：申酉戌全是西方金气，为丁之财，诚可喜也。但生宅上亥子之水，化鬼克干，则美者翻不美矣。况丁火病于申，死于酉，墓于戌，财之险危，孰有过于此哉？

官爻临支，若以财告贵，可以捐纳得官。占升迁亦吉。

顺连茹申酉戌曰流金，如霜桥走马，凡事俱要小心谨慎。

断曰：重审之卦，连茹而进，有进易退难之象。事防再举，病防再发。支上神作鬼，凡有忧患，必然发自宅中。

天时：主晴。家宅：财旺生官，当有纳粟奏名之喜。功名：名利双全，有求必得。求财：春夏占之，必有所获。谒贵：夜占得贵人力。婚姻：昼占大吉。胎产：女喜，恐难产。疾病：干支夹定三传，恐有蛊胀关隔之症；秋冬占之更不利。求谋：皆吉。出行：陆路可行，水路恐有风涛之险。行人：先有信，即日可至。逃亡：不能远去，宜速捕之。兵战：客来生主，可得敌人之粮。

《毕法》云：后合占婚岂用媒？所谋多拙遭罗网、全财病体难担荷。《指南》：七月巳将加辰，占逮问。曰：发用皇诏坐空，蛇虎二墓加临卯酉，此为墓门开，必至重叠死丧。又传将劫杀，丁火病死，墓绝俱见，全无救解矣。果廷杖死三人。

戊子日第一课

父　朱勾　癸巳　日德　日禄　日盗　破碎　支德
子　后白　甲申　游都　地医
官　青螣　庚寅　日马　干奇　仪神　鲁都　天贼

　　白后　白后　朱勾　朱勾
　　子　　子　　巳　　巳
　　子　　子　　巳　　戊

　　　　　　螣青　贵空
朱勾　巳　　午　　未　　申　后白
合合　辰　　　　　　　　酉　阴常
勾朱　卯　　　　　　　　戌　元元
青螣　寅　　丑　　子　　亥　常阴
　　　　　　空贵　白后

课格：伏吟，元胎。

课意：昼虎甲申，夜龙马寅，迤逦克干，闭口无迍。

解曰：德禄发用而闭口，不可守也。动则逢中传之昼虎、末传之寅鬼，惊危甚矣。况初克中，中克末，末克干，迤逦克来，不为众人所欺乎？常人须防阴私攻讦，朝官须防台谏弹章。倘能深自检束谨慎，则发用之闭口，适所以自全也。

巳为德禄美神，动而引入寅鬼，《经》所谓"变克番为两面刀"也。然而末寅复助初传之巳火而生干，必有人暗地相助，渐至亨嘉，所谓苦去甘来者是已。

断曰：伏吟之卦，官禄德马俱动，最利求官。且勾陈捧印，螣蛇生角，名利之途，利有攸往矣。末助初传，生起日干，荐举亦自有人。惟不宜年命上神克制寅木。

天时：风和日暖。家宅：胎神在支，当有胎孕；七月占，防有堕胎及鼓盆之戚。功名：谨言慎行，庶免过愆。求财：干上遁癸，戊与癸合，求财可得。谒贵：不见。婚姻：可成。胎产：男喜，或双生，产顺利。求谋：不能遂意。疾病：或停食伤寒，或噤口痢疾，日医得力，可治。出行：不能起程。行人：未至。兵战：各守疆界，主能胜客。

《毕法》云：虎乘遁鬼殃非浅、宾主不投刑在上。《三车一览》云：昼占白虎作长生，乃不幸中之幸。夜占青龙作日鬼，乃幸中之不幸。

戊子日第二课

```
兄   元元  丙戌  大煞  日医
子   阴常  乙酉  六破  日解
子   后白  甲申  游都  地医
```

```
     元元 常阴 勾朱 合合
      戌   亥   卯   辰
      亥   子   辰   戌
```

```
          朱勾 螣青
合合  辰   巳   午   未  贵空
勾朱  卯            申  后白
青螣  寅            酉  阴常
空贵  丑   子   亥   戌  元元
          白后 常阴
```

课格：知一，连茹，斩关。

课意：墓神覆日，丁处家庭，发用元武，盗贼后行。

解曰：辰为干之墓而覆日，自身昏滞矣。亥为旬丁而临支，家宅变更矣。元武为盗贼之神而发用，盗贼窥伺矣。其曰后行者，因戌在四课发用故也。

三传自墓传生，为先迷后醒。申虎遁甲为鬼，可畏之甚，所谓虎乘遁鬼者也。况白虎临申，谓之含刀，其祸尤烈。

戌虽临武，然能冲开辰之墓库。酉申虽泄干气，亦能制鬼，可以化凶为吉。

断曰：知一之课，进退踟蹰，必先退而后进，虽迟无咎，事有关隔，亦防失脱。夜占不免私意重叠也。

天时：阴而不雨。家宅：防失脱，有变更，又有恩中招怨之象。功名：不能遂意。求财：彼虽有财，而己有懒取之意。谒贵：不得力。婚姻：不利。胎产：女喜，难产。疾病：因财喜饮食得病，辰戌冲墓，子孙出现，尚可医救。求谋：凡事皆有阻隔。出行：墓神覆日，魁坐天门，不能出外。行人：将至。逃亡：捕之不获，恐防反噬。兵战：宜静以待之。坟葬：乙庚立向，可以发丁。

《毕法》云：魁度天门关隔定、虎乘遁鬼殃非浅。《指掌赋》云：戌酉申为返驾，主行肃杀之道。《照胆秘诀》云：日阴克日日戴墓，暗钝抑塞多龃龉。《纂要》云：亥为财，乘丁加支，必因妻财而动。

戊子日第三课

```
兄  空贵  己丑  支合
财  常阴  丁亥  亡神
子  阴常  乙酉  六破  日解
```

```
     后白  元元  空贵  勾朱
      申    戌    丑    卯
      戌    子    卯    戌
```

```
              合合  朱勾
勾朱   卯    辰    巳    午   螣青
青螣   寅              未   贵空
空贵   丑              申   后白
白后   子    亥    戌    酉   阴常
            常阴  元元
```

课格：重审，励德，间传，极阴。

课意：彼此遭苦，常防门户，仕宦如逢，荣耀宗祖。

解曰：戌被卯克，子被戌克，是人与己皆受其殃也。卯为门，子卯相刑，则门户有不安之象矣。然丑居卯上，贵人临之而作日之官星，则功遂名立，荣耀宗祖之兆也。

雀鬼加干，朝官恐遭弹劾，不宜上书言事。

辰主新，而戌主旧。卯与戌合，木能克土。凡事皆宜弃旧图新。

中末亥酉，当戒酒色。

断曰：以下克上，凡事有抑塞之象。传见极阴，更见阻隔，亦防阴小有灾。大吏主有升迁，小吏须防降黜。

天时：主晴。家宅：干支上神相合，人宅安和，但宜禁酒色。功名：贵官相加，利于仕进。求财：本分之财可得。谒贵：昼占主贵人来助。婚姻：不吉。胎产：漏胎，难育。疾病：因口舌是非而起，遂成郁隔，医治有效，宜谢土神。求谋：事不由己。出行：陆路可行。行人：渐次可以到门。逃亡：日久自露。兵战：勾能制武，宜先动以胜之。

《毕法》云：彼此全伤防两损。《课经》云：天乙立于卯酉，为励德课。盖卯酉为阴阳交易之位，贵人由之而迁易。如日辰阴阳在天乙后，为微服格，主君子迁官，小人退职。如日辰阴阳在天乙前，为蹉跎格，主小人进职，君子退位。

戊子日第四课

官　青螣　庚寅　干奇　仪神　鲁都　天贼　日马
财　常阴　丁亥　亡神
子　后白　甲申　游都　地医

```
螣青  阴常  常阴  青螣
 午    酉    亥    寅
 酉    子    寅    戌
```

```
          勾朱  合合
青螣  寅  卯   辰   巳  朱勾
空贵  丑           午  螣青
白后  子           未  贵空
常阴  亥  戌   酉   申  后白
          元元  阴常
```

课格：涉害，元胎。

课意：身及初传，皆被鬼觇，墓恃申酉，甲乙天干。

解曰：寅临干作用，乃日之鬼。若恃支上之酉，末传之申，可以去祸。殊不知申酉遁甲乙，尤添鬼力，乌足恃哉？

三传寅申相冲，是末克初传也。然申金生亥水，亥水生寅木，则又三传递生，而自下生上，更为有力。仕宦值此，必有暗中荐举之人。夜占乘龙，前程尤为远大。

断曰：涉害之课，事出多端，又名元胎，凡事有更新之象。干上神作日干明鬼；支上遁乙，作日干暗鬼。庶人占此，必当官讼连绵，急切不能了结。

天时：昼占晴，夜占雨。家宅：仕宦吉，常人凶，防婢妾起祸。功名：官星临干发传，利于仕进。求财：支财受生，可望。谒贵：不宜。婚姻：财官俱全，可以成姻。胎产：女孕，恐防有伤。求谋：小利可觅。疾病：寅鬼居干，甲虎末传，除一病复增一病。出行：青龙临马，到处亨衢。行人：即至。捕逃：难获。兵战：干支交脱，力屈财殚。

《毕法》云：虎乘遁鬼殃非浅。《古鉴》：子将卯时，占升迁。曰：戊课在巳，午为青龙，去干--位，主来年升。支子至午七位，于十二月数至午，当至来年六月。午火生于寅，寅上见亥，亥中有壬，当在壬寅日。文视青龙，武视太常。凡占仿此。

戊子日第五课

父　阴常　癸巳 _{日德　日禄　日盗　支德　破碎}
子　螣青　甲申 _{游都　地医}
兄　空贵　己丑 _{支合}

_{元元　螣青　朱勾　空贵}
辰　申　酉　丑
申　子　丑　戊

空贵　丑　_{白后}寅　_{常阴}卯　辰　元元
青螣　子　　　　　　巳　阴常
勾朱　亥　　　　　　午　后白
合合　戌　酉　申　未　贵空
　　　　　_{朱勾　螣青}

课格：昴星，龙战。
课意：昼龙遁甲，有贵可压，闭口随时，虎藏槛柙。
解曰：申为白虎本位，乘龙蛇而遁甲鬼克干，至恶也。丑贵临日，申之墓也，其势可以压伏。发用巳火，又能克之，不待言说。虎之势，自然潜消于槛柙之中，而不敢肆其狰狞之性矣。
课传子与丑合，巳与申合；发用巳与申合，末传丑与子合；阴神辰与酉合，所谓"上下喜忻三六合"也。凡事和合可成。
断曰：用起昴星，为虎视课，常有履尾咥人之忧。又名龙战，常有朝乾夕惕之象。但巳申福禄交并，干支三传，一团和气。吉事多成，凶事亦能免祸。
天时：无雨。家宅：人宅相宜，举动顺利，昼占更吉。功名：不显。求财：支财受上辰之生，而与贵人相合，求财可得。谒贵：昼占得贵人帮扶。婚姻：可成，昼占女子端静而美好。胎产：男喜，须得冲干支之日月产，方顺利。求谋：诸事皆成。疾病：微恙，不妨。出行：迟疑未决。行人：未能即归。失脱：寻之则获，在西方。逃亡：自归。兵战：昼占吉，夜占凶。坟葬：有白蚁食尸。
《毕法》云：交车相合交关利。《课经》云：未临亥为贵登天门，六神藏，四煞没，凡谋亨利，四孟月占尤的。缘四维为月将也。《指掌赋》云：丑遇天空为矮子，会申而为和尚。

戊①子日第六课

财　青螣　戊子 _{胎神}
兄　贵空　空未 _{孤辰②福星　六害}
官　白后　庚寅 _{日马　鲁都　天贼　干奇　仪神}

　　　　白后　贵空　贵空　青螣
　　　　寅　　未　　未　　子
　　　　未　　子　　子　　戊

　　　　　　　空贵　白后
青螣　子　　丑　　寅　　卯　常阴
勾朱　亥　　　　　　　　辰　元元
合合　戌　　　　　　　　巳　阴常
朱勾　酉　　申　　未　　午　后白
　　　　　螣青　贵空

课格：重审，循环，赘婿，不备。
课意：循环不已，马载虎鬼，财自天来，进退难矣。
解曰：三传不出四课，格号循环，吉凶皆不能成。止宜守旧，不宜动作。子水上乘龙蛇，临干作用，可谓财自天来，不待谋求者矣。但末传寅马乘虎作鬼，常人须防疾病官非。若进而取财，则引入空乡。退而守静，则传归虎鬼。进退之间，实为两难也。

支神临干，为戊③所克，曰赘婿课。此为舍己从人，身不自由，凡事不快。

断曰：重审之卦，又名不备。占者必有节目未周，有始无终之象。若能屈意相从，委随同众，艰难中亦能进步。

天时：夜占有雨。家宅：财气甚好，从辛勤得之，犹恐所费不得其当。功名：有空名而无实际。求财：必得。谒贵：空不得力。婚姻：财爻独实，可成。胎产：课传见三胎神，必有重叠作胎。求谋：凡事宜急求之，迟恐不成。疾病：脾家之病，须治肝气。出行：资斧甚丰，但马陷虎空，不能行。行人：将至。失脱：在家中寻可得。兵战：千里运粮，士有菜色。

《毕法》云：彼此猜忌害相随、不行传者考初时。《纂要》云：寅加未，乃虎鬼作日之驿马，凶祸尤速，占讼必得罪于远方。《订讹》云：戊子日子临戊，有女子疾病，就人财物事。《心镜》云：阴阳不备是芜淫，上之克下缘夫过，反此诚为妇不仁。

---
① 原文：戍。
② 原文字迹模糊，貌似"孤辰"。
③ 原文：午。

戊子日第七课

```
父  后白  空午  羊刃 六冲 六仪
财  青螣  戊子  胎神
父  后白  空午  羊刃 六冲 六仪
```

```
     青螣  后白  阴常  勾朱
      子    午    巳    亥
      午    子    亥    戌
```

```
            青螣  空贵
  勾朱  亥   子    丑   寅  白后
  合合  戌              卯  常阴
  朱勾  酉              辰  元元
  螣青  申   未    午   巳  阴常
            贵空  后白
```

课格：返吟，高盖。

课意：身上财丁，动即虚声，来往空陷，凶吉平平。

解曰：财加干上，丁神临之，定主变动。动即虚声，不能得实。盖由午乃旬空，子往临之，来往空陷，曰吉曰凶，俱无足据，虽动亦何益哉？

巳为德禄文书，临亥为德禄在天门，占会试无有不中者。

三传子午相冲，主道路驰逐，空逢冲则暗动。又曰冲空则实。今子是日建乃不空者也，以子而冲午，则午亦可以因冲得实矣，是虽空而不空者也。

断曰：返吟之卦，有高岸为谷，深谷为陵之象。凡事无凭，但当久动思静。若来去俱空，又不以动论。

天时：夜占有雨。**家宅**：课虽六冲，可问名利；但午为刃，昼虎居之，不无刑伤之事。**功名**：利于京官，不宜外任。**求财**：财居干头，守旧则得。**谒贵**：两贵事蹉跎。**婚姻**：夜占青龙天后入传，所嫌者空耳。**胎产**：孕子，坚牢。**疾病**：寒热往来之症，若逢生气冲克，方为有救。**求谋**：凡事只许得半。**出行**：吉神在干，陆行得意。**兵战**：客胜于主，宜先动以制之。

《毕法》云：来去俱空岂动移？《指要》云：返吟课，动则宜，静则扰，主有两事。惟旺相始宜，所主皆速。《课经》云：阳日返吟，为德丧禄绝。《秘要》云：午子午，三交高盖，惟恐文书不实，尊长者厄。正月占，午为死气，防父母有疾。

戊子日第八课

```
父  阴常  癸巳   日德 日禄 日盗 破碎 支德①
兄  合合  丙戌   大煞 日医
官  常阴  辛卯   勾神 三刑
```

```
        合合 阴常 常阴 合合
         戌  巳  卯  戌
         巳  子  戌  戌
```

```
                勾朱  青螣
   合合  戌   亥   子   丑  空贵
   朱勾  酉            寅  白后
   螣青  申            卯  常阴
   贵空  未   午   巳   辰  元元
            后白 阴常
```

课格：重审，铸印，斩关。

课意：传课循环，往赴财乡，干禄尤吉，鬼助生方。

解曰：三传巳戌卯，不离四课，是传课循环也。巳禄为戊之本位，临于支上，取子之财，非往赴财乡而何？巳禄发用，若占吉事，定然成就。卯为日鬼，而生巳火，则鬼返来助我生方矣。

戊以子为财，取之可也。然戊藏于巳，而巳火则受子之克，是又变而为乱首矣。财之争夺，皆起乎此。取舍与受之间，亦不可不慎之也。

德禄生气入传，有官人最喜末助初生。

断曰：铸印乘轩之课，又名德庆。盖巳为德神，加子发用，为德庆课。善莫大于德，德能利物济人，转祸为福。

天时：求晴得晴，求雨得雨，冬占有雪。家宅：诸事和同，家有善气。功名：大吉。求财：如意。谒贵：可以倚仗。婚姻：虽阴不备，女子却好。胎产：男喜，主生贵子。求谋：诸事皆吉。疾病：夜占脾病，初病不妨，久病难治。出行：得意遨游，万里前程。行人：干临支上，必然到门。失脱：不远。兵战：奏凯旋师。

《毕法》云：权摄不正禄临支、传墓入墓分憎爱。《占验》：卯年二月，亥将加午，占复巡按并吏书缺。曰：铸印乘轩，日禄临支，末传太岁作官，定有差遣，代天巡狩。四墓加生，有已废复兴之象。其不复吏书者，以四课不全，故占二得一也。

---

① 原文字迹模糊，据上下文校补。

戊子日第九课

```
兄  元元  壬辰   干墓 支墓
子  螣青  甲申   游都 地医
财  青螣  戊子   胎神
```

```
      螣青 元元 空贵 朱勾
       申   辰   丑   酉
       辰   子   酉   戌
```

```
        合合 勾朱
朱勾 酉  戌   亥  子 青螣
螣青 申              丑 空贵
贵空 未              寅 白后
后白 午  巳   辰  卯 常阴
        阴常 元元
```

课格：元首，润下。

课意：夜雀从魁，禽类生财，斗博大获，卜宅兴灾。

解曰：酉为从魁，夜占乘朱雀而生干之子，是禽类生财也。若斗禽相博，可以大获。宅被辰墓所克，其兴灾祸也宜矣。

干上巳酉丑，会成金局；支上申子辰，会成水局。金生水，是人生宅也。金泄戊之气以生支，必因改造房屋，以致虚耗而人受困者。盖三传之财虽旺，恐所得不足以偿所失也。

断曰：三合水局，有财有喜，凡事皆一团和气。但恐财多，反不美耳。又支上见辰，干上见酉，皆为自刑。正所谓"合中犯煞蜜中砒"也。

天时：阴晴相半。家宅：妻妾不和，婢仆有口舌。功名：甲乙遁于申酉之上，金能克木，财虽旺不能生官。求财：义利上要分明。谒贵：见贵可以得财。婚姻：不吉。胎产：女孕，易产。求谋：可以觅利。疾病：勿药有喜，但恐饮食翻覆。出行：水路防失脱。行人：心虽懒归，身已到家。逃盗：可获。兵战：外虽议和，终被侵凌。坟葬：穴中防有水。

《毕法》云：干墓并关人宅废。《秘要》云：辰加子上，昼夜皆乘元武，夫妇不能一心，亦防荡泆。《纂义》云：金局月占此，非逃亡，即有失脱。《袖中金》云：申子辰局，主淹留屈伏，亦主丛杂。

戊子日第十课

```
官 常阴 辛卯  三刑 勾神
父 后白 空午  羊刃 六冲 六仪
子 朱勾 乙酉  日解 六破
```

```
     后白 常阴 勾朱 螣青
      午   卯   亥   申
      卯   子   申   戌
```

```
           朱勾  合合
    螣青 申  酉   戌  亥 勾朱
    贵空 未           子 青螣
    后白 午           丑 空贵
    阴常 巳  辰   卯   寅 白后
            元元  常阴
```

课格：嚆矢①，三交。

课意：初遥传空，凡占力轻，宅中失耗，休倚贵庭。

解曰：嚆矢发用，既无力矣，官星又临空午，末传复乘败气，为力愈微也。卯刑子而脱支，宅中失耗尤多。二贵入狱，凡事岂可倚仗乎？

凡四仲日占，四仲加支，仲神发用，将乘阴合，为三交课。是谓四正四平，互刑互破，无孟可隐，无季可奔。六阳日为交罗，六阴日为交禄。若年命乘吉，日用旺相，即为高盖乘轩，占者大吉，不论三交。

断曰：嚆矢逢空，凡事虚声，有门户动摇之象，或阴私不明之情。四仲月占，尤为不吉。

天时：昼占雨，夜占晴。家宅：干支俱脱，恐有盗窃之事。功名：上下相刑，不得头绪。求财：不虚所望。谒贵：贵不着力。婚姻：不可成。胎产：男喜，产已临期。求谋：不甚和洽。疾病：病从内起，日渐平复。出行：马不出现，尚无行期。行人：尚未能至。官讼：有头无尾。逃亡：去远，难获。兵战：营中彼此俱有猜疑、离间之事。

《毕法》云：不行传者考初时。《课经》云：午加酉为死交，酉加午为破交，返吟为反目交，皆不能成合之象。有正禄则为四正，无正禄则为四散，必有三四人交往。秋占卯将，斗系丑未，为二烦课。《玉成歌》云：三交吉凶皆因内。

---

① 原文：蒿失。

戊子日第十一课

```
兄  合合  壬辰  干墓 支墓
父  螣青  空午  羊刃 六仪 六冲
子  后白  甲申  游都 地医
```

```
     合合 青螣 阴常 贵空
      辰  寅  酉  未
      寅  子  未  戌
```

```
                后白 阴常
贵空  未  申  酉  戌  元元
螣青  午        亥  常阴
朱勾  巳        子  白后
合合  辰  卯  寅  丑  空贵
         勾朱 青螣
```

课格：重审，泆女，登三天。

课意：自墓传生，递相欺凌，昼虎遁甲，利害交并。

解曰：辰，干之墓也。申，干之生也。自墓传生，则先迷后醒矣。干上神克支，支上神克干，互相克害，凡事有离散之象。水土长生居申，而昼虎临之，又遁甲鬼，利与害不交并乎？

申虎遁鬼，凶之至也。但陷空而复居午之克地，凶者不凶，醒者亦终不能醒，徒受辰之墓库而已。

断曰：重审之课，事当三思。干上逢空，在我无忠信之实。末传遁鬼，在人有魑魅之情。彼此交欺，了无凭据，又鬼墓加干，幸值旬空，若逢年月填实，祸必重生。

天时：密云不雨。家宅：人宅受欺，一生不足。功名：不成。求财：得非本分。谒贵：不甚得力。婚姻：不宜成。胎产：虚喜，不得实，占产即生。疾病：肝家之病，不能即愈。求谋：凡事昏迷。出行：顺风扬帆，瞬息千里，但恐同伴不得其人。行人：不来。官讼：始虽互欺，终却蛇尾。逃亡：只在近处，不能远遁。失脱：可寻。兵战：师劳财匮，彼此交困。

《毕法》云：空上逢空事莫追、罡塞鬼户任谋为、夫妇芜淫各有私、虎乘遁鬼殃非浅、不行传者考初时。《课经》云：辰为天罡，寅为鬼户，辰加寅为塞鬼户，众鬼不能窥觑，大宜逃灾避难。

戊子日第十二课

官	青螣	庚寅		鲁都	日马	天贼	干奇 仪神
官	勾朱	辛卯	勾神	三刑			
兄	合合	壬辰	干墓	支墓			

```
       青螣 空贵 贵空 螣青
        寅   丑   未   午
        丑   子   午   戌
```

```
              贵空 后白
    螣青 午   未  申   酉 阴常
    朱勾 巳            戌 元元
    合合 辰            亥 常阴
    勾朱 卯   寅  丑   子 白后
              青螣 空贵
```

课格： 知一，连茹。

课意： 虚生无益，传逢全克，昼贵伤支，龙合夜贼。

解曰： 午乃旬空临干，徒有生之名，而无生之实。三传寅卯辰，纯是东方木气，故为全克。昼贵丑土克支，夜将龙合，又去贼干，人宅受伤，动静皆非计也。

干上午，虽是生我之神，奈是旬空，所谓见生不生也。生我者既空，岂宜三传寅卯辰鬼局伤身乎？《经》曰"费有余而得不足"，此类是也。

断曰： 连茹之课，纯乎官局。惟仕宦占之最宜，常人多有灾耗不宁。犹幸午空，文字虚惊而已。

天时： 不晴。**家宅：** 父母落空，恐长上有灾。**功名：** 官鬼成局，春占大妙。**求财：** 财受克，所得亦薄。**谒贵：** 贵人在宅，求之可见。**婚姻：** 昼占可成，系贵家女。**胎产：** 胎防堕，产即生。**求谋：** 凡事不能称心。**疾病：** 脾病，秋季防增。**官讼：** 不止一处衙门，和解则吉。**出行：** 日上空亡，半途而返。**行人：** 传进，未至。**逃亡：** 辰居末传，不寻自归。**兵战：** 蓦有一路兵来，主客皆受其殃。**坟葬：** 龙穴皆好，惟水法受克。

《毕法》云：所谋多拙遭罗网、鬼贼当时无畏忌、费有余而得不足。《璧玉经》云：三传皆鬼，引起干上之午，反为羊刃，其凶难免，如亥子本命稍轻。《课经》云：寅卯辰木局，春占木旺贪荣，无意克土，夏秋其祸乃发。

己丑日第一课

兄　白螣　己丑　_{游都　破碎}
兄　阴阴　丙戌　_{三刑　勾神}
兄　螣白　空未　_{羊刃　鲁都　福星}

_{白螣　白螣　螣白　螣白}
丑　丑　未　未
丑　丑　未　己

　　　　　_{朱空　螣白}
合青　巳　午　未　申　贵常
勾勾　辰　　　　　酉　后元
青合　卯　　　　　戌　阴阴
空朱　寅　丑　子　亥　元后
　　　　_{白螣　常贵}

课格：伏吟，自信，稼穑。

课意：支传干上，彼求己向，可畏之因，昼夜天将。

解曰：初传支上，末传干上，自支传干，必是人来向我委托，吉凶皆成也。三传比劫，无非干支同类，大有损于妻财。况昼夜天将，非螣蛇即白虎，皆能生灾作祸。太阴并戌曰被察，亦主怪异蔽匿，或小人诬谮，皆可畏也。

断曰：此伏吟自信之卦，伏而未发，屈而未伸，静则安，动则滞。自信其柔，以与世接。身欲动而不得，家欲静而不宁。况稼穑卦本艰难，又逢土日，沉滞弥甚。凡事逼迫，不由自己。末传旬空，百事无就。

天时：霾雾湿蒸，后见风雨寒沍。家宅：不宁，多见惊恐。婚姻：不用。胎产：防聋哑不实，若临产则立下。功名：淹滞无成。求财：反有损失。投谒：不相合。疾病：主在脾，久病不利，暴病无畏。失脱：宜急寻，不远，逃者或匿邻家。出行：不得出，出亦即返。行人：立至，否则在彼处未动。争讼：主争田土事，有人唆弄激拨，后必解。兵战：有惊恐，众心疑畏不宁。坟葬：不安。

《毕法》云：彼求我事支传干、宾主不投刑在上。《课经》云：卦无丁马，而占人年命上乘魁罡，及在亥者亦主动。《指掌赋》云：逆传四季丑戌未辰。春越库，散财不以其道；夏转魁，委任不得其人；秋煞墓，势将兴而将起；冬伏阴，机渐收而渐藏。

己丑日第二课

```
财  常贵  戊子   日盗  支合
财  元后  丁亥   日解  驿马
兄  阴阴  丙戌   三刑  勾神
```

```
     元后 常贵 合青 朱空
      亥   子   巳   午
      子   丑   午   己
```

```
             合青 朱空
     勾勾  辰  巳   午  未  螣白
     青合  卯            申  贵常
     空朱  寅            酉  后元
     白螣  丑  子   亥  戌  阴阴
            常贵 元后
```

课格：重审，退茹，励德。

课意：因贵失禄，丁马相逐，文书不利，婚姻急速。

解曰：贵人发用，为日之财，而冲克午禄。得初传之贵，则失干上之禄也。中传亥遁旬丁，又为支马，相逐而来，为远动求财之象。午乘真朱，其属为文书，今旬空禄失，则不利于文书矣。子加于丑，夜乘太常，牛女相合，吉礼可以速行也。

断曰：此重审之卦，连茹逆传，事多不顺，退中有进，宜详审后行，不可肆意妄动。上神生日，凡百皆宜。子丑相加，人情必合。惜午禄空亡，又遭初克，未免虚喜虚声，美中不足耳。仲夏月遇之，所谋皆能如意。

天时：求雨即得，求晴难晴。家宅：和合，主有喜庆之事，防遗失文书。婚姻：必成，且见和美。胎产：恐系虚喜，占产立下。功名：虚名，未得实际。求财：当得贵人扶助，或远行求之。疾病：主虚，不进饮食，迟愈。失脱：宜寻。出行：远行有财喜。行人：即至。争讼：主争财，有解，原告多费。兵战：吉利。

《毕法》云：空上逢空事莫追。《课经》云：干支上下相合，为和美课。又合神发用，占人年命俱乘吉将，为合欢课。但干支上下又交车作六害，主彼此相谋，不宜交关用事。《指掌赋》云：子亥戌为重阴，安嘉遁之贞，宁甘没齿？《心印赋》云：子丑相加事必成，更逢吉将转欢欣。

己丑日第三课

财　元后　丁亥　日解　驿马
子　后元　乙酉
兄　螣白　空未　福星　羊刃　鲁都

　　　　后元　元后　青合　合青
　　　　酉　　亥　　卯　　巳
　　　　亥　　丑　　巳　　己

　　　　　　　勾勾　合青
青合　卯　辰　巳　午　朱空
空朱　寅　　　　　未　螣白
白螣　丑　　　　　申　贵常
常贵　子　亥　戌　酉　后元
　　　　　元后　阴阴

课格：重审，间传，时遁。

课意：宅用马丁，迁移难任，临事闭口，课传五阴。

解曰：亥乃丁马，临支发用，其宅必主迁徙移动。巳乃旬尾，临干坐空，遇事且宜闭口深藏也。四课巳卯亥酉，三传亥酉未，共见五阴。若占人行年本命更值丑字，亦可谓"六阴相继尽昏迷"矣。

断曰：此重审之卦，逆退间传，事由内起，多关妇人，尊上无势，有不顺之情。后武同行，有不正之象。虽上神生日，而惜坐空乡。纯阴用事，主客不和。身空暗而莫诉，宅动摇而不宁。纵曰利于求财，亦复蹉跎难遂。

天时：重阴久雨，罕见日色。家宅：主北向幽暗，防有奸私。婚姻：难成，亦不宜。胎产：胎神坐长生，胎安，产不吉。功名：出自私门，或由财贿。求财：主因妻财动，或得之暧昧。疾病：主阴症，或不语，反复难愈。失脱：宜寻。出行：宜且止。行人：即来。争讼：主为奸私之事，或因妻财致讼，宜和。兵战：不利。

《毕法》云：龙加生气吉迟迟。《课经》云：干上巳，昼将六月占，青龙乘生干之神，又作月内之生气，主徐徐发福。《订讹》云：亥酉未为时遁格，盖酉为太阴，未中遁丁为玉女，利隐遁潜形。自亥传未，如人入幽暗潜身，有识时肥遁之象。君子占之则吉，小人反为凶也。

己丑日第四课

财　勾贵　戊子　支合　日盗
兄　常勾　壬辰　支破　日墓　仪神
兄　朱阴　丙戌　三刑　勾神

```
    后白  朱阴  青螣  常勾
     未   戌   丑   辰
     戌   丑   辰   己
```

```
         白合  常勾
空朱 寅  卯   辰  巳 元青
青螣 丑           午 阴空
勾贵 子           未 后白
合后 亥  戌   酉  申 贵常①
         朱阴  螣元
```

课格：昴星，掩目，天烦。
课意：叠值魁罡，远涉他乡，贵财发用，无礼须防。
解曰：天罡河魁，既临日辰之上，又入中末两传，可谓层见叠出矣。魁罡为变动之神，定主身宅不宁，他乡远涉也。子为日财发用，昼乘贵人，必得贵人以财相助。但子加卯上，虽曰励德，亦须防无礼之刑也。
断曰：此昴星之卦，亦名冬蛇掩目。阴性从地，其气下沉，伏而视之，潜藏则吉，躁动则凶。占者事必循理，提防暗昧为佳。干支上魁罡冲击，其象主动。但缘墓覆昏沉，又柔日昴星，伏匿万状，终不能动耳。
天时：有雨。家宅：不宁，防有奸私口舌。婚姻：不吉。胎产：防不实。功名：可因财而得，却防暗损。求财：或因势要，或由田土，皆可得。投谒：有门路，可获利而返。疾病：主脾疾，烦懑阻隔。失脱：宜寻。逃亡：恐投势家。出行：百端阻滞，不能动身。行人：未归。争讼：或争财，或争田土，久而不和。兵战：昼占得利，夜占防伤损。
《毕法》云：宾主不投刑在上。《课经》云：魁罡加日辰，犹人遇凶神。重土闭塞，必须斩关而出。未为玉女能护身，子为华盖能掩形，太阴地户主潜藏，天乙神光能庇佑。但冬蛇伏匿，中传坐空，不能动也。

---

① 原文：常贵。

己丑日第五课

父　元青　癸巳　支仪
兄　青螣　己丑　游都　破碎
子　螣元　乙酉

```
 元青 螣元 合后 白合
  巳　酉　亥　卯
  酉　丑　卯　己
```

```
            空朱  白合
青螣  丑   寅   卯   辰   常勾
勾贵  子             巳   元青
合后  亥             午   阴空
朱阴  戌   酉   申   未   后白
          螣元  贵常
```

课格：涉害，从革，蓦越。

课意：传入宅上，俱为脱诳，身既乘鬼，赖此保障。

解曰：卯为日鬼临日，夜乘六合尤甚。支上乘酉，三传会成金局，又归宅上。众金来盗土气，其为欺诳，不可言也。然终赖此得以制卯鬼之恶，除日干之灾，反为身之保障，虽被脱诳，亦所甘矣。

断曰：此涉害之卦，合从革之局，事端两岐，多历难辛，萌芽欲就，又被阻隔。静而惶惑，动则乖张。喜卯来见酉，虽脱干而能制鬼。合中不足，冲反有功。失在始而得在终，难于前而易于后，革故鼎新，因盗获福。

天时：始患多风，继得雨润。家宅：虽多耗费，却无灾咎，主出名医。婚姻：忌。胎产：胎神坐墓，空上逢空，防不实。功名：官坐空墓，为子孙耗脱之象。求财：初见耗折，后少得利。疾病：主在肺，或筋骨，虽虚不防；家有幼辈，善能治疗。失脱：难寻。出行：多费而有阻。行人：即归。争讼：耗财而终得解散。兵战：吉凶相半。坟葬：昼占兆吉。

《毕法》云：虎临干鬼凶速速、制鬼之位乃良医。《秘要》云：凡喜见官鬼者，惟妻占夫，及有官人，不宜鬼空及被制，余皆以鬼为凶，喜有制也。《指掌赋》云：巳丑酉为反射，怀杀伐以酬恩，日生三传，财原必耗。

己丑日第六课

官　白元　辛卯　灾煞　日医
兄　朱朱　丙戌　三刑　勾神
父　元白　癸巳　支仪

　　白元　贵勾　螣合　空阴
　　卯　　申　　酉　　寅
　　申　　丑　　寅　　己

　　　　青后　空阴
勾贵　子　丑　寅　卯　白元
合螣　亥　　　　　辰　常常
朱朱　戌　　　　　巳　元白
螣合　酉　申　未　午　阴空
　　　　贵勾　后青

课格：重审，斫轮，四绝，罗网。

课意：寅卯两木，灾祸相逐，夜贵入宅，祛殃降福。

解曰：寅加日上，卯发初传，两木并来克身，灾祸相逐，宜不可逃矣。喜夜贵在申，来临丑宅，于以制寅卯而扶己土。殃不由是而祛，福不由是而降乎？

鬼助末传生干，是谓引鬼为生，亦主先凶后吉。昼占帘幕临支，士人得之亦利。

断曰：重审之卦，格合斫轮，主先历艰难，后得成就。卯为车轮，加申为斧斤斫削。更喜戌土为印，白虎催官，土日得之，亦名流转。仕宦极为佳兆，常人不宜。

天时：昼占主雨，夜占主风。家宅：必有科第，门列旗杆。婚姻：未成。胎产：不宜。功名：大吉，宜正取之。求财：不得。投谒：未和。疾病：大忌，夜虎乘卯鬼，为棺椁之象。失脱：远去。出行：赴官吉利。行人：在道，或遇丧车，或遇轩冕同行。争讼：大有忧患。兵战：宜慎。坟葬：父爻乘昼虎坐墓，主父母墓中生白蚁。

《毕法》云：制鬼之位乃良医、常问不应逢吉象。《指南》：庚午年寅将，一县令占入觐考选。课得斫轮，日上天吏官德，坐于空墓，阴神酉制之，必有明暗相攻，不得翰林铨部。卯官乘元武发用，中传朱雀主言路，末传白虎主风力，必得垣中。历迁都宪，巡抚东方。宅上子孙乘帘幕贵人，又作长生学堂，当有贵子由科甲入翰林也。后皆如言。

己丑日第七课

财　合螣　丁亥　_{日解　驿马}
兄　后青　空未　_{福星　羊刃　鲁都}
兄　青后　己丑　_{破碎　游都}

_{青后　后青　后青　青后}
丑　未　未　丑
未　丑　丑　己

　　　　　_{勾贵　青后}
合螣　亥　子　丑　寅　空阴
朱朱　戌　　　　　卯　白元
螣合　酉　　　　　辰　常常
贵勾　申　未　午　巳　元白
　　　　_{后青　阴空}

课格：返吟，无亲，淫佚。

课意：往来相会，丁马并至，动可取财，守之无利。

解曰：干支上下，不出丑未二字，往来相会。亥独发用，既为日财，又为丁马。动而之传，财可得也。若但守干支，丑未内外反覆，动而不动，行而不行，终无所利矣。

断曰：此返吟、无亲之卦，取丑中癸水，遥射巳宫丙火，以巳上亥神为用。如傍井倚栏，斜冲射之，不出井外。主上下睽①隔，彼此忧疑。直道难容，旁求易就。一身两用，动则相宜，静则反扰。末传坐空，实事消磨，虚惊亦散。

天时：多雨，时止时作。家宅：不宁，或有嫁娶喜事，或防男女奸私。婚姻：往来和合，恐非正礼。功名：屡劳心力，恐终未遂。求财：宜动以取之，或因妻财而有动。疾病：得之财色，反复不一，暴病有解，久病不吉。失脱：勿寻，逃亡勿追。出行：彷徨不定，终不成行。行人：将近，复远。争讼：反复，终得解散。兵战：无利。

《毕法》云：后合占婚岂用媒？来去俱空岂动移？《指要》云：井栏射取传，占事难成易破，虽遇吉神，亦是半遂。又云：反覆不定，病主两症。《中黄经》云：六合从来福遂佳，乘于巳亥远天涯。"神将论"云：登明乘六合为小儿，木到亥上方生故也。乘蛇主哀哭。

---

① 通"睽"。

己丑日第八课

父　元白　癸巳　支仪
兄　朱朱　丙戌　三刑　勾神
官　白元　辛卯　日医　灾煞①

```
 合螣  阴空  元白  勾贵
  亥    午    巳    子
  午    丑    子    己
```

```
朱朱  戌   合螣  勾贵   丑  青后
              亥   子
螣合  酉                 寅  空阴
贵勾  申                 卯  白元
后青  未   午   巳       辰  常常
          阴空 元白
```

课格：知一，铸印，励德。

课意：先冲后击，交后有益，末助初生，如砒在蜜。

解曰：子午、丑未，干支上下交冲；而子未、午丑，干支又各自相害，为先冲后击之象。午与未合而生日，子与丑合而为财，交车相合，交关利益也。末传卯助初巳而生干，如蜜之甘；然卯又径来克干，如砒之毒，其生克倚伏如此。

断曰：此比用知一之卦，事有两端。察其同异，舍远就近，舍疏就亲。信里生疑，恩中起怨。格名铸印，兼号乘轩。常人得之不宜，仕宦见之大吉。但驿马六合，惜坐空乡，犹非真体。仲夏月占，方合格也。

天时：子亥坐空，每作风雨之势而不成。家宅：仕宦而出，宅空吉利，常占有灾，妨损妻财。婚姻：不利。胎产：胎不实，产即下。功名：大吉之兆，嫌贵人禄马俱空，必五六月占始佳。求财：所得轻微。投谒：好处生嗔。疾病：凶，尤忌占妻病。失脱：难得。出行：宜上官之任，余无利。行人：必归。争讼：难和，容忍为上。兵战：不利，先难后易。

《毕法》云：权摄不正禄临支、彼此猜忌害相随。《课经》云：昼贵临身，而朱雀乘戌克之，为贵人忌惮格，告贵无益。《袖中金》云：铸印，主官禄迁擢之象。不见太阴、天马，即非真体。常人反生灾，且为事迟钝。

---

① 原文字迹模糊，据上下文校补。

己丑日第九课

子　螣合　乙酉
兄　青后　己丑　游都　破碎
父　元白　癸巳　支仪

　　螣合　元白　白元　合螣
　　酉　　巳　　卯　　亥
　　巳　　丑　　亥　　己

　　　　　　朱朱　合螣
螣合　酉　　戌　　亥　　子　勾贵
贵勾　申　　　　　　　　丑　青后
后青　未　　　　　　　　寅　空阴
阴空　午　　巳　　辰　　卯　白元
　　　　　　元白　常常

课格：涉害，从革。

课意：丁马载财，传局生来，启齿便得，闭口无灾。

解曰：亥为日财，丁马载之，来加日上，而三传会成金局生之。酉类为口窍唇舌，故一启齿，便可得生财之益也。末巳为旬尾，昼虎夜武而临宅上，闭口谨言，乃免灾咎。

断曰：此涉害之卦，合从革之局，事多险阻，心费机关。孟上神发用，主狐疑反覆。有气则革而增进，无气则革而退失。酉加巳为愁课。又将得后武，盗其金气，名从革不革，得六合亦主欲动未能。

天时：多燥风，有雨不大。家宅：虚耗，又凶将闭口加宅，主有灾患，不能明言。婚姻：不宜用。胎产：胎坐长生，胎安，产凶。功名：不利，勿入私门，徒有耗失。求财：先费后偿，宜索债负。疾病：主在肺及筋骨虚弱，不妨。失脱：主为喜事中失脱，或随身婢仆。出行：有惊多费。行人：即至。争讼：惊忧百出，宜用贿央情。兵战：不利。

《毕法》云：昼夜贵加求两贵。《课经》云：金局须脱干气，而生起日财，名为取还魂债。《古鉴》：寅将占失物。酉发用，其类为妇人，又为金钗之属。加巳乃长生之地，不落空亡，又是三合金局，其物不失，现在炉灶灰中。寻之，果获。《指掌赋》云：酉丑巳为献刃，远近俱被其伤。

己丑日第十课

父　朱空　空午　日禄　六害[①]
兄　阴朱　丙戌　三刑　勾神
兄　勾常　壬辰　支破　日墓　仪神

```
      螣青 勾常 白后 阴朱
       未  辰  丑  戌
       辰  丑  戌  己
```

```
         后合 阴朱
贵勾  申  酉  戌  亥  元螣
螣青  未           子  常贵
朱空  午           丑  白后
合白  巳  辰  卯  寅  空阴
         勾常 青元
```

课格：昴星，二烦，励德。

课意：三奇昴星，昼盗兼刑，魁罡并现，动不容停。

解曰：昴星俯视，初传得午，中末干支上神。己日元遁，得甲戌、戊辰、庚午，合地上三奇甲戌庚之局。昼占用神，空上逢空。中戌乘雀加日，必见盗脱。戌刑日干，丑又刑戌，辰午亦皆自刑也。课传魁罡叠见，动作非常，不容自已。

断曰：此冬蛇掩目之卦，暗昧不明，进退无据。虽午加卯为明堂，主万事昌隆，遇凶成吉。奈午值旬空，孤辰发用，凡占多虚少实，止利僧道九流。又地上三奇，用空而奇精有损，其福顿减。又为天地二烦，却反喜用空，而仲神无气，其祸亦散也。

天时：求晴得阴，求雨得风。家宅：主有田土斗争之事，正五九月防有火惊。婚姻：不宜，亦不成。胎产：恐胎临死败，不吉。功名：虽有意外之遇，却无实际，且防同辈暗损。求财：劳多获少。疾病：主脾病虚热，暴病不妨，久病凶。失脱：难寻。出行：有忧难，难中有喜。行人：先有信至。争讼：公事昭彰，不利私暗，主争田土屋宅。兵战：不利。坟葬：主坟前多空地，或见惊怪，或起争端。

《毕法》云：尊崇传内遇三奇、空上逢空事莫追。《袖中金》云：卦如冬蛇蛰藏，掩目不动。事多隐伏于内，犹豫惊恐。《指掌赋》云：昴星如虎对立，视俯仰以卜远近之忧危。言杀气至酉而盛，阴阳无克，乃从至阴处，讨出消息来也。

[①] 原文字迹模糊，貌似"六害"。

己丑日第十一课

官　青元　辛卯 _{灾煞　日医}
父　合白　癸巳 _{支仪}
兄　螣青　空未 _{福星　羊刃　鲁都}

　　合白　青元　元螣　后合
　　　巳　　卯　　亥　　酉
　　　卯　　丑　　酉　　己

　　　　　　　贵勾　后合
螣青　未　　申　　酉　　戌　阴朱
朱空　午　　　　　　　　亥　元螣
合白　巳　　　　　　　　子　常贵
勾常　辰　　卯　　寅　　丑　白后
　　　　　　青元　空阴

课格：元首，间传，迎阳。

课意：败中藏慝，卯木入宅，外勾里连，两贵烦剧。

解曰：己土败于酉，酉临干上，又旬遁为乙鬼，至恶也。辛卯入宅发用，且脱且克。又为日鬼，自宅中而出，是谓外勾里连。昼贵入狱，夜贵受克，两贵烦剧，干之必怒也。

断曰：此元首之卦，以尊制卑。事由男子，正大光明，利于先举。但外来克内，干上又逢脱败，主客互相冲击，其象不和，必循理而行，斯无悔咎。

天时：先见风及雷电，雨迟至。家宅：人宅俱耗，防子孙脱漏之事。婚姻：不宜。胎产：胎坐日墓，不安。功名：可得，防以私门致败。求财：主为病讼所耗。投谒：不和，防见怒于贵人。疾病：有祟，宜破财。失脱：不获。出行：未利，反利阴谋逃窜。行人：尚远。争讼：防有指唆，内外勾连，不宜托势。兵战：昼占不利，夜占大胜。

《毕法》云：两贵受克难干贵、罡塞鬼户任谋为。《指掌赋》云：卯巳未为迎阳，鸣高冈之鸾凤，占事宜速就，稍迟则无气矣。《指南》：甲申年五月午时，日旁大晕围绕，众以为瑞，因就午将正时，占得此卦。发用元武，克干克支，夫干为天位，而乘败气。支为社稷，而见死神。岁君临灭没之方，贵人入囚辱之地，何瑞之有？果然。

己丑日第十二课

官　空朱　庚寅　日德　日合　劫煞
官　青合　辛卯　灾煞　日医
兄　勾勾　壬辰　支破　仪神　日墓

　　　青合　空朱　后元　贵常
　　　卯　　寅　　酉　　申
　　　寅　　丑　　申　　己

　　　　　　腾白　贵常
朱空　午　　未　　申　　酉　后元
合青　巳　　　　　　　　戌　阴阴
勾勾　辰　　　　　　　　亥　元后
青合　卯　　寅　　丑　　子　常贵
　　　　　　空朱　白腾

课格：元首，进茹，罗网，正和。

课意：三传克日，夜贵临吉，或蒙神佑，利卜官秩。

解曰：寅卯辰亦号木局，三传皆为日鬼，其势不可当矣。喜夜贵在申，金可制木，来加干上，足以拒鬼而护干，不啻蒙吉神之佑也。常占得此，为遇患有救。惟仕宦者占之，为德高官显，生贵临身，吉无不利也。

断曰：此元首之卦，顺进连茹。三传皆官，贵常临日。日德在宅，发为用神。主忠孝积善之家，有甲第显荣之庆。春占尤利也。常人防官非口舌，或病患相侵。虽有救神，亦宜谨慎。

天时：屡有风患，得雨而解。家宅：朱雀克宅，防火灾，或防病讼。婚姻：后克龙，干上克支上，主不成，成亦不利。胎产：丑加子为腹胎格。功名：占试得中，居官宜慎。求财：劳动而所得微细。疾病：家鬼作祟，宜作福祷神。失脱：或因喜事宴会，或主婢仆偷窃。出行：宜谒贵。行人：将至，有阻。争讼：必藉人调解，可以无患。兵战：宜慎。

《毕法》云：所谋多拙遭罗网、鬼临三四讼灾随、众鬼虽彰全不畏。《课经》云：支上有鬼，引入鬼乡，为家鬼取家人，赖干上食神为救。然必先有惊危，后稍无畏。如食神是贵，必得贵人力也。《指掌赋》云：寅卯辰为正和，展经略而沐浴恩光。

御定六壬直指
（下册）

张越　点校

华龄出版社

庚寅日第一课

兄	后白	甲申	日德 日禄 驿马 恩赦 支冲
财	青螣	庚寅	日刑 日冲
官	朱勾	癸巳	长生 三刑 支害

```
      青螣 青螣 后白 后白
       寅   寅   申   申
       寅   寅   申   庚

              螣青 贵空
  朱勾  巳    午   未   申  后白
  合合  辰             酉  阴常
  勾朱  卯             戌  元元
  青螣  寅    丑   子   亥  常阴
              空贵 白后
```

课格：伏吟，自任，元胎，六仪。

课意：禄马随身，两虎并临，居官极品，俗庶灾身。

解曰：申为日之德禄，又乘驿马临身发用。中传螣蛇生角，末传勾陈捧印，仕宦占之，大为吉兆。申本虎也，又乘白虎，以居官言之，二虎入庙，为威权显赫之象，必登极品。俗庶不足以当此，必有讼狱之灾矣。

断曰：此伏吟自任之卦，课传皆孟，格合元胎。伏而未发，隐而未明。静则相宜，动则反滞。君子守正修德，则应禄马俱临之吉，旬仪发用之祥。富贵显庸，亨通无比。若常人无德，反主生灾作祸。

天时：风雨时至。家宅：干支互绝，宜与人兑换屋宇。婚姻：昼占不宜，夜占可用。胎产：春占安，夏占防损。功名：文主高第显荣，武主功成衣锦，躁妄者不吉。求财：大有所得，防为病讼所耗，或为兄弟分夺。疾病：昼占大凶，久病及老人小儿尤忌。失脱：可得，逃亡必获。出行：如意。行人：先有信，在路将至。争讼：不吉，静以待动者得胜。兵战：昼夜不宁。

《毕法》云：任信丁马须言动、宾主不投刑在上。《课经》云：伏吟交车冲，不论亲疏，主先合后离。父子、夫妇、主客、兄弟皆然。《袖中金》云：寅日用申巳，凡占主刑中之合，薄有所就，出行则可。

庚寅日第二课

```
子  合后  戊子  游都 灾煞
子  常阴  丁亥  支破 劫煞 日医
父  元元  丙戌
```

```
     白后 空贵 螣青 贵空
      子   丑   午   未
      丑   寅   未   庚
```

```
         朱勾 螣青
合合  辰   巳   午   未  贵空
勾朱  卯            申  后白
青螣  寅            酉  阴常
空贵  丑   子   亥   戌  元元
         白后 常阴
```

课格：知一，退茹。

课意：夜贵墓身，昼贵墓庭，三传虽水，两丙一丁。

解曰：未临夜贵，本辰墓也，今覆日上。丑临昼贵，本日墓也，今覆辰上。交互相墓，两贵蹉跌矣。三传子亥戌，亦名水局。水虽能制日鬼，而亦脱日气。况旬遁丙子、丙戌、丁亥，两丙一丁，皆为暗鬼。若嫌日上空生，弃之而妄动，必逢灾咎也。

断曰：此知一之卦，脱干生支，恩中有害，合中有冲。二下贼上，皆在宅内。主妻财争讼，咒诅不宁。又三辰逆退连茹，节外生枝，先退后进。喜干奇临干，旬奇发用，亦合联珠之吉，可阴消祸患，意外获福。

天时：久阴多雨。家宅：主人昏晦不通，宅亦废损虚耗，或被子孙耗费生祸；又丑加寅，夜将天空，主屋上兽头落。功名：士有奇遇，官有异政超擢。求财：所得轻微。投谒：昼占和美，夜占不合。疾病：大吉加寅，干支互墓，昏滞不吉。失脱：或在邻近，或子孙所窃。出行：多有耗费，兼防暗损。行人：迟滞。争讼：夜占防直遭曲断。兵战：不宁。

《毕法》云：空上逢空事莫追、昼夜贵加求两贵、干支乘墓各昏迷。《观月经》云：四立干上神，分明末日临，此名天祸卦，乖角竟相侵。如立夏日是庚，前一日是巳，巳乃木之末日，巳课在未，庚日占事，干上得小吉，是末日临也。

庚寅日第三课

官　螣青　空午 _{鲁都}
父　合合　壬辰 _{日合 支仪}
财　青螣　庚寅 _{日刑 日冲}

　　元元　白后　合合　螣青
　戌　子　辰　午
　子　寅　午　庚

　　　　合合　朱勾
勾朱　卯　辰　巳　午　螣青
青螣　寅　　　　　未　贵空
空贵　丑　　　　　申　后白
白后① 子　亥　戌　酉　阴常
　　　常阴　元元

课格：涉害，间传，顾祖，励德。

课意：虚忧不实，就生无力，倘聚钱财，祸患尤剧。

解曰：午为日鬼，临干发用，大为可忧。幸值旬空，则虚而不实。弃而就中传辰土之生，似若可依。然亦陷空鬼之乡，不能助我为力。由是而之末传，势必取寅之财矣。而昼乘蛇火，为害非浅，可不慎哉？

断曰：此涉害之卦，多历艰辛。每逢忧患，进退维谷。末助初而克干，主有人百端侵损。幸孤辰发用，为我难者，有心无力。虽见惊忧，旋归乌有也。贵临卯酉，大位升迁，微员斥退之象。

天时：占晴不久，占雨难得。家宅：人宅互脱，又皆临败地，必见衰替。婚姻：不吉。胎产：胎神坐长生，占胎安，产不利。功名：仲夏昼占，赴任荣显。求财：迟得，防因财生灾。疾病：干支互乘死神，大凶。失脱：即在宅内。出行：不宜。行人：未至。争讼：不宜告人奸，必连累同罪。兵战：宜慎。

《毕法》云：制鬼之位乃良医、干支皆败势倾颓。《课经》云：末虽助初，初却空亡，不能克日，末徒作仇怨，名抱难不斗格。《指南》：戊辰年子将，代占枚卜。朝官占得顾祖格，多不满任。又初中空陷，龙化为蛇，龙神克其德禄，不但不能大拜，定以强进获咎。后果有一宗伯，枚卜不就，继被察处回籍。

---

① 原文：后白。

庚寅日第四课

官　朱勾　癸巳　长生　三刑　支害
财　青螣　庚寅　日冲　日刑
子　常阴　丁亥　支破　劫煞　日医

　　　　后白　常阴　青螣　朱勾
　　　　　申　　亥　　寅　　巳
　　　　　亥　　寅　　巳　　庚

　　　　　　勾朱　合合
青螣　寅　　卯　　辰　　巳　朱勾
空贵　丑　　　　　　　　午　螣青
白后　子　　　　　　　　未　贵空
常阴　亥　　戌　　酉　　申　后白
　　　　　　元元　阴常

课格：元首，元胎。

课意：干传干支，我就他宜，亥虽解祸，生祸由斯。

解曰：初传从干上发用，末传归于支上，自我就彼，为我求于彼之事也。巳为日鬼，亥水克之，洵足解一时之祸。然亥生寅，寅转生巳，迤逦递生，还为日害，是则生祸亦由斯也。

断曰：此元首之卦，课传皆孟。巳加申上，名病元胎。虽事出顺利，以尊制卑，然必正大光明，方得动而无咎。苟或暗昧，则应四病之象。伏滞不通，触则成祸。又三传递生日鬼，勾陈捧印，螣蛇化龙，仕宦则宜，常占不吉。

天时：欲雨还晴。家宅：主家有孕妇，或阴人离散不和。婚姻：未遂意。胎产：胎神临败，防有损堕。功名：大利，主得人推荐，迁官捧印。求财：有得，亦防耗费。疾病：遇医，防复发。失脱：不宜追。出行：求官利，余不宜。行人：即至。争讼：宜和，或因幼辈起祸。兵战：居安虑危，不可轻易。

《毕法》云：制鬼之位乃良医、彼此猜忌害相随。《课经》云：变克翻为两面刀。又干支皆乘长生，后却互脱，为乐里生忧。《神应经》云：末传亥遁丁鬼，或因子息而凶动。《古鉴》：辰将占家宅。曰：巳火克申，功曹乘蛇刑巳克申。亥为日子，必因子息吏人耗业。金生于巳，却来亥上脱气。寅生于亥，却来巳上脱气，主先兴后替。亥四寅七，十一年后见也。俱验。

庚寅日第五课

```
父  合合  丙戌
官  后白  空午  鲁都
财  白后  庚寅  日刑  日冲
```

```
        后白  合合  青螣  元元
         午    戌    子    辰
         戌    寅    辰    庚
```

```
              白后  常阴
     空贵  丑  寅    卯  辰  元元
     青螣  子            巳  阴常
     勾朱  亥            午  后白
     合合  戌  酉    申  未  贵空
             朱勾  螣青
```

课格：涉害，炎上，斩关，狡童。

课意：始谋可畏，动用非细，中末既陷，守为上计。

解曰：天罡临日，河魁临辰，而复发用，旬遁丙鬼，其为动作非细矣。六合并临鬼户，其为阴谋方始，甚可畏也。幸中末俱落空陷，卒归消散。然所动谋，亦迄无成，不如守干上辰土之生，为计之得耳。

子涉五土，戌涉四木，故又有以子为用者。

断曰：此涉害之卦，合炎上之局。事当见机而进，知难而退。三传从末递生以至支上而生干，主得人多助，百事可成。但火局以虚而明，戌加寅为墓临生，占事明者反为暗昧。又中末皆空，多不成实。惟宜解散忧惊而已。

天时：沉阴蔽日，得风雷而散。家宅：斩关非安居之象，狡童防男女之私。婚姻：不宜。胎产：胎坐空墓，占胎主私孕；占产即下，有惊恐。功名：虽有虚声相助，迄无成就。求财：虚耗。疾病：木侮脾经，不吉。失脱：难获。出行：宜避难远引，然不能动身。行人：有阻。争讼：主为奸盗之事，旋归解散。兵战：未利。

《毕法》云：三传递生人举荐、后合占婚岂用谋？不行传者考初时。《课经》云：夜贵登天门，神藏煞没，四孟月占尤的，缘四维为月将也。斩关主动，而中末空亡，反不能动。《订讹》云：午加戌，主失马，入墓故也。戌为狱神传墓，主有狱讼事。秋夏占为恃势，庚辛日名带煞。

庚寅日第六课

父　合合　丙戌
官　阴常　癸巳　长生　三刑　支害
子　青螣　戊子　游都　灾煞

　　　　元元　朱勾　合合　常阴
　　　　辰　　酉　　戌　　卯
　　　　酉　　寅　　卯　　庚

　　　　　空贵　白后
青螣　子　丑　　寅　　卯　常阴
勾朱　亥　　　　　　　辰　元元
合合　戌　　　　　　　巳　阴常
朱勾　酉　申　　未　　午　后白
　　　　螣青　贵空

课格：知一，斫轮，罗网。

课意：丙戌丙子，中传逢巳，君子宜占，俗庶有悔。

解曰：戌旬遁为丙，而子元遁为丙，两丙夹中传之巳，无非日之官鬼矣。又卯加申上，格合斫轮。仕宦占之，宜有迁除之吉。而世俗众庶遇此，不免病讼之凶也。

断曰：此比用知一之卦，既为互旺，亦号交罗。吉人则符其吉兆，而有轩车印绶之来。凶人则应其凶征，而有羊刃网罗之患。二爻皆动，事出两岐，合外有冲，恩中生害。大都宜舍远就近，舍疏就亲，先历艰难，后得成就也。

天时：有风有雨而易晴。家宅：夏占夜雀乘酉，火鬼加宅克宅，防火灾及官非，宜以井泥涂灶襄之。婚姻：不谐。胎产：胎神临绝，十月大忌，占产即生。功名：求官大吉，科场谨慎题目。求财：大有获。投谒：见贵吉。疾病：肺病，不吉。失脱：或在邻家，逃亡不远。出行：上官之任吉。行人：在道，迟至。争讼：宜和，两贵皆害，恐遭曲断。兵战：利主不利客。

《毕法》云：互旺皆旺坐谋宜、人宅坐墓甘招晦、所谋多拙逢罗网、胎财死气损胎推。《课经》"卦象"云：木欲成器，须假金斫。孕病凶险，财喜欢跃。禄位加增，官职超擢。戌印常绶，遇之尤乐。《袖中金》云：占人有除授营运之事，金日曰成器。若秋三月庚辛日得之，将乘阴虎，则名伤斧，以金太过故也。

庚寅日第七课

财　白后　庚寅　日刑　日冲
兄　螣青　甲申　日禄　日德　恩赦　驿马　支冲
财　白后　庚寅　日刑　日冲

白后　螣青　螣青　白后
寅　　申　　申　　寅
申　　寅　　寅　　庚

```
              青螣 空贵
    勾朱  亥  子  丑  寅  白后
    合合  戌              卯  常阴
    朱勾  酉              辰  元元
    螣青  申  未  午  巳  阴常
              贵空 后白
```

课格：返吟，元胎，赘婿。

课意：他来我家，我去投他，满目财禄，夜占不佳。

解曰：寅临申上，他来我家也。申临寅上，我去投他也。干支互临，彼此易地，三传四课，不出寅申两字。申为日禄，寅为日财，财禄满目，有何不美？然以夜将言之，则申蛇寅虎，亦复满目纵横，不佳之甚也。

断曰：此返吟无依之卦，象合元胎，亦名赘婿。来往无端，反复不定。又主狐疑隐伏，尊卑无纪，彼此不和。君子守正则亨，小人妄动则厉。虽曰禄马同乡，有富贵吉昌之兆。然俱临绝地，仍见凶征，不可不惧也。

天时：阴晴不定，昼雨夜风。**家宅**：宜与人兑换屋宇而居。**婚姻**：昼占可用，夜占不宜，主男就女赘，或妇人携子改嫁。**胎产**：主双孕。**功名**：宜署摄印务，交代职任，余占不吉。**求财**：宜结绝交易之事。**疾病**：主非一症，禄神投绝，主绝食；又人入鬼门，申生人占之必死。**失脱**：远寻。**出行**：不利。**行人**：即至。**争讼**：先动者胜。**兵战**：主有杀伤，客反为主。

《毕法》云：干支值绝凡谋决、权摄不正禄临支。《观月经》云：欲知赘婿卦，将身就妻家，辰往临其日，被克更无差。《订讹》云：中末见救神，或年命得神将吉，为赘婿当权，可任意所为。若乘旺相，作勾虎，又名残下，甚不利卑小也。

庚寅日第八课

子　青螣　戊子　_{游都　灾煞}
官　阴常　癸巳　_{长生　三刑　支害}
父　合合　丙戌

_{青螣　贵空　后白　空贵}
子　未　午　丑
未　寅　丑　庚

　　　　_{勾朱　青螣}
合合　戌　亥　子　丑　空贵
朱勾　酉　　　　　寅　白后
螣青　申　　　　　卯　常阴
贵空　未　午　巳　辰　元元
　　　　_{后白　阴常}

课格：知一，铸印，蓦越。

课意：干支乘墓，昼夜贵遇，二丙遁官，与巳同聚。

解曰：干乘金墓，支乘木墓。虽主人昏宅暗，而丑为昼贵，未为夜贵，两贵交临，又人宅之福也。中传巳火固为日官，而子元遁丙，戌旬遁丙，并巳而三，遂成纯官铸印之局。仕宦则为休征，常人则为咎应矣。

断曰：此知一之卦，异处见同，恩中有害。干支皆遭墓覆，彼此昏暗。宅上重空，用神无力。虽有铸印之祥，及两贵之吉，亦多虚而少实也。

天时：忽然有雨，旋见日出，后成阴曀。家宅：门户虚耗，或将改换。婚姻：六月夜占可用。胎产：易产。功名：必有贵力异遇，虚而不实。求财：难得。疾病：不吉。失脱：未获，逃亡不远。出行：未决。行人：道远，失期。争讼：各投势要，宜和。兵战：昼占宜慎，夜占胜。坟葬：防有水穴。

《毕法》云：昼夜贵加求两贵、干支乘墓各昏迷。《古鉴》：乙酉年寅将占家宅。曰：宅上空亡，是出于旧宅，移南就北，初传子在空上，亦是暂住，未有定论。巳加子，庚金生于巳，巳为店业，太阴为老妇人，是从内戚买得此基，当开店发迹，巳年方得改造。末传生干，得尊长主之。戌为干仆，六合并临，交易成也。其人果以旧宅丁众，谋迁外居。一一皆验。

庚寅日第九课

父　元元　壬辰　日合　支仪
兄　螣青　甲申　日德　日禄　驿马　支冲　恩赦
子　青螣　戊子　游都　灾煞

　　　　合合　后白　元元　青螣
　　　　戌　　午　　辰　　子
　　　　午　　寅　　子　　庚

朱勾　酉　合合　勾朱　子　青螣
　　　　　戌　　亥
螣青　申　　　　　　　丑　空贵
贵空　未　　　　　　　寅　白后
后白　午　　巳　　辰　卯　常阴
　　　　阴常　　元元

课格：元首，润下，励德，闭口。

课意：人衰宅盛，我羸彼旺，官鬼居家，全不相向。

解曰：三传水局，脱干而生支。占人宅，则为人衰而宅旺。占彼我，则为我弱而彼强也。午乃日之官鬼，不临身而临宅，既值空亡，又受水局所制，全无相向之意。以仕宦言，则官不能为福。以俗庶言，则鬼不能为祸也。

断曰：此元首之卦，合润下之局，事多顺利，动而不息，合而有功。静守安分则亨，正大光明则吉。但人宅俱脱，又乘死神，水局脱干，空亡入宅。主谋望无成，动关人众，虚诈百出，耗费不赀。日上阴神发用，元武并临，与我合者，即来损我，其慎防之。

天时：苦雨连绵。家宅：主系官宦旧家，人口衰弱，虚费无已。婚姻：女家忌惮不允。胎产：胎安，产不利。功名：五月占有望，但防人脱骗。求财：费多得少。疾病：乘死气凶，幸鬼空，暴病愈，久病不吉。失脱：防不一次。出行：防同伴虚诈。行人：舟行，阻滞。争讼：宜止息，勿听唆者，徒被脱诈。兵战：不利火攻，亦主求和怀诈，慎防则吉。

《毕法》云：脱上逢脱防虚诈、人宅皆死各衰嬴、合中犯煞蜜中砒。《订讹》云：润下主浮游不安，元后并定主盗。又闭口元武，乘地盘为阳神，可以捕女。天盘为阴神，可以捕男。邵公云：一传与支干上神作刑冲破害者，名三合犯煞，笑里藏刀。

庚寅日第十课

兄	螣青	甲申	日禄	日德	驿马	支冲	恩赦
子	勾朱	丁亥	支破	劫煞	日医		
财	白后	庚寅	日刑	日冲			

螣青　阴常　白后　勾朱
申　　巳　　寅　　亥
巳　　寅　　亥　　庚

```
              朱勾 合合
螣青  申   酉   戌   亥   勾朱
贵空  未            子   青螣
后白  午            丑   空贵
阴常  巳   辰   卯   寅   白后
          元元 常阴
```

课格：重审，元胎，六仪。

课意：害变为合，丁马相杂，贵蹉履狱，夜财虎踏。

解曰：申亥、巳寅，先作六害；而寅亥、巳申，继变六合，凡事先阻后成也。申马、亥丁，课传叠见，其为动变，不容已也。昼贵居夜，夜贵居昼，已为蹉跌，而且入狱，不可干也。末传寅财，夜占白虎守之，不可取也。

断曰：重审之卦，格合元胎，旬仪发用，禄马聚之，大为吉兆。惜干支皆乘脱气，必致耗费。合中有害，亦宜审机而动。

天时：忽然而雨，忽然而晴。家宅：宅吉人安。婚姻：昼占吉。胎产：安宁。功名：有成，然须多费。求财：宜合本营生。投谒：干贵无益。疾病：久病难治，老幼更忌。失脱：宜寻，逃者自归。出行：昼占吉。行人：即归。争讼：因财而起，宜和。兵战：昼夜宜防，秋冬吉。

《毕法》云：交车相合交关利、彼此猜忌害相随。《古鉴》：癸卯生人，戊申年辰将占家宅。曰：干支皆脱，凶神会集。初传蛇扰禄马，欠人钱物。中传临日盗气，末财白虎夹克，主家业渐替。四年而减半，七年消尽，且丧妻也。又庚戌生人占病。曰：日上见亥，金去生水，主多冷涎。寅支生巳，心绪不宁。上下俱脱，必见吐泻遗精。申蛇寅虎，寒热往来，课传全①是凶神，五十六日难过。巳亥四，寅申七，相因得二十八，两处皆见，故倍数也。皆验。

---

① 原文：金。

庚寅日第十一课

父　合合　壬辰　支仪　日合
官　螣青　空午　鲁都
兄　后白　甲申　日德　日禄　日解　驿马　恩赦

　　螣青　合合　白后　元元
　　午　　辰　　子　　戌
　　辰　　寅　　戌　　庚

　　　　　　后白　阴常
贵空　未　　申　　酉　　戌　元元
螣青　午　　　　　　　　亥　常阴
朱勾　巳　　　　　　　　子　白后
合合　辰　　卯　　寅　　丑　空贵
　　　　　勾朱　青螣

课格：涉害，间传，斩关，登三天。

课意：全值魁罡，身动非常，动亦无用，中末空亡。

解曰：魁罡临于日辰，更见天罡发用，主有非常之举动。但中值旬空，末又马临空地，虽动无益，必有变更。吉不成吉，凶不成凶也。

断曰：此涉害之卦，合登天之格。天罡临辰发用，贵登天门，罡塞鬼户，六神藏，四煞没，为真斩关格。最宜避难潜形，不利追亡捕盗。凡有谋为，俱防阻隔。中末空亡无力，在吉事则为破散，在凶事则为消释也。

天时：将雨而云散，出旬方有雨。**家宅**：不安，防奸私逃走之事。**婚姻**：不用。**胎产**：防损孕伤胎。**功名**：有声无实。**求财**：徒劳心力。**疾病**：始见危险，旋有解救。**失脱**：难寻，逃者踪迹不定。**出行**：有阻，宜避难潜藏。**行人**：立归。**争讼**：宜解散。**兵战**：虚张声势。**坟葬**：防墓有破环。

《毕法》云：后合占婚岂用媒？罡塞鬼户任谋为。《课经》云：戌加旬首，并乘元武为闭口。又六神藏者，螣蛇临子为坠水，朱雀临癸为投江，勾陈临卯为入狱，天空临巽名被剥，白虎临午为烧身，元武临坤为折足。四煞没者，辰戌丑未四墓煞，临乾坤艮巽，陷于四维也。《照胆秘诀》云：除定开危卯未方，龙常阴合可逃藏。

庚寅日第十二课

```
父    合合  壬辰  支仪 日合
官    朱勾  癸巳  长生 三刑 支害
官    螣青  空午  鲁都

         合合 勾朱 元元 阴常
          辰   卯   戌   酉
          卯   寅   酉   庚

                贵空 后白
螣青  午   未   申   酉  阴常
朱勾  巳              戌  元元
合合  辰              亥  常阴
勾朱  卯   寅   丑   子  白后
              青螣 空贵
```

课格：重审，进茹，升阶，蓦越。

课意：人宅俱旺，动遭罗网，干支坐墓，情怀不爽。

解曰：干支俱临旺神，人宅亨泰，安享为宜。若不守旧待时，希心妄动，即遭罗网矣。苟能坐待，末助初生，自当亨吉。但交互坐墓，所谓甘遭昏晦者也。

三传俱火，脱支伤干，仕宦占之，最为吉兆。惟不利于常人。

断曰：此重审之卦，顺进连茹，进中有退，事不利顺。惟宜安分守正，则人宅兴隆，无心中得外来之助。

天时：晴多雨少。家宅：人安宅旺，不宜妄有迁动。婚姻：龙神落空，且受后克，不成，成亦不永。胎产：胎安而产难。功名：可得，后少结局。求财：宜坐拥厚赀，妄求反有灾。投谒：两贵俱合下神，必相款洽。疾病：反因养生致疾，后得痊可。失脱：主奴婢所窃，可获。出行：不宜妄动。行人：忽然而至。争讼：财势相当，终归我胜。兵战：宜坚壁不动，先动者败。

《毕法》云：互旺俱旺坐谋宜、人宅坐墓甘招晦。《指掌赋》云：辰巳午为升阶，亲观光于上国。顺连茹空，名曰声传空谷。退吉而进则不宜。"神将论"云：天罡发用主旧事，乘六合主宰杀。又：六合在天为光禄大夫，主婚姻嘉会，在辰曰违礼，亦曰持巾。

辛卯日第一课

财　螣合　辛卯　日盗　日解
子　阴空　戊子　勾神　三刑
官　勾贵　空午　六破

　　螣合　螣合　常常　常常
　　卯　　卯　　戌　　戌
　　卯　　卯　　戌　　辛

　　　　　　勾贵　青后
合螣　巳　　午　　未　　申　空阴
朱朱　辰　　　　　　　　酉　白元
螣合　卯　　　　　　　　戌　常常
贵勾　寅　　丑　　子　　亥　元白
　　　　　　后青　阴空

课格：伏吟，龙战，斩关，三交。

课意：交合幸美，然后无礼，彼既如兹，我亦若此。

解曰：辛干寄戌，辛即戌也。卯与戌合，上下交互相合，凡事皆美矣。既而卯木发用，传出子水，为无礼之刑。末传午来冲子破卯，彼此相为仇敌矣。

《毕法》以卯子卯为三传。

断曰：伏吟之卦，有屈而不伸，静而不动之象。支干上下交车相合，并地盘之支干皆作六合，所谓"上下皆合两心齐"也。最宜交关取财，并交涉诸事。

昼占白虎乘亥，上遁丁神为鬼。如年命在亥而占此者，至凶至危，纵空亡亦不能解救。

天时：火上水下，恐不能雨。**家宅**：夫妇甚和，家道亦丰。**仕宦**：官贵爻空，占官不吉。**求财**：昼占极吉，夜占恐多惊恐。**婚姻**：支干上下皆合，必成。**胎产**：占胎不吉，占产恐多时日。**疾病**：肾家有病，幸有良医，不久自愈。**出行**：人宅相恋，不能速行。**行人**：近者立至。**兵战**：昼占吉，夜占惊。

《毕法》云：上下皆合两心齐、胎财生气妻怀孕（四月）、胎财死气损胎推（十月）。《指南》：庚辰三月，戌将戌时占生产。曰：此必双胎，主八月戌日辰时产二子。何以为双胎？以月建重叠作胎神。何以为两男？以卯属震为长男。日上河魁，乾宫所属，亦男也。八月生者，酉冲卯胎。戌日辰时者，戌为养神，辰来冲戌故也。

辛卯日第二课

父　后青　己丑　干墓① 天医
子　阴空　戊子　勾神 三刑
子　元白　丁亥　长生 地医

```
     后青 贵勾 空阴 白元
      丑   寅   申   酉
      寅   卯   酉   辛
```

```
             合螣 勾贵
朱朱　辰　　巳　午　未　青后
螣合　卯　　　　　　申　空阴
贵勾　寅　　　　　　酉　白元
后青　丑　子　亥　戌　常常
             阴空 元白
```

课格：重审，天狱，励德。

课意：禄乘虎元，每被忧煎，墓脱丁挠，不得安然。

解曰：酉乃辛金之禄，昼乘元武，夜乘白虎，忧煎之极，不可守矣。弃而投于初传，又系日墓。中传子水，乃是脱气。末传亥上乘丁，被其挠乱，愈不可当。一无托足之地，岂得安然乎？

断曰：连茹之课，传作三奇，万事有和合之象。但卦名重审，以下犯上，事多不顺，起于阴小。又名泆女，事主暗昧不明，不可遂意而行。

冬日丑土乘天后发用，占小儿疾病，恐难医治。缘子孙爻乘丁，天后又克之也。

昼占帝幕贵人临支，从魁临干，问科场必中魁元。

天时：天罡指阴，毕宿临干，昼占青龙发用，三传尽皆水神，大雨之象。家宅：夜占必富而且贵，昼占恐有争竞田土桥木等事。功名：夜占甚吉。求财：家中自有，外财难取。婚姻：可就。胎产：子息属阳，二阴包阳，孕必成男。疾病：头疼之疾，心经受伤，或是虚脱之疾。出行：不宜。行人：末传旬丁乘马，行者立至。兵战：昼占则胜，夜占不宁。

《毕法》云：旺禄临身徒妄作、虎乘遁鬼殃非浅。《课经》云：干上酉为日之旺禄，昼占上乘元武，则酉禄被元武所夺，谓之禄被元夺。《心印赋》云：子丑相加事必成，更逢吉将转欢欣。《指掌赋》云：三奇发用，疑惑解而喜气生。

---

① 原文字迹模糊，貌似"干墓"。

辛卯日第三课 [1]

```
子  元白  丁亥   长生 地医
兄  白元  乙酉   六冲 日禄
父  青后  空未   支墓 支合
```

```
     元白 后青 勾贵 空阴
      亥   丑   午   申
      丑   卯   申   辛
```

```
              朱朱  合螣
螣合  卯   辰   巳   午  勾贵
贵勾  寅              未  青后
后青  丑              申  空阴
阴空  子   亥   戌   酉  白元
              元白 常常
```

课格：涉害，间传。

课意：中有旬丁，凶动不宁，昼夜天将，元虎交并。

解曰：亥乘遁丁发用，有不宁之象。况昼夜元虎，并临于亥水之上，其为惊忧，非至凶而至速乎？

断曰：涉害之课，事多不顺。又逢间传，阻滞多端。自亥传未[2]，如人入幽暗之中，有遁身之象。君子占之则吉，小人遇之则凶。又三传递生支神，宅必闳大。但墓临于卯上，谓之墓门开格，主有外丧，宜迁葬以禳之。又主妇人腹痛，缘夜占天后临丑，被卯木克土故也。

天时：水母临干，水神发用，且与毕宿相会；末传土神落空，自然有雨。
家宅：居室甚好，昼占得财，夜占恐有外丧。仕宦：贵人落空，占官不吉。求财：宜得尊长之财。婚姻：支干之上神，甲己作合，婚姻可就。胎产：下强上弱，妊乃成女，昼占后空，产期亦速。疾病：昼虎乘丁，病必头痛，或心火受伤之症，必待末传未土填实，制虎生干，方能痊好。出行：支干暗合，行期迟滞。行人：旬丁发用，与马相等，天罡指仲，行者在途。兵战：昼占则胜，夜占不宁。

《毕法》云：金日逢丁凶祸动、龙加生气吉迟迟。《课经》云：庚辛日丑加卯，为腹胎格。缘丑为腹，卯为胎，胎在腹中也。《指掌赋》云：亥酉未为时遁，无出潜之意。

---

[1] 此课有以"丑亥酉"为三传者。
[2] 原文：末。

辛卯日第四课

```
子  朱空  戊子  勾神  三刑
父  白后  空未  支墓  支合
子  朱空  戊子  勾神  三刑

      青元 朱空 阴朱 白后
       酉  子  辰  未
       子  卯  未  辛

           后合 阴朱
贵勾  寅   卯   辰   巳  元螣
螣青  丑                午  常贵
朱空  子                未  白后
合白  亥   戌   酉   申  空阴
          勾常 青元
```

课格：昂星，励德，龙战。

课意：虎视虎刑，六害重迎，极惊极恐，实脱虚生。

解曰：四课无克，乃虎视课也。干上未土，夜将乘虎，是虎视课。中复见白虎，已为凶兆。四课中更有未戌相刑，子卯相刑。而干支三传，又逢子未相害，是刑害重逢，极惊极恐之课也。脱干之子水则实，生干之未土则空，是但有损之者，而无益之者矣。

断曰：冬蛇掩目之卦，蛰而不动，有眈眈逐逐之象。惊忧难免，暗昧难防。幸遇中传之空，刑既无力，害亦无伤。倘逢吉将相生，尚有虚名虚利，惟宜排难解纷而已。

天时：日上空虚，初末子水被天空所克，无云无雨，虎视逢虎，风能拔木。家宅：上神刑宅，伤克难免；幸日禄居阴，夜占家渥。仕宦：官贵不见，恐不能得。求财：己财难守，外财亦无。婚姻：男不佳，女不吉。胎产：二阳包阴，孕乃成女，母实儿空，占产不吉。疾病：昼占白虎，乘未克水，肾经受病，然未土空陷，不药而愈。出行：恐不能即行。行人：近者即至，远者不能。兵战：有失众之象。

《毕法》云：虎视逢虎力难施、彼此猜忌害相随。《占验》：寅将巳时占贼。曰：贼神即系眷属子孙之类，偷不出门。缘宅上之脱气发用，上乘天空，必系子侄与仆人偷之也。三传自支传干，而复传于支，俱不出门。占人行年，又在卯上，乃家贼无疑矣。

辛卯日第五课

父　白后　空未　支墓 支合
财　后合　辛卯　日盗 日解
子　合白　丁亥　长生 地医

```
  白后 合白 贵勾 常贵
   未   亥   寅   午
   亥   卯   午   辛
```

```
               贵勾 后合
腾青　丑　　寅　卯　　辰　阴朱
朱空　子　　　　　　　巳　元腾
合白　亥　　　　　　　午　常贵
勾常　戌　　酉　申　　未　白后
             青元 空阴
```

课格：比用，曲直，洑女，寡宿，知一。
课意：财化为鬼，足下乘丁，昼如告贵，贿散方成。
解曰：三传木局，干之财也。反生起干上午火，来克辛干，是财变而为鬼，必有因财致祸者矣。末传如足，而乘遁丁，有动而不能自已之象。三传生贵，如以财而与贵人也，彼既受生，自然不暇我克矣，故有告贵贿成之说。
断曰：柔日阴比，事生于内，又曰蓦越，祸患起于忽然。昼夜将乘后合，必有阴私暗昧之事。且日上逢空，发用又陷。遇吉事未必皆成，逢凶事即当解散也。
天时：天罡指阳，传成木局，不雨而风。家宅：支干自刑，人宅欠利。仕宦：贵人临干，三传生贵，占官最吉。求财：传财化鬼，恐不能得。婚姻：支干自刑，又复相克，占婚不利。胎产：上强下弱，孕乃成男。疾病：头痛甚急，或心肾之疾。出行：足下乘丁，势在必行。行人：天罡加孟，道远难至。兵战：未见全美。
《毕法》云：贵虽坐狱宜临干、鬼乘天乙乃神祇。《古鉴》：以医术不行，占得此课。曰：昼虎临亥加卯，本家东边，不合立一兽头。夜虎临未加亥，西北邻家，亦有兽头。宜设计去之，医可大行。后当有翻胃妇人，宜治肝，勿治胃，缘木克土也。一小儿中风者，宜通水脏，勿治其风，盖导水则风息，以火在亥故也。后俱效。

辛卯日第六课

```
父  勾勾  丙戌  支合
官  元后  癸巳  破碎 天医 日德 驿马
子  朱空  戊子  勾神 三刑
```

```
    元后 勾勾 朱空 元后
     巳   戌   子   巳
     戌   卯   巳   辛
```

```
         螣白 贵常
朱空 子   丑   寅   卯 后元
合青 亥            辰 阴阴
勾勾 戌            巳 元后
青合 酉   申   未   午 常贵
         空朱 白螣
```

课格：重审，斩关，龙战，不备。

课意：人就财所，切宜急取，传课循环，动意难阻。

解曰：干戌为人，支卯为财，以戌加于卯上，是人至财所也。若此之财，取之宜急，缓则戌土伤于卯木矣。三传不出四课，四课不离三传，乃循环格也。发用斩关，次传驿马，其摇动之意，孰能阻之？

断曰：斩关之课，事不由己。像非安居，凡占厄塞，惟利遁逃。又名乱首，受下神所克，以下凌上之象。皆自取其侮，非横逆相加者之比。

天时：天罡加酉，朱雀投水，阴雨之象。家宅：以尊就卑，以夫就妻，亦有所益，亦有所伤。仕宦：官德临身，功名可望。求财：急取则有，迟则伤身。婚姻：男就于女，无甚益处。胎产：下强上弱，妊乃成女，子恋母腹，产必迟延。疾病：肺经受病，必遇良医。逃亡：捕女于西南，捕男子正东。出行：宜从水路。行人：天罡加仲，恐在中途。兵战：利主不利客。

《毕法》云：贵人蹉跌事参差、太阳照武宜擒贼。《课经》云：辛卯日，卯加申，乃胎神临绝受克，占产占胎，俱不吉利。又云：卯加申，戌加卯，谓之斫轮格。占病乃是手足不能举动，或是手足伤损之类。《照胆秘诀》云：戌加卯上是合乡，丙辛戊癸正相当，信至人归见福昌。

辛卯日第七课

```
财  后元  辛卯   日盗 日解
兄  青合  乙酉   六冲 日禄
财  后元  辛卯   日盗 日解
```

```
   后元 青合 勾勾 阴阴
    卯   酉   戌   辰
    酉   卯   辰   辛
```

```
          朱空 螣白
合青  亥   子   丑   寅  贵常
勾勾  戌             卯  后元
青合  酉             辰  阴阴
空朱  申   未   午   巳  元后
          白螣 常贵
```

课格：返吟，斫轮，龙战。

课意：交互六害，然后和会，两贵不欢，难施恩沛。

解曰：干上辰土与卯支相害，支上酉金与干戌相害，是交互相害也。既而辰与酉合，卯与戌合，是干支之阴阳，复相和合矣。昼贵临子被水克，夜贵加申被金克，情不欢洽，其恩泽何能及下哉？

断曰：龙战之卦，一生一杀，反复不定。合者将离，居者将徙。有欲行莫行，欲止莫止之象。再若行年立于卯酉之上，必主室家离散，兄弟争财。纵有吉神吉将，亦难免其咎也。

天时：水运乎上，火居于下，卯酉相乘，雷雨大作。家宅：合中有离，离中有合，凡事不宁。仕宦：官贵不见，课体反覆，虽有青龙，得亦旋失。求财：夜占宜得妇人之财，昼占防失。谒贵：贵人受克，见之不喜。婚姻：支干相合，必成秦晋。胎产：下弱上强，孕乃成男，儿恋母腹，产恐迟延。疾病：戌中丙鬼，乃伤肺金，戌亦脱辛，肾虚之疾。逃盗：捕女宜于正西，捕男宜于正东。出行：行人恋家，丁马不见，不能即行。行人：天罡加季，又兼返吟，归家极速。兵战：有得有失，不宁之象。

《毕法》云：权摄不正禄临支、上下皆合两心齐、两贵受克难干贵。《精蕴》云：凡巳午加亥子，谓之寒热格，病主寒热往来，虚痨心怯等症。《玉成歌》云：返吟占事休言定，往复双双两事因，常占须主身摇动，不动人情有怨心。

辛卯日第八课

```
财  后元  辛卯   日盗 日解
兄  空朱  甲申   支德 干奇 仪神
父  螣白  己丑   干墓 天医
```

```
    螣白 空朱 空朱 后元
     丑   申   申   卯
     申   卯   卯   辛
```

```
              合青 朱空
勾勾  戌   亥   子   丑  螣白
青合  酉                寅  贵常
空朱  申                卯  后元
白螣  未   午   巳   辰  阴阴
          常贵 元后
```

课格：重审，励德，斫轮，赘婿，不备。

课意：课传回环，财就人傍①，取之宜速，迟归墓乡。

解曰：卯乃辛金之财，来加干上，干乃人也，岂非财就于人？初传即见，取之贵速，倘若稍缓，必被卯木伤其戌土，是己身反受其害；且被末传之丑墓去，真乃非徒无益而又害之也。

断曰：重审不备，事多不顺。凡占不全，以支加干而与干相合，如赘婿相似，凡事不能由己之象也。

乙辛日传见本日墓神，谓之旧轮再斫，主退官失职，再谋复兴之意。

天时：水虽在上，皆落空亡，罡空指亥，阴而不雨。**家宅**：身就他人，事不由己。**仕宦**：昼贵受害，夜贵受克，占官不利。**求财**：财自上门，速宜取之。**婚姻**：以女就男，有必成之象。**胎产**：上弱下强，妊乃成女。**疾病**：肾虚发晕，良医自至，不久能愈。**出行**：眷属俱行之象。**行人**：天罡加孟，尚未启行。**兵战**：损失俱多，大抵无益。

《毕法》云：胎财生气妻怀孕（四月占）。《古鉴》：戊午生人，戊申年子将未时，占休咎。断曰：主六年之中，四分五裂。因还俗人起衅，遂致家破屋拆，必葬尊长于其中，乃成坟墓。缘太岁入宅克宅，必主有死丧之事。丑为金母，故言尊长。卯上乘元，子卯刑也，有分裂刑伤之象。申为僧而值劫杀，故曰还俗。卯数六，故言六年。后其人之叔子为僧还俗，与之争产成讼，司判与诸子均分，其家遂破。后其叔死，葬于是宅，果成坟墓焉。

---

① 通"旁"。

辛卯日第九课

父　白螣　空未　支墓　支合
子　合青　丁亥　长生　地医
财　后元　辛卯　日盗　日解

合青　白螣　常贵　贵常
亥　　未　　午　　寅
未　　卯　　寅　　辛

青合　酉　勾勾戌　合青亥　子　朱空
空朱　申　　　　　　　　　丑　螣白
白螣　未　　　　　　　　　寅　贵常
常贵　午　巳　辰　卯　后元
　　　　元后　阴阴

课格：涉害，龙战，泆女，寡宿。

课意：夜贵为财，三传助来，中逢丁亥，取即为灾。

解曰：寅为夜贵，作日之财，必得贵人之财也。三传木局，又助起财爻，止宜守定贵财。若肆其贪得之心，而并取三传之财，则中传亥水，昼占虽则乘龙，缘有旬丁暗附，取之者必致伤日而祸生矣。

断曰：见机之卦，又名龙战，有进退迟疑之象。帘幕临干，占官者主有升迁。但发用逢空，诸事虚花。若有所就，必赖填实方应。

庚辛日卯加亥，为胎坐长生，大宜占孕，不利占产。

天时：青龙空陷，出旬始雨。**家宅**：财旺生官，无官者难免讼耗。**仕宦**：三传生贵，占官最吉。**求财**：宜得贵人分内之财，不宜贪取。**婚姻**：男必佳儿，女恐虚花。**胎产**：下强上弱，妊乃成女，母空儿实，占产甚吉。**疾病**：肾经受病，或虚脱之症，然病空人实，不药可愈。**出行**：陆路甚坦，水路不利。**行人**：天罡加仲，尚在中途。**兵战**：徒自失众，未见其利。

《毕法》云：贵虽坐狱宜临干。《指南》：寅命，癸酉七月辛卯日午将寅时，占科场。曰：中式矣。盖因先锋为幕①贵，且临日上，月将官贵，又加寅命，是以必中无疑。然发用未作旬空，必俟未年填实，方中甲榜。

---

① 原文：墓。

辛卯日第十课

```
兄  白合  乙酉  六冲  日禄
子  阴空  戊子  勾神  三刑
财  螣元  辛卯  日盗  日解
```

```
     白合 勾贵 朱阴 后白
      酉  午  辰  丑
      午  卯  丑  辛
```

```
              白合 常勾
空朱  申    酉   戌   亥  元青
青螣  未                子  阴空
勾贵  午                丑  后白
合后  巳   辰   卯   寅  贵常
          朱阴 螣元
```

课格：重审，九丑，励德，天烦。

课意：昼虎墓身，夜禄虚惊，中盗末武，昼贵无形。

解曰：昼占白虎乘墓临身，不宜占病。酉为日禄，受午火之克。幸而夜虎陷空，不过虚惊而已。中传子水，盗泄金气。末传昼占，上乘元武，耗费不少矣。昼贵空亡，干谒岂有力哉？

断曰：支干相害，不利交关，发用空亡，虚多实少。夜占帘幕临支，试必高第，必须填实午火，方能得意。

又为危中取财格，缘支神之卯木，本系日干之财神，欲取此财，乃惧支上之午火克制，未免惊危。幸作空亡，仍不足畏也。

天时：天罡指阴，毕宿发用，出旬始雨。家宅：支之阴阳尽空，有官禄之名而已。求财：财不出家。仕宦：贵人临宅，禄神发用，填实有望。婚姻：男实女空，占婚不吉。胎产：二阴包阳，妊乃成男，母空儿实，产必易速。疾病：墓虎克干，病势甚凶，良医可救。出行：陆路不佳，水路不吉。行人：天罡加季，行者已归。兵战：合而未合，最宜谨慎。

《毕法》云：干乘墓虎无占病、彼此猜忌害相随。《观月经》云：乙戊己辛壬五日，四仲加之九丑名。辛卯日四仲时占，丑临日加四仲上发用，为九丑课。又春占，辛卯日酉加午，临仲发用，斗系丑未，为二烦课。

辛卯日第十一课

官　合后　癸巳 <small>破碎 驿马 天医 日德</small>
父　青滕　空未 <small>支合 支墓</small>
兄　白合　乙酉 <small>六冲 日禄</small>

<small>青滕　合后　贵常　阴空</small>
未　巳　寅　子
巳　卯　子　辛

<small>　　　空朱　白合</small>
青滕　未　申　酉　戌　常勾
勾贵　午　　　　　亥　元青
合后　巳　　　　　子　阴空
朱阴　辰　卯　寅　丑　后白
　　　　<small>滕元　贵常</small>

课格：嚆矢，龙战，泆女，间传，变盈。

课意：遥克传空，所作无踪，源涸根断，脱耗无穷。

解曰：发用遥克，已无力也。又兼中未空陷，所作自无踪迹也。四课三传，俱自下生上，如水涸其源，木断其根，脱耗无尽。占病，或因不摄，以致虚弱。或元气不足，遂致尪羸也。

断曰：嚆矢之卦，力弱难伤，纵有惊危，亦虎头蛇尾之象。龙战者，事有疑滞。泆女者，事多暧昧。利主而不利客，占此者吉凶相半也。

干上乘子作干之脱气，将复乘空，谓之脱空神，凡事虚声而已。

天时：青龙与毕宿皆空，天罡指阳，发用火神，晴而不雨之象。家宅：宅上乘脱，阴神复脱，家徒壁立。仕宦：青龙与日禄皆空，占官不吉。求财：财虽至近，取之防惊。婚姻：男不甚佳，女不甚吉。胎产：子孙属阳，妊属男喜。疾病：肝经受病，虎空易瘥；巳火克金，肺疾痊迟。出行：水陆皆防失脱之患。行人：天罡加孟，尚未起程。兵战：昼占无威，吉凶相半。

《毕法》云：空上逢空事莫追、不行传者考初时、罡塞鬼户任谋为。《占验》：午将辰时，占家宅。曰：巳乃六阳极处，乘后，妻极淫荡。日上盗气，又见天空，主本身下部淋疾，兼子息作耗。又见宅上破碎，子一阳之始，巳六阳之终，始于身而终于家也。末传辛禄陷空，所以致败。

辛卯日第十二课

```
父  朱朱  壬辰
官  合螣  癸巳  破碎 天医 驿马 日德
官  勾贵  空午  六破
```

```
     合螣 朱朱 阴空 元白
      巳  辰  子  亥
      辰  卯  亥  辛
```

```
            青后 空阴
勾贵  午    未  申    酉   白元
合螣  巳              戌   常常
朱朱  辰              亥   元白
螣合  卯    寅  丑    子   阴空
            贵勾 后青
```

课格：重审，斩关，龙战。

课意：丁火伤身，病必头痛，递互可恋，昼贵何用？

解曰：亥为丁火，乘虎伤身，占病必主头疼。缘亥为头而逢丁，则主痛也。干上之亥水，生支神之卯木。支上之辰土，生日干之辛金，是递互相恋，不为无情矣。惜末传昼贵逢空，岂可恃以无恐哉？

断曰：重审之卦，虎乘遁鬼，临于干上，其患至凶至速，急难逃避。且干支皆乘罗网，非利有攸往之象。所喜末助初生，如能静以守之，虽有险阻，自当安妥。常人、仕宦皆同。

天时：朱雀发用，水母空陷，不能有雨。家宅：人宅互生，彼此有益，和气至祥之象。仕宦：贵人逢空，占官不吉。求财：财爻与青龙不见，外财难得。婚姻：支干自刑，占婚不利。胎产：下强上弱，二阳包阴，妊必成女；支上生干，产亦当顺。疾病：白虎属水，心经受病，丁火伤金，肺家必损。出行：水陆皆吉，但恐恋宅难行。行人：天罡加仲，尚在中途。兵战：吉亦难成，凶亦易散。坟葬：朝山甚耸，葬之有益。

《毕法》云：所谋多拙遭罗网、虎乘遁鬼殃非浅、互生俱生凡事益、金日逢丁凶祸动。《课经》云：干上亥，支上辰，交互相生，用传生日，末又助初，谓之亨通课。主人亨利，时运亨通。《订讹》云：此为罗网课，止利守己，倘或动谋，必缠罗网。又主有官人丁艰之事，天罗主父，地网主母。

壬辰日第一课

兄　常空　丁亥　日德　日禄　鲁都
官　螣螣　壬辰　墓神
官　白白　丙戌　六冲

```
螣螣 螣螣 常空 常空
 辰   辰   亥   亥
 辰   辰   亥   壬
```

```
朱贵  巳  合后 勾阴  申  青元
            午  未
螣螣  辰           酉  空常
贵朱  卯           戌  白白
后合  寅  丑  子  亥  常空
        阴勾 元青
```

课格：伏吟，杜传，斩关。

课意：德禄乘丁，贪财岂宁？中逢墓克，戌虎末迎。

解曰：亥为壬水之德禄，临干发用，上乘遁丁，是壬水藉德禄之势，不难取此丁财矣。不知辰为墓鬼当途，昼夜乘蛇，难免伤身。末戌复为虎鬼克干，其惊恐凶祸，愈迟愈大。惟贵人得此，作催官符，庶为至吉之象耳。

断曰：伏吟之卦，遇丁而动，有不能静守之象。但系杜传，事必中止。要当改图易辙，方能成就。德禄临身，即遇不得不动之时，亦宜守分安身，自然亨吉。

天时：日上皆水，自然有雨；但神将与中末两传，尽皆属土，不过洒尘而已。**家宅**：昼夜乘蛇，重重惊恐之象。**仕宦**：末传昼夜催官，赴任必速。**求财**：财已临身，必能入手。**婚姻**：夜将女占男吉，男占女不吉。**胎产**：支干自刑，母子不安，亦恐难产。**疾病**：肾水不足之症，或系头痛气隔，不能全愈。**失脱**：只在家内寻觅。**出行**：陆路甚坦，水路不佳。**行人**：近者立至，远者渺茫。**兵战**：昼占则诈，夜占则吉。

《毕法》云：任信丁马须言动、水日逢丁财动之。《课经》：水日逢丁，惟畏占人行年克去丁神，则财不动，否则必系远方封寄，或兄弟之财；无妻者主娶，有妻者主别。《月鉴》云：伏吟杜传，居者将移，合者将离，道由中止，事宜改为。

壬辰日第二课

官　白白　丙戌　六冲
父　空常　乙酉　仪神　干奇
父　青元　甲申　长生　日盗

```
后合 贵朱 空常 白白
 寅   卯   酉   戌
 卯   辰   戌   壬
```

```
             朱贵  合后
螣螣　辰　　巳　　午　　未　勾阴
贵朱　卯　　　　　　　　申　青元
后合　寅　　　　　　　　酉　空常
阴勾　丑　　子　　亥　　戌　白白
              元青  常空
```

课格：知一，斩关，魄化。

课意：彼己俭偬，他轻我重，中末既生，舍危可用。

解曰：支干俱被上神所克，彼此皆当有事之际，自然各自俭偬。但干被戌虎所克，受伤甚重。支被卯雀所克，较虎受伤稍轻。今中末两传，皆去生干，则舍初传之危虎，投中末之生地，亦可用以自安也。

断曰：知一之课，事有两歧。魁度天门，凡占阻滞。非勇猛精进，不能有就。又虎鬼临干，患来甚速，急宜逃避，不宜守株而待。幸三传初凶末吉，有苦去甘来之象。

又两蛇夹墓，凶祸难免。幸不在传，凶或稍杀，倘占人年命逢之，当有险阻。

天时：毕宿与水母入传，天罡指阴，雷雨交作。家宅：昼夜朱雀、贵人克宅，主有讼灾，冬占尤防火烛。仕宦：催官临身，赴任必速。求财：财与青龙不见，难得。婚姻：支干相合，可以成就；但各自相克，久后欠利。胎产：上强下弱，妊乃成女；支干相合，产必迟延。疾病：隔气食积，肾虚之症，或邪祟为灾，家中自有良医可治。出行：恋家难行。行人：天罡加孟，尚未启行。兵战：始逢惊险，后必大捷。

《毕法》云：魁度天门关隔定、干乘墓虎无占病、制鬼之位乃良医。《指南》：八月辰将巳时，占失物。曰：戌鬼乘虎发用，事由家奴起祸。中传酉乘太常，末传申乘元武，主妇女衣服被盗，终可捕获，必在西邻。缘比用为邻，秋占旺气，失物可获故也。

壬辰日第三课

子　螣合　庚寅　六仪　驿马
兄　合青　戊子　羊刃　地医
官　青白　丙戌　六冲

　　合青　螣合　常阴　空常
　　子　　寅　　未　　酉
　　寅　　辰　　酉　　壬

　　　　后螣　阴贵
贵朱　卯　辰　巳　午　元后
螣合　寅　　　　　未　常阴
朱勾　丑　　　　　申　白元
合青　子　亥　戌　酉　空常
　　　　勾空　青白

课格：元首，间传。

课意：交互和顺，间传拱定，不脱规模，委曲匪径。

解曰：干酉与支辰相合，支寅与壬干相合，是互相和顺矣。酉与寅间拱三传在内，是三传不能出日辰之围范也。但戌虎昼居末传，遥克日干，赖有发用寅木制之，况遇间退，以阳入阴，凡事当委曲详慎，始得无咎。若刚愎自用，终成乖戾矣。

断曰：元首之卦，又遇交车相合，固有和顺之象。但支上脱干，干上脱支，彼此各有欺赚之意，不可不知。

夜占申乘白虎冲支上寅木，必被对邻兽头山石冲制不宁。

天时：毕宿临日，箕宿临支，青龙与六合相乘，风雨交作。家宅：夜占螣蛇克宅，难免惊忧。仕宦：末传作催官符，占官甚吉。求财：青龙与刃罗相并，恐不宜取。婚姻：支干互合，有必成之势。胎产：上强下弱，胎乃成男，干上脱支，产必易速。疾病：戌虎克水，膀胱受病，赖用制虎，不久自愈。出行：人宅相合，行期恐缓。行人：天罡加仲，尚在中途。兵战：似易实难，恐有不利。

《毕法》云：交车相合交关利、人宅受脱俱招盗。《指掌赋》云：寅子戌为冥阳，善人是宝。《壬髓经》云：一上克下，元首顺化。《玉女通神诀》云：上下相生皆喜美，交相克战定瘿疴。《玉成歌》：从魁同虎干支住，宅里须言有孝人。

壬辰日第四课

财　阴贵　癸巳　<small>大煞　游都</small>
子　螣合　庚寅　<small>六仪　驿马</small>
兄　勾空　丁亥　<small>日德　日禄　鲁都</small>

<small>青白　朱勾　阴贵　白元</small>
戌　丑　巳　申
丑　辰　申　壬

　　　　　<small>贵朱　后螣</small>
螣合　寅　卯　辰①　巳　阴贵
朱勾　丑　　　　　午　元后
合青　子　　　　　未　常阴
勾空　亥　戌　酉　申　白元
　　　　<small>青白　空常</small>

课格：元首，元胎。

课意：长生难处，昼夜元虎，闭口之财，丁马动取。

解曰：申乃日之长生，昼将乘元，夜将乘虎，其耗费惊危，实难处此。巳为旬尾，加于旬首之上，乃是日财，故曰闭口之财。中传驿马，末传旬丁，其象至动，必不能舍此日财而他就也。

断曰：元胎之课，先滞后通。但支干彼此相刑，有宾主不浃之象。

破碎在支，夜占乘雀，当有为口舌文书而破财者。惟喜三传递生财爻。若春夏占之，财源大利。但属闭口，不可饶舌。惟占病讼，最为可畏也。

天时：水母临干，天罡指阴，自然有雨。家宅：六破相加，阴阳自刑，有伤残之象。仕宦：贵人发用，日禄居末，最吉。求财：昼占宜得贵人之财，夜占宜得妇女之财，俱宜缄默。婚姻：刑破相加，两家不吉。胎产：上强下弱，妊乃成男，刑破相加，其产必速。疾病：肝郁气塞之症，或系手足受伤，喜乘长生，虽凶无害。出行：丁马相加，白虎乘申，行不少停。行人：天罡加季，可以立至。兵战：昼占则吉，夜占则凶。

《毕法》云：鬼临三四讼灾随、水日逢丁财动之、闭口卦体两般推。《中黄经》云：河井相加日与辰（辰为天河，未为地井），日辰又在水中存；三传俱金无土类，行者须教水溺人。《括囊赋》云：元武乘午兮职转，白虎申酉分讼争。《玉成歌》云：巳亥贵临多反覆。

---

① 原文：合螣。

壬辰日第五课

兄　合青　戊子 _{羊刃　地医}
父　白元　甲申 _{长生　日盗}
官　后螣　壬辰 _{墓神}

<u>白元　合青　贵朱　常阴</u>
申　子　卯　未
子　辰　未　壬

　　　　螣合　贵朱
朱勾　丑　寅　卯　辰　后螣
合青　子　　　　　　巳　阴贵
勾空　亥　　　　　　午　元后
青白　戌　酉　申　未　常阴
　　　　空常　白元

课格：重审，励德，狡童。
课意：干上无畏，支墓末莅，病困讼刑，行人立至。
解曰：干上未土，虽为日鬼，但遇旬空，无足畏矣。支为日之墓神，居于末传，患病则困，构讼则刑，深可畏惧。惟占行人，可以立至，缘本日之墓神，临于末传故也。
断曰：重审之卦，事多不顺。干支各乘三合，而子未六害，乃是合中犯杀，成中有害，美中有恶之象。比肩太重，必有损于妻财。如二月夜占，日鬼作死气，乘太常加干，主有外孝服。
天时：青龙发用，三传尽水，风雨之象。家宅：青龙与六合临支，宅中必多喜庆之事。仕宦：青龙发用，必待官星填实，始得。求财：宅上乘龙，财已至家。婚姻：支干相害，干上之官星又空，不为吉兆。胎产：下强上弱，妊乃成女，母实儿空，占产不吉。疾病：膀胱与肾经受病，不药可愈。出行：水路甚吉，陆路甚佳。行人：墓临末传，行人立至。兵战：昼夜皆吉，谨守尤妙。
《毕法》云：彼此猜忌害相随、合中犯杀蜜中砒。《课经》云：未加壬，干上神作日干之明鬼，支上神子水遁得戊土作日干之暗鬼，是支干上有明暗二鬼。语云：明鬼易避，暗鬼难防。《指掌赋》云：子申辰为仰元，守凝寒之困。《壬髓经》云：日月之门，天乙临上，励德之名，看阴阳将，君子荣迁，小人无况。

壬辰日第六课

财　元后　空午　天医
官　朱勾　己丑　日解　破碎
父　白元　甲申　长生　日盗

```
元后 勾空 朱勾 元后
 午   亥   丑   午
 亥   辰   午   壬
```

```
          朱勾  螣合
合青  子   丑   寅   卯  贵朱
勾空  亥                辰  后螣
青白  戌                巳  阴贵
空常  酉   申   未   午  元后
          白元  常阴
```

课格：知一，不备，孤辰。

课意：不尊失叙，被下欺侮，夜必亡财，怪临门户。

解曰：干尊支卑，以干临支而受克，不自尊重，失其伦叙①，而取卑下之侮也。午财临日发用，夜乘元武，又逢空陷，财之亡也必矣。魁罡乘蛇虎，临于卯酉，门户当有怪异也。

断曰：知一之卦，事有狐疑。三传递生，申为长生，宜有荐举者矣。但初被午克，中被丑墓，谓之长生无气，推荐恐不得力。又初遭夹克，受人驱策，必有身不自由之象。

天时：午火逢空，天罡指阴，晴而后雨。**家宅**：人来就宅，以尊依卑，门户多事，失脱宜防。**仕宦**：官星落空，贵人不见，占官欠利。**求财**：财爻空陷，己财难保，何暇他求？**婚姻**：以男就女，支干自刑，不甚吉利。**胎产**：下强上弱，二阳包阴，妊乃成女，母实儿空，占产不吉。**疾病**：肝经受伤，或手足难举，出旬可治。**出行**：恋家难行。**行人**：天罡加仲，尚在中途。**兵战**：其象不宁，凶消吉散。

《毕法》云：权摄不正禄临支、初遭夹克不由己。《古鉴》：午命人，丑将午时占前程。曰：课名乱首，当因到官取财，为仆所持，妻必为仆所淫，且死于仆人之手。盖亥加辰，乃自取乱首；上乘天空，下受罡克，所以为仆所持。午为财，丑为官，官加财上乃官受赃之象。天后临亥，妻必主淫。亥乘天空夹克，故为仆有。申为文坟作长生而不顾，此为拒尸，命其不久乎？

---

① 通"序"。

壬辰日第七课

财　阴贵　癸巳　_{大煞　游都}
兄　勾空　丁亥　_{日德　日禄　鲁都}
财　阴贵　癸巳　_{大煞　游都}

```
       后后  青青  勾空  阴贵
        辰    戌    亥    巳
        戌    辰    巳    壬
```

```
           合白  朱常
勾空  亥    子    丑    寅   螣元
青青  戌                卯   贵阴
空勾  酉                辰   后后
白合  申    未    午    巳   阴贵
           常朱  元螣
```

课格：返吟，励德，斩关，闭口。
课意：巳及丙丁，总是财星，两贵受克，斩关课名。
解曰：支上之戌，遁出丙火；中传之亥，遁出丁火；三传初末，皆是巳火；水日逢之，总属财神。巳为日贵临亥，卯为夜贵临酉，俱受下克，不宜告贵。河魁在支，上乘青龙，返吟斩关，大利于逃亡也。
断曰：返吟之卦，事有往返。财爻太多，惟秋冬身旺之时，可以取财。春夏身弱，反有所费。且财禄临绝，止宜结绝财物旧事。占病、占讼、占食禄事，皆非所宜。
天时：天地相通，水上火下，有雨不大。家宅：宅上昼夜乘龙，必多喜庆之事。仕宦：昼贵临干，青龙临宅，功名可得，但嫌两贵受克，有美中不足之事。求财：满目皆财，昼得贵人之财，夜得妇女之财。婚姻：干贵支龙，可偕伉俪。胎产：下强上弱，妊乃成女。疾病：有腹痛之疾，或肾水虚涸，或寒热往来等症，防翻覆。出行：水陆皆是坦途。行人：天罡加季，行者立至。兵战：昼占甚吉，夜占次之。
《毕法》云：闭口卦体两般推、两贵受克难干贵。《课经》云：壬辰日，巳加亥，谓之德丧禄绝格。《三车一览》云：天罡加戌，将乘天后，主男女私通之事。《纂要》云：夜占将乘太阴，为巳火所克，谓之太阴内战，所谋皆危。《玉成歌》云：巳亥贵临多反覆。

壬辰日第八课

```
子  螣元  庚寅  六仪 驿马
官  常朱  空未  日医 勾神
兄  合白  戊子  羊刃 地医

       螣元 空勾 空勾 后后
        寅  酉  酉  辰
        酉  辰  辰  壬

          勾空 合白
青青  戌  亥  子  丑  朱常
空勾  酉         寅  螣元
白合  申         卯  贵阴
常朱  未  午  巳  辰  后后
         元螣 阴贵
```

课格：重审，不备，乱首。

课意：上门欺凌，欲避不能，寅虽可制，渠力难兴。

解曰：支辰临干克干，为上门乱首。又系华盖，其欺凌之恶，不能避也。寅木发用，虽可制此辰土，奈酉金克之。彼方自立雠地，力已弱矣，乌能兴起而作援乎？

断曰：重审之课，以下犯上，又名乱首，不免尾大不掉。虽干支上神，辰酉六合，而墓神覆日，百事昏沉，且三传递克，犹幸中末空亡，尚可解释。但酉为败神临支，家中败坏，亦防酒色迷人。

天时：墓神覆日，水运乎上，天罡指亥，主有雨。家宅：支干之上神相合，室家和美。仕宦：贵禄不见，官星乘墓，功名迟钝。求财：财爻不见，不得。婚姻：支干之上神相合，有必成之势。胎产：下强上弱，二阳包阴，妊乃成女；子恋母腹，产必迟延。疾病：昼占乃心经受病，幸白虎落陷受克，不药可愈。出行：人宅相合，行期迟缓。行人：天罡加孟，尚未启行。兵战：利主不利客，昼夜俱不甚利。坟葬：此系败地，水法不合，大伤人丁。

《毕法》云：虎乘遁鬼殃非浅、不行传者考初时。《指南》：庚辰十一月，丑将申时，代友占往孟津。曰：此课支加干克干，为上门乱首，大凶之课。时此友在怀庆，适欲渡河往孟津，夫马已哄集署门，因投书痛止之，遂迎其椿萱至怀。不十数日而遭内艰，及春正二十一日，贼陷雒阳①矣。

---

① 校者注：今洛阳。

壬辰日第九课

官　勾朱　空未 日医 勾神
兄　常空　丁亥 日德 日禄 鲁都
子　贵阴　辛卯 小耗① 六害

```
      元白 青合 勾朱 贵阴
       子   申   未   卯
       申   辰   卯   壬
```

```
           白青 常空
空勾  酉   戌   亥   子  元白
青合  申              丑  阴常
勾朱  未              寅  后元
合螣  午   巳   辰   卯  贵阴
          朱贵 螣后
```

课格：重审，寡宿，曲直。

课意：夜将皆土，传末救护，常人欲之，君子深恶。

解曰：夜将皆土，克制壬水，赖末传之卯木来救，且会成木局，以压众鬼。常人值此，得免官讼。君子则又忌见子孙，虑克官星，所以深畏而忌之也。

断曰：曲直之局，似乎脱气。然夜占能制土鬼，不可一例言之，但不免贵人相赚耳。喜辰上申金，能敌众木。但交车六害，支干各自乘脱。而三传又盗日伤支，大约好事难成，忧事则易解散耳。占讼先曲而后直。

天时：天罡指阳，木局生火，朱雀发用，晴而不雨。家宅：长生乘六合，青龙临宅，主尊长有喜合之事。仕宦：子孙全见，占官不吉。求财：财爻不见，不得。婚姻：夜占甚吉，昼占平平。胎产：胎坐长生，占产不利。疾病：心经与膀胱受病，昼占则两虎相夹，病势甚笃。出行：夜占吉。行人：尚未起程。兵战：未见甚利。

《毕法》云：水日逢丁财动之、人宅受脱俱招盗。《精蕴》：十月寅将戌时，占逃亡。曰：小吉加卯为用，主门户动摇。将乘朱勾，主为文字词讼交加。中见登明，将得天空，必因欺诈而起。甲申旬以午未为孤虚，占逃亡终不可获。末见太冲，将乘太阴临日。辰上见传送，将得六合为天门。壬日冬占，太阴临生门，逃必远去也。

---

① 校者注：原文字迹模糊，貌似"小耗"，其起例不明。大抵与"日符"的起法类似。

御定六壬直指

壬辰日第十课

官　白青　丙戌　六冲
官　阴常　己丑　日解 破碎
官　螣后　壬辰　墓神

　　　白青 勾朱 朱贵 后元
　　　戌　未　巳　寅
　　　未　辰　寅　壬

　　　　　空勾　白青
青合　申　酉　戌　亥　常空
勾朱　未　　　　　子　元白
合螣　午　　　　　丑　阴常
朱贵　巳　辰　卯　寅　后元
　　　　螣后 贵阴

课格：遥克，嗑矢，稼穑。

课意：互相吞并，夜戌虎盛，身幸乘寅，众鬼钦敬。

解曰：干上寅木，克支之辰土；支上未土，克干之壬水，是互相吞并也。夜占戌虎最恶，幸①赖日上寅木，可以敌土，所以众鬼皆敬而畏之也。

断曰：嗑矢之卦，三传皆土。戌夜乘虎伤日，诚为至凶。所喜坐于空乡，虽有谋害，不能为祸，夜贵稍重。若用昼占，则贵塞鬼户，魃魍全无矣。惟利坐待，不利动谋。

天时：龙虽升天而空陷，三传皆土，不雨。家宅：元后脱干防失脱，朱勾乘支，不免口舌。仕宦：昼乘青龙，夜乘白虎，惟利职官。求财：不见财爻，不得。婚姻：交互相克，未见其美。胎产：二阳包阴，妊乃成女。疾病：当是顶门刺痛，或肾水涸竭，或脾胃受病，不久可愈。出行：陆路防失脱，水路防口舌。行人：天罡加季，行者至门。兵战：好事难成，凶事易散，宜谨慎。坟葬：穴情虽好，入手不清，且防有口舌争竞。

《毕法》云：众鬼虽彰全不畏、夫妇芜淫各有私、鬼临三四讼灾随。《课经》云：干上寅木为日干之脱气，昼乘元武，为脱盗格。但既为救神，又当别论。《秘要》云：亥为干德属水，辰为支刑属土，三传助刑伐德。若追亡捕逃，利小人而不利君子。《照胆秘诀》云：日刑杀到忧妻妾。《心印赋》云：嗑矢遥神克日干，救神制鬼却为欢。

---

① 原文：辛。

壬辰日第十一课

父	青合	甲申	长生	日盗
官	白青	丙戌	六冲	
兄	元白	戊子	羊刃	地医

青合	合螣	贵阴	阴常
申	午	卯	丑
午	辰	丑	壬

		青合	空勾			
勾朱	未	申	酉	戌	白青	
合螣	午			亥	常空	
朱贵	巳			子	元白	
螣后	辰	卯	寅	丑	阴常	
		贵阴	后元			

课格：重审、六仪、涉三渊。

课意：发用长生、丑午来憎、勿依未旺、昼戌虎狞。

解曰：申金发用，乃壬水之长生，不无所益。但干上丑土，支上午火，六害相遇，则丑午所以取憎也。末传之旺子，昼占乘虎，又系羊刃，乌可相依？况中传之戌土，夜更乘虎，而狞狞欲噬乎？

断曰：重审之卦，利于后动。但六害相加，支破伤干，空财临于支上，而发用长生又坐空克之乡，既被支上午克，又被干上丑墓，全然无气，岂可恃赖耶？惟六仪发传，或能化凶为吉耳。昼占太常克干，亦防孝服。

天时：水母空陷，天罡临寅，旬内不雨。家宅：支干相害，宅上与末传虎刃相冲，恐多惊恐。仕宦：青龙与官星相并，又仪神发用，占官最吉。求财：夜占可得。婚姻：支干之上神相害，占婚不吉。胎产：下强上弱，子孙属阴，孕乃成女。疾病：心经受伤，或肾水虚涸之症，然发用长生，终当痊好。出行：水陆二路，俱各中平。行人：天罡加孟，尚未起行。兵战：先吉后惊，后宜谨备。

《毕法》云：虎乘遁鬼殃非浅。《六壬统论》云：辰为天罡，寅为鬼户，辰加寅为罡塞鬼户，使众鬼不能窥觑。宜于避难，或阴私之事。《指掌赋》云：申戌子为涉三渊，当隐于山林。又云：传见六仪，病将瘥而狱自出。"神将论"云：申乘六合为医人，临空亡为和尚。

壬辰日第十二课

```
官  阴常  己丑  日解 破碎
子  后元  庚寅  六仪 驿马
子  贵阴  辛卯  六害 小耗
```

```
   合螣 朱贵 阴常 元白
    午  巳  丑  子
    巳  辰  子  壬
```

```
           勾朱 青合
合螣  午    未   申   酉  空勾
朱贵  巳              戌  白青
螣后  辰              亥  常空
贵阴  卯   寅   丑   子  元白
          后元 阴常
```

课格：元首，进茹。

课意：昼旺乘虎，那堪遁戊，休赖木旺，渠自受苦。

解曰：子乃旺水，临干而与日比和，可云相得，奈遁出戊土，又乘昼虎，反来克干。若恃寅卯之旺，以制戊土，不知卯受辰害，且乘太阴之金，复遁庚辛二金克制，是渠方受苦不暇，何暇救人乎？《经》所谓"见救不救，灾须自受"也。

断曰：连茹之卦，丑发用为明鬼，子临干为暗鬼，二鬼相并，难免口舌矣。且干上之子，支上之巳，夹定三传，止虚一位，是经营必有未周也。又网刃在前，凡谋不宜妄动。

天时：日上有网，又与用传相合，密云不雨之象。**家宅**：贵人临宅生宅，当得贵人之益。**仕宦**：网罗高张，防丁艰。**求财**：宜得贵人文书之财。**婚姻**：支干交克上神，占婚不吉。**胎产**：二阴包阳，妊乃成男。**疾病**：心经受病，或膀胱有疾，课名闭口，病恐不食，难治。**出行**：昼占陆路不吉，水路可行；夜占水陆皆可。**行人**：天罡加仲，尚在中途。**兵战**：先忧后喜。

《毕法》云：所谋多拙逢罗网、夫妇芜淫各有私、虎乘遁鬼殃非浅。《指掌赋》云：丑寅卯为将泰，有声名而未蒙实惠。《心印赋》云：子丑相加事必成，更逢吉将转欢欣。"神将论"云：丑加子，谓之牛女相会，占婚却宜。《纂要》云：巳财作闭口临支，与闭口禄同，不利占病。

癸巳日第一课

```
官  阴勾  己丑  羊刃 支仪 地医
官  白白  丙戌  仪神 干奇 支德 支墓
官  勾阴  空未  天医
```

```
       朱贵 朱贵 阴勾 阴勾
        巳   巳   丑   丑
        巳   巳   丑   癸
```

```
              合后 勾阴
  朱贵  巳   午   未   申  青元
  螣螣  辰                酉  空常
  贵朱  卯                戌  白白
  后合  寅   丑   子   亥  常空
              阴勾 元青
```

课格：伏吟，励德，稼穑。

课意：五鬼相攻，闭口免凶，昼夜戌虎，病讼重逢。

解曰：土为日鬼，课与传共布五土，并攻癸水，何可当也？巳为闭口，缄默不言，庶可以免凶脱祸。河魁作鬼，昼夜乘虎，病讼不免重叠而见也。

断曰：自信之卦，伏匿不动，惟三九月戌为天马，方有动象。或逢亥上年命，亦可言动。仕宦逢之，催官符至，上任极速，常人则不利也。所喜末传空亡，无足深患。又课名稼穑，凡事有艰难之象。

天时：三传纯土，无雨。家宅：贵德临宅，财气重重，富而且贵之象。仕宦：官星临身，中传催官符至，得之甚速。求财：财已充庭，不求自至。婚姻：占男中平，占女差吉。胎产：男喜，易产。疾病：肾水涸竭之症，或齿痛呕血，出旬不治。出行：陆路不佳，水路可行。行人：近者立归，远者难定。遗失：不出本家。逃亡：在西方寻。兵战：昼夜将凶，未见其利。

《毕法》云：虎临干鬼凶速速、闭口卦体两般推。《课经》云：辰戌丑未为三传，自相冲刑，可以凶制凶，是谓贼捉贼。又内有四金字，可以制化凶鬼，翻不为害。《玉成歌》云：三刑为鬼人家破。又云：伏吟举动心无遂。《指掌赋》云：三传纯官鬼，而兄弟成灾。

癸巳日第二课

```
子  贵朱  辛卯
子  后合  庚寅  鲁都 天贼
官  阴勾  己丑  羊刃 六仪 地医
```

```
        贵朱 螣螣 常空 元青
         卯   辰   亥   子
         辰   巳   子   癸
```

```
              朱贵 合后
螣螣 辰   巳   午   未  勾阴
贵朱 卯            申  青元
后合 寅            酉  空常
阴勾 丑   子   亥   戌  白白
         元青 常空
```

课格：元首，退茹，解离。

课意：递相克贼，禄被元食，难进难退，课名迫逼。

解曰：干上子水，克支神之巳火；支上辰土，克日干之癸水，是递相克贼也。子水为日干之禄，夜占被武侵蚀，则禄不可守矣。进而投于三传，初中均是脱气。又进而至于末传，更遭鬼克，乃退而复守虚枵之禄，终无所益，难以聊生。前既不可进，后又不可退，课名迫逼，不亦宜乎？

断曰：退茹之卦，宜退不宜进。况旺禄临身，尤宜守旧。又交互克伐，课名解离，夫妇恐有乖睽，人情亦防叵测。

天时：天罡指阴，自然有雨。家宅：人少宅宽，宦家安吉。仕宦：旺禄临身，与末传之官星相合，功名可望。求财：只宜谨守己财，不宜他求妄想。婚姻：占男则吉，占女不佳。胎产：男喜，母有惊恐。疾病：防遗漏风瘫之症，贵医可治。出行：陆路甚佳，水路不吉。行人：天罡加孟，尚未启行。兵战：昼占则凶，夜占则吉。坟葬：防损人口。

《毕法》云：夫妇芜淫各有私、旺禄临身徒妄作。《课经》云：辰加巳，昼夜皆乘螣蛇，地盘之巳亦蛇，名两蛇夹墓。占病必有积块在腹，恐致不救。或行年本命是辰，死期尤速。若年命居亥加戌①，用虎冲蛇，庶得少延耳。

---

① 疑为戌加亥或亥上乘戌之误。

癸巳日第三课

官　朱勾　己丑　_{羊刃 支仪 地医}
兄　勾空　丁亥　_{支冲 驿马}
父　空常　乙酉　_{日解 破碎}

```
朱勾 贵朱 空常 勾空
 丑   卯   酉   亥
 卯   巳   亥   癸
```

```
          后螣 阴贵
贵朱 卯   辰   巳   午  元后
螣合     寅              未  常阴
朱勾     丑              申  白元
合青 子   亥   戌   酉  空常
         勾空 青白
```

课格：重审，间传，极阴。

课意：初鬼末败，丁马独在，千里之行，获财十倍。

解曰：初传之丑土，乃是日鬼；末传之酉金，又是水之败气，俱无所用矣。唯存中传之亥水，上乘旬丁，且系日马。丁见则财动，马见则远行。虽去而之千里，有不获财十倍乎？

断曰：极阴之课，间隔而退，有抑塞不舒之象。初传鬼坐克地，末传酉坐脱乡，惟取亥上暗财而已。然家居亦不利也。宅有卯贵脱干，防有贵人脱赚，或施舍神佛功德。

天时：毕宿临于末传，亥水加于日上，浓阴密雨之象。**家宅**：夜占贵人生宅，主有荐拔之事。**求财**：水日逢丁，外财大获。**仕宦**：昼夜贵加，必主逢贵，然系脱气，不无所失。**婚姻**：干上克支，支上脱干，未见甚美。**胎产**：极阴之课，妊是女胎，产亦不吉。**疾病**：胸胁多风，或肾水不足，然鬼坐克乡，不久自愈。**出行**：从陆路而去，必获财归。**行人**：天罡加仲，尚在中途。**兵战**：课名极阴，未见其利。

《毕法》云：水日逢丁财动之、闭口卦体两般推（夜占）、昼夜贵加求两贵。《精蕴》云：卯为夜贵，加临巳上，两贵相加于极阴之课，惟宜两处暗求，却得贵人周济。《课经》云：倘立秋前一日是壬，为火绝之日，壬寄在亥，癸日占得丑上见亥，为天祸课。

癸巳日第四课

```
官  青白  丙戌   仪神 干奇 支德 支墓
官  常阴  空未   天医
官  后螣  壬辰   干墓
```

```
       勾空 螣合 常阴 青白
        亥   寅   未   戌
        寅   巳   戌   癸
```

```
           贵朱 后螣
   螣合  寅  卯  辰   巳  阴贵
   朱勾  丑          午  元后
   合青  子          未  常阴
   勾空  亥  戌  酉   申  白元
           青白 空常
```

课格：元首，稼穑，闭口。

课意：干及三传，凶祸难言，宅中寅木，可敌仇冤。

解曰：昼占白虎乘戌，临干克干，已见凶征。三传又皆凶鬼，其病讼之患，自当不一而足。幸赖支上之寅木，可以敌鬼，不为凶咎，当有同居之人，力为解救也。

断曰：元首之课，虽曰顺征，但干支交互相脱，有彼此怀诈之象。所喜中末传空，先凶后吉。夜占申乘白虎，冲支上寅木之蛇，宅中当有怪异不宁，然亦虚惊而已。

天时：箕宿临支，风而不雨。**家宅**：家有子弟，力能御侮，宅赖以安。**仕宦**：催官符发用，得官甚速。**求财**：夜占财可得。**婚姻**：支干相克，两各平平。**胎产**：男喜，产易。**疾病**：白虎临戌，病乃在表，或眼目疼痛之症，末空自愈。**出行**：水陆二路，俱未见利。**行人**：天罡加季，可以立至。**兵战**：众鬼全消，出兵大利。

《毕法》云：虎临干鬼凶速速、不行传者考初时、众鬼虽彰全不畏。《观月经》曰：此课白虎若带死神死气，谓之魄化，又名旱苗无雨。如正月癸巳日，亥将寅时，戌加癸发用，白虎乘死气来克癸水。课传又见天罗地网，末传复为日干之正墓，将乘螣蛇。占若得此，必主有死亡之事。

癸巳日第五课

```
财  阴贵  癸巳   干德 大煞 日盗
官  朱勾  己丑   羊刃 支仪 地医
父  空常  乙酉   日解 破碎
```

```
   空常 朱勾 阴贵 空常
    酉   丑   巳   酉
    丑   巳   酉   癸
```

```
              螣合  贵朱
朱勾 丑       寅    卯    辰 后螣
合青 子                   巳 阴贵
勾空 亥                   午 元后
青白 戌       酉    申    未 常阴
              空常  白元
```

课格：元首，从革。

课意：人就财乡，传课循环，昼将土神，忧变怡颜。

解曰：日干为人，而癸寄于丑，丑即人也。支神之巳，乃是癸水之财，今以丑干加巳，是人就财乡也。四课不离于三传，三传不出乎四课，谓之循环格。昼将皆土伤干，宜乎可畏。幸三传之金，窃土生身，是忧变怡颜矣。

断曰：从革之课，煅炼相从。占主变动，有革故鼎新之象。但干乘败气，又为破碎，所谓破败神者是也。或家有不肖子弟，以酒色败家者。

又三合金局，干上见酉为自刑，名金刚格。缘巳刑申，丑刑戌，惟酉不能刑，故自刑其西方也。有气则革而进，无气则革而退。

天时：毕宿发用，必雨。**家宅**：支阴乘破败之神，宅必难守。**仕宦**：最吉。**求财**：家财不得。**婚姻**：课曰从革，最不相宜。**胎产**：课传皆阴，妊乃成女。**疾病**：病在肺经，或筋骨脾胃膀胱，并肾虚之症。**出行**：水陆二路，皆不云吉。**行人**：天罡加孟，尚未起身。**兵战**：昼占吉，夜占凶。

《毕法》云：三传递生人举荐。《课经》云：此课丛杂不一，伙众共谋或两处托人干事，凡谋必遂，大都三合成局，是无己之象。一事方去，一事又来。若遇吉将，必有先容引进之人。惟不利占解散等事。

癸巳日第六课

```
子  贵朱  辛卯
官  青白  丙戌   仪神 干奇 支德 支墓
财  阴贵  癸巳   干德 大煞 日盗
```

```
     常阴 合青 贵朱 白元
      未   子   卯   申
      子   巳   申   癸
```

```
           朱勾  螣合
   合青 子  丑   寅   卯  贵朱
   勾空 亥            辰  后螣
   青白 戌            巳  阴贵
   空常 酉  申   未   午  元后
           白元 常阴
```

课格：重审，斫轮。

课意：交朋合美，财神已矣，生虎鬼龙，一悲一喜。

解曰：支上之子，与干丑相合；干上之申，与支巳相合，上下交合，朋情自然和美。但巳为癸水之财，既被旺禄所克，又被戌虎所墓，则此财止宜弃之而已。如夜将申金，本能生我，而乘白虎；戌①土本作日鬼，而乘青龙，悲中有喜，喜中有悲，非一悲一喜而何？

断曰：斫轮之卦，大利占官。但昼占贵人入狱，不宜妄干当事，所谓咄目煞者是也。旺禄临支克支，宅中不甚安妥。若有喜事破耗则吉。

天时：水母临干，青龙临支，天罡指毕，必然有雨。**家宅**：青龙与六合昼夜加于支上，必多喜合之事。**仕宦**：课名铸印，占官最吉。**求财**：财爻虽见，恐取之生患。**婚姻**：交车相合，秦晋可谐。**胎产**：私胎生男，产期尚远。**疾病**：伤风肾竭之症，喜得贵医治之，不日可愈。**出行**：水陆俱佳，但行人恋宅，行期迟滞。**行人**：天罡加仲，尚在中途。**兵战**：美中不足，更宜慎之。**坟葬**：龙神甚旺，发财发贵。

《毕法》云：权摄不正禄临支、课传俱贵转无依、昼夜贵加求两贵。《课经》云：卯加申发用，夜占必因贵人而作内乱，缘贵人内战故也。《心印赋》云：子来加巳为极阳，戊癸合时大吉昌。

---

① 原文：戍。

癸巳日第七课

财 阴贵 癸巳 <small>干德 大煞 日盗</small>
兄 勾空 丁亥 <small>支冲 驿马</small>
财 阴贵 癸巳 <small>干德 大煞 日盗</small>

<small>阴贵 勾空 朱常 常朱</small>
巳 亥 丑 未
亥 巳 未 癸

勾空	亥	<small>合白</small>子	<small>朱常</small>丑	寅	螣元
青青	戌			卯	贵阴
空勾	酉			辰	后后
白合	申	未	午	巳	阴贵
		<small>常朱</small>	<small>元螣</small>		

课格：返吟，励德。

课意：皆马皆丁，不容少停，贵虽难靠，财却丰盈。

解曰：亥为丁神，又为驿马；未中亦有丁寄，是支干三传皆逢丁马，至动至速，岂容少停乎？昼贵巳火临于亥地，受水所克，夜贵卯木临于酉方，受金所克，是皆不可倚靠者也。巳为财神，丁亦财神，则遍地皆财，非丰盈而何？

断曰：无依之课，支干各自相克，彼此皆防有损。贵登天门，宜动达天庭，上章奏事。又雀鬼加干，构讼最忌，惟占功名考试最吉。凡事人情不定，亦有重求轻得之象。

天时：课传皆阴，水运乎上，火居于下，晴而复雨，雨而复晴。家宅：丁马相加，恐非安居之象。仕宦：贵登天门，占官甚利。求财：满目皆财，何患不得？婚姻：支干各自相伤，男女总非吉象。胎产：课传皆阴，女胎，产速，须防堕胎。疾病：有头风颠斜之疾，或寒热往来，须防反覆。出行：丁马甚多，来去甚速。行人：天罡加季，丁马重重，行者立至。兵战：情态多变，出兵宜慎。

《毕法》云：两贵受克难干贵、干支全伤防两损。《订讹》云：午马胎财，夜占乘元，占孕者必系私胎。"神将论"云：夜占太常加干，二月占防有孝服。《三车一览》云：水日返吟，动获资金。《中黄经》云：马见巳亥在路岐。

癸巳日第八课

```
财  元螣  空午  胎神
兄  勾空  丁亥  支冲 驿马
官  后后  壬辰  干墓
```

```
     贵阴 青青 勾空 元螣
      卯   戌   亥   午
      戌   巳   午   癸
```

```
              勾空 合白
青青 戌  亥   子   丑 朱常
空勾 酉              寅 螣元
白合 申              卯 贵阴
常朱 未  午   巳   辰 后后
         元螣 阴贵
```

课格：重审，斩关，孤辰。

课意：夜占被盗，钱财累耗，名值元辰，俱怀凶暴。

解曰：发用财空，夜将乘元，上下夹克，午宫又被亥克，回归又受癸克，是钱财被盗而累耗也。阴日支后一辰名元辰，今末传之辰，既脱干上之午，复冲支上之戌①，是见伤于元辰，而俱怀凶暴之情矣。

断曰：斩关之课，中乘丁马，利于远行。但孤辰发用乘元，不免走失之患，亦主孤茕。惟青龙带官临宅，宜于仕宦。

天时：午火受克，水运乎上，出旬必雨。家宅：昼夜皆乘青龙，宅中必多喜庆之事。仕宦：官星作墓，不甚通利。求财：财爻落空，恐不能得。婚姻：课名孤辰，占婚不吉。胎产：二阳包阴，产必成女。疾病：腹痛脾泄，肾水不足。出行：陆路不吉，水路可行。行人：天罡加孟，尚未起行。兵战：昼夜皆不利。

《毕法》云：水日逢丁财动之、空上逢空事莫追。《邵公占验》：戊申五月申将卯时，一妇人己卯生占身命。曰：为不正妇人，遇饥则气攻胸臆，以致眼目昏暗。子不多存，足生小趾。后有血瘿之疾，破溃而死，必因养蚕而致。盖午空为不正阴人，又为目，被水所克，故主昏暗。本命禄空，故主饥。戌②为足，加巳乘龙，为添足之象，故有小趾。亥为血海，乘不坚之辰土。天后主厌秽，癸见厌秽，则成血瘿而死也。

---

① 原文：戍。

② 原文：戍。

癸巳日第九课

父　空勾　乙酉　日解　破碎
官　阴常　己丑　羊刃　支仪　地医
财　朱贵　癸巳　干德　大煞　日盗

　　　阴常　空勾　空勾　朱贵
　　　　丑　　酉　　酉　　巳
　　　　酉　　巳　　巳　　癸

　　　　　　　白青　常空
空勾　酉　　戌　　亥　　子　元白
青合　申　　　　　　　　丑　阴常
勾朱　未　　　　　　　　寅　后元
合螣　午　　巳　　辰　　卯　贵阴
　　　　　朱贵　螣后

课格：涉害，从革，不备，赘婿。

课意：财来就我，循环相锁，将克传生，众口传播。

解曰：巳为日财，加于干上，且三传自支传干，是财来就我也。巳为旬尾，循环相锁，若求解释忧疑，非所占矣。土将克身，似乎可忧。然生起传金，反来育身，是忧变为喜。且自末传之巳火，迤逦生干。仕宦得此，必有众口推荐之者。

断曰：从革之体，有革故鼎新之象。三传火土生金，金来生水，有官有印，可为要地枢机。但才乘官贵，必当献纳殷勤，方为得力。且合中犯杀，亦防有笑里藏刀之人。支乘破败，不能安享。又名赘婿，进退不能自由。

天时：毕宿发用，全金生水，必有大雨。家宅：败神临宅，不无耗散之事。仕宦：昼占贵人临身，又系三传递生，占官最吉。求财：财来就人，坐享其利。婚姻：三合相连，有必成之势。胎产：课传无阳，妊乃成女，但课皆合，产必迟延。疾病：咳嗽劳伤，肾水涸竭，医不得力，难以速瘥。出行：陆路甚好，然传逢三合，行期必愆。行人：天罡加仲，尚在中途。兵战：先凶后吉，防敌有诈。

《毕法》云：合中犯杀蜜中砒、三传递生人举荐。《纂要》云：财神闭口，占病皆凶。《辨惑》云：午加寅上为胎坐长生，不利占产，大宜占孕。《指掌赋》云：酉丑巳为献刃，远近皆受其伤。

癸巳日第十课

```
父  青合  甲申  游都  六合
兄  常空  丁亥  支冲  驿马
子  后元  庚寅  鲁都  天贼
```

```
      常空 青合 勾朱 螣后
       亥   申   未   辰
       申   巳   辰   癸
```

```
           空勾  白青
青合  申    酉    戌    亥   常空
勾朱  未                子   元白
合螣  午                丑   阴常
朱贵  巳    辰    卯    寅   后元
           螣后  贵阴
```

课格：重审，元胎，六仪，斩关。

课意：墓克其身，倚赖于寅，不甘之者，初支两申。

解曰：墓神覆日克日，赖末传寅木克制辰土为救。奈初传与支上之两申，情有不甘，反克寅木，不能制辰。所谓"遇救不救，灾须自受"也。

断曰：元胎之卦，宜新不宜旧。但干乘墓克，支乘长生六合，有自己昏迷他人逸乐之象。且六合发用内战，事虽垂成，亦防破败。三传乘后合元武，占婚者先有私情。

天时：墓神覆日，恐不能晴。家宅：青龙相合，宅多喜庆。求财：宅中自有。婚姻：可成。胎产：女胎，产顺。疾病：肾虚发昏，速医尚效。出行：水路甚佳。行人：可以立至。兵战：美中不足。坟葬：吉，阡有益。

《毕法》云：后合占婚岂用谋？《古鉴》：寅将亥时占婚。曰：巳申、寅亥相合，其婚必成。申为长生学堂，其妇必轻盈清白，善能书算。亥中有丁，婚后当丁母艰。子息乘于丁上，便当有子。三传无空，享福绵远。果验。《邵公占验》：戌将未时占宅。曰：墓作天后主迟钝，天后为滞神，见墓愈滞。喜旬首引出长生，乘合制元，且首尾相见，主进人口及怀妊之事。又寅为风，武为水，主子息得风湿之症。又行年在身，主内争讼，必有道士讲和也。皆验。

癸巳日第十一课

官　勾朱　空未 _{天医}
父　空勾　乙酉 _{日解 破碎}
兄　常空　丁亥 _{支冲 驿马}

_{空勾 勾朱 朱贵 贵阴}
酉　未　巳　卯
未　巳　卯　癸

　　　　_{青合 空勾}
勾朱　未　申　酉　戌　白青
合螣　午　　　　亥　常空
朱贵　巳　　　　子　元白
螣后　辰　卯　寅　丑　阴常
　　　　_{贵阴 后元}

课格：遥克，嚆矢，励德，寡宿，入冥。

课意：源消根断，凡谋泛滥，迤逦脱耗，渐入幽暗。

解曰：干支自下生上，皆是脱气，发用又是旬空，非流消其源，枝断其根乎？凡事虚耗，皆不归实。三传又迤逦相脱，自昼传夜，五阴相继，非渐入幽暗而何？

断曰：嚆矢之卦，祸福俱轻，又逢空脱，全无踪影。吉事未吉，凶事不凶。或为子孙耗费，或为卑下脱骗。若占病体，皆因不摄以致危笃。占此者惟僧道相宜。

天时：朱雀发用，天罡指阳，恐不能雨。**家宅**：支干合乘脱气，耗费不已之象。**仕宦**：贵人临干，官星发用，功名可望，但多耗费之事。**求财**：水日逢丁，有财可得。**婚姻**：课名寡宿，占婚不吉。**胎产**：课传无阳，妊乃成女，母空儿实，产必易速。**疾病**：翻胃伤食吐逆之疾，或肾虚膀胱受伤，喜鬼空陷，不药可愈。**出行**：水陆二路，俱不甚佳。**行人**：天罡加孟，尚未起行。**兵战**：有名无实，未见其利。

《毕法》云：昼夜贵加求两贵、罡塞鬼户任谋为。《指掌赋》云：未酉亥为入冥，主心劳而日拙。《玉成歌》云：水乘火将皆惊恐，勾朱同传主讼伤。《心印赋》云：子临四季虎来并，小口年中灾病频。《纂要》云：辰加寅为罡塞鬼户，不论在传与不在传，能使众鬼不敢窥觑。

癸巳日第十二课

官　勾朱　空未 _{天医}
父　青合　甲申 _{游都　六合}
父　空勾　乙酉 _{日解　破碎}

　　勾朱　合螣　贵阴　后元
　　未　　午　　卯　　寅
　　午　　巳　　寅　　癸

　　　　　　勾朱　青合
合螣　午　　未　申　酉　空勾
朱贵　巳　　　　　　戌　白青
螣后　辰　　　　　　亥　常空
贵阴　卯　　寅　丑　子　元白
　　　　　后元　阴常

课格：遥克，嗑矢，连茹，寡宿。

课意：嗑矢空亡，前路嘉祥，寅元午空，失脱先防。

解曰：未作嗑矢，却喜旬空，不足畏也。进而至于前路，则遇申酉生气，不既嘉祥乎？但干上寅木，乘元脱气，支上午财，又遇旬空，其失脱之虞，所当预防矣。

断曰：嗑矢之卦，与前课相似。空亡克日，事主多端。大约连茹而进，进则有益，退则无功，纵有龃龉，必当勉力精进。

天时：毕宿居未，终必有雨。家宅：妻财空陷，占宅不吉。仕宦：官爻空陷，占官欠吉。婚姻：妻爻空陷，不吉。疾病：肾虚之症，不药可愈。胎产：胎神落空，恐是虚喜。行人：天罡加仲，尚在中途。兵战：先凶后吉。

《毕法》云：所谋多拙逢罗网。《古鉴》：寅将丑时占财。曰：午为妻财，是问妻家觅财，许而未得，以旬空故也。寅为癸息，癸生于申，以生子而得是财，后遭婢仆之患，随得随失，空酉与破碎并临故也。行年酉见戌为六害，白虎与血支相加，恐遭官讼，几不免刑。幸作三合，终能解散耳。俱验。《邵公占验》：戌加酉占宅。曰：晚年宠妾，财物被盗，盖末传酉为妾、作破碎故也。又行年亥作太常，主有外服。天后乘脱气，主儿妇因病小产，应在四月。后果皆验。

甲午日第一课

兄　青螣　壬寅　_{日德　日禄}
子　朱勾　空巳　_{破碎}
官　后白　丙申　_{驿马　干刑　天医}

_{螣青　螣青　青螣　青螣}
午　　午　　寅　　寅
午　　午　　寅　　甲

朱勾	巳	_{螣青}午	_{贵空}未	申	后白
合合	辰			酉	阴常
勾朱	卯			戌	元元
青螣	寅	丑	子	亥	常阴
		_{空贵}	_{白后}		

课格：伏吟，自任，元胎。

课意：不肯守禄，去临空谷，马载虎鬼，末后相逐。

解曰：寅乃甲禄，临身发用，宜相守而勿失矣。乃舍之而前，投于中传之巳，则为空陷之乡。又进而逢末传之申，既为日鬼，又乘昼虎。因马而动，灾咎难乎免矣。何如守德禄扶身之吉，足以自安耶？

断曰：自任之卦，格合元胎，有伏而未发，屈而未伸之象。末传见马，主静中有动。但中落空陷，名为折腰。凡百谋为，必遭中阻。金鬼乘虎，名催官符，仕宦甚速，常人不宜。又支脱干气，乘蛇可畏；然能制官，尚可免祸。惟不利动谋也。

天时：有风，阴晴不定。家宅：宜静不宜动。婚姻：夜占可合，亦防中阻。胎产：十月占主私胎，或婢妾孕。功名：四月占吉，余防有阻；占官主改任。求财：守分自足，妄求有损。疾病：肝家有火，昼占见凶有解。失脱：不出家中，逃亡不远。出行：不宜，上任者有阻。行人：中途有阻，巳月占即至。争讼：宜解，不解有凶。兵战：昼占不利，夜占吉。

《毕法》云：信任丁马须言动、旺禄临身徒妄作、虎临干鬼凶速速。《袖中金》云：六甲伏吟，有禄有马。三传先刑后冲，破中有合，凶中有吉。祸福倚伏，不可一概而推。"神将论"：螣蛇生角在寅，勾陈捧印在巳，白虎衔牒在申。

甲午日第二课

父　白后　庚子　支冲　日盗　福星
父　常阴　己亥　支德　长生　大煞　干合
财　元元　戊戌　支墓　三合

```
     合合  朱勾  白后  空贵
      辰    巳    子    丑
      巳    午    丑    甲
```

```
                朱勾  螣青
  合合   辰     巳    午    未   贵空
  勾朱   卯                 申   后白
  青螣   寅                 酉   阴常
  空贵   丑     子    亥    戌   元元
              白后  常阴
```

课格：知一，退茹，三奇。

课意：退值生方，进遇空亡，夜逢庚虎，美里成殃。

解曰：寅临卯上，进则遇辰，为空亡之地。退而历丑至子，乃木之生方也。生我发用，又中传长生，末传财神三合，可不谓美乎？但夜占初传子，旬遁为庚鬼而乘白虎，暗中克日，反生灾患耳。

断曰：知一之卦，交车六害，主恩中有害，合中有离。三传亦名润下，生干克支，恐子孙不利，凡事宜退不宜进。三奇生干发用，与干神上下六合。昼占吉，夜占惟利仕宦，余占凶。

天时：雨泽沾足。家宅：防争斗口舌，及奴婢奸私，宜迁改。婚姻：不宜。胎产：安。功名：士有奇遇，或得人暗助，或祖父袭荫。求财：迟得。疾病：夜占极凶，喜奇神可解。失脱：寻得。出行：宜赴官，余不利。行人：先有信至。争讼：不负。兵战：未得利。坟葬：恐是旧坑，朝山亦空，不吉。

《毕法》云：虎乘遁鬼殃非浅、六阳数足须公用。《课经》云：传生干克支，占人旺而无正屋可居，为人旺弃宅格。《指南》：壬午年七月，客来坐定未言，袖占之。曰：贵人临身，必科第中人，非田姓即王姓。贵被干克，岁破发用，课传退茹，必有获罪朝廷之事。喜初中后阴为恩泽，无大咎也。果荆州知府，王姓，甲戌进士，以失城守逮问，后得脱免。

甲午日第三课

財　元元　戊戌　　支墓　三合
官　后白　丙申　　驿马　干刑　天医
子　螣青　甲午　　干奇　仪神

　　　　青螣　合合　元元　白后
　　　　　寅　　辰　　戌　　子
　　　　　辰　　午　　子　　甲

　　　　　　　　　合合　朱勾
勾朱　卯　辰　　巳　午　螣青
青螣　寅　　　　　　未　贵空
空贵　丑　　　　　　申　后白
白后　子　亥　　戌　酉　阴常
　　　　常阴　元元

课格：涉害，间传，斩关，励德。

课意：夜子昼申，总是凶神，六阳数足，革故鼎新。

解曰：子以遁鬼，乘白虎临干。申以日鬼，乘白虎入传。夜占则畏子，昼占则畏申，总以白虎凶将故也。四课三传，皆居六阳之位，为六阳数足。凡占最宜公干，不利私谋。自夜传出于昼，为由暗而明，革故鼎新之象也。

断曰：涉害之卦，主先难后易。三传间退，兼被初传戌财引入中末鬼脱，名悖戾之格，亦名倒拔蛇，凡事艰辛。生气坐干，奇神坐日，最能转祸为祥。末助初财，亦有旁人协助。贵临卯酉，显者有喜，阴小有灾。

天时：先雨后晴。**家宅**：主虚耗，丑加卯，夜乘天空，主门户动土，身宅不安，宜谢土神。**婚姻**：不正。**胎产**：胎安，产不利。**功名**：主以财得爵，大位升迁，下位被斥。**求财**：得之暗昧，不可告人，防因财致悔，为商折本稽程。**疾病**：得之房欲，甚险，有解。**失脱**：或妇人或小儿所盗。**出行**：赴官吉，防耗脱。**行人**：将至。**争讼**：不利见官，宜和解。**兵战**：忌用。

《毕法》云：六阳数足须公用、支坟财墓旅程稽、虎临干鬼凶速速、后合占婚岂用媒？《指掌赋》云：戌申午曰悖戾，有追悔之心。盖戌午火局中间一申，一申反成克象矣，故曰悖戾。"神将论"云：元武在戌曰遭囚，与财星并，主亡失稽滞，少成多败。

甲午日第四课

官	后白	丙申	驿马 干刑 天医
子	朱勾	空巳	破碎
兄	青螣	壬寅	日德 日禄

白后　勾朱　后白　常阴
子　　卯　　申　　亥
卯　　午　　亥　　甲

青螣	寅	勾朱 卯	合合 辰	巳	朱勾
空贵	丑			午	螣青
白后	子			未	贵空
常阴	亥	戌 元元	酉 阴常	申	后白

课格：遥克，嗑矢，元胎。

课意：申为矢箭，射中非善，马载马鬼，昼难脱患。

解曰：嗑矢本无力，得申金发用，便为矢有金镞。若被射中，非吉祥之事。况申金又为日鬼，而兼驿马，鬼则患深，马则动速。夜占犹可，昼占白虎乘之，其凶更甚。虽有善避者，岂能脱然免于患耶？

断曰：嗑矢之卦，祸福俱轻。然合病胎之格，忧疑莫决。虎临干鬼发用，至为凶险。幸是折腰，吉凶皆半途消散，求官者反嫌其空陷也。

若四季占，亥水无气，却喜申鬼生亥，乃不幸中之幸。否则虚心坐待，长生在干，亦可窃金育日也。

天时：雨后生寒，日欲出而不出，大风之象。家宅：卯加午为闭口，主有暗者。虎乘申，主家有病人未愈；宅上朱勾，主有文书勾连之事，宜慎。婚姻：虽见和合，有阻。胎产：安吉，防生哑儿。功名：巳年月大吉，合催官捧印，化龙之兆。求财：惊患多而获利细。疾病：主咽喉症，巳酉丑月占，为脓血之灾。失脱：元武临贵，勾陈落空，不能捕获。出行：出必旋返。行人：中路有阻。争讼：利主不利客，托贵无力。兵战：宜慎。

《毕法》云：宾主不投刑在上、闭口卦体两般推。《课经》云：亥加寅，夜将太常，乘日之长生，来人必占婚姻，或有恩赐服食等事。"神将论"云：太冲乘勾空为沙门，甲日主其僧多不洁少实。又天后加申，甲日为湖池。

甲午日第五课

```
财  合合  戌戌   支墓  三合
子  后白  甲午   干奇  仪神
兄  白后  壬寅   日德  日禄
```

```
        合合 白后 后白 合合
         戌   寅   午   戌
         寅   午   戌   甲
```

```
              白后 常阴
   空贵  丑   寅   卯   辰  元元
   青螣  子              巳  阴常
   勾朱  亥              午  后白
   合合  戌   酉   申   未  贵空
          朱勾 螣青
```

课格：重审，炎上，斩关，狡童。

课意：人衰宅旺，他忤我向，讼宜顺他，病虚脱丧。

解曰：三传火局，脱干比支，是为人衰宅旺也。以彼此言之，他来脱我，我反生他，岂非他怀相损之意，我致相向之情乎？讼而得此，应在支之受生，为屈意而顺彼。病而得此，应在干之被脱，为虚弱而可虞矣。

断曰：重审之卦，局合炎上。事多不顺，明中有暗，循理则吉，犯上则凶。三传四课，不出寅午戌三方，回环无端，主凡事欲成不成，欲结不结。人益我损，虚耗无穷。况狡童有不正之嫌，斩关非安居之象，可不慎哉。

天时：时旱得雨，兼有风雷。**家宅**：人口衰弱，防奴婢逃走。**婚姻**：不用。**胎产**：难产，母强子弱。**功名**：有禄之官，主非正印。**求财**：宜索债负，不宜商贩；主为治宅多费，或为人所脱耗。**疾病**：主虚损，或火上炎。**失脱**：或因家中喜事，或系奴婢奸私。**出行**：利避难奔逃，余防耗失。**行人**：午丙日来。**争讼**：有解。**兵战**：利私度关隘，宜息兵解和。**坟墓**：丙龙坤向则吉，可以发丁。

《毕法》云：权摄不正禄临支、后合占婚岂用媒？初遭夹克不由己、支坟财墓旅程稽。《三车一览》云：三传全脱，反生起干上财神，是为取还魂债。又干加支，求宅必得。但被支脱，虽目下强得其屋，后无益也。

甲午日第六课

官　朱勾　丁酉　勾神
财　元元　空辰　孤辰　天贼
父　勾朱　己亥　支德　大煞　长生　干合

　　　　　螣青　空贵　元元　朱勾
　　　　　申　　丑　　辰　　酉
　　　　　丑　　午　　酉　　甲

　　　　　　　　空贵　白后
青螣　子　　丑　　寅　　卯　常阴
勾朱　亥　　　　　　　　辰　元元
合合　戌　　　　　　　　巳　阴常
朱勾　酉　　申　　未　　午　后白
　　　　　螣青　贵空

课格：元首，四绝。

课意：元财在中，水生坐空，丁神作鬼，凶动重逢。

解曰：辰为日财，今元武并临中传之辰，又属旬空，岂无耗失？末传长生，又投空墓，何能为益哉？惟存酉鬼乘丁神，而临日发用，鬼足致凶。丁又善动，日上初传，重重相遇，可勿畏哉？

断曰：元首之卦，事由男子，利于先举。日坐墓上，切勿冒昧投人，必遭蒙蔽。官鬼乘丁发用，支上丑土助克。若非仕宦，必有家鬼弄家人。辰酉六合，三传自刑，卒难称意。

天时：虽阴不能成雨。家宅：宅吉，宜发贵，然防有灾。婚姻：难成，易破。胎产：酉临鬼户，防鬼胎，占产立下。功名：可得，主有改变或暗害。求财：防生灾祸，到底成空。疾病：大凶，谓酉鬼独发，申在墓外，又为鬼呼也。失脱：难寻。出行：不利，亦不果。行人：丁神独发，入宅即到。争讼：先发者胜，终解。兵战：宜慎。

《毕法》云：众鬼虽彰全不畏、不行传者考初时。《课经》云：雀作日鬼加干，为雀鬼格。又干支互克上神，为真解离卦。《指掌赋》云：日辰加临卯酉，离者合而合者离。《精蕴》：丑将占行人，天盘寅为行年贵人，逆转到地盘寅位，从卯门上过，卯上见戌，戌中辛克日及行年。而寅上又被酉克，当以不归断之。

甲午日第七课

兄　白后　壬寅　日德　日禄
官　螣青　丙申　驿马　干刑　天医
兄　白后　壬寅　日德　日禄

　　　后白　青螣　白后　螣青
　　　午　　子　　寅　　申
　　　子　　午　　申　　甲

　　　　　青螣　空贵
勾朱　亥　子　丑　寅　白后
合合　戌　　　　　卯　常阴
朱勾　酉　　　　　辰　元元
螣青　申　未　午　巳　阴常
　　　　　贵空　后白

课格：返吟，无依，涉害，元胎。

课意：支干俱伤，又坐克方，舍就不可，彼此匪良。

解曰：甲被申克，午被子克，彼此俱伤也。寅又坐申上，午又坐子上，俱坐克方也。在此在彼，无一善地；或就或舍，无一可安。《易》所谓"不能退，不能遂"者也。

断曰：无依之卦，反覆不宁，多涉艰辛，人情不协。三传禄马俱动，似可有为。然皆临于绝地，长生又坐空方，干支上下皆克，惟杜门静守，庶免灾生，勉强营求，大非吉兆。若秋占，子为火鬼伤支，更防火烛之灾。

天时：风雨无常，时作时止。家宅：人衰宅废，宜与人兑换结绝。婚姻：昼占可成，然多反覆。胎产：不安。功名：换职易位。求财：徒劳无得。投谒：不合。疾病：主非一症，时愈时发。失脱：难寻，逃亡远去。出行：既出，旋归。行人：欲近还远。争讼：彼此俱伤，不如止息。兵战：不利。

《毕法》云：支干全伤防两损、昼夜贵加求两贵。《课经》云：申加甲，庚加支，为明暗二鬼。又阳日返吟，为德丧禄绝。返吟四孟，为四绝元胎。《袖中金》云：返吟，阴阳各易其位，天地乖隔，南北暌违。子午乘蛇，官病灾凶。寅申乘龙，隔墙有祸。《指掌赋》云：寅功曹，主木器文书。申传送，主行程消息。传送上会青龙，子孙财损。

甲午日第八课

父　青螣　庚子　_{支冲 日盗 福星}
子　阴常　空巳　_{破碎}
财　合合　戊戌　_{三合　支墓}

```
      元元 勾朱 青螣 贵空
       辰   亥   子   未
       亥   午   未   甲
```

```
        勾朱 青螣
合合 戊  亥   子   丑 空贵
朱勾 酉            寅 白后
螣青 申            卯 常阴
贵空 未  午   巳   辰 元元
        后白 阴常
```

课格：知一，三奇，铸印，引从。

课意：交互彼己，两皆不利，夜害贵人，讼遭官制。

解曰：午未、寅亥，干支上下交车相合。然未墓覆日，亥水克辰，彼此两无所利也。夜贵临身，而初传之子害之，讼虽理直，必遭曲断，况不直乎？

断曰：知一之卦，恩中有害，合中有离。日遭墓覆，辰被水克，贵人为用神所穿。格虽铸印，遇空不成也。幸奇神独发，支上神得初引末从，天狱解散，为逢凶化吉之象。

天时：有雨而不沾足。家宅：支上引从，主迁修屋宅。婚姻：欲合还离。胎产：胎防不实，产即下。功名：主有遇合，而无实际。求财：始虽有利，终归虚耗。投谒：外合而情不亲。疾病：暴病吉，久病凶。失脱：难寻。出行：不果。行人：先得空信。争讼：防曲断，有屈。兵战：小心则吉。

《毕法》云：前后引从升迁吉、害贵讼直遭曲断。《指掌赋》云：三奇发用，疑惑解而喜气生；引从日辰，家必兴而人必旺。《占验》：壬午年十二月，一司马占出师。曰：初传岁破内战，卯命上龙马克下，功名非久远之象。必因宰执不悦，自欲请退。来年秋初，当去任矣。且斗系日本，墓贵临干，为仰丘俯雠。干墓支绝，种种不佳。幸奇神天赦发用，朱雀皇诏作恩，可得温旨归里也。后果如所占。

甲午日第九课

```
兄  白后  壬寅   日德 日禄
子  后白  甲午   干奇 仪神
财  合合  戊戌   支墓 三合
```

```
     白后 合合 合合 后白
      寅   戌   戌   午
      戌   午   午   甲
```

```
          合合 勾朱
朱勾 酉   戌   亥   子  青螣
螣青 申               丑  空贵
贵空 未               寅  白后
后白 午   巳   辰   卯  常阴
         阴常 元元
```

课格：元首，炎上，励德，泆女。

课意：循环脱耗，秋冬急暴，身位频灾，家庭累盗。

解曰：三传会火，循环脱干，耗费甚矣。昼午夜寅，皆乘白虎。春夏木旺火相，犹之可也。秋冬遇之，即为饿鬼饿虎，为恶尤暴。身既受灾，而支亦墓脱，必频频招盗也。

断曰：元首之卦，局合炎上，事多利顺，象亦光明。但脱上逢脱，虚诈多端。幸脱气生戌，可取还魂之债。然励德则阴小有灾，泆女则奸私可丑。占者，尚其慎诸。

天时：晴多雨少。家宅：防有耗损，及婢仆奸私。婚姻：不正，大忌。胎产：胎安，产不利。功名：无益。求财：不利交易，得不偿费，止宜索取偿负。疾病：主虚症、火症。失脱：屡见，难获。出行：宜投亲访故。行人：迟至。争讼：彼此多耗，彼来求和。兵战：多耗军储，宜慎重。

《毕法》云：脱上逢脱防虚诈、后合占婚岂用媒？《课经》云：支加干为宅来就人，买屋不费力。《古鉴》：辛酉生人，己酉年寅将，占谒县令。曰：三合盗气，支又来脱干，远涉徒费。泆女淫荡，末财坐墓，纵有厚赠，旋以狎邪耗尽。行年螣蛇衔剑，贵人在后，被克而怒，必主后来嫌怨不足。其人曰：彼有札召我，何为不去？及至，初相见，款洽厚赠。寻因遇友引入妓家，遂倾所有。令知之，果见诮让，情礼顿疏，潦倒而归。

甲午日第十课

官	螣青	丙申	驿马 干刑 天医
父	勾朱	己亥	支德 干合 长生 大煞
兄	白后	壬寅	日德 日禄

```
        青螣  朱勾  螣青  阴常
         子    酉    申    巳
         酉    午    巳    甲
```

```
              朱勾  合合
        螣青  申    酉    戌    亥  勾朱
        贵空  未                子  青螣
        后白  午                丑  空贵
        阴常  巳    辰    卯    寅  白后
                    元元  常阴
```

课格：知一，元胎。

课意：脱空破碎，丁鬼宅内，初马鬼驰，生禄后泰。

解曰：巳乃旬空，又为破碎煞，今临干上，脱干之气，不可守也。酉为日鬼，又遁旬丁，今临支上，不可就也。遂投初传，则逢鬼乘驿马。幸坐空方，不为大害。进而中末，始遇亥之长生，寅之德禄，盖至是而后泰然也。

断曰：知一之卦，长生元胎，凡事先难后易。巳虽空破，却能制鬼。遂使三传递生，助起末传德禄，故巳火不作空论，实为救神。但贵人皆受囚辱，贵不治事，不可干谒妄动。

天时：求晴未晴，求雨未雨。家宅：不宁，防有争斗口舌，火烛虚惊，人亦不旺。婚姻：昼占可合，然龙神坐空，主男家改悔。胎产：胎神临空败，防损。功名：官爻落空，主迟得，或有改调。求财：未见利益。投谒：贵人不悦。疾病：暴病易愈，久病不吉。失脱：元武克勾，难获。出行：须改期。行人：寅日至。争讼：不利投托势要，宜解。兵战：先难后易，宜慎。

《毕法》云：贵人蹉跌事参差。《纂要》云：干上巳，昼占乘太常，干生上神，上神又生天将。凡占尽被脱耗，多虚诈不实。又白虎入丧车，惟申加巳发用为的，占病可畏。《汇函》云：甲日申为青龙，主财帛出其道路，或主远信寄物。又申作龙加孟，为银匠、铁匠、僧人。

甲午日第十一课

```
财  合合  空辰  孤辰 天贼
子  螣青  甲午  干奇 仪神
官  后白  丙申  驿马 干刑 天医
```

```
     元元 后白 螣青 合合
      戌   申   午   辰
      申   午   辰   甲
```

```
              后白 阴常
贵空  未   申   酉   戌  元元
螣青  午                亥  常阴
朱勾  巳                子  白后
合合  辰   卯   寅   丑  空贵
         勾朱 青螣
```

课格：涉害，间传，斩关，登三天，狡童。

课意：空财动取，马载鬼虎，贵坐天门，罡塞鬼户。

解曰：辰为日财，既值旬空，又被夹克。虽临干发用，然动而取之，无所得也。中传午脱干气，末传日鬼，昼乘白虎，加以驿马载之而行，其动必速也。虽贵登天门，罡塞鬼户，仕宦最为吉兆。常人终畏虎鬼，不宜冒昧前行。

断曰：涉害之卦，间传顺进，号登三天，多历艰危，全无凭藉。又斗罡加日发用，格合斩关，龙合入传，神藏煞没，宜逃灾避难，默干阴谋。又孤辰发用，惟利僧道。自干传支，当虚己就人，然亦有声无实也。

天时：欲雨不雨。家宅：主人出外，兼防阴私逃失之事。婚姻：不宜，亦不成。胎产：主逾期，又主难产。功名：先难后易，无中生有。求财：主非光明之财，且归乌有。疾病：肝经受伤，久病及小儿病凶，药宜泻肺。失脱：难寻，逃亡不获。出行：利逃灾避难，然不果行。行人：失约，未来。争讼：必得于远方，然消解不成讼。兵战：季春吉，余不利。

《毕法》云：我求彼事干传支、虎临干鬼凶速速、罡塞鬼户任谋为。"类神"云：六合与天后同入传，谓之狡童卦。占人多不正，所为奸弊，兼防有失。六合临辰主宰杀，又曰违礼，又曰持巾。《括囊赋》云：内出外而己求，阳入阴而彼索。

甲午日第十二课

```
财   合合  空辰  孤辰 天贼
子   朱勾  空巳  破碎
子   螣青  甲午  干奇 仪神
```

```
      后白 贵空 合合 勾朱
       申   未   辰   卯
       未   午   卯   甲
```

```
            贵空 后白
螣青  午   未   申   酉  阴常
朱勾  巳              戌  元元
合合  辰              亥  常阴
勾朱  卯   寅   丑   子  白后
         青螣 空贵
```

课格：重审，进茹，孤辰。

课意：支干拱传，空脱双全，欲进不进，耗盗忧煎。

解曰：干上卯，支上未，拱夹三传辰巳午在内，联珠合璧，凡事可成。但初传空财，引入中末空脱破碎，毫无利益耳。辰未皆为墓神，又皆为日财。今未覆支而辰发用，所谓"支坟财并"也。虽号进茹，而难于进，进则逢空被脱，能免忧煎乎？

断曰：重审之卦，顺进连茹，一下贼上，多逆少顺。龙战主乎狐疑，孤辰不免茕独。若有侥幸之得，必有无意之失。网刃坐于干支，虎鬼临于墓上，进而得尺，不如退而守寸。如在外经商，必然折本伤财，致有羁旅之叹。

天时：求雨无雨，求晴难晴。家宅：主虚耗，兼防口舌。婚姻：不成。胎产：占胎不宜，占产立下。功名：无成①，夜占贵临宅上，墓神未中藏申，官主门荫或诰封。求财：中末助初财，似可有得，然初空，屡有改变。疾病：墓临宅，未中申为家鬼，名曰墓呼，占病凶，宜祷家神保佑。失脱：主奴婢盗窃，夜占勾临日克元，可获。出行：主蓦然远出，孤客彷徨。行人：稽迟在彼。争讼：主以下抗上，不利，宜解。兵战：宜慎。

《毕法》云：进茹空亡宜退步、所谋多拙遭罗网。《纂要》云：三传皆是空亡，便宜退步。庶甲木不为火烬，奈支干前后夹定空脱，尽被耗散，无有穷期。如遇丑为年命，即当退就禄神。《玉华略》云：木遇三孤，乃寡妇之煞。

---

① 原文字迹错断，貌似"成"。

乙未日第一课

财　勾勾　空辰　羊刃　支墓　孤辰
财　螣白　乙未　干墓
财　白螣　辛丑　支冲① 福星　破碎

螣白 螣白 勾勾 勾勾
未　未　辰　辰
未　未　辰　乙

　　　　　朱空　螣白
合青　巳　午　未　申　贵空
勾勾　辰　　　　　　酉　后元
青合　卯　　　　　　戌　阴阴
空朱　寅　丑　子　亥　元后
　　　　　白螣　常贵

课格：伏吟，自信，斩关，稼穑，游子。

课意：三传日辰，总数财神，丑未白虎，大吉乘辛。

解曰：三传纯土，及日辰阴阳，皆为日财。总而数之，遍地财神，宜若取之不穷矣。然发用空亡，已为虚而不实之象。又昼未夜丑，皆乘白虎。末传大吉，旬遁辛鬼。鬼乘夜虎，其凶弥甚。孰谓财多无害也哉？

断曰：自信之卦，局合稼穑，斗罡临日发用，既号斩关。三传俱属季神，亦名游子。静则伏匿而未发，动则艰阻而不宁。末传虎乘遁鬼，占者必因财致讼，因食伤身。知几②君子，能远弃其财，急流勇退，乃可永贞而无咎。

天时：湿蒸而无雨，后有风雷。家宅：昼占主宅有伏尸，夜占多蛇鼠穴。婚姻：不成。胎产：主胎伏不动，后忽动不安，防损漏。功名：宜捐财得微职，或屯田开垦效力。求财：始无得，终有祸。疾病：主脾病，初起不妨，久者不吉。失脱：难获。出行：犹豫未定。行人：流落未归。争讼：主为田土之事，宜解散。兵战：宜屯田固守，交锋无利。

《毕法》云：传财化鬼财休觅、支乘墓虎有伏尸、干支乘墓各昏迷。《课经》云：此卦不宜求财，为借钱还债不明。《订讹》云：游子并斩关为绝迹课。《指窍》云：四季稼穑，辰为五阳之促，又为更新，白虎主丧服，惟乙日不妨。虎蛇主虚耗。

---

① 原文：貌似"支墓"。
② 通"机"。

乙未日第二课

```
财  阴阴  戊戌   三刑   六破
兄  青合  癸卯   干禄   地医
子  朱空  甲午   仪神   支合   鲁都   天贼
```

```
      合青 朱空 空朱 青合
       巳   午   寅   卯
       午   未   卯   乙
```

```
              合青 朱空
   勾勾  辰   巳   午   未  螣白
   青合  卯             申  贵常
   空朱  寅             酉  后元
   白螣  丑   子   亥   戌  阴阴
            常贵 元后
```

课格：昴星，掩目，励德。

课意：支上旬首，干上旬尾，首尾纡回，虎视可畏。

解曰：午为旬首，临于支上；卯为旬尾，临于干上，首尾纡回不断。倘逢灾难，未易解脱也。况卦名虎视，所投不利。闭口之禄不可守，昴星之财不可取，归于支上，坐墓守困而已。

断曰：昴星之卦，亦名冬蛇掩目，乃暗昧忧惊之象。春日占之，卯禄正旺，宜守分知足，自见安宁。又干支互乘死气，卯虽旺禄，名为闭口，变而为六害。昼乘六合，当主自己煎熬。所喜末助初财，然亦不宜妄动。

天时：阴晦沉寒，久而得霁。家宅：主家有土工，厅堂多尘埃，或有怪异官非。婚姻：有阻，不成。胎产：主婢妾私孕。功名：有官者转职增俸，余无利。求财：有得，得力于奴仆，终防有耗。疾病：主伤腰膂，或中虚。失脱：可获。出行：驿马临第四课，主忽有远行。行人：即至。争讼：有解。兵战：少利，遇辰则吉。

《毕法》云：首尾相见始终宜、人宅皆死各衰嬴、旺禄临身徒妄作、魁度天门关隔定。《断验》：丁丑六月未将，代占一职方请开边。曰：昴星虽无蛇虎入传，只宜静守。贵居本位，驿马旬空，天门魁隔，中传断桥。凡事有阻，不利举动。况朱雀犯岁君，必撄上怒。日临死地，辰临败地，后必有祸。疏上，果谪戍①。壬午岁起，任边事，以失机典刑。

---

① 原文：戌。

乙未日第三课

父　元后　己亥　大煞　日盗　日医
兄　空朱　壬寅　亡神
子　合青　空巳　干奇

　　　青合　合青　常贵　空朱
　　　卯　　巳　　子　　寅
　　　巳　　未　　寅　　乙

　　　　　　勾勾　合青
青合　卯　　辰　　巳　　午　　朱空
空朱　寅　　　　　　　　未　　螣白
白螣　丑　　　　　　　　申　　贵常
常贵　子　　亥　　戌　　酉　　后元
　　　　　元后　阴阴　　　后元

课格：昴星，掩目，元胎。

课意：元胎衰替，孟临季位，支嗣空亡，长生无气。

解曰：凡元胎卦，必四孟相加，故止有生胎、病胎、绝胎之名。此卦三传，俱坐衰地，由孟临季位而发传。但取干支上神，不由地盘故也。巳为嗣息，临支落空，徒为虚脱。亥虽长生，但昴星发用无力，兼入衰方，被丑土克制，不足恃也。

断曰：昴星之卦，柔日名为冬蛇掩目，主惊忧不定，进退无凭之象。始见顺利，旋成乖隔。因三传俱坐克脱之乡，且自上生下，全无旺相也。喜初传昼夜皆乘水将，可以助亥育干。

天时：久雨难晴，占雨即得。家宅：主虚耗，必为子孙喜事多费。婚姻：昼占吉而龙神空陷，主男家不欲就。胎产：孕妇多病，产速而不长进。功名：昼占或得父荫，或文字之力。求财：不利。疾病：不安，久病忌。失脱：不获。出行：有惊忧。行人：淹滞。争讼：易解。兵战：敌兵空营而去。

《毕法》云：不行传者考初时。《指掌赋》云：昴星阴阳无克，从至阴处讨出消息来，俯视者忧近。《古鉴》：丑将占贼。曰：元武克日，必主破财。青龙克酉，贼本合败，却被旺亥反制巳火，贼得水中伏匿。戌为来路，亥为去方，皆在西北。酉为贼本家，必属鸡。酉六亥四，遁得乙八丁六。酉无气不倍，当于二十四里外，门前有林木，屋后有水处，捕之。果验。

乙未日第四课

财　青螣　辛丑 _{破碎 支冲 福星}
财　朱阴　戊戌 _{三刑 六破}
财　后白　乙未 _{干墓}

<u>青螣　常勾　朱阴　青螣</u>
　丑　　辰　　戌　　丑
　辰　　未　　丑　　乙

	白合	常勾		
空朱　寅	卯	辰	巳	元青
青螣　丑			午	阴空
勾贵　子			未	后白
合后　亥	戌	酉	申	贵常
	朱阴	螣元		

课格：重审，稼穑，励德，游子。

课意：干就支所，财宜急取，稍缓遭昏，丑辛可惧。

解曰：乙课在辰，辰就支上，是为人就财所，速取为佳。若就留连，则必为未所墓，而遭其昏滞也。况丑遁辛鬼，临干发用，有因财致祸之象，可不惧乎？

断曰：此重审之卦，合稼穑之局。事非顺利，多历艰辛。循理则亨，犯上不吉。四课墓覆而不备，三传恃势而递刑。昼占蛇乘遁鬼，大有惊恐不宁。赖末传未虎冲破丑墓，是为以凶制凶，聊得其平耳。携金告贵，纳粟奏名则吉。

天时：湿蒸霾雾，晴阴不定。家宅：人往就宅，昏晦不宁。婚姻：夜占可合，亦见刑冲。胎产：不实。功名：夜占利，宜捐赀而得之。求财：宜见机①急取，恋则生灾。疾病：求神则吉，但防尊长。失脱：难获。出行：不果。行人：昼占至，夜占得空信。争讼：主为妻财，或酒食起衅。兵战：宜防伏兵。

《毕法》云：宾主不投刑在上、传财化鬼财休觅。《课经》云：三宫皆土，兄弟以力相伤，为恃势刑。《断验》：庚辰生人，戊申，戌将，占财产。曰：日上见财乘龙，又临行年，主进田产，不用钱买。中传朱雀，有人争竞。末传未作天后，应归还内戚。日就支财，旋得众赀。却因门前有坟侵界兴讼，财化为鬼。若非春占乙旺，则不惟破横得之财。即在己者，亦须破尽也。皆验。

---

① 原文：几。

乙未日第五课

兄　白合　癸卯　干禄　地医
父　合后　己亥　日盗　日医　大煞①
财　后白　乙未　干墓

合后　白合　贵常　勾贵
亥　卯　申　子
卯　未　子　乙

```
              空朱  白合
青螣   丑    寅   卯    辰   常勾
勾贵   子                巳   元青
合后   亥                午   阴空
朱阴   戌    酉   申    未   后白
            螣元  贵常
```

课格：元首，曲直，淫泆。

课意：贵临乙木，支乘干禄，仔细推之，无礼反目。

解曰：子为旦贵，临于日干；卯为日禄，加于支上。乍视之可谓美矣。然细推之，干支上下，子未、卯辰互作六害，又干上子，与支上卯，彼此相刑，无礼反目，甚可恶也。

断曰：元首之卦，局合曲直，以尊制卑。三传比日，又且旦暮②贵人，临日阴阳；日禄长生，临辰阴阳，宜无不吉。然交车六害，俯丘仰雠，子卯无礼，后合不正，往往自招悔吝，先吉后凶也。旺禄临支，昼合夜鬼，会木伤支，人虽强旺，宅必倾颓。

天时：多风有雨，长养禾稼，亦生虫蟓。家宅：防有奸私暗昧，及有伏尸。婚姻：不用。胎产：胎安，防难产。功名：得贵得禄，然美中不足。求财：有禄者不宜。疾病：不妨，然难全愈。失脱：在木器内，或在林中。出行：仕宦吉，宜用舟楫。行人：即归。争讼：难解。兵战：胜，宜委粮诱敌。

《毕法》云：权摄不正禄临支、贵虽坐狱宜临干、宾主不投刑在上、彼此猜忌害相随、合中犯煞蜜中砒。《指南》：己丑年未将，占地方安否？曰：子为游都临干，卯为贼符临支，发用木局为舟楫，主有贼船东来。然初中休囚，末传太阳月建，城邑无虞也。至己亥日，果有贼自东来，水陆并进，人民骇走，系有奸人勾引。官兵一出，贼果奔溃。

---

① 原文无此，但标于末传"干墓"之后者，貌似"大煞"，考其起例当是抄刻错排，今予更正。
② 原文：墓。

乙未日第六课

```
子  阴空  甲午   鲁都  天贼  支合  仪神
财  青后  辛丑   福星  支冲  破碎
官  贵勾  丙申   干德  支仪  日解
```

```
     膫合 空阴 阴空 合膫
      酉   寅   午   亥
      寅   未   亥   乙
```

```
           青后 空阴
    勾贵 子  丑  寅  卯 白元
    合膫 亥          辰 常常
    朱朱 戌          巳 元白
    膫合 酉  申  未  午 阴空
            贵勾 后青
```

课格：重审，六仪，四绝。

课意：守有生路，解忧散虑，昼贵空亡，夜贵临墓。

解曰：亥为长生，临于日上，守之则得其益。若动而之传，午脱日气，昼乘天空空脱之神，惟宜解忧散虑而已。中传财丑遁辛鬼，亦不可取。末传夜贵坐墓，昼贵坐空，皆不足恃也。

断曰：重审之卦，事多不顺，起于阴小。喜三传递生以生日。又旬仪发用，支仪居末，亦可逢凶化吉，得意外之遇。但卦名四绝，止宜结绝旧事，不可妄作图新。

天时：晴雨得宜，可望丰岁。家宅：主有老阴人作耗，或左旁小巷坍塌。婚姻：宜赘婿。胎产：主老婢孕。功名：主有异遇，孟冬占吉。求财：恐因财致患。疾病：主身弱，防饮食暗伤。失脱：昼夜贼神俱空，难获。出行：不宜谒贵，余亦未利。行人：即至。争讼：此胜彼负。兵战：意外得捷，宜慎其后。

《毕法》云：前后引从升迁吉。《古鉴》：一县令巳生，寅将，占前程。曰：亥虽生干，有蛇扰之。功曹作太阴合亥，曹吏为奸。午火临绝乘空，主妻子有灾。申鬼数七，七个月被曹职羁滞，遇运使始得解去。子作贵，加本命巳上，以子为漕运故也。《指南》：一内监被逮，用戌将占。曰：日上皇恩，支见天赦、太岁，贵人生日，子命初末引从，必转祸为福。后果免罪，寻复原职。

乙未日第七课

```
财  朱朱  戊戌   六破 三刑
财  常常  空辰   羊刃 支墓 孤辰
财  朱朱  戊戌   六破 三刑
```

```
      后青 青后 青后 朱朱
       未   丑   辰   戌
       丑   未   戌   乙
```

```
         勾贵 青后
   合螣  亥  子   丑  寅  空阴
   朱朱  戌              卯  白元
   螣合  酉              辰  常常
   贵勾  申  未   午  巳  元白
           后青 阴空
```

课格：返吟，无依，稼穑，斩关。

课意：满目空财，往而不来，宅乘遁鬼，因妻致灾。

解曰：三传俱财，然落空陷，不足用也。返吟主往来反覆，今俱空绝，则往而不来矣。丑财在支，旬遁辛鬼，反伤乙木。丑为乙妻，而昼乘天后，故当因妻致祸也。

断曰：此返吟无依之卦，课传纯土，局合稼穑，于变动不宁之中，仍有艰难困苦之意。三传皆落空陷，主事有声无实。虽就必更，纵得还失。吉不成吉，凶不成凶。满目皆财，取之不得，不取又贪，有身入宝山，空手而还之象。

天时：夜将乘龙，主有雨。家宅：主家道空乏，夫妻不睦。婚姻：不宜，亦不成。胎产：主双胎。功名：无所就。求财：难得。疾病：主三消之症，久则凶。失脱：难寻。出行：不果。行人：未至。争讼：为争空财，旋各解散。兵战：未利。

《毕法》云：空空如也事休追、来去俱空岂动移？《课经》云：旬尾昼乘元、夜乘虎，为禄，作闭口，不必加旬首也。《古鉴》：丁丑亥将占会试。曰：三传年命，魁罡俱空，如何敢许甲榜？丑年未日，合而为魁即中，后居官未久，即当丁艰。盖传课纯财，印爻被克故也。后果验。

乙未日第八课

```
子  元白  空巳  干奇
财  朱朱  戊戌  六破 三刑
兄  白元  癸卯  干禄 地医
```

```
     元白 勾贵 空阴 螣合
      巳   子   寅   酉
      子   未   酉   乙
```

```
        合螣 勾贵
朱朱 戌  亥  子  丑 青后
螣合 酉          寅 空阴
贵勾 申          卯 白元
后青 未  午  巳  辰 常常
        阴空 元白
```

课格：知一，铸印，度厄，励德。

课意：丁鸡抱蛇，初中虚花，卯虽是禄，元虎相加。

解曰：酉为旬丁，又作日鬼。夜占乘螣蛇而临干，为忧疑之象。初传旬空，中传坐空，凡事虚而不实。末传卯虽日禄，然夜占元武，则为盗脱；昼占白虎，则为凶战，宁可取乎？徒有铸印之美名而已。

断曰：知一之卦，格合铸印。惜初中空陷，神将非佳，恩中有害，触处惊疑。课名度厄，不利长上。在君子为虚声无实，官禄不宁，马空印破。在常人为孤独无成，既防病讼，亦见别离也。惟巳年月占之，仕宦可卜亨利。

干乘六合，支乘六害，外和而内不和。

天时：主有风雷，而雨泽甚少。家宅：夜占人宅不宁。婚姻：不成，虽合不利，宜迟配。胎产：胎神坐空，利产不利胎。功名：考试迟钝，宦途亦有未稳，巳年月吉。求财：往来无济，静守反得。投谒：昼贵坐害，夜贵在卯，不宜干贵。疾病：主惊痫风火，或噤口不食，久病大不利。失脱：难寻，见者不言。出行：改期。行人：久望不至。争讼：防遭曲断。兵战：未利。

《毕法》云：害贵讼直遭曲断、传墓入墓分憎爱、常问不应逢吉象。《订讹》云：夏月巳午时，或值蛇雀太旺，或值空亡，皆为破印损模。《指掌赋》云：三下贼上为长度厄，越海无舟楫之刑。

乙未日第九课

父　合螣　己亥　<small>大煞　日盗　日医</small>
兄　白元　癸卯　<small>干禄　地医</small>
财　后青　乙未　<small>干墓</small>

<small>　　白元　合螣　勾贵　贵勾</small>
　　卯　　亥　　子　　申
　　亥　　未　　申　　乙

		朱朱	合螣		
螣合	酉	戌	亥	子	勾贵
贵勾	申			丑	青后
后青	未			寅	空阴
阴空	午	巳	辰	卯	白元
		<small>元白</small>	<small>常常</small>		

课格：重审，曲直，狡童。

课意：自生传墓，先醒后雾，夜贵乘罡，昼贵保护。

解曰：亥为日之长生，未为日之墓库。初亥、末未，自生传墓也。《经》曰"自墓传生，先迷后醒"，此则反是。两贵俱临日之阴阳，但夜贵乘罡作鬼，有伤乙木。赖昼贵生乙脱申，贵德相扶，大宜丁贵求神，暗中保护也。

断曰：重审之卦，局合曲直，帘幕临干，长生发用，更逢春占木旺，定主富贵荣华，官禄并至。但合中刑害，先阻后成，又防弟兄连累。干支值绝，止宜告贵，结绝旧事。

天时：多风雨，草木繁。家宅：夜占宜慎闺门。婚姻：不用。胎产：胎坐空生，防不育。功名：春冬占大吉，昼占考试高第。求财：可得。投谒：两处只有一处得力。疾病：主脾病少食，难愈。失脱：勾克元武，捕之必得。出行：宜从舟楫。行人：即至。争讼：先直后曲，告贵求和。兵战：夜占吉。

《毕法》云：贵虽坐狱宜临干、彼此猜忌害相随。《课经》云：自生传墓，主初谋事时，如花似锦，后反迷惑。《指南》：戊子年亥将，一官占行藏。曰：木局茂盛，蛇化为龙，必是舟车之职，向后功名远大。因幕贵坐空，故不由科第。而印爻发用，末传皇恩，由门荫出身。正官临日，偏印居支，先升知府，后转司道也。果现任工部，未几，升知府。

乙未日第十课

```
财  螣青  乙未  干墓
财  阴朱  戊戌  六破 三刑
财  白后  辛丑  支冲 破碎 福星
```

```
       白后 阴朱 阴朱 螣青
        丑   戌   戌   未
        戌   未   未   乙

        后合      阴朱
贵勾  申  酉   戌  亥  元螣
螣青  未       子  常贵
朱空  午       丑  白后
合白① 巳  辰  卯  寅  空阴
        勾常 青元
```

课格：重审，稼穑，不备，赘婿。

课意：辛鬼后墓，休买田土，循环三刑，因财受苦。

解曰：丑为日财，其占为田土。然旬遁辛鬼，鬼墓在后，能伤乙干，又财化为鬼。若事涉田土，于中取财，则循环于三刑之中，缠绕不脱，必致因财起衅，受诸苦楚也。夜占初传螣蛇，末传白虎，其凶尤甚。

断曰：重审之卦，课传皆季，局合稼穑。干支各遭墓覆，事多艰苦，境亦沉迷。虽满目皆财，而妄求必招灾悔。循理守顺，利必自来。昼贵立酉，显者增荣，下秩所忌。又支财就干，最宜速取，缓则化墓矣。

天时：阴湿不见日色。家宅：主宅来就人，买之不费力，又戌作朱雀加未，主有恶犬伤人。婚姻：主纳妾，或妇人携儿改嫁，昼占吉。胎产：胎神临败克，防有伤损。功名：用财可得，须历艰辛，卑位防谪。求财：自来者急取，往求则致祸。疾病：中停饮食，寒热不安。失脱：龙雀入墓，遗失文书之属。出行：墓覆，必不成行。行人：在彼不能得意，未归。争讼：主因田财而发难端。兵战：俟彼来侵，可胜，我动不吉。

《毕法》云：华盖覆日人昏晦、干墓并关人宅废、虎乘遁鬼殃非浅、宾主不投刑在上。《指要》云：三传稼穑，田土稽停，四季迎财，尚宜守旧。《指掌赋》云：辰临日而受克，名为赘婿，不能自立其身。

---

① 原文：后白。

乙未日第十一课

官	贵勾	丙申	干德 日解 支仪
财	阴朱	戊戌	六破 三刑
父	常贵	庚子	游都 支德 六害

```
        元螣  后合  贵勾  朱空
         亥    酉    申    午
         酉    未    午    乙
```

```
           贵勾 后合
  螣青 未  申    酉   戌 阴朱
  朱空 午              亥 元螣
  合白 巳              子 常贵
  勾常 辰  卯    寅   丑 白后
           青元  空阴
```

课格：重审，涉三渊，间传。

课意：丁鬼入宅，费用不一，尚可交关，贵不见恤。

解曰：酉为日鬼，又为遁丁，今居宅上，盗未之气，多缘有所动变，遂致费用甚多。辰与酉合，午与未合，日辰上下交车相合，尚可利于交关。但昼贵入狱，夜贵受克，贵人自顾不给，焉能望其恤我？则干之无益也，明矣。

断曰：重审之卦，顺进间传，日辰皆受脱耗，两贵受制蹉跌。凡所谋为，皆难遂志。有心无力，外美中暌。好事迟成，凶灾难散。申子与日课，合为水局；中传戌土，有山之象；又皆入夜方，幽人贞守，山水怡情，为叶其吉。

天时：久畅得雨。家宅：主多变动耗费，兼防婢仆奸私。婚姻：主养媳养婿，先情后礼。胎产：主非正妻孕，或媵婢，又主女胎。功名：多费难成，三月占可以有得。求财：所得不偿所费。投谒：见贵无益。疾病：主上部虚，宜祈祷鬼神。失脱：勾生元，防捕人纵盗。出行：利北方及巳月。行人：到家恐复出。争讼：此多脱耗，彼有挑唆，易结难解。兵战：无益，春月吉。坟墓：辰方出水则吉，或辛龙入首可阡。

《毕法》云：空上逢空事莫追、鬼乘天乙乃神祇、交车相合交关利、人宅受脱俱招盗。《课经》云：自刑之中，午酉又为四胜煞。凡占自逞其能，各怀邀功逞俊之意。《指掌赋》云：申戌子名涉三渊，当隐于山林。

乙未日第十二课

```
官  后元  丁酉  天医
财  阴阴  戊戌  六破 三刑
父  元后  己亥  日盗 大煞 日医
```

```
     后元 贵常 朱空 合青
      酉   申   午   巳
      申   未   巳   乙
```

```
      　　 　 螣白 贵常
朱空  午   未   申   酉   后元
合青  巳             戌   阴阴
勾勾  辰             亥   元后
青合  卯   寅   丑   子   常贵
         空朱 白螣
```

课格：遥克，嚆矢，进茹。

课意：空脱实鬼，庶俗深畏，仕宦宜占，三奇并值。

解曰：巳为空脱而临日，申乃实鬼而临辰，主有病讼耗费，故庶俗畏之；仕宦则为驿马官星，况三传元遁得乙丙丁三奇，尤上吉之课也。

断曰：遥克之课，顺进连茹，祸福俱轻，事主牵连不决，谋望未成。独连珠三奇，幕贵入宅，大利科第。仕宦必有奇遇，富贵非常也。

家有客来不可留，西南方防有口舌。

天时：多雨而寒。家宅：多宾筵之费，防婢妾奸私。婚姻：不用。胎产：生女。功名：主有遇奇，荣贵可期。求财：耗折。疾病：不吉，不止一症。失脱：必系婢仆。出行：赴试上官吉，余不利。行人：忽然而至。争讼：难解，两家俱耗。兵战：秋冬不利。

《毕法》云：鬼临三四讼灾随。《指南》：丁丑年亥将，占会试。曰：日鬼皇恩发用，中传河魁天喜，末传长生太阳，支见幕贵官星；又雀生太岁，文字华藻，高捷无疑。嫌干支互绝，官难通显。果举进士以主政终。又：甲申年申将，县令占行止。曰：岁贵劫贼临支，贼符驿马加干，地有兵扰。幸干网逢空，必得解脱，往水乡安稳。又：己丑年午将，占病。曰：身加卯为棺，又乘驿马，干支互绝，青龙太常为孝服。戌加酉为纸钱煞，九月节尽矣。皆验。

丙申日第一课

兄　勾空　空巳 _{干德　日禄}
财　螣元　丙申 _{鲁都　天贼}
父　白合　壬寅 _{长生　游都}

_{螣元　螣元　勾空　勾空}
申　申　巳　巳
申　申　巳　丙

　　　　_{合白　朱常}
勾空　巳　午　未　申　螣元
青青　辰　　　　　酉　贵阴
空勾　卯　　　　　戌　后后
白合　寅　丑　子　亥　阴贵
　　　　_{常朱　元螣}

课格：伏吟，元胎，励德，寡宿。

课意：德空禄亡，中财昼元，末生夜虎，壬遁寅边。

解曰：巳乃日之德禄，既作空亡，又乘天空，是德空禄亡也。中传虽为日财，昼乘元武，反主耗失。幸末传寅为日之长生，似可依附。奈夜占乘虎，旬遁得壬，是生中反有所伤，不如坐守宅上虚耗之财，犹愈于妄动也。

断曰：自任之卦，支干上下阴阳，皆作六合，格名和美，主有将伯相助，合谋成事。但合中有刑有破，美中不足之象。

天时：日上巳火空陷，又作天空，万里无云。**家宅**：支干作合，人宅相安，宅上乘元，防有失脱。**仕宦**：德禄空亡，占官不吉。**求财**：己财防失，何暇他求？**婚姻**：上下相合，占婚可就。**胎产**：母实儿空，占产不吉。**疾病**：肺气不足，医不得力。**出行**：速行可去，迟则难行。**行人**：马居末传，行者立至。**兵战**：未见其利。

《毕法》云：空上逢空事莫追、虎乘遁鬼殃非浅。《指南》：酉加酉占，不言所事。曰：命居太阳贵人之上，必居相位。然伏吟递克，定有参劾行动之事。太阳坠酉，必不久留。后知代占柄国者，果被论归。又：巳加巳，占两人枚卜。曰：两人皆不入相，且被弹劾而归。缘三传递互刑克，全无和洽之气。刚日伏吟见马，归象已兆矣。果皆不拜。一人被参，一人下狱。下狱者，命见地网，是以罹祸尤重也。

丙申日第二课

```
父  空勾  癸卯  日盗
父  白合  壬寅  长生 游都
子  常朱  辛丑  日医 支德
```

```
    合白  朱常  空勾  青青
    午   未   卯   辰
    未   申   辰   丙
```

```
            勾空  合白
青青  辰    巳    午    未  朱常
空勾  卯              申  螣元
白合  寅              酉  贵阴
常朱  丑    子    亥    戌  后后
            元螣  阴贵
```

课格：元首，退茹，斩关。

课意：退逢生处，进入空所，事到中门，马载虎鬼。

解曰：进则入辰之空所，退则逢寅卯之生地。卯为门户，今作发用，主门户中事也。寅为日马，遁得壬水为鬼，是马载虎鬼。其凶祸之发，必甚迅速矣。仕宦宜占，常人则否。

断曰：退茹之课，事不宜进，发用陷空，止有虚声。支干之阴神，作旬首旬尾，亦谓之首尾相见，凡谋皆可成就。干上二课皆空，支上二课皆实，大抵外事虚而内事实也。又干支皆乘墓神，凡事昏沉，不能全体通快。

天时：日上乘龙，天罡指巳，但支干皆土，有雨不多。家宅：宅中相合生支，有和气致祥之象。求财：青龙作脱气，无得有失。仕宦：青龙临身，遁官乘虎，功名大利。婚姻：日上皆空，男占不吉。胎产：上强下弱，二阴包阳，妊是男喜；母实儿空，占产不利。疾病：遁鬼乘虎，脾胃受伤之症，春冬占可畏。出行：水陆二路，皆不吉利。行人：天罡加孟，尚未启行。兵战：夜占甚凶，大宜谨慎。

《毕法》云：虎乘遁鬼殃非浅、空上逢空事莫追。《课经》云：白虎加临于旬内之干，为日鬼者，凡占皆畏，其咎弥深，纵空亡亦不能为救。《指掌赋》云：卯寅丑联芳悔吝，须知否极泰来。《括囊赋》云：木逢勾虎，必栋折于三刑。

丙申日第三课

```
子  勾朱  辛丑  日医 支德
官  朱贵  己亥  勾神 亡神
财  贵阴  丁酉  破碎

       白青 元白 勾朱 空勾
        辰  午  丑  卯
        午  申  卯  丙

              白青 常空
空勾  卯   辰   巳   午  元白
青合  寅            未  阴常
勾朱  丑            申  后元
合螣  子   亥   戌   酉  贵阴
         朱贵 螣后
```

课格：重审，逆间，极阴。

课意：干上旬尾，支上旬始，干谒贵人，最宜启齿。

解曰：干上之卯，乃是本旬之尾，支上之午，乃是本旬之首，名周而复始格，又名一旬周遍格。凡值此者，占事不脱，所谋皆成。昼夜贵加，并临于中末，告贵最宜。

断曰：间退之课，进步艰难，又系极阴，凡占昏滞。惟二贵入传，赴试最吉。干谒必涉二贵，交加用事，去而复来，但不宜占解散忧疑之事。且支之阳神，昼乘白虎克支；支之阴神，夜乘白虎脱支，宅内有不宁之象，与"支乘墓虎有伏尸"同论。

天时：天罡指阳，毕宿居未，课曰极阴，占昼则晴，占夜则雨。**家宅**：宅临羊刃，防有刑伤，夜占更防失脱。**仕宦**：两贵入传，功名可望，然支干皆败，后必难保。**求财**：宜得贵人之财。**婚姻**：干上落空，占婚不吉。**胎产**：下强上弱，课又极阴，妊乃成女；母实儿空，占产不吉。**疾病**：此系火症，病实人空，若无年命相救，恐不能起。**出行**：路陆稍吉，水路大凶。**行人**：天罡加仲，尚在中途。**兵战**：仲春乃吉，余时欠利。

《毕法》云：鬼乘天乙乃神祇、支乘墓虎有伏尸、干支皆败势倾颓、一旬周遍始终宜。干上卯，支上午，干支皆乘败气，是为破败神临宅，必宅中有人不利，渐致家道衰残。《壬髓经》云：当门台土，所行见阻。《指掌赋》云：丑亥酉为极阴，无出潜之意。

丙申日第四课

兄　常空　空巳　_{干德 日禄}
父　青合　壬寅　_{长生 游都}
官　朱贵　己亥　_{勾神 亡神}

　　　　_{青合　常空　朱贵　青合}
　　　　寅　　巳　　亥　　寅
　　　　巳　　申　　寅　　丙

　　　　　　_{空勾　白青}
青合　寅　　卯　　辰　　巳　常空
勾朱　丑　　　　　　　　午　元白
合螣　子　　　　　　　　未　阴常
朱贵　亥　　戌　　酉　　申　后元
　　　　　_{螣后　贵阴}

课格：元首，元胎，寡宿，不备。

课意：人往就财，传课萦回，所欲未得，所畏须来。

解曰：申为日财，巳加于申，是人往就财也。三传不离于四课，萦回不断，不能解散忧疑。所欲者申财，今坐于鬼方，取则有祸，不可得也。末传亥水克干，是其所畏，无所克制，势所必来矣。

断曰：元胎之课，事从新起。巳加申作合，谓之干支相会，宜占交加会合之事。巳为旬空，昼将天空，循环空回，求望皆难如意。支乘六合，干乘六害，而官鬼又在末传，主自己煎熬，他人逸乐。青龙乘寅，若作月内生气，谓之龙加生气，当徐徐发福。

天时：日上龙合皆空，昼占乃晴，末传朱雀投水，夜占乃雨。家宅：人宅皆空，不能骤发。仕宦：填实支干，富贵可得。求财：龙空财薄。婚姻：下合上害，自己有阻。胎产：二阴包阳，妊乃成男，母子俱空，母吉儿凶。疾病：齿痛呕血，或心经受病，可以速愈，冬占不吉。出行：水陆皆吉。行人：天罡加季，行者立至。兵战：禄马皆空，未见其利。坟墓：当是金局，甲寅落脉，壬丙作向为佳。

《毕法》云：富贵干支逢禄马、权摄不正禄临支、彼此猜忌害相随。《课经》云：干上寅为驿马，支上巳为日禄，初传巳为相气，加申为用，末传亥为贵人，年命再逢禄马贵人者，谓之荣华课。主人宅俱利，出入俱亨。倘用兵征讨，有得地千里之象。

丙申日第五课

官	合螣	庚子	福星	三合
财	后元	丙申	鲁都	天贼
子	白青	空辰	仪神	孤辰

```
      合螣 白青 贵阴 勾朱
       子   辰   酉   丑
       辰   申   丑   丙
```

```
              青合 空勾
勾朱  丑   寅   卯   辰  白青
合螣  子            巳  常空
朱贵  亥            午  元白
螣后  戌   酉   申   未  阴常
              贵阴 后元
```

课格：重审，润下。

课意：事虽难行，亦反可成，惟宜姑待，三六合并。

解曰：三传全水，来伤日干，事若难行。殊不知申子辰为三合，干上见丑，又为六合。巳申亦合，辰酉亦合。《经》云"三六相呼见喜忻，纵然带恶不成嗔"，况干上丑土，亦足以敌其传水，凡谋皆有成就。惟不宜欲速成功，徐以待之可也。

断曰：润下之课，三传全鬼，唯利占官，病讼最忌。自支阴之鬼发用，谓之家鬼取家人。赖干有救，可以弭患。又当察救神为何等之神，如朱雀必得文书之力，如贵人必得官长之力也。

天时：昼占朱雀临干，早必见日；三传润下，午后阴雨。**家宅**：昼占见喜，夜占见忧。**仕宦**：三传皆是官星，功名甚利。**求财**：危中取财。**婚姻**：事在必成，神空不吉。**胎产**：女孕，易产。**疾病**：肾水不足，或脾泄之疾，不久自愈。**出行**：陆路平安。**行人**：天罡加孟，尚未启行。**捕获**：贼在东南屠宰之家，与女人相合。**兵战**：结连众敌，谨慎则吉。

《毕法》云：众鬼虽彰全不畏、万事喜忻三六合、传鬼化财财险危。《纂要》云：三传俱鬼，则能去比肩，而无夺财之神。如三合课全作日鬼，两课俱空，独存一字为财，乃是全鬼变财也。终是危险，总得之亦不甚稳。若年命上乘日鬼，其祸仍发，终不为财也。

丙申日第六课

```
子   螣后   戊戊   墓神  天医
兄   常空   空巳   干德  日禄
官   合螣   庚子   福星  三合
```

```
    螣后 空勾 阴常 合螣
     戊   卯   未   子
     卯   申   子   丙
```

```
            勾朱 青合
合螣  子    丑   寅    卯  空勾
朱贵  亥              辰  白青
螣后  戌              巳  常空
贵阴  酉    申   未    午  元白
            后元 阴常
```

课格：知一，四绝，铸印。

课意：彼己无礼，闭口为美，各自昏迷，病绝药饵。

解曰：干支子卯相刑，彼己无礼。卯乃旬尾，临于宅上，居家者闭口可也。巳临戌上，申临丑上，各自坐墓，甘于昏迷矣。病绝药饵者，缘卯为闭口，不能饮食及药饵也。

断曰：知一之课，首尾两端，下合上刑，夫妻反目之象。墓神发用，旧事复兴。课名铸印，传入空亡。中传禄神，逢空入墓，又被子克戌掩，全然无气，大不利于仕宦。

天时：水神空陷，朱雀受克，阴而不雨。家宅：卯为闭口临宅，防门户是非。仕宦：官禄皆空，求官不吉。求财：己财难守，外财难得。婚姻：支干相刑，日上又空，占婚不吉。胎产：二阳包阴，妊女之象；母实儿空，占产不利。疾病：心家、肝家受病，或闭口不食，年命有救，方可言生。出行：陆路不吉，水路可行。行人：天罡加仲，尚在中途。遗失：在西方寻。兵战：支干各自相刑，未见其利。

《毕法》云：宾主不投刑在上、不行传者考初时、人宅坐墓甘招晦、干墓并关人宅废。《三车一览》云：胎神在子，加于干上，若正月占，非妻有孕，即偏室怀胎。但逢空陷，必系鬼胎，否则胎坠。《心镜》云：卯加申，戌加卯，占病必手足不举，或手足受伤之类。《原纂义》云：戌加卯为归课，占小人即到。

丙申日第七课

父　青元　壬寅　长生　游都
财　后合　丙申　天贼　鲁都
父　青元　壬寅　长生　游都

```
      后合  青元  常空  朱贵
       申    寅    巳    亥
       寅    申    亥    丙
```

```
朱贵  亥    合后       勾阴
              子        丑    寅   青元
螣螣  戌                      卯   空常
贵朱  酉                      辰   白白
后合  申          未    午    巳   常空
                 阴勾  元青
```

课格：返吟，元胎。

课意：递互六害，猜嫌尽在，夜被鬼灾，昼占神怪。

解曰：上下相合，而巳与寅，亥与申，复交车相害，是和美之中，致生猜忌。则虽合而猜嫌之心未尝不在也。夜占亥水乘雀作鬼，是为鬼灾。昼占鬼乘天乙，是为神怪也。

断曰：返吟之课，反覆无常。而干支上下、阴阳、课传，有合有冲，有刑有害，主翻云覆雨之象。且亥加丙为明鬼，寅遁壬为暗鬼，甚矣，人情之不测也。雀鬼临干，忌有弹章，喜乘天乙，大宜告贵结绝旧事。

天时：水神临日克日，箕宿往来相加，风雨不常。家宅：寅受冲克，尊长不宁。仕宦：虽是贵人临身，却逢德空禄绝，占官欠利。求财：财与人合，不求自至。婚姻：佳儿佳妇，但后来须防反目。胎产：男喜，易产。疾病：寒热往来，不久可愈。出行：课体极动，但上神相合，行期必愆。行人：天罡加季，行者立至。兵战：龙加生气，夜占胜。

《毕法》云：彼此猜忌害相随、鬼乘天乙乃神祇、支干值绝凡谋决。《课经》云：丙日巳加亥，为德入天门格。仕人赴试，必然高中。《玉成歌》云：返吟占事休言定，往复双双两事因；常占须主身摇动，不动人情有怨心。《指要》云：返吟不定，病主两症。

丙申日第八课

父　空常　癸卯　日盗
财　后合　丙申　鲁都　天贼
子　勾阴　辛丑　日医　支德

　　元青　勾阴　空常　螣螣
　　午　　丑　　卯　　戌
　　丑　　申　　戌　　丙

　　　　　朱贵　合后
螣螣　戌　亥　子　丑　勾阴
贵朱　酉　　　　　寅　青元
后合　申　　　　　卯　空常
阴勾　未　午　巳　辰　白白
　　　　元青　常空

课格：元首，斩关。

课意：彼已墓覆，夜贵履狱，昼病须亡，申入棺木。

解曰：戌为火墓，加于丙上。丑为金墓，加于申上。是支干各被墓覆，彼己皆昏。酉贵临于辰上，为贵人入狱，干谒必致嗔怒也。申为墓覆，而自投于卯，上乘六合，谓之六片板。申，身也。身既入棺，昼若占病，死无疑矣。

三月死气在申方，尤的。

断曰：斩关之课，动而不宁。干之阴神为旬尾，支之阴神为旬首，亦名周遍格。所谓首尾相见，占事不脱。申为妻财，占妻尤凶。

天时：墓神覆日，水运乎上，阴雨之象。家宅：干支乘墓，昏晦之极，更复刑害，难免伤残。仕宦：官贵不见，德禄空绝，占官不吉。求财：财爻虽见，上乘墓神，取之甚难。婚姻：男不佳，女不吉。胎产：上强下弱，妊乃成男；子母皆墓，产必迟难。疾病：有脾胃腹疾，或积块之症，昏迷难治。出行：水路不吉，陆路更凶。行人：天罡加孟，尚未起身。兵战：春占犹可，余皆不吉。

《毕法》云：两蛇夹墓凶难免、支干乘墓各昏迷。《神定经》云：戌加干墓干，昼夜天将皆乘螣蛇，地盘之巳，又是螣蛇，乃两蛇夹墓，凶难免也。占病必有积块，以致不救，或行年本命是戌，凶祸尤急。如年命居亥，上乘天罡，用虎冲蛇，乃名破墓，庶可少延。然终不救，缘虎空无力故也。

丙申日第九课

```
财  贵朱  丁酉  破碎
子  常阴  辛丑  日医 支德
兄  勾空  空巳  干德 日禄
```

```
      青白  元后  常阴  贵朱
       辰    子    丑    酉
       子    申    酉    丙
```

```
            后螣  阴贵
贵朱  酉   戌   亥   子  元后
螣合  申             丑  常阴
朱勾  未             寅  白元
合青  午   巳   辰   卯  空常
            勾空  青白
```

课格：重审，从革。

课意：身乘夜贵，昼财破碎，夜将助财，宜乎假贷。

解曰：酉加丙上，夜占贵人临身，可以干贵。昼占则酉为日财，乘雀而为破碎，财必有费。夜将纯土脱气，助起全金之财。若转求借贷，亦可先费而后得也。

断曰：从革之课，先从后革，有暌违之象。酉丁临日发用，必因妻财而动。财神入墓，到手迟延。干支皆乘死神，止用休息，不宜动谋。会成金局，生支上子水官鬼，止宜纳粟求名。

天时：毕宿临日发用，三传生水，出旬当有大雨。家宅：人宅相破，夜占上神脱支，复乘元武，破失难免。功名：贵禄皆空，又逢破碎，纳粟则吉，巳午命人可中。求财：传财化鬼，防有祸患。婚姻：支干上下相合，复又相破，恐成中有破。胎产：女孕，难产。疾病：昼占乘后，女主血竭，男乃肾虚，病未能退。出行：陆路无益，水路不吉。行人：天罡加仲，尚在中途。兵战：传财生鬼，未见甚利。坟墓：水法甚合，主山亦高，庚酉辛龙，身可发贵。

《毕法》云：两贵受克难干贵、人宅皆死各衰赢、万事喜忻三六合、合中犯煞蜜中砒。《课经》云：子加申谓之胎坐长生，大宜占孕，不利占产。《指掌赋》云：酉丑巳为献刃，远近俱被其伤。《云霄赋》云：阴人疤面，赤蛇走入金门（巳加酉）；美女失音，白雉飞来巽户（酉加巳）。

丙申日第十课

财　螣合　丙申　鲁都　天贼
官　阴贵　己亥　勾神　亡神
父　白元　壬寅　长生　游都

```
      白元 阴贵 阴贵 螣合
       寅   亥   亥   申
       亥   申   申   丙
```

```
            贵朱  后螣
螣合 申  酉   戌   亥 阴贵
朱勾 未            子 元后
合青 午            丑 常阴
勾空 巳  辰   卯   寅 白元
         青白  空常
```

课格：重审，元胎，不备，赘婿。

课意：长生财贵，夜皆不喜，众口赞扬，无有穷已。

解曰：寅为日之长生，亥为日之贵人，申为日之财神，昼占则然。至于夜占，则初受两蛇夹克；中为日鬼，末传乘虎、遁壬克日，吉变为凶矣。三传初生中，中生末，末生干。《经》所云"三传递生人举荐"也。众口赞扬，岂有穷已乎？

断曰：重审有不顺之情，元胎有隐伏之象。申加巳上作六合，支干相会，宜于合谋成事。干克支申为财，支上神却为鬼，是谓危中取财。又递生之课，夜变为凶，即所为"乐里生忧"也。

天时：水母临日发用，天罡指阴，主雨，但三传生日，不久即晴。**家宅**：支加干而被干克，上神又乘脱气，必无正屋可居。**功名**：昼占甚吉。**求财**：昼占宜得贵人之财，夜占宜得妇妾之财。**婚姻**：以妻就夫，必成之势。**胎产**：下强上弱，二阳包阴，妊乃成女；但申亥相害，产必见伤。**疾病**：头疯，或心经受病，昼占易瘥，夜占难痊。**出行**：陆路甚坦，水路次之。**行人**：天罡加季，行者立至。**兵战**：昼占吉。

《毕法》云：鬼乘天乙乃神祇（昼占）、虎乘遁鬼殃非浅、彼此猜忌害相随。《古鉴》：乙亥生人，辰将丑时占前程。曰：课名赘婿，必无正居，或寄居妻家。传见蛇虎，必多丧服。寅为公曹，为蛇虎所挠，官不过司曹。其人后丁父母四丧，止于江阴知录而已。

丙申日第十一课

官　元后　庚子　福星　三合
父　白元　壬寅　长生　游都
子　青白　空辰　仪神　孤辰

```
     元后 后螣 贵朱 朱勾
      子   戌   酉   未
      戌   申   未   丙
```

```
            螣合 贵朱
朱勾 未  申    酉   戌 后螣
合青 午              亥 阴贵
勾空 巳              子 元后
青白 辰  卯    寅   丑 常阴
         空常  白元
```

课格：重审，斩关，间传，三阳。

课意：鬼在墓蹲，招呼病人，夜遁壬虎，勿恃其寅。

解曰：子为丙火之鬼，戌为丙火之墓，而申则丙之病地也。今子加戌上而临申，如鬼蹲于墓，而招呼病人者然。中传寅木长生，似乎可恃，乃遁出壬水，夜占乘虎，反伤日干，岂可视为救神而倚赖之哉？

断曰：三阳之课，利于公谋，间传而进，不无阻滞。下合上刑，有美中不足之象。末辰旬空，不能制鬼。幸干上之未，可敌子水，而寅之夜虎朱雀，亦能克之。但宜坐守，切忌动谋。

天时：天罡指阳，水神被墓，恐不能雨。**家宅**：宅上乘墓，昏迷之象。**功名**：官爻发用，夜占则吉。**求财**：宜得贵人之财。**婚姻**：支干相刑，阴神相破，不吉。**胎产**：下强上弱，妊乃成女。**疾病**：夜占脾土受病，昼占肾水亏竭，二月占更不吉。**出行**：陆路防失，水路更凶。**行人**：天罡加孟，尚未启行。**兵战**：昼占不吉，夜占愈凶。**坟墓**：青龙空陷，不能久发。

《毕法》云：虎乘遁鬼殃非浅、罡塞鬼户任谋为。《指掌赋》云：子寅辰向三阳，而所望光明。《三才赋》云：魁罡临处，多生词讼；申午并交，常有狐疑。又云：天马驿马入垣，所占迅速。《壬髓经》云：末克初，强；初克末，弱。

丙申日第十二课

财　贵朱　丁酉 _{破碎}
子　后螣　戊戌 _{天医 墓神}
官　阴贵　己亥 _{勾神 亡神}

^{后螣 贵朱 朱勾 合青}
戌　酉　未　午
酉　申　午　丙

^{朱勾 螣合}
合青　午　未　申　酉　贵朱
勾空　巳　　　　　戌　后螣
青白　辰　　　　　亥　阴贵
空常　卯　寅　丑　子　元后
^{白元 常阴}

课格：遥克，弹射，连茹。

课意：身宅旺盛，动变网刃，众贵难凭，死墓绝并。

解曰：午为干之旺气，加于干上；酉为支之旺气，加于支上，是身宅俱旺盛也。但动则变为网罗、羊刃伤身，惟宜守旧而已。贵不宜多，多则事不画一，反无所凭依。丙火死于酉，墓于戌，绝于亥。今乃三传相并，占病者岂宜见乎？

断曰：弹射得金，是为有镞。连茹而进，极于三阴。有远得其庇，阴受其福之象。但三传俱行于死绝之乡，前既不可贪，退亦不可动。惟有凤遭阙失，兴复旧观，庶为安妥也。

天时：毕宿发用，青龙升天，天罡指阴，主雨。家宅：夜占贵人临宅，大得财喜。功名：贵人太多，有拱照则吉。求财：主得文书、贵人之财。婚姻：互旺皆旺，吉。胎产：男孕，母子俱健。疾病：心经受病，或咳嗽劳伤之症。出行：陆路甚吉，水路亦佳。行人：天罡加仲，尚在中途。兵战：我能克敌，春夏则吉。

《毕法》云：所谋多拙逢罗网、宾主不投刑在上、互旺俱旺坐谋宜。《课经》云：干支上神午酉自刑，谓之四胜杀，主彼此各逞其能，皆有邀功炫才之意。又云：仕宦者占遇天罗，主丁父忧；遇地网，主丁母忧。《纂要》云：丙丁日丑加子为腹胎格，来意必占妻孕。如丑遇空陷，占产则生速，占孕则坠胎。《照胆秘诀》云：龙入天罗问父来。

丁酉日第一课

财　贵阴　丁酉
子　朱常　乙未　大煞　日医
子　常朱　辛丑　支墓　日解　干冲

　　　贵阴　贵阴　朱常　朱常
　　　酉　　酉　　未　　未
　　　酉　　酉　　未　　丁

　　　　　　合白　朱常
勾空　巳　　午　　未　　申　螣元
青青　辰　　　　　　　　酉　贵阴
空勾　卯　　　　　　　　戌　后后
白合　寅　　丑　　子　　亥　阴贵
　　　　　　常朱　元螣

课格：伏吟，励德，杜传。

课意：贵人之财，远方寄来，中末又助，宅内阴灾。

解曰：酉乃日之财神，又作贵人，是贵人之财也，乘丁故主远寄。中末皆土，生起酉金，财气可谓旺矣。但财虽丰厚，而支为丁神所克，且酉以自刑加宅，昼将太阴，则阴人与小口之灾，或不免矣。

断曰：伏吟之卦，又名杜传。诸事必有中止，改图而行。丁神发用，妻财动摇，亦静极而动之象。自支传干，彼必求我。倘年命临酉，昼占赴试，必中高魁。

天时：课传皆阴，浓阴之象。家宅：脱干生支，宅旺人衰，尤不利于阴人。功名：贵人杜塞，仕途欠利。求财：可不劳而得。婚姻：中末脱干而生支，利女不利男。胎产：课传无阳，妊乃成女；课逢杜传，产恐迟延。疾病：咳嗽劳伤，或虚脱之症，大象不妨。出行：支干尽是丁神，跃跃欲动之象。行人：近者立至。兵战：伏吟杜传，不能通利。坟墓：丁龙则吉。

《毕法》云：任信丁马须言动、彼求我事支传干。《课经》云：自任自信，不可便言伏匿，倘传中及干支上，见旬内丁神，或乘天驿二马，必静而求动。《玉成歌》云：伏吟举动心无遂。《六壬诀》云：外财入内多财喜（日财入支）。

丁酉日第二课

```
财  螣元  丙申   日盗  亡神
子  朱常  乙未   大煞  日医
兄  合白  甲午   日禄
```

```
      朱常 螣元 勾空 合白
       未   申   巳   午
       申   酉   午   丁
```

```
            勾空 合白
青青 辰   巳   午   未 朱常
空勾 卯             申 螣元
白合 寅             酉 贵阴
常朱 丑 子   亥   戌 后后
        元螣 阴贵
```

课格：遥克，弹射，连茹。

课意：支传于干，不越模范，昼禄虎临，守之情惨。

解曰：支上神作初传，干上神作末传，支传于干矣。支上申金，干上午火，夹拱未丁在内，模范不越矣。丁禄在午，虽云旺禄临身，昼却乘虎，是谓禄伴虎眠，不可守也。进投初传，财逢元盗。中传又是脱气，不免复守是禄，以受虎伤，情必惨戚而难堪矣。惟夜占吉，不在此例。

断曰：弹射之财，三传递生相助，必当大获财喜。干上生起支财，大宜多置田宅，可谓人宅皆旺，彼此受益。

天时：水母发用，天罡指阴，中末土火，雨不能久。家宅：人宅皆旺，宜室宜家。功名：旺禄临身，不宜妄动；然乘白虎，凶患难免。求财：财气甚旺，不求自至，然乘元武，失脱难免。婚姻：各乘旺气，男女兴旺。胎产：虎临产速，妊恐成女。疾病：肺经受病，或唇齿之疾；人克病症，医治可愈。出行：合多行迟。行人：天罡加孟，尚未起身。兵战：主惊忧失物。

《毕法》云：互旺皆旺坐谋宜、彼求我事支传干。《课经》云：支干上皆乘旺神，惟宜坐待，不利谋动。若意外妄求，则变为罗网、羊刃，反为灾祸。《指掌赋》云：申未午曰凌阴，主行险侥幸，安者危而危者安。《原纂义》云：申酉相加为暗破，所事难成。

丁酉日第三课

```
        子  勾朱  辛丑 日解 支破 干冲
        兄  常空  空巳 游都 长生 破碎
        兄  常空  空巳 游都 长生 破碎

            常空 阴常 空勾 常空
             巳   未   卯   巳
             未   酉   巳   丁

                 白青 常空
        空勾  卯  辰   巳   午  元白
        青合  寅            未  阴常
        勾朱  丑            申  后元
        合螣  子  亥   戌   酉  贵阴
                朱贵 螣后
```

课格：别责，不备，芜淫。

课意：干就支财，破碎空偕，三重如此，虚扰心怀。

解曰：丁干寄未，酉为日财。未临酉上，是干就支上以取其财也。初传脱气，而中末与日上神，乃破碎旬空相并，又乘天空，共得三重。不能就财，终归虚扰其心怀而已。

断曰：别责之课，凡事倚仗他人，借径而行。又名不备，必有缺陷不全之患。巳丑合而成传，占必留连，未能决绝。又名芜淫，如男女相争，别求其合。倘占家宅，有帷薄之羞。

天时：天罡指阴，神将皆是火土，晴而不雨。家宅：课名芜淫，闺门宜慎；初传丑土，脱干生支，人少宅多之象。功名：贵禄不见，求官难得。求财：家财则有，外财则无。婚姻：芜淫不备，占婚最忌。胎产：课传皆阴，妊乃成女；课体别责，胎孕迟延。疾病：伤食翻胃，或虚脱之疾，禳神则吉。出行：人有恋宅之意，行期必愆。行人：天罡加仲，尚在中途。兵战：利主而不利客，更当谨慎。

《毕法》云：不行传者考初时、互生俱生凡事益。《指南》：丁丑十二月，丑将卯时，因雪后天气昏暗，占此。断曰：明日当有日色，太阳发用，上乘朱雀，乃南方火之精也。且四课纯阴，阴极阳生，故必见日。至庚日未时，有暴风起。缘酉为风杀，未为风伯，酉与未会，且日禄乘虎，上下克战故也。果验。

丁酉日第四课

兄　元白　甲午 日禄
父　空勾　癸卯 仪神
官　合螣　庚子 福星

```
空勾 元白 勾朱 白青
 卯   午   丑   辰
 午   酉   辰   丁
```

```
        空勾 白青
青合 寅  卯   辰  巳 常空
勾朱 丑           午 元白
合螣 子           未 阴常
朱贵 亥  戌   酉  申 后元
        螣后 贵阴
```

课格：元首，轩盖，三交。

课意：交加和睦，午神为禄，昼虎夜元，匪美休卜。

解曰：支上午与干未相合，日上辰与支酉相合，可谓和睦之甚矣。初传午火，作日之禄神，奈昼乘白虎，夜乘元武，见虎则凶，见武则失。三传虽属递生，而中末为无礼之刑，变高盖而为三交之不美，故休卜也。

断曰：课名轩盖，利于仕人，禄居支上，职乃佐贰。但干支之上神，各自相刑。而禄神实能克支，且上临闭口之卯，百凡总宜谨慎，又当三缄其口也。

天时：青龙升天，天罡指阴，阴雨之象。家宅：昼占白虎克宅，凶事难当，夜占元武伤财，盗失难免。功名：课体虽佳，禄乘恶将，亦非全美。求财：己财难守，外财险危。婚姻：支干自刑，占婚不吉。胎产：上强下弱，妊乃成女；胎与母冲，产必甚速。疾病：肺经受病，或心血不足之症。出行：昼占陆路稍吉，水路不宜。行人：天罡加季，行者立至。兵战：昼占不利，夜亦欠佳。

《毕法》云：权摄不正禄临支、闭口卦体两般推。《课经》云：午加酉，上克下发用。传见太冲、神后，为三交课，主蔽匿罪人，家隐奸私。《肘后经》云：顺道用传母前子，失礼还将子传母，顺即为和逆即疑，此是三传真诀语。《玉成歌》云：三交吉凶皆因内。

丁酉日第五课

```
兄  常空  空巳  游都 破碎 长生
子  勾朱  辛丑  干冲 日解 支墓
财  贵阴  丁酉
```

```
      勾朱 常空 朱贵 空勾
       丑   巳   亥   卯
       巳   酉   卯   丁
```

```
              青合 空勾
勾朱  丑   寅   卯   辰  白青
合螣  子              巳  常空
朱贵  亥              午  元白
螣后  戌   酉   申   未  阴常
          贵阴 后元
```

课格：从革，元首。

课意：破碎并空，宅上皆逢，家财已废，将助仍丰。

解曰：巳为旬空，又为破碎，坐于宅上，克支为用，家财能无耗废乎？幸三传从革，合成财局，而夜占纯土，复助起传财，则反有丰盈之象矣。

断曰：卦名从革，乃革故鼎新之象。事主更变，亦多冗杂。末传冲克干上之卯，卯为文书，亦为父母，所谓"三传皆财忧父母"者是也。

天时：从革主雨，空则反晴。家宅：宅上应有损坏，空巳克支，防兄弟作耗。功名：官带德马在第二课，又三传递生官爻生干上文书，利于仕宦。婚姻：干支上神相生，占婚吉，但六合坐空，未必能成。胎产：日上神属阴，孕必成女；三合发传，产恐不易。疾病：病属心经，新病即痊。出行：日上生辰上，必行。行人：夜占朱雀乘马，与宅上巳冲动，当有信至。兵战：干克支，我胜彼负。坟葬：支得破碎，防多空缺。

《毕法》云：六爻卦现防其克、合中犯杀蜜中砒。《达迷玉篇》云：三传俱作日之财，得此须忧长上灾。《心印赋》云：三合相加日上临，干支上下一同寻，或占喜事兼姻事，最好相宜望信音。《指掌赋》云：太乙若逢白虎，家多疾病。

丁酉日第六课

官　朱贵　己亥　日德　鲁都　驿马
兄　元白　甲午　日禄
子　勾朱　辛丑　干冲　支墓　日解

```
     朱贵 白青 贵阴 青合
      亥   辰   酉   寅
      辰   酉   寅   丁
```

```
           勾朱 青合
合螣  子    丑   寅    卯  空勾
朱贵  亥              辰  白青
螣后  戌              巳  常空
贵阴  酉    申   未    午  元白
          后元 阴常
```

课格：重审，斩关。

课意：课名斩关，逃者不还，各逢生气，昼贵休干。

解曰：天罡乘支，名曰斩关。加酉得金，为斩关得断。酉又私门，所以逃者不还也。干支各乘生气，主客皆丰。但昼贵入狱陷空，岂宜干谒乎？

断曰：重审之课，事从内起。干上神生干，支上神生支，谓之俱生格，最宜两家合本营生。日德发用，为干上寅之长生。虽入空乡，然乘马则动，动则不空。但午为旺禄，昼乘白虎，亥克刃害，投于绝乡，占禄则不宜也。

天时：无雨。家宅：宅上见天罡，又夜占带虎，不利。求财：青龙昼占临门，夜占临干，财必可得。婚姻：干克支，支上神又空，难成，纵成亦不偕老。胎产：女胎，恐有产厄。疾病：支上辰，及初传日鬼俱空，即愈。行人：不来。捕获：昼占日制武，易捕。兵战：我胜彼负。

《毕法》云：互生俱生凡事益。《指南》：戌加卯占推升。曰：不唯不迁，更须退位。以日马坐墓，禄临绝地故也。况传将又逆，命上官贵履天罗，年上螣蛇作日鬼，夏月应有风波。幸官鬼俱空，虽退位无大咎。后以参劾请退。又：一台垣占此，亦遭逮问。《玉成歌》云：德神动处吉相随，受克遭刑反见危。

丁酉日第七课

父　空常　癸卯 仪神
财　贵朱　丁酉
父　空常　癸卯 仪神

<small>贵朱 空常 阴勾 勾阴</small>
酉　卯　未　丑
卯　酉　丑　丁

　　　　　<small>合后　勾阴</small>
朱贵　亥　子　丑　寅　青元
螣螣　戌　　　　　　卯　空常
贵朱　酉　　　　　　辰　白白
　　后合　申　未　午　巳　常空①
　　　　<small>阴勾　元青</small>

课格：返吟，无依，龙战，励德。

课意：皆贵皆财，皆丁往来，凡谋岂出，行人即回。

解曰：酉为夜贵，传课皆临，又为日财旬丁，反覆相加，所以往来不停也。卯酉为门户，三传皆是卯酉，故不出于家庭。丁神虽动，往来于绝地，归家之象，故主行人立至。

断曰：无依之课，亦曰三交，又谓之反目交。凡占必多反覆，且门户不宁。卯为干支生气，被酉冲克，不免进退维谷也。

太常内战，主因酒食财帛起争。

天时：课体返吟，水火易位，晴而复雨，雨而复晴。家宅：支干上下冲克，人宅欠安。功名：贵人乘丁，至动至速之象，恐难满任。求财：昼占主得文书之财，夜占主得贵人之财。婚姻：反覆不宁，终难成合。胎产：上弱下强，妊乃成女；支干之上神互生，占产甚吉。疾病：胸胁多风，或大小肠受伤，不能即愈。出行：水路甚吉，旱路欠利。行人：天罡加季，行者立至。兵战：吉凶相半，谨慎自吉。

《毕法》云：互生俱生凡事益、脱上逢脱防虚诈。《课经》云：干上丑，虽生支而却墓支；支上卯，虽生干而却败干，故虽有生旺之名，反多衰败也。《纂要》云：干上丑作脱气，昼占上乘太阴，是天将又脱上神。凡占皆主虚诈不实，更防遗失。《课体》云：丁酉日返吟，卯加酉发用，亦名斫轮课。

---

① 原文：空常。

丁酉日第八课

```
子  阴勾  乙未 大煞 日医
官  合后  庚子 福星
兄  常空  空巳 游都 长生 破碎
```

```
      阴勾 青元 常空 合后
       未   寅   巳   子
       寅   酉   子   丁
```

```
         朱贵 合后
螣螣 戌   亥  子   丑 勾阴
贵朱 酉              寅 青元
后合 申              卯 空常
阴勾 未   午  巳   辰 白白
         元青 常空
```

课格：涉害，度厄。

课意：三传内战，事必窝犯，破碎同空，钱财耗散。

解曰：三传自下克上，亦谓内战。支上寅克未土发用，因转克子水而伤干，故主窝里相犯，丑声在外也。又自初传递克至末，巳火既克酉金，又值旬空破碎，而乘天空，则钱财之耗散可知矣。盖巳乃金财长生之地故也。

断曰：度厄之课，以幼凌长，家门不吉，骨肉乖睽之象。且子作明鬼，寅作暗鬼，齐伤日干，忧患难解。倘日用旺相，又乘吉将，则又主长上得卑幼之力，同气相亲之兆。

天时：水运乎上，天罡指阴，自然有雨。**家宅**：日本受克，忌占父母。**功名**：官星临身，夜占青龙生干合干，占官可望。**求财**：己财可取，外财难得。**婚姻**：男益乎女，夜占可就。**胎产**：下强上弱，妊乃成女。**疾病**：心经受伤，或肝胆脾胃之疾，不久自愈。**出行**：夜占水路甚吉，昼占俱不利。**行人**：天罡加孟，尚未启行。**兵战**：有始无终，未见其利。**坟墓**：青龙必有缺陷，然能发丁。

《毕法》云：两蛇夹墓凶难免、三传递克众人欺。《课经》云：戌加巳，昼夜天将乘蛇，地盘亦是蛇位，名两蛇夹墓。占病必有积块在腹，以至不救。《纂要》云：年命若在寅上，未土能敌子水，名为狐假虎威，切忌动谋。

丁酉日第九课

官　阴贵　己亥 _{日德 鲁都 驿马}
父　空常　癸卯 _{仪神}
子　朱勾　乙未 _{大煞 日医}

```
     勾空 常阴 空常 阴贵
      巳   丑   卯   亥
      丑   酉   亥   丁
```

```
             后螣  阴贵
贵朱　 酉　 戌   亥   子　元后
螣合　 申               丑　常阴
朱勾　 未               寅　白元
合青　 午　 巳   辰   卯　空常
             勾空 青白
```

课格：元首，曲直。

课意：克身墓宅，两贵受克，昼将窃干，三传制贼。

解曰：亥水克身，丑土墓宅，夜贵受克于巳，昼贵受克于未，贵难倚也。昼将皆土，盗窃干气，赖三传木局生干，可以制贼耳。

断曰：曲直之课，三传全生，但日上见鬼，为不利耳，然贵德临身，可以改凶为吉。课传五阴，事多幽暗。

天时：水神克日，自然有雨，三传木局，风来雨[1]止。**家宅**：丑土墓宅，人口不宁。**功名**：贵德临身，占官最吉。**求财**：宅中有财，被墓难取。**婚姻**：昼占男吉。**胎产**：女喜，难产。**疾病**：心血不足，不久可愈。**兵战**：最吉。

《毕法》云：两贵受克难干贵、鬼乘天乙乃神祇。《指南》：丁丑四月，占请假省亲。曰：天马恋生，官贵夹克，事不由己。朱雀入空，文书不就，太岁生支墓支，必有温旨相留也。果验。《古鉴》：正月占前程。曰：行年三十岁上见申，申生亥水之官，当及第。然亥水克身，必主大病。赖曲直脱水生火，故不至死。卯数六，主得六任。木局生风，末传墓临死地，应得风疾而终。果验。《断验》：一亥生人占身位。曰：亥四未八，四八三十二。今四十九岁，官星已过。后绝神克身，至辛亥年必死。宅左被人下葬断脉，以致家破人亡。盖丑墓在左，上乘破碎也。夫同此一课，而命添一水，便乃迥异如此。

---

[1] 原文：风。

丁酉日第十课

官　元后　庚子　福星
父　空常　癸卯　仪神
兄　合青　甲午　日禄

空常　元后　常阴　后螣
卯　　子　　丑　　戌
子　　酉　　戌　　丁

　　　　　贵朱　后螣①
螣合　申　酉　戌　亥　阴贵
朱勾　未　　　　　子　元后
合青　午　　　　　丑　常阴
勾空　巳　辰　卯　寅　白元
　　　　青白　空常

课格：遥克，嚆矢，斩关，高盖。
课意：墓干脱支，身宅虚危，夜占被失，闭口而回。
解曰：干火墓于戌，支酉脱于子，是宅既空虚，而身又昏晦也。初传子水，乘元克干，夜占必被盗失。中传卯乃旬尾，则应闭口，庶免闲非。
酉日，子加酉乘后，主家有尼姑出入。
断曰：嚆矢之课，祸福皆轻。初传子水，乃是干鬼。虽曰递生，而课传三交刑克，深可畏矣。却赖干上之戌，六合于卯，而三合于午，用以制子水之鬼，所谓"不幸中之幸"也。
天时：子水发用，天罡指阴，自然有雨。家宅：虚耗百出，不安之甚。仕宦：官爻发用，日禄居末，占官甚利。求财：己财难守，焉得外财？婚姻：女恐不洁。胎产：二阳包阴，妊乃成女。疾病：心经虚弱，病体大凶。遗失：夜占元武克干，盗贼难获。出行：水陆皆不吉。行人：天罡加季，可以立至。兵战：支干皆脱，主客皆无所利。坟墓：壬丙向吉，水势甚旺，止宜发贵，不能发丁。
《毕法》云：干墓并关人宅废（冬占）。《指南》：己巳十一月，丑将戌时，一当事相召，以彼乡有贼作乱，占此课。曰：支干上乘死墓，武临绝地，日上又能制之，指日败擒。又问家宅安否？一为戊子命，一为乙亥命。曰：子为科甲中人，亥则有功名而未成，俱迁居他处，可保无虞也。未几，乱者果败，家中安堵。

---

① 原文：合螣。

丁酉日第十一课

财　贵朱　丁酉
官　阴贵　己亥　日德　鲁都　驿马
子　常阴　辛丑　支墓　日解　干冲

　　　常阴　阴贵　阴贵　贵朱
　　　丑　　亥　　亥　　酉
　　　亥　　酉　　酉　　丁

　　　　　　　　螣合　贵朱
朱勾　未　　申　　酉　　戌　后螣
合青　午　　　　　　　　亥　阴贵
勾空　巳　　　　　　　　子　元后
青白　辰　　卯　　寅　　丑　常阴
　　　　　　空常　白元

课格：重审，不备，间传，赘婿。

课意：身宅皆贵，循环无已，财自然来，末又助起。

解曰：干乘夜贵，支乘昼贵，可谓身宅两贵矣。且三传不出四课之中，非循环无穷而何？酉为日财临干，可谓财来就我矣。况末丑又生初财，其为旺相，孰有过于此哉？

断曰：赘婿之卦，又名凝阴，利于阴谋，不利公举。干丁支马，传财化鬼，宜携金告贵，洁豆事神。年命在申，必登魁首。

天时：毕宿发用，课传皆阴，阴雨连绵。家宅：鬼乘天乙，宅中必有神祇为害。功名：贵多不贵。求财：夜占得贵人之财。婚姻：门户相当，美中不足。胎产：课传无阳，妊乃成女。疾病：心经受病，或系头风。遗失：元武不见，婢妾所遗。出行：陆路甚吉，水路防失。行人：天罡加孟，尚未启行。兵战：无甚凶险，秋占乃吉。

《毕法》云：课传俱贵转无依、昼夜贵加求两贵。《古鉴》：壬戌生人，午将辰时占讼。曰：遍地贵人，主换官贵。行年乘寅，乃干之父母，为吏克命，主有尊长为鬼。丑作太阴，所争不明之田产也。皆如所言。《邵公断验》：占家宅。曰：丁为独足，酉为少女。酉被丁克，家有幼女其被邪神所侵乎？果然。又：寅将子时占继子。曰：酉宅藏丁，丁主于动，又酉为丁之妻，亥为酉之子，妻既有子，岂能怜惜？幸一老阴人抚之，老阴人死，当必去矣。果验。

丁酉日第十二课

官　阴贵　己亥　_{日德 鲁都 驿马}
官　元后　庚子　_{福星}
子　常阴　辛丑　_{支墓 日解 干冲}

　　　　阴贵　后螣　贵朱　螣合
　　　　亥　　戌　　酉　　申
　　　　戌　　酉　　申　　丁

　　　　　　朱勾　螣合
合青　午　　未　　申　　酉　贵朱
勾空　巳　　　　　　　　戌　后螣
青白　辰　　　　　　　　亥　阴贵
空常　卯　　寅　　丑　　子　元后
　　　　　　白元　常阴

课格：知一，进茹，斩关。

课意：传归绝墓，商贾勿举，全赖奴仆，免受辛苦。

解曰：丁火绝于亥，绝神临于墓，事勿再举。干上申财化鬼，不可出外作商贾也。倘能退守，则赖支上戌土之力，敌制众鬼。戌为奴仆，能为我捍灾御患，可以免受辛苦矣。

断曰：三奇之课，连茹而进，贵人发传，财喜临身，可谓吉矣。但干乘天罗，支乘地网，只宜守己，不能妄作。官临旺地，仕宦峥嵘。亥戌无亲，家庭寥落。又火墓临于酉支，名墓门开，占病最为不吉。

天时：三传全水克日，阴雨连绵之象。家宅：两贵作邻，子息生宅，门闾可大。功名：三奇入传，贵必尊崇。求财：己财可守，外财勿求。婚姻：支干上神，一墓一病，占婚不利。胎产：下强上弱，妊乃成女；网罗相加，产甚艰难。疾病：腹痛脾泄，或心经虚弱，年命酉亥尤凶。出行：水路不佳。行人：天罡加仲，尚在中途。兵战：只宜谨守，动必不利。坟墓：乾龙丙丁向，贵人临墓，阡后发贵。

《毕法》云：尊崇传内遇三奇、所谋多拙逢罗网、众鬼虽彰全不畏。《课经》云：子为胎神，丑加子为腹胎格。《玉成歌》云：日鬼加临辰两课，定然官吏到门庭。又云：德神动处吉相随，受克遭刑反见危。《指掌赋》云：常贵共入官乡，当朝执政。《光明经》云：魁罡逢酉，画虎雕龙之象；贵后临辰，踏罡步斗之人。

戊戌日第一课

父　朱勾　空巳　日禄　干德
子　后白　丙申　长生　游都　驿马
官　青螣　壬寅　仪神　鲁都

```
  元元  元元  朱勾  朱勾
   戊    戊    巳    巳
   戊    戊    巳    戊
```

```
         螣青  贵空
朱勾 巳   午    未    申  后白
合合 辰                酉  阴常
勾朱 卯                戌  元元
青螣 寅   丑    子    亥  常阴
         空贵  白后
```

课格：伏吟，元胎，斩关，孤辰。

课意：自初至末，迤逦侵伐，昼勾虎蛇，夜免猖獗。

解曰：初传克中，中传克末，末传克干。三传递克，必受众人之欺。昼占将乘蛇虎，凶不可言。夜将天后青龙，临于中末而助初生，可无虑其猖獗矣。

断曰：伏吟之课，发用空亡，宜静不宜动之象。末传寅木，助起初传巳火，以育干支。而又三递以克干，所云"两面刀"者是也。喜空亡无力，夏占则吉。支神昼夜乘元，遗失难免。

天时：日上巳空，寅申相冲，风雨夜作。家宅：昼虎脱干，必主卑幼脱赚。仕宦：禄空逢绝，占官不吉，幸而末助，己命稍吉。求财：反防失脱。婚姻：干上德空不吉。胎产：子息属阳，母实儿空，不利。疾病：腹痛脾泄之症，禄空不吉。遗失：满目皆元武，须防家贼。出行：陆路稍可，水路不吉。行人：近者立至，远在中途。兵战：昼占不宜。

《毕法》云：任信丁马须言动、三传互克众人欺。《课经》云：三传互克，必有人递相克害，遂使众口雷同，群然攻讦。朝官宜自检束，提防公众弹章。《灵辖经》云：戊戌日为十恶大败，以禄神空亡故也。《秘要》云：干支同类，难以求财，惧争夺也。《金兰略》云：孤辰相克，必主孤单。又曰：白虎重临传送，在外遭殃。

戊戌日第二课

```
官  勾朱 癸卯  支德
官  青螣 壬寅  仪神 鲁都
兄  空贵 辛丑  勾神 破碎
```

```
    后白 阴常 勾朱 合合
     申   酉   卯   辰
     酉   戌   辰   戌
```

```
          朱勾 螣青
合合  辰   巳   午   未  贵空
勾朱  卯              申  后白
青螣  寅              酉  阴常
空贵  丑   子   亥   戌  元元
          白后 常阴
```

课格：元首，退茹，斩关。

课意：退入鬼乡，进向空方，守身昏晦，败坏门墙。

解曰：退而寅卯皆鬼，进而辰巳皆空；守则日墓临身，居则败气临宅。所以身遭昏滞，而门墙败坏也。

断曰：三传退茹，事多主退。凶则重重，吉亦累累。与其进而履空，不若退而就旺也。日上辰土，与支上酉金，虽为六合，而酉与支戌，实为六害，当有门户之忧。全局官鬼，春夏遇之，所谓鬼贼当时，尚无畏忌。若到秋冬，祸不旋踵矣。

天时：日上逢空，太阳必见，火上水下，自然不雨。家宅：太常作败气脱宅，必因酒色，以致家道衰微。仕宦：初中皆系官星，末传又作贵人，占官最吉。求财：财爻不见，青龙作鬼，求之不得。婚姻：支干之上神相合，填实可就。胎产：上强下弱，二阴包阳，妊乃成男；母实儿空，恋腹不吉。疾病：酒色过度，脾土受伤，或咳嗽劳伤之症，人空病实，恐难瘳愈。遗失：自己家贼，非婢即仆。出行：人宅相合，行期必愆。行人：天罡加孟，尚未启行。兵战：前后逼迫，未见其利。坟墓：有败死之气，不吉。

《毕法》云：华盖覆日人昏晦、宾主不投刑在上、众鬼虽彰全不畏。《课经》云：三传皆是木神，并来伤干，诚为凶也。不知支上有酉金，足以敌鬼，不为凶咎。此必有宅中之人解祸，谓之家人解祸格。《指掌赋》云：三传纯官鬼，而兄弟成灾。

戊戌日第三课

兄　空贵　辛丑　破碎　勾神
财　常阴　己亥　劫煞　日冲　仪神
子　阴常　丁酉　六害

```
      螣青  后白  空贵  勾朱
       午    申    丑    卯
       申    戌    卯    戌
```

```
              合合  朱勾
勾朱  卯   辰   巳   午  螣青
青螣  寅              未  贵空
空贵  丑              申  后白
白后  子   亥   戌   酉  阴常
          常阴 元元
```

课格：重审，励德，极阴。

课意：交合可以，彼生我忌，破碎初逢，闭口可畏。

解曰：卯与戌合，巳与申合，交关则可。但申，长生也；卯，官鬼也。彼受申生，而我却忌卯克耳。初传丑为破碎，临于卯而发用。卯为闭口之鬼，乘雀伤干，岂不可畏乎？

断曰：极阴之课，发用破碎，中财末败，退于幽暗之乡，凡事有抑塞不舒之象。闭口临身，总宜三缄，以保明哲。雀作日鬼，亦防弹章，尤不宜上书言事、伸理冤枉。

天时：毕宿带丁，雨师发用，必雨。家宅：昼占卯朱克日，主有争讼，白虎临宅，防有丧事。仕宦：雀鬼临干，官员防劾。求财：当因酒食而得。婚姻：破碎发用，不吉。胎产：日受上克，子孙难保。疾病：三传极阴，死神乘干，巳禄空绝，肺经受病，甚危，幸宅上申能制鬼，或因妇人及行路而得良医。争讼：朱雀闭口，讼柱难伸。出行：丁居末传，行期甚速。行人：驿马带虎，入宅即归。兵战：宜守。坟墓：辰上长生，可以发丁。

《毕法》云：制鬼之位乃良医。《古鉴》：酉命，丑加卯占终身。曰：三传丑亥酉，课名极阴。土死于卯，败于酉，酉六亥四，其人寿至四十六岁。初传贵人，当享父福。中传临官加丑，亦乘父禄。末传及于本身，便尔败坏矣。中传亥水，末传酉金，当因酒色而败。果验。

戊戌日第四课

```
官  青螣  壬寅  仪神 鲁都
财  常阴  己亥  仪神 劫煞 日冲
子  后白  丙申  长生 游都 驿马
```

```
     合合  贵空  常阴  青螣
      辰    未    亥    寅
      未    戌    寅    戌
```

```
             勾朱  合合
青螣  寅   卯    辰    巳  朱勾
空贵  丑                午  螣青
白后  子                未  贵空
常阴  亥   戌    酉    申  后白
          元元  阴常
```

课格：元首，元胎。

课意：寅夜青龙，身初两逢，昼申虽制，白虎有凶。

解曰：寅乘青龙，一见于日上，一见于初传，两逢日鬼，唯末传之申金，可以制之。奈昼乘白虎，递助寅鬼。仕宦则一岁九迁，而常人反为凶恶也。

断曰：元胎之课，凡事初有萌芽，倘占赴试，昼将必然及第。青龙作鬼，福里生灾。白虎克官，祸中得助。但昼夜贵人，皆临囚狱之地，不能仰藉宠光，刷幽振滞。

天时：天罡指阴，夜龙克日，夜必有雨。**家宅**：夜贵临宅入狱，贵人不利，亦防酒食之咎。**仕宦**：官星被克，欠利。**求财**：昼占宜得妇女之财，夜占宜得酒食之财。**婚姻**：昼占不利，夜占甚吉。**胎产**：女胎，产顺。**疾病**：脾土受病，或肝经有伤，末传制鬼，必遇良医。**遗失**：贼乃家人，捕之可获。**出行**：水陆两途，均非坦道。**行人**：天罡加季，行者立至。**兵战**：不利。

《毕法》云：帝幕贵人高甲第（昼占）。《课经》云：干上寅木，作日干之明鬼，支上未土，遁出乙木，作日干之暗鬼。如先有人相允，后却不能相顾。一系明作无情，一系暗中寡义，彼此各怀恶意也。《玉女通神诀》云：顺道用传母前子，失礼还从子传母；顺即为和逆即疑，此是三传真诀语。

戊戌日第五课

官　白后　壬寅　仪神　鲁都
兄　合合　戊戌　大煞　日医①
父　后白　甲午　羊刃　地医

```
   白后 后白 朱勾 空贵
    寅   午   酉   丑
    午   戌   丑   戌
```

```
                白后 常阴
空贵  丑    寅   卯    辰   元元
青螣  子              巳   阴常
勾朱  亥              午   后白
合合  戌    酉   申    未   贵空
           朱勾 螣青
```

课格：遥克，嚆矢，炎上。

课意：火局生身，夜虎临寅，末并宅上，丑午凶神。

解曰：三传火局生身，本为吉兆。但寅夜乘虎作鬼，支及末传午火又遁甲鬼，昼乘白虎。午为羊刃，丑为破碎，丑午六害，其凶不待言矣。

断曰：嚆矢之课，为力虽轻，支干相害，彼此不无猜忌。格名炎上，多虚少实，诸占皆有美中不足之象。夜占虑其始，昼占虑其终。

天时：三传火局生日，天罡指阳，自然晴朗。家宅：尊长相虐，不安之甚。
仕宦：日贵临身，夜贵登天，占官可望。求财：财爻不见，青龙又隐，恐不能得。
婚姻：支干相害，占婚不吉。胎产：昼占胎神乘虎甚凶，夜占不畏；但酉为子孙，产乃生女。疾病：心经有病，肺家患深，昼占难愈。遗失：物非盗窃，不过婢妾所遗。出行：陆路利昼不利夜，水路利夜不利昼。行人：天罡加孟，尚未启行。
兵战：夜昼两占，皆不甚利。

《毕法》云：虎乘遁鬼殃非浅、合中犯杀蜜中砒。《课经》云：午加戌，父母爻上乘虎坐墓，主父母墓中生白蚁，或兴祸端。如父母在堂，主有疾病之灾，更作月内死神、死气，尤凶。"神将论"云：未临亥为贵登天门，神藏煞没，无不亨利。《指掌赋》云：寅戌午为华明，彰精光于天表。《玉成歌》云：遥克当传主远寻。

---

① 原文字迹模糊，貌似"日医"，也似"日墓"，下同。

戊戌日第六课

财　青螣　庚子　天医
兄　贵空　乙未　福星　六破
官　白后　壬寅　仪神　鲁都

　　青螣　阴常　贵空　青螣
　　子　　巳　　未　　子
　　巳　　戌　　子　　戌

　　　　　　空贵　白后
青螣　子　　丑　　寅　　卯　　常阴
勾朱　亥　　　　　　　　辰　　元元
合合　戌　　　　　　　　巳　　阴常
朱勾　酉　　申　　未　　午　　后白
　　　　　　螣青　贵空

课格：重审，不备。

课意：我投于彼，两边契义，夜虎临寅，昼占无畏。

解曰：日为我，辰为彼，以日加于辰，是我投于彼也。巳与戌有丙辛之合，岂不两相契合乎？寅乃日鬼，临于末传，而夜乘白虎，诚可畏矣；若昼占则上乘天后，自坐墓地，全然无气，复何畏之有哉？

断曰：不备之课，事不周全，必有缺陷。三传自下克上，子水受伤，是伤其财也。虽则临干，取之防有惊恐。初末引从昼贵，可以告贵用事，亦利科名。夜占催官符至，到任极速。但五行俱入墓中，止宜结绝旧事。

天时：青龙带水升天，奈三传递克子水，有雨不大。家宅：人来就宅，又复生宅，居必壮丽。仕宦：夜占白虎作催官使者，青龙贵人，皆乘日上，占官必得。求财：财来就人，不求自至。婚姻：以夫就妻，填实甚吉。胎产：上强下弱，产必生女。疾病：心经受病，或齿痛之疾，夜占则系脾胃受伤之症。出行：陆路甚坦，水路亦吉。行人：天罡加仲，尚在中途。兵战：昼占吉，夜占凶。

《毕法》云：权摄不正禄临支、支干值绝凡谋决。《课经》云：子加巳正月占，主孕喜之事，然终不吉。缘胎神加干，临绝受克，恐防损坠。唯占产则可云当日便生也。《肘后经》云：用神若还害天乙，是为四闭凶不测（子害未）。

戊戌日第七课

父　阴常　空巳　日禄　干德
财　勾朱　己亥　劫煞　仪神　日冲
父　阴常　空巳　日禄　干德

　　　合合　元元　阴常　勾朱
　　　戊　　辰　　巳　　亥
　　　辰　　戌　　亥　　戊

　　　　　　青螣　空贵
勾朱　亥　　子　　丑　　寅　白后
合合　戌　　　　　　　　卯　常阴
朱勾　酉　　　　　　　　辰　元元
螣青　申　　未　　午　　巳　阴常
　　　　　　贵空　后白

课格：返吟，元胎，无依，斩关，寡宿。
课意：我去彼绝，凡占歇灭，病讼皆凶，行人被截。
解曰：火生寅而绝于亥，水土生申而绝于巳，巳加于亥，是自投于绝域也。况来往皆空，凡占皆主歇灭。巳为德禄生气，今值旬空而逢绝克，故病讼皆凶。往来俱陷于绝，则行人必有阻而截之者矣。
断曰：返吟之卦，自刑又复自冲，宾主不浃之象。中传居日，初末他乡，往来于绝地，谓之去绝返吟，诸占不吉。惟僧道则甚相宜，缘四大皆空也。
天时：太虚明净，天地相通，万里无云之象。家宅：室如悬磬，空空如也。仕宦：官贵不见，德禄皆空，占官不吉。求财：财爻空绝，求之不得。婚姻：彼此皆虚，媒妁难凭。胎产：胎，必坠；产，母吉。疾病：脾胃受伤，新病吉，久病凶。遗失：元武临宅，家贼难防，元武打洞，恐不能捕。出行：虚话而已。行人：天罡加季，行人立至。兵战：不能成功。
《毕法》云：空空如也事休追、来去俱空岂动移？《秘要》云：来去俱空之卦，鬼空尤妙，然亦宜有制，否则有虚挠之凶，为我难见彼之象故也。《心镜》云：四课无形，事不出名，纵然出也，恐是虚声。《光明经》云：水临巽户主腰灾，火遇亥神防走失。

戊戌日第八课

子　螣青　丙申 长生 游都 驿马
兄　空贵　辛丑 勾神 破碎
父　后白　甲午 羊刃 地医

　　　螣青　常阴　常阴　合合
　　　　申　　卯　　卯　　戌
　　　　卯　　戌　　戌　　戌

　　　　　　　勾朱　青螣
合合　戌　　亥　子　丑　空贵
朱勾　酉　　　　　　寅　白后
螣青　申　　　　　　卯　常阴
贵空　未　　午　巳　辰　元元
　　　　　　后白　阴常

课格：元首，斩关，不备。

课意：昼虎甲午，申类最苦，夜贵当权，初末拱护。

解曰：午上遁出甲木，昼占白虎乘羊刃而伤干，又克初传长生之申，既被午克，复被土墓，最为痛苦也。夜占则贵人临于寅火生地，甚有权势。况初末之申午，又为之引从而拱护，占官者，吉可知矣。

断曰：元首之课，履正而亨。午生丑，丑墓申，申克卯，卯克戌，是午之暗鬼，流祸甚长也。长生入墓，长上应灾。末火克金，子息告匮，又名不备，诸事当有缺欠。

天时：天罡指阴，水运乎上，有雨。家宅：宅与上神相合，家道必成。仕宦：青龙发用，白虎催官，占官甚宜。求财：龙虽发用，被丑墓午克，恐不能得。婚姻：干支相合，可以成就。胎产：女孕，产速。疾病：肺经受病，春占不吉。遗失：元武不见，乃遗落道途，并非贼窃。出行：行者恋宅，行期必愆。行人：天罡加孟，尚未启行。兵战：昼占甚利，后宜谨慎。

《毕法》云：虎乘遁鬼殃非浅、传墓入墓分憎爱。《纂要》云：戌加巳，卯加戌，此为干支相会，可以共谋成事。《秘要》云：日鬼乘太常，入宅克宅。若十月占，主有内孝服。《玉成歌》云：墓神加日身灾滞，支往临干事体危。又云：日鬼加临辰两课，定然官吏到门庭。《指掌赋》云：丑遇天空为矮子，会申而为和尚。

戊戌日第九课

```
官  白后  壬寅   仪神 鲁都
父  后白  甲午   羊刃 地医
兄  合合  戊戌   大煞 日医
```

```
   后白 白后 空贵 朱勾
    午   寅   丑   酉
    寅   戌   酉   戌
```

```
       合合 勾朱
朱勾 酉  戌   亥  子 青螣
螣青 申            丑 空贵
贵空 未            寅 白后
后白 午  巳   辰   卯 常阴
       阴常 元元
```

课格：元首，励德，泆女。

课意：寅并甲午，昼夜皆虎，酉金来救，火局焚去。

解曰：寅乃日鬼，午遁旬鬼，昼夜皆乘白虎，并来伤干。独干上之酉金为救，又被三传之全火焚毁。占官之外，皆非吉征。

断曰：元首之卦，本为顺利，但干作金局，支作火局，以火制金。凡占利卑幼而不利尊长，利他人而不利己身。又交车相害，须防面是心非。传虽炎上，却喜会作生气发用。《经》所谓"三传纯父母，不求安而身自安"也。占者倘能处安思危，则无不善矣。

天时：三传皆火，毕宿受制，有风无雨。家宅：夜虎克宅，遁虎复伤，凶患难防。仕宦：催官发用，占官甚吉，兼有威权。求财：财爻不见，求之不得。婚姻：女家太盛，配不相宜。胎产：上强下弱，产乃生男。疾病：昼占则肺经受病，病深难瘥，夜占则脾经受伤，病浅易痊。遗失：元武不见，乃婢妾所失。出行：陆路甚坦，水路难行。行人：天罡加孟，尚未起身。兵战：昼夜俱不为吉。

《毕法》云：虎乘遁鬼殃非浅、鬼临三四讼灾随。《课经》云：子加申为胎坐长生，恐子恋母腹，宜占胎孕，不利占产。《指掌赋》云：寅午戌为炎上，以发达为名。《心印赋》云：三合支辰为眷亲，岁中必定别阴人。《云霄赋》云：火炽伤金，边塞驰驱之子。《三才赋》云：将神沐浴之处相逢，凡事露机。

戊戌日第十课

```
财  勾朱  己亥  劫煞 仪神 日冲
官  白后  壬寅  仪神 鲁都
父  阴常  空巳  干德 日禄
```

```
     元元  空贵  勾朱  螣青
     辰    丑    亥    申
     丑    戌    申    戌
```

```
          朱勾  合合
螣青  申   酉    戌    亥  勾朱
贵空  未              子  青螣
后白  午              丑  空贵
阴常  巳   辰    卯    寅  白后
          元元  常阴
```

课格：遥克，弹射，元胎。

课意：长生须弃，财引逢鬼，昼贵入宅，夜为破碎。

解曰：申为水土长生，临于干而可守。却贪弹射之财，因而引入中传之鬼乡，所谓"因财致祸"也。昼占则为贵人入宅，能伏诸煞。倘用夜将，则为破碎[①]临家，其耗费殆无穷尽矣。但当坐守昼申敌鬼，庶可安宁。

断曰：遥克之课，当有远方财动。但见生不生，反为脱气。盖因申金陷空，虽三传递生，而末传既空，到底不能结实。

天时：青龙与水母升天，奈逢空陷，出旬始雨。家宅：昼贵入宅，家必构讼。仕宦：龙与德禄皆空，不吉。求财：财爻虽现，取必遭患。婚姻：昼占青龙空陷，如年命填实可成。胎产：女胎；母实儿空，占产不吉。疾病：脾胃受病，或气促伤残，见救不救，病势难安。遗失：元武不见，自失于途。出行：水陆两途，昼占可行。行人：天罡加季，行者立至。兵战：昼占稍可，夜占甚凶。

《毕法》云：脱上逢脱防虚诈、龙加生气吉迟迟。《课经》云：日干上申金，昼乘青龙，遇九月占，乃是龙加生气。虽目下未即峥嵘，却能徐徐发福。《玉女通神诀》云：顺道用传母前子，失礼还从子传母；顺即为和逆即疑，此是三传真诀语。《天官汇函》云：朱雀临亥是非张，水火相刑夫妇伤。

---

① 原文：碎破。

戊戌日第十一课

```
财  白后  庚子  天医
官  青螣  壬寅  仪神 鲁都
兄  合合  空辰  墓神
```

```
      青螣 白后 阴常 贵空
       寅   子   酉   未
       子   戌   未   戌
```

```
              后白  阴常
贵空  未   申   酉   戌  元元
螣青  午            亥  常阴
朱勾  巳            子  白后
合合  辰   卯   寅   丑  空贵
          勾朱 青螣
```

课格：重审，间传，泆女，向阳。

课意：夜贵身边，两子害焉，罡塞鬼户，昼贵登天。

解曰：未乃夜贵，临身，被支与发用二子相害，所谓"害贵讼直遭曲断"也。辰为天罡，寅为鬼户，辰加寅上，为罡塞鬼户；丑为贵人，亥为天门，以丑加亥，为贵登天门，神藏煞没，凡有谋为，无不遂意也。

断曰：课名泆女，必有阴私。干支之上神不和，人己各怀猜忌。旺财乘虎发用，而生中传寅鬼，必因财上生灾。昼蛇克日，难免惊忧。末传入墓，又属旬空，向后到底少益。

天时：天罡加寅，子水被脱、被克，有风无雨。家宅：支干之上神相害，人宅不安之象。仕宦：夜贵临身，昼贵登天，功名可得。求财：昼占有妇人之财，夜占见凶恶之财。婚姻：上神相害，不吉。胎产：下强上弱，产乃生女。疾病：肾经受伤，心经不足，不能即愈。遗失：家奴作贼，可向东南捕之。出行：夜占陆路甚吉，昼占水路可行。行人：天罡加孟，尚未启行。兵战：昼占犹可，夜占不吉。

《毕法》云：彼此猜忌害相随、害贵讼直遭曲断、罡塞鬼户任谋为。《指掌赋》云：子寅辰向三阳，而所望光明。"神将论"云：子乘天后，临戌发用，主妇人有淫邪之事。不占妇人，须有私通之事。《纂要》云：传子寅辰，先合后嗔，阴私内乱，口舌频频。

戊戌日第十二课

```
财  常阴  己亥  劫煞 仪神 日冲
财  白后  庚子  天医
兄  空贵  辛丑  勾神 破碎
```

```
      白后 常阴 贵空 螣青
       子   亥   未   午
       亥   戌   午   戌
```

```
                贵空 后白
螣青  午    未   申   酉  阴常
朱勾  巳              戌  元元
合合  辰              亥  常阴
勾朱  卯    寅   丑   子  白后
           青螣 空贵
```

课格：重审，进茹，三奇。

课意：罗身网宅，动则遭厄，财在家中，多贪疲役。

解曰：午为戊干之罗，亥为戊支之网，凡占值此，乃为网罗兜裹身宅，不得亨快。静则守旺，动则为刃。亥乃日财，临支发用，若守其宅上之财，亦足自给。苟肆其贪求之心，则未免财多身弱，不胜其疲役矣。

断曰：进茹之课，格合三奇，宜无不顺。但支干之上神，各居自刑；支干之阴神，又复相害。宾主不投，人己相忌，惟宜谨守。三传皆财，一切起居饮食，皆宜撙节。恐因财致祸，因食致病。

天时：青龙升天，三传皆水，天罡指阴，时雨滂沛之象。家宅：但宜谨守，灾患自无。仕宦：大宜谨饬，亦恐丁艰。求财：家财可守，外财难得。婚姻：干支之上神自刑，不吉。胎产：下强上弱，妊乃成女。疾病：肾经与膀胱受病，或心血不足。遗失：为家奴所窃，向正南捕之。出行：昼占陆路可行，夜占水路可行。行人：天罡加仲，尚在中途。兵战：只宜谨守，不可妄动。

《毕法》云：所谋多拙逢罗网、尊①崇传内遇三奇、宾主不投刑在上。《指掌赋》云：亥子丑为龙潜，阳光在下，空怀宝以迷邦。又云：传见妻财利益多。又云：三传纯妻财，而父母克害。《心印赋》云：子丑相加事必成，更逢吉将转欢欣。

---

① 原文：樽。

己亥日第一课

财　元后　己亥 _{日解}
兄　螣白　乙未 _{鲁都 福星}
兄　白螣　辛丑 _{仪神 游都 干奇}

元后 元后 螣白 螣白
亥　亥　未　未
亥　亥　未　己

　　　　朱空 螣白
合青　巳　午　未　申　贵常
勾勾　辰　　　　　酉　后元
青合　卯　　　　　戌　阴阴
空朱　寅　丑　子　亥　元后
　　　　白螣 常贵

课格：伏吟，自信，杜传。

课意：元临财上，贼累相向，虎蛇入未，暗中惆怅。

解曰：亥乃日财，宅上重重是财，却重重见武，是累逢盗贼也。未为己身，既带乙木之暗鬼，又乘蛇虎之凶神；且课传三刑，虽不见其伤损，而暗中有不惆怅乎？

断曰：自信之课，课传皆阴，利私谋而不利公干。发用杜传，事防有阻，改图可以成就。但中末二传，昼夜互乘蛇虎；而支上亥财，又被众土分夺，总宜清心寡欲，守分为安。

天时：天地不动，晴占则晴，雨占则雨。**家宅**：满屋皆贼，财源不聚，人口亦恐不宁。**功名**：贵禄不见，不能有成。**求财**：劫之者众，夜占防失，若阴人之财，昼占可得。**婚姻**：将凶，不吉。**胎产**：阴极则阳生，况胎乘阳神，产必弄璋。**疾病**：膀胱受伤，或肾经湿症，不妨。**出行**：蛇虎当道，盗贼满途。**行人**：丁马不见，行者不至。**兵战**：彼此皆诈，利主不利客。**坟葬**：丁龙从右入首则吉，水太旺，穴中恐有水。

《毕法》云：虎乘遁鬼殃非浅、任信丁马须言动。《课经》云：辰加辰，谓之两勾夹墓。《纂要》云：申贵逆行，白虎乘丑，乃贵人嗔怒之象，不可干谒。盖丑乃天乙本家，不宜见虎也。《壬经》云：伏吟干支，各居其位。日辰只有两课，用日则舍阴，用辰则舍阳。天地不备，阴阳独刑，实为不足之体。

己亥日第二课

```
兄  阴阴  戊戌    大煞  日符
子  后元  丁酉    破碎
子  贵常  丙申    长生  六害
```

```
    后元  阴阴  合青  朱空
     酉    戌    巳    午
     戌    亥    午    己
```

```
勾勾  辰  巳(合青)  午(朱空)  未  螣白
青合  卯                      申  贵常
空朱  寅                      酉  后元
白螣  丑     子      亥       戌  阴阴
           常贵     元后
```

课格：元首，退茹，斩关，励德。

课意：弃禄尤宜，关隔卑微，魁居宅上，百无所依。

解曰：午为日禄，昼乘天空，弃之他求，未为不可。但天魁临亥发用，谓之魁度天门，事主关隔。昼夜乘阴，卑微之象。亥为本日支神，而魁塞之，关隔尤甚，故曰百无所依也。

断曰：退茹之课，干支拱传，破败居中，不如退守日禄，尚为有益。真朱雀临干，土年占之，最利功名科第。

天时：天上乘空，水母与毕宿相加，夜当阴雨。**家宅**：破败居中，未见昌盛。**仕宦**：官禄临身，吉。**求财**：关隔临财，不能入手。**婚姻**：媒妁难通。**胎产**：占孕成女，占产艰滞。**疾病**：脾胃受病，隔食隔气，虽担时日，不防。**出行**：关梁隔阻，陆路可通。**行人**：魁度天门，必有阻隔。**兵战**：只宜谨守，不可袭远。

《毕法》云：旺禄临身徒妄作、魁度天门关隔定。《古鉴》：巳将午时占。曰：时与日干六合，事必主外。命上乘未加常，与发用俱得子爻之休气，主其子在外酒食过度致病。又丁卯占。曰：命用见合，中传酉乘元武，因私通人家婢妾致疾。盖酉为婢妾，元武临酉为窥户，本身属土，被酉耗败，故必尪羸也。又壬戌占。曰：戌为奴，酉为婢，元武窥户，卦得斩关，乃逃亡之象。主家中奴婢逃亡，得马姓人，于西方捉获。缘日上午为马姓，与日相助克酉，酉在西方，与午相破故也。

己亥日第三课

官　青合　癸卯　日医 三合
兄　白螣　辛丑　仪神 游都 干奇
财　元后　己亥　日解

　　　　螣白　后元　青合　合青
　　　　未　　酉　　卯　　巳
　　　　酉　　亥　　巳　　己

　　　　　　勾勾　合青
青合　卯　辰　　巳　　午　朱空
空朱　寅　　　　　　　未　螣白
白螣　丑　　　　　　　申　贵常
常贵　子　亥　　戌　　酉　后元
　　　　元后　阴阴

课格：遥克，嚆矢，间传。

课意：六阴俱全，空脱迍邅，破败丁酉，嗣婢熬煎。

解曰：四课三传，六阴俱备，昏昧之甚。干上巳火空亡，支上酉金脱气，所以迍邅也。土败于酉，又为破碎，遁出旬丁，临于宅上，非子嗣之破败，即婢妾之奢靡，煎熬岂能免乎？

断曰：遥克之课，日财助起初传之鬼而伤干，有将钱买祸之象。却喜嚆矢无力，发用坐于空乡，不足畏也。宜年命上乘土神，有以制水则吉，有以生水则凶。盖亥水虽为财神，而以末助初，实为祸之根，而罪之首也。

天时：六阴相继，必雨。家宅：败气临宅，家渐衰微。仕宦：官星与青龙皆空，不吉。求财：昼占妇女之财可得，夜占不利。婚姻：昼占龙空，夜占后合，皆为不吉。胎产：课传六阴，男喜也，但母实儿空，四月占尤不吉。疾病：酒色过度，或肺经受伤，难愈。遗失：继母藏匿，或在饮酒处，否则婢女盗去。出行：水陆俱不吉。行人：已在中途。兵战：事多更张，伏兵宜防。

《毕法》云：后合占婚岂用媒？六阴相继尽昏迷。《六壬断诀》云：干上乘马，支上乘丁，饭不得饱，睡不得宁。《指掌赋》云：卯丑亥为断涧，义利分明。《照胆秘诀》云：阴阳间克传藏课，内外萦心成虑破。《中黄经》云：马见巳亥在路岐。

己亥日第四课

父　元青　空巳　六冲　驿马
官　空朱　壬寅　日德　六合
财　合后　己亥　日解

　　　元青　贵常　青螣　常勾
　　　巳　　申　　丑　　辰
　　　申　　亥　　辰　　己

　　　　　　白合　常勾
空朱　寅　　卯　　辰　　巳　元青
青螣　丑　　　　　　　　午　阴空
勾贵　子　　　　　　　　未　后白
合后　亥　　戌　　酉　　申　贵常
　　　　　　朱阴　螣元

课格：元首，斩关，励德，寡宿。
课意：干上墓神，自末而生，欲脱不脱，宜守家庭。
解曰：辰乃己土之墓神，覆于日上，主昏迷迟滞。三传自亥水递生育干，当有推荐之喜。但巳属旬空、驿马，未足取信。支上申金，欲脱干气。幸昼夜贵常，与干相比相助，不能脱也。申为长生，坐于支上，而乘常贵以生支，占者当闭户谨守，向后自尔荣昌。
断曰：元首之课，又名斩关，宜顺时而动。支上乘生，日上乘墓，亦有宅旺人衰之象。三传生墓育干，可以重兴旧事。两常夹墓临干，幸系旬空，尚不至十分沉闷也。
天时：墓神覆日，龙已升天，必有大雨。**家宅**：宜谨守家业，不宜外骛。**仕宦**：官文两空，占官不利。**求财**：宜得阴私之财。**干谒**：昼占武职可见，夜占文职可见。**婚姻**：昼占平平，夜占乃吉。**胎产**：上强下弱，二阴包阳，产必生男。**疾病**：肺家有疾，或脾土受制，不药可愈。**出行**：陆路塞滞，水路甚吉。**行人**：天罡加季，行者立至。**遗失**：昼占可寻，夜占为家贼所窃。**逃盗**：东南朽木之下，可捕。**兵战**：主胜于客，敌自远遁。**坟墓**：当成金局，丑方出水，大旺人丁。

《毕法》云：华盖覆日人昏晦。《指掌赋》云：三传生日百事宜，日生三传财源耗。《太乙经》云：占与人期会，天罡临日辰者，会。

己亥日第五课

兄　后白　乙未 _{鲁都 福星}
官　白合　癸卯 _{日医 三合}
财　合后　己亥 _{日解}

_{白合　后白　合后　白合}
卯　未　亥　卯
未　亥　卯　己

		_{空朱}	_{白合}			
青螣	丑	寅	卯	辰	常勾	
勾贵	子			巳	元青	
合后	亥			午	阴空	
朱阴	戌	酉	申	未	后白	
		_{螣元}	_{贵常}			

课格：涉害，曲直，度厄，不备，乱首。

课意：彼己俱乖，弃害就财，循环而已，倘恋灾来。

解曰：卯克己土，未克亥水，是彼己俱乖也。乃弃卯就亥，财虽可得，不可久恋。盖课体循环，卯乘夜虎，必来相伤故也。

断曰：课作回环，占事不散，吉事固成，凶事亦就。凡百云为，皆有迟疑阻滞。惟年命上得一金神，可以制凶。

天时：水被卯脱，风烈而雨微。家宅：田土兴灾，欺之者众。仕宦：官鬼成局，过于旺相，须年命上有火神方吉。求财：木局泄财，自不能聚。婚姻：后合甚多，占婚不吉。胎产：阴极阳生，当是男喜，产亦必速，但防堕胎。行人：天罡加孟，行者未来。遗失：非干贼窃，失于途中。兵战：宾主皆伤，彼此不利。

《毕法》云：干支全伤防两损、虎临干鬼凶速速、虎乘遁鬼殃非浅。《指南》：壬午十月卯将未时，为子占功名。曰：干神归支，传将逆行，应回东省求名。三传纯鬼，鲁都虎鬼克支，贼符将星克干，主贵地不日兵动，且有攻城破邑之事。眷属宜迁他处，目今且防失盗。曰：老母九十大寿，庆后始迁可乎？曰：尊堂寿止八十有九，因乙发用，与地盘巳字合断也。后其人被盗复来。曰：元武乘脱气，居丑命之上，所盗者乃郎君之物。然课传回环，贼必再至。后悉如所占。《要览》云：亥乘天后，抱卯子而合于未，妇人有私情也。

己亥日第六课

父　阴空　甲午　日禄
兄　青后　辛丑　仪神　游都　干奇
子　贵勾　丙申　长生　六害

```
      青后  阴空  螣合  空阴
       丑    午    酉    寅
       午    亥    寅    己
```

```
            青后  空阴
勾贵  子    丑    寅    卯  白元
合螣  亥                辰  常常
朱朱  戌                巳  元白
螣合  酉    申    未    午  阴空
            贵勾  后青
```

课格：重审，六仪，四绝。

课意：六关和顺，禄神已尽，嗣及长生，占之有吝。

解曰：寅与亥合，午与未合，六合交关，非不和顺。但午加于亥，禄入绝乡，且昼乘天空，下受亥克，则禄已竭尽无余矣。申为己土之长生，又为己土之子孙，午克丑墓，悔吝必矣。

断曰：六仪之课，凡占可以化凶为吉。日德临身，己土受克，美中不足。日禄临支，不能自尊自大。又名四绝，止宜了结旧事，不利图新。寅虽官鬼，赖坐于未土之墓，不能伤干。巳乘虎入墓，父母之坟墓有灾。

天时：水运乎上，青龙升天，天罡指阴，有雨之象。仕宦：官星临身，日禄临支，功名最利。家宅：禄神临宅，家自富饶。求财：家中自有，不必外求。婚姻：德禄居于干支之上，门户相当。干谒：非为贵人所伤，即为贵人所脱。胎产：下强上弱，二阳包阴，妊乃成女。疾病：脾家有病，或心火受伤，春占可畏。遗失：非贼所窃，不过遗失途中。求谋：凡事皆吉。出行：陆路甚坦，水路亦佳。行人：尚在中途。兵战：宜防虚诈。

《毕法》云：权摄不正禄临支。《指南》：乙酉正月子将巳时占病。曰：脾土受病，目今无虑。盖木为官鬼，克脾土故也。止宜平胃清心，切勿健脾理肺。禄临绝地，马入墓乡。又卯临申位，是木被金雕，病人非宜。且年带死败克日，恐至七月有不测之忧耳。果验。

己亥日第七课

父　元白　空巳　六冲　驿马
财　合螣　己亥　日解
父　元白　空巳　六冲　驿马

合螣　元白　后青　青后
亥　巳　未　丑
巳　亥　丑　己

		勾贵	青后		
合螣	亥	子	丑	寅	空阴
朱朱	戌			卯	白元
螣合	酉			辰	常常
贵勾	申	未	午	巳	元白
		后青	阴空		

课格：返吟，元胎，寡宿。

课意：来去皆空，长上须凶，妻妾婢媵、常闹家中。

解曰：巳为己之父母，旬空受制，必主长上有灾。亥为己土之妻财，昼乘螣蛇，与巳往来冲击。而巳又为双女，昼虎夜元，既冲复陷，则家中妻妾，岂得安和哉？

断曰：无依之卦，来去俱空，旺财临绝，黩货非宜。斗鬼相加，占试最吉。孤辰寡宿，尤防骨肉别离。惟九流僧道，不为凶也。巳乘虎加亥，主小儿有咽喉之患。

天时：巳亥相加，天地相通，昼占则风，夜占则雨。家宅：宅内皆空，多虚少实之象。仕宦：官禄不见，求之甚难。求财：财爻空动，恐无实济。婚姻：男实女空，不吉。胎产：课传无阳，妊乃成女，三传皆空，恐是鬼胎。疾病：肺经之病，或心虚齿痛，不久自愈。出行：陆路可行，水路不吉。行人：天罡加季，行者立至。遗失：元武乘空，无从捕获。兵战：虚张声势，主虚客实。

《毕法》云：来去俱空岂动移？空空如也事休追。《照胆秘诀》云：天倾西北日月随，地陷东南江海归；巳亥中间常缺欠，重求轻得报君知。《中黄经》云：马见巳亥在路岐。《课经》云：巳日返吟，三月占，乃生气克日，是幸中不幸。正月占，乃死气生日，是不幸中之幸。《神将汇函》云：巳乘虎加亥，木器柜上有锁坏，换之则吉。

己亥日第八课

父　元白　空巳　六冲　驿马
兄　朱朱　戊戌　大煞　日符
官　白元　癸卯　日医　三合

　　膝合　常常　元白　勾贵
　　酉　　辰　　巳　　子
　　辰　　亥　　子　　己

　　　　　合膝　勾贵
朱朱　戌　亥　　子　　丑　青后
膝合　酉　　　　　　　寅　空阴
贵勾　申　　　　　　　卯　白元
后青　未　午　　巳　　辰　常常
　　　　阴空　元白

课格：知一，铸印，斩关，励德。

课意：墓覆家庭，元虎为邻，贵财系子，昼卜临身。

解曰：辰为日墓，临于支上，是墓覆家庭，不无昏滞。初巳末卯，虽云引从支辰，但昼夜俱乘元虎，与我为邻，动必生祸矣。干上子水，昼占为贵人之财，临于干上，守之最善。

断曰：铸印之课，巳空谓之损模。虽末助初生，但初中空陷，凡百谋为，俱费心力。墓虽覆支，喜中传戌冲作救，惜坐空无力耳。前后引从地支，只宜迁修家宅。

天时：水运乎上，午未日有雨。家宅：支上元白，乘墓克支，虚失虚忧之事。求财：宜得贵人之财。功名：昼占必遇。婚姻：占男昼吉，占女皆凶。胎产：二阴包阳，妊必成男。疾病：昼占则肺患，夜占则脾疾，或因酒食伤胃，不久自愈。出行：昼占陆路甚吉，夜占平平。行人：尚未起身。兵战：主虚客实。

《毕法》云：前后引从升迁吉、传墓入墓分憎爱。《占验》：寅将酉时，占开肆。曰：日为财，支为库。今干上有贵财，支上见真库。干上财神，又归宅库，大有益利。但巳为店，上乘元武，恐修葺多费。中传又为店库，财库重重，嫌末传卯木克财。九年之后，须被人争夺，缘巳四戌五故也。又一人占赁屋开肆何如？曰：此屋颓损，大费修葺，赁后不五六年，而店中之货财累万，后至第九年，因取赎致衅，经官陈论，当被夺取也。果验。

己亥日第九课

兄　后青　乙未 _{鲁都 福星}
财　合螣　己亥 _{日解}
官　白元　癸卯 _{日医 三合}

_{后青　白元　白元　合螣}
未　卯　卯　亥
卯　亥　亥　己

螣合　　_{朱朱}　_{合螣}　　　勾贵
　　　西　戌　亥　子
贵勾　申　　　　　丑　青后
后青　未　　　　　寅　空阴
阴空　午　巳　辰　卯　白元
　　　　_{元白}　_{常常}

课格：涉害，曲直，不备，赘婿。

课意：财就身宫，恋则为凶，只宜早弃，免被贼通。

解曰：支财临干，财临身也。取之本无不可，但亥之上神为卯，乃是日干之鬼。若不急弃，则支上之卯，会成木局伤身，祸不免矣。况卯为太冲，上乘元武，皆贼象也。亥卯未一经作合，是与贼通，所得之财，岂能享乎？

断曰：赘婿之卦，又四课不备，支上乘脱，必无正屋可居，亦俯首于人之象。课传回环，吉凶俱成，最不利于解散忧疑之事。木局传鬼乘财，只可携财告贵，纳粟奏名。

天时：青龙发用，但水被日克，三传木局，雨少风多。家宅：满盘官局，而身受制，却宜胥役。仕宦：官星甚旺，再得文书，方为全美。求财：禁止贪心，庶可远害。婚姻：神吉将凶，成而不美。胎产：课传纯阴，又曰不备，产必弄瓦。疾病：夜虎乘卯，脾胃受伤，课传皆鬼，病笃难瘥。出行：陆路稍可，水路不吉。行人：天罡加仲，尚在中途。遗失：元武脱宅，盗失难免，贼众太旺，难于捕获。兵战：迭为宾主，各有所伤。

《毕法》云：初遭夹克不由己（昼占）。《指南》：癸未正月亥将未时，有客来占。曰：龙神发用，课传结成官局，来意必占今岁功名，六月即有钦召之应。盖木遇春旺，夏则密茂，将来事业远大。缘岁建、皇恩发用，中传天诏，故六月定有佳音也。果于是月奉诏进京，授京营提督，复升戎政。

己亥日第十课

官　空阴　壬寅　日德　六合
父　合白　空巳　六冲　驿马
子　贵勾　丙申　长生　六害

```
 合白 空阴 白后 阴朱
  巳   寅   丑   戌
  寅   亥   戌   己
```

```
贵勾  后合 阴朱      元螣
      申  酉  戌  亥
螣青  未         子  常贵
朱空  午         丑  白后
合白  巳  辰  卯  寅  空阴
         勾常 青元
```

课格：遥克，嚆矢，元胎，励德，斩关。

课意：巳类为弓，申象箭镞，遗弓落箭，所为无功。

解曰：巳形如弓，乃值旬空。申形似箭，乃为陷空。嚆矢而弓箭皆空，将何以建功立业乎？故曰所为无功。

断曰：励德之课，君子所宜。寅为官星，临于支上，既得亥水之助，又遁壬水之生。若春冬占之，官爻得气，旺相极矣。夫官为扶身之本，财为养命之源，寅爻得地，而财官双美。课虽嚆矢，其为功也甚大，岂以弓箭之空，遂弃之勿道哉？

又干上戌刑未，支上寅合亥，在外者极其经营，居家者极其安乐。亦有自己煎熬，他人逸乐之象。

天时：天罡指阴，朱雀被墓，阴浓雨少。家宅：官爻临宅，事起家庭。仕宦：官星得气，夜占甚佳。求财：财爻虽见，但取之甚危。婚姻：支干上下相合，事在必成，但恐婢妾居于妻位。胎产：二阳包阴，妊乃成女。疾病：肝家有病，金日可愈。出行：马载白虎，迅速之极。行人：天罡加季，行者立至。兵战：主胜于客，须防偷劫。

《毕法》云：夫妇芜淫各有私、宾主不投刑在上。《课经》云：寅木克干，赖末传申金冲克，为己土之长生，应苦去甘来之喻。《玉成歌》云：德神动处吉相随，受克遭刑反见危。《心印赋》云：嚆矢遥神克日干，救神制鬼却为欢。

己亥日第十一课

兄　白后　辛丑　仪神　游都　干奇
官　青元　癸卯　日医　三合
父　合白　空巳　六冲　驿马

青元　白后　元螣　后合
卯　　丑　　亥　　酉
丑　　亥　　酉　　己

```
            贵勾  后合
螣青  未   申   酉    戌  阴朱
朱空  午              亥  元螣
合白  巳              子  常贵
勾常  辰   卯   寅    丑  白后
          青元  空阴
```

课格：涉害，间传，见机，出户。

课意：破败临身，况又乘丁，五阴柔日，凡占杳冥。

解曰：酉乃土之败气，又为支之破碎；上乘遁丁，其破败耗费，必有不免者矣。课传皆阴，而干上昼合夜后，总为魇魕之神，其消沮闭藏，有不可告人者矣。

断曰：出户之卦，虽自暗出明，而末传空亡，未能出幽离隐。惟天罡塞于鬼户，凡百阴谋，翻能遂意。丑土比肩，克宅发用，家中必有暗损。中传官鬼闭口，尚喜酉制，不至猖獗，必其家有败子，能转移祸福也。

天时：课传皆阴，毕宿临干，当有雨。**家宅**：昼占则妻妾扰宅，夜占则同类为凶，皆有耗费。**仕宦**：贵禄不见，破败加干，不吉。**求财**：己财不守，不必外求。**婚姻**：后合占婚，成而不吉。**胎产**：男喜，防损胎。**疾病**：肾肺受伤，兼有积块腹疾，四月占更凶。**出行**：水路不吉。**行人**：天罡加孟，尚未启行。**兵战**：未见其利。

《毕法》云：后合占婚岂用媒？两贵受克难干贵。《课经》云：干上酉金作日干之脱气，昼乘天后复脱酉金，谓之"脱上逢脱"。酉为子孙，亦为婢妾。夜乘天后，必有因酒色而败坏身家者。又云：申加午，子加戌，昼夜两贵，皆被下神所克，不宜干请，不惟不能成福，翻能致祸。《心印赋》云：丑卯巳为出户，春雷震蛰。

己亥日第十二课

```
兄　白螣　辛丑　仪神 游都 干奇
官　空朱　壬寅　日德 六合
官　青合　癸卯　日医 三合
```

```
    白螣 常贵 后元 贵常
     丑   子   酉   申
     子   亥   申   己
```

```
          螣白 贵常
朱空  午   未   申   西   后元
合青  巳               戌   阴阴
勾勾  辰               亥   元后
青合  卯   寅   丑   子   常贵
          空朱 白螣
```

课格：元首，进茹，三奇。

课意：身宅俱贵，三奇又遇，君子宜之，常人反忌。

解曰：申为夜贵，临于干上；子为昼贵，临于宅上，是身宅俱贵也。丑寅卯作三传，鼠遁则为乙丙丁三奇。君子占之，有迁官进爵之喜，常人则反忧官事矣。

断曰：连茹之卦，汇征则吉。初传丑土，鼠遁得乙为暗鬼，中传末传为明鬼，是三传全鬼伤干，殊为可畏。然赖申金临干，又为父母，又为子孙，足以制之，所云"众鬼虽彰全不畏"也。

天时：四课之上，尽属水神，却被丑土所克，雨不能久。家宅：贵常临于身宅之上，三奇作传，富贵可望。功名：昼夜两占，不拘文武，皆掇巍科。求财：宜得贵人之财。婚姻：朱陈佳偶，极为吉祥。胎产：上强下弱，二阴包阳，必产贵子。疾病：肾水不足之症，或脾土受伤，不日可瘥。出行：陆路甚佳，水路亦吉。行人：天罡加仲，尚在中途。兵战：干支罗网，恐遭困厄。

《毕法》云：昼夜贵加求两贵、尊崇传内遇三奇、所谋多拙逢罗网。《纂要》云：干支之前一辰，临于干支之上，为之天罗地网，值此者，如网罗兜裹，不能亨快。若占人年命上神，冲破支干之网，始为无咎。或遇空亡，又为破罗破网，见亦不害。《指掌赋》云：三传纯官鬼，而兄弟成灾。

庚子日第一课

兄　后白　丙申　日禄　日德
财　青螣　壬寅　大煞　驿马
官　朱勾　空巳　长生　支德

```
白后  白后  后白  后白
 子    子    申    申
 子    子    申    庚
```

```
              螣青  贵空
朱勾  巳  午   未   申  后白
合合  辰           酉  阴常
勾朱  卯           戌  元元
青螣  寅  丑   子   亥  常阴
          空贵  白后
```

课格：伏吟，元胎。

课意：昼虎临禄，财被马逐，末空破碎，夜病嗣续。

解曰：申乃庚之禄神，旬遁丙火，发用临干，而昼虎据之，是禄不可守也。中传寅木，乃是日财，又为驿马，昼乘螣蛇，亦有惊危之象。末传巳火，乃庚金之长生，遇空作破，夜乘朱雀，化而为鬼，是无所凭藉也。子为申金之子孙，夜乘白虎，嗣续之病，其尚能免乎？

断曰：元胎之卦，旺禄临身，凡事止宜守旧，不宜妄作。课传禄马皆现，惟仕人为吉，但末传官空，终不如始。

天时：天地不动，晴日占，晴；雨日占，雨。家宅：昼占家室安静，夜占子息有灾。仕宦：官星填实，方为全美。求财：远方之财，求之可得。婚姻：支干各乘旺气，然昼占男患，夜占女伤。胎产：男喜，易产。疾病：膀胱有病，即愈。出行：昼占水路可行。行人：马在中传，行人半途。兵战：日干生支，利客不利主。

《毕法》云：虎乘遁鬼殃非浅、旺禄临身徒妄作。《秘要》云：白虎加临旬内之遁干为日鬼者，凡占皆畏。咎患弥深，难以消释，纵遇空亡，亦不能为救，其应如神。《课经》云：庚日伏吟，是两贵夹墓。

庚子日第二课

```
父      元元   戊戊
兄      阴常   丁酉  羊刃 六破
兄      后白   丙申  日禄 日德

        元元 常阴 螣青 贵空
         戊   亥   午   未
         亥   子   未   庚

              朱勾 螣青
合合  辰   巳   午   未  贵空
勾朱  卯              申  后白
青螣  寅              酉  阴常
空贵  丑   子   亥   戌  元元
          白后 常阴
```

课格：元首，连茹。

课意：昼虎丙申，禄故难亲，夜宜守贵，初屈后伸。

解曰：申乃日禄，旬遁得丙上乘白虎，难与相亲。初传鬼墓，中传旺刃，皆不可投，夜占止宜守干上之贵。但支辰之子，与干上之未作六害，初必遭屈，厥后为日干之庚金所化，转生子水，是以终必能伸也。

断曰：连茹之课，交互六害，而又魁度天门，凡占皆有阻隔，不能亨快。干支拱传，事在必成。末传昼虎，与德禄相并，未免忧中带喜，美中不足之象。

天时：天空临干，水母临毕，发用关隔，晴晦不雨。家宅：支上之阴神，昼夜乘元，家中暗晦，窃贼最宜防察。仕宦：夜占贵人临身，德禄入传，最吉之象，昼占欠利。求财：未上遁乙，与干相合，暗财可得。胎产①：上强下弱，妊乃成男；发用关隔，产必艰难。疾病：上下关隔，噎膈不食之症，又兼肝肾受伤，倘年命有救，或可言生。出行：陆路稍可，水路防失。行人：天罡加孟，尚未启行。兵战：利于相守，吉凶相半。

《毕法》云：魁度天门关隔定、虎乘遁鬼殃非浅。《课经》云：日辰夹定三传，谓之夹定格。凡事进退，皆不由人，不利占解散忧疑之事。倘交关成合之事，遇之极美，以其不脱围范故也。《纂义》云：天魁为用，动宜谨慎，暗里相侵，难为视听。

---

① 原文：婚姻。疑"婚姻"项下缺漏。

庚子日第三课

官　螣青　甲午　鲁都　六仪
父　合合　空辰　支墓
财　青螣　壬寅　大煞　驿马

　　　后白　元元　合合　螣青
　　　申　　戌　　辰　　午
　　　戌　　子　　午　　庚

勾朱　卯　合合　朱勾　午　螣青
　　　　　辰　　巳
青螣　寅　　　　　　　未　贵空
空贵　丑　　　　　　　申　后白
白后　子　亥　　戌　　酉　阴常
　　　　常阴　元元

课格：涉害，斩关，间传，六仪，励德，天网。
课意：彼己灾殄，寅财休恋，助鬼来攻，缙绅宜见。
解曰：庚被午克，子被戌克，彼己俱遭灾殄也。寅虽日财，生起初传之午火，反来伤干，此财之所以不可恋也。若缙绅值此，便是官星有气，以之迁官而进秩，谁曰不宜？

断曰：间传之课，发用六仪。盖甲午用午为旬仪，子日遇午为支仪。旬支相并，占者必有奇祥，大宜携财告贵，纳粟奏名，常人则生祸也。但寅坐空乡，恐有爱莫能助，徒取怨憎之象。

天时：昼占，雨而后晴；夜占，晴而后雨。家宅：昼夜元武克宅，恐盗贼与耗费相并。仕宦：最吉。求财：财爻空陷，值日方得。婚姻：昼占男吉，女俱不佳。胎产：课传皆阳，妊乃成男。疾病：脾胃湿病，必遇良医，不久自瘥。遗失：家贼盗去。求谋：始勤终怠。出行：陆路昼吉，水路不佳。行人：天罡加仲，尚在中途。兵战：昼占龙化为蛇，甚凶；夜占蛇化为龙，甚吉。

《毕法》云：干支全伤防两损、不行传者考初时。《指南》：乙酉七月，午将申时占，不言其事。断曰：胜光乘天马，占必问行人。中末空亡，月内不至。过月驿马克辰，至丙辰日，行人必到。又问此课看功名，能复旧缺否？曰：中末空亡，有始无终，且龙化为蛇，请告始得。龙神克下，主上官不足。复任月余，果被勘逮问。

庚子日第四课

官　螣青　甲午 _{鲁都}　_{六仪}
财　勾朱　癸卯 _{勾神}
子　白后　庚子 _{游都}

_{螣青}　_{阴常}　_{青螣}　_{朱勾}
午　酉　寅　巳
酉　子　巳　庚

青螣　寅　^{勾朱}卯　^{合合}辰　巳　朱勾
空贵　丑　　　　　　　午　螣青
白后　子　　　　　　　未　贵空
常阴　亥　戌　酉　申　后白
　　　　　_{元元}　_{阴常}

课格：知一，高盖，六仪。

课意：生空破贵，丁刃败气，众祸攻攒，浮财何济？

解曰：巳乃日之长生，又为日破，又为日鬼，更兼空陷；发用之午火，作羊刃败气，亦是日鬼；支上之酉金，旬遁得丁，复为破碎，是一课而六恶兼行，可谓众祸攒攻矣。卯虽为财，但坐于脱气之上，昼乘朱雀，亦为脱气，脱上逢脱，财气已弱，不过为浮泛之财而已，得之又何济哉？

断曰：高盖之课，利于显者。末传子水，迤逦生鬼伤干，是家中妻孥反助人相害，破宅伤身。究竟子水力能冲克午火，后必藉之解祸，翻云覆雨，全在家人矣。

天时：青龙升天，雀又飞腾，阴晴不一。家宅：丁神居酉作破，宅必动而家亦破。仕宦：课名高盖，占官者吉。求财：财不甚旺，求之可得。婚姻：干上德空，支上破碎，占婚不吉。胎产：下强上弱，二阳包阴，妊乃成女。疾病：肺家有疾，四月占不吉。遗失：非贼所窃。出行：陆路已陷，水路不吉。行人：天罡加季，行者立至。兵战：凶中有吉，振旅而归。

《毕法》云：闭口卦体[①]两般推。《课经》云：巳加庚，酉加支，日上神克日，而辰上丁神又复克日，是明暗二鬼，并力来伤，乃人宅罹患，身宅皆凶之象。《要览》云：巳能生能克，名为两面刀，幸子水制之。

---

① 原文：体卦。

庚子日第五课

```
子   青螣   庚子  游都
兄   螣青   丙申  日禄 日德
父   元元   空辰  支墓
```

```
       元元 螣青 青螣 元元
        辰   申   子   辰
        申   子   辰   庚
```

```
              白后 常阴
    空贵  丑   寅   卯   辰  元元
    青螣  子                 巳  阴常
    勾朱  亥                 午  后白
    合合  戌   酉   申   未  贵空
              朱勾 螣青
```

课格：重审，润下，斩关，不备。

课意：三传支干，昼夜天将，俱水盗身，难舍难向。

解曰：三传皆水，以盗干气。而昼夜天将，龙蛇元武，又复水中之神，是神与将俱是盗气。欲去此辰土，却又恋生而难舍；若倾心以向之，则又盗脱太甚，舍向俱难，进退所以维谷也。

断曰：润下之卦，三传不离四课，有束缚而驰之象。但辰既空亡，子亦遇陷。三传之中，独存一申。申为日禄，遁得丙鬼，昼占则官禄独崇，未为不吉，但仕途未免消耗耳。

天时：三传水空，无雨。家宅：独有一身，耗费太重。仕宦：尽被人耗，惟官禄不能耗。求财：不得。婚姻：天盘干空支实，地盘干实支空，皆非所宜。胎产：子息属阳，妊乃成男，然逢空陷，母吉儿凶。疾病：痨损虚脱之症，难愈。行人：干加于支，行者自归。兵战：止宜坚守。

《毕法》云：权摄不正禄临支。《精蕴》：申将子时，占行人。曰：课得斩关，子孙发用，将得青龙，传入元武空亡。主子逃万里，音信不通。行人年上，得寅为财，临于旺地，后当获利而归。行人本命是午，午上见寅为甲。四月己巳，甲与己合，乙与庚合。又查寅木作马属青色，乘虎属白色，当白衣乘青马，于七年之后，可迎见之矣。至期，一一皆验。

庚子日第六课

```
父   合合  戌戌
官   阴常  空巳  长生 支德
子   青螣  庚子  游都

     白后 贵空 合合 常阴
      寅   未   戌   卯
      未   子   卯   庚
```

```
           空贵  白后
青螣  子    丑    寅    卯  常阴
勾朱  亥               辰  元元
合合  戌               巳  阴常
朱勾  酉    申    未    午  后白
           螣青  贵空
```

课格：知一，比用。

课意：巳火无力，居官被黜，财能救拔，刑子去戌。

解曰：巳乃庚之官爻，下受戌墓，上被子克，居官者安往而不被黜耶？卯乃日财，力能刑子而制戌，救援官星，是宜以己之财，斡旋挽回，可保无虞也。

断曰：比用之课，传体折腰，凡事须防中途阻滞。幸逢生气，尚可赖父母滋生也。又财神临干，财库临支，富不待言。夜贵在支，生人克宅，惟宅中恐有不宁耳。

天时：天魁发用，天罡指酉，日晴夜雨。家宅：夜贵临支，常人不利。仕宦：官星遇空，填实方吉。求财：财自随身，不求自至。婚姻：夜占甚佳。胎产：女孕；易产，亥日生。疾病：脾胃受伤，医人得力。遗失：寻之可获。出行：陆路可行，水路亦吉。行人：天罡加仲，尚在中途。兵战：有始无终，未见其利。

《毕法》云：不行传者考初时。《古鉴》：癸酉生，十月二十五日，寅将未时占进屋。曰：课名斫轮，后必争竞。未乘天空，加于宅上，与子相害，主有阴小相欺。行年乘酉，上缠罗网，而加于寅，寅为绝地。末传螣蛇，子孙亦临绝地，非佳宅也。果验。《课经》云：卯加申，胎神加于本日，临绝受克，占孕至危，占产则当日便生。

庚子日第七课

财　白后　壬寅　大煞　驿马
兄　螣青　丙申　日禄　日德
财　白后　壬寅　大煞　驿马

```
青螣  后白  螣青  白后
 子    午    申    寅
 午    子    寅    庚
```

```
              青螣  空贵
勾朱   亥     子     丑    寅    白后
合合   戌                  卯    常阴
朱勾   酉                  辰    元元
螣青   申     未     午    巳    阴常
              贵空  后白
```

课格：返吟，元胎。

课意：财中有丙，往来不定，纳粟求官，公用斯正。

解曰：丙火原生于寅，故寅中藏丙；而申遁旬丙，往来反覆，是无定之象也。支上午火，乃日之官星，以寅木而生午火，财旺生官，故可纳粟奏名。又课传皆阳，公用则最利也。

断曰：返吟之课，禄马临干，富贵可望。但蛇虎当途，夜占不无迍滞。支乘甲午，夜占白虎伤人，须防因财致祸。申为日之德禄，居于绝地，惟秋占则吉。

天时：水运乎上，龙居中传，有雨不大。家宅：财官禄马俱全，却非久安之象。仕宦：功名可成，恐不能久。求财：得中有失，失中有得。婚姻：财临干上，官临支上，两家俱有相就之意，但有反覆之虞。胎产：下强上弱，难①，乃成女。疾病：当有心疾血症，不能即愈。失脱：失于途中。出行：陆路可行。行人：天罡加季，行者立至。兵战：反覆不宁，得失相半。

《毕法》云：富贵干支逢禄马、昼夜贵加求两贵。《课经》云：旦暮两贵相加，必干涉两贵人而成就。如占谒见，必贵人往于别处，多不在宅，同官则可会也。《玉成歌》云：天驿二马为初用，参星白虎动行神（申为参星）。《心印赋》云：庚酉辛宫寅若临，加于日上病来侵。

---

① 疑为"妊"之误。

庚子日第八课

官① 阴常 空巳 长生 支德
父　合合 戊戌
财　常阴 癸卯 勾神

　　　合合　阴常　后白　空贵
　　　戌　　巳　　午　　丑
　　　戌　　子　　丑　　庚

　　　　　　勾朱　青螣
合合 戌　亥　　子　　丑 空贵
朱勾 酉　　　　　　　寅 白后
螣青 申　　　　　　　卯 常阴
贵空 未　午　　巳　　辰 元元
　　　　后白　阴常

课格：重审，铸印，芜淫，寡宿。
课意：交合交克，有凶有吉，雠却和谐，喜有祸出。
解曰：子与丑合，巳与申合，可谓交合矣。然丑土克子水，巳火克庚金，则又交相克制。交克者为雠，交合者为喜。雠者遇合，必致和谐。喜者遇克，必致灾祸。
断曰：课名铸印，末助初官，惟利仕宦，不利常人。但墓覆官星，仕人减吉，常人减凶，倘能破墓，则又非此断。又名芜淫，夫妻反目。然支上巳空，不过虚怀恶意。干上丑实，昏迷不免也。巳年、月、将，占官最为劳渥。
天时：丑土墓日，天罡指阴，水运乎上，阴雨之象。仕宦：官星与贵人入墓，占官不利。求财：财爻独见，求之必得。家宅：美中不足，忧里生欢。婚姻：不成难舍，成后生憎②。胎产：下强③上弱，妊乃成女；儿实母空，占产甚吉。疾病：肺经受病，不药可愈。出行：空墓交加，陆路欠利。行人：天罡加孟，尚未启行。兵战：外示和好，中怀奸诈④。坟葬：恐有空穴，丑方出水，可以发贵。
《毕法》云：夫妇芜淫各有私、传墓入墓分憎爱。《课经》云：丑加庚，巳加子，乃蜜中砒，笑里刀也。匿怨而友，殆其人欤。《要录》云：十月占，夜将乃死气作太常，入宅克宅，主有内来孝服。《纂义》云：末助初克日，若年命亦助初克日，乃自招其祸，名为放火自焚。

---

① 原文：空。
② 原文：僧。
③ 原文：虽（雖）。
④ 原文：许。

庚子日第九课

父	元元	空辰	支墓	
兄	螣青	丙申	日禄	日德
子	青螣	庚子	游都	

螣青	元元	元元	青螣
申	辰	辰	子
辰	子	子	庚

朱勾	合合 戌	勾朱 亥	子	青螣
螣青	申		丑	空贵
贵空	未		寅	白后
后白	午	巳 阴常	辰 元元	卯	常阴

课格：元首，润下，斩关，励德。

课意：彼来投已，脱耗无礼，盗贼之徒，不出邑里。

解曰：日为己，支为彼，以支加干，岂非彼来投己？又日为尊长，支为卑幼，以卑幼加于尊长之上，且来相脱，无礼之甚也。发用元武，三合相连，三传不出四课，倘占盗贼，不止一人，且不出乡邑之外也。

断曰：干上既乘盗气，夜将复乘青龙，又脱干上，是脱上逢脱，事必虚诈，言必空妄。且四课三传，无非盗脱之神，有耗尽精神，费尽财帛之象。

天时：昼夜青龙升天，课传皆水，阴雨连绵。**家宅**：宅内空虚，盗贼屡见。**仕宦**：官贵不见，龙禄逢空，占名不利。**求财**：财气全无，求亦不得。**婚姻**：恐被妻家耗脱，亦非吉象。**胎产**：俯首见儿，产必易速。**疾病**：虚脱痨损之症，病空人实，治之可瘥。**出行**：夜占陆路可行。**行人**：不久即至。**遗失**：元武乘空，已无踪迹。**兵战**：全然虚诈。

《毕法》云：脱上逢脱防虚诈、避难逃生须弃旧。《课经》云：子加申，课传皆系水局。天将复乘青蛇元武，俱是水兽，来蚀庚金，脱耗之至。幸庚干坐于辰土之上受生，子水坐于长生之上受生，亦为避难逃生格也。《鬼①撮脚》云：空妄发动乘元，定主失脱。辰加子乘元发用，为真盗。

---

① 原文：是。

庚子日第十课

```
官  后白  甲午  鲁都 六仪
兄  朱勾  丁酉  羊刃 六破
子  青螣  庚子  游都
```

```
     后白 常阴 白后 勾朱
      午   卯   寅   亥
      卯   子   亥   庚
```

```
            朱勾   合合
螣青  申    酉    戌    亥   勾朱
贵空  未                子   青螣
后白  午                丑   空贵
阴常  巳    辰    卯    寅   白后
           元元  常阴
```

课格：遥克，嚆矢，六仪，三交，龙战。

课意：嚆矢三交，昼虎难逃，干上及末，少解煎熬。

解曰：午火发用克干，课名嚆矢。三传俱仲，谓之三交。皆因交合之中，致生不交。昼将上乘白虎相射，凶恶难逃。幸干上乘亥，末传见子，能制虎鬼，可以稍解熬煎也。

断曰：四上脱下，根断源竭，尊上则利，卑下难堪。午冲子，冲神乘破发用，为之冲破格。主道路驱驰，男女争构。射神临于闭口，不宜一切求谋。又午加卯为用，托人多失节难成。

天时：水运乎上，天罡指阴，子克午火，不能即晴。**家宅**：日渐破败，伤脱难免。**仕宦**：白虎作催宫使者，功名指日可得。**求财**：财爻临宅，财可坐致。**婚姻**：课名三交，占婚不吉。**胎产**：胎与支刑，必有所伤。**疾病**：肝胆受病，中传酉金作羊刃，乘丁伤干，或为金刃所伤，冬占即愈。**出行**：水陆两途皆不吉。**行人**：可以立至。**兵战**：师劳财匮，未见其利。

《毕法》云：人宅受脱俱遭盗。《占验》：甲申五月，申将巳时占兵困。曰：城必无虞，不日围解。盖因支干休囚，旺气在内，用时同克日干，格合罗网。初传鲁都作虎鬼，彼兵虽凶无害。缘末传游都、将星，冲克初传，以凶制凶故也。

庚子日第十一课

父	合合	空辰	支墓	
官	螣青	甲午	鲁都	六仪
兄	后白	丙申	日禄	日德

```
     合合  青螣  白后  元元
      辰    寅    子    戌
      寅    子    戌    庚
```

		后白	阴常		
贵空	未	申	酉	戌	元元
螣青	午			亥	常阴
朱勾	巳			子	白后
合合	辰	卯	寅	丑	空贵
		勾朱	青螣		

课格：涉害，斩关，登三天，寡宿，间传。

课意：四课三传，俱处六阳，昼虎丙申，庶俗难当。

解曰：四课三传之中，无一阴相杂，最宜公用。申上遁出丙火，作日干之鬼，昼乘白虎，仕宦得之，有进秩迁官之喜，常人岂能免于官事乎？

断曰：六阳之课，登丁三天。贵登天门，罡塞鬼户，可以利有攸往也。但嫌初中空亡，阶级有损，力为之减耳。干上乘生，所当坐待。支上寅被申虎冲制，须防宅舍不宁。

天时：课传皆阳，天罡加寅，青龙无气，恐不能雨。家宅：财爻脱宅，室内空乏、不足之象。仕宦：官爻俱空，填实方吉。求财：可求宅内之财。干谒：贵人蹉跌，事必参差。婚姻：官星落陷，占男不吉。胎产：下强上弱，阳极阴生，孕乃成女。疾病：肝经受病，昼占患重。遗失：元乘脱气，外盗难防，课名斩关，贼必远去。出行：水路可行。行人：在路。兵战：罡塞鬼户，算多必胜。

《毕法》云：罡塞鬼户任谋为、六阳数足须公用、贵人蹉跌事参差、虎乘遁鬼殃非浅。《课经》云：辰加寅为罡塞鬼户，不论在传不在传，能使众鬼潜踪，所作任意，谋为无阻。倘遇辰为月将，尤的尤妙也。《三才赋》云：魁罡临处，多生词讼。申午并交，常有狐疑。《指掌赋》云：辰戌上乘空武，奴婢逃亡。又云：辰午申登三天，得云雨之蛟龙。

庚子日第十二课

```
财  青螣  壬寅  驿马 大煞
财  勾朱  癸卯  勾神
父  合合  空辰  支墓

      青螣 空贵 元元 阴常
       寅   丑   戌   酉
       丑   子   酉   庚

              贵空 后白
螣青  午   未   申   酉  阴常
朱勾  巳            戌  元元
合合  辰            亥  常阴
勾朱  卯   寅   丑   子  白后
          青螣 空贵
```

课格：知一，进茹。

课意：马载钱财，身动方来，支干罗网，宅晦人灾。

解曰：寅为驿马，又为日财，故曰马载钱财。然必须动以求之，方能有得。但干支皆乘罗网，支上之丑为墓，干上之酉乘丁，所以宅则昏晦，而人则灾迍也。

断曰：进茹之卦，三传木局，脱支之气，作干之财。多取贪取，恐入于[①]罗网而不觉也。干上酉金，虽生支而败支；支上丑土，虽生干而墓干，占者于取益之地，痛宜猛省，方无后悔。

天时：毕宿作罗临日，大阳被掩，风伯发用，夜乘青龙，日风夜雨。家宅：室必尘晦，谨守稍可。仕宦：丁神作官临干，占官大利。求财：传财大旺，春占无得。婚姻：昼占平平，夜占乃吉。胎产：女孕，即产。疾病：脾胃受病，占父病不吉。干谒：贵人临支合支，必受贵人之益。求谋：干支皆罗网，凡[②]事难遂。出行：陆路可行，水路欠利。行人：尚在中途。兵战：昼占则凶，夜占则吉。坟墓：昼占大吉。

《毕法》云：所谋多拙逢罗网、进茹空亡宜退步、传财太旺反财亏(春占)。《课经》云：酉加申，丑加子，干上神生支，支上神生干，为互生格。主两相有益，各有生意。《指掌赋》云：顺连茹空，名[③]曰声传空谷，退吉而进则不宜。又云：三传纯妻财，而父母克害。又云：寅卯辰为正和，展经略而果沐恩光。《纂义》云：初来克末事不成。

---

① 原文：干。
② 原文：几。
③ 原文：多。

辛丑日第一课

父　后青　辛丑 福星 地医
父　常常　戌戌 勾神
父　青后　乙未 支冲

```
后青 后青 常常 常常
 丑   丑   戌   戌
 丑   丑   戌   辛
```

```
        勾贵 青后
合螣  巳  午  未  申  空阴
朱朱  辰          酉  白元
螣合  卯          戌  常常
贵勾  寅  丑  子  亥  元白
         后青 阴空
```

课格：伏吟，稼穑，斩关。

课意：宅上初传，墓居两边，舍此而动，众力生焉。

解曰：丑乃日干之墓神，一居于宅上，一居于初传，皆主昏滞。凡用墓者，吉事阻而凶亦不发也。倘舍此而动，中传戌土，与末传之未土，并力来生，可谓多助之至矣。

断曰：自信之课，支干相刑，三传复迤逦相刑，是主客之间，始终前后之际，全无和气矣。虽曰斩关，却无丁马，终是伏匿之象。凡占皆宜静守，自能获助也。

天时：三传皆土，水气全无，不能得雨。家宅：纯是墓神，总未亨快。仕宦：官贵不见，未见其利。求财：财爻虽则不见，青龙昼居宅上乘库，家财自饶。婚姻：干支相刑，占婚不吉。胎产：二阴包阳，男孕；产顺。疾病：脾胃受病，赖末传未土冲开，不久能痊。遗失：物非贼窃，觅之可获。逃亡：自回。出行：斩关课，陆路可行。行人：近者立至。兵战：昼占则吉，夜占无威。坟墓：辛龙落脉，丑方出水，利于子孙。

《毕法》云：干墓并关人宅废（春占）、宾主不投刑在上。《课经》云：辛丑日伏吟，作交车刑。如交结友朋，正在和美之中，忽生争竞，各无礼也。《神应经》云：辛丑伏吟，丑墓发用，虽云昏晦，幸末传见未，为破墓之神，能使暗者明而昏者醒。占病虽笃，必能起死回生。《纂要》云：父母现卦子孙忧。

辛丑日第二课

```
子  阴空  庚子 六合
子  元白  己亥 驿马
父  常常  戊戌 勾神
```

```
       元白 阴空 空阴 白元
        亥   子   申   酉
        子   丑   酉   辛
```

```
            合螣 勾贵
   朱朱  辰   巳   午   未  青后
   螣合  卯               申  空阴
   贵勾  寅               酉  白元
   后青  丑   子   亥   戌  常常
              阴空 元白
```

课格：重审，退茹 励德。

课意：夜禄难守，遂投贼寇，自身熬煎，他人财厚。

解曰：酉乃辛金之禄，昼则乘元，夜则乘虎，是不可守也。进而投诸三传，尽属脱气，犹之乎投贼而已矣。不得已而归守惊耗之禄，奈酉上乘丁，又与戌作六害，是自身必受其熬煎也。干为己身，支为他人。初传之子，与支之丑土作合，且三传皆水，尽是丑土之财，非他人之财厚而何？

干支拱传，事难解散。

断曰：退茹之卦，不宜妄动。旺禄临干，夜虎乘丁克干，常人占之，必因财而致祸；惟仕人乃作官星，仍为吉象。

天时：毕宿临干，三传皆水，当有雨。家宅：妻财甚旺，籍之可以解患。仕宦：得之甚速。求财：己财难守，何暇他求？婚姻：子加丑用，占婚则吉。胎产：女孕；产难。疾病：肾经受病，或心虚肺燥之症，可治。出行：水路防失。行人：尚未启行。遗失：婢女窃去。兵战：昼行夜止，冬占则吉。

《毕法》云：旺禄临身徒妄作、虎乘遁鬼殃非浅、金日逢丁凶祸动。《指南》：己丑二月，戌将亥时占产。曰：子母皆亡。盖河魁渡亥，子被阻隔。天狱无冲，其子何由得出？且干上虎乘遁鬼，支上子乘游魂，天后像母，受寅贵劫煞克制，是以子母不保也。果验。

辛丑日第三课

子　元白　己亥 _{驿马}
兄　白元　丁酉 _{日禄　日符}
父　青后　乙未 _{支冲}

　　　白元　元白　勾贵　空阴
　　　酉　　亥　　午　　申
　　　亥　　丑　　申　　辛

　　　　　朱朱　合螣
螣合　卯　辰　　巳　　午　勾贵
贵勾　寅　　　　　　　未　青后
后青　丑　　　　　　　申　空阴
阴空　子　亥　　戌　　酉　白元
　　　　　元白　常常

课格：重审，间传，时遁。

课意：初马次丁，岂容少停，动因凶事，夜失匪宁。

解曰：初传之亥水，乃是驿马。次传之酉金，上乘遁丁。其欲动之状，刻不容缓也。昼夜将乘元虎，而金日逢丁，事必因凶而动。元武临支脱干，盗失之虞，必须预防，否则不得安枕而卧也。

断曰：课名时遁，欲隐而不能。传名间退，欲进而不遂。支干之上神作六害，阴神作六破，尊卑义失，宾主相乖。四课之上，午为明鬼，申则遁丙，酉则遁丁，以一辛金而众火烁之，可谓危矣。幸支上之亥水，足以敌鬼，以凶制凶，不致大害。然元白亦非吉神，终有俯张之患。

天时：水母临日，水神发用，毕宿乘丁，必主骤雨。家宅：子孙乘虎乘元，虽能捍外，亦足伤身，须防盗贼。仕宦：官星甚旺，酉禄乘丁，占官最吉。求财：止宜静守。婚姻：干支刑害，姻事不成。胎产：女孕；难产。疾病：心经受病，或肾水涸竭，三月占不吉。逃亡：元武入庙，恐难捕获。出行：不吉。行人：马临宅上，即至。兵战：金日逢丁，未见其利。

《毕法》云：金日逢丁凶祸动、虎乘遁鬼殃非浅、彼此猜忌害相随。《课经》云：此课仕宦赴任极速，唯不欲年命上神克六丁所乘之神。《六壬秘要》云：终来克始，远行万里，病苏灾止。又云：折覂三合待中传，对冲日为克应。

辛丑日第四课

官　元螣　空巳　日德　六仪
父　白后　乙未　支冲
父　白后　乙未　支冲

```
        白后 勾常 阴朱 白后
         未   戌   辰   未
         戌   丑   未   辛
```

```
            后合 阴朱
贵勾  寅   卯    辰   巳  元螣
螣青  丑              午  常贵
朱空  子              未  白后
合白  亥   戌        酉   空阴
          勾常 青元   申
```

课格：别责，斩关，不备。

课意：昼生可托，岂容动作，官德为空，未虎夜恶。

解曰：未土生辛，昼乘天后，可以倚托。若不守其生而妄动投支，受丑之墓，名为不能受福也。巳为日德，又为官星，乃系旬空，而昼蛇夜元，全然无气。未土虽则生身，如夜占乘虎，祸患并出矣。

断曰：课名别责，谓别从其类，责取一神为用，阴阳全无克制。凡事不备，事必倚仗他人，借径而行。吉凶多系于人，不干于己。干支各坐于墓，有弄巧成拙之象。

天时：风伯临干，阴而多风。家宅：太常刑丑，昼占恐动孝服。仕宦：官德皆空，功名不利。求财：未中虽有暗财，昼占可得，夜占取必撄祸。婚姻：干支相刑，女亦凶狠，不吉。胎产：阴既不备，当是男喜；课体别责，产定迟延。疾病：脾土受病，或肾水不足，换医可疗。遗失：夜占必失，武空难获。出行：昼占可行。行人：干坐于墓，行者立至。兵战：事多更变，终恐无益。

《毕法》云：人宅坐墓甘招晦。《课经》云：天盘支干，皆坐于地盘墓上者，乃心肯意肯，情愿受其暗昧。凡事皆自招其祸，切不可怨天尤人。不惟本身甘招其祸，且将家宅情愿假借与人作践也。《断验》云：戌刑干上未，丑刑支上戌，乃支干刑其上神，其上神又获相刑，凡占皆无和气。

辛丑日第五课

官　元螣　空巳　_{日德　六仪}
父　螣青　辛丑　_{福星　地医}
兄　青元　丁酉　_{日禄　日符}

```
  元螣 青元 贵勾 常贵
   巳   酉   寅   午
   酉   丑   午   辛
```

```
螣青  丑   贵勾 后合   辰  阴朱
          寅   卯
朱空  子              巳  元螣
合白  亥              午  常贵
勾常  戌   酉   申   未  白后
          青元 空阴
```

课格：知一，从革，寡宿，天网。

课意：空墓及丁，总是虚名，昼又赖贵，身宅夜迍。

解曰：发用之巳鬼既空，中传①之丑墓亦陷，末传之酉乘丁，为支所墓，则皆无力，非虚名而何？况昼贵临身，群小自当敛迹。倘遇夜占，则贵人已去。辛金徒为午火所伤，而三传金局脱支，丁火施其伎俩，则身宅不免迍遭矣。

断曰：从革之课，事必从众，同类相干。干支之上，午酉相破，官禄有伤。酉上乘丁，祸因禄动。巳午为明鬼，酉丁为暗鬼，一辛金而被五火燔炙，鲜不成烬，惟仕宦则又以吉论。

天时：午火临日，天罡指阳，无雨。**家宅**：宅上乘丁，人宅不宁。**仕宦**：贵人临身，日禄临宅，占官最吉。**求财**：财上乘丁，取之生患。**婚姻**：干支相破，昼占女子不洁。**胎产**：上强下弱，孕乃成男。**疾病**：肺家与大肠经受病，年命有水神相救，病始可痊。**出行**：陆路昼占犹可，水路甚是不吉。**行人**：天罡加孟，尚未启行。**兵战**：三合得金，恐有失众之虞。**坟墓**：左首空陷不吉。

《毕法》云：权摄不正禄临支、干支皆败势倾颓、鬼乘天乙乃神祇。《课经》云：日干之禄神，加于支上，或被支墓、或被支克，必因起造房宅，而失其禄；或被支脱，必因起造之事，以禄偿债。《三车一览》云：干上克日，而辰上乘丁，主人灾宅动，唯官职人占之，赴任极速。然宜昼占，不宜夜卜。

---

① 原文：墓。

辛丑日第六课

```
财  后元  癸卯   日盗  日解①
父  勾勾  戌戌   勾神
官  元后  空巳   日德  六仪
```

```
后元 空朱 朱空 元后
 卯   申   子   巳
 申   丑   巳   辛
```

```
            螣白 贵常
朱空 子   丑  寅   卯  后元
合青 亥            辰  阴阴
勾勾 戌            巳  元后
青合 酉   申  未   午  常贵
         空朱 白螣
```

课格：重审，斫轮，洗女，铸印。

课意：上虽承恩，彼力极轻，巳空卯败，戌墓齐并。

解曰：金生于巳，又为辛金之德神，临于辛上，是上承恩德也。但巳火逢空，发用之卯木，乃德神之败地；中传之戌土，又墓德神，则有心无力，何益之有？

断曰：斫轮之课，本利求名。但巳为长生、学堂，又为官星、德神，而值旬空，未能一岁九迁也。惟巳年月建占之，方为元吉。占父母者亦然。凡事有始无终，虎头蛇尾。

天时：日上乘火作空亡，火空则明，不能有雨。家宅：劫财乘暗鬼伤干，有手足争财之象。仕宦：官德皆空，占官不利。求财：宜得阴私、暗昧之财。婚姻：官星空，女占男，不吉。胎产：当是私胎，胎神临绝受克，胎、产皆凶。疾病：肺经受病，未能即愈。遗失：昼占被窃于东方，捕之可获。出行：陆路不吉，水路亦凶。行人：天罡加仲，尚在中途。兵战：旬空，未能克敌。坟墓：流破旺方，不吉。

《毕法》云：不行传者考初时。《课经》云：巳为炉，戌为印，卯为印模。戌中辛金，与巳中丙火作合，煅炼铸戌符印，故名铸印。更遇太常，乃为印绶双全。惟利仕宦，不利于庶人。倘值空亡，又曰铸印不成，或官爵之事成中有阻。《照胆秘诀》云：戌加卯上是合乡，干支三传理偏长；丙辛戊癸正相当，信至人归见福昌。

---

① 原文字迹模糊，貌似"日解"，据下文校为"日解"。

辛丑日第七课

```
子  合青  己亥  驿马
父  白螣  乙未  支冲
父  阴阴  空辰  墓神 六破
```

```
     螣白 白螣 勾勾 阴阴
      丑   未   戌   辰
      未   丑   辰   辛
```

```
          朱空  螣白
   合青  亥  子  丑  寅  贵常
   勾勾  戌         卯  后元
   青合  酉         辰  阴阴
   空朱  申  未  午  巳  元后
             白螣 常贵
```

课格：返吟，斩关，孤辰，井栏射。

课意：天罡覆形，足又来并，初为日马，虚动难行。

解曰：天罡覆日，已见动征。末传为足，又遇辰土。而发用为驿马，其动愈甚。但天罡遇空，亥亦落陷，不过虚动而已，不能扬鞭竟去也。

断曰：返吟之课，又逢罡马皆动，意马心猿，全无鞚勒。四课之上，五墓皆全。生之者固多，而挠之者亦复不少。三传之中，初末皆空，独余中传未土，乘蛇虎而冲刑。宅舍妻妾，当有不安。又：初末空而中传实者，名肩挑两头脱，不利动谋。

天时：水运乎上，青龙与六合发用，阴雨之象。**家宅**：宅中反覆冲刑，不宁之至。**仕宦**：龙马乘空，贵禄不见，占官不吉。**求财**：青龙已空，求之无益。**婚姻**：青龙与日上皆空，占婚不吉。**胎产**：子孙发用属阴，孕乃成女；产速。**疾病**：脾土受病，腹中必有积块，未能即愈。**出行**：力有不足。**行人**：行者立至。**兵战**：青龙与六合发用，必见虚喜。**坟葬**：当成木局，辛乙向可以发丁。

《毕法》云：两贵受克难干贵。《课经》云：辛丑日，辰加戌，为井栏射。中投辰上，末投日上，如井上加木，易欹易斜，不能长久。动则宜，静则扰，事无凭依，一身两用。纵遇吉神，亦是半遂。然直道则途穷，旁求则事就。君子道消，小人道长之象。

辛丑日第八课

财　后元　癸卯　日盗　日解
兄　空朱　丙申　仪神　鲁都
父　螣白　辛丑　福星　地医

　　　合青　常贵　空朱　后元
　　　亥　　午　　申　　卯
　　　午　　丑　　卯　　辛

　　　　　　合青　朱空
勾勾　戌　　亥　　子　　丑　螣白
青合　酉　　　　　　　　寅　贵常
空朱　申　　　　　　　　卯　后元
白螣　未　　午　　巳　　辰　阴阴
　　　　　常贵　元后

课格：重审，励德，芜淫。

课意：干乘旬尾，支乘旬始，交互相擒，进退难矣。

解曰：卯乃旬尾，临于干上。午乃旬首，临于支上。且卯木克支丑，午火克干辛，是交互相擒也。卯作用神，进既受申金之克；退归本家，又被辛伤，进退不甚艰难乎？

断曰：课名周遍，终始相宜。又曰芜淫，夫妻不协。支乘败气而害支，宅必颓坏。胎神临干而受克，孕必损伤。干乘六合，支乘六害，又有人忧我乐之象。

天时：水运乎上，天罡指亥，六龙升天，不日有雨。家宅：昼贵临宅，祖必居官；或占士庶，官讼难免。求财：宜得阴私闭口之财。婚姻：支干相破，又且交互相克，名曰芜淫，占婚最忌。仕宦：贵乘败气，亦不甚吉。疾病：昼虎乘墓，腹中必生积块，且两虎夹墓，病不易痊。遗失：昼元乘财，物必贼窃，元武阴阳交克，捕之极易。出行：陆路防失，水路可行。行人：天罡加孟，尚未启行。兵战：进退虽难，后却无害。

《毕法》云：首尾相见始终宜、夫妇芜淫各有私、鬼乘天乙乃神祇。《指南》：二月戌将巳时占。曰：所占外官，曾经降罚者。曰：何以知之？因日生龙，上克下故也。曰：兄任太平府，为钱粮降罚，有碍升迁否？曰：首尾相见，何碍升迁？青龙去支六位，初传月建生官，中传天马为驿邮。七月内，必升吴分兵宪。后，果迁嘉湖驿传。

辛丑日第九课

兄	青合	丁酉	日禄	日符
父	螣白	辛丑	福星	地医
官	元后	空巳	日德	六仪

青合	元后	常贵	贵常
酉	巳	午	寅
巳	丑	寅	辛

		勾勾	合青		
青合	酉	戌	亥	子	朱空
空朱	申			丑	螣白
白螣	未			寅	贵常
常贵	午	巳	辰	卯	后元
		元后	阴阴		

课格：知一，从革，芜淫，狡童。

课意：交相克战，禄丁难恋，天网恢恢，吉凶立见。

解曰：干上寅木克支，支上巳火克干，是交相克战也。发用之酉金，为日之禄神，旬遁得丁，落空坐克，昼将六合内战，传墓入墓，是禄不可恋也。巳为日干之长生，寅为支上之长生，交相滋生，固见吉矣。而彼此相克，凶亦见焉。是我欲害人，人亦害我；我以善往，人亦以善来。所谓天网恢恢，吉凶立见者欤！

断曰：芜淫之卦，人各异心。干支之上，寅巳相刑；阴神午酉，复又自刑，绝少和气。禄神入墓，占官不吉；帝贵临干，考试最宜。

天时：毕宿发用，但遭空陷，恐不能雨。**仕宦**：贵虽临身，必须德禄填实，方有实济，否则徒有虚声而已。**家宅**：课名泆女，不正之象。**求财**：宜得两处贵人财帛。**婚姻**：芜淫作课，占婚不吉。**胎产**：女胎，防堕。**疾病**：心经之症，当遇良医。**捕获**：元武已空，贼盗难获。**出行**：水路宜防夜失，陆路昼夜俱佳。**行人**：当有同伴人来。**兵战**：发用龙合，出兵吉利。

《毕法》云：贵虽坐狱宜临干、彼此猜忌害相随、传墓入墓分憎爱、合中犯杀蜜中砒。《神应经》云：辛日初传见丁酉，必因兄弟及己身之禄而动。午加寅两贵相加，事必涉两贵而就。《精蕴》云：干支坐败，人衰宅坏。《要览》云：孟夏占升迁，大吉。

辛丑日第十课

官	合后	空巳	日德	六仪
父	后白	辛丑	福星	地医
父	后白	辛丑	福星	地医

青螣	朱阴	朱阴	后白
未	辰	辰	丑
辰	丑	丑	辛

	白合	常勾		
空朱 申	酉	戌	亥	元青
青螣 未			子	阴空
勾贵 午			丑	后白
合后 巳	辰 朱阴	卯 螣元	寅	贵常

课格：别责，斩关，寡宿，不备。

课意：昼墓虎耽，若此者三，宅堕人晦，守德戒贪。

解曰：丑乃日墓，昼乘白虎，一见于日上，两见于传中，耽耽而视者三，可谓极惊极危矣。日与辰各乘墓神，是宅必堕而人必晦也。惟宜守此初传之空德，庶可少安。若贪生气前往，遂被初传空鬼所克，及中末墓虎伤害，祸患不可胜言矣。

断曰：别责之课，事宜别图，谋须改辙，方有所就。然发用之德神既空，不过虚誉空名而已。以彼我而论，支空干实，不可倚为腹心，谚所谓"明月照沟渠"者是也。

天时：日上乘墓，发用火空，浓阴而已。家宅：支上乘墓，复作六破，昏晦破败之象。仕宦：官德用空，占官不吉。求财：财神虽暗动，夜占可得。婚姻：支干相破，占婚不宜。胎产：阴神不备，孕乃成男；支干相破，孕凶产吉。疾病：腹中必生积块，倘年命有木神相救，始可言生。出行：陆路甚凶。行人：支墓临支，行者立至。兵战：主客不吉。

《毕法》云：干乘墓虎毋[①] 占病、干支乘墓各昏迷。《课经》云：六辛日，白虎作墓临干，占病不吉，更宜提防雠家，执而拯楚。冬占稍可，以丑至冬旺，可以作库也。《秘要》云：华盖逢空，唤醒梦中。

---

① 原文：母。

辛丑日第十一课

财　螣元　癸卯　日盗　日解
官　合后　空巳　日德　六仪
父　青螣　乙未　支冲

　　　合后　螣元　贵常　阴空
　　　巳　　卯　　寅　　子
　　　卯　　丑　　子　　辛

青螣　未　空朱　白合　戌　常勾
　　　　　申　　酉
勾贵　午　　　　　　　亥　元青
合后　巳　　　　　　　子　阴空
朱阴　辰　卯　　寅　　丑　后白
　　　　　螣元　贵常

课格：元首，芜淫。

课意：先交后争，上下相刑，笑里含毒，冬夜火惊。

解曰：干上子水，与支丑相合。支上卯木，与干戌相合。交互相合，是先相交好也。既而干支之上神，子卯相刑，支与干又丑戌相刑，干辛克支卯，支丑克干子，是后相争竞也。合中见刑，岂非嘻笑之中，内含鸩毒乎？冬占卯为火鬼，夜将乘蛇克宅，宅中必有火烛之惊。

断曰：干上乘脱，昼乘天空，谓之脱空神，无中生有之象，不足取信。支上财神发用，昼乘元武克宅，盗贼难防。交车相合，大宜交涉财帛。干支各乘死神，诸事总宜休息。长生、官、德俱空，常人宜占，仕宦则忌。

天时：三传递生克水，天罡指阳，不能得雨。**家宅**：人宅不和，且防失盗。**仕宦**：贵禄不见，占官不利。**求财**：宜得暗昧惊恐之财。**婚姻**：干支相刑，占婚不吉。**胎产**：下弱上强，孕乃成男；上神相刑，惟产不忌。**疾病**：肝经受病，胸胁多风。**出行**：昼占防失，水路稍可。**行人**：天罡加孟，尚未起身。**兵战**：宜防虚诈，未见有利。

《毕法》云：空上逢空事莫追、夫妇芜淫各有私、宾主不投刑在上、不行传者考初时、罡塞鬼户任谋为。《汇函》云：辛丑日卯加丑，乃初生中，中生末，末生干。但中空末陷，恐成虚话。倘年月并于本命，而又填实，亦可谓之"三传递生人举荐"也。

辛丑日第十二课

```
财  贵勾  壬寅   大煞 游都
财  螣合  癸卯   日盗 日解
父  朱朱  空辰   六破 墓神
```

```
      螣合 贵勾 阴空 元白
       卯   寅   子   亥
            寅   丑   亥   辛
```

```
            青后 空阴
勾贵  午   未   申   酉  白元
合螣  巳               戌  常常
朱朱  辰               亥  元白
螣合  卯   寅   丑   子  阴空
            贵勾 后青
```

课格：元首，进茹。

课意：脱气临日，夜元走失，病讼深畏，取财宜疾。

解曰：干上亥水，盗脱干气，夜占乘武，走失无疑，昼占白虎脱干，勾陈克宅，病讼不免缠绵。寅为日财临支，急宜取之，迟则反被丑土所墓，不能入手矣。

断曰：进茹空亡，诸事不宜前进。干乘天罗，支乘地网。初传入墓，末传落空，总宜退益思退，方免衅端。三传俱财，末空不能生起官星，仕宦得此，必主丁艰。

天时：大风，无雨。家宅：夜贵克宅，当受林下缙绅之欺。仕宦：贵人发用，夜占稍吉，但末遇空亡，有始无终之象。求财：争讼得财，迟则化为乌有。婚姻：寅亥相合，事必有成，夜占女吉，恐非快婿。胎产：二阳包阴，孕必育女，干支相合，胎吉产迟。疾病：肝经受伤，速治即愈。出行：陆路防失，水路稍可。行人：干支相合，未酉日到。兵战：只宜谨守，不宜妄动。

《毕法》云：所谋多拙逢罗网、传财太旺反财亏（春占）、进茹空亡宜退步。《精蕴》云：课逢罗网，不能亨快。如年命上神，有冲破之者，名为破罗破网，或遇空亡，亦可免咎。《指掌赋》云：进连茹空，名曰声传空谷，退吉而进则不宜。"天官论"云：贵人临寅为凭几，可谒见于家庭。《玉华略》云：勾陈主罗网之灾。

壬寅日第一课

兄　常空　己亥　日禄　鲁都
子　后合　壬寅
财　朱贵　空巳　大煞　游都

```
后合 后合 常空 常空
 寅   寅   亥   亥
 寅   寅   亥   壬
```

```
              合后 勾阴
朱贵 巳　午　 未　 申 青元
螣螣 辰　　　　　 酉 空常
贵朱 卯　　　　　 戌 白白
后合 寅　丑　 子　 亥 常空
              阴勾 元青
```

课格：伏吟，元胎，励德。

课意：交合既有，禄破空守，中末空脱，昼遭贼手。

解曰：寅与亥合，上下交互相合，是交合既有也。亥禄发用，上乘天空，故不可守。投于中传，乃是脱气，再投末传，财遇旬空，未免仍归干上。昼被天将所伤，故曰昼遭贼手也。

断曰：元胎之课，旺禄临身，止宜静守，不宜妄作。干支作六合，干支上下，亦作六合，大宜合本谋生。三传迤逦生财，虽空不至失望。巳年月占之，财源自旺。占遇此者，始初必情投意合，后来却脱耗无穷。

天时：天地不动，雨占仍雨，晴占仍晴。家宅：人宅相生，有和美安宁之象。仕宦：贵人落空，禄被将克，占官欠利。求财：昼占宜得贵人之财。婚姻：支干相合，昼占乘合，可结朱陈。胎产：二阴包阳，妊乃成男，支干相合，产恐迟延。疾病：肝经受病，虚脱之症，即愈。出行：人宅相恋，行期自愆。行人：近者立至，远者未来。兵战：利主而不利客。

《毕法》云：交车相合交关利、用破身心无所归、旺禄临身徒妄作、上下皆合两心齐。《秘要》云：日德加亥为用，名德入天门，占试必中。盖亥为天门，德者，得也。《纂义》云：冬占旺禄，守之自足，一或妄动，耗费劳碌。

壬寅日第二课

兄　元青　庚子　羊刃
兄　常空　己亥　日禄 鲁都
官　白白　戊戌　地医

元青	阴勾	空常	白白
子	丑	酉	戌
丑	寅	戌	壬

		朱贵	合后		
螣螣	辰	巳	午	未	勾阴
贵朱	卯			申	青元
后合	寅			酉	空常
阴勾	丑	子	亥	戌	白白
		元青	常空		

课格：知一，退茹，斩关。

课意：虎临戌戌，身边并立，同类相扶，其凶再及。

解曰：戌遁得戊，昼夜皆乘白虎，则虎临干作鬼伤干，壬虽汪洋，恐难堪矣。幸初传子旺，中传亥禄，俱为同类，自能相助。不知末传，复遇天魁，其凶仍炽也。

断曰：退茹之课，又兼魁度天门，而干支复拱三传，凡占有拥遏不行之象。如占人年命，在支干之外，名透关格，方能塞极而通。青龙旺神发用，中禄末官，催官符至，仕宦占之最吉。

天时：日被关格，太阳必掩，水被关格，阴云无雨。家宅：支上与初传作牛女合，夏占必有婚姻之喜。仕宦：催官临干，夜禄带绶，占官最吉。求财：青龙乘劫财、羊刃之上，取之必有所伤。婚姻：支干相刑，占婚不利。胎产：下强上弱，二阳包阴，女孕；产速。疾病：腹中之疾，或肾水不足，难愈。盗逃：夜元临子，被支干关格夹定，捕之必获。出行：陆路最凶。行人：天罡加孟，尚未启行。兵战：课名关格，恐不能动。

《毕法》云：干乘墓虎毋[①]占病、二贵皆空虚喜期、虎乘遁鬼殃非浅、虎临干鬼凶速速。《课经》云：辰加巳，昼夜天将皆乘螣蛇，地盘巳亦螣蛇之位，是名两蛇夹墓，占病必有积块在腹，以致不救。或行年在辰，其病尤急。如年命居亥乘戌，用虎冲蛇，亦名破墓，庶得少延。《指掌赋》云：子亥戌为重阴，安嘉遁之形，宁甘没齿？

---

① 原文：母。

壬寅日第三课

官　青白　戊戌　地医
父　白元　丙申　长生 日盗 驿马
财　元后　甲午　三合

　　　　青白　合青　常阴　空常
　　　　戌　　子　　未　　酉
　　　　子　　寅　　酉　　壬

　　　　　　后螣　阴贵
贵朱　卯　辰　巳　午　元后
螣合　寅　　　　　未　常阴
朱勾　丑　　　　　申　白元
合青　子　亥　戌　酉　空常
　　　　　勾空 青白

课格：元首，间传，蓦越。

课意：先生后败，午财休赖，助起初传，戌虎无奈。

解曰：干上酉金，能生壬水。支上子水，能生寅木。但壬水败于酉，寅木败于子，岂非先生而后败？末传之午火，虽是日财，但能生起初传之虎鬼而伤日干，日干亦奈之何哉！

断曰：课名蓦越，事岂忽然！戌为明鬼，遁出戊土为暗鬼；明暗二鬼相并，又乘白虎，可谓至凶至急。惟贵人遇此，则主威权独任，武达文通。末财生官，大宜纳粟。若问求财，则财化为鬼，必生祸端。

天时：酉宿临日，龙虎发用克日，有雨。家宅：青合生支，必多喜庆。仕宦：催官甚速，占名最利。求财：宜得妇女阴私之财。婚姻：昼占颇吉，患在难就。胎产：占逢七月，妻必有孕，夜占乃系私胎，上强下弱，孕乃成男，子母相破，孕凶产吉。疾病：肾水枯涸之症，病势极笃。盗贼：昼占则向西南贵人家捕之，夜占则向东南贵人家捕之。出行：昼占水陆皆佳，夜占陆路欠利。行人：天罡加仲，尚在中途。兵战：利主不利客。

《毕法》云：二贵皆空虚喜期、虎乘遁鬼殃非浅、末助初兮三等论。《课经》云：壬寅日，戌加子发用，夜将乘龙克日，乃幸中之不幸；中传申金，夜乘白虎生干，乃不幸中之幸，此为一喜一悲。《神定经》云：干上酉作败气，又为破碎，必宅中有人不利，日致衰残。

壬寅日第四课

财　阴贵　空巳　大煞　游都
子　螣合　壬寅
兄　勾空　己亥　日禄　鲁都

　　白元　勾空　阴贵　白元
　　申　　亥　　巳　　申
　　亥　　寅　　申　　壬

　　　　贵朱　后螣
螣合　寅　卯　辰　巳　阴贵
朱勾　丑　　　　　午　元后
合青　子　　　　　未　常阴
勾空　亥　戌　酉　申　白元
　　　　青白　空常

课格：元首，元胎，不备，寡宿。

课意：生被虎攻，往就徒空，舍益就损，终身困穷。

解曰：申乃水之长生，夜占乘虎，不敢守也。遂投初传巳财，而巳乃旬空，就之无益。再投中传寅木，又是脱气，复投末传，仍是本家。别无所往，是舍益我之申金，而就损我之寅木。生我者去，而脱我者存，未有不终于贫困者也。

断曰：元胎之卦，干乘支马，支乘干禄，所谓富贵课也。但支乘六合，干乘六害，有己劳人逸之象。

天时：日坐长生，巳火空明，不能得雨。家宅：以干就支而生支，必有营建屋宇之事。仕宦：财贵虽空，递生不畏，至吉之象。求财：昼占宜得贵人之财；夜占宜得妇女之财。婚姻：下和上害，患在不成。胎产：二阴包阳，男胎，防病。疾病：肝肾两经之病，虽不为害，亦难即瘥。行人：干支相会，寅甲日来。出行：课体虽吉，出行不利。兵战：元白生身，不幸中幸。坟葬：甲龙入首，乾巽向吉。

《毕法》云：权摄不正禄临支、富贵干支逢禄马、互生俱生凡事益、彼此猜忌害相随。《古鉴》：癸未生人，九月辰将未时，占前程。曰：支干皆得上神之生，贵人发用，功名可取。但嫌贵空，又见元武滞神，非科第中人。申为金类，巳为炉冶，当先任铜铁，次任水运之官，盖寅木上见六合为船只，亥为江湖故也。

壬寅日第五课

官	青白	戌戌	地医
财	元后	甲午	三合
子	螣合	壬寅	

元后　青白　贵朱　常阴
午　　戌　　卯　　未
戌　　寅　　未　　壬


```
                螣合 贵朱
朱勾  丑    寅   卯    辰  后螣
合青  子              巳  阴贵
勾空  亥              午  元后
青白  戌    酉   申    未  常阴
           空常 白元
```

课格：重审、炎上、斩关、励德。

课意：财传化鬼，刃蜜休舐，昼虎戌戌，凶灾甚矣。

解曰：三传火局，日之财也。生起干上之未土，反来伤干，是财化为鬼矣。刃上之蜜，焉可舐乎？况戌戌明暗二鬼，乘虎伤干，其凶灾已甚，所当思患预防也。

断曰：炎上之课，下合上刑，虽三六相呼，而三传迤逦生鬼，止宜携财告贵，纳粟奏名。若问求财，必起争讼。未乘太阴加亥，主有小儿婚姻之事。

天时：三传炎上，天罡指阳，极晴无雨。**家宅**：昼占官讼甚凶，夜占财喜入宅。**仕宦**：催官发用，占官最吉。**求财**：宜得妇女阴私之财。**婚姻**：昼占不佳，夜占乃吉。**胎产**：下强上弱，孕乃成女；胎神逢合，孕吉产凶。**疾病**：肾水大亏，宜制土养水，难愈。**遗失**：夜占财上乘元，必是贼窃。**出行**：陆路不吉，水路更凶。**行人**：天罡加孟，尚未启行。**兵战**：昼占则凶，夜占则吉。

《毕法》云：虎乘遁鬼殃非浅、万事喜忻三六合、宾主不投刑在上。《神应经》云：戌加寅，青龙作鬼，若年命是寅，求谋迁转之事可成，应在庚戌日。《纂义》云：午加戌上乘天后，主妇人痨疾，终不能瘥。《括囊赋》云：戌为白虎兮，犬惊。《指掌赋》云：戌午寅为就燥，行合中庸。

壬寅日第六课

财　元后　甲午　三合
官　朱勾　辛丑　日解 病符
父　白元　丙申　长生 日盗 驿马

　　　　后螣　空常　朱勾　元后
　　　　辰　　酉　　丑　　午
　　　　酉　　寅　　午　　壬

　　　　　　朱勾　螣合
合青　子　丑　寅　卯　贵朱
勾空　亥　　　　　辰　后螣
青白　戌　　　　　巳　阴贵
空常　酉　申　未　午　元后
　　　　　白元　常阴

课格：重审，六仪，四绝。

课意：因财求利，有妨生计，占长上凶，甘招昏滞。

解曰：午乃日财，临干发用，迤逦生至末传之申，为壬之长生生气，是壬之利也。无如上乘白虎，午火克之，丑土墓之，归于无用，则是以财求利，而反有妨于生计也。如占长上则见凶，如占生计则有碍。又支干各自坐墓，互相脱败，非甘心自招其昏滞乎？

断曰：四绝之课，止宜结绝旧事。初遭夹克，财不自由。午酉相刑，又为四胜煞，主有刚愎自用之意。七月占，妻当怀孕。

天时：午火发用，迤逦生日，主晴。家宅：破碎临支克宅，宅宇不能无损。仕宦：三传递生，当有荐举。求财：财爻临身，不求自至。婚姻：支干相破，占婚不吉。胎产：女孕，产迟。疾病：肝经与肺受伤，医之可愈。出行：夜占防失。行人：天罡加仲，尚在中途。兵战：权不自己，出兵不宁。

《毕法》云：初遭夹克不由己、宾主不投刑在上。《古鉴》：辰将酉时占前程。曰：壬以申为父，临丑是在墓中。上见白虎，主白蚁蛀骨。日上见午为妻，又为眼目，下受水克，主妻病目。丑为田，午为屋，午受水克，其屋必坏。丑在午后，且被午生，是拆屋为田。宅上酉为败气，又为破碎，宅中主男女皆被酒所破败也。后果验。

壬寅日第七课

子　螣元　壬寅
父　白合　丙申　长生　日盗　驿马
子　螣元　壬寅

　　　　螣元　白合　勾空　阴贵
　　　　寅　　申　　亥　　巳
　　　　申　　寅　　巳　　壬

　　　　　　合白　朱常
勾空　亥　子　　丑　　寅　螣元
青青　戌　　　　　　　卯　贵阴
空勾　酉　　　　　　　辰　后后
白合　申　未　　午　　巳　阴贵
　　　　　常朱　元螣

课格：返吟，元胎，励德。

课意：钱财虚耗，来往逢盗，面前和合，两贵难靠。

解曰：巳乃日财，空临干上，故钱财虚耗也。寅为日之盗气，初末皆寅，是往来皆盗矣。支干之寅亥相合，上神之巳申相合，面前何其和美。而寅巳相害，亥申相害，背后之相伤实多。又两贵皆坐克方，告谒者必难倚靠也。

断曰：蓦越之课，脱气发用，昼占则失盗难免，夜占则卑幼见忧。然能守之勿失，则初末尚可以生干上之空财，亦名取还魂债也。

天时：晴占得雨，雨占得晴。**家宅**：昼占则尊长有和合之事，夜占则尊长有病讼之虞。**仕宦**：贵禄皆空，占名不吉。**求财**：财爻巳空，求之无益。**婚姻**：昼占吉，夜占不利。**胎产**：下强上弱，孕乃成女；合中带破，产孕皆宜。**疾病**：昼虎乘申，肝经受病；病来生人，不能即愈。**出行**：昼占水路可行，夜占水陆不吉。**行人**：天罡加季，行者立至。**捕获**：盗神是申，在村野冲要之地，或邮亭马舍，家有金石之匠。**兵战**：往来相脱，未见其利。

《毕法》云：上下皆合两①心齐、两贵受克难干贵、用破身心无所归。《要览》云：壬寅返吟，支干之上，各自乘绝，止宜结绝财物之事，或结绝告贵之事。惟不利占妻病，缘妻财空绝，遇之难瘥也。《三才赋》云：白虎同传送临门，须防疾病。《天官赋》云：元武居寅曰入林，穿窬得志；螣蛇居寅曰生角，化蛟化龙。

① 原文：相。

壬寅日第八课

```
兄  合白  庚子  羊刃
财  阴贵  空巳  大煞 游都
官  青青  戌戌  地医
```

```
      合白 常朱 空勾 后后
       子   未   酉   辰
       未   寅   辰   壬
```

```
              勾空 合白
青青  戌   亥   子   丑  朱常
空勾  酉             寅  螣元
白合  申             卯  贵阴
常朱  未   午   巳   辰  后后
          元螣 阴贵
```

课格：知一，斩关。

课意：墓身墓宅，财亡妻失，刃虎昼逢，巳畏子戌。

解曰：辰为壬水之墓，加于日上，是墓身也。未为寅木之墓，加于辰上，是墓宅也。中传巳火，乃是妻财，下被刃虎所克，上被戌土所墓，又遇旬空，是财必亡而妻必失也，故曰巳畏子戌。

断曰：知一之课，中末落空，有始无终之象。白虎昼加子上，同气应灾；太常夜乘未伤干，疾病必因喜宴而致；天后乘墓临干，昏迷必因女色而致。幸末传戌土乘龙破墓，当有父母尊长提撕而警悟之也。

天时：墓神覆日，水运乎上，青龙克日，主雨。家宅：白虎乘子脱支，宇内恐生白蚁。仕宦：末传青龙破墓，更须昼贵填实，方为有济。求财：财爻巳空，求之无益。婚姻：干支各乘墓神，占婚不吉。胎产：下强上弱，孕乃成女。疾病：心疾昏迷，又逢六片凶板，恐疾难愈，惟年命有水可救。出行：水路不吉，陆路更凶。行人：天罡加孟，尚未启行。兵战：先难而后获。

《毕法》云：干支乘墓各昏迷。《古鉴》：庚午生人，五月壬寅，申将丑时占家宅。曰：身宅居墓，无气之极，必主婢妾争斗，而遂出其婢。盖因酉为婢，而不在宅中，居于干阴，故主出也。然酉与辰合，至甲辰日当再还。又主常被兄弟作难，缘子未相加，且乘白虎故也。《篡义》云：神后加未，夜乘六合，主有邪魔鬼祟。

壬寅日第九课

官　勾朱　乙未　支德　日医
兄　常空　己亥　日禄　鲁都
子　贵阴　癸卯

　　　　白青　合螣　勾朱　贵阴
　　　　戌　　午　　未　　卯
　　　　午　　寅　　卯　　壬

　　　　　　白青　常空
空勾　酉　戌　亥　子　元白
青合　申　　　　　丑　阴常
勾朱　未　　　　　寅　后元
合螣　午　巳　辰　卯　贵阴
　　　　　朱贵　螣后

课格：重审，曲直。

课意：支乘旬始，干乘旬尾，士庶欲之，官宦恶矣。

解曰：支上午为旬首，干上卯为旬尾，《经》所谓"首尾相见始终宜"也。三传全木①，生起支上之午财，财既旺而官有制，士庶之所欲也。仕宦则子孙爻见，不利于官，安得不深恶之乎？

断曰：曲直之课，事端不一。干上死气脱干，支上死气脱支，必因丧葬之事，内外耗费。凡占止宜休息，不宜动谋。三传脱干而生支之上神，当因经营堂构致于縻费。

天时：水母与西宿皆空，三传曲直，不雨而风。**家宅**：财爻临宅，坐于长生之上，生生不已，富不待言。**仕宦**：克去官爻，占官不吉。**求财**：宅内有财，不须外觅。**婚姻**：支干相破，患不能成。**胎产**：下强上弱，孕乃成女，胎坐长生，占胎甚吉，占产甚凶。**疾病**：心经受病，或肾水枯涸之症。**出行**：昼占不吉，夜占水陆俱可。**行人**：天罡加仲，尚在中途。**捕获**：昼占盗在正南方，贩驴马人家；夜占盗在东方，近池塘之地。**兵战**：利主不利客。

《毕法》云：首尾相见始终宜、人宅皆死各衰嬴。《指南》：辛巳十二月，丑将酉时，在许门，占去住。曰：干支皆逢死气，此正所谓"人宅皆死各衰嬴"也，岂能居乎？因遂北回，越日贼至，而许果城破。《纂义》云：午加寅乘蛇，本家与邻居防火灾，春占尤的。《指掌赋》云：未亥卯为从吉，待时而动。《云霄赋》云：天门木户，相见两和（卯亥）；醴酒元浆，相调两便（未亥）。

---

① 原文：水。

壬寅日第十课

```
父  青合  丙申   长生 日盗 驿马
兄  常空  己亥   日禄 鲁都
子  后元  壬寅
```

```
       青合 朱贵 朱贵 后元
        申   巳   巳   寅
        巳   寅   寅   壬
```

```
                空勾 白青
青合   申    酉    戌    亥    常空
勾朱   未              子    元白
合螣   午              丑    阴常
朱贵   巳    辰    卯    寅    后元
             螣后 贵阴
```

课格：重审，元胎，不备，赘婿。

课意：彼加我边，末又来兼，虽名三会，无益可占。

解曰：支寅加干脱干，末传又值寅脱，是损之者众也。寅加壬上为一会，支寅遁壬为二会，末传又是壬寅为三会。但支上之财值空，发用长生，又陷空克，中传禄神，昼又乘空。虽云三会，又何益之有哉？

断曰：课名赘婿，以下欺上，申用空陷，见生不生，有多虚少实之象。元胎之卦，四生一路脱去。又名不备，多有渗漏衅隙，且防变更。

天时：水母与青龙皆空，恐不能雨。家宅：昼贵临宅，仕宦则吉，常人恐遭官讼。仕宦：龙贵皆空，占名不利。求财：青龙逢空，财爻不备，求之无益。婚姻：支上之财爻乘空，占婚不吉。胎产：下强上弱，孕乃成女，母空儿实，占产最宜。疾病：病在心经，即日可愈。出行：陆路防失，水路稍可。行人：干支三会，远近皆归。捕获：贼在东方贵人家。兵战：反为敌欺。

《毕法》云：彼此猜忌害相随、将逢内战所谋危、龙加生气吉迟迟（九月昼占）。《课经》云：干上乘寅木脱干，天将又乘元后脱寅，是脱上逢脱，谓之脱盗格。凡占皆主虚诈与失盗之事。"神将论"云：申加巳六合内战，主子孙有灾。《照胆秘诀》云：盗入青龙防喜贼。

壬寅日第十一课

官　螣后　空辰　墓神　六仪
财　合螣　甲午　三合
父　青合　丙申　长生　日盗　驿马

　　　　合螣　螣后　贵阴　阴常
　　　　午　　辰　　卯　　丑
　　　　辰　　寅　　丑　　壬

　　　　　　青合　空勾
勾朱　未　申　酉　戌　白青
合螣　午　　　　　亥　常空
朱贵　巳　　　　　子　元白
螣后　辰　卯　寅　丑　阴常
　　　　贵阴　后元

课格：重审，斩关，间传，登三天，泆女，寡宿，天网。

课意：自墓传生，先迷后醒，卯为年命，两贵相成。

解曰：辰为日之墓神，作初传；申为日之长生，作末传，乃自墓传生也。占者值此，必先迷而后醒。巳为昼贵，卯为夜贵。巳加卯上，乃昼夜贵加。占者年命在卯，必得两处贵人，共成其事。

断曰：斩关之课，发用逢空，凡事俱无凭准。鬼墓临于支上，夜乘螣蛇，宅中当有伏尸惊恐。占此者大约先难后易，始苦终甜。

天时：青龙升天，与水母相并，主必雨。家宅：墓神临宅，宅内昏蒙。仕宦：官星临身，青龙与德禄驿马相并，占名大吉。求财：财爻落空，求之无益。婚姻：支上空墓，占女不佳。胎产：胎神落空，占胎不吉。疾病：脾土受伤，肾水不足，人实病空，不日自愈。出行：斩关利于逃亡，出行亦利。行人：将到，有阻。捕获：在正东，隐于坟墓池塘边。兵战：罡塞鬼户，算多者胜。

《毕法》云：罡塞鬼户任谋为、干墓并关人宅废（夏占）。《占验》：丁丑八月占而未言其事。断曰：此近君阴贵人也。太岁常官临日，阴神之上，现出夜贵，又居岁位，必是公主请封荫子之事。盖因末传皇诏、长生、六合，为孩儿故也。问允否？曰：嫌其初中空亡，必须两次，方许封荫。果如其言。

壬寅日第十二课

```
官  螣后  空辰  墓神  六仪
财  朱贵  空巳  大煞  游都
财  合螣  甲午  三合
```

```
     螣后 贵阴 阴常 元白
      辰   卯   丑   子
      卯   寅   子   壬
```

```
          勾朱 青合
合螣  午   未   申   酉  空勾
朱贵  巳              戌  白青
螣后  辰              亥  常空
贵阴  卯   寅   丑   子  元白
          后元 阴常
```

课格：重审，进茹，寡宿。

课意：前逢空朽，脱盗在后，彼己无礼，逼迫难守。

解曰：三传辰巳午皆空亡，而不可进。退后一步，又逢寅卯之脱，丑土之鬼。乃欲守干上之旺子，却被支上卯木来刑。彼此无礼，所以前后逼迫，难以进退也。

断曰：进茹之课，罗网在前，不宜妄动。干上乘旺子，支上乘旺卯，乃是互旺皆旺，主彼此有益，凡谋顺利。但干上昼乘白虎，凡事三思。财神陷入空地，湖海行商，不能称意。

天时：日上有网，太阳被掩，阴云之象。家宅：人宅相刑，不安之象；夜贵临宅，士庶难当，复包罗网，凶亦难避。仕宦：三传皆空，全无实济。求财：两财皆空，求之何益？婚姻：支干相刑，占婚不吉。胎产：二阳包阴，孕乃成女；支干相刑，母子俱伤。疾病：肝胆之疾，或肾虚之症。出行：陆路甚凶，水路防失。行人：天罡加仲，尚在中途。兵战：前后逼迫，徒劳无功。

《毕法》云：进茹空亡宜退步、所谋多拙逢罗网、互旺皆旺坐谋宜、前后逼迫难进退。《课经》云：静守则为支干乘旺，动谋则为罗刃相伤。如乘凶将，祸患尤甚。《纂义》云：辰为空鬼发用，徒取人怨憎，不能成功名，为抱鸡不斗。《指掌赋》云：顺连茹空，名曰声传空谷，退吉而进则不宜。

癸卯日第一课

```
官  阴勾  辛丑  羊刃
官  白白  戊戌  仪神 直符
官  勾阴  乙未  支墓
```

```
      贵朱 贵朱 阴勾 阴勾
       卯   卯   丑   丑
       卯   卯   丑   癸
```

```
              合后 勾阴
朱贵  巳  午   未  申  青元
螣螣  辰           酉  空常
贵朱  卯           戌  白白
后合  寅  丑   子  亥  常空
          阴勾 元青
```

课格：伏吟，稼穑，励德。

课意：课传八土，癸水受苦，宅中夜贵，可以御侮。

解曰：传见三土，课见三土。而干之丑，昼乘勾陈。末传之未，夜乘勾陈。是共八土相并，来伤日干。则一泓之癸水，何以堪此？幸宅中卯木夜贵，足以敌土而御侮，所谓"众鬼虽彰全不畏"也。

断曰：课名稼穑，又系伏吟，总宜株守，不利动谋。子息乘贵，必有克家之子，家赖以安。惟忌年命上乘申酉，反制救神。中传白虎临官，仕宦最速。

天时：天地不动，晴占则晴，雨占则雨。家宅：贵人临宅，全鬼化财，富贵之象。仕宦：有官无禄，催官之月，即能赴任。求财：财爻不见，求之无益。婚姻：婿不甚佳，夜占女吉。胎产：长胎发贵，产期尚迟。疾病：肝肾之疾，家中自有良医，治之即瘥。遗失：元武不见，觅之可得。出行：不宜动。行人：近者立至，远者杳然。兵战：客胜，夜占擒敌。坟墓：两贵夹墓，牛眠吉地。

《毕法》云：制鬼之位乃良医、六爻现卦防其克。《课经》云：卯为夜贵临宅，作干之脱气。凡占主被贵人脱赚，或因神祇以致耗费。《神定经》云：辰戌丑未为三传，自相冲刑，倘占捕获，贼不能脱，谓之以凶制凶，以贼捉贼。盖内有四金，可以化鬼故也。《秘要》云：年命上若有金神，名为否极泰来，又为家人解祸格。

癸卯日第二课

官　阴勾　辛丑 _{羊刃}
兄　元青　庚子 _{日禄 日符}
兄　常空　己亥 _{长生 地医}

<small>阴勾　后合　常空　元青</small>
丑　寅　亥　子
寅　卯　子　癸

<small>朱贵　合后①</small>
螣螣　辰　巳　午　未　勾阴
贵朱　卯　　　　　申　青元
后合　寅　　　　　酉　空常
阴勾　丑　子　亥　戌　白白
　　　　<small>元青 常空</small>

课格：重审，退茹，三奇。

课意：夜禄难守，常占殃咎，昼亥天空，勾陈在丑。

解曰：子为癸水之禄，昼占乘龙，固为吉庆。而夜占乘元，则难守矣。初传官动，常人主有官讼疾病，所以有咎。发用之丑，既属官星，上乘勾土，而亥之天门，又乘天空，遁出己土，印何累累，绶何若若也，仕宦有不迁擢者乎？

断曰：连珠三奇，莺鸣谷迁之象。仕宦固佳，常人亦可化凶为吉。干支夹定三传，末传出于干外，名透关格。不利内事，止利外事，皆先难后易。

天时：青龙临日，三传皆水，天罡指阴，必非晴象。家宅：寅为病地，作脱气临支，人多疾病。仕宦：传得三奇，尊崇之象。求财：宜守自己旺财，不可妄求。婚姻：昼占则为佳婿，卜女不吉。胎产：男孕，未产。疾病：肝经受病或肾水涸竭之症，家有良医。出行：陆路昼占甚吉，水路昼夜防脱。行人：天罡加孟，尚未启行。捕获：在北方。兵战：传遇三奇，昼占更利。

《毕法》云：二贵皆空虚喜期、尊崇传内遇三奇。《课经》云：戌加亥为魁度天门，昼夜皆乘白虎。凡占谋用，尽被阻隔。又辰加巳，昼夜乘蛇，地盘之巳，亦是蛇位，谓之两蛇夹墓。病必积块，以致不救。《精蕴》云：透关格，号曰当时不时，过后失时，或心力不逮，致已成之事为人破坏。

---

① 原文：后合。

癸卯日第三课

官　朱勾　辛丑 羊刃
兄　勾空　己亥 长生 地医
父　空常　丁酉 日解

　　　勾空　朱勾　空常　勾空
　　　亥　　丑　　酉　　亥
　　　丑　　卯　　亥　　癸

　　　　　后螣　阴贵
贵朱　卯　辰　　巳　午　元后
螣合　寅　　　　　　未　常阴
朱勾　丑　　　　　　申　白元
合青　子　亥　　戌　酉　空常
　　　　勾空　青白

课格：涉害，极阴，间传，循环。

课意：昼将俱土，神怼咒诅，传课循环，灾出无路。

解曰：勾陈、天空、太常，尽属土将，乘于三传，共伤日干，灾患必生。且发用丑鬼，所司咒诅，夜坐于贵人之上，受贵所克，递伤日干，非阳人暗算，即鬼神为怼。干加于支，为支所脱，课体循环，纵欲避灾，岂能免乎？

断曰：极阴事必昏晦，间传亦有迟疑，静安动阻之象。

天时：课曰极阴，天将皆土，浓阴不雨。家宅：勾陈乘鬼临宅，家中争讼难免。仕宦：贵空不吉。求财：求之无益。婚姻：不成，不吉。胎产：女孕，易产。疾病：腹内有疾，或肾虚之症，难愈。出行：水陆俱不吉。行人：干加支，本家人即至。兵战：课名倒拔蛇，作为费力，未见其利。

《毕法》云：二贵皆空虚喜期。《指南》：戌加子，占两贵来否？曰：四月必来。以巳贵来合三传，但居官不久，以二贵空陷，传退极阴，格合回环，来而必去也。又干临支受克，来必失意。果应。《古鉴》：寅将辰时，占逃亡罪人。曰：癸来加卯，又自卯上传出，退归西北，其人隐一买卖人家猪圈内。亥四酉六，四六二十四里，或六十四里，当有孝服，婢在宅前洗酒器，问之便得。盖酉为婢，见太常主孝服，酉加亥为酒器故也。果验。

癸卯日第四课

官　青白　戌戌　仪神　直符
官　常阴　乙未　支墓
官　后螣　空辰　墓神

　空常　合青　常阴　青白
　酉　　子　　未　　戌
　子　　卯　　戌　　癸

　　　　　　　贵朱　后螣
螣合　寅　　卯　　辰　　巳　阴贵
朱勾　丑　　　　　　　　午　元后
合青　子　　　　　　　　未　常阴
勾空　亥　　戌　　酉　　申　白元
　　　　　青白　空常

课格：元首，稼穑，斩关。

课意：六合交互，脱难入墓，屑就其禄，渐旺门户。

解曰：卯与戌合，子与丑合，干支交互相合也。白虎乘鬼发用克干，中传又是日鬼，幸而脱于虎口，至末传而又逢日墓，其昏迷不更甚乎？喜旺禄临支，昼乘青龙吉将，倘能屏弃众土，俯就支禄，则子水必能生卯，门户当渐兴旺也。

断曰：日禄临支，权摄不正，官为佐贰，俸或家食。戌为催官发用，仕宦最宜。嫌末传空亡，向后恐无结束。支干上下相刑于六合之中，外虽和顺，须防胸中荆棘。

天时：三传皆土，青龙克日，阴而不雨。家宅：龙合生支，宅必见喜。仕宦：催官临身，龙乘日禄，占名最利。求财：宜从本家觅。婚姻：昼占女吉，夜占男吉。胎产：上强下弱，孕乃成男。疾病：肾经膀胱之疾，能食可愈。出行：昼占水路甚吉。行人：末传入墓，行者立至。兵战：利主不利客。

《毕法》云：权摄不正禄临支、干乘墓虎毋占病、虎临干鬼凶速速。《课经》云：干上戌乘白虎克干，赖末传辰土，昼乘螣蛇冲虎，是以凶制凶，占忧患事，必得人解释。《要览》云：子禄临卯，被宅所脱，必因起盖房屋，以禄偿债。

癸卯日第五课

```
官  常阴  乙未  支墓
子  贵朱  癸卯  六仪
兄  勾空  己亥  长生 地医
```

```
    常阴 勾空 阴贵 空常
     未   亥   巳   酉
     亥   卯   酉   癸
```

```
              螣合 贵朱
朱勾  丑    寅  卯    辰  后螣
合青  子              巳  阴贵
勾空  亥              午  元后
青白  戌    酉  申    未  常阴
          空常 白元
```

课格：涉害，曲直，励德。

课意：干上旬丁，引往贼营，夜将皆土，解释冤憎。

解曰：干上丁酉，所谓"水日逢丁财动"也。若贪此财，而冒昧前取，则三传皆脱，必引干癸入于脱盗之乡矣。夜将皆土伤日，却赖曲直为救，非解冤释憎而何？

断曰：曲直之课，纯乎盗气，幸干上酉金，足以克木生身，必家有严母，能樽节后人。课传六阴，自昼传夜，惟利阴私，亦防昏滞。此占不利仕宦，惟利常人，秋占更吉。

天时：课传皆阴，毕宿临日，风雨皆见。**家宅**：亥为日之同类，加支生支，必赖兄弟之力，光大其门。**仕宦**：虽有贵人临于课传，奈三传全木克官，占官最忌。**求财**：财气最旺，宜得贵人与婢妾之财。**婚姻**：利妻不利夫。**胎产**：上强下弱，阴极变阳，孕乃生男。**疾病**：肾水亏损之疾，或木侮脾经，赖酉金生亥克木，必遇良医。**遗失**：并非贼窃。**出行**：陆路可行，水路欠利。**行人**：尚未启行。**捕获**：昼占贼在东方，夜占贼在正南。**兵战**：防敌虚诈。

《毕法》云：合中犯杀蜜中砒、众鬼虽彰全不畏。《课经》云：是名脱气为救格，盖三传木局，并来脱干，既无日鬼，岂宜附于众鬼虽彰之例？缘三传天将，皆是土神，并力伤干，反赖三传木局，克制土将，岂不应斯格耶？凡遇此局，只作救神论，切不可作脱气言之。

癸卯日第六课

```
子  贵朱  癸卯    六仪
官  青白  戊戌    仪神  直符
财  阴贵  空巳    干德  大煞

        阴贵 青白 贵朱 白元
         巳   戌   卯   申
         戌   卯   申   癸

           朱勾  螣合
合青  子   丑   寅        卯  贵朱
勾空  亥                  辰  后螣
青白  戌                  巳  阴贵
空常  酉   申   未        午  元后
           白元  常阴
```

课格：知一，斩关，斫轮，芜淫。

课意：交互战伐，不受福德，夜虎临身，脱空鬼贼。

解曰：干上申金克支，支上戌土克干，是交互战伐也。巳为日德，又为昼贵；逢空入墓，无气之极，是不受福德也。申虽日之长生，夜虎昼元，不可守矣。往投三传，卯为脱气，戌为日鬼，巳又逢空，无一佳处。但当弃此三传，再投日干所临之午，乃日之财，《经》所谓"避难求财格"也。

断曰：斫轮之课，本利占官，但发用子孙，克制官星，亦非全吉。长生昼夜，将乘元虎，父母不无疾病遗失之事。又名芜淫，琴瑟必有未调，常人亦防官事临门。

天时：朱雀发用，无雨。**家宅**：昼占则官事临门，夜占则吉事入宅。**仕宦**：铸印催官，功名极速。**求财**：宜得贵人妾妇之财，巳年月利。**婚姻**：支干上神，昼夜皆有白虎，不吉。**胎产**：男妊，产速。**疾病**：肾虚之症，后防不测。**出行**：水陆皆凶。**行人**：天罡加仲，尚在中途。**兵战**：有始无终，宜谨慎。

《毕法》云：夫妇芜淫各有私。《指南》：卯加申占失马，宜向何方寻觅，何日可得？曰：马之阴神，见子乘龙，马必青黑色，三日内必获。缘末传之驿马逢空，必俟出旬，乙巳日填实，方能获马。马居戌地，当于西北山冈觅之。后，果三日，自刘家集得之。

癸卯日第七课

```
子  贵阴  癸卯 六仪
父  空勾  丁酉 日解
子  贵阴  癸卯 六仪
```

```
      贵阴 空勾 朱常 常朱
       卯   酉   丑   未
       酉   卯   未   癸
```

```
              合白 朱常
     勾空  亥  子  丑  寅  螣元
     青青  戌          卯  贵阴
     空勾  酉          辰  后后
     白合  申  未  午  巳  阴贵
              常朱 元螣
```

课格：返吟，励德，龙战。

课意：夜贵闭口，宅乘丁酉，动既无财，尤不可守。

解曰：夜占不可干贵，缘贵人闭口，不肯剖露真情也。丁神临宅，宅不安宁。水日逢丁，本为财动，而乘酉之败气，不惟不能得财，且有耗费。退而归于干上，又逢未土，明鬼暗脱，其不可守也，更甚矣。

断曰：返吟之课，干被未克，支被酉克，而又各坐于克方，是谓全伤坐克，人宅皆伤之象。初末作脱，中传败气，三传又皆土将，祸患重叠，殆非一端。雀鬼加干，朝官亦防弹劾。盖往来逼迫，进退维艰，而反覆无常，波澜不定也。

天时：晴占乃雨，雨占乃晴。家宅：宅中必因婢妾不宁。仕宦：雀鬼加干，朝贵防劾。求财：宜得妾妇之财。婚姻：支干全伤，占婚不吉。胎产：女孕，母子不吉。疾病：肺经受病，防有翻覆。出行：中道亦回。行人：行者立至。兵战：反覆不宁，主客皆伤。

《毕法》云：两贵受克难干贵、干支全伤防两损。《精蕴》：未加丑，酉年二月，妻占夫病，本命在丑。曰：妻之年命，上乘华盖，太常作日鬼，又是死气，又是吊客，谓之孝帛盖妻头，夫病必死。倘八月内占之，未为生气，尚有孝服未已。果验。

癸卯日第八课

```
财  元螣  甲午  六破
兄  勾空  己亥  长生 地医
官  后后  空辰  墓神
```

```
    朱常 白合 勾空 元螣
     丑   申   亥   午
     申   卯   午   癸
```

```
            勾空 合白
青青  戌   亥   子   丑  朱常
空勾  酉              寅  螣元
白合  申              卯  贵阴
常朱  未   午   巳   辰  后后
          元螣 阴贵
```

课格：重审，六仪。

课意：中害末墓，午财勿顾，唯赖申生，夜占虎遇。

解曰：中传之亥，遁得己土。末传之辰，又是日墓。午财虽则临身，而自末递克，回归干上，又复受克。夜占乘虎，岂能顾恋乎？三传既无可取，赖宅上申金，为日之长生，无如夜乘白虎，宅亦欠宁，不可守也。

断曰：重审之课，三传自刑，事多不顺。喜六仪发用，干上乘财，支上乘生，乃人宅荣昌之象。初末昼拱巳贵，干支夜拱太常。若年命居于寅子，谋无不遂。午为妻财，受克乘元，非有妻病，即防盗马。

天时：午火发用，水被库藏，恐不能雨。家宅：长生临宅，夜占乘虎，父母防灾。仕宦：寅命、子命人吉。求财：财爻临干，易得，但防惊恐。婚姻：女益男家。胎产：胎神受克，占胎不吉。疾病：肝肺受病，或疮疼首痛，未几即愈。出行：昼占吉。行人：末传入墓，可望即到。兵战：客能胜主。

《毕法》云：支乘墓虎有伏尸。《课经》云：六合乘申加卯，为六片板格。申者，身也。上有六合，下有卯木，以身就木之象，占病不吉，三月占尤的。如不乘六合，九月占病，则卧床而未愈。缘申作生气，卯为床也。若占父母长上之疾，尤为不吉，以父母爻入棺故也。

癸卯日第九课

父　空勾　丁酉 _{日解}
官　阴常　辛丑 _{羊刃}
财　朱贵　空巳 _{干德 大煞}

<small>常空　勾朱　空勾　朱贵</small>
亥　　未　　酉　　巳
未　　卯　　巳　　癸

　　　　　<small>白青　常空</small>
空勾　酉　戌　亥　子　元白
青合　申　　　　　丑　阴常
勾朱　未　　　　　寅　后元
合螣　午　巳　辰　卯　贵阴
　　　　<small>朱贵 螣后</small>

课格：涉害，从革，绝嗣，孤辰。

课意：四课被贼，绝嗣亡族，昼将助传，去祸迎福。

解曰：四课上神，皆被下神所贼，卦名绝嗣。昼将纯土克干，幸三传金局，窃脱土气，转育癸水，化难作恩，岂非去祸而迎福者耶？

断曰：从革之课，三传克支生干，人虽丰盈，家无正屋，或欲弃其田宅，逃往他方。五阴相继，事主昏迷。墓神覆支，宅非明敞。惟仕宦占此，官印全逢，有革故鼎新之象。

天时：天罡指阳，三传生日，天晴无雨。仕宦：贵禄皆空，填实即吉。家宅：支乘支墓，宅上欠宁。求财：财爻巳空，不吉。婚姻：女子愚蠢多言，不利。胎产：阴极阳生，当生男。疾病：脾土之疾，七月占不吉。出行：水陆两途，均不甚利。行人：末传空，未到。兵战：利客不利主。

《毕法》云：传墓入墓分憎爱、水日逢丁财动之。《指南》：辛未六月，未将卯时，为台臣占上疏。曰：传将逆生，有疏荐人乎？曰：非也。有疏参人耳。曰：虽则三传递生，嫌其初末逢空，独存中传之岁破，作鬼伤干；又太岁临宅，乘朱雀克日。太岁，君也。岁破，相也。恐得罪于君相。课象不利。后，果以上章荐人，下狱拟配。《纂义》云：酉乘天空加巳，防婢妾挈财逃走。

癸卯日第十课

父　空勾　丁酉　日解
兄　元白　庚子　日禄　日符
子　贵阴　癸卯　六仪

```
空勾  合螣  勾朱  螣后
 酉    午    未    辰
 午    卯    辰    癸
```

```
       空勾  白青
青合 申 酉   戌  亥 常空
勾朱 未          子 元白
合螣 午          丑 阴常
朱贵 巳 辰   卯  寅 后元
        螣后 贵阴
```

课格：重审，斩关，三交。

课意：禄贵丁财，并墓俱逢，守之昏晦，动则亨通。

解曰：辰为日之墓神，临于干上，若守此墓，自然昏晦。倘弃而投诸三传，则酉上乘丁，作日之财神。子为日之禄神，卯为干之夜贵，三者皆逢，亨通之至。非动曷能有此？

断曰：三交之课，支干自刑。又支克干上辰土，干克支上午火，交互克贼，主有参商。倘夫妻行年，再立辰午，卦名解离，非断弦必反目也。所喜午实辰空，传逢轩盖，占官可用。

天时：墓神覆日，天罡指阴，阴雨之象。**家宅**：败气发用，脱干克支，室家不和，衰替之象。**仕宦**：贵禄皆现，占名最吉。**求财**：水日逢丁，求财必得。**婚姻**：恐有刑伤。**胎产**：女孕，母有惊，子难育。**疾病**：心经受病，夜占肾水亏损，病实人空，难愈。**出行**：陆路不吉，水路得财。**行人**：出旬即至。**捕获**：昼占在艮方炉灶之处，夜占在正北方竹丛中。**兵战**：彼此两伤，夜占擒敌。

《毕法》云：夫妇芜淫各有私、宾主不投刑在上、水日逢丁财动之。《课经》云：春，酉将，癸卯日酉加午，临仲发用，斗系丑未，名二烦课。《秘要》云：午酉递加乘勾陈，宅中主有产妇惊恐，应在寅日。《指掌赋》云：寅乘元武见巳，为炼丹道人。又云：酉加午上，为宠婢登堂，会六合，必主淫乱。又云：申乘合，作医人。

癸卯日第十一课

```
官  勾朱  乙未  支墓
父  空勾  丁酉  日解
兄  常空  己亥  长生 地医
```

```
      勾朱 朱贵 朱贵 贵阴
       未   巳   巳   卯
       巳   卯   卯   癸
```

```
            青合 空勾
勾朱 未  申  酉  戌  白青
合螣 午          亥  常空
朱贵 巳          子  元白
螣后 辰  卯  寅  丑  阴常
        贵阴 后元
```

课格：遥克，嗑矢，励德，不备。

课意：传及干支，迤逦生上，涸源断根，病讼恶况。

解曰：三传自上生下，四课自下生上，谓之水涸其源，木断其根也。病因不摄，虚损难医。讼自家庭而起，所谓"自恶窝犯"者是也。

断曰：不备之课，课传六阴，凡事昏迷，不利公用。嗑矢课，而发用蓦越，已属轻浮；又兼落陷，毫无实迹。如年命在寅，上乘天罡，得昼夜贵人拱定，仕必高甲。

天时：天罡指阳，朱雀发用，中末两传，昼夜皆乘土将，不能得雨。家宅：昼夜贵人各脱干支，必因贵人耗费财物。仕宦：两贵相加，昼夜互见，定中高魁。求财：宅上财空，出旬可得。婚姻：干支皆贵，门楣相称。胎产：昼占六合受克，男孕，产恐不育。疾病：心经受病，指日可愈。出行：昼占水路可行，夜占陆路可行，然失耗皆所不免。行人：驿马临宅，出旬即到。兵战：财爻不备，军资不足。坟葬：朝山好，当发财。

《毕法》云：昼夜贵加求两贵。《指南》：甲子四月，申将午时占。曰：时为日胎，必占六甲。问：男乎，女乎？曰：干上卯属震，长男之象。又是幕贵，三传四课纯阴，阴极阳生，必产贵儿。且支加干，俯首见子，生更顺利。但课不备，未能足月。问：生于何时？曰：六月生。后，果一一如断。

癸卯日第十二课

```
官  螣后  空辰  墓神
财  朱贵  空巳  干德 大煞
财  合螣  甲午  六破
```

```
       朱贵 螣后 贵阴 后元
        巳   辰   卯   寅
        辰   卯   寅   癸
```

```
                勾朱 青合
合螣  午     未   申   酉  空勾
朱贵  巳              戌  白青
螣后  辰              亥  常空
贵阴  卯     寅   丑   子  元白
            后元 阴常
```

课格：重审，进茹，龙战，斩关，寡宿。

课意：前路皆空，凡事无踪，未免虚动，病讼俱逢。

解曰：辰巳午作三传，皆逢空陷。凡事俱无踪迹，虚声而已。干上寅木作病气，脱干发用。天罡夜乘螣蛇，作鬼墓干。所以病讼之殃，必不能免也。

断曰：斩关之课，事不由己。逼迫而动，网刃在前，不利动作。干上脱气乘元，昼占难免失脱。支上夜将螣蛇，乘墓克干，惊恐当亦不免。若能退守干上寅木，虽为脱气，尚可敌鬼而安贫。

天时：支干各乘罗网，墓神发用，阴云不雨。家宅：支上辰土，克干墓支，人灾宅晦。仕宦：德贵驿马皆空，占官不利。求财：财爻皆空，求无所得。婚姻：支墓干脱，两家不吉。胎产：胎神空绝，占胎不吉。疾病：脾胃受伤，病空可愈。出行：水路有惊，陆路防失。行人：传空，未至。兵战：元武临干，须防劫营。

《毕法》云：进茹空亡宜退步、所谋多拙遭罗网、干墓并关人宅废（夏占）、来去俱空岂动移？《古鉴》：戊申九月，卯将寅时，占葬地。曰：支干皆贵，此地甚佳。盖丑为坟，即癸干之位。其墓在辰，遇空则为虚墓；对酉乘空，亦是虚坟。去此二者，方可以葬，后当发贵。且申酉为今日水母，对冲寅木，主水合星辰。巳又主双，乘雀加辰，为双圆峰，文章星也。生子当应举及第。后，皆应。

甲辰日第一课

兄　青螣　空寅 _{日德　日禄　支仪　驿马}
子　朱勾　乙①巳 _{六害}
官　后白　戊②申 _{支合}

　　　　^{合合}　^{合合}　^{青螣}　^{青螣}
　　　　辰　　辰　　寅　　寅
　　　　辰　　辰　　寅　　甲

　　　　　　　^{螣青}　^{贵空}
朱勾　巳　午　未　申　后白
合合　辰　　　　　酉　阴常
勾朱　卯　　　　　戌　元元
青螣③寅　丑　子　亥　常阴
　　　　_{空贵}　_{白后}

课格：伏吟，自任，元胎。

课意：德禄俱空，昼虎鬼凶，火命解祸，土命畏逢。

解曰：寅乃日之德禄，旬空无力，不能为福。末传申为日鬼，昼占又乘白虎，其像甚凶。若占人年命属火，火能克金，可以解祸。若年命属土，则土反生鬼，逢之岂不可畏？至于金木水年命，皆可以类推而断之。

断曰：自任之卦，三传皆孟，格合元胎，事主伏匿，情在狐疑。安静则宜，妄动不吉。况禄马空陷，仕宦不利。虎鬼刑克，俗庶尤忌。斩关有奔逃之患，孤辰有离别之忧。虚幻无成，成亦更变。惟僧道占之吉。

天时：少雨，有雷雹或寒冱。**家宅**：人口衰耗，防有奸逃。**功名**：恐是虚声，寅月占吉。**求财**：静守家业为上。**婚姻**：男家不愿。**胎产**：婢妾孕，主女胎，宜多服药。**疾病**：昼占凶。**失脱**：不出家中，隐匿难寻。**出行**：改期。**行人**：未至。**争讼**：助我者少，昼占不利。**捕获**：系本家奴隶，赃埋坟土中。**兵战**：有失众之象。

《毕法》云：宾主不投刑在上、虎临干鬼凶速速。《纂要》云：甲辰日，禄马俱空，为十恶大败之一。又干上寅，懒去取财，恐争夺也。"神将论"云：功曹乘龙为道士，乘蛇主猫狸之怪。六合临辰，家有宰杀。白虎在申为衔牒，天后在申为修容。《玉成歌》云：天马（五、十月，寅）驿马为初用，参星白虎动行神（申为参星）。

---

① 原文：丁。
② 原文：甲。
③ 原文：螣青。

甲辰日第二课

父　白后　壬子　日盗　地医
父　常阴　辛亥　大煞　日解　亡神
财　元元　庚戌　六冲

　　　青螣　勾朱　白后　空贵
　　　寅　　卯　　子　　丑
　　　卯　　辰　　丑　　甲

　　　　　朱勾　螣青
合合　辰　巳　　午　　未　贵空
勾朱　卯　　　　　　　申　后白
青螣　寅　　　　　　　酉　阴常
空贵　丑　子　　亥　　戌　元元
　　　　　白后　常阴

课格：知一，退茹，重阴。

课意：进损退益，戌财必失，冬昼火惊，贵人覆日。

解曰：甲课在寅，进逢卯之空，故曰损。退受子亥之生，故曰益也。末传戌财，昼夜皆乘元武，定主耗失。卯乘朱雀克宅，冬占又为火鬼，其有火惊宜矣。丑乃昼贵，覆临日上，在君子为利见大人，在常占为官事相扰也。

断曰：知一之卦，事起同类，恩中有害，和衷则吉。人空宅克，合处见刑，宾主不和，求谋未济。又贵作空墓，干禄非宜。秋占方有吉兆，春夏遇之，只可从容守旧。大宜于难中得易，旧处生新，妄动无益也。

天时：久雨，难晴。家宅：朱雀克宅，冬月防火灾。功名：须得人相助，难中有望。求财：得亦必失。婚姻：易成而不吉。胎产：主婢妾怀妊，或私孕，产即生。疾病：迟愈，无妨。失脱：寻觅不获。出行：更改，如意。行人：迟至，或先得音信。争讼：案牍迁延，有解，终散。捕获：西方女婢作窝。兵战：不利。

《毕法》云：魁度天门关隔定。《课经》云：丑乃日之破碎煞，支上卯又干之阳刃，宜弃此而就三传以生干，是为舍损就益。又干上丑财作闭口，与禄作闭口、食神空亡同论，不利占病。《指掌赋》云：子亥戌为重阴，安嘉遁之贞，宁甘没齿？《神将汇函》云；亥加子为孩儿，丑遇空为矮子。

甲辰日第三课

```
财  元元  庚戌  六冲
官  后白  戊申  支合
子  螣青  丙午  天医 干奇 仪神
```

```
      白后 青螣 元元 白后
       子   寅   戌   子
       寅   辰   子   甲
```

```
勾朱 卯   合合 朱勾  午 螣青
           辰   巳
青螣 寅              未 贵空
空贵 丑              申 后白
白后 子   亥   戌   酉 阴常
         常阴 元元
```

课格：涉害，间传，悖戾，闭口，励德。

课意：屈尊就财，末午助来，六阳俱备，申虎尤乖。

解曰：辰为日财，日往加之，是屈尊以就财也。末传午火又助起初传之财，似乎财不可胜用矣。然课传六阳俱备，利于公用，不宜私有。况中传申乘昼虎，脱财之气，生身之灾，尤为乖戾，不可不慎也。

断曰：涉害之卦，迟疑不定，退逆间传，事多阻隔。子虽生气临干，夜将白虎，变为败气。若贪戌财，引入鬼脱之乡，必人先以利饵，后却为害。宅上空亡，须防耗失。虎临干鬼，必见灾迍，元武发用，亦名闭口，凡事不欲告人。

天时：阴晴不开，得风始霁。**家宅**：贫耗，又主有忤逆潜逃之事。**功名**：欲成中阻。**求财**：得失相半，主有人暗中相助。**婚姻**：不宜，亦不成。**胎产**：胎坐长生，胎安而产不利。**疾病**：不能言语，昼占凶，辰月占主出血。**失脱**：见者不说，贼人自投网罗。**出行**：主有阴私逃避。**行人**：即来。**争讼**：财贿入官，彼此皆损。**兵战**：利用虚声慑敌，及搜捕奸细。**坟葬**：当发挂名空职，或佐贰前程。

《毕法》云：权摄不正禄临支、虎临干鬼凶速速、闭口卦体两般推、末助初兮三等论。《订讹》云：戌午火局，中间一申，反成克象，故名悖戾。凡占寅日方有克应。《中黄经》云：白虎天后与螣蛇，克日须当病转加。

甲辰日第四课

```
官  后白  戊申  支合
子  朱勾  乙巳  六害
兄  青螣  空寅  日德 日禄 驿马 支仪
```

```
    元元 空贵 后白 常阴
     戌   丑   申   亥
     丑   辰   亥   甲
```

```
           勾朱 合合
青螣   寅   卯  辰   巳  朱勾
空贵   丑              午  螣青
白后   子              未  贵空
常阴   亥   戌  酉   申  后白
           元元 阴常
```

课格：嗃矢，元胎。

课意：干虽乘亥，切勿自怠，病苏讼宽，其忧尚在。

解曰：甲虽得亥之长生临于日上，不可自足而怠忽也。初传申鬼，昼乘白虎，病讼得此，为象甚凶。幸亥水窃金而生干，中传复能克制，得以苏宽。然元胎卦，四生恋生，恐难杜绝，其为忧患，未尽脱然也。

断曰：嗃矢之卦，虽曰祸福俱轻，事在远而无畏。然申金发用，加以昼虎，则为矢带金镞，凡事忧在西南。贵人在支，可以墓虎脱鬼，解释冤雠。若夜占则为破碎，家必不完。惟仕宦逢之为催官符，寅年月必见迁擢。

天时：夏占雷雨，冬占冰雪。家宅：防有口舌，忽然而来。功名：禄空防罚俸，寅月占利。求财：财神闭口，求官无路。婚姻：卦名解离，大有不利。胎产：主生哑儿。疾病：主噤①口或咽肿，巳酉月见脓血。失脱：见者不肯言。出行：不利谒贵，利于莅任。行人：在路，有虚惊。争讼：贵人闭口，不肯排解。捕获：在南方，近西向东，井边有唱歌牧羊者。兵战：未见得利。坟葬：主西北方，防水淹及盗损。

《毕法》云：夫妇芜淫各有私、虎临干鬼凶速速、闭口卦体两般推。《课经》云：日上辰生，初传申鬼，转生亥水，为不幸中之幸。《袖中金》云：第二课发用，乃日上两课自战，作事无力。《神应经》云：干克支上丑，支克干上亥，名解离卦。

---

① 原文：禁。

甲辰日第五课

```
财  合合  庚戌  六冲
子  后白  丙午  干奇 仪神 天医
兄  白后  空寅  日德 日禄 驿马 支仪
```

```
     螣青 青螣 后白 合合
      申   子   午   戌
      子   辰   戌   甲
```

```
            白后 常阴
    空贵 丑  寅   卯  辰 元元
    青螣 子           巳 阴常
    勾朱 亥           午 后白
    合合 戌  酉   申  未 贵空
           朱勾 螣青
```

课格：涉害，炎上，斩关，狡童。

课意：初遭夹克，三传盗日，赖子相制，其象夜吉。

解曰：戌作初传，既为日财，复乘六合并临，名曰夹克，不由己用；况三传火局全盗日干之气，但见其损，不见其益，所赖者宅上子水，足以制火之脱而生日干；又夜将乘青龙，其象反为吉也。

邵南：此卦，取子水比日发用，三传水局生干，主吉。

断曰：涉害之卦，局合炎上，占事多历艰难，占人过于刚急。日上发用，坐于空乡，凡百谋为，少成而多变。外合而内暌。况斩关为奔逃之象，狡童有邪僻之私，三传火局，脱干生支，戌财遁庚，内藏暗鬼，占者不可不慎。

天时：求雨未雨，求晴不久。**家宅**：子加辰乘蛇，防妇人哭泣，戌加寅乘合，防奸丑不明。**功名**：不足。**求财**：只利索债。**婚姻**：防媒妁相欺。**胎产**：胎安，产利。**疾病**：主脾虚肝气旺，宜作福。**失脱**：难获。**出行**：宜避难远逃。**行人**：子午日可到。**争讼**：先发者失利。**捕获**：北方水次。**兵战**：大利，但防粮草不给。

《毕法》云：初遭夹克不由己、后合占婚岂用媒？合中犯煞蜜中砒。《三车一览》云：火局脱气，而反生干上财神，名为取还魂债。又三传脱干生支，亦作屋广人衰论，余占皆我衰他旺之象。《曾门》"定章"云：六合者天之私门，天后蔽翳奸邪。寅克戌，又为强逼，下贼其上，过在女人。

甲辰日第六课

```
子  后白  丙午  干奇 仪神 天医
财  空贵  癸丑  游都 六破 破碎
官  螣青  戊申  支合

        后白 勾朱 元元 朱勾
         午   亥   辰   酉
         亥   辰   酉   甲

              空贵 白后
青螣  子   丑   寅   卯  常阴
勾朱  亥             辰  元元
合合  戌             巳  阴常
朱勾  酉   申   未   午  后白
         螣青 贵空
```

课格：知一，四绝。

课意：去煞留官，仕宦欣欢，常人值此，灾祸多端。

解曰：甲木以酉为官，以申为煞。今申被午克丑墓，全然无气，止留日上官爻，仕宦占之，定有迁擢之喜；常人最畏官鬼临身，倘值此卦，须忧病讼相缠。日辰上互见朱勾，初传又乘昼虎，总为仕途所欣，常占所忌。

断曰：知一之卦，五行皆临绝地。恩中有害，绝处逢生。三传递生，官鬼临日，主有人推荐，大利功名。长生临宅，交车相合，凡事得人扶助。当舍近就远，勿惮艰辛，自然前程亨泰也。秋冬占之，更吉。

天时：晴多雨少。家宅：亥加辰，昼将朱雀，主小儿哭泣之事。功名：先难后易，秋冬大吉。求财：迟而有得。婚姻：可合，稍有刑克。胎产：胎神临绝，利产而不利胎。投谒：和好中恐生不足。疾病：虚弱难愈。失脱：防捕役受赇纵贼。出行：宜近出，不利远行。行人：在路，子日到。争讼：宜和解。兵战：防损并防马病，秋占吉。坟葬：长生在支，庆远流长。

《毕法》云：交车相合交关利、合中犯煞蜜中砒、宾主不投刑在上。《心印赋》云：胜光临亥为德乡，婚姻有象不相当；立名四绝病人已，结绝旧事可消详。又云：午加亥上见极阴，胜光为火火为心；心神荧惑生疑虑，纵疑灾害不相侵。

甲辰日第七课

```
兄  白后  空寅  日德 日禄 驿马 支仪
官  螣青  戊申  支合
兄  白后  空寅  日德 日禄 驿马 支仪
```

```
        元元 合合 白后 螣青
         辰   戌   寅   申
         戌   辰   申   甲
```

```
              青螣  空贵
    勾朱  亥   子    丑   寅  白后
    合合  戌              卯  常阴
    朱勾  酉              辰  元元
    螣青  申   未    午   巳  阴常
              贵空  后白
```

课格：返吟，绝胎，孤辰。

课意：善者既陷，恶者浪荡，所举百事，无些影响。

解曰：寅为日之德禄，虽在初末，而值旬空。申为日之鬼煞，虽临日入传，而坐空地。是善者不能为善，恶者不能为恶，善恶俱无实也。卦体返吟，日上阴阳尽归空陷。辰上魁罡，来去无常。虽欲举事，何所据乎？

断曰：返吟无依之卦，格合元胎，课名四绝。事主呻吟反覆，迟滞无成，暗昧不通，徒劳罔济。况禄马官星，皆临空绝，以求荣福，何异捕风捉影？惟宜解散忧愁，及利九流方外耳。寅年月占之，庶望有成。

天时：晴雨无常。家宅：不宁，防有阴私。功名：寅年亥月吉，余无成。婚姻：反覆不成。胎产：防系鬼胎。求财：徒劳无得。投谒：不遇。疾病：新病即瘥，久病不吉。失脱：系宅中奴仆所窃，移远就近可获。出行：改期。行人：主未动身，或将至复他往。争讼：解散。兵战：大利。坟葬：东南方，近孔道或河津处，佳。

《毕法》云：昼夜贵加求两贵、来去俱空岂动移？《课经》云：支上戌财生干上申鬼，又戌旬遁庚作暗鬼，大不利谒贵求财，即生灾祸。斗魁乘六合临辰，亦名斩关。如占时发用者，名动中不动，寻远在近处，兼中末空亦然。如初见太岁，中末见月建或日辰，亦名移远就近，将缓为速。

甲辰日第八课

兄　白后　空寅　日德　日禄　驿马　支仪
财　贵空　丁未　鲁都　勾神
父　青螣　壬子　日盗　地医

```
     白后 朱勾 青螣 贵空
      寅   酉   子   未
      酉   辰   未   甲
```

```
         勾朱 青螣
  合合 戌 亥  子  丑 空贵
  朱勾 酉          寅 白后
  螣青 申          卯 常阴
  贵空 未 午  巳  辰 元元
         后白 阴常
```

课格：涉害，度厄，寡宿。

课意：干禄告兔，家私内战，传墓入墓，行人立见。

解曰：寅为干禄，然上遭墓覆，下受酉克，是为仰丘俯雠，虽发用而不足恃也。宅上神克初传，因而递克，是为三传内战。况中传未，既来墓，岂宜末传子水，复入于墓乡乎？凡占不宜，惟占行人，可立见其至耳。

断曰：涉害之卦，三下贼上，又名度厄。事涉艰辛，情多乖隔。所喜德禄驿马发用，然值旬空，又中末传墓入墓，凡百谋为，俱难成就。况孤辰有别离之象，龙战有乖戾之虞。进退更张，全无定著，在占者见机趋避而已。

天时：阴晴不定，有风。家宅：防有窝犯斗讼之累及火灾。功名：防为有势力者所扼。求财：当前而不得取。婚姻：不合。胎产：主生女，或私孕。疾病：主脾胃或口齿，新病愈，久病凶。失脱：贼自内出，捕者不力。出行：彷徨不定。行人：立至。争讼：理虽直，防遭曲断；事虽小，恐化为大。兵战：防失众心。

《毕法》云：传墓入墓分憎爱、害贵讼直遭曲断。《课经》云：未贵为墓覆日，丑贵又受寅克，子未相穿，凡占多弄巧成拙。如识时去就，庶无大害。又秋占未为关神，临干入传，遁作旬丁，更凶。又寅加酉禄作空亡坐克方，夜占乘虎，病必绝食。《指掌赋》云：三下贼为长度厄，越海无舟楫之形。

甲辰日第九课

官　螣青　戌申　支合
父　青螣　壬子　日盗　地医
财　元元　甲辰　天贼　支墓

　　　青螣　螣青　合合　后白
　　　子　　申　　戌　　午
　　　申　　辰　　午　　甲

　　　　　合合　勾朱
朱勾　酉　戌　亥　子　青螣
螣青　申　　　　　丑　空贵
贵空　未　　　　　寅　白后
后白　午　巳　辰　卯　常阴
　　　　　阴常　元元

课格：嚆矢，润下，励德。

课意：笑里有毒，鬼贼满屋，末助初传，午畏水局。

解曰：申子辰三合，而内课寅午戌，各与之相冲，是为笑里有毒也。申为日鬼，临宅发用；辰为末传，元武并乘，是鬼贼满屋也。末助初以克干，全赖干上午火相救，而全水之局，又来克之；水虽生干，而反克干之救神，终不离合中犯煞之意。

断曰：嚆矢之卦，申金发用，即为有镞。虽曰祸福俱轻，而为力稍重矣。三传合润下之局，甲木逢之，重重助益，谋事宜必有成。惜乎干上空脱，末助初克，又且合中有冲，鬼临宅上，未见全美。

午火受制，子孙不利。

天时：雨多晴少。家宅：贫耗不宁。功名：夏月昼占吉，不利微员。求财：防能生灾作祸。婚姻：和合中有刑冲。胎产：胎坐长生，占孕安，占产不利。投谒：防遭贵怒。疾病：主虚脱，日德空亡，尤不利尊长。失脱：家中小儿所遗，在北方寻。出行：有事复返。行人：舟行即至，陆行有阻。争讼：彼此耗财，财多者胜。捕获：贼在西方七十里，道旁近水。兵战：昼占吉，夜占不利。

《毕法》云：合中犯煞蜜中砒、人宅受脱俱招盗。《课经》云：辰为日财而上乘申鬼，是为危中取财，况辰土助申克干，为教唆词讼之人，故取财必致官非也。《指掌赋》云：贵人临卯酉，分前后为励德，庶人吝而君子亨通。

甲辰日第十课

```
官  螣青  戊申  支合
父  勾朱  辛亥  大煞 亡神 日解
兄  白后  空寅  日德 日禄 支仪 驿马
```

```
   合合 贵空 螣青 阴常
    戌   未   申   巳
    未   辰   巳   甲
```

```
        朱勾 合合
螣青 申  酉   戌  亥 勾朱
贵空 未            子 青螣
后白 午            丑 空贵
阴常 巳  辰   卯  寅 白后
        元元  常阴
```

课格：重审，元胎。

课意：宛转益己，不利于彼，家宅动摇，忧变为喜。

解曰：申为日鬼发用，似乎可忧。殊不知申生亥，亥复生寅，宛转相生，适足为益于己也。寅克辰土，故独不利于彼。未乃干墓，又遁旬丁，以临宅上，主动摇不安之象。申先克日，而后迤逦相生，非忧变为喜而何？

断曰：重审之卦，三传皆孟，格合元胎，事多不顺。隐而未著，远而难通，守正则亨，妄为取咎。又神将内战，必因争夺生灾。夜占尤有惊恐。惟喜三传递生，官文禄马，无不入传，犹嫌寅落旬空，必得寅、亥月占，方为全美。

天时：雨中时见日色，出旬始晴。家宅：不宁，防阴小作耗。功名：亥月昼占大利，得人扶持之力。求财：得失相仍，且防有祸。婚姻：昼占吉，恐未能即成。胎产：防损。疾病：渐愈。失脱：主有势家隐庇。出行：考试赴任俱吉，余不利。行人：占弟兄即至。争讼：多虚费，先难后缓。捕获：盗神是未，乃在西南方有职人员家。兵战：宜慎。

《毕法》云：三传递生人举荐。《三车一览》云：日干生其上神，昼乘太常，上神又生天将，亦为脱上逢脱。又未加支，四月占为月厌、飞廉，亦为天目煞，乘旬内丁神，如占人未为本命，必宅中怪物现形，或夜多怪梦也。

甲辰日第十一课

```
财  合合  甲辰  天贼 支墓
子  螣青  丙午  干奇 仪神 天医
官  后白  戊申  支合
```

```
        后白 螣青 螣青 合合
         申   午   午   辰
         午   辰   辰   甲
```

```
           后白 阴常
贵空  未   申   酉   戌  元元
螣青  午              亥  常阴
朱勾  巳              子  白后
合合  辰   卯   寅   丑  空贵
          勾朱 青螣
```

课格：涉害，间传，斩关，赘婿，狡童。

课意：午火可赖，事不出外，财自然来，昼占可畏。

解曰：申为日鬼，又乘昼虎，其势甚凶，赖得午以制之。三传循环，不离四课，故事不出外也。辰财临干，是为自然上门。但六合并临，与日夹克，财虽来而不由己用。若昼占助起末传虎鬼，能无畏乎？

夜将子虎冲支，家宅亦有惊怪。

断曰：涉害之卦，顺进间传，凡事必多间隔。辰午申为登三天之课，事干天庭，仕宦必登高位，常占不吉。又格合斩关，贵登天门，罡塞鬼户，六神藏而四煞没，利于逃灾避难，秘计阴谋。赘婿，有依人之象；狡童，防不正之私。

天时：主得甘霖。**家宅**：昼占吉，有喜事。**功名**：利于显者，不利小位。**求财**：迟得。**婚姻**：主作赘婿，夜占不吉。**胎产**：防有惊恐。**疾病**：见凶，有解。**失脱**：难寻获，逃者难追。**出行**：利避难。**行人**：有阻。**争讼**：必至上达部院，然终有解。**兵战**：宜行诡道，勿追败兵，恐有诈。

《毕法》云：罡塞鬼户任谋为、后合占婚岂用媒？《课经》云：春占酉将未时，日、辰、用神俱旺相，上乘吉将，为三光课。《笔尘》载：越王谓范蠡曰：今三月甲辰，时加日昳，孤还故乡，得无后患乎？蠡曰：大王勿疑，直视道行，越将有福，吴当有忧。按：三月甲辰，酉将加未，乃斩关课，大利逃亡也。

甲辰日第十二课

财　合合　甲辰　支墓　天贼
子　朱勾　乙巳　六害
子　螣青　丙午　干奇　仪神　天医

```
螣青  朱勾  合合  勾朱
 午    巳    辰    卯
 巳    辰    卯    甲
```

```
              贵空  后白
螣青  午    未    申    酉   阴常
朱勾  巳                戌   元元
合合  辰                亥   常阴
勾朱  卯    寅    丑    子   白后
           青螣  空贵
```

课格：重审，进茹，六仪，升阶。

课意：静则有旺，动遭罗网，昼卜亡财，夜迎盗党。

解曰：甲上乘卯，辰上乘巳，静则守其旺地，人宅俱宜。若一妄动，即成罗网，又为阳刃，及生灾祸也。昼占虽遭夹克，而勾陈助土，青龙吉将，不过亡财而已。夜则巳午上乘蛇雀，皆脱干气，是往与盗党相迎也。

断曰：重审之卦，顺进连茹，宜静守不宜动作。喜旬仪发用，午为正阳，有泰阶之象。从辰巳升之，可以观光利用。惜初传坐空，干上又值旬空，凡有所占，都无诚实。又空财引入盗脱之乡，占者宜安心守分，自获亨通。

天时：占雨，雨少；占晴，晴迟。家宅：防有口舌、文书之事。功名：待时。求财：财空日脱，反防耗失。婚姻：媒妁无力，不成。胎产：胎旺，昼占防损漏，夜占主生女。疾病：主虚脱，不进饮食。失脱：难寻。出行：宜止。行人：先有信至。争讼：耗财，消释为宜。兵战：我虚彼实，宜坚守。

《毕法》云：所谋多拙遭罗网、脱上逢脱防虚诈、初遭夹克不由己。《课经》云：干上卯，初传纵见财爻，必心多退悔，懒去取财，恐争夺也。又辰加卯，昼夜将皆六合，夹克其财，财必他费，或妻常有病。《纂要》云：透关格会成火局，常人喜占，仕宦却忌。《集义》云：年命在卯，名天罗自裹。

乙巳日第一课

```
财  勾勾  甲辰  羊刃
子  合青  乙巳  干奇 仪神
官  贵常  戊申  日德 日解 六合 六破
```

```
        合青 合青 勾勾 勾勾
         巳   巳   辰   辰
         巳   巳   辰   乙
```

```
              朱空 螣白
合青  巳   午   未   申  贵常
勾勾  辰              酉  后元
青合  卯              戌  阴阴
空朱  寅   丑   子   亥  元后
          白螣 常贵
```

课格：伏吟，斩关，六仪。

课意：叠遇天罡，身动难康，夜被神挠，幸免残伤。

解曰：天罡临日两课，又作用神，是叠遇也。日干主身，身必摇动，难以安矣。申为日鬼，夜乘天乙，当有神祇作祟，必祈禳而后安。幸有中传，与支上之巳，刑克申金，更得六合卯木，亦足制贵人丑土，可免伤残之患也。

断曰：伏吟之卦，天地未发之象。利于安静，不宜妄动。然天罡主乎变动，临日发用，格合斩关，决无安居之理。勾陈并乘，又主稽留争斗，屈折不伸。占者除奔逃患难之外，每事以退为佳。惟仕宦占之，则吉。

天时：兴云致雨，亦有风雷。家宅：宅吉而人不安。功名：田土之职可望，或纳财得官。求财：恐致争夺生灾。婚姻：不宜。胎产：女胎，迟产。疾病：主脾胃之症，不利占父母。失脱：虽近难寻，逃者远去。出行：有碍，不能顺利。行人：将至。争讼：必因争财起衅，或缘妻妾。捕获：不出邑里，在西北方。兵战：宜慎。

《毕法》云：宾主不投刑在上、鬼乘天乙乃神祇。《课经》云：辰财发用，又勾陈并临，亦名稼穑。辰属自刑，中传取支，名杜传格。事主有阻，当别寻枝节。《指要》云：失物不远，访人不出，病主不言语而呻吟。《心镜》云：虽系伏吟，交车相脱，主彼此有相赚之意。

乙巳日第二课

兄	青合	空卯	日禄	
兄	空朱	空寅	支害	勾神
财	白螣	癸丑	地医	六仪

<table>
<tr><td>青合</td><td>勾勾</td><td>空朱</td><td>青合</td></tr>
<tr><td>卯</td><td>辰</td><td>寅</td><td>卯</td></tr>
<tr><td>辰</td><td>巳</td><td>卯</td><td>乙</td></tr>
</table>

		合青	朱空			
勾勾	辰	巳	午	未	螣白	
青合	卯			申	贵常	
空朱	寅			酉	后元	
白螣	丑	子	亥	戌	阴阴	
		常贵	元后			

课格：元首，退茹，不备，蓦越。

课意：空禄为初，中末仍虚，所谋无效，进步徐徐。

解曰：卯为日禄，临日发用，似乎可取。然值旬空，何益之有？况中末皆空，所谋之事，必无成效也。但退茹空亡，反宜进步，徐徐俟之，当有改图耳。

原本以遥克之辰为初传，今改定。

断曰：元首之卦，逆退连茹，一上克下，虽曰正大光明，事多顺利，然四课不备，三传皆空，空禄临身，斗罡临宅，身宅不宁，行止未决，宜乘机①观变，徐以待时。

干加支，贪辰土之财，却被支脱，支又传干遇空，所谓"费有余而得不足"也。

天时：风云雷电，空作雨势。家宅：贫而不宁，时有争斗。功名：无中生有，终无实际。求财：合伙营生，防归消折。婚姻：不成。胎产：占胎不实，占产立下。疾病：新病即愈，久病不宜。失脱：东南方可寻。出行：改期。行人：立至。争讼：空中楼阁，旋归消解。捕获：昼在西南，夜在西北。兵战：宜以退为进。

《毕法》云：空空如也事休追、脚踏空亡进用宜。《课经》云：初禄既空，末值蛇虎，乃"前后逼迫难进退"也。《断验》：癸丑生人，己卯年戌将占宅。曰：卯来赶日，宅不容人。卯为空禄，寅为兄弟，课中不见父母，勾陈临宅，必同气相争，以致父母离居也。皆验。

---

① 原文：几。

乙巳日第三课

财　白螣　癸丑 地医 六仪
父　元后　辛亥 大煞 日盗 日医 支冲
官　后元　己酉 破碎

　　　　白螣　青合　常贵　空朱
　　　　丑　　卯　　子　　寅
　　　　卯　　巳　　寅　　乙

　　　　　　勾勾　合青
青合　卯　　辰　　巳　　午　朱空
空朱　寅　　　　　　　　未　螣白
白螣　丑　　　　　　　　申　贵常
常贵　子　　亥　　戌　　酉　后元
　　　　　　元后①　阴阴

课格：重审，间传，极阴，蓦越。

课意：四课俱空，万事无踪，昼病不食，夜卜则凶。

解曰：寅卯旬空，子丑坐空。日辰上阴阳神俱空，所占万事皆无踪迹。癸丑发用，是名闭口。昼占乘蛇，占病者止于不能饮食而已。若夜占则白虎乘财助鬼，其凶更甚。盖蛇尚能克鬼，而虎则党于鬼也。

断曰：重审之卦，逆退间传，为极阴之象。事多不顺，人心疑惑，进退乖离。况卦体全空，用神坐陷，主彼此恍惚，纯属虚声。又旺禄临支，为宅所脱，未免虚耗百端。若占灾患惊忧，亦归消解。总之，动不如静，坐胜乎行，毋②妄营求也。

天时：始有风电，继以寒阴，旋皆解散。家宅：主因买宅，以禄偿债，或因喜事多耗。功名：虚声无实。求财：无实际，有虚惊。婚姻：不吉，亦不成。胎产：女胎不实，占产立下。疾病：主噎隔失音，久病大凶。失脱：主阴人所盗，物散难追。出行：不成行。行人：亥日动身，卯日至。争讼：主争空财，彼此虚耗。捕获：昼占西南，井边有狮，夜占正西，女人哭泣。兵战：虚张声势。坟葬：上有空树，下有蛇穴，不吉。

《毕法》云：权摄不正禄临支、空空如也事休追。《观月经》云：四课无形，事不出名，纵然出名，也是虚声。又干禄加支，却被支脱，必因盖屋，以禄偿债。《指掌赋》云：丑亥酉为极阴，如月隐西山，言三传皆是夜方，不见光明也。

---

① 原文：元白。
② 原文：母。

乙巳日第四课

```
财  青螣  癸丑  地医 六仪
财  朱阴  庚戌  支德 支墓
财  后白  丁未  天医 干墓
```

```
     合后 空朱 朱阴 青螣
      亥   寅   戌   丑
      寅   巳   丑   乙
```

```
          白合 常勾
空朱  寅   卯   辰   巳  元青
青螣  丑               午  阴空
勾贵  子               未  后白
合后  亥   戌   酉   申  贵常
         朱阴 螣元
```

课格：重审，稼穑，游子，闭口。

课意：满目财喜，不偿所费，昼虎墓临，闭口无畏。

解曰：日上阴阳神以及三传，满目无非日财，若可喜矣。然传财太旺，反致亏损。丑既旬尾，戌遁庚鬼，未遁丁神，财虽多而不偿所费也。未为日墓，昼虎临之，诚为凶象。然能闭口谨言，以俟丑上螣蛇冲破，以凶制凶，可无畏也。

断曰：重审之卦，三传皆季，局合稼穑。重审，多不顺之情；稼穑，主艰难之象。况旬丁居末，马见支阴，又合游子之格，主身心摇动，踪迹飘零。闭口临干发用，亦主有怀莫白。支乘空生，又值六害，宅亦虚危。

天时：阴湿而无雨。家宅：朱雀乘寅，主有口舌文书，事防到官。功名：财旺生官，或以入赀致位，但不利于终。求财：虽多难取。婚姻：有阻。胎产：防生哑儿，或产母失音。疾病：主脾疾不食，难愈。失脱：远去，难获。出行：远游四方，飘蓬无定。行人：思归未得。争讼：主为财起讼，不辩①自明，多词有咎。捕获：昼占在南方驿地，夜占在东僧道家。兵战：宜屯田守备，不利攻取。

《毕法》云：传财太旺反财亏、闭口卦体两般推。《占诀》云：旬尾加旬首，财作闭口，与禄作闭口、食神空亡同论，大不利占病。《订讹》云：游子丑戌未为阳传阴，主在外思归。丑加辰为破游，传值墓神、煞、害，冤家逼迫，值合、龙、戏、驿，万里奋飞。

---

① 原文：辨。

乙巳日第五课

官	螣元	己酉	破碎
子	元青	乙巳	干奇 仪神
财	青螣	癸丑	地医 六仪

螣元	青螣	贵常	勾贵
酉	丑	申	子
丑	巳	子	乙

青螣	丑	空朱 寅	白合 卯	辰	常勾
勾贵	子			巳	元青
合后	亥			午	阴空
朱阴	戌	酉(螣元)	申(贵常)	未	后白

课格：嗃矢，从革。

课意：末助初鬼，尤赖嗃矢，俯丘仰雠，化合为美。

解曰：子为昼贵临干，而末传丑财，助初传之酉鬼，以生子水，是谓引鬼为生。尤赖嗃矢无力，虽遇金有镞，在第四课遥克，更无力也。况酉鬼坐丑之墓，临巳之克，为俯丘仰雠，不能为害。则三合成局，适足为美矣。

断曰：遥克之卦，局成从革，虽曰凡事无力，祸福俱轻。然祸中隐福，害里生恩。目前主有虚惊，过后渐逢好境。鼎新革故，苦尽甘来，贵循理守分而已。

天时：先燥后雨，变歉为丰。**家宅**：主妻有喑哑之疾。**功名**：先难后易，得人扶助。**求财**：不求当自来。**婚姻**：迟合。**胎产**：主女胎，防哑。**疾病**：迟瘥。**失脱**：勾克元，可以捕获。**出行**：东北方吉。**行人**：主军役吏人，蓦然至门。**争讼**：用财者胜，得贵人扶持。**兵战**：连和。**坟葬**：可发贵。

《毕法》云：众鬼虽彰全不畏、贵虽坐狱宜临干。《指掌赋》云：酉巳丑为操会，已过受时岂失宜？《指南》：丁卯年辰将，占兄弟乡试。曰：嗃矢见金，如箭有镞。朱雀翱翔，贵临贵位，必得两贵周旋推荐，兄弟二人皆中。午命者在前，亥命者在后。榜发果验。《冲虚子经论》云：巳来酉上，乃是配字，如逢恶煞恶将，必主配军。

乙巳日第六课

```
子  阴空  丙午   天贼  鲁都
财  青后  癸丑   地医  六仪
官  贵勾  戊申   日解  六合  六破  日德
```

```
      后青  勾贵  阴空  合螣
       未    子    午    亥
       子    巳    亥    乙
```

```
           青后  空阴
    勾贵   子    丑   寅    卯    白元
    合螣   亥              辰    常常
    朱朱   戌              巳    元白
    螣合   酉    申   未    午    阴空
               贵勾  后青
```

课格：重审，四绝。

课意：仕宦畏逢，常人免凶，夜休投贵，昼稍中庸。

解曰：申乃官爻，今居末传，初午克之，中丑墓之，是为无气，仕宦之所忌也。常占则为讼宽病减之象，可免乎凶。夜贵入墓，投之岂有所益？昼贵临巳，虽得三传递生，但冲初用而克宅神，犹不失为中平者也。

断曰：重审之卦，利下不利上，宜后不宜先。虽发用脱干无力，然渐次而进，自近及远，虽迟有成。昼将贵人临支，虽克支而实生干，干又上临长生，凡占皆宜坐守，自尔称心。

天时：晴雨相间，晚种得利。家宅：好交贵客，必致耗破。功名：迟吉，主众人推荐。求财：利息轻。婚姻：迟合，有喜。胎产：胎神临绝，占产立下。疾病：主心疾，迟愈，无妨。失脱：可得，逃亡自归。出行：宜投谒贵人。行人：归迟。争讼：得贵调解。捕获：贼在西北，是军吏之类。兵战：我胜。

《毕法》云：三传递生人举荐。《课经》云：干生初，恩也。初生中，中生末，末却克干，是为恩多怨深。《古鉴》：庚戌生人，戊申午将占讼。曰：本是四绝，不意亥子又来生日，绝中得起。子为乙母，财临子孙，主得母家产业。申为乙祖，丑为申墓，应筑作祖坟。本命庚戌，亦墓于丑，故巳亦作生圹于旁。申为僧，见贵人，生子当作大善知识。后一一皆验。

乙巳日第七课

子　元白　乙巳　干奇　仪神
父　合螣　辛亥　支冲　日盗　日医　大煞
子　元白　乙巳　干奇　仪神

```
元白  合螣  常常  朱朱
 巳    亥    辰    戌
 亥    巳    戌    乙
```

	合螣	勾贵	青后		
	亥	子	丑	寅	空阴
朱朱	戌			卯	白元
螣合	酉			辰	常常
贵勾	申	未	午	巳	元白
		后青	阴空		

课格：返吟，无依，元胎。

课意：昼虎防脱，亥水难托，夜被欺诈，奸私见约。

解曰：初末巳乘昼虎，脱干之气，占人必有虚弱之患。全恃亥水长生，冲克制之。无奈火胜水少，又被干上戌土来克，自救不暇，难以托庇矣。夜占初末乘元，神脱将盗，焉免欺诈之弊？况与中传之六合，相比为奸，如私约也。

断曰：无依之卦，四绝元胎，反复呻吟，伏而不通之象。加以魁罡临于日之两课，巳亥冲击，夜元昼虎，仇恶相攻，风波百出矣。干上财乘庚戌，昼夜雀神，止可以财献纳，不利商贾营生，如欲问财，必滋口舌。

天时：雷电风雨，顷刻万状。家宅：防有奸私惊恐之事，又巳虎，主木器上有锁损。功名：反覆无成。求财：财或自来，得之恐生口舌灾咎。婚姻：不用。胎产：胎动不安。疾病：主胎病，或小儿咽喉之症。失脱：昼占逃者远去，夜占失脱重叠。出行：不利舟车，既出复回。行人：立至，又复有事他往。争讼：中立无患。捕获：昼在西方，有妇人作合；夜在西北，有孩子作合。兵战：宜慎之。

《毕法》云：将逢内战所谋危。《篆要》云：返吟巳亥巳，多主改动，取索财物文章事。又返吟四孟，为绝元胎，蛇惊虎伤，见皆不利。《指掌赋》云：将克神为外战，灾自外来；神克将为内战　祸由内起。《中黄经》云：马见巳亥在路岐。

乙巳日第八课

```
兄  空阴  空寅  勾神  支害
财  后青  丁未  干墓  天医
父  勾贵  壬子  游都
```

```
      白元 朱朱 空阴 螣合
       卯   戌   寅   酉
       戌   巳   酉   乙
```

```
朱朱  戌    合螣 勾贵    丑   青后
螣合  酉     亥   子      寅   空阴
贵勾  申                  卯   白元
后青  未    午   巳       辰   常常
           阴空 元白
```

课格：重审，寡宿，励德。

课意：克身墓宅，昼传夹克，动意难已，凶里财得。

解曰：乙克于酉，巳墓于戌，主身灾而宅昏也。昼占三传皆受夹克，万事不能由身。辰上河魁为斩关，中传未为旬丁，动摇之象，自不能已。西寅未子，皆从干上迤逦克去，如依倚酉之官势而取其财，非凶里得财而何？

断曰：重审之卦，事多不顺，三传递克，必有众人欺凌，以下犯上之象。干支上神六害，彼己怀猜。寡宿发用，主有别离。夜占空上逢空，尤主无成。方外占之，则吉。

天时：先风后雨。**家宅**：主昏晦，防奸私。**功名**：先难后利。**求财**：恐致灾咎。**婚姻**：不合，合终乖异。**胎产**：占胎防损，占产甚易。**疾病**：见凶，有解。**失脱**：系文书之属，申日获。**出行**：先涉惊险，后得利益。**行人**：先有信来。**争讼**：先负后胜。**捕盗**：当是本家奴仆，或西方僧道之类。**兵战**：防众心不附。

《毕法》云：三传递克众人欺、夫妇芜淫各有私。《课经》云：干上酉被巳克，支上戌被乙克，乃干支互克，为解离卦。《指南》：己巳年戌将，一官占出差。曰：禄临戌上，似当得北差。然守土论禄，钦差论马。今驿马长生居午，必得南差。曰：明日拈阄，先后孰利？答曰：后拈利。盖初中空亡，末见贵人生日故也。明日，果他人先拈，得大同解饷；而此官次拈，得九江钞关。

乙巳日第九课

官	螣合	己酉	破碎
财	青后	癸丑	六仪 地医
子	元白	乙巳	干奇 仪神

青后	螣合	勾贵	贵勾
丑	酉	子	申
酉	巳	申	乙

		朱朱	合螣		
螣合	酉	戌	亥	子	勾贵
贵勾	申			丑	青后
后青	未			寅	空阴
阴空	午	巳	辰	卯	白元
		元白	常常		

课格：重审，从革。

课意：交合虽逢，鲜克有终，夜占散祸，昼卜屯凶。

解曰：辰与酉合，巳与申合，交车相合，交关则利矣。但申酉比而为鬼，以克日干，故为鲜克有终之象。夜占天将，蛇火克酉，龙木克丑，元水克巳，全局受制，且贵德临身，足以散鬼之祸。昼占则将受神克，且纯金带虎，其凶愈甚也。

断曰：重审之卦，局合从革，先从后革，有阻隔艰难之象。金局克干，众人欺侮。夜占虽可消凶，而格合狡童，须防奸慝。昼夜贵人，临于干之两课，幸干上所乘德神，纵有众鬼，全然不畏。讼宜告贵，病可求神。

天时：昼占燥旱，夜占有雨。**家宅**：昼占防有奸私，夜占防有惊恐。**功名**：主得人推荐，但中墓末克，防有后阻。**求财**：利以资财告贵，或纳粟求官。**婚姻**：不宜合。**胎产**：胎安，产不利。**疾病**：夜占有解，昼占凶，尤不利小儿。**失脱**：勾神克元，可寻。**出行**：利上官赴任。**行人**：即至。**争讼**：我得贵助，虽凶终解。**捕获**：昼占西南方，喜事筵宴；夜占正西方，女人有惊。**兵战**：宜和。

《毕法》云：交车相合交关利、合中犯煞蜜中砒、贵虽坐狱宜临干、鬼乘天乙乃神祇。《课经》云：酉加巳发用，将得六合，亦曰三交课。《指掌赋》云：酉丑巳为献刃，远近俱被其伤。又云：末生中，中生用，名荣盛而多人推荐。

乙巳日第十课

```
财  螣青  丁未  干墓  天医
财  阴朱  庚戌  支墓  支德
财  白后  癸丑  地医  六仪
```

```
     元螣 贵勾 阴朱 螣青
      亥   申   戌   未
      申   巳   未   乙
```

```
            后合 阴朱
贵勾  申    酉   戌   亥  元螣
螣青  未                子  常贵
朱空  午                丑  白后
合白  巳    辰   卯   寅  空阴
            勾常 青元
```

课格：知一，稼穑，游子。

课意：携钱随鬼，纳粟偏宜，欲求平善，请祷神祇。

解曰：三传皆财，生起支上之鬼，祸患必从宅中而出。若贪财无厌，鬼即随之。惟宜以财求贵，纳粟奏名，则为帝幕临宅，可显门间也。占病为鬼天乙，必是家堂神像不肃，宜虔心祈禳，方获平善。

断曰：知一之卦，恩中有害，信中有疑。与人共事，和衷则吉。墓神乘丁，覆日发用。夜将螣蛇，至为凶恶，反赖中刑末冲，以杀其势。如年命在未，名为天罗自裹，其凶更甚。或年命上神有制，即不为咎。

天时：阴晦蒸湿。家宅：主家神作祟，或恶犬吠人，四月占有凶怪。功名：纳赀得官，或告贵得升擢。求财：灾随财至。婚姻：昼占可合，然终有刑克。胎产：胎临败克，防损。疾病：主脾症湿症，占父母病大凶。失脱：当于西南土中寻觅。出行：远游漂泊，遇贵得官。行人：流荡难返。争讼：主为田土之事，以财告贵得胜。捕获：贼倚势家，捕之无益。兵战：宜屯田固守。

《毕法》云：干墓并关人宅废、传财化鬼财休觅。《纂要》云：干上未，四月占，为月厌、大煞、天目、飞廉，况属丁神、墓神，若并临年命，为凶怪格。《玉成歌》云：墓神加日身灾滞。又云：日鬼加临辰两课，定然官吏到门庭。

乙巳日第十一课

官	贵勾	戊申	日德 日解 六合 六破
财	阴朱	庚戌	支墓 支德
父	常贵	壬子	游都

```
        后合 螣青 贵勾 朱空
         酉   未   申   午
         未   巳   午   乙
```

```
螣青 未  贵勾  后合  戌 阴朱
           申   酉
朱空 午              亥 元螣
合白 巳              子 常贵
勾常 辰   卯   寅   丑 白后
         青元 空阴
```

课格：重审，间传，涉三渊。

课意：两贵虽值，俱不可恃，所费百出，住宅移徙。

解曰：夜贵发用，昼贵作末，两贵虽然相值，然申临午遭败，子入狱被克，俱不足恃。干上午，支上未，干支皆为上神所脱，故耗费多。未受午生，巳受乙生，宅脱人气，为宅旺人衰，作速迁移。

断曰：重审之卦，顺进间传，凡事始逆终顺，难中生易。虽涉渊见阻，勾留不遂，恼悔相仍。然动必有合，任其自然，终无大咎。墓临支上乘丁，如经商贩卖，必在彼处受人愚弄。欲弃难舍，欲求不得，所谓"支坟财并旅程稽"也。如占宅舍，必有怪物现形，梦魂惊悸。二月占之，尤为不吉。

天时：久晴后雨。家宅：贫耗不宁。功名：遇而不遇。求财：轻微。婚姻：可合，恐因娶而耗家。胎产：胎安，昼占可生贵子。投谒：不得力。疾病：虚损，有救。失脱：时时不免。出行：近行安，远行有阻。行人：未至。争讼：宜和。捕获：昼在南方，夜在北方。兵战：将无权，防粮储耗散。

《毕法》云：支坟财并旅程稽、脱上逢脱防虚诈、两贵受克难干贵、罡塞鬼户任谋为。《课经》云：干上午脱，昼乘天空，名脱空神。凡占皆无中生有，全无实迹，不足取信也。又未加巳临宅，巳为螣蛇，夜占将乘螣蛇，亦为两蛇夹墓，主凶。《指掌赋》云：申戌子为涉三渊，当隐于山林。

乙巳日第十二课

```
财    螣白  丁未  干墓 天医
官    贵常  戊申  六合 六破 日德 日解
官    后元  己酉  破碎
```

```
       螣白 朱空 朱空 合青
        未   午   午   巳
        午   巳   巳   乙
```

```
           螣白 贵常
朱空 午     未   申    酉  后元
合青 巳               戌  阴阴
勾勾 辰               亥  元后
青合 卯     寅   丑    子  常贵
           空朱 白螣
```

课格：弹射，进茹，不备，蓦越。

课意：泥弹化石，射之有力，止宜守困，前迫后逼。

解曰：弹射逢土发用，便为有丸。况未乘昼虎，中末俱金，是泥丸化石矣。四课虽远射之，必有力也。若贪此未墓之财，因而引入申酉鬼乡，为祸不浅。况退而逢空，进而被克，前后逼迫，岂不难乎？不如坐守，得支加干，虽为脱气，犹有天将青龙、六合，同类相助，亦能制鬼，可免灾殃也。

断曰：遥克之卦，顺进连茹，事多忧疑，进中有退。况四课不备，二阴争阳，未免伤于缺陷。财动生官，惟仕宦占之大为吉兆，常人遇此，必有蓦然之惊。辰临日脱日，主有虚耗、遗失。惟宜甘心守困，不妄进退，斯灾去福生矣。

天时：忽风忽雨，有时晴霁。**家宅**：主口舌，自西南而至，忌留宾客。**功名**：大利，或因财而得。**求财**：快意，然防是非。**婚姻**：不吉。**胎产**：主生贵女。**疾病**：见凶，宜慎饮食起居。**失脱**：自己懒寻。**出行**：利东北，不利西南，宦游反是。**行人**：路有惊恐。**争讼**：为争财而起，重重见官。**兵战**：宜慎。

《毕法》云：传财化鬼财休觅、前后逼迫难进退。《曾门经》云：此射虎伤人格也。诀曰：猛虎来相害，张弓免祸殃，心忙手未稳，却把别人伤。《指掌赋》云：未申酉为回春，若午夜残灯。盖因东南之气减故也。

丙午日第一课

兄　勾空　乙巳　日德　日禄　破碎
财　螣元　戊申　鲁都　驿马　日刑[①]
父　白合　空寅　长生　游都

```
 合白 合白 勾空 勾空
  午   午   巳   巳
  午   午   巳   丙
```

```
               合白 朱常
勾空  巳   午   未   申   螣元
青青  辰              酉   贵阴
空勾  卯              戌   后后
白合  寅   丑   子   亥   阴贵
          常朱 元螣
```

课格：伏吟，元胎，励德。

课意：禄财及生，昼总无成，始如花锦，后若浮萍。

解曰：初巳，日禄也；中申，日财也；末寅，长生也。乍看三传，如花似锦。岂知昼将巳乘天空，申乘元武，寅属空亡，好事无而恶事有，若萍梗之浮泛，讫无成就而已。

断曰：元胎之课，禄马交驰。若寅年月建占之，大是休征。但巳为破碎，而羊刃坐于支上，不无刑伤破耗。况伏吟自信，乃伏而未发之象。凡占，动则滞，静则亨[②]也。末传逢空，凡事多无结束。

天时：四课发用、纯火、大晴之象。家宅：长生落空，防长上灾，课得元胎，家中应有孕妇。功名：传中有禄有马，应主迁职改官。求财：干支同类，恐有争夺。婚姻：干支比和，男女和合，恐难偕老。胎产：胎上神属阳，主生男。疾病：症属心经，占父母病不吉。争讼：宅带羊刃，主有刑责。出行：旺禄临干，羊刃临支，末复逢空，家居胜于出外。行人：天罡加季，行人立至。兵战：宜进不宜退。

《毕法》云：宾主不投刑在上、旺禄临身徒妄作。《课经》云：伏吟卦六丙日，有禄有马，惟忌空亡。《天官汇函》云：天官临巳，主有水虫。勾陈临巳，为管钥神。若占囚禁，则有出狱之象。《玉成歌》云：德神动处吉相随。又云：伏吟举动心无遂，刚主行人到户庭。

---

① 原文字迹模糊，貌似"日刑"。
② 原文：享。

丙午日第二课

```
父  空勾  空卯  支破
父  白合  空寅  长生 游都
子  常朱  癸丑  六害
```

```
        青青 勾空 空勾 青青
         辰   巳   卯   辰
         巳   午   辰   丙
```

```
           勾空 合白
青青  辰    巳   午    未  朱常
空勾  卯               申  螣元
白合  寅               酉  贵阴
常朱  丑    子   亥    戌  后后
          元螣 阴贵
```

课格：元首，退茹，不备。

课意：脚踏空亡，休恋生方，向前一步，食禄荣昌。

解曰：三传虽是生气，但皆空陷，见生不生，不如无生。若恋生则脚踏空陷，凶不可言矣。惟进前一步，俯就支上旺禄，乃得荣昌也。

断曰：退茹之课，值空被脱，主有虚耗之事。魁度天门，又名不备，事多阻隔，亦未周旋。天罡临干，人难安享；日禄临支，官宜佐贰，或分俸家食，或因人成事。若欲独断独行，非其占矣。

天时：雨师退空，主晴。家宅：德禄守支，占宅甚吉。功名：退空猛力，庶得前程。求财：费力。婚姻：退茹，四课不备，不成。胎产：二阴包阳，孕乃成男；支上脱干上①，占产必易。疾病：火症、齿痛、呕血，不妨。争讼：昼占勾空，夜占勾与干比，宜和。谋望：退空，则进有可图，但不无费力。出行：结伴同行，庶免阻滞。行人：驿马临门，即归。捕获：昼占贼在坤方，酒饭店中。兵战：退无可守，宜进，攻其不备。

《毕法》云：权摄不正禄临支、脚踏空亡进用宜、来去俱空岂动移？魁度天门关格定。《指掌赋》云：卯寅丑联芳悔吝，须知否极泰来。《精蕴》云：卯寅丑皆空，占父母长上病最不吉，惟占子息病无畏。占讼理亏，必问官不肯主张，总缘生我者空亡故也。

---

① 校者注，疑为："干上脱支上"或"支上生干上"。

丙午日第三课

子 勾朱 癸丑 六害
官 朱贵 辛亥 日冲 劫煞
财 贵阴 己酉

青合 白青 勾朱 空勾
寅　辰　丑　卯
辰　午　卯　丙

　　　　白青　常空
空勾 卯　辰　巳　午　元白
青合 寅　　　　　未　阴常
勾朱 丑　　　　　申　后元
合螣 子　亥　戌　酉　贵阴
　　　朱贵 螣后

课格：重审，退间，极阴。

课意：生空变败，与人六害，夜贵惠财，昼贵难赖。

解曰：火生于木，而败于卯。今所生既空，止留败气，故变为败，况又与支上辰作六害乎。末传夜贵乘财，得拜贵人之惠。中传昼贵坐丑受克，不足赖也。

断曰：间退之课，事有疑阻，卦名极阴，利阴谋而不利公干。支乘实脱，干乘空生，凡事止有美名，终无实济。朱雀安巢，且闭口落陷，一切文书，占之不吉。末传贵财，克日上神，若逢旺相年月，当发大财。

天时：水爻坐克，浓阴无雨。家宅：干支上神六害，人宅不宁。功名：官爻坐克，青龙落空，不利。求财：宜借贵人之财，营运可以得利。婚姻：夜占支上天罡白虎，女子性恶貌丑，且与干上六害，不宜成。胎产：干支上神六害，女孕，母恐不保。疾病：肾经受病，末传死酉冲克干上空木，主凶。谒贵：当于阴贵人家见之。谋望：事干两贵。出行：驿马投墓，未必果行。行人：未回。兵战：不利。

《毕法》云：空上逢空事莫追、彼此猜忌害相随、昼夜贵加求两贵。《指掌赋》云：丑亥酉为极阴，如月隐西山。《壬髓经》云：当门台土，出行有阻。《纂义》云：空来助力，仲春方吉。过此之时，更变不一。《占验》云：辰乘虎临支，主移居。

丙午日第四课

官　合螣　壬子　支冲
财　贵阴　己酉
兄　元白　丙午　三刑　羊刃

　　　　合螣　空勾　朱贵　青合
　　　　子　　卯　　亥　　寅
　　　　卯　　午　　寅　　丙

　　　　　　空勾　白青
青合　寅　　卯　　辰　　巳　常空
勾朱　丑　　　　　　　　午　元白
合螣　子　　　　　　　　未　阴常
朱贵　亥　　戌　　酉　　申　后元
　　　　　　螣后　贵阴

课格：嚆矢，三交。

课意：四课无形，生如不生，遥克既陷，好恶无成。

解曰：寅卯旬空，亥子落空，四课无形也。寅卯俱是生气，既系旬空，则不能生矣。亥子俱鬼，遥伤日干，而陷空乡，则不能伤矣，所以好恶皆无成也。

断曰：嚆矢之课，祸福本轻。况四课全空，毫无实象，唯宜解散忧疑，如望成事，改旬再谋可也。中传财坐鬼乡，末为羊刃，不惟事无成就，抑且伤财，《经》所谓"费有余而得不足"者是也。

天时：水爻落空，无雨。家宅：长上宜慎起居，财物不免虚耗。功名：官爻空陷，防有不测。求财：财见鬼乡，求之无益。婚姻：不吉，亦不成。胎产：子母皆空，难保，无益。疾病：新病即安，久病难治。逃亡：往北方寻，难获。出行：未必成行。行人：耽恋淫泆，未想回家。兵战：有失众之象。

《毕法》云：费有余而得不足、空空如也事休追。《课经》云：寅加巳夜将乘青龙，三月占，青龙乘生干之神，又作月内生气，主徐徐发福，所谓"龙加生气吉迟迟"也。惜是空亡，不能久远。《曾门经》云：三交相因，家匿罪人。《玉成歌》云：三交吉凶皆因内。《纂义》云：子加卯为用，夜乘六合，主奸淫口舌之事。

丙午日第五课

```
子  螣后  庚戌   日墓 支墓
兄  元白  丙午   三刑 羊刃
父  青合  空寅   长生 游都
```

```
      螣后 青合 贵阴 勾朱
       戌  寅  酉  丑
       寅  午  丑  丙
```

```
        青合 空勾
勾朱  丑  寅  卯   辰  白青
合螣  子              巳  常空
朱贵  亥              午  元白
螣后  戌  酉  申   未  阴常
         贵阴 后元
```

课格：重审，炎上，泆女，三奇。

课意：自墓传生，遁甲戊庚，得意浓处，掉臂长行。

解曰：戌者丙之墓，寅者丙之长生。三传戌午寅，是自墓传生也。以五虎元遁，则戌遁戊，午遁甲，寅遁庚，是谓三奇，卦之最吉者。但三合相会，而午丑相害，乃合中犯煞。凡事得意浓处，即当见机掉臂而行可也。

断曰：炎上之课，光焰升腾之象。遁得三奇，更能化凶为吉。占者始虽抑郁，终必亨通。但交车六害，丑实寅空，且中传羊刃，昼乘白虎，害干上之丑，而末传又是空亡。宜知进知退，不可妄想贪多，自贻伊戚。

天时：火空则明，当是大晴。**家宅**：支上长生，将带龙合，春占主有财喜。**功名**：昼占朱雀昼翔，帘幕①入课，考试必中。**求财**：不宜贪多。**婚姻**：女性淫悍，不能齐眉。**胎产**：胎上神属阳，孕必生男；支上神临空，产必甚易。**疾病**：肝经受病，或头疼腹痛，新疾即痊。**逃亡**：斩关，必已远去。**出行**：陆路不吉，水路甚佳，俟旬空填实更佳。**行人**：天罡加孟，尚未启行。**兵战**：我实彼空，我胜于敌，但勾陈生元，将不得力。

《毕法》云：尊崇传内遇三奇、干墓并关人宅废、合中犯煞蜜中砒。《纂义》云：传来炎上又逢空，夏月占之妻妾凶。《指掌赋》云：戌午寅为就燥，行合中庸。《要览》云：戌乘天后临寅，奴婢逃失。

---

① 原文：慕。

丙午日第六课

官　合螣　壬子　支冲
子　阴常　丁未　支合
父　青合　空寅　长生　游都

```
    后元 勾朱 阴常 合螣
     申   丑   未   子
     丑   午   子   丙
```

```
          勾朱 青合
合螣 子   丑   寅   卯  空勾
朱贵 亥              辰  白青
螣后 戌              巳  常空
贵阴 酉   申   未   午  元白
         后元 阴常
```

课格： 知一，四绝。

课意： 三传内战，昼占灾殄，告贵徒然，交关眷恋。

解曰： 三传皆是下克，谓之内战。既内战矣，而昼占蛇鬼发用，岂能免于灾殄乎？昼贵人狱，夜贵坐空，是告之无益也。干支上神子丑相合，则眷恋之情，乌能已矣。

断曰： 知一之课，事宜专一，不能两就。三传迍邅伤干，必有众口攒攻，本为凶象。喜干上子鬼作初，却生末传寅木长生，谓之引鬼为生；而支上之丑，又能救之，夫复何畏？但末传寅空，所忧者文书无力耳。

天时： 神后临干发用，云浓雨小。**家宅：** 用神与支冲克，若非移居，或主修造。**功名：** 干支遇临官帝旺，爵禄峥嵘之象。**求财：** 专心求之可获。**婚姻：** 干支上神六合，可成而吉。**胎产：** 二阳包阴，孕必生女；子与母合，占产不利。**疾病：** 脾胃受病，难于速愈。**争讼：** 干上子鬼发用，主胜客负。**出行：** 水路佳。**行人：** 人宅上神相合，可以即归。**捕获：** 盗神是卯，在东方竹木丛中，近寺观，有舟车往来之处。**兵战：** 捷音可奏。

《毕法》云：众鬼虽彰全不畏、制鬼之位乃良医。《山阴道士》云：丙日胎神在子，正月占，非妻孕则妾孕，乘元则主私孕，如空则鬼胎。《课经》云：丙日胎神在子，养神在丑，正月血支血忌皆并，养神克胎神，占产，生速；占胎，有损。十二月占，亦然。

丙午日第七课

兄　元青　丙午　三刑 羊刃
官　合后　壬子　支冲
兄　元青　丙午　三刑 羊刃

　　元青 合后 常空 朱贵
　　午　子　巳　亥
　　子　午　亥　丙

　　　　　合后　勾阴
朱贵　亥　子　丑　寅　青元
螣螣　戌　　　　　卯　空常
贵朱　酉　　　　　辰　白白
后合　申　未　午　巳　常空
　　　　阴勾　元青

课格：返吟，三交。

课意：守皆遇鬼，交互不美，壬子居中，仕宦宜矣。

解曰：干被亥克，支被子克，守之则皆鬼也。子又克丙，亥又克午，非交互不美乎？中传之子，旬遁得壬，官星最旺，仕宦得此为吉，常人岂其宜乎？

断曰：返吟之课，坎离交易，凡事反覆无常。午为羊刃，见于初末，喜子水克制，虽凶不凶。但夜占乘武，问财大忌。如求官见贵，须正七四十月，子午为天马方吉。

天时：水上火下，主雨，若久雨则反晴。家宅：昼占天乙克支，宅神不安，日鬼临支，宅有鬼祟。功名：雀鬼临干，防有弹劾。婚姻：干支上神交克，不可成婚。胎产：三传俱阳，干上属阴，孕当生女；干支比和，产迟。疾病：巳午加亥子为寒热格，主瘄病或心疼，须防反覆。逃亡：夜占可获。失脱：赃物未动，中传制元，贼当败露。出行：日辰俱乘官鬼，水陆皆恐不宜。行人：夜占，先有信至。兵战：主强宾弱。

《毕法》云：鬼乘天乙乃神祇、干支全伤防两损、夫妇芜淫各有私。《课经》云：亥加丙为明鬼，支上神遁旬内之壬为暗鬼。又支干各受上克，各坐克方，是为全伤坐克。常问必主病讼，如已见凶灾，反宜结绝旧事。《心镜》云：无依是返吟，逃者远追寻；守官须易位，结友也分襟；所为多重覆，占病两般侵。

丙午日第八课

```
子   白白  甲辰  仪神
财   贵朱  己酉
父   青元  空寅  长生 游都
```

```
      白白 朱贵 空常 螣螣
       辰   亥   卯   戌
       亥   午   戌   丙
```

```
               朱贵  合后
螣螣  戌   亥   子    丑  勾阴
贵朱  酉             寅  青元
后合  申             卯  空常
阴勾  未   午   巳   辰  白白
          元青 常空
```

课格：六仪，斩关，比用。

课意：两蛇夹墓，凶灾可恶，干鬼临支，长生木蠹。

解曰：戌为丙之墓，昼夜乘蛇，而巳又为蛇之本宫，故曰两蛇夹墓，临于干上，凶晦之象也。干鬼临支克支，幸得天罡发用，制鬼破墓，庶为救神。奈末传寅木，复往克之，是凶灾在戌与亥。而戌与亥之得以肆行无忌者，诚在寅也。然则寅虽为干支之长生，宁非干支之蠹神哉？

断曰：旬首发用，名曰六仪。凡百谋为，我心实获。但中传酉财，昼占乘朱投网，恐因财而生祸。末传寅空，有始无终，必出旬填实，方为有济。

天时：水升火伏，亥鬼又克干支，必雨。家宅：昼占贵乘鬼坐宅，宅神不安，墓神覆日，人多昏晦；夜占朱雀入宅，恐有官非口舌。婚姻：干支上神及龙后相克，不吉。胎产：干克支，凶。疾病：两蛇夹墓，应有积块，以致不救，或患头疯。争讼：干贵入狱，当被囚禁，恐难脱免。行人：朱雀入宅，主先有信。兵战：干乘墓，支乘鬼，主客皆凶。

《毕法》云：鬼乘天乙乃神祇、两蛇夹墓凶难免。《指南》：二月戌加巳，有陈蔡两姓占推升总戎。曰：先推陈，后推蔡。盖亥命属陈，辰命属蔡。今亥贵作官星临支，而辰阴发用，故知先推亥命者，而次及辰命者耳。果验。《玉历经》云：凡有求干，必至两三次方成。

丙午日第九课

财　贵朱　己酉
子　常阴　癸丑　六害
兄　勾空　乙巳　日德　日禄　破碎

　　　　白元　后螣　常阴　贵朱
　　　　寅　　戌　　丑　　酉
　　　　戌　　午　　酉　　丙

　　　　　　后螣　阴贵
贵朱　酉　　戌　　亥　　子　元后
螣合　申　　　　　　　　丑　常阴
朱勾　未　　　　　　　　寅　白元
合青　午　　巳　　辰　　卯　空常
　　　　　勾空　青白

课格：重审，从革，斩关。

课意：两贵心灰，夜将助财，禄为破碎，宅惹尘埃。

解曰：昼贵临未，夜贵临巳，俱被下克，是以心灰。夜将皆土，助起全金，作日之财，似可贪也。其如巳禄为破碎，墓又覆宅，徒费经营，终归乌有，不过空惹尘埃而已。

断曰：从革之局，传财太旺，反致财亏。即有奇赢，亦横暴所得，非义取也。寅为长生，夜占带虎入墓，加以旺财来克，恐于父母不利。三合成金，俦侣不一，利于合伙营生。

天时：晴占则阴，雨占则晴。家宅：支上坐墓，昼带螣蛇，鬼祟作耗，人宅不宁。功名：昼占朱雀昼翔，帝幕临干发用，末传德禄递生，考试甚利。求财：可得。婚姻：财旺可联。胎产：胎坐长生，占孕吉，产不利。疾病：死神临干发用，支上墓神复作六害，甚凶。争讼：昼占官爻夹克，勾乘日解，临门可解。出行：宜结伴行。行人：朱临干发用，不日有信。兵战：戌乃墓神，酉复来害，利我不利彼。坟葬：穴情龙气甚旺，但恐费财消耗。

《毕法》云：两贵受克难干贵、彼此猜忌害相随、合中犯杀蜜中砒。《课经》云：戌加午是墓神覆宅，如戌为月将，却名太阳照宅，屋必向阳，事多吉庆。《占验》：子将加申，占睢州被围。曰：课传从革，刑干害支，春占金局，乃返射肃杀之气。戌命长生被克，全无化解，干乘死气，支乘墓神，又干支年命上神俱遭刑克墓害，被戮何疑乎？果验。

丙午日第十课

```
财  螣合  戊申   日刑 鲁都 驿马
官  阴贵  辛亥   日冲 劫煞
父  白元  空寅   长生 游都
```

```
     元后 贵朱 阴贵 螣合
      子   酉   亥   申
      酉   午   申   丙
```

```
            贵朱 后螣
螣合  申   酉   戌   亥  阴贵
朱勾  未                子  元后
合青  午                丑  常阴
勾空  巳   辰   卯   寅  白元
           青白 空常
```

课格：元胎，比用。

课意：昼贵鬼魔，夜贵相过，财马入课，荐我者多。

解曰：亥为昼贵，乃日之官鬼，是鬼魔也。酉为夜贵，作财临支，必有阴贵相过而惠我者矣。干上申金发用，为财为马，又兼三传递生，荐我者岂不多乎？

断曰：知一之课，事多未决。六合乘马，自干上发用作财，中传官爻，末传长生，占官者百事咸宜。末寅虽被初克，却为明克暗助，大得攀援之益也。但寅值旬空，必须填实，方为全①美。

天时：水坐长生，罡又指阴，必雨。**家宅**：人宅平安，但解离课，夫妻恐有反目。**功名**：帝幕出传，传又递生，考试必中。**求财**：远行经运有利。**婚姻**：不吉。**胎产**：胎上神阴，主女；胎神坐于死地，干支互克，产凶。**疾病**：肺经受病，干支比和，难愈。**争讼**：干支互克，六合发用，终当和解。**出行**：驿马则财，动则获利。**行人**：昼朱乘丁，夜朱入宅，有信。**捕获**：昼占贼在东南土窑中。**兵战**：胜负各半。

《毕法》云：夫妇芜淫各有私。《课经》云：干上申为解离课。占者如夫年立午上见寅，妻年立子上见申，乃上下互相克贼，天地解离，各有异心。《指南》：三月酉将加午，占真定城池安危。曰：初传财爻内战，又乘相气冲克空末，干支被两阴神所克，支又克支上神，主居民心散，兵马内变，左右献城之象。且末传寅为幽燕，初传申马冲克，燕京亦有他虞。俱验。

---

① 原文：金。

丙午日第十一课

财　螣合　戊申　驿马　日刑　鲁都
子　后螣　庚戌　日墓　支墓
官　元后　壬子　支冲

　　　　后螣　螣合　贵朱　朱勾
　　　　戊　　申　　酉　　未
　　　　申　　午　　未　　丙

　　　　　　螣合　贵朱
朱勾　未　申　　酉　　戌　后螣
合青　午　　　　　　　亥　阴贵
勾空　巳　　　　　　　子　元后
青白　辰　卯　　寅　　丑　常阴
　　　　空常　白元

课格：重审，间传，涉三渊，死奇。

课意：支马干丁，客主欢迎，鬼呼病者，动静无成。

解曰：支上申为驿马，干上未为丁神，丁马在课，其动也必矣。又午未、巳申，交车相合，主客欢迎之象也。但中传戌墓，末传子鬼，如鬼在墓而招呼者然。占病不宜，静则为未所脱，动则引入墓鬼，或动或静，岂有成乎？

断曰：间传而进，事有阻滞。交车相合，彼此相投。但卦名涉三渊，必因财而动，以致昏迷，所谓"利令智昏"也。

天时：水爻坐克，密云不雨。家宅：日辰生合，人宅安宁。功名：官爻入墓，养晦之象。求财：不宜贪而多取。婚姻：天将不吉，婚非佳偶。胎产：胎神坐墓作鬼，占胎不安；子恋母腹①，占产不吉。疾病：甚凶。争讼：六合乘马发用，有人讲和。盗逃：元武入墓，干上勾复制之，可获。出行：水陆咸宜，利有攸往。行人：驿马入宅，即归。兵战：干上生支上，马作合临支发用，当有使来议和。

《毕法》云：初遭夹克不由己、后合占婚岂用媒？《心镜》云：天上三奇日月星，日为福德月为刑（日奇，月将也。月奇，月宿也。日出，则奸盗止，鬼神潜，恶兽伏，病者愈，故为福。月夜则奸盗不止，鬼神不潜，恶兽不伏，故为刑）；星是死奇为北斗，更互加之各有灵；加孟所生忧父母，临仲为身及弟兄；季上见之妻与子，并辰月内日应旬（奇加日，凶吉在旬内，加辰在月内）；岁上吉凶言一载（奇加太岁，吉凶在年内），临死日照免危倾。

---

① 原文：复。

丙午日第十二课

财　螣合　戊申　驿马　鲁都　日刑
财　贵朱　己酉
子　后螣　庚戌　日墓　支墓

```
     螣合 朱勾 朱勾 合青
      申   未   未   午
      未   午   午   丙
```

```
          朱勾 螣合
合青  午   未   申   酉  贵朱
勾空  巳            戌  后螣
青白  辰            亥  阴贵
空常  卯   寅   丑   子  元后
          白元 常阴
```

课格：弹射，进茹，不备。

课意：午未禽财，妻妾怀胎，食伤治病，胃脘①宜开。

解曰：从魁作朱雀，则为禽财。午未皆火，酉其财也，主有搏②斗之利。申为妻，丑加子为腹胎，故来意必占妻孕。三传重金，传财太旺，占病则因饮食所致，故治宜开胃也。

断曰：进茹之课，干支上乘罗网，虽名壮基，凡事静守则宜，动则变为网刃。遥克弹射，申金发用，支干及初，俱在合乡，而末传又助初财，凡占婚、孕、财帛，皆吉。

天时：火上水下，主晴。家宅：四课财神发用，交秋获财。功名：中传酉，昼夜将临朱贵，可白衣而入翰林。求财：传财甚旺，可得。婚姻：可成。胎产：胎上神属阴，孕女；干支相合，产迟。疾病：伤食淹缠。争讼：六合而官不见，宜和。出行：人宅相合，未能动身。行人：末传入墓，行人即至。盗逃：勾阴制武，可获。兵战：主利。

《毕法》云：所谋多拙遭罗网、全财病体难担荷。《课经》云：丙与午，本相邻近，上神又作六合，凡占主有变换。彼我共谋，神和道合之象。《秘要》云：丙午日干支同类，不宜问财，以比肩劫财故也。《壬髓经》云：三传皆财忧父母。《指掌赋》云：申酉戌曰流金，似霜桥走马。

---

① 原文：腕。
② 原文：博。

丁未日第一课

```
子  朱常  丁未  羊刃
子  常朱  癸丑  日刑 日冲 破碎 日墓①
子  后后  庚戌  墓神 支刑
```

```
       朱常 朱常 朱常 朱常
       未   未   未   未
       未   未   未   丁
```

```
              合白 朱常
       勾空 巳 午   未  申 螣元
       青青 辰           酉 贵阴
       空勾 卯           戌 后后
       白合 寅 丑   子  亥 阴贵
                  常朱 元螣
```

课格：伏吟，稼穑。

课意：处静而动，奴仆休宠，夜嫁娶费，行人继踵。

解曰：初并干支，丁神共有三重，伏吟得此，处静而动。戌墓在末，恃势刑干。戌为奴仆，乘天后厌斁，故休宠之也。太常天后脱日，必主婚姻喜庆嫁娶之费。墓在末传，行人归速，不旋踵而至矣。

断曰：自信之卦，上乘丁神，占者有不能郁郁久居之象。但三传逼迫，全无和气，谋望未能如意。昼占当有宴会，夜占当有文书。若丑月占，太常乘月破，有孝服人，可以获财成事，武职人占更吉。

天时：伏吟有丁，阴晴不定。**家宅**：宅上不安，昼占有孝服，夜占防火烛。**功名**：守静安分为佳，妄动有损。**求财**：可得麦舟之赠。**婚姻**：传内三刑，不吉。**胎产**：男孕，产迟。**疾病**：病因伤食，翻胃吐逆，然可治。**争讼**：彼此不利。**出行**：三传不吉，动不如静。**行人**：先有信，不久当归。**遗失**：不出本家。**捕获**：不出邑里。**兵战**：彼我相当。

《毕法》云：任信丁马须言动。《诀要》云：日辰刑冲，事成恍惚。《指掌赋》云：三传纯子孙，不求财而财自至。《玉成歌》云：伏吟举动心无遂，刚主行人到户庭。

---

① 原文字迹模糊，对比下文貌似"日墓"，但其起例不明，或即系讹误，注出以待高明。下同。

丁未日第二课

父　空勾　空卯　支合
兄　合白　丙午　日禄　六合
兄　合白　丙午　日禄　六合

　　勾空　合白　勾空　合白
　　巳　　午　　巳　　午
　　午　　未　　午　　丁

　　　　　勾空　合白
青青　辰　巳　　午　　未　朱常
空勾　卯　　　　　　　申　螣元
白合　寅　　　　　　　酉　贵阴
常朱　丑　子　　亥　　戌　后后
　　　　　元螣　阴贵

课格：八专，帷薄。

课意：四课四虎，受惊受惧，费力千般，未免如故。

解曰：四虎列于四课，其惊与惧，不可言也。初传空卯，乃日之败气，无中生有，经营可谓费力矣。然且不能行传，而复归于日上。则向之惊且惧者，其能释然于中乎？则亦犹然如故而已。

断曰：八专之课，事情专一。干支上神，俱属自刑。凡事谨饰，不可以无礼相干。旺禄临干，虽昼占乘虎，而受克于午火，复夹克于丙火，纵有可畏，不能为害。惟宜素位而行，自当丰亨豫大。

天时：课传皆火，大晴。家宅：旺禄临支自刑，昼占带虎，防有兄弟丧。功名：禄带白虎，守静方吉。求财：宜守本分，久后利益。婚姻：夫妻难免刑伤，不宜成。胎产：男孕，恐子母皆损。疾病：心经受病，恐入膏肓。争讼：两造相当，事当和息。出行：水陆皆所不宜。行人：不久当归。捕获：元武克勾，捕盗反有所伤。兵战：彼此相持，无分胜负。坟葬：支上午禄，带虎自刑，子孙当出武臣，不免刑戮。

《毕法》云：权摄不正禄临支、魁度天门关隔定、旺禄临身徒妄作。《精蕴》云：卯为旬空，夜占乘空，亦为空上逢空，凡事不能作实，仲春占之则吉。《心鉴》云：日值八专为两课，阴阳并值不分明；不修帷薄何存礼？夫妇占之总不贞。

丁未日第三课

```
子  勾朱  癸丑  日刑 破碎 日冲 日墓①
兄  常空  乙巳  游都 驿马
兄  常空  乙巳  游都 驿马
```

```
        空勾 常空 空勾 常空
         卯   巳   卯   巳
         巳   未   巳   丁
```

```
          白青 常空
空勾 卯   辰    巳   午  元白
青合 寅               未  阴常
勾朱 丑               申  后元
合螣 子   亥    戌   酉  贵阴
         朱贵  螣后
```

课格：八专，帷簿。

课意：破碎遁鬼，四马载起，昼将如逢，传皆陷矣。

解曰：丑为破碎，旬遁癸鬼而伤日干。中末干支，巳火四重，上乘驿马，其动不容已矣。然初丑陷于空卯，如逢昼将，巳乘天空，则三传俱陷，全无定踪。虽日夜奔驰，飘蓬萍梗而已。

断曰：八专之课，逆数发用，本自无中生有，又陷空亡，益无凭据。初传脱气，与支刑冲。昼乘朱雀，必因口舌而生文书。夜乘勾陈，必因土田而致争讼。

天时：传课皆火，大晴。家宅：主有动移之事。功名：干支中末，助初克官，防有丁艰黜落。婚姻：帷簿不修，不宜成。胎产：孕主男，产不易。疾病：久病甚凶，新病即愈。争讼：彼此两损。出行：游都乘丁马临干支，水陆俱须防盗。行人：丑日有信。捕获：昼占在正西，夜占在正南。兵战：失众，须慎。坟葬：破碎发用，支上复乘丁马，主有移扦修改之事。

《毕法》云：空空如也事休追。《课经》云：天祸卦，立冬日是丁，前一日是丙，丙为金绝之末日。丙课在巳，丁日占事，未上见巳，是末日临也。《观月经》云：四立干上神，分明末日临；此名天祸卦，乖角竟相侵；火动烧人死，水临劫盗深；木因梁屋事，土动为争论；金则兵戈乱，闹处起衰声。

---

① 见第一课标注。

丁未日第四课

```
官  朱贵  辛亥   日德 鲁都
子  白青  甲辰   支墓
子  白青  甲辰   支墓
```

```
       勾朱 白青 勾朱 白青
        丑   辰   丑   辰
        辰   未   辰   丁
```

```
              空勾 白青
青合  寅   卯   辰   巳  常空
勾朱  丑                午  元白
合螣  子                未  阴常
朱贵  亥   戌   酉   申  后元
              螣后 贵阴
```

课格：八专，帷簿，斩关。

课意：火生四土，夜将白虎，昼贵难靠，宅昏人苦。

解曰：一丁火而生四重辰土，夜乘白虎，其脱耗惊恐，何可当也！初传昼贵，又陷空乡，兼被寅脱，力绵难靠。支被墓，故宅昏；干被脱，故人苦也。

断曰：两课无克，是名帷簿不修。官贵空陷，夜占又被辰虎克制，利常人不利仕宦。天罡昼乘青龙，课合斩关，利于远行，当主西南得朋。初传虽财，中末子孙脱盗，求财不吉。德神夜乘朱雀，占音信必至。

天时：青龙升天，主雨。家宅：辰虎墓支，人宅不宁。功名：官星落陷，禄复逢元，难免折挫。求财：利远动求之。婚姻：支墓覆宅临干，不吉。胎产：占孕成男，占产子母皆防有损。疾病：病主遗漏、风瘫，难愈。争讼：两败俱伤。出行：利有攸往。行人：德神发用，夜占乘朱，先有信音。兵战：宜守不宜战。坟葬：支墓覆支脱日，主多耗散。

《毕法》云：鬼乘天乙乃神祇。《指南》盛姓寅命，辰将未时，占被逮进京。曰：盖因月将、青龙加临干支，勾陈生日，官鬼空陷，其事必辨[①]雪，到京公讼自解也。又周姓占，亦得此课。曰：己丑命上见日墓，年乘三刑，与寅命相去甚远，乌能无罪？后，周果赐死；盛以畔贼破城脱归。

---

① 同"辩"。

丁未日第五课

```
父  空勾  空卯  支合
官  朱贵  辛亥  日德 鲁都
子  阴常  丁未  羊刃
```

```
      朱贵 空勾 朱贵 空勾
       亥   卯   亥   卯
       卯   未   卯   丁
```

```
           青合 空勾
勾朱  丑   寅   卯   辰  白青
合螣  子               巳  常空
朱贵  亥               午  元白
螣后  戌   酉   申   未  阴常
          贵阴 后元
```

课格：元首，曲直。

课意：昼将脱干，好恶中半，勿恋传生，宜更宜换。

解曰：三传木局生干，昼将皆土脱日，赖有发用卯木克去，故曰好恶中半。但初中及干上卯木空陷，见生不生，反为败神，败则何可恋也？是以更换为宜。

断曰：传会三合，事关伙众，凡占顺利。始略有阻，盖曲直之义乃尔也。但三传不离四课，为回还格，事主循环，不能摆脱。生神既空，尊长不能见惠；贵德复陷，朋友不能相扶。虚誉沸腾，实情阒寂。

天时：三合主阴。**家宅**：人旺宅窄，却难迁移。**功名**：日德作官，夜与龙合，填实便佳。**求财**：结伴经运为佳。**婚姻**：官坐空亡，支受卯克，不能偕老。**胎产**：传课纯阴，孕乃成男；三合贵顺，产迟，生易。**疾病**：胸胁多风，久难愈，新即痊。**争讼**：先发者胜。**出行**：课体回环，不能成行。**兵战**：客利，主不利。

《毕法》云：空上逢空事莫追、眷属丰盈居狭宅。《课经》云：卯加亥，三传生日干而克支辰，是为人旺弃宅，主无正屋可居，纵然仕宦多是寄居，或欲逃亡，遂弃家室。《照胆秘诀》云：用空传复支与干，旧久重新废欲完。《指掌赋》云：卯亥未为先春，未萌先动非时过。

丁未日第六课

```
财  贵阴  己酉   灾煞①
子  白青  甲辰   支墓
官  朱贵  辛亥   日德 鲁都
```

```
     贵阴 青合  贵阴 青合
      酉   寅   酉   寅
      寅   未   寅   丁
```

```
           勾朱 青合
合螣 子   丑   寅   卯 空勾
朱贵 亥            辰 白青
螣后 戌            巳 常空
贵阴 酉   申   未   午 元白
          后元 阴常
```

课格：比用，孤辰。

课意：昼贵临罡，夜贵空方，寅纵生身，熟视不臧。

解曰：初传夜贵，投于绝而坐空。末传昼贵，临于罡而墓克。凡占干谒，皆为不利。干上寅木，虽是长生，奈系旬空，又被支墓，见生不生，熟视竟何益哉？

断曰：财神发用，贵德入传，龙乘生气加干，目下虽属旬空，出旬填实，财亦可取，贵亦可望。但三传酉辰亥，皆属自刑，或恐自心懊恼，弄巧成拙。惟当坦然任运，不急功利，斯无咎矣。

天时：昼占亥水夹克，夜占亥水内战，阴而不雨之象。**家宅**：龙、合、长生临于干支，人宅咸亨。**功名**：三传自刑，贵人入狱，禄遭夹克，被黜无疑。**求财**：难得。**婚姻**：干支相生比和，大吉。**胎产**：孕主男，产不易。**疾病**：肝胆脾胃受病，或目疼腹痛，久难治，新易瘥。**出行**：水陆皆可。**行人**：驿马入墓，未归。**捕获**：昼占于二十里外土门，擒之。**兵战**：客利，主不利。**坟葬**：初年不利，后当发福。

《毕法》云：龙加生气吉迟迟。《占验》：戌将卯时，占病。曰：此手足不举之症。课传全无一点生气。因日禄临绝地，驿马投墓乡。又行年游魂，子巳相加，合为死字。三传死墓绝，安能有救乎？何以知其病在手足？因卯加申，戌加卯故，主风颠发搐之症。然则坏在何日？曰：久病应在卯字，卯加申，申日子时当绝矣。果然。

---

① 原文字迹模糊，貌似"灾煞"。

丁未日第七课

```
兄   常空   乙巳   游都 驿马
子   勾阴   癸丑   日墓 日冲 破碎 日刑
子   勾阴   癸丑   日墓 日冲 破碎 日刑
```

```
        阴勾 勾阴 阴勾 勾阴
         未   丑   未   丑
         丑   未   丑   丁
```

```
              合后 勾阴
朱贵   亥    子   丑    寅   青元
腾腾   戌                卯   空常
贵朱   酉                辰   白白
后合   申    未   午    巳   常空
             阴勾 元青
```

课格：返吟，八专，井栏射，励德。

课意：丁生四丑，凡占殃咎，四癸暗伤，惟宜闭口。

解曰：一丁火而生四丑土，盗脱滋甚，凡占多咎。丑遁旬癸，暗伤丁火，惟能闭口，可以免祸也。

断曰：井栏之课，卒属无依。发用巳为驿马，昼将乘空，丑乃破碎，遁癸作鬼，是明脱暗克也。昼占丑乘太阴，脱上逢脱，事防虚诈。若夜将则乘勾陈，共逢八土，忧事之来，岂一端哉？若年命在卯乘酉，金类成财局，或年月填实寅卯，可以制土泄水，方能化凶为吉。

天时：晴占则阴，雨占则晴。家宅：宅旺人衰。功名：不利。求财：寅卯生人利。婚姻：女命过刚，不吉。胎产：传课极阴，胎上神阳，男子之祥，占产不易。疾病：病在表，主气促伤残，愈而复发，淹缠不断。争讼：原被皆伤。出行：马临绝地，干支逢破碎，不利。行人：马乘空临绝，在外受人欺诈，往来无依。兵战：利主不利客，寅卯日可以偷营。

《毕法》云：脱上逢脱防虚诈。《课经》云：丑加未，或未加丑，作年命日干者，占考试必中魁元。缘丑中有斗，未中有鬼，合而为魁故也。巳午加亥子，如或克日，为寒热格，主痨病。《纂义》云：年命在亥，主有血痢。巳乘天空，主病眼、咽喉肿痛。

丁未日第八课

```
兄  常空  乙巳  游都 驿马
子  螣螣  庚戌  墓神 支刑
父  空常  空卯  支合
```

```
  常空 合后 常空 合后
   巳   子   巳   子
   子   未   子   丁
```

```
          朱贵 合后
螣螣 戌    亥   子    丑  勾阴
贵朱 酉                寅  青元
后合 申                卯  空常
阴勾 未   午   巳   辰  白白
         元青 常空
```

课格：比用，铸印。

课意：克干畏支，狐假虎威，略举动足，踏翻祸机。

解曰：子遁壬水，昼占又乘天后，并力伤干；赖有未土克害子水，不能伤日，故曰克干畏支。然则未犹虎也，丁犹狐也，止宜坐守，不利动谋。若丁神一离未土，即被子克，举足之顷，而祸机动矣，可不畏哉？

断曰：铸印之课，凶事利空，吉事忌空。盖破模走炉，凡事无成也。三传传墓入墓，主有晦滞。如遇卯年月占，则卯不以空论，乃腾骧王路，进职迁官之象。

天时：作雨势而不成。家宅：鬼合临支，人口不宁。功名：铸印乘轩，遇卯填实甚佳。求财：不利。婚姻：可成，但乾受坤制，妻必专权。胎产：男孕，恐防有损，占产必速。疾病：病主肾竭，卯年月占，凶。争讼：鬼旺，讼凶。出行：未必果行。行人：欲归而未果。捕获：盗神是未，当在西南方酒食店内，或是本家人。兵战：主利于客。

《毕法》云：须忧狐假虎威仪、两蛇夹墓凶难免。《课经》云：胎神临于干支，正月占，非妻孕则妾孕。如空乘死气，必是鬼胎。"天官论"云：巳乘天空加子，灶破惊人；子乘六合临支，主有邪魔鬼祟。子乘六合加未，当有树影入井，致人灾异。

丁未日第九课

官　阴贵　辛亥　日德 鲁都
父　空常　空卯　支合
子　朱勾　丁未　羊刃

　　空常 阴贵 空常 阴贵
　　卯　 亥　 卯　 亥
　　亥　 未　 亥　 丁

　　　　　　后螣 阴贵
贵朱　酉　戌　亥　子　元后
螣合　申　　　　　丑　常阴
朱勾　未　　　　　寅　白元
合青　午　巳　辰　卯　空常
　　　　 勾空 青白

课格：重审，曲直，回环。

课意：昼将脱日，全赖传力，贵德三传，夜占何益？

解曰：昼将皆土，盗脱干气。幸赖贵德临身，会起木局，以克制之。如夜占太阴，乘鬼发用，中末空陷，何益之有哉？

断曰：曲直之课，先曲后直。干支上乘德贵，三传三合，凡占皆利。惟中末二传，旬空陷空，必须填实为妙。秋占则为真空，最为不吉。春占利于暗地托人，可以成事。格合回环，有心吴身越，不能奋飞之象。

天时：传课皆阴，水爻发用，有雨。**家宅**：贵德在宅临干，万事和合。**功名**：官鬼作德贵发用，大吉。**求财**：春占得人周助之力。**婚姻**：干乘官，支乘财，门户相当，但恐不能偕老。**胎产**：男子之祥，产亦安吉。**疾病**：病在头面，支上日鬼作贵，家神作祟，宜祷禳之。**争讼**：先曲后直。**谋望**：出旬可成。**出行**：回环课，不行，行亦中途即返。**行人**：贵德发用，得意而归。**兵战**：主客强弱相等，主有不利。

《毕法》云：鬼乘天乙乃神祇、两贵受克难干贵、干支值绝凡谋决。《课经》云：子加申为胎坐长生，利占孕不利占产。《纂要》云：支干上临亥，皆是绝神，所谓干支值绝也，不宜占食禄事。干支相同，又为互绝，宜退换屋宇、或兑替差遣、交代职任等事。

丁未日第十课

```
官  阴贵  辛亥   日德  鲁都
子  后螣  庚戌   墓神  支刑
子  后螣  庚戌   墓神  支刑
```

```
   常阴 后螣 常阴 后螣
    丑   戌   丑   戌
    戌   未   戌   丁
```

```
         贵朱 后螣
螣合  申  酉   戌   亥  阴贵
朱勾  未            子  元后
合青  午            丑  常阴
勾空  巳  辰   卯   寅  白元
         青白 空常
```

课格：八专，帷簿，斩关。

课意：昼墓救应，不幸中幸，反伤夜贵，幸中不幸。

解曰：干支中末四戌，墓干刑支，诚为凶课，不幸孰有甚焉？然赖此以制鬼，反为救神，可谓不幸中幸矣。若夜占则又伤害贵人，非幸中不幸哉？

断曰：干支同位，是名八专，有八家同井，诸侯会盟之象。两贵拱干，德神发用，虽墓覆干支，而旬遁庚财，刑开丑中财墓，若求财则可取也。占者凡事重叠，忧喜再来。

戌加未乘蛇，西南坟墓有惊。戌蛇临支，酉月占主有血光。墓神克贵，动必昏晦。

天时：水坐长生，有雨。家宅：墓覆干支，人宅俱晦。功名：成功异路，显擢士林。求财：宜得阴贵人之财。婚姻：帷簿不修，恐非良匹。胎产：胎上神阴，女孕，产易。疾病：腹痛脾泄，难愈。争讼：必见囚禁，方结。出行：只利家居。行人：未回，昼占有信。兵战：客胜于主。

《毕法》云：华盖覆日人昏晦。《课经》云：凡八专遇后合元入传，为帷薄不修。盖重门树塞，以限内外。讲堂设帐，以别男女。今阴阳共处，男女混杂，又遇阴私之神，乃门墙生茨之兆。《占验》：庚午年，丑将加戌占。曰：此占必是显宦。盖发用官贵日德，而贵人又居岁君日禄旺位，非寻常之官。惜乎干支乘墓，禄马空陷，太阳入山，岂能久任乎？果一大冢宰，于次年而请归。

丁未日第十一课

```
财  贵朱  己酉   灾煞
官  阴贵  辛亥   日德 鲁都
子  常阴  癸丑   日墓 破碎 日刑 日冲
```

```
    阴贵 贵朱 阴贵 贵朱
     亥   酉   亥   酉
     酉   未   酉   丁
```

```
              螣合 贵朱
    朱勾  未  申   酉  戌  后螣
    合青  午            亥  阴贵
    勾空  巳            子  元后
    青白  辰  卯   寅  丑  常阴
           空常 白元
```

课格：重审，间传，凝阴。

课意：丁死于酉，破碎癸丑，两贵加临，事危闭口。

解曰：丁火死于酉，而丑又遁旬癸，作破碎克日，极凶之象。虽两贵入传，且见于干支之上，所谓遍地贵人，贵多反无依靠矣。破碎为闭口，临危谨言可也。

断曰：凝阴之卦，利小人不利君子，利私营不利公干。末助初财，主暗中有人相助。但干支皆乘自刑，虽化出德神，究为日鬼。人已交接之际，或恐因财起祸，或恐尚口启羞，致彼此各怀疑虑。惟占功名，不在此例。

天时：卦象极阴，有雨。家宅：酉财入宅，临干发用，兴隆之象。功名：贵人带德大利，帘幕、日德、朱雀并见，考试必中高魁。求财：宜得贵人之财。婚姻：良缘可缔。胎产：胎乘元后，恐为私孕，占产不易。疾病：肺家受病，淹缠难愈。争讼：重审课，当覆审。出行：往东方吉。行人：即有信。捕获：昼占盗神是辰，主大眉粗须，着黄衣，渔猎人。兵战：主利于客，然干支皆乘死酉，大宜谨慎。

《毕法》云：课传俱贵转无依、昼夜贵加求两贵、宾主不投刑在上。《课经》云：酉临年命日干，占试必高中。缘酉为幕贵，又为从魁也。《指掌赋》云：酉亥丑乃凝阴，而忧不可解。《玉成歌》云：昼夜贵人传共见，或同日德动高尊。

丁未日第十二课

财	螣合	戊申	劫煞
财	贵朱	己酉	灾煞
子	后螣	庚戌	墓神 支刑

```
 贵朱 螣合 贵朱 螣合
  酉   申   酉   申
  申   未   申   丁
```

```
         朱勾 螣合
 合青 午  未  申  酉 贵朱
 勾空 巳           戌 后螣
 青白 辰           亥 阴贵
 空常 卯  寅  丑  子 元后
        白元 常阴
```

课格：重审，进茹。

课意：得财失财，戌月怀胎，伤风肺喘，讼绝复来。

解曰：干支初中俱财，传入戌库，身旺财弱可求，财旺身弱反失，故为得财失财也。申者，妻也，九月占，生气在申，妻必怀胎。申为虎之本家，金属于肺，为火神夹克，故主伤风肺喘。连茹卦又末助初传，动止牵连，所以讼绝而复来也。

断曰：进茹之课，干乘天罗，支乘地网，谋为不免塞滞。初传申财，夜占则夹克，昼占则内战。况传课皆财，旺则化鬼，须防因财得祸也。末戌乘后，临于死地，若占女人风疾，必应增剧。凡占主旧事重新，蔓延不绝之象。

天时：财旺，主阴。家宅：春夏占，财喜；秋冬占，人灾。功名：财旺生官，仕人最利。求财：得防复失。婚姻：妻财太旺，妇刚夫柔。胎产：女孕，防堕；占产，防病。疾病：病在肺经，秋占凶。争讼：结而复兴，经年累月。出行：水陆皆利，名利皆可，但须稍迟。行人：有阻滞，不久先有信归。捕获：夜占盗神是丑，在北方阴贵家。兵战：支生干上，干克支上，利客不利主。坟葬：德贵临墓，穴能发贵。

《毕法》云：所谋多拙遭罗网、全财病体难担荷、初遭夹克不由己、将逢内战所谋危。《课经》云：丑加子为腹胎，来意必占妻孕。如天盘之丑，落空坐空，占产则生速，腹空故也；占孕必损。《玉成歌》云：子丑相加事必成。

戊申日第一课

父　朱勾　乙巳　日德　日禄　劫煞　支合
子　后白　戊申　游都　干合　日刑　长生
官　青螣　空寅　鲁都　驿马　三刑　支冲

```
后白 后白 朱勾 朱勾
 申   申   巳   巳
 申   申   巳   戊
```

```
          螣青 贵空
朱勾  巳   午   未   申  后白
合合  辰            酉  阴常
勾朱  卯            戌  元元
青螣  寅   丑   子   亥  常阴
          空贵 白后
```

课格：伏吟，元胎。

课意：迤逦不利，败也萧何，末助初生，成也萧何。

解曰：寅在末传，能成能败，故以萧何喻之。败者初克中，中克末，末克干。成则末助初传，而能生干也。

断曰：干支上下，交车相合，德禄发用，中传长生，末传驿马，明助巳火为生气。虽三刑互克，而一德足以消万忧。诸占咸吉，凡事人来暗助。然能助我，又能克我，是为两面刀也。须开诚布公，乃为善用。课中城吏全逢，禄马交动，求官最利。但寅属旬空，春占方吉。

天时：火爻发用，大晴。**家宅**：课名元胎，家有妊人，干支生合，人宅安宁。**功名**：德禄临身，夜占龙官乘马，未仕者得官，现任者升转。**求财**：合本营生，春占则吉。**婚姻**：吉而难成。**胎产**：男孕，产速。**疾病**：肺家受病，不妨，虽危有救。**出行**：驿马生德扶干，水陆皆吉。**行人**：夜占朱雀发用，先有信，旋当得意而归。**捕获**：不出邑里，当是健奴军吏。**兵战**：利客不利主。**坟葬**：支乘长生，上下六合，兴旺之地，且出长寿。

《毕法》云：交车相合交关利、宾主不投刑在上、上下皆合两心齐、三传互克众人欺。《课经》云：交车长生，大宜合本营生。《篡要》云：昼占三重白虎作长生，乃不幸中幸。夜占三重青龙作日鬼，乃幸中不幸。又云：六戊伏吟，三传递克，全无和气，不可作甲戊庚三奇。

戊申日第二课

官　勾朱　空卯
官　青螣　空寅　鲁都　驿马　三刑　支冲
兄　空贵　癸丑　支德

```
  螣青 贵空 勾朱 合合
   午   未   卯   辰
   未   申   辰   戌
```

```
合合  辰   朱勾 螣青       贵空
     勾朱  巳   午   未
         卯         申    后白
     青螣 寅         酉    阴常
     空贵 丑   子   亥   戌  元元
              白后 常阴
```

课格：元首，退茹，斩关。

课意：脚踏空亡，岂容退步，肯舍危疑，青云得路。

解曰：寅卯本旬空亡也，子丑次旬空亡也，故名脚踏空亡。墓神覆日，危疑甚矣。然退而虎鬼为害，三传空陷，几何而不蹈陷阱之中乎？惟舍危疑之墓，向前一步，既不罹祸，又得其禄，是青云得路也。

断曰：斩关之课，本为动象，连茹空亡，亦宜进取。禄居旺位，即为德神，进前一步，即可相逢。大宜勇力精进，慎毋①因遁，以滋后悔。惟官爻值空，求官见贵，未遂所愿。若春占，或占人年命及岁月填实，仍为吉象。

天时：火上水下，晴有小风。家宅：朱雀发用，防有口舌。功名：官空，不利。求财：宜远动求之。婚姻：三传空，不成。胎产：二阴包阳，男子之祥；产速不易，却喜无妨。疾病：暴疾即痊，久病凶。争讼：未讼不成，已讼即散，不终讼也。出行：墓神覆日，昼占马带螣蛇，行未能果，且亦不利。行人：近出即归，远出未回。捕获：西方女婢家。兵战：三传空，不能如意。

《毕法》云：脚踏空亡进用宜、来去俱空岂动移？《神定经》云：辰戌作旬首，临年命日干，必中魁元，唯甲戌、甲辰二旬有之。《三车一览》云：三传卯寅丑，皆作日鬼。幸遇鬼空，足可脱灾避难，不宜守旧。缘干上乘墓，宜于三传之外，向前觅禄也。

---

① 原文：母。

戊申日第三课

```
兄  空贵  癸丑  支德
财  常阴  辛亥  六害 日冲
子  阴常  己酉  破碎
```

```
        合合 螣青 空贵 勾朱
         辰  午  丑  卯
         午  申  卯  戌
```

```
              合合 朱勾
勾朱  卯   辰   巳   午  螣青
青螣  寅            未  贵空
空贵  丑            申  后白
白后  子   亥   戌   酉  阴常
          常阴 元元
```

课格：重审，极阴，励德。

课意：占身卜宅，总是上克，祸及常流，仕宦宜得。

解曰：干为身，支为宅，身被卯克，宅被午克，皆上克也。常人见之，能免官非灾患乎？仕宦则最喜官星临干克干，昼乘朱雀文书却为吉也。

断曰：极阴之课，日辰各乘上克，彼己遭咎，事防不测。卯木虽空，末传西金生亥水，中传亥水生卯木，暗有鬼神相助，占官则吉，余占不佳。如春占午为火鬼，夜将上乘螣蛇克宅，当防火烛之惊。

天时：课体极阴，阴云之象。家宅：人宅俱灾。功名：官空，不吉。婚姻：干支俱受上克，不吉。胎产：阴极阳生，男孕；恋母，难产。疾病：病因心火，或心痛目昏，淹缠难愈。争讼：有解，不见输赢。出行：有阻，不能成行。行人：驿马坐墓，尚未能归。捕获：在正西方二十四里，或四十二里道旁。兵战：不实。坟葬：乾龙落脉，成金局，可以发贵。

《毕法》云：干支全伤防两损。《课经》云：干上卯，朱雀作日鬼克干，朝绅防弹章，临年命者亦然。《指掌赋》云：丑亥酉为极阴，如月隐西山。《壬髓经》云：当门台土，所行有阻。《心机独悟》云：天乙发用是贵人，利为干谒庆财因；君子拜官迁远职，小人争竞入公门。

戊申日第四课

官	青螣	空寅	鲁都 驿马 三刑 支冲
财	常阴	辛亥	六害 日冲
子	后白	戊申	游都 干合 日刑 长生

```
        青螣 朱勾 常阴 青螣
         寅   巳   亥   寅
         巳   申   寅   戌

              勾朱 合合
    青螣  寅   卯   辰   巳  朱勾
    空贵  丑             午  螣青
    白后  子             未  贵空
    常阴  亥   戌   酉   申  后白
              元元 阴常
```

课格：元胎，比用，不备。

课意：尊就卑旁，彼己不臧，两贵俱怒，可脱凶殃。

解曰：干为尊，支为卑，干往加支，乃尊就卑也。戌被寅克，申被巳克，故彼己不臧。昼夜两贵入狱，故曰俱怒。寅鬼旬空，虽临身发用，有难可避，有生可逃，非凶殃可脱乎？

断曰：干乘克害，支乘六合，自己熬煎，他人逸乐之象。然三传递生官鬼，初中空亡。爱我者恐为善之不终，害我者亦操刃之未割。

天时：初中空陷，而末申作水长生，亥日当有风雨。家宅：干支相合，人宅康泰。功名：城吏全逢，官星乘马，升迁之象。求财：亥月日可得。婚姻：甚佳，宜觅良媒。胎产：胎防损，或是鬼胎，占产难生。疾病：齿痛或呕血，久病须祈禳。争讼：有救，当解释。出行：传课生合，甚吉。行人：即归。捕获：当在西北，饭店空房。兵战：避难逃生之格，不利。

《毕法》云：权摄不正禄临支、避难逃生须弃旧、干支全伤防两损。《古鉴》：酉加子，占赴任。曰：寅作青龙，官星也，奈值空亡，逼日干之巳就宅而作朱雀，宅神又加亥而作末传，任当虚赴。巳与申合，禄在支上，只可申上权摄，不得正任。待陈姓人去，方得到正任。行年午在酉上作蛇，临行主妇人大病。一一皆验。

戊申日第五课

```
财  青螣  壬子
子  螣青  戊申   游都 干合 日刑 长生
兄  元元  甲辰   日墓 仪神
```

```
        青螣 元元 朱勾 空贵
         子   辰   酉   丑
         辰   申   丑   戌
```

```
                白后 常阴
    空贵  丑   寅   卯   辰  元元
    青螣  子               巳  阴常
    勾朱  亥               午  后白
    合合  戌   酉   申   未  贵空
             朱勾 螣青
```

课格：润下，斩关。

课意：干乘旬尾，支上旬首，递互暗谋，四季财喜。

解曰：干上癸丑，支上甲辰，首尾相见，谋事有成，解事不脱。然丑，支墓也；辰，干墓也。交互乘墓，如我欲网人，反被人网，岂非递互暗谋乎？三传合成财局，秋冬财旺，身弱难任。四季土旺，则能胜其财矣，故可喜也。

断曰：润下之课，行多顺利。况格合一旬周遍，传课又逢三六相合，何事非宜，何求不遂乎？惟水局而所乘之将又皆水兽，传财太旺，反致财亏，亦忧长上之疾。末辰自刑，凡事不可任性。

发用子乘螣蛇，主妇人哭泣之事。

天时：课体润下，晴占则雨，雨占愈大。家宅：人宅交互乘墓，虽在顺境，亦不舒畅。功名：财旺生官，大利。求财：财乘青龙，可得。婚姻：琴瑟调和。胎产：男孕，产易。疾病：脾家之病，不久自愈。争讼：无甚输赢，未能即结。出行：水路防小人。行人：得意，当有妇人同行，然妇人能为我作财，亦能为我致疾。捕获：在正南马房，或炉冶铁匠之地。兵战：三六合局，得众之象。

《毕法》云：首尾相见始终宜、传财太旺反财亏、万事喜忻三六合、干支乘墓各昏迷。《要诀》云：昼将，父爻上乘白虎坐墓，必父母墓生白蚁；如父母在，主病灾；更作月内死气、死神，占父母病尤亟。"天官论"云：干上丑为贵人临身，宜干贵成事。

戊申日第六课

```
财  青螣  壬子
兄  贵空  丁未  福星
官  白后  空寅  驿马 鲁都 三刑 支冲
```

```
      合合 常阴 贵空 青螣
       戌   卯   未   子
       卯   申   子   戌
```

```
            空贵 白后
青螣  子    丑   寅   卯  常阴
勾朱  亥             辰  元元
合合  戌             巳  阴常
朱勾  酉   申   未   午  后白
           螣青 贵空
```

课格：涉害，度厄。

课意：巳申为美，以致无礼，涉险登危，全无畏矣。

解曰：戊课在巳，巳与申合，所以为美。上乘子卯相刑，是和合中致无礼也。三传互克，而初传之子，回归干上，又受其克，财之险危甚矣。幸末传鬼虎，旬空坐墓，全然无气，虽历险危，亦何畏哉？

子为江湖临干，卯为舟车临宅，故有登涉之喻。

断曰：涉害之课，事主艰危，三下克上，长上有厄。初遭夹克，财不由己。末传马载虎鬼，最忌吊丧问疾。惟初末二传拱贵，宜托庇于贵人，方为无咎。

天时：青龙乘子受克，起有小雨，大风而止。家宅：宅损人衰。功名：官空，不利。婚姻：干支各乘死气相刑，不吉。胎产：胎坐绝受克，主有损，产防厄。疾病：脾土受病，喜鬼空无害。争讼：三传互克，又虎鬼甚凶，必遭刑讯。出行：水路差可，不如家居。行人：夜占主有病，寅酉月日当得信。捕获：盗神是亥，当在北方近水楼阁中，或点水旁地名。兵战：不利。

《毕法》云：宾主不投刑在上、人宅皆死各衰羸、三传互克众人欺。《课经》云：干上子，正月占，主孕。喜土生在寅也。支之胎神，作月内生气，亦主孕。又若胎神临妻之年命与支，尤吉。《秘要》云：马载虎鬼，其祸甚速。占讼必得罪于远方，喜寅空无害。

戊申日第七课

官	白后	空寅	驿马	鲁都	三刑	支冲	
子	螣青	戊申	长生	日刑	游都	干合	
官	白后	空寅	驿马	鲁都	三刑	支冲	

螣青　白后　阴常　勾朱
申　　寅　　巳　　亥
寅　　申　　亥　　戊

		青螣	空贵			
勾朱	亥	子	丑	寅	白后	
合合	戌			卯	常阴	
朱勾	酉			辰	元元	
螣青	申	未	午	巳	阴常	
		贵空	后白			

课格：返吟，元胎。

课意：虎鬼空排，切勿贪财，如贪亥水，生起寅来。

解曰：亥为日财，寅为虎鬼，上下相合，交车六害。幸而空绝，不能为祸，不过空排而已。然亥虽日财，与寅六合，有虎豹在山之势。若贪其财，而遂生起寅木，变为虎鬼，必反受其殃矣。占者当凛贪财受祸之戒。

断曰：返吟之课，来去俱空，吉固不成，凶亦无准。干支值绝，止宜结绝财物之事，或携财告贵，占病求神，皆可用也。凡事反覆，贫富有乘除，祸福有倚伏。塞翁得失，取鉴不远矣。

天时：青龙入庙，亥水临绝，风大雨小。家宅：虎鬼在宅，防有丧服。功名：城吏全逢，催官发用，甚吉，必填实始应。求财：宜索债。婚姻：干支值绝，不吉。胎产：下强上弱，女孕；干支上合下害，产凶。疾病：当是翻胃，防有反覆。争讼：两伤。出行：不宜行。行人：立至。捕获：主逃奴、逃兵作盗，在西方垒土之处。兵战：防失众。

《毕法》云：上下皆合两心齐、干支值绝凡谋决、来去俱空岂动移？昼夜贵加求两贵。《课经》云：戊日返吟，三月占，生气克日，主病，为幸中不幸；死气生日，主生，为不幸中幸，占妻病必死。若干支上神作月内死气，妻死尤速。

邵南诗云：空亡用起事无成，要遂须当是别旬。

戊申日第八课

```
官  常阴  空卯
子  螣青  戊申   游都 干合 日刑 长生
兄  空贵  癸丑   支德
```

后白	空贵	常阴	合合
午	丑	卯	戌
丑	申	戌	戊

		勾朱	青螣			
合合	戌	亥	子	丑	空贵	
朱勾	酉			寅	白后	
螣青	申			卯	常阴	
贵空	未	午	巳	辰	元元	
		后白	阴常			

课格：元首，斩关。

课意：发用虽凶，赖系旬空，如论夜将，三传无踪。

解曰：发用官鬼，却系空亡，又被申制，全然无气矣，虽凶不凶也。如用夜将，初末既已空陷，而丑又乘天空，复何踪迹之可寻哉？

断曰：元首之卦，先忧后喜。斩关非安居之象，空用有阻滞之忧。大抵凶事可散，吉事难成。必当养晦待时，方为有济。

天时：主晴。家宅：骨肉防有刑伤。功名：官爻空，防解任，填实乃利。婚姻：防妇刑夫，不吉。胎产：震宫发用，主长男，但恐难育，占产甚易。疾病：脾虚，腰腿痿弱，可愈。争讼：先发者当遭刑责。出行：陆路胜于水路，但恐未必果行。行人：不久当归，归须仍出。兵战：两相刑伤。

《毕法》云：干支乘墓各昏迷。《指南》：丑加申，占前程。或曰：卯与戌合，为大六合。六合加戌，为小六合。喜末传月将贵人，定然片言入相。余曰：不然。太阴临卯空，不能成名，此必旧事重新举行者。盖以旧太岁发用，且四墓覆生，主已废复行，沉而又举。嫌初中龙官空战，朱雀阴见元墓，二月还宜谨慎旨意，必不能佳。后，果以改授上疏见驳，几至察处。

戊申日第九课

```
兄  元元  甲辰   仪神 墓神
子  螣青  戊申   游都 干合 日刑 长生
财  青螣  壬子
```

```
        元元 青螣 空贵 朱勾
         辰   子   丑   酉
         子   申   酉   戌
```

```
              合合  勾朱
       朱勾  戌   亥   子  青螣
       螣青  申        丑  空贵
       贵空  未        寅  白后
       后白  午   巳   辰  卯  常阴
                  阴常 元元
```

课格：元首，润下，励德，六仪。

课意：破碎虽遇，钱财满路，彼已乘脱，递互坐墓。

解曰：干上虽乘破碎，然三传水局，钱财固满路也。但戌为酉脱，申为子脱。而又人坐宅墓，宅坐人墓，不无耗散忧疑耳。

断曰：润下之卦，事动众谋，或托人作合。六仪发用，且三传递生，必有将伯之助。败气临干，占者当有破败之子。

天时：主雨。家宅：元武发用，倘有近水房屋，应遭盗贼。求财：可得。婚姻：男女皆败，将来不吉。胎产：孕生女；润下，易产。疾病：伤风肾竭之症，难愈。争讼：主牵连下贱，未能散释。投谒：不利。出行：元武发用，中传游都，须防盗贼。捕获：盗在正西道旁。兵战：破碎临干，不吉。

《毕法》云：干墓并关人宅废、人宅坐墓甘招晦。《占验》：寅加戌，占病。曰：酉临干为败气，病因少阴。木火作虎，肺脾二经受病。元墓发用为收魂煞。又纯财生卯为死气克日，甲戌冬不保矣。且元武发用乘相气，传归宅上，防一北方陈姓少年来作贼也。悉验。《古鉴》：占宅。曰：恋一妾，复置一妾，精气衰耗，财为家贼所偷。宅上子水作蛇，主子横逆。辰土又耗子水，所以多招是非。酉为脏毒，今年太岁酉值水败。明年巳月，破碎重见，当死矣。果然。

戊申日第十课

官	白后	空寅	驿马	鲁都	三刑	支冲
父	阴常	乙巳	日禄	日德	支合	劫煞
子	螣青	戊申	长生	游都	干合	日刑

白后　勾朱　勾朱　螣青
寅　　亥　　亥　　申
亥　　申　　申　　戌

		朱勾	合合		
螣青	申	酉	戌	亥	勾朱
贵空	未			子	青螣
后白	午			丑	空贵
阴常	巳	辰	卯	寅	白后
		元元	常阴		

课格：嚆矢，元胎，不备。

课意：蒿属朽木，逢申委镞，格居三会，两贵履狱。

解曰：寅乃旬空，木空则朽。发用嚆矢，是朽木作矢也。然日上乘申作末，是有镞矣，射之能不伤乎？支来加干，末传又归干上，格名三会，凶吉皆成。丑未两贵，临于辰戌，是名履狱，干贵尤非所利。

断曰：嚆矢之课，祸福皆轻，干支下合上害，各自乘脱。三传互刑，德禄绝陷，凡事必多猜忌，且有诪张。又名不备，吉凶断不十全。末克初传，秋占无虑，惟仕宦不佳。

天时：寅为风，乘马作虎，主大风。家宅：平安，但须耗财，元胎课，家有孕妇。功名：官空禄陷，幸龙乘长生，目下不利，终吉。求财：久后自得。婚姻：干支上神相害，又不备课，不吉。胎产：二阳包阴，孕女；难产。疾病：病属肝脾二经，或头风难愈。争讼：讼有解，先告少弱。出行：不利。行人：三会格，立至。捕获：盗在西南井旁饭店。兵战：有失众之虞。坟葬：戌方出水，作艮坤向，可以发财，异日须防盗坟。

《毕法》云：宾主不投刑在上、彼此猜忌害相随、上下皆合两心齐。《课经》云：干上申，青龙乘生干之神，若作月内生气，主徐徐发福。《集要》云：辰临日生日，凡事不待我求，彼自上门顺应，不劳余力。

戊申日第十一课

财　白后　壬子
官　青螣　空寅　驿马　鲁都　三刑　支冲
兄　合合　甲辰　日墓　仪神

　　　　白后　元元　阴常　贵空
　　　　子　　戌　　酉　　未
　　　　戌　　申　　未　　戌

　　　　　　后白　阴常
贵空　未　申　酉　戌　元元
螣青　午　　　　　亥　常阴
朱勾　巳　　　　　子　白后
合合　辰　卯　寅　丑　空贵
　　　　勾朱　青螣

课格：重审，间传，向三阳，泆女。

课意：虎载财走，不得入手，用碎己心，笑破人口。

解曰：发用之子，日财也。上乘白虎，惊危而不敢取。若更恋此财，必引而入于鬼墓之乡，其财反为支上戌土所得矣，几何而能入手乎？是己心枉自用碎，不能有济。人却毫不费力，而安然享之，岂不笑破他人之口哉？

断曰：三阳之卦，贵登天门，罡塞鬼户，神藏煞没，谋为罔不如意。财爻发用，财可问也。官乘虎马作中传，为催官使者，官可问也。但入空乡，填实乃吉。干支下合上刑，客主难投。宅上昼夜将乘元武，穿窬宜谨。末传六合，昼占泆女，此阴小失礼，男女不正之象。郑卫之风，不可防欤。

天时：课名三阳，有风无雨。家宅：宅上元武刑干，宜防盗贼，秋月尤甚。功名：官空传墓，非宜。求财：干支上神相刑，财被夺去。婚姻：不宜。胎产：孕女，产易。疾病：脾痛脾泄，难愈。争讼：后强于先，终当和解。出行：水路防失脱。行人：未回。捕获：北方近水人作盗。兵战：防偷营劫粮。

《毕法》云：用破身心无所归。《精蕴》云：初财坐戌受克，缘恋财引入鬼乡，犹幸空亡。谚云"争似不来还不往，也无欢笑也无愁"，其斯之谓欤？

戊申日第十二课

兄　元元　庚戌
子　阴常　己酉 破碎
父　螣青　丙午 羊刃

```
     元元 阴常 贵空 螣青
      戌   酉   未   午
      酉   申   午   戌
```

```
        贵空 后白
螣青 午  未  申  酉 阴常
朱勾 巳         戌 元元
合合 辰         亥 常阴
勾朱 卯  寅  丑  子 白后
        青螣 空贵
```

课格：昂星，转蓬。

课意：元戌加酉，奴偕婢走，既撞网罗，奸逃束手。

解曰：戌为奴，酉为婢，戌加酉为用，上乘元武，必奴与婢奸而逃走也。然干支各乘前辰旺气，名为罗网，既撞罗网，有不束手就擒者乎？

有官人，防丁内艰。

断曰：昂星之课，亦名转蓬，关梁闭塞，行李稽留之象。祸从外起，止宜家居守静方为吉征。中末传归支干，所当待人三反自讼而不讼人，有忠恕之道焉。

天时：主大晴。家宅：元加宅阴，防家人行盗。功名：难免风波之险，常怀疑惧之心。求财：防有走失。婚姻：天罗地网，不吉。胎产：孕男，产易。疾病：症属肺经，多惊可危。争讼：干支上乘罗网，主遭刑责囚禁。投谒：刑在上，不美。出行：不利。行人：不归。兵战：宜守不宜进。

《毕法》云：所谋多拙遭罗网、宾主不投刑在上。《古鉴》：酉将申时，占考弓马。曰：午为马，申为箭，巳为弓，全备，乃吉。身上有马而无弓，马带阳刃，色黄者不可骑。况所走之地有厌翳，莫令新服人在旁，须先解厌。支干上自刑，宾主不相得。年上见申，箭不得地。况午见酉，酉见午，为四胜煞，各逞其能。午作青龙，仅得兵部垂顾。初戌作元，又乘害气，如何得中？

己酉日第一课

```
子  后元  己酉  三刑
兄  螣白  丁未  鲁都 羊刃
兄  白螣  癸丑  游都 日刑
```

```
后元 后元 螣白 螣白
酉   酉   未   未
酉   酉   未   己
```

```
          朱空 螣白
合青  巳  午   未   申  贵常
勾勾  辰              酉  后元
青合  卯              戌  阴阴
空朱  寅  丑   子   亥  元后
          白螣 常贵
```

课格：伏吟，龙战。

课意：静躁不常，失脱须防，动之逢虎，闭口财昌。

解曰：伏吟主静，干及中传未遁旬丁，末复来冲，其象又动。酉乘元武，在支发用，失脱之虞，不可不防。中传昼乘白虎，动则必有祸端。末传丑乃旬尾，中有癸水为财，闭口谨言，默而取之，庶无惊恐，而无不昌也。

断曰：龙战之卦，事多改革，义主乖违。初传夜将天后，事起妇人。三传昼占，皆乘元武虎蛇，尤加惊恐。欲行难行，欲止难止。占者得此，反覆无定，灾祸不一。惟干支拱于暮贵，如用夜将，则告贵用贵，所最宜耳。

天时：晴占将阴，雨占将晴。**家宅**：龙战课，夫妻年或立酉上，主室家离散；如兄弟年立酉上，主争财异居。**功名**：当有改动。**求财**：不得。**婚姻**：有阻。**胎产**：男孕，不安；产亦不易。**疾病**：病属肺，喘咳劳伤，反复难愈。**争讼**：屈不得伸。**出行**：游都、鲁都，乘丁冲刑，有盗贼之忧。**行人**：即至。**捕获**：昼占当是家人作贼。**兵战**：不利。

《毕法》云：前后引从升迁吉、信任丁马须言动。《三车一览》云：巳日申贵逆行，白虎乘丑，乃贵人怒恶之象。凡贵官值此，必招贵人嗔怒。如白虎临丑亦然，盖丑乃天乙本家，不宜见虎也。

己酉日第二课

兄　阴阴　庚戌　六害
父　朱空　丙午　日禄
子　贵常　戊申　长生

　　　螣白　贵常　合青　朱空
　　　未　　申　　巳　　午
　　　申　　酉　　午　　己

　　　　　合青　朱空
勾勾　辰　巳　　午　　未　螣白
青合　卯　　　　　　　申　贵常
空朱　寅　　　　　　　酉　后元
白螣　丑　子　　亥　　戌　阴阴
　　　　　常贵　元后

课格：昴星，励德。

课意：昼将辰阴，课传两申，四虎共聚，禄位空存。

解曰：辰之阴神，昼将白虎，课名虎视，是为二虎；支上之申并末传之申，是四虎也。四虎相聚，惊危灾祸，岂浅鲜哉？况干禄临身，又乘天空，虚诈不实，何足守也。

断曰：柔日昴星，又为魁度天门，凡占皆有稽滞惊惶之象。喜上神相生，将伯有助，可以化凶为吉。长生临支，上乘太常，家有婚姻喜庆之事。发用为奴，将乘太阴为婢，作支之六害，应主奴婢害宅。

天时：大晴。家宅：夜贵作长生坐宅，旺禄临干，大吉。功名：虎视逢虎，不吉。婚姻：支上长生，干上禄，吉。胎产：三传纯阳，孕女，产易。疾病：肺经受病，或因饮食而起，极险。争讼：先发者胜。投谒：宾主不和。出行：陆路差可。行人：有信。捕获：夜占可捕，昼占捕役与贼相通。兵战：有惊险，宜慎。坟葬：龙虎相生，上乘长生，大吉。

《毕法》云：旺禄临身徒妄作、虎视逢虎力难施、帘幕贵人高甲第。《集要》云：此名虚一待用格，盖戌午本为火局，止少一寅，吉凶之事，必待寅日方应。《课经》云：昼占帘幕临支，考试定然中式。《篡义》云：申常临支，当有一人送物来家。

己酉日第三课

```
官  青合  空卯  灾煞  支冲
兄  白螣  癸丑  游都  日刑
财  元后  辛亥  驿马  日解
```

```
       合青 螣白 青合 合青
         巳   未   卯   巳
         未   酉   巳   己
```

```
青合  卯   勾勾  合青   午   朱空
              辰    巳
空朱  寅              未   螣白
白螣  丑              申   贵常
常贵  子   亥   戌   酉   后元
          元后 阴阴
```

课格：嚆矢，狡童，不备。

课意：破碎乘巳，三传无益，舍此归家，终受疲役。

解曰：干上巳火，虽曰生气，但为破碎之神。发用旬空，中陷空乡，末传亥财能助初鬼，且夜占乘元，岂利取财？乃舍之而趋归本家，则干加支而被支脱，非惟无益而又有损，自始至终，疲役甚矣。

断曰：嚆矢之卦，发用空亡，福浅祸轻。传课五阴，三传自昼而夜，尽为昏迷。且天将后蛇合武，利小人而不利君子。昼占狡童，亦恐夫妇异心，各怀邪妄。惟喜上神青龙生干，忧可释而惊可解也。

天时：课传皆阴，主阴。家宅：干临支而遭败脱，人衰宅旺之象；头上复乘破碎，主有虚耗。功名：不利。求财：无益。婚姻：不备之课，又属纯阴，不吉。胎产：阴极阳生，孕，主男；产，有厄。疾病：脾经之病，或起于饮食惊疑，以致虚脱，有解。争讼：可和。出行：青龙生气乘干，陆路吉。行人：干来入宅，即归。捕获：昼占盗神是未，在西南沽买家。兵战：干临支而为支脱，支脱干而阴不备，主客皆不利。

《毕法》云：六阴相继尽昏迷、龙加生气吉迟迟。《课经》云：干上巳，六月占，巳为生气，昼将青龙，乘生干之神，徐徐获福。《指掌赋》云：卯丑亥名断涧，义利分明。《集义》云：卯丑亥三旬空亡，乃舍益求损之象，名为抱鸡不斗。

己酉日第四课

父　阴空　丙午　日禄
官　白合　空卯　灾煞　支冲
财　勾贵　壬子　支破

白合　阴空　青螣　常勾
卯　　午　　丑　　辰
午　　酉　　辰　　己

		白合	常勾		
空朱	寅	卯	辰	巳	元青
青螣	丑			午	阴空
勾贵	子			未	后白
合后	亥	戌	酉	申	贵常
		朱阴	螣元		

课格：元首，高盖。

课意：禄来生身，交互忻忻，夜传可用，昼将更旬。

解曰：午乃旺禄临支，交车相合，而又三传递助生身，非交互忻忻乎？但夜贵午乘太阴，所以为美。若昼将中末既尔空陷，而发用复乘天空，则必更旬而后可用也。

断曰：高盖乘轩之卦，乃富贵荣昌之象。三传自末生身，凡谋皆吉。但支则受克，干则被墓，辰午又自刑，且夜占两勾夹干，三传刑冲空陷，大抵初虽交合，后恐不利耳。

天时：火空则明，大晴。家宅：宅上得禄生干，亨吉。功名：发用旺禄生干，又高盖乘轩，大吉。求财：出旬再图，恐不易得。婚姻：可卜偕老。胎产：孕主女，产易生。疾病：心经之疾，难愈。争讼：可不终讼。投谒：宾主不投。出行：水路利于陆路。行人：未回。捕获：夜占盗神是寅，捕者当在东方树林空地。兵战：客主皆不利。

《毕法》云：权摄不正禄临支、不行传者考初时。《课经》云：辰加干为交车三①合，凡交关用事，必有奸私，或相交涉二三事。《神定经》云：干上辰，虽与支生合而却墓干；支上午，虽与干生合而却克支，纵有生旺之名，反作衰败空耗矣。《壬髓经》云：初传克末成者罕，末克初传事可成。

---

① 校者注：疑为"相"。

己酉日第五课

父　元青　乙巳　破碎
兄　青螣　癸丑　游都　日刑
子　螣元　己酉　三刑

　　　青螣　元青　合后　白合
　　　丑　　巳　　亥　　卯
　　　巳　　酉　　卯　　己

　　　　　空朱　白合
青螣　丑　寅　　卯　　辰　常勾
勾贵　子　　　　　　　巳　元青
合后　亥　　　　　　　午　阴空
朱阴　戌　酉　　申　　未　后白
　　　　　螣元　贵常

课格：涉害，从革。

课意：身既受克，破碎伤宅，三传全脱，劳心费力。

解曰：卯为日之鬼，临干克干；巳乃破碎煞，临支克支，身宅俱受伤矣。三传全金，盗脱干气，凡所作为，徒劳心力而已。盖课中有鬼，则子孙为救神，课中无鬼，则子孙为脱气。此课干上虽鬼，却为旬空，既空不烦金制，故为脱气而不作救神也。

断曰：传会三合，事关众人，课名从革，谋多更改。卯加巳乃日干之明鬼，而发用支上之巳遁乙，为日干之暗鬼。动辄遇鬼，不惟无益，犹有受人脱赚之虞。如占交易等事，后必参商。若先有不和，后却相合。

天时：水空，主晴。家宅：破碎克宅，宅主崩损；空鬼临干，人多虚病。功名：官空从革，当遭革职。求财：徒费心力。婚姻：不吉。胎产：有堕胎之患。疾病：病属心经，身患虚怯，初起可愈，久病甚凶。争讼：干支各被上克，两家皆被刑责。出行：行意不决。行人：久出恐因女色丧身。捕获：昼占盗神是巳，当是炉匠师巫之类，向系积贼。兵战：不利。

《毕法》云：干支全伤防两损、虎临干鬼凶速速。《纂要》云：日干之鬼，上乘白虎者，凡占凶祸速极。惟鬼值空亡，或坐于鬼方，或坐于生方，及虎之阴神能制虎者，虽目下有灾，后却无畏也。

己酉日第六课

财	合螣	辛亥	驿马	日解
父	阴空	丙午	日禄	
兄	青后	癸丑	游都	日刑

```
    合螣  常常  螣合  空阴
     亥   辰   酉   寅
     辰   酉   寅   己
```

```
              青后 空阴
勾贵  子     丑   寅     卯  白元
合螣  亥                 辰  常常
朱朱  戌                 巳  元白
螣合  酉     申   未     午  阴空
              贵勾 后青
```

课格：蓦越，斩关。

课意：初财中禄，不从所欲，闭口临绝，暗财可逐。

解曰：初传之亥，乃日财也，入墓而与蛇内战；中传之午，乃日禄也，临绝而受克乘空，皆不从所欲也；末传丑乃旬尾，遁癸为财，若能闭口随时，其中可以暗逐。

断曰：蓦越之课，五行投墓，止宜解忧释惑，结绝旧事。日德临身，却为空鬼，将复乘空，所谓"空上逢空"也。天罡临支，虽与支生合，乃是墓神覆宅，若求生意，总属虚无。

天时：五行投墓，主晴。**家宅**：墓神覆宅，阴财内战，主因酒食而起惊疑。**功名**：官空不利。**婚姻**：不成。**胎产**：二阴包阳，男孕，产顺。**疾病**：昼占肺经受病，宜泻心；夜占脾经受病，宜泻肝。**争讼**：即散。**出行**：水陆皆不宜。**行人**：即回。**捕获**：盗在正东，与人口角。**兵战**：彼此不利。

《毕法》云：空上逢空事莫追。《指南》：丙子三月，戌将卯时，刑部被逮，占出狱。曰：目今不能脱难，交四月甲戌日巳时，方可出狱。其人曰：指日即出矣。曰：发用驿马坐墓，且赤鸟犯岁君，如早上疏，旨意必驳。三月司马上疏，旨意果驳。四月上疏，依拟脱难。盖因四月建巳，冲初传墓中驿马，方有出狱之应耳。《三才赋》云：驿马入垣，所占迅速。《中黄经》云：马见巳亥在路岐。

己酉日第七课

官　白元　空卯　灾煞　支冲
子　螣合　己酉　三刑
官　白元　空卯　灾煞　支冲

　　　　螣合　白元　后青　青后
　　　　酉　　卯　　未　　丑
　　　　卯　　酉　　丑　　己

合螣　亥　勾贵　青后　寅　空阴
　　　　　子　　丑
朱朱　戌　　　　　　　卯　白元
螣合　酉　　　　　　　辰　常常
贵勾　申　未　　午　　巳　元白
　　　　　后青　阴空

课格：返吟，龙战。

课意：俱空俱鬼，何劳金制，昼将元合，逢私口闭。

解曰：初末俱鬼，幸得旬空，不待金制，其鬼自消。倘用昼将，元合临门，天后居日，必主阴私之事，往来勾引。癸丑在干，惟宜闭口，免致灾迍。

断曰：柔日返吟，事非一端。三传卯酉卯，应主门户动摇。祸自外来，事从下起。然来去皆空，虽反复靡宁，究为欲动不动之象。常人相宜，仕宦最忌。

天时：传课皆阴，阴而无雨。**家宅**：支空乘元，失脱难免。**功名**：宜退不宜进，恐有风波之险。**婚姻**：昼将后合元武，女子不洁。**胎产**：课传皆阴，胎上乘阳，孕，主男；产，防厄。**疾病**：病有两症相侵，久病大凶。**争讼**：不成讼。**出行**：无依卦，不吉。**行人**：即回。**捕获**：昼占酉为盗神，主西方女人作线，难获。**兵战**：三传全空，不利。

《毕法》云：来去俱空岂动移？《篹要》云：返吟课，如三月占，生气克日主病，为幸中不幸；死气生日主生，为不幸中幸。又云：卯加酉，昼占鬼乘元武脱气发用，来意必占失脱。《课经》云：九丑，己酉日丑加干，四仲发用。凡四仲时占，丑临干，加四仲上发用为九丑。

己酉日第八课

兄　后青　丁未　_{鲁都　羊刃}
财　勾贵　壬子　_{支破}
父　元白　乙巳　_{破碎}

_{后青　空阴　元白　勾贵}
未　寅　巳　子
寅　酉　子　己

_{合螣　勾贵}
朱朱　戌　亥　子　丑　青后
螣合　酉　　　　　寅　空阴
贵勾　申　　　　　卯　白元
后青　未　午　巳　辰　常常
　　　　_{阴空　元白}

课格：涉害，绝嗣。

课意：课传内战，昼贵相眷，虎随遁鬼，绝嗣尊殄。

解曰：三传四课，皆被下贼，夹克内战，非有窝犯之私，必有家庭之讼。昼贵临干作财，似得贵人眷顾之意。然末传之巳，遁鬼乘虎，灾殃必甚。况卦名绝嗣，若占长上，定主灾殄也。

断曰：涉害之课，凡事艰难，必有稽迟岁月，历尽风霜之象。占者得此，所谓苦尽甘来也。三传不离四课，义主循环。德神坐宅，昼贵临身，可以凶化为吉。占官者当从微而显，迤逦迁转，不能一蹴登于要津也。

天时：传课下贼，内战，主阴。家宅：德入宅，贵临身，人宅俱宁。功名：主有迁转。求财：昼占贵人之财可得，但夹克恐不能多。婚姻：青后比和，课传皆吉，昼占尤妙。胎产：孕主男，产易生。疾病：虎乘遁鬼甚危，然喜寅空，久病难治，暴病不妨。争讼：可解。出行：有阻。捕获：昼占在西方邮亭左右，造车匠人家。兵战：昼占吉，夜占凶。

《毕法》云：虎乘遁鬼殃非浅。《课经》云：子为昼贵临身，朱雀乘戌克贵，不可告贵请托，必贵人忌惮，而不肯用事。若占文书事，尤非所宜。《曾门经》云：四下贼上，法曰绝嗣。亡其先人，孤独无嗣。宜为主人利从后起。邵公诗云：鬼在鬼方无所畏，鬼居鬼上不须忧。

己酉日第九课

```
财  合螣  辛亥  驿马  日解
官  白元  空卯  灾煞  支冲
兄  后青  丁未  鲁都  羊刃
```

```
    元白 青后 白元 合螣
     巳   丑   卯   亥
     丑   酉   亥   己
```

```
            朱朱  合螣
  螣合  酉   戌   亥   子  勾贵
  贵勾  申             丑  青后
  后青  未             寅  空阴
  阴空  午   巳   辰   卯  白元
            元白  常常
```

课格：曲直，重审，狡童。

课意：利刃置蜜，舐之无益，只宜慷慨，凶灾自释。

解曰：亥为日财，临身可羡。三传全木，而亥乃木之长生。取之则引起众鬼，如蜜在刀上，舐之必有害也。不若慷慨以投卯，反与鬼混合为一，免罹于祸。故凡携金祷贵，散财济众，凶灾皆可释也。

断曰：曲直之课，事多冗杂。三传全鬼，止利占官。亥财贪生，须防欺诈。中末空陷，事亦鲜终。夜将初合末后，是名狡童，乃男诱女之象。夏月占此，主有阴私不正之事。春占木旺，空亦无碍。

天时：传课皆阴，中末空陷，阴而无雨。家宅：人宅平安，但不聚财。功名：木局伤干，止宜纳粟求官。婚姻：不宜。胎产：胎坐长生，又作旦贵，孕生贵子，但产不速。疾病：脾经受病，或腿足痿痹，难愈。争讼：先曲后直，防遭械杻。出行：陆路更吉。行人：三合，即归。捕获：昼占在东方，喜庆宴会家。兵战：不利。

《毕法》云：用破身心无所归、六阴相继尽昏迷。《指掌赋》云：亥卯未为曲直，当举直错枉。《云霄赋》云：天门木户，相见两和（卯加亥）；醴酒元浆，相调两便（未加亥）。

己酉日第十课

官　青元　空卯　灾煞　支冲
父　朱空　丙午　日禄
子　后合　己酉　三刑

　　　青元　常贵　白后　阴朱
　　　卯　　子　　丑　　戌
　　　子　　酉　　戌　　己

　　　　　　后合　阴朱
贵勾　申　　酉　　戌　　亥　元螣
螣青　未　　　　　　　　子　常贵
朱空　午　　　　　　　　丑　白后
合白　巳　　辰　　卯　　寅　空阴
　　　　　勾常　青元

课格：嗑矢，三交，斩关。

课意：弓矢斯张，嗑箭何防，那堪堕矢，惊恐无伤。

解曰：发用嗑矢逢空，矢已堕矣；中午旺禄，虽坐于空；末传之镞，尽被火克，灰飞烟灭，复何伤之有？

断曰：嗑矢，祸福皆轻，虽交车六害，刑干脱支，未为凶象。况阴神互作六害，虽危有救。发用官鬼临子，逢春或改旬，破财求官甚吉。

天时：大晴。家宅：日鬼作支之阴辰发用，不宁。功名：主有虚惊。求财：出旬再图。婚姻：昼占可用，夜占更吉。胎产：二阴包阳，孕男，产速。疾病：肾经受病，或病起饮食，宜治脾。争讼：鬼空，讼可解。出行：马恋长生，恐不成行，行则陆路吉。行人：天罡加季，即至。捕获：昼占盗在正南空马房中。兵战：不利。坟葬：冬占，发财发贵。

《毕法》云：空上逢空事莫追。《指南》：己卯六月，未加辰占病。曰：太岁发用作日破，目今无妨，但医神发用克日，用药不当。木火为虎鬼，脾肺受病，未能脱体，须平肝清心，可以渐愈。卯为死我门，酉为生我户。宜避初就末，可向空门求接命延年之术，否则壬午春，必有他虞矣。支上见胎神，家有妊妇。当二男一女。以行年推之，丁未生女，壬子、甲寅皆生男。后，悉验。

己酉日第十一课

兄　白后　癸丑 _{游都} _{日刑}
官　青元　空卯 _{灾煞} _{支冲}
父　合白　乙巳 _{破碎}

_{白后} _{元螣} _{元螣} _{后合}
丑　亥　亥　酉
亥　酉　酉　己

		_{贵勾}	_{后合}		
螣青	未	申	酉	戌	阴朱
朱空	午			亥	元螣
合白	巳			子	常贵
勾常	辰	卯	寅	丑	白后
		_{青元}	_{空阴}		

课格：元首，不备，间传，闭口，出户。

课意：阴私叠有，独存闭口，昼虎遁鬼，两贵皆丑。

解曰：传课纯阴，而后合元武叠见，定主阴私之事，不一而足。中末皆空，独存初传癸丑。闭口之卦，事有难言。如用昼将，末传巳火，遁乙乘虎，灾殃必重，纵空难解。昼贵入狱，夜贵临午，两贵皆伤，俱不可干，所以丑也。

断曰：间传之课，进步艰难。五阴相继，不利公干。酉支脱己干之气，却生所乘之亥水，而己土反取以为财，是即《毕法》所谓"取还魂债"也。占者得此，索取旧逋为宜。但既脱又空，耗失之事，亦不能免。

天时：纯阴课，主阴。**家宅**：干支各乘脱气，元武又动，防虚耗及盗贼。**功名**：不利，且宜谨言。**求财**：索债可得，但须费力。**婚姻**：后合重叠入传，不吉。**胎产**：孕防损，产不利。**疾病**：闭口卦，又为出户，甚凶，若昼占虎乘遁鬼，禄复乘空，必不能愈。**争讼**：可以讲和。**出行**：不利。**行人**：驿马入宅，即至；远者，酉亥月到。**捕获**：夜占在北方武臣贵家。**兵战**：利诡诈，不利声讨。

《毕法》云：两贵受克难干贵、虎乘遁鬼殃非浅、脱上逢脱防诈伪。酉从魁也，为亚魁星。天盘酉临年命日干，占试必中。《指掌赋》云：丑卯巳为出户，春雷震蛰。《秘要》云：诸占于酉日取应。

己酉日第十二课

```
财  元后  辛亥  驿马  日解
财  常贵  壬子  支破
兄  白螣  癸丑  游都  日刑
```

```
    元后 阴阴 后元 贵常
     亥   戌   酉   申
     戌   酉   申   己
```

```
         螣白 贵常
朱空  午  未   申   酉  后元
合青  巳            戌  阴阴
勾勾  辰            亥  元后①
青合  卯  寅   丑   子  常贵
         空朱 白螣
```

课格：重审，三奇，进茹。

课意：进进退退，先忧后喜，讼禁病脾，求财可以。

解曰：三传水局脱支，作日之财，但被戌土刑干，致进退维艰。然干乘长生，财终可取，所以先忧后喜也。末传闭口，讼事所忌。传财太旺，病则在脾，而求财则大可用也。

断曰：课传三奇，万事和合，刑杀亦所不忌，卦之最吉者也。主士有奇遇，官必超擢，庶民亦消祸获福。惟宅上逢害，奴婢恐有阴私动摇耳。干上长生，昼占乘常，来人当占婚姻之喜，或有赏赐财帛之事。

天时：水爻发用，有雨。家宅：人宅平安，须防奴婢奸逃。功名：连珠三奇，当以异政超擢。求财：三传皆财，求之必得。婚姻：良姻，可谐。胎产：孕产并利。疾病：主腹痛脾泄，当得良医。争讼：当解散。出行：水陆皆利。行人：即回。捕获：北方寻之可得。兵战：利用奇兵取胜。

《毕法》云：尊崇传内遇三奇。《课经》云：丑加子为腹胎，胎在腹中也。如天盘之丑，作空坐空，占产生速，占孕必损。《纂要》云：申为夜贵加干，朱雀乘午克之，不可告贵干托，必遭贵人忌惮，占用文书事尤忌。《纂义》云：丑年月占，主小口有灾。

---

① 原文：后元。

庚戌日第一课

兄　后白　戊申　_{日德 日禄 驿马 日解 恩赦}
财　青螣　空寅　_{日冲 日刑}
官　朱勾　乙巳　_{长生 干合}

```
   元元  元元  后白  后白
   戊    戊    申    申
   戌    戌    申    庚
```

```
              螣青  贵空
朱勾　巳　　午　未　申　后白
合合　辰　　　　　　酉　阴常
勾朱　卯　　　　　　戌　元元
青螣　寅　　丑　子　亥　常阴
              空贵  白后
```

课格：伏吟，元胎。

课意：昼禄虎啮，告贵难说，动陷鬼乡，弄巧成拙。

解曰：日禄昼乘白虎，禄为虎啮，不可守也。进取中传之财，又值空亡，且乘螣蛇，反助末传官鬼，是引入鬼乡矣，岂非弄巧成拙乎？贵人升堂，有泰山岩岩之象，入见殊难。况丑乃闭口，安能罄所欲言耶？

断曰：自任之卦，天地如一。干上德禄，乘马带虎发用，静中生动。传中城吏全逢，末得长生作官，名利咸宜，动为皆吉。惜中空为断桥折腰，事恐中止，或当改途。

天时：水母带马发用，因风而雨。**家宅**：人亨宅旺，须防小人。**功名**：德禄带马临干发用，当改动，吉。**求财**：费力。**婚姻**：断桥课，不成。**胎产**：胎上神阴，女孕，产速。**疾病**：肝经受病，或腹疾，恐淹缠。**争讼**：不利。**出行**：水陆并利，始终相合，但中传财空，填实乃佳。**行人**：斩关乃出行之象，白虎为道路之神，乘马临干发用，未能即回。**捕获**：本家奴仆或军人，穿半黄牛白衣。**兵战**：折腰，不利。

《毕法》云：宾主不投刑在上。《指南》：午将午时占病。曰：丁巳日不能生矣。盖因禄马发用，入中传空绝之乡。病人见驿马，乃神气出游之象。课传元胎，主别处投胎。虎鬼临处为畏期，课传既无天医，而末传巳火克日，故以是日决之。

庚戌日第二课

```
官  螣青  丙午  鲁都
官  朱勾  乙巳  长生  干合
父  合合  甲辰  支冲  仪神
```

```
     后白 阴常 螣青 贵空
      申   酉   午   未
      酉   戌   未   庚
```

```
               朱勾 螣青
合合  辰    巳    午    未  贵空
勾朱  卯              申  后白
青螣  寅              酉  阴常
空贵  丑    子    亥    戌  元元
           白后  常阴
```

课格：嚆矢，退茹。

课意：未午巳辰，俱火克身，常人深畏，仕宦欣欣。

解曰：午巳辰，火局也；未虽育干，乘丁凶动，是克我者众矣。常人占之，病讼连绵，岂不深畏？若仕宦逢此，官爻重叠，禄位频迁，所以欣欣也。

断曰：发用嚆矢，喜传克金镞，且始终相生，凡事忧可变喜。但金日逢丁，未与支刑，而三传助刑伐德，又被酉刃临支脱害。占者主有阴私小口之咎，火光之灾。

天时：传课俱火，大晴。家宅：金日逢丁，病讼难免，更防刑伤，于母尤切。功名：官星叠见，德禄乘马，升迁大吉。求财：龙合并见，最吉，但须见利思义。婚姻：吉，女子貌白而美，性好饮。胎产：女孕，产有虚惊，不妨。疾病：肝肺两经之病，可速治之。争讼：甚凶，幸有解。出行：水路吉。行人：驿马临门，即回。捕获：在正西酒店内，有女子掌柜。兵战：丁神临干，全火克申，不利。坟葬：防有刑伤，却能发丁。

《毕法》云：金日逢丁凶祸动。《三车一览》云：喻大师在祥符寺，一人酉加戌占疑。曰：庚日羊刃在酉，酉为金，戌为足，恐为刀斧伤足。其人固秀才，读书有名声，实为积盗。后事败，太守刖其足。又一人占出入。酉加卯为行年。曰：羊刃得手，惧有所伤。不出月内，其人果断其手。盖酉为刃，卯为手也。

庚戌日第三课

官	螣青	丙午	鲁都
父	合合	甲辰	支冲 仪神
财	青螣	空寅	日冲 日刑

螣青　后白　合合　螣青
午　　申　　辰　　午
申　　戌　　午　　庚

　　　　合合　朱勾
勾朱　卯　　辰　　巳　　午　螣青
青螣　寅　　　　　　　　未　贵空
空贵　丑　　　　　　　　申　后白
白后　子　　亥　　戌　　酉　阴常
　　　常阴　元元

课格：元首，不备，励德。

课意：末助初神，徒为怨憎，居尊礼下，避难逃生。

解曰：午为日鬼，寅乃午之长生，助初克干，是即教唆人也。幸作旬空，力弱不能相助，徒取怨憎而已。然庚则已畏矣，故屈尊礼下投于支上，俯就支生以避斯难，所谓"避难逃生"也。

断曰：元首之卦，以尊制卑，大顺之象。事从外来，起于男子。干禄临支，俯就于人，不免受其屈曲。四课阴不备，物必偏缺，事不周全。传课六阳，凡百谋为，利公干而不利营私。

天时：传课皆阳，大晴。家宅：德禄坐宅，宅旺人亨之象。功名：青龙作官，末得长生扶助，大吉。求财：无甚利益。婚姻：阴不备，不宜。胎产：胎神空，防有损；支脱干，占产速。疾病：肝经受病，酬香火之神可愈。争讼：先讼者利。投谒：恩中有害，未尽美也。出行：马作禄德，利往求官，水路更吉。行人：驿马入宅，即回。捕获：西方师巫道士及医人之类，内有女人，后邻有酒店。兵战：利客不利主。

《毕法》云：权摄不正禄临支、六阳数足须公用、避难逃生须弃旧。《课经》云：末助初克，入于空亡，其教唆人必自败露，俗云"枉做恶人"也。《要览》云：三传午辰寅，成合之期在戌月日必应。《纂义》云：龙乘午临干，子未月占，主妾有孕，否则家有孕妇。

庚戌日第四课

```
官  朱勾  乙巳   长生  干合
财  青螣  空寅   日刑  日冲
子  常阴  辛亥   劫煞
```

```
    合合 贵空 青螣 朱勾
     辰   未   寅   巳
     未   戌   巳   庚
```

```
              勾朱 合合
青螣  寅   卯   辰       巳  朱勾
空贵  丑                 午  螣青
白后  子                 未  贵空
常阴  亥   戌   酉       申  后白
              元元 阴常
```

课格：元首，元胎。

课意：一毁一誉，全是亥水，朝属长生，暮属干鬼。

解曰：末传亥水，明克巳火为救神；而迤逦递生，又为祸首，是一亥而毁誉殊也。干上巳火，昼乘勾土，则为长生；夜乘雀火，则为官鬼，是一巳而生杀判也。

断曰：元胎之卦，中末空陷。亥乃子爻，空则如胎之不育，事主少济。然考之初时，巳为庚之长生，临干发用；又三传递生，若占官禄，必蒙荐扬。干支交互相生，合本营生，亦所最宜。总俟寅年月日，填实为佳。

天时：火爻发用，水爻落陷，主晴。家宅：人宅交互相生，平安之象。功名：独留官星，作干之长生，前吉后衰。求财：不易得。婚姻：甚佳，但恐难成。胎产：胎上神属阴，孕主女；干支交互相生，产主难。疾病：辰上见未，伤食、翻胃、吐逆，迟久方愈。争讼：不利，防人欺负。出行：水路稍吉。捕获：西南方近井处、酒饭店中，可获。兵战：不利。坟葬：中有蛇穴或空圹。

《毕法》云：三传递生人荐举、不行传者考初时。《神定经》云：末传亥子克初传巳鬼，又迤逦生巳克干，谓之人前两面刀，毁誉在于反复。《纂要》云：日鬼乘朱加干，朝官防有弹章，上书必受责黜。临年命，亦同。

庚戌日第五课

子　青螣　壬子 _{游都 灾煞}
兄　螣青　戊申 _{日禄 日德 日解 恩赦 驿马}
父　元元　甲辰 _{支冲 仪神}

　　　白后　后白　青螣　元元
　　　寅　　午　　子　　辰
　　　午　　戌　　辰　　庚

　　　　　　　　白后　常阴
空贵　丑　　寅　　卯　　辰　元元
青螣　子　　　　　　　　巳　阴常
勾朱　亥　　　　　　　　午　后白
合合　戌　　酉　　申　　未　贵空
　　　　　　朱勾　螣青

课格：重审，润下。

课意：昼火丙午，传水可倚，事防再兴，宜绝后虑。

解曰：午火遁丙以克庚干，三传水局乃庚之子孙，故可倚以为救。但干为辰墓所覆，反有以敌水矣。事必复兴，可不思患预防，以杜绝其后虑乎？

断曰：润下之卦，流动为宜。干支彼此乘生，各有生气。虽辰午皆自刑，然亦相生，不过自心懊恼耳。干鬼临支，夜乘天后，妻妾不免小灾。昼占乘虎，名为催官，到任极速，临于宅上，亦且极近。传将昼夜皆属水神，克制官星，主众人不悦。虽有干上之辰克墓，身心总不亨嘉。

天时：润下，主雨。**家宅**：虎坐中堂，幸得传制，然元墓覆干，耗窃不宁。**功名**：官受传克，墓神覆日，不无昏晦，喜中传德禄带马，不妨。**求财**：薄而迟。**婚姻**：不吉。**胎产**：传课纯阳，主女；干脱支，产速而易。**疾病**：肺经受病，有救，不妨。**争讼**：昼占神克将，凶。**出行**：传虽三合，墓为归计，且干支上神自刑，不佳。**行人**：即归。**捕获**：北方渔屠之类，或同姓子侄。**兵战**：昼占凶，夜占吉。

《毕法》云：虎乘遁鬼殃非浅、互生俱生凡事益、合中犯煞蜜中砒、三传递生人荐举、宾主不投刑在上、六阳数足须公用。《课经》云：三合犯杀，即谚云"笑里刀"也，主恩中有变，合中有破。虽属我事，亦彼人中阻。

庚戌日第六课

```
父    合合    庚戌
官    阴常    乙巳   长生  干合
子    青螣    壬子   游都  灾煞
```

```
      青螣  阴常  合合  常阴
       子    巳    戌    卯
       巳    戌    卯    庚
```

```
              空贵  白后
青螣   子    丑    寅    卯   常阴
勾朱   亥                辰   元元
合合   戌                巳   阴常
朱勾   酉    申    未    午   后白
             螣青  贵空
```

课格：比用，芜淫。

课意：交关致祸，巳不生我，斫朽木轮，三传俱火。

解曰：干上卯克支，支上巳克干，交车相克，故曰交关致祸。巳乃庚之长生，既被子克，复为戌墓，焉能生我？夫卯，木也，空则朽矣。卯加于庚，是名斫轮，今卯木既空，是朽木而斫之也，鲜不摧拉矣。戌为火墓，巳为火神，而子则鼠遁为丙，坐于火乡，昼乘火将，是三传俱火，庚金何可当哉？

断曰：芜淫之卦，干支上神相生，又交相合，似乎式好无尤。然庚欲从戌，却忧巳；戌来就庚，又畏卯侵，彼此相好而各相背，有恩中生害之象。初传六合，将遭夹克，主事不由己，虚而不实。

天时：大晴。家宅：太常入宅，昼占防有孝服。功名：昼占吉。求财：难得。婚姻：不谐。胎产：胎神临绝受克，孕防有损；产即生。疾病：心经受病，齿痛呕血之类，暴病不妨，久病凶。谋望：经营无成，忧喜不实，当思变计。争讼：极凶，有解。出行：有阻，末传游都脱干，遁丙来克，并有盗贼之忧。行人：未至。捕获：贼在北方近水楼阁，正与人涉讼或哭泣。兵战：不利，慎之。

《毕法》云：朽木难雕别作为、初遭夹克不由己。《课经》云：卯加庚课，乃笑中刀也。匿怨而友，如相交涉，必至争讼。《三才赋》云：河魁从魁化六合，奴婢逃亡。

庚戌日第七课

```
财  白后  空寅  日冲 日刑
兄  螣青  戊申  驿马 日禄 日德 日解 恩赦
财  白后  空寅  日冲 日刑
```

```
     合合 元元 螣青 白后
      戌   辰   申   寅
      辰   戌   寅   庚
```

```
         青螣 空贵
勾朱  亥  子  丑  寅  白后
合合  戌          卯  常阴
朱勾  酉          辰  元元
螣青  申  未  午  巳  阴常
         贵空 后白
```

课格：返吟，元胎，斩关。

课意：七虎夜逢，释散灾凶，干乘空绝，身坐绝空。

解曰：干上寅乘夜虎，二课申亦为虎，三传初末，与干支共逢七虎。然来去俱空，虽凶亦散也。金长生在巳而绝于寅，木长生在亥而绝于申，各乘空绝绝空，凡事岂利谋为哉？

断曰：斩关非安居之象，无依乃反复之形。凡事总无凭藉①，成败无常，所谓"高岸为谷，深谷为陵"者也。中传德丧禄绝，马复陷空，欲免悔吝，其惟哲士知机②，达人安命乎！

天时：晴，申日有风。家宅：元武临支，宅必欠宁。功名：德丧禄绝，来去皆空，不利。求财：见在之财已空，岂能求外来之财？如必欲求之，反费已财。婚姻：返吟，不宜，亦不成。胎产：胎空，孕有损，产有厄。疾病：病在脾，当有两病相侵。争讼：先告者胜，可以消散。出行：马临绝地，宜静不宜动。行人：返吟，久出主归，当归反滞。捕获：西方健奴、军吏作贼，或弄狗乞人。兵战：不利。

《毕法》云：来去俱空岂动移？昼夜贵加求两贵。《秘要》云：申生人占病。谓之：人入鬼门，凶多吉少。《心镜》云：无依卦，逃者远寻，合者分散；巢改别林，官须易位。《袖中金》云：返吟主事带两途，昼占申乘龙，隔墙有祸。寅乘后，有远路文书往来之事。

---

① 原文：籍。
② 原文：几。

庚戌日第八课

兄　螣青　戊申　日德　日禄　驿马　日解　恩赦
父　空贵　癸丑　破碎
官　后白　丙午　鲁都

```
          螣青 常阴 后白 空贵
           申　卯　午　丑
           卯　戌　丑　庚
```

```
          勾朱 青螣
合合 戌   亥  子   丑 空贵
朱勾 酉           寅 白后
螣青 申           卯 常阴
贵空 未  午  巳  辰 元元
         后白 阴常
```

课格：知一。

课意：昆弟及己，占病必死，丙虎昼逢，申在棺里。

解曰：发用申金，乃庚之本身及庚之兄弟也。末传午火遁丙，昼乘白虎克之，凶灾必重。况中传丑墓覆日，申又坐于卯宫，如三月占之，申乘死气入棺，病者其能免乎？

断曰：知一之课，事有两端。贵人临身生身，三传递生，德马发用，干贵求名，最亨最利。但传墓入墓，丑为破碎，又为旬尾墓日，恐己心蒙昧，节目未周，致贵人闭口耳。诸当察言观色，勿致失口，乃协交情。

天时：青龙入墓，晴。家宅：支上乘卯空克，阴小不宁；如十月占，夜将死气作太常，入宅克宅，主有内孝服动。功名：德禄虽空，官爻乘虎递生，吉。求财：利微。婚姻：财空，不吉。胎产：孕主女，胎空入墓，恐有损，产易。疾病：极凶，然有救。谋望：凶事易散，好事难成。争讼：彼此俱损。出行：驿马虽乘德禄，然传墓入墓，未克称心。行人：驿马发用临门，立至。捕获：西方婢女，闻鸡声已散，难获。兵战：不利。

《毕法》云：虎乘遁鬼殃非浅、三传递生人荐举、华盖覆日人昏晦。《中黄经》云：丑入午传多诅咒。《指掌赋》云：丑遇天空为矮子，会申名为和尚。《玉成歌》云：天驿二马为初用（二、八月申为天马），参星白虎动行神（申为参星）。又云：墓神加日身灾滞。

庚戌日第九课

父　元元　甲辰　仪神　支冲
兄　螣青　戊申　驿马　日德　日禄　日解　恩赦
子　青螣　壬子　游都　灾煞

　　　　　后白　白后　元元　青螣
　　　　　午　　寅　　辰　　子
　　　　　寅　　戌　　子　　庚

　　　　　　　合合　勾朱
朱勾　酉　戌　　亥　　子　青螣
螣青　申　　　　　　　丑　空贵
贵空　未　　　　　　　寅　白后
后白　午　巳　　辰　　卯　常阴
　　　　　阴常　元元

课格：涉害，润下，励德，六仪。

课意：被子息坏，性多懒懈，动坐生方，索还魂债。

解曰：庚金被水局脱气，且生起寅木克戌，是身与家皆被子息所坏，以致气虚力疲，作事懒懈。然庚动而加辰，坐于生方，三传虽盗干，却生寅木作财。如人先曾有施于人，今却不意而得，是谓索取还魂债也。

断曰：六仪之课，本为吉征，又系三合，事有成局。贵人立二八为励德，利君子而不利小人。传课纯乎六阳，利公事而不利私事。庚金上生子水，子水复上生青龙，脱上逢脱，虚诈宜防。干上乘蛇，惊疑不免。

天时：润下，主雨。家宅：人多怯弱，宅主虚耗。功名：仪神发用，中传日德禄马交驰，甚吉；但三传克官，不可妄动。求财：宜索旧债。婚姻：佳耦①可谐，但恐难成。胎产：胎坐长生，占孕大宜，占产不利。疾病：病属虚症，或脾家受风，初起即愈，久难痊。谋望：事主迟滞，忧患之事难释。争讼：三合，当讲和。出行：六仪课，又马带德禄，利有攸往。行人：在途，将归。捕获：贼在西方道路旁，或金铁之场。兵战：不利。

《毕法》云：六阳数足须公用、脱上逢脱防虚诈。《课经》云：庚戌日辰加子发用，曰察微格。占者恐人不仁，或小人有谋害之意，思患预防，庶几无虑。《指掌赋》云：辰申子为呈斗，玩阴阳于天象。

---

① 同"偶"。

庚戌日第十课

财　白后　空寅　日冲　日刑
官　阴常　乙巳　长生　干合
兄　螣青　戊申　日德　日禄　驿马　日解　恩赦

```
        元元  空贵  白后  勾朱
         辰    丑    寅    亥
         丑    戌    亥    庚
```

```
            朱勾  合合
螣青  申    酉    戌    亥  勾朱
贵空  未              子   青螣
后白  午              丑   空贵
阴常  巳    辰    卯    寅   白后
            元元  常阴
```

课格：弹射，元胎，空亡。

课意：先失后得，费尽心力，两贵常怒，好恶无迹。

解曰：干上亥水本为脱气，却生初传财爻，故主先失后得。但初传财值旬空，中传官入空乡，末传驿马，望风捕影，劳心费力，欲得而不能得也。丑为昼贵在支，未为夜贵在辰，两贵入狱，干之必怒。然发用空亡，吉凶皆不成，好恶总无迹也。

断曰：弹射之课，祸福本轻，发用又空，尤为无力。贵人刑宅，干复乘脱，非有官事，即有盗侵。宅阴天罡乘元，亦防走失。末传德禄坐于长生而为驿马，若春占木旺，填实寅卯，前程万里，利有攸往矣。

天时：亥水坐长生，雨小而久。**家宅**：夜占两空夹墓覆宅，恐长上不宁。**功名**：官空不利，昼占稍吉。**求财**：利轻。**婚姻**：财空，不宜成。**胎产**：二阳包阴，干上又属阴神，孕主女；支脱干，产易。**疾病**：虎鬼空，初病即愈，久病凶。**争讼**：昼贵入狱刑支，夜勾脱干，两造俱不利。**出行**：恐防盗贼。**行人**：即归。**捕获**：盗在西方。**兵战**：不利。

《毕法》云：宾主不投刑在上。《袖中金》云：日遥克神，名曰弹射。二课发用，乃为自战，作事无力，多虚少实。《金匮经》云：交俱不入，当从独立。

注云：神来克日，祸从外来；日往克神，祸从内起。

庚戌日第十一课

```
    子   白后  壬子  游都  灾煞
财  青螣  空寅  日刑  日冲
父  合合  甲辰  支冲  仪神
```

```
   青螣 白后 白后 元元
    寅   子   子   戌
    子   戌   戌   庚
```

```
            后白 阴常
贵空  未   申   酉   戌  元元
螣青  午            亥  常阴
朱勾  巳            子  白后
合合  辰   卯   寅   丑  空贵
           勾朱 青螣
```

课格：重审，间传，不备，向阳，赘婿。

课意：支戌来生，坐守即亨，稍畏元武，止步休行。

解曰：支戌上门来生庚干，名自在格，坐享其利，不求亨而自亨矣。昼夜乘元，虽若可畏，然不妄动，亦可以聊生也。

断曰：向三阳之卦，自暗入明，始凶后吉之象。但初传脱气，夜乘白虎。中传财空，昼乘螣蛇。末传生气，陷入空乡。虽贵登天门，罡塞鬼户，谋为未必有益。幸支加干而生干，上乘元武，名元武现形。止当随时任运，庶无他虑。又课名赘婿，凡占身不自由。

天时：向三阳，微有雨而终晴。家宅：重审，事多不顺，支神乘元就干，妇人有私通之事。功名：向三阳，可成。求财：财带青龙，寅日可得。婚姻：后合，不宜。胎产：女孕，产速。疾病：心经受病，未能即愈。争讼：难散。出行：陆路差吉，然游都发用，须防盗贼。行人：迟滞未归。捕获：恐是本家子弟或渔屠人，在北方。兵战：宜静不宜动。

《毕法》云：不行传者考初时。《课经》云：辰为天罡，寅为鬼户，凡辰加寅为罡塞鬼户，不论在传不在传，皆名罡塞鬼户，使众鬼不能窥觑。唯宜逃灾避难，阴谋私祷，或吊丧问疾，合药书符。如甲戌庚日，尤的。缘旦贵登天门也，凡占无不亨利。《集义》云：火局月占，主有走失。若占走失，必败归主家。

庚戌日第十二课

```
子  常阴  辛亥  劫煞
子  白后  壬子  灾煞  游都
父  空贵  癸丑  破碎
```

```
   白后 常阴 元元 阴常
    子  亥  戌  酉
    亥  戌  酉  庚
```

```
            贵空 后白
膑青    午   未  申   酉   阴常
朱勾    巳           戌   元元
合合    辰           亥   常阴
勾朱    卯   寅  丑   子   白后
            青膑 空贵
```

课格：重审，进茹，三奇。

课意：三传脱日，凡谋费力，病危讼刑，嗣婢恼臆。

解曰：三传盗日，凡有谋为，难免耗费。干支上下，交害互脱，故病危而讼刑也。日上酉为婢女，作天罗；辰上亥乃子嗣，作地网。必因嗣子婢妾，致有恼恨，不能释然。

断曰：此联珠三奇也。再乘旺相，凡事皆化吉祥，谋无不利。但干支上神皆自刑，又交车六害，宾主之间，难言和合。发用亥为劫煞，连茹而进，事主迅速。末传丑墓遁癸，煞乘破碎，占者惟宜闭口，以防渗漏。

天时：亥水发用，即有雨。家宅：人宅交互脱害，不能安宁，幸三奇可无大咎。功名：卦得三奇，戌复刑开末墓，当有升迁之喜。求财：所得不偿所失。婚姻：三奇，可成。胎产：孕主男，产有厄。疾病：肾病头肿，主有传染，难愈。争讼：日辰上亥酉自刑，又交害，必不免刑罚。出行：进茹，宜退。行人：即归。捕获：即在前邻猪厕边，少迟即遁。兵战：宜守。坟葬：恐是义冢之类，未方出水可用。

《毕法》云：所谋多拙遭罗网。《指掌赋》云：亥子丑阳光在下，空怀宝以迷邦。《袖中金》云：此为费有余而得不足。三传脱气，费有余也。所谋不遂，得不足也。《秘要》云：守则为旺，动则为刃，行则加慎，言则加谨。《括囊赋》云：害挟太常，动止则尊亲有讶。

辛亥日第一课

```
子  元白  辛亥
父  常常  庚戌  恩赦 羊刃
父  青后  丁未  日解 日刑
```

```
       元白 元白 常常 常常
        亥   亥   戌   戌
        亥   亥   戌   辛
```

```
              勾贵 青后
合螣  巳    午   未    申  空阴
朱朱  辰                酉  白元
螣合  卯                戌  常常
贵勾  寅    丑   子    亥  元白
           后青 阴空
```

课格：伏吟，杜传，斩关。

课意：生意特达，投初被脱，丁未凶动，旅情未遏。

解曰：干并中末皆生，是生意特达也。支并初传脱气，是投初被脱也。自信乘丁，静中主动。乃末逢丁未，又属三刑，克贼用神，祸患之侵，殆不免乎。然不守中戌而进逢旬丁，必因生意，欲赴前途，所以旅情未能遏也。

断曰：伏吟之卦，天地如一，四伏未发，本为静象，而乘丁则动矣。但杜传课，又自刑三刑，传中和气却少，谋为未必称心。喜河魁为印，太常为绶，印绶临身生身，宅上奇神发用，末得天后青龙。占者主因父母官鬼而动，应有娶妻获财之喜。凡事初凶终吉，祸福相倚也。

天时：水爻发用，中末皆土，阴而无雨。家宅：人口平安，但亥用脱干，夜占乘元，防有盗贼之虞。功名：金日逢丁，禄遭破碎，不利。求财：始益终损。婚姻：龙后乘丁，不吉。胎产：孕主男子；克母脱母，主产难。疾病：病在心经，虚怯有救。争讼：金日逢丁，凶。出行：杜传，宜静不宜动。行人：先有信。失脱：昼占元在门，夜占元在宅，家中人所窃，不必远寻。捕获：昼占在正西，夜占在西北。兵战：不利。

《毕法》云：信任丁马须言动、金日逢丁凶祸动。《课经》云：任信丁马，如占访人，必出外干事；倘先允许，后必改易，故名无信无任也。

辛亥日第二课

父　常常　庚戌　恩赦　羊刃
兄　白元　己酉　日禄　破碎
兄　空阴　戊申　鲁都　干奇　劫煞

　　　　白元　常常　空阴　白元
　　　　酉　　戌　　申　　酉
　　　　戌　　亥　　酉　　辛

　　　　　　　合螣　勾贵
朱朱　辰　巳　　午　未　青后
螣合　卯　　　　　　申　空阴
贵勾　寅　　　　　　酉　白元
后青　丑　子　　亥　戌　常常
　　　　　阴空　元白

课格：元首，斩关，退茹，不备。

课意：禄乘元虎，结好不忤，夜奴婢失，相生交互。

解曰：旺禄临身，昼元夜虎，未免惊忧耗费。幸金水相生，相与结好，而意不忤也。戌为奴，酉为婢，夜将天空在末，元武居中，或因奴婢而有失脱。然酉生亥水，戌生酉辛，又交互相生，夫复何患？

断曰：退茹之课，格名失友。凡百欲行不行，人情欠美。斩关虽有动象，而干加支，支加干，课体循环，名曰回环。又兼魁度天门，面前六害，事多阻隔。且干上酉虽生支，而却败支。支上戌虽生干，而自克支。虽有生旺之名，反成衰败。占者利退不利进，宜静不宜动。

天时：毕宿临干，主阴。家宅：太常入宅克宅，主有孝服灾祸，五月占戌乃死气，尤的。功名：酉为亚魁在干，试必高中。求财：费力。婚姻：不吉。胎产：二阳包阴，孕主女；支上脱①日上，产速而易。疾病：心肝二经之病，淹缠难退。失脱：昼占元武临干，婢女窃去。争讼：回环课，不解。出行：退茹又关隔，主不行。行人：回环课，当归。捕获：斩关，利于出奔，占捕须远。兵战：不宜。

《毕法》云：魁度天门关隔定、旺禄临身徒妄作。《指掌赋》云：戌酉申为返驾，主行肃杀之道。《括囊赋》云：日临辰位，招两姓以同居。

---

① 校者注：疑为"生"或"脱于"。

辛亥日第三课

```
官  勾贵  丙午
父  朱朱  甲辰  支墓
财  贵勾  空寅  游都 支破 支合
```

```
      青后 白元 勾贵 空阴
       未   酉   午   申
       酉   亥   申   辛
```

```
              朱朱  合螣
螣合   卯    辰    巳    午   勾贵
贵勾   寅                未   青后
后青   丑                申   空阴
阴空   子   亥    戌    酉   白元
                 元白  常常
```

课格：元首，间传，顾祖。

课意：未虽助初，赖此旬无，徒取怨憎，权称虚拘。

解曰：用乃日鬼，末传助初克日，定有教唆词讼之人。幸赖旬空不能作恶，谚所谓"枉做恶人，徒取怨憎"者也。然则午之所以为官，寅之所以为财，凡损我益我之事，皆不过权宜之称许，而虚拘之礼文而已，何尝有实意哉？

断曰：元首发用，理本顺从。间传而退，事有艰阻。午官又得末助，仕宦占之，利见大人之兆。干支上神，交车六害，禄临支而被支脱，当因起盖房屋，以禄偿逋。空寅助鬼，财非我有。宜携财谒贵，纳粟奏名。或求神祷病，以免灾殃。

天时：角星指阳，主晴。**家宅**：身宅防失脱，不宁。**功名**：大吉。**求财**：为贵人所不足，难得。**婚姻**：财空，不吉，亦不成。**胎产**：胎亡神阴，孕主女；传逆，产难。**疾病**：肝经之病，须得西南方医人治之。**争讼**：有人唆讼，然末传空，支亥又制官，有救。**出行**：支见元虎，干上阴空，远行不利。**行人**：顾祖格，当归。**捕获**：不寻自回。**兵战**：昼占差吉，夜占不利。**坟葬**：主山高，白虎亦得气，但发福不久耳。

《毕法》云：权摄不正禄临支。《课经》云：午为寅之子孙，寅为午之长生，自午传寅，乃子回顾母，名曰顾祖格。《指掌赋》云：午辰寅为顾祖，而喜气和平。《纂义》云：成合之期，戌月日应。

辛亥日第四课

```
官  元螣  乙巳   日德 长生 驿马
财  贵勾  空寅   游都 支破 支合
子  合白  辛亥
```

<small>元螣 空阴 阴朱 常贵</small>
巳　申　辰　未
申　亥　未　辛

<small>　　　后合 阴朱</small>
贵勾　寅　卯　辰　巳　元螣
螣青　丑　　　　　午　常贵
朱空　子　　　　　未　白后
合白　亥　戌　酉　申　空阴
<small>　　　勾常 青元</small>

课格：元首，元胎，蓦越，励德。

课意：初马丁杂，投虎空脱，君子犹迍，常流怎活？

解曰：丁火临干，鬼马发用，金日逢之，必主凶动。因取中传之财，引入亥虎空脱之乡。虽君子尚有迍遭，而况常流值此，有能免于死亡刑狱乎？

断曰：元胎之课，日鬼乘马，自第四课发用，名曰蓦越，占主蓦然而来。或有惊疑，或有窃盗。幸巳为日之长生，又为德神，所谓"一德当头，万事无忧"。况干支各乘上生，凶中有解。但课名励德，君子当随时省察，勿愧厥心，斯为元吉。

天时：天罡指阴，主阴。家宅：未乘天后加戌，主妇人有疾。功名：大利。求财：财爻不实，迟或犹可。婚姻：财空，不宜。胎产：阴包阳，主男；干脱支，产不易。疾病：心脾肾三经有病，主魂梦不安，宜谢土。争讼：初势汹涌，后却有解。出行：宜慎。行人：即归。捕获：难获。兵战：宜慎。

《毕法》云：金日逢丁凶祸动、虎乘遁鬼殃非浅。《指南》：乙丑十月，卯将午时占。曰：先锋属病神，上乘卯财，当占阴人之病。传得元胎，又四课德鬼发用，食神乘空，主胸膈不能饮食。禄临死地，今幸子爻制鬼无妨，明夏太岁生鬼可虑。且夫占妻不宜财空，又辛日亦不宜占病，以辛作亡神故也。

辛亥日第五课

父　白后　丁未　日解 日刑
财　后合　空卯　日盗 干合 支合
子　合白　辛亥

　　　　后合　白后　贵勾　常贵
　　　　卯　　未　　寅　　午
　　　　未　　亥　　午　　辛

　　　　　　　　贵勾　后合
螣青　丑　　寅　　卯　　辰　阴朱
朱空　子　　　　　　　　巳　元螣
合白　亥　　　　　　　　午　常贵
勾常　戌　　酉　　申　　未　白后
　　　　　　青元　空阴

课格：涉害，曲直，度厄。

课意：宅并身灾，鬼掠钱财，携金告贵，此其宜哉。

解曰：辛被午克，亥被未克，夜又白虎临之，身宅所以俱灾也。三传纯木，乃日之财，却生干上午火作官，是我之财，为鬼所掠矣。然午为日贵，而携金谒之，关节可通，此其宜也。若爱财则化鬼矣，其能免于祸乎？

断曰：涉害之课，事主两端。三上克下，卑幼不利。面前六合，传会三合，财神外观可喜。但干支全伤，却恐两损。丁神自宅上发用，辛日逢之，祸机①已动。幸中末空陷，凶中有解。未虽虎乘遁鬼，究为干之生气。且天乙临身，投以苞苴，事亦可谐。

天时：午火临干，丁神发用，全传生之，主晴。**家宅**：丁神入宅，动摇不宁，如正月夜占，鬼作死气乘常，丁又乘虎克支，必有内外孝服。**功名**：官贵临身，虽逢丁神，三传全财生官，大利。**求财**：恐是虚花。**婚姻**：后合在传，不宜。**胎产**：干上神阳，主男；三合课，产难。**疾病**：病属心脾二家，甚险，宜求神。**争讼**：全财化鬼，丁神发用，大凶，然幸有解。**出行**：不利。**行人**：迟归。**捕获**：昼占在正西，夜占在东南。**兵战**：有惊忧。**坟葬**：发财之地。

《毕法》云：贵虽坐狱宜临干、鬼乘天乙乃神祇、干支全伤防两损、虎乘遁鬼殃非浅、不行传者考初时。《摘要》云：六辛日午加干，虽是日鬼，却是贵人，不可作鬼祟看，当是香火正神，神佛岳府。夜占当有新化灵席作祟。

---

① 原文：几。

辛亥日第六课

官　常贵　丙午
父　腾白　癸丑　日墓 福星
兄　空朱　戊申　劫煞 鲁都 干奇

腾白	常贵	朱空	元后
丑	午	子	巳
午	亥	巳	辛

	腾白	贵常		
朱空　子	丑	寅	卯　后元
合青　亥			辰　阴阴
勾勾　戌			巳　元后
青合　酉	申	未	午　常贵
	空朱	白腾		

课格：重审，四绝。

课意：采葛寻脑，幽隐难考，夜元克身，丙午又造。

解曰：干上巳鬼，夜将乘元，支上午火，旬遁得丙，俱来伤日，为害甚矣。然细考之，巳害犹浅，而午尤甚。盖午官发用，迤逦生至末传，午克丑墓，使申金全然无气。譬之采葛者，而寻其脑，午为厉阶矣，岂不幽隐而难考哉？

断曰：四绝之课，五行入墓，止宜结绝旧事，不利新谋。干上虽乘巳鬼，却为日德，贵又坐宅，占官最吉。末传兄弟，丑墓午克，且作鲁都劫煞，干上元武又乘驿马，主自己或兄弟，必因盗贼而起官司。

天时：火爻发用，主大晴。家宅：午贵加宅，宅中有愿未完。功名：四绝卦，禄又陷空，不吉。求财：只宜索逋。婚姻：四绝卦，不宜成姻。胎产：胎神临宅，受克作旬空，占孕占产俱畏。疾病：病在心肾二经，凶不可言。争讼：官鬼临身发用，势极凶险，幸为日德，有解。出行：所如卒[①]难称意，驿马乘元，又逢鲁都官鬼，须防讼盗。行人：迟归。捕获：昼占即西方捕役作贼，夜占在北方。兵战：主客俱不利。

《毕法》云：鬼乘天乙乃神祇。《纂义》云：事多扼塞，动遭阻隔，了结旧案，是名四绝。《指掌赋》云：贵常同入官乡，当朝宰执。邵公诗云：鬼在鬼方无所畏，此鬼原来无避忌。

---

① 原文：猝。

辛亥日第七课

官　元后　乙巳　日德　长生　驿马
子　合青　辛亥
官　元后　乙巳

```
        合青 元后 勾勾 阴阴
         亥   巳   戌   辰
         巳   亥   辰   辛
```

```
          朱空 螣白
合青 亥  子   丑   寅 贵常
勾勾 戌           卯 后元
青合 酉           辰 阴阴
空朱 申  未   午   巳 元后
          白螣 常贵
```

课格：返吟，元胎，斩关。

课意：两贵受克，生值绝域，浊气所生，失十得一。

解曰：午为昼贵而临子，寅为夜贵而临申，俱受下克，干贵无力矣。巳乃辛金长生，投绝受克而作初末，诸占不吉。惟赖丁上天罡浊气来生，无如辰土所生，实为亥水所脱，故云得一失十也。

断曰：无依之卦，反覆无常。干支上神，交互相克，事无实据。宅上之巳，本为日德，又为长生，发用作马，遁得乙财，若出外求谋，亦薄有财喜。

天时：久雨主晴，久晴当变，方晴复雨之象。家宅：宅上鬼马发用，主有动移之事；昼占天后临绝，妻女灾危；夜占元武，防婢走失。功名：马乘德鬼作长生，大利。求财：龙坐长生，大利。婚姻：不宜。胎产：绝胎卦，胎神又空，占孕防损，占产速。疾病：心肾二经之病，以女色不正而得，虽淹滞，有解。争讼：反复淹滞。出行：马发用作长生，可获财喜。行人：不来。捕获：元武恋生，不获。兵战：不利。

《毕法》云；两贵受克难干贵。《课经》云：巳午加亥子克日，主痨病或心患痁痈。《克应经》云：老幼占病得元胎，为后世投胎之兆，最凶。《纂义》云：支马乘元，若水局月占之，主有走失逃亡。巳时占，主宅舍动移之事。夜占天后临巳加绝，主阴人有灾。

辛亥日第八课

```
财  后元  空卯   日盗 干合 支合
兄  空朱  戊申
父  螣白  癸丑
```

```
      青合 阴阴 空朱 后元
       酉   辰   申   卯
       辰   亥   卯   辛
```

```
              合青 朱空
勾勾  戌   亥   子   丑  螣白
青合  酉              寅  贵常
空朱  申              卯  后元
白螣  未   午   巳   辰  阴阴
          常贵 元后
```

课格：重审，励德，孤辰。

课意：来情占失，夜贵无力，斫朽木轮，所谋阴慝。

解曰：卯乃日财，临于干上。昼占乘元发用，是财物逼迫，来意定占遗失也。夜贵仰丘俯雠，贵人无力，干之何益？卯加金为用，名曰斫轮。然卯值旬空，朽木难雕，宜改科易业。末墓蛇虎，干支上神，俱乘元武阴后，所谋阴慝，夫复何疑？

断曰：重审之卦，事须三思。用空名曰孤辰，当防离别。大约有虚名而无实济，惟僧道则相宜也。中申陷空，惟留末传丑墓，遁癸闭口，凡有谋为，须待春风消息。若逢卯年卯月占之，便佳。

天时：天罡指阴，主阴。家宅：辰卯相害，人宅恐有不宁。功名：初中皆空，惟留末墓，俟卯填实，生起官星，未冲丑墓，乃佳。求财：得亦还失。婚姻：财恐①不成。胎产：二阴包阳，男子之祥，胎神临空受克，占孕必损，占产即生。疾病：初中空陷，末墓乘虎，大忌。争讼：原被皆忌。出行：春占吉。行人：朱乘中传之申，音书已在途中。捕获：难获。兵战：不可轻动。

《毕法》云：朽木难雕别作为、不行传者考初时。《括囊赋》云：申乘朱雀，音书必起于程途。《金兰略》云：孤神上克，必主孤单。《照胆秘诀》云：后合元阴与酉卯，加临课位遭强盗。

---

① 疑为"空"。

辛亥日第九课

父　白螣　丁未　日解　日刑
子　合青　辛亥
财　后元　空卯　支合　干合　日盗

```
        白螣  后元  常贵  贵常
         未   卯   午   寅
         卯   亥   寅   辛
```

```
          勾勾  合青
青合 酉   戌   亥   子 朱空
空朱 申              丑 螣白
白螣 未              寅 贵常
常贵 午   巳   辰   卯 后元
         元后 阴阴
```

课格：知一，曲直。

课意：夜虎丁火，勿恃传课，交合何益，无财有祸。

解曰：用未遁丁，夜乘白虎，金日逢之，凶祸动矣。况三传俱财，全财则化鬼。干上寅，支上卯，虽交车相合，而四课皆空，恃之何益？若贪其财，不惟财不可得，而祸即随之矣。

断曰：曲直之课，事体冗杂，又名知一，首鼠两端。三传三合，且干支上神交关相合，日辰阴阳，又各自为合，欢忻和合之象。惜为空亡，惟留中传一亥，凡百谋望，凶则可解，吉则难成。倘值春占，或遇卯年可喜。

天时：龙虽升天而角星指阳，主晴。家宅：人宅亨嘉，但丁神自第四发用，主长上文书之事，薯有虚惊。功名：不利。求财：财神空亡，求之反费己财。婚姻：淫洪卦，不宜。胎产：干上神属阳，主男；胎坐长生，孕吉，产迟。疾病：传课皆空，即愈，久病可危。争讼：财空官陷，主即解散。出行：宜慎。行人：即归。捕获：武恋长生坐宅，易获。兵战：防有失。坟葬：龙虎皆陷，元神空亡，葬之不吉。

《毕法》云：金日逢丁凶祸动、传财化鬼财休觅、交车相合交关利。《指南》：甲申十二月，子加酉占功名。曰：干乘绝气，支见死神，贵既空亡，禄亦受制，官星陷矣；谁与居位？营垒空矣；谁与御侮？财星空矣；谁与生官？太阳西坠。冬木逢空，岁在大梁，不能保矣。盖明岁，行年酉为自刑，当破坏木局。果验。

辛亥日第十课

官　合后　乙巳　日德　长生　驿马
兄　空朱　戊申　干奇　鲁都　劫煞
子　元青　辛亥

　　　合后　贵常　朱阴　后白
　　　巳　　寅　　辰　　丑
　　　寅　　亥　　丑　　辛

　　　　　　白合　　常勾
空朱　申　　酉　　戌　　亥　元青
青螣　未　　　　　　　　子　阴空
勾贵　午　　　　　　　　丑　后白
合后　巳　　辰　　卯　　寅　贵常
　　　　　朱阴　螣元

课格：嗑矢，元胎，励德。

课意：马上张弓，矢箭申空，幸脱孤矢，虎墓须逢。

解曰：巳为弓，乘马而遥伤日干，故曰马上张弓。申为箭，嗑矢得金，是为委镞。幸巳落空乡，又被末传亥水相制，全然无气。中传之申，夜乘天空，亦无足虑，则亦幸而脱于弧矢者也。惟干上墓虎加临，凶恶殊甚，倘年命得逢寅卯，犹可为救。

断曰：嗑矢之课，祸福俱轻。至第四课发用，尤为无力。华盖覆日，事主昏迷。昼乘白虎，须防仇人陷害。

天时：早晴，午后风且雨。家宅：人口不宁，年命上得寅卯，或寅卯年占，吉。功名：已得者不利，未得者不遇。求财：不能。婚姻：不宜，亦不成。胎产：胎空坐死地，难保。疾病：丑墓乘虎临干，马临绝地，难愈，本命木有解。争讼：可解。出行：水路差可，然驿马乘后合克干，身须保重，若近女色，尤危。行人：不来。捕获：难获。兵战：防失众。

《毕法》云：干乘墓虎无占病。《吴越春秋》：七月辛亥，寅时，吴伐齐。辛上丑，亥上寅，巳神克日为用。辛，岁位也；亥，阴前之辰也；合，壬子岁前合也，行师决胜。但德在合，斗系丑。丑，辛之本也。大吉为白虎而临辛，功曹为太常而临亥。大吉加辛为九丑，又并白虎。前虽胜，后必大败。

辛亥日第十一课

父　后白　癸丑　_{日墓　福星}
财　螣元　空卯　_{日盗　干合　支合}
官　合后　乙巳　_{日德　长生　驿马}

　　　螣元　后白　贵常　阴空
　　　卯　　丑　　寅　　子
　　　丑　　亥　　子　　辛

青螣　未　^{空朱}申　^{白合}酉　戌　常勾
勾贵　午　　　　　　　　亥　元青
合后　巳　　　　　　　　子　阴空
朱阴　辰　卯　　寅　　丑　后白
　　　　　_{螣元　贵常}

课格：涉害，间传，涘女，出户，闭口。

课意：财德既空，墓虎独存，病绝药食，恐丧其魂。

解曰：中传卯财，末传巳德，俱属空亡。独存初传墓虎，又为闭口。占病定然药食不进，恐丧其魂者，言必死也。

断曰：涉害之卦，凡事疑滞，欲行不行。发用闭口，似物闭藏，机关莫测。干支上神六合，三传自墓传生，而末又助初生，大约先凶后吉，亦有恩中生害之象。凡占以退为进，以晦为明，不当恃才尚智，贻悔后来。

天时：天罡指阳，主晴。家宅：春占，干墓并关，宅应隳废，墓虎伤支，宅有伏尸，或邻舍有棺鬼作祟。功名：寅卯年月最利。求财：无利。婚姻：不宜。胎产：涉害，胎孕逾期；闭口，恐生哑子。疾病：主肾虚气促，或痰气格塞、瘖哑，或禁口痢，或喉塞不食。失脱：人见而不肯言。争讼：闭口，屈不得伸。出行：有阻。行人：不归。捕获：不得。兵战：宜慎。坟葬：龙虎值空，未为全吉，然墓作生气，逢寅卯亦发。

《毕法》云：不行传者考初时、空上逢空事莫追、支乘墓虎有伏尸、干墓并关人宅废。《课经》云：干上子脱辛，昼占乘天空，是名脱空神。凡占皆无中生有，全无实迹，不足取信。如旬空乘天空亦然。《纂义》云：丑虎乘墓加支，宅有伏尸，或邻舍有棺椁，不无鬼祟。《指掌赋》云：丑卯巳为出户，春雷震蛰。

辛亥日第十二课

父　后青　癸丑　日墓　福星
财　贵勾　空寅　游都　支破　支合
财　螣合　空卯　日盗　干合　支合

　　　　后青　阴空　阴空　元白
　　　　丑　　子　　子　　亥
　　　　子　　亥　　亥　　辛

　　　　　　青后　空阴
勾贵　午　未　　申　　酉　白元
合螣　巳　　　　　　戌　常常
朱朱　辰　　　　　　亥　元白
螣合　卯　寅　　丑　　子　阴空
　　　　　贵勾　后青

课格：元首，进茹，不备，闭口。

课意：故意相亏，狐假虎威，己财既失，意外何希？

解曰：支来加干，上门相脱，喜得坐下戌土敌之，亥惧而不敢脱，是辛犹狐而戌犹虎，即狐假虎威之喻也。中末寅卯，己之财也；乃作空亡，己财则既失矣；意外之获，尚何可希冀乎？

断曰：退茹空亡，大宜进步，又值网刃，不宜向前；大约进退维谷，动静两难之象。且干上逢脱，夜将乘元，是为脱盗。支上子亦脱气，凡事尽被脱耗，虚诈不实也。

天时：主阴。家宅：人口衰惫，且有耗财之患。功名：财空，官星不见，不吉。求财：己财且失，何暇外求？婚姻：龙后乘墓，不佳。胎产：孕生男，但闭口，当生哑子，占产不易。疾病：心经之病，不能饮食，或不能言语，凶而有救。失脱：主见者不肯言。争讼：冤不能伸。出行：进茹空亡，不宜前往。行人：未归。捕获：难获。兵战：不利。坟葬：不能生长草木，将来家道渐贫。

《毕法》云：须忧狐假虎威仪、脱上逢脱防虚诈、所谋多拙遭罗网、干墓并关人宅废、不行传者考初时。《断镜》云：亥将戌时占此课，定主失脱。缘干上亥为日之盗神，将乘元武。又初传为日之墓，中末日财，又系旬空。纵太阳照武，奈戌时太阳已归地下，其贼难获。果验。

壬子日第一课

兄　常空　辛亥　日德　日禄　干奇　鲁都
兄　元青　壬子　羊刃
子　贵朱　空卯　支刑

```
元青 元青 常空 常空
 子   子   亥   亥
 子   子   亥   壬
```

```
          合后 勾阴
朱贵  巳  午  未  申  青元
螣螣  辰          酉  空常
贵朱  卯          戌  白白
后合  寅  丑  子  亥  常空
         阴勾 元青
```

课格：伏吟，励德，三奇，杜传。

课意：德禄幸临，贪心再成，欲其兴旺，无礼遭刑。

解曰：亥为德禄，临干发用，何其幸也。如不守其禄，而贪心未已，前就中传之子，以冀兴旺，则末传卯子无礼相刑，刑狱之遭，其能免乎？

断曰：卦得三奇，祸消福长之象。况传课皆逢旺禄，凡谋俱吉。惟归计值空，事恐更变难成。且课体伏吟，宜静而不宜动耳。

天时：晴占则晴，雨占更甚。家宅：德禄临干，旺神坐支，人宅咸亨。功名：传课重逢旺禄，大利。求财：支干同类，恐有争夺。婚姻：支干比和，且乘旺禄，大吉。胎产：男子之祥，伏吟，占产尚迟。疾病：病属肾经，未能即愈。争讼：田庐致讼，可和。出行：不果。行人：未动。捕获：夜占即家中人作贼。兵战：防诈。

《毕法》云：旺禄临身徒妄作。《古鉴》：辛卯人，戊申十一月，卯加卯占家宅。曰：宅上帝旺，财物兴隆。中传是子，子边作亥似孙字，今年子及孙当进学。末传门户上有不宁，乃是户役事。门上不合安符，主不时吵闹。财禄甚稳，家当大发。但身有胸胱疝气，及阴肿水气之忧。尚有四四一十六年寿，当以阴肿而亡。盖亥数四，身与初传重见，旺则相倍之故也。其家果挂一天师，时有怪异，去之即安，余亦皆验。

壬子日第二课

```
官　白白　庚戌
父　空常　己酉　恩赦①支破
父　青元　戊申　长生
```

```
　　　白白 常空 空常 白白
　　　 戌　 亥　 酉　 戌
　　　 亥　 子　 戌　 壬
```

```
　　　　　朱贵 合后
螣螣　辰　 巳　 午　未　勾阴
贵朱　卯　　　　　　申　青元
后合　寅　　　　　　酉　空常
阴勾　丑　 子　 亥　戌　白白
　　　　　元青 常空
```

课格：退茹，斩关，不备，元首。

课意：先疑后遂，佯输诈退，病讼逢斯，昼夜皆晦。

解曰：戌土临干发用，昼夜上乘白虎，此壬所最怕者也。先受此惊疑，然后从而得酉申之生遂，所谓佯输诈退也。若占病讼，岂能当此虎鬼昼夜相临乎？

断曰：连茹而退，凡事以退为进，斯能受益。魁度天门，虽有阻滞，而临干发用，却为斩关，非安居之象。但格合失友，课名不备。又虎乘干鬼，人情必然欠美，事体必然未周。多主欲行不行，先难后易之象。

天时：天罡指阴，主阴。家宅：德禄坐宅，宅旺而窄，人亦平安，防有大惊。功名：青龙值旺，已仕者主升转，未仕者，不日得官赴任。求财：无益。婚姻：不吉。胎产：胎上神阳，主男，产迟而难。疾病：魁度天门，乘虎作鬼，主肾气大虚，以致隔食隔气，法宜治脾。投谒：有阻。争讼：不利。出行：不大遂意。行人：归迟。捕获：昼占盗在西南，夜占盗在正北。兵战：当失众。

《毕法》云：权摄不正禄临支、魁度天门关隔定、干乘墓虎无占病、虎临干鬼凶速速。《课经》云：日干禄神加临支辰上者，凡占不自尊大，受屈折于他人，非邻国之游士，亦幕府之客臣。《纂要》云：壬水临支就旺，大宜家居食禄。

---

① 原文字迹模糊，貌似"恩赦"。

壬子日第三课

官　青白　庚戌
父　白元　戊申　长生
财　元后　丙午　支仪　灾煞

　　白元　青白　常阴　空常
　　　申　　戌　　未　　酉
　　　戌　　子　　酉　　壬

　　　　　后螣　阴贵
贵朱　卯　辰　巳　午　元后
螣合　寅　　　　　未　常阴
朱勾　丑　　　　　申　白元
合青　子　亥　戌　酉　空常
　　　　勾空　青白

课格： 元首，斩关，间传。

课意： 宅上为初，昼占难居，亘耐末午，助鬼趑趄。

解曰： 戌土临宅发用，昼将白虎，若占家宅，凶恶难居。末传之午，虽为日财，却助初鬼，壬干见之，自趑趄而不敢进步，故尔亘耐也。

断曰： 间传之课，进步艰辛。又名斩关，事难安贴。干支六害，而干则受败，支则受克，人宅不宁之象。末财生助初鬼，止宜携财告贵，切勿妄意求财，必将致祸。昼占酉乘太常生日，当因喜庆婚姻，以致破财；或开丝铺酒肆，以为生计。

天时： 主晴。**家宅：** 虎鬼临支发用，干支俱受其克，人宅不宁，小口灾更甚。**功名：** 催官发用，末财又助，已得者升迁，未得者任速。**求财：** 无益。**婚姻：** 干支上乘六害，不吉。**胎产：** 三传纯阳，主女；干上脱支上，产速而易。**疾病：** 肝肾二经之病，昼占甚凶，夜占有解，总宜求神作福。**争讼：** 有教唆人，主略占先。**出行：** 斩关课，最利。**行人：** 即至。**捕获：** 昼占盗在正南，道旁马舍。**兵战：** 不利。

《毕法》云：虎临干鬼凶速速、虎乘遁鬼殃非浅。《课经》云：戌加子发用，夜将为一喜一悲，干上酉乘空生日，为不幸中幸。支上戌乘龙克日，为幸中不幸。《断镜》云：戌虎临支，寅月占，主房舍不安。虎临四季加子，主小口灾病。占讼有主唆，年命制末则吉，生初则凶。

壬子日第四课

```
财  元后  丙午  支仪 灾煞
子  贵朱  空卯  支刑
兄  合青  壬子  羊刃
```

```
    元后 空常 阴贵 白元
     午   酉   巳   申
     酉   子   申   壬
```

```
               贵朱 后螣
螣合  寅  卯   辰    巳  阴贵
朱勾  丑             午  元后
合青  子             未  常阴
勾空  亥  戌   酉    申  白元
          青白 空常
```

课格：比用，三交，高盖。

课意：夜遁戊虎，财亡妻苦，中末皆空，败坏门户。

解曰：干上申，长生也。遁得戊土，夜乘白虎，返为伤日。发用午火，昼后夜元，又被末传子水冲制，是妻财受伤矣。中末空陷，且子卯无礼相刑，兼之壬水败于酉，支上乘之，门户之所以败坏也。

断曰：知一之课，亦名比邻。事有两岐，起于同类。有始无终，恩中生害之象。且三交作传，事体牵连，须防有人阻破。幸日辰上神，交互相生，循分守拙，最为安妥。

天时：火用水空，主晴。家宅：败神临支，夜虎遁鬼，人宅俱不能安宁，家中忌隐匿私人。功名：高盖课，大利。求财：无益。婚姻：不吉。胎产：胎神临败地，孕防损；阳包阴，主女；支上神脱干，产速。疾病：病属肝经，或因酒食而起，甚凶。争讼：夜占虎乘遁鬼，甚凶，然可讲和。投谒：比邻人，可得见。出行：有阻。行人：未归。捕获：贼在邻近。兵战：宜和，不宜战。

《毕法》云：虎乘遁鬼殃非浅、不行传者考初时。《太乙经》云：壬子日魁加辰，胜光临子为用，将得螣蛇，此为日辰并伤神将也。但辰伤妇，谓辰伤其阳神神将者；又曰内有微气往助之者，为妇死也。

壬子日第五课

官　常阴　丁未 _{支害}
子　贵朱　空卯 _{支刑}
兄　勾空　辛亥 _{日德　日禄　鲁都　干奇}

　　　后螣　白元　贵朱　常阴
　　　辰　　申　　卯　　未
　　　申　　子　　未　　壬

　　　　　螣合　贵朱
朱勾　丑　寅　　卯　　辰　后螣
合青　子　　　　　　　巳　阴贵
勾空　亥　　　　　　　午　元后
青白　戌　　酉　　申　　未　常阴
　　　　　空常　　白元

课格：涉害，曲直，励德。

课意：丁鬼临身，暗戊加辰，财如刃蜜，夜卜为迍。

解曰：水日逢丁，临身之财，极易取也。但乘未土，为日之鬼；申乃长生在支，却遁戊土乘虎，二者皆美中不足，故以刃蜜喻之。至于夜占，则天将皆属土克干，迍邅尤甚矣。

断曰：见机之课，乃趋安避危，先难后易之象。事须见机，思所变计。若守旧不改，愈加稽滞矣。况局成曲直，动则如意，静则不宁。贵人立于西上为励德，亦主迁动。但干上神，交车六害，末传德禄陷空，凶易散而吉难成耳。

天时：曲直带丁马，主大风。**家宅**：干支上神交车六害，三传又脱盗干支，人宅不宁。**功名**：不利。**求财**：壬干乘丁，惜乘六害，难得，春占吉。**婚姻**：水日逢丁，妻财已动，春占大吉，余不甚佳。**胎产**：胎上神属阳，弄璋之兆，产迟。**疾病**：症主肝木，因风而起，难愈。**争讼**：虽凶，有解。**出行**：中末空陷，有始无终；未必去，去亦不佳。**行人**：归迟。**捕获**：昼占是东方本家人。**兵战**：不宜。

《毕法》云：虎乘遁鬼殃非浅、水日逢丁财动之。《断镜》云：壬子日太常临未加亥，支上申乘白虎，三月占又是死气，乘虎入宅，主内外孝服。《指掌赋》云：未卯亥为正阳，遵发生之意。又云：三传纯子孙，不求财而财自至。

壬子日第六课

```
财   元后  丙午  支仪 灾煞
官   朱勾  癸丑  日解
父   白元  戊申  长生
```

```
  螣合 常阴 朱勾 元后
   寅   未   丑   午
   未   子   午   壬
```

```
            朱勾 螣合
合青  子    丑   寅   卯  贵朱
勾空  亥              辰  后螣
青白  戌              巳  阴贵
空常  酉   申   未   午  元后
          白元 常阴
```

课格：重审，四绝，泆女。

课意：夜申遁鬼，长生无气，或卜财亡，或缘妻婢。

解曰：申乃壬水长生，遁戊为鬼，被初克中墓，则长生无气矣。午为壬水妻财，被水将夹克，占遇此课，非为财亡，则缘妻婢之事也。

断曰：重审之课，事多不顺，事由妇人而起。面前六合，三传递生育干。占主先以财交引荐，后致祸灾。初遭夹克，财不由己而费用。中作腹胎，妻应怀孕而忧虞。初末虽引从地支，然被丁未克害，当亦不能安坐享福也。

天时：火爻夹克，天罡指酉，主阴。家宅：旬丁乘鬼，入宅克宅，主宅不宁。功名：三传递生，可得，恐有反复。求财：费力。婚姻：恐非佳偶。胎产：胎神临绝受克，占孕危，产易。疾病：症主肝肾二经，淹缠难愈，宜作福。争讼：可和。投谒：干支上神六合，宾主和谐。出行：吉。行人：在途。捕获：昼占在东方舟车中，夜占在正南园田内。兵战：能知机，可小用。

《毕法》云：三传递生人举荐、初遭夹克不由己、六爻现卦防其克、虎乘遁鬼殃非浅。《邵先生口议①》云：凡太岁未加子或子加未，主井中有祟。《克应经》云：凡宅上见鬼，如为岁月破，主破家破祖破田畜、小口、妻财之应。

---

① 校者注：疑为"义"。

壬子日第七课

```
财  元螣  丙午  支仪 灾煞
兄  合白  壬子  羊刃
财  元螣  丙午  支仪 灾煞
```

```
    合白 元螣 勾空 阴贵
     子   午   亥   巳
     午   子   巳   壬
```

```
                合白 朱常
勾空  亥    子    丑    寅   螣元
青青  戌                卯   贵阴
空勾  酉                辰   后后
白合  申    未    午    巳   阴贵
           常朱  元螣
```

课格：返吟，励德。

课意：两贵无力，博奕①大获，满目钱财，身心疲役。

解曰：巳贵临亥，卯贵临酉，昼夜俱被克制，故尔无力。干支各自乘财，交互克取，如博奕角胜之类，可以大获。但钱财虽然满目，若秋冬遇之，身旺财弱，虽遍地蛇虎，而以凶制凶，求财何忧不得？春夏则财旺而身弱矣，蛇虎羊刃，来去冲迫，大费奔驰筹画，所以身心疲役也。

断曰：无依之卦，反覆不常之象。凡占主有惊疑，美中不足。又干支相同，为借钱还债格，求财非宜，问官大利。然巳为破碎煞，又系德丧禄绝，止宜循理守正，不可恣意妄行。

天时：晴占则阴，雨占则晴。**家宅**：游都临于支上，夜乘元武发用，防有盗贼之惊。**功名**：德丧禄绝，主有不测，幸财旺生官，虚惊而已。**求财**：可得，秋冬更稳。**婚姻**：返吟课，不成。**胎产**：胎上神阳，主男，产顺。**疾病**：心经之症，新病即痊，久病凶。**争讼**：先发者少利。**出行**：干乘游都劫煞，支复逢元，防盗。**行人**：在途。**捕获**：昼占在西南方，门墙城阙之所。**兵战**：防劫掠。**坟葬**：在道路旁，可以发财。

《毕法》云：两贵受克难干贵、传财化鬼财休觅。《神定经》云：返吟刑冲，有始无终，吉未得吉，凶未得凶。

---

① 通"弈"，下同。

壬子日第八课

```
财  阴贵  乙巳   劫煞 破碎 游都 福星
官  青青  庚戌
子  贵阴  空卯   支刑
```

```
        青青 阴贵 空勾 后后
         戌   巳   酉   辰
         巳   子   辰   壬
```

```
           勾空 合白
    青青 戌 亥  子  丑 朱常
    空勾 酉          寅 螣元
    白合 申          卯 贵阴
    常朱 未 午  巳  辰 后后
            元螣 阴贵
```

课格：重审，铸印，斩关。

课意：两贵引从，再复旧俸，久处沉滞，忽然擢用。

解曰：支之华盖，作干墓神，覆于日上，主人昏晦。亥禄为墓所掩，幸初末两贵引从日干，而中传之戌，复来冲开辰墓，然后禄神得以无恙，是再复旧俸也。凡人之久处沉沦，一旦擢而用之者，其象如此。

断曰：重审之课，事多不顺，先暗后明。三传铸印，有位者占此，喜溢眉端；庶人占之，却生灾祸。又主得上人提携，或两处贵人引荐成事，难中有救之象。如八月占，辰为太阳，尤为喜庆非常也。

天时：天罡指阴，主雨。家宅：人亨宅旺。功名：遇卯戌，升迁立至。求财：末助初财，求无不遂。婚姻：可成。胎产：铸印课，又胎上乘禄，主生贵子，占产不易。疾病：心肝二经之病，久病凶，新病即愈。争讼：甚凶，幸有解。投谒：甚利。出行：水陆咸宜，铸印卯空，俟卯戌月日吉。行人：先有信至。捕获：昼占贼在西南方，因饮食与人口角。兵战：宜慎。

《毕法》云：前后引从升迁吉、华盖覆日人昏晦。《观月经》云：富贵天乙卦，发用最为良。四月申加卯，壬子入本乡。富贵兼权印，福禄从天降。《要览》云：末传卯居旬后，谓之铸印不成，必勉强而后可得。

壬子日第九课

官　勾朱　丁未 _{支害}
兄　常空　辛亥 _{日禄　日德　干奇　鲁都}
子　贵阴　空卯 _{支刑}

```
        青合 䲜后 勾朱 贵阴
         申  辰  未  卯
         辰  子  卯  壬
```

```
              白青 常空
空勾  西   戌   亥   子  元白
青合  申              丑  阴常
勾朱  未              寅  后元
合䲜  午   巳   辰   卯  贵阴
         朱贵 䲜后
```

课格：重审，曲直，斩关。

课意：夜将难受，木局为救，昼卜俱空，占官虚谬。

解曰：夜将贵勾太常皆土，壬水难受，却赖木局为救神。但三传盗气，初末空亡，而昼将又乘天空，虚脱甚矣。惟常占喜木局制鬼，仕宦则剥官煞旺，竟成虚谬也。

断曰：重审主有忧虞，斩关主有移动。局名曲直，其性曲折而直遂，有进退未决之象。发用水日逢丁，当因官鬼之财而动。未卯空陷，惟留中传德禄，兼之仪神入宅，和合可望。但丁为日财，其实是鬼，火又生之，并土将克干，名子母鬼，主有骨肉①解破其事。

天时：天罡指阳，亥水夹克，主晴。**家宅**：干支上神六害，人宅不宁。**功名**：不利。**求财**：虚而不实。**婚姻**：不吉，亦不成。**胎产**：胎上乘阳，主男，干支上六害，产有厄。**疾病**：心肾二经受病，久病凶，新病即愈。**争讼**：先发者不利。**出行**：驿马居天中，天罡加四仲，道路阻塞。**行人**：初传陷空，末遇天中，当因贵人官鬼之财阻滞。**捕获**：贼在南方，斩关难获。**兵战**：先动少利。

《毕法》云：众鬼虽彰全不畏、彼此猜忌害相随、合中犯煞蜜中砒、水日逢丁财动之。《断鉴》云：木虽福德，究脱壬气，干事不宜托人。

---

① 原文：月。

壬子日第十课

财　合螣　丙午　灾煞　支仪
父　空勾　己酉　支破　恩赦
兄　元白　壬子　羊刃

　合螣　贵阴　朱贵　后元
　　午　　卯　　巳　　寅
　　卯　　子　　寅　　壬

　　　　　空勾　白青
青合　申　酉　　戌　亥　常空
勾朱　未　　　　　　子　元白
合螣　午　　　　　　丑　阴常
朱贵　巳　辰　　卯　寅　后元
　　　　　螣后　贵阴

课格：弹射，三交。

课意：课无涯岸，执弓忘弹，末刃虎元，凶存吉散。

解曰：寅卯旬空，巳午陷空，四课皆空，浩无涯岸。又弹射发用，是弓虽张而亡弹者也。日财临空，中酉坐克，独存末传羊刃，昼虎夜元，吉则散而凶则存，何利之有？

二贵皆空，求贵者业蒙许允，后却被人搀越。

断曰：弹射无丸，事属影响。三交之课，隐蔽欺私。干支上神，交互相脱，当有欺诈虚耗之事。昼蛇临财，财有虚惊。夜空临酉，婢女欺诳。凡事总当持正，素履无咎。

天时：火空，毕见，子水独实，主雨。家宅：家匿阴私，虚耗不免。功名：已仕者，有迁转之机；未仕者，难得。求财：不惟不得，且防有失。婚姻：不吉，亦不成。胎产：孕产皆不利。疾病：心肾二经之症，新病即愈，久病则凶。争讼：朱勾陷空受克，可以解散。出行：谨慎为要。行人：不至。捕获：昼占在东南炉冶贵人家。兵战：有失众之虞。

《毕法》云：人宅受脱俱招盗、二贵皆空虚喜期。《课经》云：支干上皆乘脱气，占病必因屋宅费用致心气虚惫，补元可愈。《占式》云：元武临亥，谓武入贼乡，必有失脱。午加卯用，主托人失节。《登歌》云：一弹打双鸿，须知两用心；有谋虽所中，所望不全成。

壬子日第十一课

官	螣后	甲辰	六仪	墓神
财	合螣	丙午	灾煞	支仪
父	青合	戊申	长生	

```
     螣后  后元  贵阴  阴常
      辰   寅   卯   丑
      寅   子   丑   壬
```

```
           青合  空勾
 勾朱  未   申   酉   戌  白青
 合螣  午            亥  常空
 朱贵  巳            子  元白
 螣后  辰   卯   寅   丑  阴常
          贵阴  后元
```

课格：重审，励德，间传，六仪，泆女，登三天。

课意：自墓传生，交合相并，劣猿难靠，赢马难乘。

解曰：初传辰乃日墓，末传申乃长生，是自墓传生也；子支与干上丑合，壬干与支上寅合，是交合相并也，凡事先迷后醒，交关最利。但发用空亡，中传之午属马，坐墓受脱则赢矣，何可乘乎？末传之申属猴，被午克制则劣矣，讵足靠哉？

断曰：登三天课，至高至危之象。重审发用，百凡犹豫。幸属六仪，可以化凶为吉。占者主初值艰难，后方成合。

天时：角星指阳，时而有风。家宅：元后乘马，临宅脱干支，须防奸盗，如八月昼占，有内外孝服。功名：青龙乘生内战，主有升迁。求财：始艰，终可得。婚姻：后合，不宜。胎产：孕女，产不利。疾病：登三天，难愈。争讼：当至朝省至凶之地。出行：水路防盗。行人：未归。兵战：不利。

《毕法》云：二贵俱空虚喜期、罡塞鬼户任谋为、干墓并关人宅废、制鬼之位乃良医。《古鉴》：卯加丑占身命。曰：此课于细微中出入，却能显焕。宅居西北，渐出东南，主有财有寿。盖壬子皆在西北，主幽燕之地，转出东南旺盛之方。宅上寅为子息值空，初传辰为鬼，又临子嗣空亡之地，中传得孙为财，末又长生，临于财及子孙之上，故主有寿有财。子虽先死，得孙送老也。后皆验。

壬子日第十二课

```
子  后元  空寅 驿马
子  贵阴  空卯 支刑
官  螣后  甲辰 墓神 六仪
```

```
   后元 阴常 阴常 元白
    寅   丑   丑   子
    丑   子   子   壬
```

```
         勾朱 青合
合螣  午  未  申  酉  空勾
朱贵  巳          戌  白青
螣后  辰          亥  常空
贵阴  卯  寅  丑  子  元白
         后元 阴常
```

课格：知一，进茹，不备。

课意：支神作旺，来临干上，倘欲改谋，迭遭欺诳。

解曰：面前六害，进茹皆空。喜支加干上，彼来就己而作旺神，则有兴隆之象也。倘进而别谋，则空脱墓鬼俱全，兼值网罗，岂不迭遭欺诳乎？

断曰：知一之卦，事起同类。四课不备，事不周全。连茹而进，三传俱空，止宜退守干上之旺，支上之合，使壬水不被传木全脱，乃全身远害之道。凡占不宜妄动妄行，亦不利托人干事。

天时：旺水临干，却坐绝地，大风而略飘细雨。家宅：宅旺人亨，如八月昼占，鬼乘常作死气克宅，防有内孝服。功名：昼占凶，夜占吉。求财：不可得。婚姻：不成，亦不吉。胎产：孕女，产迟而难。疾病：心肾二经之症，初病淹缠，久病危。争讼：彼胜。出行：利于速行。行人：将至。捕获：盗在近邻，有女人作线。兵战：利客不利主。

《毕法》云：进茹空亡宜退步、所谋多拙遭罗网。《三车一览》云：壬子日，干上子，支上丑，支干本相邻近，而上神又作六合，凡占主有变换，彼我共谋求合之事。《九门杂占》云：支干上子丑六合，又乘太常，是为牛女相合，大宜占婚。缘丑中有牛宿，子中有女宿也。然壬子又是芜淫，恐未必成。

癸丑日第一课

官　阴勾　癸丑 _{破碎 羊刃 恩赦}
官　白白　庚戌 _{飞符}
官　勾阴　丁未 _{支冲}

```
 阴勾 阴勾 阴勾 阴勾
  丑   丑   丑   丑
  丑   丑   丑   癸
```

```
          合后 勾阴
朱贵 巳   午  未   申 青元
螣螣 辰              酉 空常
贵朱 卯              戌 白白
后合 寅   丑  子   亥 常空
        阴勾 元青
```

课格：伏吟，乱首，励德，游子，稼穑。

课意：见财动心，凶祸来侵，中传虎鬼，仕宦宜临。

解曰：末未遁丁，暗财也。三传纯土，化作鬼矣。若取此财，凶祸不小。中传鬼乘白虎，常人遇之，病讼可畏；惟仕宦则为催官符至，上任极速，故宜临也。

断曰：伏吟有郁塞不舒之情，稼穑有艰难稽滞之象。幸癸日名脱难煞，否极泰来，久厄者反有解散之意。支作破碎，临干克干发用，谓之上门乱首，主卑下犯上，事发于外而起于内。水日逢丁，必主财动，及远方封寄财物。未娶则结缡可贺，已娶则离别堪忧。如行年上神，克去丁所乘神，又非此论。

天时：晴而有云。家宅：卑下有犯上之事，须防病讼刑伤。功名：催官符至，得官甚速。求财：可得，但不可多取。婚姻：不吉。胎产：二阴包阳，孕男，产迟。疾病：闭口卦，饮食不进，甚凶，主往妻家而得病，如年命有卯木可救，乘寅木必得神护。寻访：必出外干事，先允许，后必改。出行：有阻。行人：即回。失脱：家内寻，可获。盗逃：不远。兵战：宜慎。

《毕法》云：宾主不投刑在上、水日逢丁财动之、任信丁马须言动。《玉成歌》云：斩关游子身当动。《纂要》云：旬尾在干作初，宜闭门以免祸。《纂义》云：支干共处，混同无别，婚姻不明，事难剖决。

癸丑日第二课

兄　元青　壬子　日禄　支合
兄　常空　辛亥　驿马
官　白白　庚戌　飞符

　　常空　元青　常空　元青
　　亥　　子　　亥　　子
　　子　　丑　　子　　癸

　　　　　朱贵　合后
螣螣　辰　巳　　午　　未　勾阴
贵朱　卯　　　　　　　申　青元
后合　寅　　　　　　　酉　空常
阴勾　丑　子　　亥　　戌　白白
　　　　　元青　常空

课格：重审，退茹。

课意：旺禄可用，子丑合共，牛女婚宜，公讼动众。

解曰：旺禄临身，昼将青龙，大可守而用之。发用子加丑迭合，谓之牛女相会，婚姻最利。但末传之戌，昼夜俱乘白虎，如占公讼，则必干动众人也。

断曰：重审之卦，事每不顺。三传退茹，主有逆事相牵。宜慎其始，以绝祸端。魁度天门，又为失友格，人情失好；凡占阻隔，有欲行不行之象。旺禄自干支上发用，中乘驿马，末得催官符，仕人占此，必莅任速而迁转频也。

天时：天罡指阴，传课皆水，必雨。家宅：干支皆乘旺禄，宅旺人亨。功名：传中禄马交驰，末得催官使者，大吉，夜占防罚俸。求财：不能。婚姻：昼占龙乘旺禄，后化得合，男主贵而富，女主美而贤，夜占亦吉。胎产：二阳包阴，孕女；胎上乘绝，产速。疾病：病在肾经，症恐复发。谒贵：昼占大利。争讼：恐防覆审。出行：利有攸往。行人：归迟。捕获：昼占贼在西南路旁饭店，有女人掌柜。兵战：凯歌可奏。

《毕法》云：旺禄临身徒妄作、权摄不正禄临支、两蛇夹墓凶难免。《邵南妙经》云：天乙临德上，谓之贵人临天德。占岁，主布泽天下，国有恩赦，常人有喜事变通。《纂义》云：青龙入海，财禄自然，审其取舍，福自绵绵。

癸丑日第三课

兄　勾空　辛亥　驿马
父　空常　己酉　日解
官　常阴　丁未　支冲

空常　勾空　空常　勾空
酉　　亥　　酉　　亥
亥　　丑　　亥　　癸

　　　　后螣　阴贵
贵朱　卯　辰　巳　午　元后
螣合　寅　　　　　未　常阴
朱勾　丑　　　　　申　白元
合青　子　亥　戌　酉　空常
　　　　　勾空　青白

课格：重审，三奇，时遁。

课意：行人出外，携财而至，未与己酉，难为亥类。

解曰：亥马自干发用，丁未居于末传而为财，迤逦复生回干，故主出外得财而归也。但中传之酉，旬遁为己，未又元遁为己，俱克亥水；且癸水败于酉，凡占同类之事，皆非所宜。

断曰：重审之卦，以卑犯尊，传课纯阴，利营私干。干支乘亥自刑发用，将值空勾，凡百交接，防有欺诈。幸为三奇，逢凶化吉，占者吉凶，俱于卯日克应。

天时：传课纯阴，主有小雨。家宅：马乘勾空，入宅临干，防有军吏欺诳。功名：官爻立败地，青龙入空乡，不利。求财：水日逢丁，可以如意。婚姻：日辰各乘自刑，不宜。胎产：孕主男，产防厄。疾病：肾经膀胱之疾，不妨。争讼：卯月日可结。投谒：宾主不投。失脱：难得。出行：马作自刑，未能顺遂，初遭夹克，恐不由己。行人：辰戌日至。捕获：昼占贼在正南马房，有女人作线窝脏。兵战：不吉。

《毕法》云：宾主不投刑在上、水日逢丁财动之。《观月经》云：旺孕卦，不干传课事，只看夫妻年命上旺相。如七月未时占，妻命属金三十四，夫命属水三十七。夫年寅上子乃水旺，妻年亥上酉值秋旺，二旺则当怀孕。其他夫妻行年仿此。

癸丑日第四课

官　青白　庚戌　飞符
官　常阴　丁未　支冲
官　后螣　甲辰　支破　墓神　仪神①

　　常阴　青白　常阴　青白
　　未　　戌　　未　　戌
　　戌　　丑　　戌　　癸

　　　　　　贵朱　后螣
螣合　寅　卯　辰　　巳　阴贵
朱勾　丑　　　　　　午　元后
合青　子　　　　　　未　常阴
勾空　亥　戌　酉　　申　白元
　　　　　青白　空常

课格：元首，稼穑，游子，斩关。

课意：谋财祸攻，昼将弥凶，宜占官职，喜事重逢。

解曰：癸以丁为财，奈三传皆土，类聚为鬼，取必有祸。昼占将乘蛇虎，其凶更甚。然干上戌虎发用，仕宦逢之为催官符至，则主重重见喜，以官爻重叠故也。

断曰：元首之卦，以尊制卑，万事顺利。但稼穑乃艰难之兆，斩关有震动之形。传课全鬼，或冲或刑，昼将复乘蛇虎，若常人占此，不能免于惊忧。幸末传辰墓为戌虎冲开，势虽汹涌，而守正待时，亦得终吉也。

天时：传课皆土，主阴霾。**家宅**：主家破人离，凶殃叠见，宜禳之。**功名**：禄虽空，幸官星甚旺，可望。**求财**：恐有破散。**婚姻**：不宜。**胎产**：孕主女，产可忧。**疾病**：肝肾二经之病，甚凶，宜禳之。**争讼**：势同骑虎，两败俱伤。**出行**：夜占吉。**行人**：即回。**捕获**：昼占在东南，夜占在正南。**兵战**：不利。**坟葬**：龙虎冲克，不吉。

《毕法》云：虎临干鬼凶速速、水日逢丁财动之、全鬼化财财险危。《集义》云：白虎乘戌，临丑被刑，主官事、吏人追呼。《玉成歌》云：斩关游子身当动。《课经》云：三阴，如癸丑日，子将卯时，申生人，行年在丑，天乙逆行，日辰在后，戌乘虎加癸为用，卯木克行年，三传戌未辰为三阴。凡事不通，多有晦滞。

---

① 原文字迹模糊，貌似"仪神"。下同。

癸丑日第五课

财　阴贵　乙巳　_{日德　日合　大煞　支仪　福星}
官　朱勾　癸丑　_{破碎　羊刃　恩赦}
父　空常　己酉　_{日解}

_{阴贵　空常　阴贵　空常}
巳　酉　巳　酉
酉　丑　酉　癸

		螣合	贵朱		
朱勾	丑	寅	卯	辰	后螣
合青	子			巳	阴贵
勾空	亥			午	元后
青白	戌	酉	申	未	常阴
		空常	白元		

课格：元首，从革，励德。

课意：将克传生，己酉败人，宅衰人盛，惟便缙绅。

解曰：天将纯土克身，全传会金生日，是将克传生也。癸水败于酉，而又遁己土，明败暗攻，是己酉败人也。三传脱支生干，主人口盛而宅舍衰。然支系官父，如用昼将，并来生传，传递生干，乃官印相生，迁官进秩，岂非缙绅之便乎？

断曰：从革之卦，有革故鼎新之象。事必关众，凡谋有阻，亦主变换不常。干支上酉为败气，亦为自刑，主彼我各相疑忌。幸德合发传，会成三合，课主和谐，可因贵以致富。亦名回环，吉则成吉，凶亦成凶。

天时：晴占则阴，雨占则晴。**家宅**：干支皆败，防有奸私讼事牵连及长上之灾。**功名**：大利，夜占帝作德发用，试必高中。**求财**：得恐复失。**婚姻**：不宜。**胎产**：纯阴主男，产速而易。**疾病**：因酒食而得，或肝肾二经之病，可救。**争讼**：得理，昼占防刑。**出行**：须防乐里生悲。**行人**：未必得意。**捕获**：不能得。**兵战**：不宜。

《毕法》云：干支皆败势倾颓、宾主不投刑在上、苦去甘来乐里悲。《课经》云：将克传生，虽有面前之生，背后亦防相害。谚云"贪他一粒粟，失却半年粮"，即乐里生悲之谓也。

癸丑日第六课

```
子  贵朱  空卯  灾煞
官  青白  庚戌  飞符
财  阴贵  乙巳  支仪 福星 大煞 日德 日合
```

```
        贵朱 白元  贵朱 白元
         卯  申    卯  申
         申  丑    申  癸
```

```
           朱勾 螣合
合青 子   丑  寅   卯  贵朱
勾空 亥           辰  后螣
青白 戌           巳  阴贵
空常 酉   申  未   午  元后
          白元 常阴
```

课格：重审，斫轮，四绝。

课意：没溺财爻，朽木难雕，两贵常怒，守旧逍遥。

解曰：巳乃财爻，入于鬼墓之乡，所以没溺也。卯系旬空，是为朽木，加申发用，何可雕也？昼巳入狱，夜卯受制，故两贵常怒。独干上申为长生，若能守旧，却得逍遥。虽乘元虎，化为金水一类，即有惊耗，亦无足虑。

断曰：重审之卦，不可妄行。课体四绝，止宜结绝旧事，不利图新。斫轮卯空，须改科易业，另作营生。发用夜贵内战，必因贵人以滋口舌；中传官鬼，落陷受克；末传财爻，复被墓脱，主忧喜皆虚，吉凶无据。

天时：天罡指阴，旺龙升天，主雨。家宅：长生临支加干，人宅安宁，将乘元虎，防有虚惊小耗。功名：不利。求财：财入库，不可得。婚姻：不成。胎产：二阴包阳，孕男，产迟。疾病：肾水不足，得贵人文士医之可愈。争讼：虽凶，有解。出行：马入墓，不吉，亦不成行。行人：不至。捕获：不得。兵战：不利。

《毕法》云：朽木难雕别作为、三传递生人举荐。《观月经》云：斫轮团圆象，本自太冲生；求官必得禄，逢事得均平。《邵南妙经》云：天乙临德上，国家主有恩赦，布泽天下，常人有喜事变通。

癸丑日第七课

官　常朱　丁未 支冲
官　朱常　癸丑 破碎　羊刃　恩赦
官　常朱　丁未 支冲

朱常	常朱	朱常	常朱
丑	未	丑	未
未	丑	未	癸

		合白	朱常		
勾空	亥	子	丑	寅	螣元
青青	戌			卯	贵阴
空勾	酉			辰	后后
白合	申	未	午	巳	阴贵
		常朱	元螣		

课格：返吟，稼穑，励德，游子。

课意：四丁临未，刃蜜难舐，贵人休囚，美中不美。

解曰：干支初末四未遁丁皆财，财上带鬼，如舐刃蜜，舌必伤也。巳临亥，卯临酉，昼夜俱受克，故休干贵。此占凡事美中不美。

断曰：返吟之卦，事主反覆。稼穑主于艰难，励德主于摇动，有欲静不静之象。传课皆鬼，止宜携财告贵，不可贪财。惟年命有申酉者，斯能获福。

天时：主阴。家宅：人宅动摇，须防口舌官非；二月夜占，有外孝服。功名：大利纳粟奏名。求财：不得。婚姻：不成。胎产：孕男，产防不育。疾病：宜祷。争讼：彼此两伤。出行：甚利。行人：未回。捕获：去远，难获。兵战：主客皆不利。

《毕法》云：两贵受克难干贵。《指南》：卯将酉时，占生产。曰：纯阴返阳，支上神与支相比，男子之祥。但胎神夹克无气，卯为子宿，受酉冲克，主卯年不育。果验。《古鉴》：戊申十二月，丑将未时，占赴任。曰：旧政上又见旧政，第六年方得赴任，君其终此任矣，第八年当以丧归。盖戊申年占，未乃申前已往之位，故名为旧。初末日辰皆未，上有朱雀文书，故曰旧政。六年者，未带丁，六数也。满盘是鬼，丑为墓田，乘太常为亡化，丑未八数，故断其第八年扶丧而归。悉验。

癸丑日第八课

```
财  元螣  丙午   支德 六害
兄  勾空  辛亥   驿马
官  后后  甲辰   墓神 支破 仪神
```

```
       勾空 元螣 勾空 元螣
        亥   午   亥   午
        午   丑   午   癸
```

```
              勾空 合白
青青  戌   亥   子   丑  朱常
空勾  酉             寅  螣元
白合  申             卯  贵阴
常朱  未   午   巳   辰  后后
          元螣 阴贵
```

课格：重审。

课意：午系财类，来往受制，妻病财亡，难就难弃。

解曰：午为癸妻之财，临干发用，既被癸伤，又遭夹克。及归本家，亥水先据，是往来受制，所以妻病财亡，弃就之间，不綦难哉？

断曰：重审之卦，利在后动，初遭夹克，财不由己。末墓乘后，事多暗昧。传课自刑，惊忧难免。惟宜谨凛冰渊，庶几获福。

天时：阴晴不定。家宅：人宅不安，防失财虚惊。功名：不利。求财：不得。婚姻：不吉。胎产：二阳包阴，孕女。疾病：心病或眼目疾，有解。争讼：干支上皆自刑，不利。出行：不利。行人：归而复出。捕获：易获。兵战：不宜。

《毕法》云：前后逼迫难进退、宾主不投刑在上。《断验》亥加午，占家宅。曰：宅后西北水沟不通，致人常患眼目、肠气、痢泻之疾。若不速开，必主妇人颠狂。盖三传辰壅亥，亥克午，午临身宅害宅，故因宅以致害人也。又姜姓占前程。曰：初传午被癸克，妇人常患心血不宁。中传亥为同类，临于屋上，主为屋争讼。末传墓作天后，主妇人血气之疾。自身随传入墓，必乾艮上坟墓泥水浸棺，故前程不利。九年当有心疾，四年同族争屋，又五年若不动移，必死。盖午为心、为目、为妻、为屋，受癸之克，回家又有亥克，往来皆被其侵挠故也。果验。

癸丑日第九课

父　空勾　己酉　日解
官　阴常　癸丑　破碎　恩赦　羊刃
财　朱贵　乙巳　日德　日合　支仪　大煞　福星

　　　　空勾　朱贵　空勾　朱贵
　　　　　酉　　巳　　酉　　巳
　　　　　巳　　丑　　巳　　癸

　　　　　　　白青　常空
空勾　酉　戌　亥　子　元白
青合　申　　　　　丑　阴常
勾朱　未　　　　　寅　后元
合螣　午　巳　辰　卯　贵阴
　　　　　朱贵　螣后

课格：涉害，从革。
课意：人盛宅狭，彼恶己益，众语来生，官应显赫。
解曰：巳酉丑金局，脱支生干。占人宅，则人盛宅狭也。占彼己，则己益彼损也。昼贵皆土，将生传，传复生日，当有众人称扬。仕宦占此，则天将为官，三合为印，权柄双全，故官应显赫。
断曰：见机，作事迟留；从革，主多变迁。贵德临干入宅，官印迤逦相生，主同心一德。然常人止宜倚贵营生，不可恃势妄行。
天时：天罡指阳，主晴。**家宅**：传脱支生干，主宅破碎逼窄，人口兴旺。**功名**：有官有印，得人保举。**求财**：大利。**婚姻**：干支皆乘德神，传又三合递生，大吉。**胎产**：胎坐长生，大宜占孕，不利占产。**疾病**：心肾二经之症，或齿疼喉痛，不妨。**争讼**：无事。**出行**：水陆皆吉。**行人**：在途。**捕获**：可得。**兵战**：不利。

《毕法》云：三传递生人举荐。《古鉴》：戊申八月，巳加丑，占家宅。曰：传酉八月正旺，人盛而亨。丑支生传泄气，宅狭而替。癸水见酉为酒，巳为厨，四年内必因修造酒店，女子死酒缸中。又巳为店业，传课三巳，店共三所，先开二店发财，后开一店却败。盖水绝于巳也。酉为锅镬，干支上巳为四，二四得八，八年内面前淘屋，必主停丧。其家亦作四分矣。丑为八月死气，加于妻位，主死女子。皆验。

癸丑日第十课

官　螣后　甲辰　仪神　墓神　支破
官　勾朱　丁未　支冲
官　白青　庚戌　飞符

```
勾朱 螣后  勾朱 螣后
 未   辰    未   辰
 辰   丑    辰   癸
```

```
            空勾 白青
青合  申    酉   戌   亥  常空
勾朱  未              子  元白
合螣  午              丑  阴常
朱贵  巳    辰   卯   寅  后元
            螣后 贵阴
```

课格：元首，稼穑，六仪，斩关，游子。

课意：鬼贼纷纷，凶不可闻，纵寅卯命，亦作妖氛。

解曰：一癸水而敌众土，凶不可言。纵寅卯作占人年命，似能制土。然彼先盗干气，亦作妖氛而已，安能为救哉？

断曰：元首之卦，本为顺征。发用六仪，更多喜庆。斩关游子，皆有动象。传课皆官，末乘龙虎，仕宦逢此，谓之催官符至，上任极速。常占则罡墓覆日克日，夜又乘蛇，凶莫大焉。幸末戌乘虎冲辰，谓之破墓冲鬼，以凶制凶，犹可解救，应主先凶后吉。如用昼贵，名贵塞鬼户，鬼贼不出，凡有谋为，可无阻碍也。惟营私冒进，则有不利，即年命在寅者，亦然。

天时：阴云之象。**家宅**：仪神入宅，临干发用，主逢凶化吉。**功名**：末得催官，大吉。**求财**：寅卯月日，或寅卯生人可得。**婚姻**：不宜。**胎产**：阳包阴，主女，产不易。**疾病**：肾家之症，势甚危险。**争讼**：遭刑甚凶。**出行**：所至大吉。**行人**：墓覆，不回。**捕获**：夜占在东方舟车中。**兵战**：不利。**坟葬**：穴情水法俱好，却不发扬。

《毕法》云：二贵皆空虚喜期、干墓并关人宅废、催官使者赴官期。《玉成歌》云：斩关游子身当动。《五十五占》云：支上见干墓克干者，宅中鬼必伤人，若克行年，立见灾来。

癸丑日第十一课

```
子  贵阴  空卯  灾煞
财  朱贵  乙巳  日德 日合 福星 大煞 支仪
官  勾朱  丁未  支冲
```

```
    朱贵 贵阴    朱贵 贵阴
     巳  卯      巳  卯
     卯  丑      卯  癸
```

```
              青合 空勾
勾朱 未  申  酉  戌 白青
合螣 午            亥 常空
朱贵 巳            子 元白
螣后 辰  卯  寅  丑 阴常
        贵阴 后元
```

课格：元首，不备，间传，励德，迎阳。

课意：拟贵告贵，事致委靡，现在财亡，遁丁何济？

解曰：初卯夜贵，中巳昼贵，末又巳乡。《经》曰"课传俱贵转无依"，主事多委托。所谓"一国三公，十羊九牧，事不归一"也。巳火为财，既落空亡，是现在之财，已不得用。未虽遁丁，乘土化鬼，又何济乎？

断曰：元首之卦，顺利无咎。但课名不备，事必不周。且卯为死气脱干，迤逦脱去，谓之"流消其源，枝断其根"。凡事暗里损坏，徒费筹画，惟僧道宜之。贵立二八为励德，门户当有动摇。凡有谋为，急就则吉，迟缓便凶。盖以格合盈阳，阳已至盈，物极必反也。

天时：盈阳格，主晴。家宅：人宅皆乘死神，只宜休息，不利动谋。功名：遍地贵人，反为不贵。求财：不得。婚姻：可称佳偶，但恐不成。胎产：传课纯阴，胎上属阳，男孕，产易。疾病：心肾二经之病，干支皆乘死气，初病无妨，久病凶。争讼：虽凶可解。出行：支干皆空，未必成行，去亦无利。行人：将返。捕获：昼占在东南，夜占在正北。兵战：有失众之虞。

《毕法》云：课传俱贵转无依、昼夜贵加求两贵、二贵皆空虚喜期、人宅皆死各衰羸。《指掌赋》云：卯巳未为迎阳，鸣高冈之鸾凤。《照胆秘诀》云：用同卯贵两加户，意欲不足难守故。

癸丑日第十二课

```
子  后元  空寅  鲁都
子  贵阴  空卯  灾煞
官  螣后  甲辰  墓神  支破  仪神
```

```
        贵阴 后元 贵阴 后元
         卯   寅   卯   寅
         寅   丑   寅   癸
```

```
              勾朱  青合
合螣    午    未   申   空勾
朱贵    巳              戌   白青
螣后    辰              亥   常空
贵阴    卯   寅   丑   子   元白
            后元 阴常
```

课格：元首，进茹，孤辰。

课意：干支及传，脱空满前，子息耗盗，弱病淹延。

解曰：干支三传皆脱干之神，又系旬空，昼将元武临身发用，木乃水之子息，定主子息耗盗。如占病必然虚脱之症，已入膏盲，虽越人无可如何也。

断曰：元首之卦，事起男子，举动宜先。但干支上乘网刃，岂可前进？况进茹空亡，自宜退步。占主耗泄虚诈，凡事不实，无影无形，不足凭据，凶忧却可解散。

天时：先风而后雨，未必大。家宅：宅替人衰。功名：官星值墓落陷受克，大不利。求财：满目空脱，财爻不见，无有。婚姻：传课皆空，不吉，亦不成。胎产：妊产皆不利。疾病：心肺两家之症，甚凶，新病有解。争讼：可以脱然无害矣。谋望：总无成。出行：不利，以网刃在前也。行人：到处皆空，失意而归。失脱：不可寻觅。捕获：昼占即在左邻，同门中人作线。兵战：大不利。

《毕法》云：进茹空亡宜退步、所谋多拙遭罗网、脱上逢脱防虚诈、空空如也事休追。《六壬会通》云：三传来生我，万事皆顺吉。若见我生传，何时得显迹？《指掌赋》云：寅卯辰为正和，展经略而果沐恩光。又云：顺连茹空，名曰声传空谷，退吉而进则不宜。又云：三传纯子孙，不求财而财自至。

甲寅日第一课

兄	青螣	甲寅	日德	日禄
子	朱勾	丁巳	六害	勾神
官	后白	庚申	驿马	支冲

青螣	青螣	青螣	青螣
寅	寅	寅	寅
寅	寅	寅	甲

		螣青	贵空			
朱勾	巳	午	未	申	后白	
合合	辰			酉	阴常	
勾朱	卯			戌	元元	
青螣	寅	丑	子	亥	常阴	
		空贵	白后			

课格：伏吟，自任，元胎。

课意：德禄临身，夜贵有成，马载虎鬼，动用相刑。

解曰：寅乃日之德禄，临身发用。夜占将乘青龙，百事可望有成也。然宜静守以应课象，若或妄动，初传犹可，中传巳为脱害，至于末传，驿马载鬼又乘昼虎，且三传相刑而去，贼害冲击，其凶万状，不可言矣。

断曰：自任之卦，十二神各归本位，天地如一，五日四辰，同为一寅。支来加干，同类相培，本基自壮。君子修德，福聚凶消。常人守分，逍遥自在。但刑害相随，静宜动滞，况元胎有隐伏之象，触则成祸，不可不慎。

天时：多风。家宅：夜占吉，昼占有惊怪之事。功名：夜占固利，昼占螣蛇生角，勾陈捧印，白虎入庙，尤吉。求财：财爻不现，求亦不得。婚姻：不宜。胎产：四月占防损堕，十月占主妾孕，防鬼胎。疾病：昼占可忧。争讼：忧疑，先凶后吉。出行：远行不利。行人：不日到家。捕获：夜占可获。出兵：夜占稍可，昼占宜慎。

《毕法》云：任信丁马须言动、虎临干鬼凶速速、虎乘遁鬼殃非浅。《课经》云：干支同类，难于求财，惧争夺也。马载虎鬼，占讼，必得罪于远方。"神将论"云：功曹乘青龙，占主道士；乘螣蛇，主猫狸之怪。

甲寅日第二课

父　白后　空子 日盗
父　常阴　癸亥 支合　六破　大煞　日解
财　元元　壬戌 地医

　　　　白后 空贵 白后 空贵
　　　　子　 丑　 子　 丑
　　　　丑　 寅　 丑　 甲

　　　　　　　朱勾 螣青
合合　辰　巳　午　未　贵空
勾朱　卯　　　　　申　后白
青螣　寅　　　　　酉　阴常
空贵　丑　子　亥　戌　元元
　　　　　白后 常阴

课格：知一，退茹，孤辰。

课意：亥子空亡，戌又来伤，凡谋不利，病讼难当。

解曰：子值旬空，亥亦坐空，空则无力，不能生干矣。遂投末传戌土之财，似若可取。然戌遁庚金，反伤甲木，又元武并临，虚耗百出，三传俱无所益，凡百求谋，安得利乎？若占病讼，四课三传，六空一贼，胡可当也？

断曰：比用之卦，逆退连茹。舍远就近，舍疏就亲。有欲行不行，欲止不止之象。四下贼上，格合绝嗣，须防阴小无礼，暗中谋算。又孤辰发用，当主孤独远离。生我空亡，上临鬼墓，凡事都无实际，只有虚惊。

天时：始欲雨不雨，终见多雨。家宅：防暗损，夜占主兽头落，昼占宜慎闺门。功名：宜以退为进。求财：自来者，不可取，求得者，防又失。婚姻：不宜。胎产：主婢妾私孕，难育。疾病：暴病不妨，久病大凶。争讼：不成讼。出行：改期。行人：迟至。捕获：奴仆盗窃，易获。兵战：防失众。坟葬：宜葬妻或小儿。

《毕法》云：脚踏空亡进用宜。《课经》云：旦贵临身，而朱雀乘卯克之，如占文书之事，不可告贵，贵人忌惮，不肯用事。《观月经》云：首尾俱相制，临年子失途，切须看用数，到老有如无。《指掌赋》云：子亥戌为重阴，安嘉遁之贞，宁甘没齿？言向晦宴息，百事收藏也。

甲寅日第三课

```
财    元元   壬戌  地医
官    后白   庚申  支冲 驿马
子    螣青   戊午  干奇 仪神
```

```
      元元 白后 元元 白后
       戌   子   戌   子
       子   寅   子   甲
```

```
勾朱  卯  合合 朱勾  午  螣青
         辰   巳
青螣  寅            未  贵空
空贵  丑            申  后白
白后  子  亥   戌   酉  阴常
        常阴 元元
```

课格：元首，间传，悖戾，闭口，励德。

课意：两水空润，虎鬼作祟，水上人言，不足取信。

解曰：干支上两重子水，虽生干支，而值旬空，其润无力也。初传戌财，既坐空乡，又并乘元武，耗盗百出，得不偿费。中传马载申鬼，又乘昼虎，其能免于祸祟乎？末传午盗日之气，干支上神俱空，用神临空水之上，乘元闭口，凡事无凭信也。

断曰：元首之卦，退逆间传，谓之倒拔蛇，苟无正大之情，必有悖戾之象。斗魁发用，元武并临，亦名闭口，凡占莫测其机。又坐空亡，主虚声无实，喜上神生日，可以所谋如意。惜乎亦值旬空，不免无力。贵人立卯酉，宜贵不宜贱。

天时：密云不雨，旋发寒风。家宅：空虚，夜占防孝服。功名：有人提携，不能自进。求财：不失为幸。婚姻：不成。胎产：主婢妾孕，防哑胎。疾病：主膈症，昼占凶。失脱：难寻，见者不言。争讼：各耗财而解散。出行：改期。行人：未至。捕获：在西南坤方，昼占可捕。兵战：防虚诈不实。坟葬：防有水及孔穴。

《毕法》云：虎乘遁鬼殃非浅、闭口卦体两般推。《指南》：癸酉年午将，朝官占枚卜。曰：发用干支上皆空，本无登庸之兆。但中传驿马、皇诏，末传月将、青龙，又岁建乘太常作官星，加临年命。《经》云：太常入官乡，当朝执政，月将乘青龙，片言入相。其枚卜可必矣。所嫌龙神克岁君，将来恐不获上意耳。后俱验。

甲寅日第四课

```
财  空贵  空丑  游都
父  常阴  癸亥  支合 六破 大煞 日解
父  常阴  癸亥  支合 六破 大煞 日解
```

```
        后白 常阴 后白 常阴
         申   亥   申   亥
         亥   寅   亥   甲
```

```
             勾朱 合合
青螣  寅   卯   辰   巳  朱勾
空贵  丑              午  螣青
白后  子              未  贵空
常阴  亥   戌   酉   申  后白
          元元 阴常
```

课格：八专，寡宿，闭口。

课意：幸有生涯，贵许空财，纡回宛转，仍旧归来。

解曰：干上亥为长生，守之不去，大有生涯足恃，何必远求？乃投初传之财，昼占虽遇贵人，而值旬空，夜占更加天空，是空许诺，实无有也。自中历末，无限曲折，不过仍归干上之亥而已。

断曰：八专无克之卦，亦名帷簿不修，尊卑共室，人宅不分，内外无别。事多重叠，大求小用。旬尾加支，旬首闭口，谨慎为宜。发用旬空，必有一番更变，守正则吉。

天时：先有霾雾，后得雨。**家宅**：安吉，谨慎闺门。**功名**：未遇。**求财**：告贵可许，终归无益。**婚姻**：不用。**胎产**：产迟。**疾病**：全赖调理。**失脱**：主奴仆所窃。**争讼**：宜息。**出行**：未决。**行人**：恋生，不归。**捕获**：匿西南空井酒店或林下贵人家。**兵战**：主和。**坟葬**：支乘长生，大吉。

《毕法》云：互生俱生凡事益。《古鉴》：乙亥生人，戊申年未将，占前程。曰：本命行年，来生身宅，又作太常，当由学职历台谏。惟嫌父母闭口，空墓发用，主先丁艰，后入仕路。寅七亥四，寿七十八。悉验。《指南》：巳将，射覆。丑为黄黑色，亥为双鱼，必黄黑二件。又丑为牛，乘天乙、天医，必贵重之物，可以疗疾，其数四八。发之，果牛黄二块，各重四分八厘。

甲寅日第五课

```
财  合合  壬戌 地医
子  后白  戊午 干奇 仪神
兄  白后  甲寅 日禄 日盗
```

```
     后白 合合  后白 合合
      午  戌    午  戌
      戌  寅    戌  甲
```

```
              白后 常阴
  空贵 丑   寅  卯   辰 元元
  青螣 子             巳 阴常
  勾朱 亥             午 后白
  合合 戌   酉  申   未 贵空
            朱勾 螣青
```

课格：重审，炎上，斩关，狡童。

课意：三传全盗，有财虚耗，夜贵登天，神祇宜告。

解曰：三传会成火局，盗日干之气，即使戌财入己，终不免于虚耗也。未临亥上，夜乘贵人，为夜贵登于天门。若占疾病，宜祷于神祇，以求佑也。

断曰：重审之卦，局合炎上。八专有克，三传递脱，防同谋有损。四墓临生，火局不空，凡占反明为暗。况斩关非安居之象，狡童有不正之嫌，务在见机而作，以礼自防。所幸卦体，先见不足，后见顺利，安分俟之可也。

天时：有雾、多风。**家宅**：宜肃闺门。**功名**：得中有失。**求财**：所得不偿所耗。**婚姻**：不正。**胎产**：主婢妾孕，产迟。**疾病**：主热症，无妨。**失脱**：可获。**争讼**：耗费甚多，终归和解。**出行**：有阻。**行人**：未至。**捕获**：在正北方，近水之处。**兵战**：虚张声势。

《毕法》云：初遭夹克不由己、后合占婚岂用媒？《课经》云：三传火局，脱干之气，却生起干上财神，名取还魂债。又：初传坐于克方，而天将六合，并临克之，凡占身不自由也。《指掌赋》云：戌午寅为就燥，行合中庸，言火不顺则燥，当正之以中庸之道也。"神将论"云：甲日戌加寅，象为墙垣，乘六合为德合，卯与戌合，又是支前五辰之合也。

甲寅日第六课

官　朱勾　辛酉 破碎
财　元元　丙辰 天贼　天医　六仪
父　勾朱　癸亥 日解　支合　六破　大煞

元元	朱勾	元元	朱勾
辰	酉	辰	酉
酉	寅	酉	甲

　　　　　　空贵　白后
青螣　子　　丑　寅　卯　常阴
勾朱　亥　　　　　　辰　元元
合合　戌　　　　　　巳　阴常
朱勾　酉　申　未　午　后白
　　　　螣青　贵空

课格：八专，元首，四绝。

课意：破碎伤人，又损宅庭，夏夜防火，病讼俱兴。

解曰：酉为破碎煞，临日辰之上，是既伤其人，又损其宅也。夏占酉作火鬼，临于宅上，宜防火烛之灾。夜占则朱雀作鬼，夜噪不宁，病讼之兴宜矣。

断曰：元首之卦，辰酉相合，事多顺利。但八专有克，课传俱属自刑，用起四胜煞，昼则勾陈带剑，夜则朱雀夜噪。防好大喜功，自逞取祸。末虽长生作合，终宜谨慎持躬。课体四绝，只宜完结旧事，不利图新。

天时：阴而有风。家宅：身宅不宁。功名：迟得，且宜勇退。求财：得而防失。婚姻：损妻，且艰子嗣。胎产：主生女，产安。疾病：主劳嗽气塞。失脱：婢女所遗。争讼：宜和解。出行：不利。行人：未归。捕获：在西北乾方水边，正有讼事，防家人纵去。兵战：互有损伤。

《毕法》云：支干全伤防两损、二贵皆空虚喜期、人宅坐墓甘招晦。《会通》云：初传鬼生末传，以育日干，是为引鬼为生，先凶后吉。夜占雀鬼加干，在朝防弹章，不宜上书言事。又日辰前一位之对冲，为地网煞，若发用与正时同克日，为地网格。惟利田猎及追捕盗。《肘后经》云：用生终死忧最深，用死终生告相聚。

甲寅日第七课

兄　白后　甲寅　日德　日禄
官　螣青　庚申　支冲　驿马
兄　白后　甲寅　日德　日禄

```
        白后 螣青 白后 螣青
         寅   申   寅   申
         申   寅   申   甲
```

```
         青螣 空贵
勾朱  亥  子   丑  寅  白后
合合  戌           卯  常阴
朱勾  酉           辰  元元
螣青  申  未   午  巳  阴常
         贵空 后白
```

课格：返吟，元胎，六仪。

课意：彼此伤残，马载鬼官，德禄乘虎，灾祸多端。

解曰：申临干支，彼此皆遭冲克。又驿马在申，为马载日鬼。寅者，日之德神，昼占天后生之，犹可言也。夜占乘虎助鬼为害，仕宦占之，赴任极速；常[①]人则生灾作祸，不止一端而已。

断曰：返吟之课，名曰无依。所覆匪宁，去来不定，有静者思动，动者思静之象。德禄临于绝地，驿马坐于干支，大宜绝结旧事，别起新图。

天时：夜占龙神升天，午日当有雨电。**家宅**：夜占蛇鬼克宅，防有火惊、猫祟。**功名**：春旺德禄，秋旺官马，占者当复旧职，或有新迁。**求财**：昼占龙神临身，可得，然亦防祸。**婚姻**：昼占女子美，却恐难成。**胎产**：当是长女，产速，胎克。**疾病**：昼占火盛克金，夜占木侮脾土，俱防翻覆。**失脱**：在原处寻。**出行**：中道而返。**行人**：即至。**捕获**：元武克勾，难捕，系西方伙盗。**兵战**：主客相等。

《毕法》云：昼夜贵加求两贵、二贵皆空虚喜期、干支值绝凡谋决、干支全伤防两损。《课经》云：申加甲作日干明鬼，又旬遁庚，作日干暗鬼，是为明暗二鬼。又：干支皆临绝神作鬼，止宜结绝凶事，解释官讼。"神将论"云：功曹作虎加申，主大风。又夜乘虎为猫狸，传送乘龙为道路。甲日乘蛇，主官贵财富之丧。

---

① 原文：幸。

甲寅日第八课

父　青螣　空子　日盗
子　阴常　丁巳　六害　勾神
财　合合　壬戌　地医

```
       青螣 贵空 青螣 贵空
        子   未   子   未
        未   寅   未   甲
```

```
               勾朱 青螣
合合  戌    亥   子    丑  空贵
朱勾  酉              寅  白后
螣青① 申              卯  常阴
贵空  未    午   巳   辰  元元
           后白 阴常
```

课格：知一，度厄，铸印，孤辰。

课意：干支乘墓，空败无据，嗣息动灾，讼庭贵怒。

解曰：未为木墓，干支皆覆墓神，昏晦而不可安也。乃动而之初传，以就其生，又值空败之地，何所据乎？巳为甲之嗣息，下受子克，上遭戌墓，静守犹可，动必生灾。夜占子未相穿，是谓害贵，不宜占讼。

断曰：铸印之课，本为吉征。但三下克上，父母发用值空，大不利于尊长。斗系日本，名曰天狱，主有拘滞。如年命在未，谓之天罗自裹，必见刑伤。孤寡发用，俯丘仰雠，主客皆不能快。

天时：无雨，昏晦。家宅：昼占防人欺诓，人宅皆不亨快②。功名：占试可中，占官不吉。求财：受贵人小子之愚，亦可得财。婚姻：女子愚蠢，却是贵家，昼占不诚实。胎产：女孕，未产。疾病：脾胃之病，医人不得力，二占月甚凶。失脱：西南土中寻。出行：因尊长之事有阻。行人：墓神临日，即可到家。捕获：在正西，有怀胎女人，或因酒起口舌官讼。兵战：主客意欲休兵。坟葬：龙脉不真，墓有空穴。

《毕法》云：干墓并关人宅废、干支乘墓各昏迷。《课经》云：墓神覆日，若作月内生气，主库务差遣，勿作墓看。《指南》：庚寅年申将，占天旱。曰：神后发用而值旬空，中传旬丁亦临风煞，又风伯临干支会寅，寅中有箕宿，箕亦好风。主日间有大风，夜子时填实旬空，微雨，洒尘而已。果验。

---

① 原文：青螣。
② 原文：享快。

甲寅日第九课

```
官  螣青  庚申  支冲 驿马
子  后白  戊午  干奇 仪神
子  后白  戊午  干奇 仪神
```

```
     合合 后白  合合 后白
  戊   午   戊   午
  午   寅   午   甲
```

```
          合合  勾朱
朱勾  酉  戌   亥  子  青螣
螣青  申            丑  空贵
贵空  未            寅  白后
后白  午  巳   辰  卯  常阴
          阴常  元元
```

课格：八专，帷簿，励德。

课意：昼虎四排，却祸生灾，求官成事，卒难称怀。

解曰：课传四午，昼将皆乘白虎，排列成行，其势可畏。虽能克去初传之鬼，而却日干之祸。然午火脱气，又虎金仍能克木，不免生灾也。求官者或可成事，毕竟干支俱脱，虎能助鬼，难称心怀耳。

断曰：八专之课，全无克制，有男女不正之象。四午虽然乘虎，却能制鬼而生财。常人占之，反为吉兆。夜占蛇火克申，日鬼受制，天后临于脱气，当因妻子破财。

天时：龙神受克，无雨，四午乘白虎，当有热风。**家宅**：昼占男妇俱有疾病。**功名**：官星受制，防有黜革。**求财**：因子孙破财而又得财。**婚姻**：昼占女恶，夜占女美。**胎产**：阳极，当生女胎，恋生产迟。**疾病**：肺家受病，心有忧愁，虽凶无害。**失脱**：金器，在东南寻。**出行**：虽行，仍在近处。**行人**：即到。**捕获**：在西南坤方，僧道人窝藏。**兵战**：夜占，主将不能取胜。

《毕法》云：人宅皆死各衰羸。《课经》云：酉加巳，为胎坐长生，大宜占孕，不利占产。丑加酉，亦名腹胎，来意必占妻孕。丑作旬空，占产则速，占胎必损。又：干支上全乘死气，凡事但宜休息，不利动谋。"神将论"云：胜光乘虎，主街巷持兵，又虎在午为焚身，能反祸为福。

甲寅日第十课

官　螣青　庚申　　支冲　驿马
父　勾朱　癸亥　　支合　六破　大煞　日解
兄　白后　甲寅　　日德　日禄

```
     螣青 阴常  螣青 阴常
      申  巳    申  巳
      巳  寅    巳  甲
```

```
              朱勾 合合
   螣青  申   酉   戌   亥  勾朱
   贵空  未             子  青螣
   后白  午             丑  空贵
   阴常  巳   辰   卯   寅  白后
                元元 常阴
```

课格：重审，元胎。

课意：丁马交并，岂容少停，提防失脱，病赴幽冥。

解曰：巳为旬丁，临于身宅。申为驿马，发用两阴。丁马遍布于四课，其动非细，岂容少停耶？干支皆被巳脱气，须防失脱。日鬼发用，占病尤危也。

断曰：重审之卦，事有两岐。又名元胎，谋宜更始。三传递生禄神，求官最吉。当有知己荐援，勃然而兴之象。旬首临于旬尾，断而复续，静而复动，然动不如静也。

天时：龙乘水母发用，巳日当有雨。家宅：干支上神六害，夜占阴人作闹。功名：末传德禄临长生，名位显达。求财：不可妄求。婚姻：女子虽佳，防合中有破。胎产：婢妾有孕，女胎，产顺而易。疾病：脾家之症，当于厨灶间得头目之病，防有淹缠。失脱：两厨下人取去。出行：吉，当遇禄。行人：当日即到。捕获：在西南空井左右，或在林下乡绅家。兵战：讲和为上。

《毕法》云：人宅受脱俱招盗。《课经》云：日德加亥入传，为德入天门，士人占之必中。《精蕴》云：宋仁宗明道二年，癸酉未将占雨。曰：发用青龙，今日申时当有风雷，而雨尚微。中传雀乘亥加申，水火交战。庚申日午时，风雷复作，但巳火又乘土神，故雨仍未足。末传功曹加亥，天后水神，甲子日有云来自西北，大雨滂沱，一伏时止。俱如所占。

甲寅日第十一课

财　合合　丙辰　天贼　天医　六仪
子　螣青　戊午　干奇　仪神
官　后白　庚申　支冲　驿马

```
螣青 合合 螣青 合合
 午   辰   午   辰
 辰   寅   辰   甲
```

```
          后白 阴常
贵空 未   申  酉   戌 元元
螣青 午              亥 常阴
朱勾 巳              子 白后
合合 辰  卯  寅   丑 空贵
       勾朱 青螣
```

课格：重审，间传，登三天，斩关。

课意：昼占可怖，马载鬼虎，贵登天门，罡塞鬼户。

解曰：初传辰为日财，并乘六合，与日夹克，财不由己。中午脱气，鬼在末传，昼占又乘白虎伤干，深可畏惧也。斗罡加日发用，格合斩关。且贵登天门，辰罡塞鬼户，六神藏，四煞没，将逢龙合，谋为极利。

断曰：登天之课，仕宦最宜，常人占之，亦能得利。但三传间进，未能直上云衢。发用辰罡，亦未能遽归泉石。循途守分，当有日异月新之象。

天时：阴晴不定。**家宅**：不常移徙，自能发财，人口平安。**功名**：末传驿马，官星乘虎，即有外任，差使极速。**求财**：财气甚好，却不能由己。**婚姻**：事在必成，亦防刑伤。**胎产**：纯阳，男喜，产迟而吉。**疾病**：肝家受伤，急切难愈。**失脱**：为小儿持去。**出行**：不能返家。**行人**：末传马与支干六合，子辰日必到。**捕获**：贼在正北水边，昼占不能捕。**兵战**：夜占胜，昼占败。

《毕法》云：虎乘遁鬼殃非浅、罡塞鬼户任谋为。《课经》云：六神藏者，螣蛇坠水，朱雀投江，勾陈入狱，天空被剥，白虎烧身，元武折足也。四煞没者，四墓临乾坤艮巽，陷于四维也。《订讹》云：青龙万里致远，六合私门隐匿，更见申虎为斩关得断。此卦最宜更新外出，喜见丁马。若家居反有暗昧之事。

甲寅日第十二课

```
财  合合  丙辰   天贼 天医 六仪
子  朱勾  丁巳   六害 勾神
子  螣青  戊午   干奇 仪神
```

```
     合合 勾朱 合合 勾朱
      辰   卯   辰   卯
      卯   寅   卯   甲
```

```
         贵空 后白
螣青  午  未   申  酉  阴常
朱勾  巳            戌  元元
合合  辰            亥  常阴
勾朱  卯  寅   丑  子  白后
         青螣 空贵
```

课格：重审，进茹，升阶。

课意：前脱后亡，守之为强，贪一粒粟，失半年粮。

解曰：辰巳午亦名炎上。甲欲前进，则逢三传火局之脱。欲后退，则遇子丑之空。不如守日上之卯，为不失其旺也。若贪初传夹克之财，遂引而入于脱盗之地，所谓"贪却一粒粟，反失半年粮"也。

断曰：进茹之课，利有攸往。但网刃在前，凡事安心静守，则末助初财，自然得福。若妄谋躁动，必受罪愆。子孙太旺，官鬼受伤，惟常人最宜，仕宦不利。

天时：大晴。家宅：防有门户口舌。功名：倘受贿赂，即防黜退官职。求财：三传皆属子孙，不求财而自至。婚姻：干支皆临羊刃，防有刑伤。胎产：二阳包阴，女孕，易产。疾病：热风之症，可愈。失脱：门边厨下寻取。出行：不可出门。行人：离家愈远。捕获：西北临水楼台内藏。兵战：主客相持，动兵不利。坟葬：乙龙，顺水局，可以发丁。

《毕法》云：所谋多拙遭罗网、费有余而得不足、互旺皆旺坐谋宜。《课经》云：干上卯，乃日之旺神。引入初传，辰为六害，至中末全为盗气矣。又干上卯，纵传见财爻，必多退悔，懒去取财，恐争夺也。《指掌赋》云：辰巳午为升阶，亲观光于上国。

乙卯日第一课

```
财  勾勾  丙辰  六害 羊刃
兄  青合  乙卯  六仪 日禄
父  常贵  空子  勾神 游都
```

```
        青合 青合 勾勾 勾勾
         卯   卯   辰   辰
         卯   卯   辰   乙
```

```
              朱空 膑白
合青  巳   午   未   申  贵常
勾勾  辰             酉  后元
青合  卯             戌  阴阴
空朱  寅   丑   子   亥  元后
         白膑 常贵
```

课格：伏吟，斩关，杜传。

课意：彼此猜忌，渐变无礼，昼贵徒然，干禄得体。

解曰：初传日财自刑，中传支上害之，既为因财生忌，渐变为子卯相刑，则无礼之甚也。昼贵子值旬空，虽生日而无力，告之亦自徒然。不若守宅上之旺禄，为得其宜耳。

断曰：伏吟之课，上下六害，中末互刑，凡事乖于和道。若静以守之，干有田土之财，支有现前之禄，可坐而享也。但斩关非安居之象，杜传有中变之图，是在相机[①]善动耳。末传子水，虽属空亡，毕竟是生我之神，若年月填实，亦可进取。

天时：阴霾之象，多晴少雨。**家宅**：当有子孙世禄可守，夜占尤吉。**功名**：禄神虽旺，却逢六害，尚有阻滞，终无收束。**求财**：止宜守住现在之财，不可贪求。**婚姻**：女家丰足，但恐有阻。**胎产**：胎损，产速。**疾病**：肾水不足，健饭即愈。**失脱**：不出本家廊庑之下。**出行**：不能到彼处。**行人**：中末相刑，阻隔未归。**捕获**：是对门女人或外祖家孩子作线，不出境。**兵战**：主人不利，须用粮草饵敌。

《毕法》云：权摄不正禄临支、彼此猜忌害相随。《课经》云：乙卯伏吟为交车六害，不宜交关用事。又：伏吟课传，虽无丁马，若占人年命上乘魁罡或临巳上，为丁马交加，其动尤速。"神将论"云：辰临勾陈主战斗。又勾陈升厅在辰，有狱吏以牵缠。

[①] 原文：几。

乙卯日第二课

```
财  白螣  空丑   福星
父  常贵  空子   勾神 游都
父  元后  癸亥   大煞 地医 日盗
```

```
      白螣 空朱 空朱 青合
       丑   寅   寅   卯
       寅   卯   卯   乙
```

```
          合青  朱空
勾勾  辰   巳   午   未  螣白
青合  卯            申  贵常
空朱  寅            酉  后元
白螣  丑   子   亥   戌  阴阴
          常贵 元后
```

课格：重审，退茹，三奇。

课意：坐守我旺，进则无况，踏脚空亡，岂宜前向？

解曰：卯为日禄，旺禄临身，最宜坐守，不可妄动。动而之传，三传皆空，有何况味？进则有丁巳之脱，退则有空陷之忧。踏脚空亡，虽云反宜进步，独此非宜也。

断曰：退茹逢空，格合三奇，本有可进之象。但三传皆生我之神，而正当空陷，《经》所谓"见生不生，不如无生"，则一切谋为，反有凶兆。不如闭门寂守，坐享痴福也。

天时：有风无雨。家宅：宅乘退气，人却健旺。功名：食禄终身，不能寸步进取，亥年利。求财：青龙六合临身，有人送来，不可去取。婚姻：女占吉，男占不吉。胎产：恐是私胎，男喜，腹空即生。疾病：水不能养肝，可愈。失脱：在木器中。出行：不宜。行人：未至。捕获：昼在西南道路，夜在西方山阴。兵战：以我作主则利，不可先动起衅。坟葬：龙脉皆空，乾向少吉。

《毕法》云：尊崇传内遇三奇、踏脚空亡进用宜、旺禄临身徒妄作。《课经》云：三传皆空，如背后有三陷坑，岂宜进乎？占病得之，为寻死格。《魏志》"管辂传"：辂在典农王弘直所，有飘风从申来，占曰：日辰乙卯，斗建申，申破寅，死丧之候也。日加午而风发，马之候也。未在申为虎，虎为大人父之候也。东方当有马吏至，恐父哭子。明日，胶东吏到，直子果亡。

乙卯日第三课

财　白螣　空丑 福星
父　元后　癸亥 大煞 日盗 地医
官　后元　辛酉 支冲

　　　元后　白螣　常贵　空朱
　　　亥　　丑　　子　　寅
　　　丑　　卯　　寅　　乙

　　　　　　　勾勾　合青
青合　卯　　辰　　巳　　午　朱空
空朱　寅　　　　　　　　未　螣白
白螣　丑　　　　　　　　申　贵常
常贵　子　　亥　　戌　　酉　后元
　　　　　元后　阴阴

课格：涉害，间传，极阴，九丑。

课意：财生俱空，辛酉独逢，所恶满目，所欲无踪。

解曰：丑为日财，亥为日之长生，发用入传，似乎有益。乃丑值旬空，亥坐空上，止存末传酉鬼，又遁作辛鬼，独居实地。明暗二鬼，日所恶也，而偏与之逢。财及长生，日所欲也，而皆为乌有，则何益之有哉？

断曰：极阴之卦，退逆间传，凡事稽留不进，忧患难消。况丑加卯发用，谓之九丑，凶多吉少，反喜初中空陷，吉事不成，凶亦可解，夜占名虎头鼠尾。

天时：风雾晦冥，既而淫雨。**家宅**：有当门土，宜平去之。**功名**：反覆难成，改图可就。**求财**：虽有而不实。**婚姻**：不祥。**胎产**：主生女。**疾病**：丑加卯乘虎，主妇人腹痛，久病凶。**争讼**：主有奇祸，幸可解。**失脱**：贼获，赃散。**出行**：大不利，宜安守。**行人**：有阻，不至。**兵战**：防虚声惑众。

《毕法》云：踏脚空亡进用宜。《观月经》云：大吉将加仲，天灾莫举兵，大小两时并，凶神在四平，三年与三月，不出大凶生。《心镜》云：不但纳妻并嫁女，最忌游行及出军。《订讹》云：乙者雷始震之日，卯为春分，阳盛阴绝。又遇丑临仲上，加支发用，与白虎并，主有死亡之事。《指掌赋》云：丑亥酉为极阴，如月隐西山。

乙卯日第四课

财　青螣　空丑 福星
财　朱阴　壬戌 支合
财　后白　己未 干墓 支墓

螣元　勾贵　朱阴　青螣
酉　　子　　戌　　丑
子　　卯　　丑　　乙

　　　　白合　常勾
空朱　寅　卯　辰　巳　元青
青螣　丑　　　　　午　阴空
勾贵　子　　　　　未　后白
合后　亥　戌　酉　申　贵常
　　　　朱阴　螣元

课格：重审，稼穑，励德。

课意：两蛇空布，财归鬼墓，外合无凭，内害可惧。

解曰：丑昼乘螣，临于干上，又发初传，而值旬空，则为空布也。戌财入于丑乡，丑为金墓，乃日鬼之墓也，岂可取乎？干支上子与丑合，然皆旬空，全无凭据。而干支辰与卯害，甚可惧也。

断曰：此重审之卦，合稼穑之局，凡事艰难，贵于详审。三传皆财，不利长上，财虽满目，妄求反生不足。况鬼墓覆干，下害上合，下实上空，主暗中有人伤损。喜丑值旬空，其凶必散。然而一切谋为，亦无成就。占者惟见机安分可也。

天时：阴晴不定。家宅：宅上有刑，上下无礼。功名：利纳赀，然尚迟滞。求财：动为人所欺。婚姻：不成，子月夜占可成。胎产：胎神临空败，防不实。疾病：暴病不妨，占父母不吉。争讼：忧疑消解。失脱：在空墓中寻。出行：所到无安著处。行人：未日至。兵战：防间谍诈伪，夜占稍利。

《毕法》云：宾主不投刑在上。《纂要》云：上子丑作六合，而下卯辰却作六害，此名外好里槎枒，乃合空而害实，凡事空喜而实害也。又：乙卯日，子将卯时，太阳作贵人而生宅，宅下必有宝藏。或子年占之，其年必产贵子。子虽旬空，缘太阳乃悬象于天，不畏旬空也。《秘要》云：丑为鬼之墓库，临于干上，须防暗中媒孽之人。

乙卯日第五课

财　后白　己未　_{支墓　干墓}
兄　白合　乙卯　_{日禄　六仪}
父　合后　癸亥　_{日盗　大煞　地医}

　　　　_{后白　合后　贵常　勾贵}
　　　　未　亥　申　子
　　　　亥　卯　子　乙

　　　　　_{空朱　白合}
青螣　丑　寅　卯　辰　常勾
勾贵　子　　　　　巳　元青
合后　亥　　　　　午　阴空
朱阴　戌　酉　申　未　后白
　　　　_{螣元　贵常}

课格：元首，曲直，泆女。

课意：禄神墓神，皆与虎并，空贵生干，自墓传生。

解曰：未为日墓，卯为日禄，而皆乘白虎。昼占病可危，夜占禄难守也。子贵生干，而值旬空，亦不足恃。惟末传亥水，乃日之长生。自未及亥，为自墓传生，主先迷而后醒也。

断曰：元首之卦，局合曲直，理虽顺利，事则糅杂。欲成不成，欲合不合。内课子辰申，与三传各作六害。主恩中有雠，好处成衅。又夜占自后传合，为泆女之课，须防邪僻。初传后乘季神，又阴神是虎，不利妻房也。

天时：多风少雨。**家宅**：长生临宅，宅吉，但须防范闱门。**功名**：晚成，宜藉他人之力。**求财**：无利。**婚姻**：迟成，夜占不宜。**胎产**：胎坐空墓，鬼胎不实。**疾病**：主妻有灾。**争讼**：从合处生乖，事宜消释。**失脱**：捕役不力。**出行**：路有阻滞，到后吉。**行人**：在道稽迟。**兵战**：春冬得胜，余防敌人诈诱。

《毕法》云：贵虽坐狱宜临干、干墓并关人宅废、合中犯煞蜜中砒。《古鉴》：丁卯生人，戊申年卯将占终身。曰：身作贵人，又来生日。三传木局，自墓传旺，自旺传生，必由穷途，渐至荣显，且跻高寿。但课传无火，主无子息。同类为六合，主纳兄弟之子。妻财空墓乘虎，主先丧偶。卯带禄加未，末传天后长生，归于禄地，主娶后妻少艾而有财旺夫也。俱验。

乙卯日第六课①

子　阴空　戊午　鲁都　天贼　六破
财　青后　空丑　福星
官　贵勾　庚申　日德　支德　日解

　　元白　朱朱　阴空　合螣
　　巳　　戌　　午　　亥
　　戌　　卯　　亥　　乙

　　　　　青后　空阴
勾贵　子　丑　寅　卯　白元
合螣　亥　　　　辰　常常
朱朱　戌　　　　巳　元白
螣合　酉　申　未　午　阴空
　　　　贵勾　后青

课格：涉害，四绝。

课意：昼传皆空，夜贵无踪，占官不利，远祸有功。

解曰：丑旬空，申坐空，惟初传午实，而昼占又乘天空，则三传皆空矣。申以夜贵作官星，今临陷地，无踪迹可据；虽三传递生，究为无力，仕宦占之，岂有利乎？若常占则申作日鬼，非空何以远祸？是空反有功也。

断曰：涉害之卦，上神生日，日生三传，传又递生，本应顺利。日有人扶，夜有神助。奈脱空相继，虚幻变更，恩多怨深，官鬼无气，事必有始鲜终，成中有败。卦体四绝，惟利完结旧事，不利图新也。若占忧患，却易解散。

天时：久旱，燥竭。**家宅**：主有咥人犬。**功名**：子月夜占，利。**求财**：不得。**婚姻**：不成。**胎产**：占孕不宜，占产即下。**疾病**：暴病即愈，久病虚脱。**失脱**：一去不还。**争讼**：多虚诈，然易解散。**出行**：改期如意。**行人**：占子孙，即至。**兵战**：防为人脱骗，宜空处设备。**坟葬**：戌方出水，艮坤向则吉。

《毕法》云：空空如也事休追、不行传者考初时。《神定经》云：干生初，初生中，中生末，末却克干，是为恩多怨深。又末传官星，被初克中墓，官鬼无气，有官人不利，常人反可解难除祸也。《心印赋》云：午加亥上酉加寅，子居巳位卯居申，诸经名此为四绝，结绝旧事最为真。

---

① 校者注：此课有以"戌巳子"为三传者。

乙卯日第七课

兄　白元　乙卯　日禄　六仪
官　螣合　辛酉　支冲
兄　白元　乙卯　日禄　六仪

　　　　白元　螣合　常常　朱朱
　　　　卯　　酉　　辰　　戌
　　　　酉　　卯　　戌　　乙

　　　　　　勾贵　青后
合螣　亥　子　　丑　　寅　空阴
朱朱　戌　　　　　　　卯　白元
螣合　酉　　　　　　　辰　常常
贵勾　申　未　　午　　巳　元白
　　　　后青　阴空

课格：返吟，无依，龙战，三交。

课意：交互返吟，卯虎酉螣，夜占夏令，火烛惊心。

解曰：辰与酉合，卯与戌合，非交互乎？辰与戌冲，卯与酉冲，非返吟乎？合中有冲，冲中有合，则又交互而返吟矣。以夜占言之，卯乘白虎，酉乘螣蛇，将克其神，则凶咎难免。以夏占言之，酉为火鬼，蛇为火妖，神克其宅，则火烛可忧也。

断曰：返吟无依之卦，四仲相加，卯酉为用，格合龙战，亦名三交。交车合中，皆藏冲害，反覆阻碍，成败相仍。家匿阴私，身心惶惑，欲速不达，欲罢不能。君子循循守分，难中见易；小人汲汲妄求，无平不陂也。

天时：忽晴忽雨。**家宅**：主家匿罪人，夏占防火灾。**功名**：得失反覆，危而不安。**求财**：恐招是非。**婚姻**：不成。**胎产**：动而不安。**疾病**：主心忡疷症，又主有两症。**失脱**：远追，可获。**争讼**：结者易解，息者复兴。**出行**：出而复返。**行人**：来而复去。**捕获**：昼占在西，夜占在北。**兵战**：来往纷纭。

《毕法》云：彼此猜忌害相随、合中犯煞蜜中砒。《课经》云：卯酉卯返吟，占家宅门户道路事，遇凶将主损失，虽动无益，有重重惊恼。《袖中金》云：卯酉乘合，人离财散。《指掌赋》云：用卯为龙战，用酉为虎斗，主思改而忧疑不定。三传四仲，谓之三交。加日辰，则主隐匿罪人之占。

乙卯日第八课

```
兄  空阴  甲寅
财  后青  己未   支墓 干墓
父  勾贵  空子   游都 勾神
```

```
    青后 贵勾 空阴 螣合
     丑   申   寅   酉
     申   卯   酉   乙
```

```
              合螣 勾贵
朱朱   戌   亥  子   丑   青后
螣合   酉            寅   空阴
贵勾   申            卯   白元
后青   未   午  巳   辰   常常
            阴空 元白
```

课格：重审，六仪，励德。

课意：干上至末，迤逦征伐，祸里生财，互相触突。

解曰：干上酉克初传之寅，寅克中传之未，未克末传之子，自酉及子，递相征伐也。寅为酉财，未为寅财，子为未财，递克而得，非祸里生财而何？但酉去伤卯，申来克乙，干支上下，亦互相触，彼此俱无所利耳。

断曰：重审之卦，传课递克，将神内战，凡占运用不遂，欺侮迭兴。上神克日，利在先举。三传昼占，全受夹克，所往皆不由己。夜占神皆克将，昼夜神将内外交战，凶危可知。惟末传归于生日，所占始虽难成，终或可望结局耳。

天时：三时有灾，秋成却利。家宅：可发贵，宜祷祀神祇。功名：有奇遇，且所至风宪。求财：每以势取，亦防悖出。婚姻：妆奁极丰。胎产：甚吉。疾病：难脱体，主因食屡发。失脱：难寻。争讼：凶难解散，财尽祸息。出行：不利远行。行人：辰日到。兵战：先难后易，乘胜逐北，屡获敌资。

《毕法》云：干支全伤防两损、夫妇芜淫各有私、三传递克众人欺、鬼乘天乙乃神祇。《课经》云：三传皆受夹克，是为家法不正。《观月经》云：甲寅功曹首，万类得其仪，有罪计非危，病者得天医，求财倍获利，投书喜不迟。《玉成歌》云：对神隔将主人离，辰上逢之宅破期（乙日干上见六合乘酉）。

乙卯日第九课

财　后青　己未　支墓　干墓
父　合螣　癸亥　地医　大煞　日盗
兄　白元　乙卯　日禄　六仪

```
        合螣 后青 勾贵 贵勾
         亥   未   子   申
         未   卯   申   乙
```

```
         朱朱 合螣
螣合  酉  戌   亥   子  勾贵
贵勾  申            丑  青后
后青  未            寅  空阴
阴空  午  巳   辰   卯  白元
         元白 常常
```

课格：涉害，曲直。

课意：夜贵克身，昼贵虚陈，支禄恼怀，家人悔迍。

解曰：申为夜贵，临干克身，虽曰坐狱，不妨临干。然常占在所不利。子为昼贵，却值旬空。虽曰昼夜贵加，然既空则无力也。卯为日支，又为日禄，昼元夜白，皆非吉将，所以恼怀。未为木墓，覆宅昏晦，故家人悔迍也。

断曰：涉害之卦，局合曲直，事主先难后易，先屈后伸。日鬼临干，非宦途即有灾咎。日墓发用，惟贱者反得安逸也。木旺于春，春占方有畅遂之象。又合中有害，凡事防人暗欺。夜占初中后合，亦作泆女论。

天时：多风，草木繁茂。**家宅**：宅利于人，而有昏晦之象。**功名**：春占大吉。**求财**：财是墓神，美中不足。**婚姻**：宜入赘。**胎产**：胎安，产不利。**疾病**：主风疾肝疾，宜祷神祇。**失脱**：在林木坟墓中。**争讼**：防遭曲断。**出行**：吉。**行人**：即至。**兵战**：大胜之兆，切忌迟疑。**坟葬**：龙气甚清，但不聚财。

《毕法》云：昼夜贵加求两贵、鬼乘天乙乃神祇、干墓并关人宅废、支坟财并旅程稽。《课经》云：胎坐长生，大宜占孕，不利占产。《订讹》云：曲直亥加未，作蛇内战，主失财。未加卯作后，阴人灾病，有离哭之兆。《指掌赋》云：未亥卯为从吉，待时而动。《中黄经》云：日辰衰木见真金，三传无火却成迍。

乙卯日第十课

官　后合　辛酉　支冲
父　常贵　空子　游都　勾神
兄　青元　乙卯　日禄　六仪

　　后合　朱空　阴朱　螣青
　　酉　　午　　戌　　未
　　午　　卯　　未　　乙

　　　　后合　阴朱
贵勾　申　酉　戌　亥　元螣
螣青　未　　　　　　子　常贵
朱空　午　　　　　　丑　白后
合白　巳　辰　卯　寅　空阴
　　　　勾常　青元

课格：涉害，三交，励德。

课意：面善含毒，常招耻辱，灾不成灾，福不成福。

解曰：未为日财，乍视似乎可喜。然实则日墓，且乘夜蛇而覆日，是内含凶毒也。墓主昏昧，若误认为财，甘心受晦，其常招耻辱宜矣。酉鬼发用，势若甚凶，而临午受克，故不成灾。子水生日，亦生卯禄，而天将贵常夹克，故亦不成福也。

断曰：涉害之卦，三传四仲相加，合三交之格，吉中有凶，凶中有吉。凡事顺理则裕，缓图则成。用神受制，仕宦主有阻隔，而常占反可免灾。三月占，犯天烦，切宜慎之。

天时：阴晦无雨。家宅：贫耗而人昏晦。功名：有名位，但防挫折。求财：守其固有为佳。婚姻：有破败。胎产：防伤损。疾病：家有卑属明医理者，虽凶可疗。失脱：于喜事中失财，可获。争讼：有解。出行：三月忌。行人：中途有阻。兵战：不得已而用之，主获金宝美丽。

《毕法》云：制鬼之位乃良医。《课经》云：酉加午发用，斗罡系丑未，为二烦格。《古鉴》：亥将占捕捉，曰：卯为元武，上见午贼，自正东转正南，卯六午①九，去此五十四里。卯主树木坟茔，午上天空，主藏窑穴。中传子克午，初传酉克卯，必主擒获。遇酉子日，即其期也。《玉成歌》云：三交吉凶皆因内。《照胆秘诀》云：后合元阴与酉卯，加临课传遭强盗。

---

① 原文：五。

乙卯日第十一课

官　贵勾　庚申　日德　支德　日解
财　阴朱　壬戌　支合
父　常贵　空子　游都　勾神

　　　　　螣青　合白　贵勾　朱空
　　　　　未　　巳　　申　　午
　　　　　巳　　卯　　午　　乙

　　　　　　　　贵勾　后合
螣青　未　　申　　酉　　戌　阴朱
朱空　午　　　　　　　　亥　元螣
合白　巳　　　　　　　　子　常贵
勾常　辰　　卯　　寅　　丑　白后
　　　　　　青元　空阴

课格：重审，间传，涉三渊。
课意：两贵无力，所求难得，家有惊危，丁马入宅。
解曰：子昼贵坐戌狱，申夜贵受午克，虽俱入传，而实无力，不足恃也。以是干贵，而欲得所求，不亦难乎？巳为旬丁，又为驿马，今乘昼虎入宅，又且脱宅之气，必主家有惊危之事，变动非常也。

断曰：重审之卦，顺进间传，格合涉渊，为坎之外象，主艰难阻隔。贵人受克，诉告无门，身宅俱脱，事防欺赚。君子当藏器待时，勿轻举动。倘勉强谋为，终非亨利之兆。若年命在辰，冲入中传，会成水局，则生干制脱，无往不吉矣。

天时：久旱无雨。家宅：耗动不宁。功名：考试慎三场，仕宦多差使，防文凭有失。求财：防耗本。婚姻：子月昼占女，丑年命者吉。胎产：主生女。疾病：见凶，宜祈祷。失脱：系家中人，远去，难获。争讼：必经两处衙门，彼此耗财。出行：将行，复改期。行人：辰戌日到。兵战：粮运不继。坟葬：昼占吉，夜占凶。

《毕法》云：两贵受克难干贵、人宅受脱俱招盗、鬼乘天乙乃神祇、脱上逢脱防虚诈。《课经》云：干上午，昼乘天空，名脱空格，主事全无实迹。又未加巳，巳为蛇，未又乘蛇，为两蛇夹墓。《指掌赋》云：申戌子涉三渊，当隐于山林。言申子水局有林象，戌土有山象，时方入夜，似幽人之守正也。

乙卯日第十二课

```
财  勾勾  丙辰  六害 羊刃
子  合青  丁巳  破碎 天医
子  朱空  戊午  鲁都 六破 天贼
```

```
       合青 勾勾 朱空 合青
        巳   辰   午   巳
        辰   卯   巳   乙
```

```
           螣白 贵常
朱空 午    未  申    酉  后元
合青 巳              戌  阴阴
勾勾 辰              亥  元后
青合 卯    寅  丑    子  常贵
           空朱 白螣
```

课格：重审，进茹，斩关，乱首。

课意：丁与马共，动则费用，末助初财，屈尊求俸。

解曰：巳为旬丁，又为驿马，临于干上，静守犹可，动则干气被脱，未免费用也。辰为日财，并勾发用，巳自有余，末午助之，尤为旺相。又辰本日课，屈尊临支，以求卯禄，所失者少，而所得者多也。

断曰：重审之卦，顺进连茹，进中有退，行止未安，得失相半。斗罡加支发用，格合斩关，不利安居，恰宜迁改。又日往加辰，为辰所克，名为乱首。上不自尊，下必无礼。勾陈并临，辰上发用，亦争夺之象也。强恕而行，庶几免咎。

天时：大雾，无雨。**家宅**：家长不能制下，又主有赘婿。**功名**：不利。**求财**：南方大利。**婚姻**：男弱女强。**胎产**：生女，产安。**疾病**：主因贪饕而得。**失脱**：可获。**争讼**：不到官。**出行**：迟疑未决。**行人**：支马临干，速至。**捕获**：在西北方。**兵战**：勿逐北搜粮，反致丧失。

《毕法》云：所谋多拙逢罗网、末助初传三等论。《袖中金》云：假令立秋乙卯日巳将，天罡加卯发用，行年又在卯酉，名龙战卦。主人心疑惑，进寸退尺，动有乖离。《观月经》云：天罡临卯上，发用正含嗔，人年立卯酉，正是涉迷津。《订讹》云：自取乱首，事发于内，而起于外，兵不利客，亦不宜攻。

丙辰日第一课

兄　勾空　丁巳 _{干德 日禄}
财　螣元　庚申 _{鲁都 天贼}
父　白合　甲寅 _{驿马 长生 游都}

_{青青 青青 勾空 勾空}
辰　辰　巳　巳
辰　辰　巳　丙

		合白	朱常		
勾空	巳	午	未	申	螣元
青青	辰			酉	贵阴
空勾	卯			戌	后后
白合	寅	丑	子	亥	阴贵
		_{常朱}	_{元螣}		

课格：伏吟，斩关，元胎，励德。

课意：禄财长生，空虎纵横，静中须动，所作无成。

解曰：初传巳为德禄，遁丁发用，中传申为日财，末传寅为长生，又乘驿马，三传皆吉。但嫌天空与元虎，昼夜纵横耳。伏吟传见丁马，静中已动。三传自初递克，长生又属三刑，生意息矣。凡所作为，岂能成就？

断曰：伏吟之卦，本为静象，传遇丁马，动意蹶然。若能安心坐待，则末助初传，禄神正旺，占官大吉。天罡乘龙临支，当因喜事，宅中欠宁。

天时：雨占即晴。**家宅**：日上乘禄，支上乘龙，财喜重重之象。**功名**：禄马全逢，主大利。**求财**：阴私之财可得，防有惊恐。**婚姻**：女美，性刚，可就。**胎产**：天罡作子息爻，男妊，产迟。**疾病**：脾土受病，或遗漏风痛之症，未愈。**出行**：吉。**行人**：立至。**捕获**：难寻。**兵战**：宜防虚诈。**坟葬**：龙神得气，丑方出水则吉。

《毕法》云：任信丁马须言动。《指南》：戊子八月辰将，先辰时，后酉时，占两人乡试。曰：辰时者前列，酉时者次之。盖缘天罡为领袖之神，从魁幕贵在后故也。及排辰时者，三传巳申寅，干乘德禄，支见月将青龙，禄马入传。酉时者，三传午丑申，太岁空战，幕贵入墓。榜发，辰时者，果中二十二名；酉时者，止中副榜。二者皆以时断中也。

丙辰日第二课

父　空勾　乙卯　六害
父　白合　甲寅　驿马　长生　游都
子　常朱　空丑　六破

　　　白合　空勾　空勾　青青
　　　寅　　卯　　卯　　辰
　　　卯　　辰　　辰　　丙

　　　　　　　　勾空　合白
青青　辰　　巳　　午　　未　朱常
空勾　卯　　　　　　　　申　螣元
白合　寅　　　　　　　　酉　贵阴
常朱　丑　　子　　亥　　戌　后后
　　　　　元螣　阴贵

课格：元首，退茹，斩关，不备。

课意：还嗣息债，长生宁耐，然后散忧，退空无害。

解曰：发用之卯，克支生干，支却临干受生，是得之于彼，而与之于此也。辰为丙火之子，非还嗣息之债而何？寅为日之长生，上带白虎，虽有惊危，然欲受生，大宜守耐。末传丑空，可以解忧散虑。退虽逢空，且喜脱气，又在长生，有生而无害也。

断曰：三传联茹而退，末遇空亡，反宜进步，凡占先起者吉，后起者凶。败气临支，非有卑幼灾伤，即有门庭消耗。求官者，始如春花，后如秋叶，总属有头无尾之象。

天时：青龙虽升天，被初中所克，不雨而风。家宅：卯木克宅生干，弃宅益人，人亦消耗。功名：课传不见贵禄官星，占名欠利。求财：青龙临干作脱气，反有耗费，不能聚财。婚姻：支干相害，占婚不吉。胎产：上强下弱，不备逢阴，孕乃成男，支干作害，微灾难免。疾病：肝胆之疾，病来生人，不能即愈。出行：水陆两途，皆不吉利。行人：天罡加孟，尚未启行。捕获：昼占当在西南饮食，夜占在北方阴人家。兵战：得失相半。

《毕法》云：彼此猜忌害相随、喜惧空亡乃妙机、踏脚空亡进用宜。《课经》云：丙辰日，辰加巳，卯加辰，支干上神作六害，主彼此各相猜嫌，主客互有机械。《太乙经》云：占与人期会，天罡临日辰者，会在日辰前为已过，会在日辰后为未至。《括囊赋》云：木逢勾虎，必栋折于三刑。

丙辰日第三课

子　勾朱　空丑　六破
官　朱贵　癸亥　亡神
财　贵阴　辛酉　支德　支合

　　　合螣　青合　勾朱　空勾
　　　子　　寅　　丑　　卯
　　　寅　　辰　　卯　　丙

　　　　　白青　常空
空勾　卯　辰　巳　午　元白
青合　寅　　　　　未　阴常
勾朱　丑　　　　　申　后元
合螣　子　亥　戌　酉　贵阴
　　　　朱贵　螣后

课格：重审，寡宿，间传，极阴。

课意：两相交会，各有利害，昼夜贵加，亥水休赖。

解曰：寅卯辰巳，两课全会。但卯辰相害，寅巳相害，不无彼此猜忌之嫌，是各有利害也。初传虽属空亡，而酉加于亥，昼夜贵加，凡占宜干两贵，方为有济。所虑昼贵，坐于空乡，不能赖其弘益耳。

断曰：寡宿发用，凡事无凭，吉凶不就。又曰极阴，愈退愈暗之象。支上克支生干，人则盛而宅则衰。惟年命在子，两贵拱夹，占此最为吉利。

天时：课名极阴，日乘勾空，阴云之象。家宅：龙合克宅，必因吉庆生事。功名：两贵相加，一贵用力，必因妻财得贵。求财：财爻已空，求之无益。婚姻：女益男家，但恐不睦。胎产：女孕，产凶。疾病：肝经之疾或肾水有亏，不药自瘥。出行：水陆两途，吉凶相半。行人：驿马临支，行人即至。捕获：昼占在正南马道，夜占是公吏凶人。兵战：防失众。

《毕法》云：昼夜贵加求两贵、彼此猜忌害相随。《课经》云：丙日胎神在子，正月占主妻孕。然正月血支血忌皆在丑，并养神克胎，占产则速，占孕有损。若十二月占，血支血忌在子作胎神，占产亦速，占孕亦损。惟血忌作空亡，产孕皆不畏矣。《秘要》云：此课凡事于巳日有克应。

丙辰日第四课

官	朱贵	癸亥	亡神
财	后元	庚申	鲁都　天贼
兄	常空	丁巳	干德　日禄

```
      螣后 勾朱 朱贵 青合
       戌   丑   亥   寅
       丑   辰   寅   丙
```

```
               空勾  白青
青合  寅   卯   辰    巳   常空
勾朱  丑              午   元白
合螣  子              未   阴常
朱贵  亥   戌   酉    申   后元
          螣后 贵阴
```

课格：遥克，嚆矢，元胎，三奇。

课意：破碎临庭，耗散财婚，昼占告贵，不语沉吟。

解曰：丙以申金为妻财，墓于破碎之丑，而临支上。昼乘元武，必因婚娶而耗散其财。亥为昼贵，发用上乘闭口，故告贵者，必沉吟不语，有理难伸也。

断曰：课遇三奇，干上长生，夜乘青龙，必当徐徐发福。但发用嚆矢，得福亦轻。中传财坐鬼乡，求财欠利。末传德禄，春夏占之，吉无不利。

天时：亥乘贵人发用，水母复又生亥，青龙临日，先大雨而即晴。家宅：财库作破临宅，上乘朱勾，必因口舌争讼，大费财帛。功名：贵人发用，德神居末，占名甚利。求财：宜得阴私妇女之财。婚姻：占男则吉，占女则凶。胎产：二阴包阳，妊乃成男，母破儿生，占产甚吉。疾病：脾胃之疾，人生病破，不药自愈。出行：陆路甚吉，水路耗费。行人：将及到门。兵战：昼占甚吉，有辟地[①]千里之象。

《毕法》云：闭口卦体两般推、龙加生气吉迟迟（三月占）。《课经》云：亥加寅，乃旬尾加旬首，为闭口卦。如更值初末上下六合，则气塞乎中，占病即哑，或患禁痢，或咽肿痰厥。占胎定是哑儿。占失脱，纵人见盗去，亦不肯言。求人说事，人皆闭口。《纂要》云：干上龙乘长生，当耐心静守，自然亨泰，不可妄动。《指掌赋》云：癸为闭而丁为动，闭主死而动主生。

---

① 原文：他。

丙辰日第五课

官	合螣	空子	地医 福星
子	白青	丙辰	仪神
财	后元	庚申	鲁都 天贼

后元	合螣	贵阴	勾朱
申	子	酉	丑
子	辰	丑	丙

勾朱	丑	青合 寅	空勾 卯	辰	白青
合螣	子			巳	常空
朱贵	亥			午	元白
螣后	戌	酉 贵阴	申 后元	未	阴常

课格：重审，润下，励德，寡宿。

课意：课传没溺，凶灾可释，外勾里连，夜多淫泆。

解曰：鬼能作祸，遇空即解。今课传尽皆空陷，若没溺者然，凶灾何难消释乎？三传水局克干，盖由宅上之子发用，合辰申而为鬼，是家中之人，外勾里连，以生祸也。支上二课，将乘合后元武，夜占不免淫泆之事矣。

断曰：润下之课，事关水利，或亲族牵连，有动而不息之象。众鬼相侵，必有数人作伙谋害。幸丑土能敌，不能为祸。发用官空，占官不吉，须用水之时，方能入手。

天时：三传皆水，昼将亦水，即有大雨。家宅：子月占家长有忧，财上乘元，昼占财耗。功名：贵禄不现，官星又空，占者欠利。求财：反有耗费。婚姻：天作之合，但女子不佳。胎产：妊当育女，干支上神相合，产期必愆。疾病：肾与膀胱之病，病空即愈。出行：不吉。行人：尚未启行。捕获：夜占贼在东北大木林中。兵战：昼占惊恐，夜占稍吉，但恐劳而无功。

《毕法》云：空空如也事休追、万事喜欣三六合、将逢内战所谋危。《课经》云：三传俱鬼，则能克去劫财，若遇二空独存一财，则安稳无破，亦谓之全鬼变财。《集义》云：三传水局，干上丑与子合，《经》所谓"三六相呼见喜忻，总然带恶不成嗔"也。况干上丑土自能敌水，凡谋可成。又子加辰乘蛇，主妇人哭泣。

---

① 校者注：此课有以"子申辰"为三传者。

丙辰日第六课

兄　元白　戊午　_{天医}
子　勾朱　空丑　_{六破}
财　后元　庚申　_{鲁都　天贼}

　　元白　朱贵　阴常　合螣
　　午　　亥　　未　　子
　　亥　　辰　　子　　丙

　　　　　　勾朱　青合
合螣　子　　丑　　寅　　卯　空勾
朱贵　亥　　　　　　　　辰　白青
螣后　戌　　　　　　　　巳　常空
贵阴　酉　　申　　未　　午　元白
　　　　　　后元　阴常

课格：知一，四绝。

课意：中末虚无，独用午初，动逢羊刃，昼贵归庐。

解曰：丑申空陷，故曰虚无，独用初传午火而已。鬼居午上，既不可守，若欲动谋，又逢初传羊刃，是动静皆不可也。亥水临辰，贵人入狱，既不得地，临于支上，故曰归庐，告之不能蒙益。

断曰：四绝之课，五行入墓，止宜结旧，不可图新。三传空陷，克我之神皆不得位，不过虚声而已。

丑加午乘朱勾，主有田宅争竞。午加亥乘白虎，主有火灾。亥加辰，夜乘雀，主有小儿哭泣。财爻坐墓无气，主有耗失。

天时：水母已空，午火发用，晴而不雨。家宅：官贵临宅，必有讼狱。功名：贵人坐狱，占名不吉。求财：财爻已空，求之不得。婚姻：干上临空，女占不吉。胎产：二阳包阴，离为中女，胎神遇空，占产不吉。疾病：肾经受病，七月占不吉。出行：水陆俱不吉。行人：尚在中途。捕获：昼占勾陈受克，不能擒获。兵战：初传坐于绝地，中末[①]皆空，闻见皆虚。

《毕法》云：鬼乘天乙乃神祇、不行传者考初时。《课经》云：昼将亥贵加支，乃鬼乘天乙。占病必是家堂神像不肃。宜修建功德，安慰宅神，庶几无咎。《中黄经》云：丑入午传多诅咒。《照胆秘诀》云：戌加卯上是合乡，信至人归见福昌。《玉成歌》云：日鬼加临辰两课，定然官吏到门庭。又云：勾雀同传主讼争。

---

① 原文：未。

丙辰日第七课

兄　常空　丁巳　干德　日禄
官　朱贵　癸亥　亡神
兄　常空　丁巳　干德　日禄

　　　白白　螣螣　常空　朱贵
　　　辰　　戌　　巳　　亥
　　　戌　　辰　　亥　　丙

　　　　　　合后　勾阴
朱贵　亥　子　丑　寅　青元
螣螣　戌　　　　　卯　空常
贵朱　酉　　　　　辰　白白
后合　申　未　午　巳　常空
　　　　阴勾　元青

课格：返吟，斩关，励德，元胎。

课意：满地皆丁，动遇贵成，夜占不动，鬼墓难兴。

解曰：巳为日之德禄，遁丁而为初末，则满地皆丁矣。亥贵临身，动则以贵为官，仕宦所以遇之而成也。倘或夜占，则静而不动。干上亥水，为日鬼而克之，支上戌土，乘两蛇而墓之，一星丙火，岂复能兴乎？常庶占之，皆所不利也。

断曰：返吟之课，发用旬丁，至动不宁之象。干上亥水，旬遁得癸；夜乘朱雀，是明暗二鬼，并力相伤。朝贵尚防章劾，常人岂免实迍？

天时：天地相通，日上克日，晴雨不常。家宅：蛇虎满宅，惊恐之患，反覆互见。功名：德禄往来，官贵临身，功名独利。求财：财爻不见，求之无益。婚姻：返吟课，占婚不利。胎产：女孕，难育。疾病：脾胃受病，肾水大亏，峻补命门方愈。出行：中途而回。行人：行者立至。捕获：昼占在西，夜占在北，皆有外淫。兵战：事多更变，防有虚惊。坟葬：回头顾祖则吉。

《毕法》云：鬼乘天乙乃神祇、制鬼之位乃良医。《纂要》云：亥为日鬼，却赖支上戌土克亥，则戌土便是良医，或是本家之人能医，或得家堂宗神保护。除占病外，凡占虽值危难，灾患之中，必得人分解，诚为救神。《纂义》云：年命加戌，占宅西北上有破罐。

丙辰日第八课

父　青元　甲寅 驿马 长生
子　阴勾　己未 勾神 大煞
官　合后　空子 地医 福星

　　　青元 贵朱 空常 螣螣
　　　寅　 酉　 卯　 戌
　　　酉　 辰　 戌　 丙

　　　　　　朱贵　合后
螣螣 戌　 亥　 子　 丑 勾阴
贵朱 酉　 　　 　　 寅 青元
后合 申　 　　 　　 卯 空常
阴勾 未　 午　 巳　 辰 白白
　　　　　元青 常空

课格：重审，斩关，六仪。

课意：妻财虽美，恋之害己，众口一词，乘马遭耻。

解曰：支上酉金，遁得辛金，乃丙之妻财。若恋之不舍，反被辰土盗脱，必有害于己矣。三传寅克未，未克子，子克丙，必被众口攻讦。初传之寅木，虽为驿马，上则受未土之墓，下则受酉金之克，俯仰丘仇，适所以遭其耻也。

断曰：旬首发用，号曰六仪；辰日支仪，亦居寅上，是六仪与支仪相并。凡占吉庆，不忌刑杀。干支上神，戌酉相害，必然宾主不和。华盖覆日，百事昏晦。

天时：墓神覆日，青龙入庙，阴云之象。家宅：财神临宅合宅，家道必丰，或恐修治房屋以致脱耗。功名：必待末传官星填实，方为有济。求财：可因贵人文书得财。婚姻：支干相害，占婚不利。胎产：二阳包阴，女孕，难产。疾病：病有积块，四月占不吉。出行：恐不能起身。行人：人已起身，中道有阻。捕获：昼占在西南，夜占在西北。兵战：夜占稍吉。

《毕法》云：两蛇夹墓凶难免、末助初生三等论。《课经》云：戌加干，昼夜天将皆乘螣蛇，地盘之巳，亦是螣蛇之位，故名两蛇夹墓，占病难救。如年命临戌，天罗自裹，凶灾尤甚。或亥为年命乘罡，则以虎冲蛇，庶得少延。《心印赋》云：寅加酉上为用初，中末未与子上居，行人远至及文书。

丙辰日第九课

财　贵朱　己酉　支德　支合
子　常阴　空丑　六破
兄　勾空　丁巳　干德　日禄

元后　螣合　常阴　贵朱
子　申　丑　酉
申　辰　酉　丙

　　　　　后螣　阴贵
贵朱　酉　戌　亥　子　元后
螣合　申　　　　　丑　常阴
朱勾　未　　　　　寅　白元
合青　午　巳　辰　卯　空常
　　　　　勾空　青白

课格：重审，从革。

课意：交关利己，昼贵莫倚，夜将助才，金多生水。

解曰：巳与申合，辰与酉合，申酉俱作日财，此交关之有利于己者。亥作昼贵，临未被克，不可依倚。幸夜将纯土，助起金局，财气极旺。然恐金多生水，化而为鬼也。

断曰：从革之课，三传全财，利于功名，而不利于父母。宜于求财，而不宜于构讼。干上酉财，遁辛合日，但遭夹克，不能由己。帝幕临干，试必高第。

天时：水母被墓，天罡指阳，不能得雨。家宅：妻财作病气入墓，防妻有病。功名：三传生官，不求自至。求财：宜得贵人妇女之财。婚姻：财旺生官，必定和谐。胎产：女孕，难产。疾病：昼占脾病，夜占肾病，防停食翻覆。出行：未能动身。行人：当有信来，尚在中途。捕获：昼在南方，夜在东方。兵战：有始无终。坟葬：发财损丁。

《毕法》云：两贵受克难干贵、合中犯杀蜜中砒。《课经》云：子加申，胎神坐于长生之上，大宜占孕，不利占产。酉为帝幕，临于日上，大宜占试。倘年命再加酉上，必掇巍科。缘酉为从魁故也。《纂要》云：三传作财，天将夜皆乘土，生起财神，占利必能遂意。《指掌赋》云：酉丑巳为献刃，远近俱受其伤。

丙辰日第十课

财　螣合　庚申　<small>鲁都　天贼</small>
官　阴贵　癸亥　<small>亡神</small>
父　白元　甲寅　<small>驿马　长生　游都</small>

<small>后螣　朱勾　阴贵　螣合</small>
戌　未　亥　申
未　辰　申　丙

	<small>贵朱</small>	<small>后螣</small>		
螣合	申	酉 戌	亥	阴贵
朱勾	未		子	元后
合青	午		丑	常阴
勾空	巳	辰 卯	寅	白元
		<small>青白　空常</small>		

课格：重审，元胎。

课意：财贵长生，传内俱陈，迤逦相荐，夜变成迍。

解曰：申为日财，亥为日贵，寅为丙火长生，三传全值。初传申金生水，中传亥水生木，末传寅木生干，迤逦相生，主人举荐。夜占初蛇末虎，故变为迍悔也。

断曰：三传脱支生干，眷丰宅狭，财神临干合干，身裕财充之象。

天时：三传生日，晴光普照。家宅：人多屋少。功名：财旺生官。求财：得后防惊。婚姻：女益乎男，内助得人。胎产：女孕，产顺。疾病：脾胃之疾，宜节饮食。行人：行者立至。兵战：昼吉，夜忌。

《毕法》云：三传递生人举荐。《指南》：酉将午时，占官运。曰：传将财、官、驿马、城、吏，递互相生，大吉之兆。曰：此人向撄重罪下狱，生全为幸，矧有他望？曰：月德发用，中绝末生，谓之绝处逢生。支上皇恩化戌，今虽谪戍①，后必显达。果被赦，寻迁司空。《古鉴》：戌申年，卯加子，占自身。曰：金生于水，亥生于申，寅生于亥，宅阴得辛，辛年十月，冲得身动。当往东二百里为寅地，又转西北为亥地，复入原处，终年六十九矣。盖宅阴戌中有辛，岁逢辛亥冲巳，十月建亥，故于是时宜动。然始为蛇扰，后为虎拒，往复不远，终归故地。若非蛇作丁神，恐亦难去。寿止六十九者，将为身，时为命，卯将子时，乃卯六子九之数。悉验。

---

① 原文：戍。

丙辰日第十一课

财　螣合　庚申　鲁都　天贼
子　后螣　壬戌　支冲
官　元后　空子　地医　福星

　　　螣合 合青 贵朱 朱勾
　　　申　午　酉　未
　　　午　辰　未　丙

　　　　　螣合　贵朱
朱勾　未　申　酉　戌　后螣
合青　午　　　　　亥　阴贵
勾空　巳　　　　　子　元后
青白　辰　卯　寅　丑　常阴
　　　　　空常　白元

课格：重审，励德，间传，涉三渊，天狱。

课意：初财末官，仕宦忻欢，壬戌干覆，元子偷瞒。

解曰：初传之申，乃日之财；末传之子，乃日之官；仕宦遇之，无不欣然矣。但中传戌墓，遁得壬水，遥克日干；末传子水为鬼，夜乘元武；传财化鬼，其为偷盗而欺瞒者，实多也。常人占之，止宜携财告贵，洁豆求神。

断曰：涉三渊之课，不利前行。喜干支上神作合，宾主情怡。支阴合日，干阴合支，彼此相怀，暗中莫逆。惟午加辰上，谓之朱雀入勾陈，凡占讼狱，其动非细，至难解释。末传子鬼可畏，幸干上未土可敌，但当坐守。凡吉凶事，应于辰日。

天时：水母被克，天罡指阳，日晴夜雨。家宅：青龙与六合生宅，喜气盈庭之象。功名：财旺生官，即可到手。求财：宜速取之，迟则有变。婚姻：干支上神相合，秦晋可谐。胎产：孕成女，母子相合，胎吉产凶。疾病：心经或眼目之症，不能即愈。出行：陆路防口舌，水路吉。行人：中途有阻。捕获：昼占是东方屠户出身，夜占是绿林积贼，难获。兵战：利主不利客。

《毕法》云：罡塞鬼户任谋为。《课经》云：辰加寅为罡塞鬼户，不论在传与不在传，能使众鬼不能窥觑。宜阴谋私祷，合药书符，无不亨利。《指掌赋》云：申戌子涉三渊，当隐于山林。《集义》云：申加午用，主炉火之事。

丙辰日第十二课

官 阴贵 癸亥 亡神
兄 合青 戊午 天医
兄 合青 戊午 天医

<small>合青 勾空 朱勾 合青</small>
午 巳 未 午
巳 辰 午 丙

```
            朱勾 螣合
合青 午    未  申    酉 贵朱
勾空 巳              戌 后螣
青白 辰              亥 阴贵
空常 卯    寅  丑    子 元后
           白元 常阴
```

课格：别责，三奇，不备。

课意：贵及旺龙，昼占即逢，鬼贼羊刃，夜卜须凶。

解曰：初传亥水，昼乘贵人。中末及干上之午火，皆为日旺。昼皆乘龙，体用俱吉。若逢夜卜，则贵人为太阴而作鬼，青龙为六合而作刃，动必罹其凶矣。

断曰：别责之课，又名芜淫，阴阳不备，止宜脱节离根，别寻头绪，凡事皆当借径而行。又干神临支生支，乃不自尊大，受屈于人之象。占者守则有余，动则未①利。

天时：青龙升天，初传亥水克干，日中乃雨。**家宅**：日禄生支，廪有余粟。**功名**：官星乘昼贵发用，占名可许。**求财**：青龙乘旺临身，宜守本分之财。**婚姻**：干上乘旺，支有德禄，可云佳偶。**胎产**：不备在阴，孕乃成男。**疾病**：心经受病，或齿痛。**出行**：罗网临身，必有羁绊。**行人**：日临于支，即至。**捕获**：夜占在北方，可捕。**兵战**：昼占则吉，宜柔而胜之。

《毕法》云：所谋多拙逢罗网。《课经》云：干上乘干前一辰，支上乘支前一辰，名天罗地网。守己则为支干乘旺，动谋即为罗网缠身，倘有官人占遇天罗，主丁父服，遇地网主丁母忧。《括囊赋》云：日临辰位，招两姓以同居。《六壬占诀》云：干临支生支，名历虚格。盖我上他门，愿尽心力，所为历虚也。凡占利于他人，不利自己。

---

① 校者注：疑为"未"。

丁巳日第一课

兄　勾空　丁巳 _{游都}
财　螣元　庚申 _{支合　大耗①}
父　白合　甲寅 _{长生　勾神}

```
勾空 勾空 朱常 朱常
 巳   巳   未   未
 巳   巳   未   丁
```

		合白	朱常		
勾空	巳	午	未	申	螣元
青青	辰			酉	贵阴
空勾	卯			戌	后后
白合	寅	丑	子	亥	阴贵
		常朱	元螣		

课格：伏吟，元胎，励德。

课意：支干拱禄，元财捧逐，夜虎临寅，双丁动速。

解曰：丁以午为禄，干未支巳，拱午在内，宜占食禄事。初传巳火，遁得旬丁；中传申金，乃是日财；昼乘元武，是被丁神所逐，元武所捧，动必有失；末传寅木生气，夜乘白虎，其性猛烈。丁巳在支，又作发用，双丁齐发，岂非动之至速者耶？

断曰：伏吟本静，发用遁丁，反主摇动。三传相刑相克，父母必有迍遭。日生上神，虚费百出，丁神坐宅，屋宇非宁。妻乘蛇武，三月占之，须忧疾病，惟占官则吉也。

天时：朱雀飞空，主晴。家宅：宅上皆丁，必有动摇。功名：拱禄，至吉。求财：宜得暗财。婚姻：欠利。胎产：女孕，难产。出行：防有疾病。行人：立至。捕获：寻男宜东南，寻女宜西南，盗不出境。兵战：防诈。

《毕法》云：任信丁马须言动。《断验》：壬申三十七岁，戊戌六月，未将未时，占前程。曰：丁巳以寅为学堂，行年到寅，必主发解。缘初传临官，天空为声誉故也。中传妻宫，上乘元武光怪，申为猿猴，主妻被猿猴所迷。四年之后，移居妻家。缘丁神止一，巳却有二；巳为居宅，两巳相并也。晚年及第，官州司礼，末传寅木克太常也。易簧之时，当无子息在前，缘传中无子息爻故也。后皆验。

---

① 校者注：原文字迹模糊，貌似"大耗"，又似"支破"。下同。

丁巳日第二课

父　空勾　乙卯　_{盗神　仪神}
父　白合　甲寅　_{长生　勾神}
子　常朱　空丑　_{六仪　地医　日解}

```
    空勾 青青 勾空 合白
     卯   辰   巳   午
     辰   巳   午   丁
```

```
青青 辰  勾空  合白  未 朱常
            巳   午
空勾 卯             申 螣元
白合 寅             酉 贵阴
常朱 丑  子   亥   戌 后后
        元螣 阴贵
```

课格：元首，退茹，斩关。

课意：旺禄长生，昼夜虎并，身心费尽，略无少成。

解曰：午为日之旺禄，寅为日之长生，昼虎乘禄，夜虎乘生。末传丑土，乃值旬空，复作脱气，既惊既危，复失复耗。若有谋望，枉费身心，一无就绪之象。

断曰：退茹之课，末传旬空，大宜进取，不宜退缩。但旺禄临身，止当谨守，又恐妄动生灾。末传虽系空脱，幸在生方，凡事费而有成，美中不足。

天时：火上水下，三传生日，有风无雨。家宅：宅上昼夜乘龙脱干脱支，必因喜事耗费。功名：有禄无官，占非全吉。求财：财爻不现，求之不得。婚姻：女占男，吉。胎产：男孕，易产，干支自伤，微灾不免。疾病：脾土受伤，五月占即愈。失脱：速觅，可获。出行：水路昼夜皆可，唯虑耗费稍多，不如在家。行人：尚未启行。捕获：昼占在西南方饮食，夜占在北方阴贵家。兵战：夜占稍吉，昼占不利。

《毕法》云：旺禄临身徒妄作、退茹空亡宜进步。《课经》云：日之禄神，又作日之旺神，临于干上，切宜坐守。若舍此谋动，则初传勾空，中传寅木长生乘虎，末传脱气逢空，诚所谓"到处去来，不如在此"之象。《神定经》云：功曹乘虎在门，当有猫儿起祸，致扰门户。《括囊赋》云：木逢勾虎，必栋折于三刑。《玉成歌》云：天空立用事无凭。

丁巳日第三课

子　合螣　空丑　六仪　地医　日解
官　朱贵　癸亥　日德　驿马　奇神　鲁都
财　贵阴　辛酉　破碎　亡神

　　　勾朱　空勾　空勾　常空
　　　　丑　　卯　　卯　　巳
　　　　卯　　巳　　巳　　丁

　　　　　　　白青　常空
空勾　卯　辰　巳　午　元白
青合　寅　　　　　未　阴常
勾朱　丑　　　　　申　后元
合螣　子　亥　戌　酉　贵阴
　　　　　朱贵　螣后

课格：重审，不备，间传，极阴，寡宿，赘婿。
课意：丁马俱现，人宅相恋，亥水全亏，两贵相见。
解曰：干上巳为旬丁，中传亥为日马，课传俱见，动不容已。本日之支来加干上，又乘生气，是人宅相恋也。发用空脱，亥贵落空，而又上下受克，全然无气矣。末虽两贵相加，但五阴相继，利私而不利公，虽有动意，亦不甚发皇耳。
断曰：课名极阴，诸占昏晦，又名间传，进步艰难。赘婿不能自由，寡宿不能作实。三传空二，独存一酉。唯夜占财贵为相宜也。
天时：课传六阴，浓阴之象。家宅：败气临宅，日渐衰微。功名：贵人坐空临绝，不吉。求财：宜得阴贵人之财。婚姻：课名赘婿，以女就男则吉。胎产：阴极阳生，孕男，难产。疾病：肝胆受病，或大小肠之疾。出行：人宅眷恋，不行。行人：未至。捕获：难擒。兵战：夜占可畏，劳师无益。
《毕法》云：昼夜贵加求两贵。《古鉴》：丁巳五十二岁，戊申六月，未将酉时，占家宅。曰：丁火自旺方逆归死绝之地，宅上之卯，末传之酉，皆六数，主六年败尽产业，兼退人口。宅前有大朽木，宜急去之，否则生事。缘卯有乙木，上乘天空，故主朽也。又阁后作猪栏，猪盛克人，四年败坏，六年尽废矣。盖丑为后阁，亥为猪也。酉为婢，为今日之死神，主本年十月婢死厕中。缘亥为日干绝神，又为污秽之地故也。悉验。

丁巳日第四课

官 朱贵 癸亥 _{日德 驿马 奇神 鲁都}
财 后元 庚申 _{支合 大耗}
兄 常空 丁巳 _{游都}

朱贵 青合 勾朱 白青
亥　寅　丑　辰
寅　巳　辰　丁

		空勾	白青		
青合	寅	卯	辰	巳	常空
勾朱	丑			午	元白
合螣	子			未	阴常
朱贵	亥	戌 _{螣后}	酉 _{贵阴}	申	后元

课格：遥克，嚆矢，元胎，闭口。

课意：昼真斩关，逃者不还，马射孤矢，委镞伤残。

解曰：天罡临干，干又属丁，而昼乘青龙克辰，故为真斩关。巳为旬丁，亥为驿马，逃者必然远逝矣。嚆矢得亥为有马，中传遇申，是有矢而委之以镞也。矢既有镞，岂能免于伤残乎？

断曰：亥为旬尾，寅为旬首，以尾加首发用，是名闭口，有机缄不破之象。青龙在日，六合在支，元武居中，丁马俱动。凡逃亡者，东西南北，无所不宜。大象出外则吉，居家则凶。

天时：昼贵临亥克日，青龙升天，淋雨之象。家宅：青合临宅生支，宅中当有喜庆。功名：贵人发用，干支拱禄，占官最吉。求财：宜得阴私之财。婚姻：昼占男吉，夜占女吉。胎产：男喜，产逆。疾病：昼占肺病，夜占肾病，不能速愈。出行：水陆皆可。行人：立至。捕获：昼占在东南空窑中，夜占在正东空庙中。兵战：敌人得利。

《毕法》云：闭口卦体两般推。《指南》：子将卯时，占升迁。曰：太岁、月建生日，目今必然迁擢，多是山环水绕之乡。盖支为任所，寅为山，亥为水故也。又贵、德、驿马入传，财、官、城、吏全逢，催官迅速之兆。但忌日上阴阳，克制官星，须防陈、田、王姓人为祟。后，果授都司。未几，田大司马以添注参将，罢之。

丁巳日第五课

官　朱贵　癸亥　日德　驿马　奇神　鲁都
子　阴常　己未　天医　大煞
父　空勾　乙卯　仪神　盗神

```
         贵阴 勾朱 朱贵 空勾
          酉   丑   亥   卯
          丑   巳   卯   丁
```

```
            青合 空勾
勾朱 丑    寅  卯    辰 白青
合螣 子              巳 常空
朱贵 亥              午 元白
螣后 戌    酉  申    未 阴常
           贵阴 后元
```

课格：遥克，嚆矢，曲直，励德。

课意：将脱传生，嚆矢惊人，末至初位，迤逦伤身。

解曰：昼将全土脱干，三传全木生干，半忧半喜也。嚆矢有马，足以惊人。且三传自下递克，卯克未，未克亥，亥克丁，须防众口铄金，积羽毁轴。

断曰：曲直之课，先直后曲，六阴相继，事尽昏迷，惟利阴私，不宜公用。贵人与朱雀临绝，宜决绝官讼。上神生日，外助有人。三传全生，内谋咸遂。春占则吉无不利也。

天时：贵人乘亥发用，早必阴雨，亥为木化，风发即晴。家宅：朱雀临坐宅，复盗干之气，当因口舌破财。功名：贵人官星发用，文书旺相，至吉之象。求财：财气平平。婚姻：支上乘空，占婚不吉。胎产：长男，未产。疾病：腹疾脾病，即愈。出行：水路不吉，防有口舌。行人：未至。捕获：昼占可获，夜占难捕。兵战：春占甚利，秋占不吉。

《毕法》云：三传互克众人欺。《课经》云：亥加卯，三传递克，朝官宜自捡束，提防台阁合词参劾。《指掌赋》云：亥未卯为转轮[①]，因颠蹶而自反。《玉成歌》云：巳亥贵临多反覆。《篡义》云：三传来生，百事皆成。众人助力，福自来并。《中黄经》云：马见巳亥在路岐。

---

① 原文：输。

丁巳日第六课

财　贵阴　辛酉　破碎　亡神
子　白青　丙辰　墓神①
官　朱贵　癸亥　日德　驿马　奇神　鲁都

<pre>
    阴常 合螣 贵阴 青合
     未   子   酉   寅
     子   巳   寅   丁
</pre>

<pre>
                勾朱 青合
  合螣 子   丑   寅   卯 空勾
  朱贵 亥   辰 白青
  螣后 戌   巳 常空
  贵阴 酉   申   未   午 元白
              后元 阴常
</pre>

课格：涉害，度厄，四绝。

课意：夜贵坏寅，亥力极轻，秋昼火厄，三传自刑。

解曰：寅乃丁火之长生，酉临受克，则长生为夜贵所坏矣。昼贵亥水，作丁火之官鬼，力能生寅，却临于辰狱之上，全然无气。支上子水，昼乘螣蛇克宅克干，秋时子为火鬼，须防火烛之惊。三传俱是自刑，未免失于矜高，大宜谦抑，以永终誉。

断曰：度厄之课，以长凌幼，卑贱不安。但夜贵克生，尊长亦恐病讼。日辰交车六害，彼此怀猜。干实支空，人情未协，亦人旺宅衰之象。

天时：毕宿发用，天罡指阴，青龙临日，当日有雨。家宅：螣蛇克宅，必见惊恐。功名：夜占青龙临干，贵人发用，占名最吉。求财：秋占大旺，得贵人之财。婚姻：夜占男吉。胎产：男喜，产速，占孕恐是鬼胎。疾病：夜占白虎乘辰，肾经虚弱，病空即愈。出行：陆路甚吉，水路不佳。行人：尚未起身。捕获：防捕役纵放。兵战：当中止。

《毕法》云：龙加生气吉迟迟（三月夜占）。《太乙经》云：二月丁巳日，魁加卯，神后加巳。巳，火也。神后，水也。水伤火，又丁巳复往助之，为妇死。《玉成歌》云：昼夜贵人传共见，或同日德动高尊。《照胆秘诀》云：传包两贵并天德，见君干贵任南北。

---

① 原文字迹模糊，貌似"墓神"。

丁巳日第七课

兄　常空　丁巳 _{游都}
官　朱贵　癸亥 _{日德　驿马　奇神　鲁都}
兄　常空　丁巳 _{游都}

```
   常空 朱贵 阴勾 勾阴
    巳   亥   未   丑
    亥   巳   丑   丁
```

```
            合后 勾阴
   朱贵 亥  子   丑  寅 青元
   螣螣 戌              卯 空常
   贵朱 酉              辰 白白
   后合 申  未   午   巳 常空
            阴勾 元青
```

课格：返吟，元胎，励德。

课意：脱空宜弃，丁马迭至，夜动文书，昼动因贵。

解曰：丑为日之脱气，又遇旬空，可弃而不可守。巳为旬丁，亥为驿马，三传更迭而至，其动自不容已。中传之亥水，夜则乘雀，昼则乘贵，所以致动之由，非文书之征发，即贵人之图谋也。

断曰：返吟之课，已为动象。复乘丁马，去来倏忽，刻无宁咎矣。昼贵为德神，坐于宅上，而克支干。常人须忧病讼，仕宦则占也。夜占亥乘朱雀克宅，亦防火惊。

天时：天地相通，反覆不定，或晴或雨，俄顷即变。家宅：夜雀临宅克宅，讼灾难免。功名：贵人昼临宅上，干支拱禄，至吉之象，但嫌不能满任。求财：反覆无益。婚姻：女虽贵介，但干上空脱，不吉。胎产：恐是双女，母实儿空，占产不吉。疾病：肾经与头面有病，须防翻覆。出行：水路吉，亦防口舌。行人：立至。捕获：一在西，一在北，皆有奸盗事。兵战：更宜别图良策，乃吉。

《毕法》云：鬼乘天乙乃神祇、脱上逢脱防虚诈。《课经》云：日干生上神，丑土上神又生天将太阴，名脱上脱。凡占尽被脱耗，有虚诈不实之象。又日鬼乘天乙临宅上者，必是家堂神像不肃而致病苦，宜修建功德，安慰宅神，庶得无咎。《玉成歌》云：巳亥贵临多反覆。又云：雀伤支日闹家门。《三才赋》云：巳亥逢驿马并驾，在路奔腾。

丁巳日第八课

```
兄  常空  丁巳  游都
子  螣螣  壬戌  支墓 干墓
父  空常  乙卯  盗神 仪神
```

```
    空常 螣螣 常空 合后
     卯   戌   巳   子
     戌   巳   子   丁
```

```
              朱贵 合后
螣螣  戌   亥   子   丑  勾阴
贵朱  酉            寅  青元
后合  申            卯  空常
阴勾  未   午   巳   辰  白白
          元青 常空
```

课格：重审，铸印，斩关。

课意：空鬼加身，实墓临庭，欲动不动，守则虚惊。

解曰：子水空鬼，临于干上。戌为实墓，临于宅上。是身则虚惊，而宅则昏滞也。初传巳火乘丁，跃跃欲动。中逢戌墓，却又中止，是欲动不动。不免退而坐守，甘受其虚惊焉耳。

断曰：铸印之课，利于仕宦。但初传陷空，名为炉冶不成，有先难后易之象。子鬼固凶，赖未土敌之，亦名狐假虎威。三传不离四课，格合回环，成事则吉，解散则难。

天时：水神已空，巳火发用，不能得雨。家宅：螣蛇作墓临宅，宅内欠宁。功名：乘轩铸印，壬戌月日得官。求财：无益。婚姻：干上逢空，占婚不吉。胎产：虽是男喜，母实儿空，占产甚凶。疾病：脾土克水之症，人空不吉。出行：防有阻滞，不能动身。行人：戌墓入宅，即至，若不至即凶。捕获：昼占在西南，拒捕，难获；夜占在西北，有口舌事。兵战：兵防欺诈，不可遽信。坟葬：穴情虽好，恐损人丁。

《毕法》云：两蛇夹墓凶难免、制鬼之位乃良医。《课经》云：占病之外，凡有制鬼神者，皆主于灾患之中，得人解救。倘其神临干，或临于占人年命，皆宜辨雪，其祸自解。如乘贵人，必得上人除愆释过，即在囚禁，必有赦原。《集义》云：巳乘天空，加子旬空，不可托人，多有不实。

丁巳日第九课

```
财  贵朱  辛酉  破碎 亡神
子  常阴  空丑  六仪 地医 日解
兄  勾空  丁巳  游都
```

```
      常阴 贵朱 空常 阴贵
       丑   酉   卯   亥
       酉   巳   亥   丁
```

```
              后螣 阴贵
贵朱  酉    戌  亥  子  元后
螣合  申            丑  常阴
朱勾  未            寅  白元
合青  午    巳  辰  卯  空常
           勾空 青白
```

课格：重审，从革。

课意：两贵共排，夜将助财，贪财不足，生鬼为灾。

解曰：昼贵临干，夜贵临支，此两贵共排也。夜占天将，尽属土神，助起三传之财，财则旺矣。然贪恋此财，财必生起干上亥水，反克丁干，灾乃不免也。

断曰：金局作财，破碎为用，必须将本求财，可以发福，否则携财告贵，纳粟奏名，皆为吉占。但防家中婢女口舌。

天时：昼贵临亥克日，三传生水，即有雨。家宅：与贵人交往则吉，可以发贵，祈神保护。功名：昼贵临身，支干拱禄，仕则升迁，试必得意。求财：当因贵人文书得财。婚姻：两贵结缡，女益男家。胎产：阴极生男，胎坐长生，难产。疾病：脾肾两经受病，先凶后吉。出行：出门获财。行人：游兴正浓。捕获：昼占在南，夜占在东，皆有喜事。兵战：所闻不实，防有中变。

《毕法》云：课传俱贵转无依、传财化鬼财休觅、合中犯杀蜜中砒。《神定经》云：三合犯杀，如笑里藏刀，好中带恶。《集义》云：支上生干上神作鬼，不利干谒。占人年命在午，两贵拱定，必得两贵成就，占试必中高魁。《三车一览》云：四课三传，皆是贵人，名曰遍地贵人。贵多者不贵，凡占不能归一，反无倚依。如用夜贵，又名咄目煞，如贵人咄日专视，反坐罪也。大不利于告贵，占讼尤凶。

丁巳日第十课

財　螣合　庚申　支合　大耗
官　阴贵　癸亥　日德　驿马　奇神　鲁都
父　白元　甲寅　长生　勾神

　　　阴贵　螣合　常阴　后螣
　　　　亥　　申　　丑　　戌
　　　　申　　巳　　戌　　丁

　　　　　　贵朱　后螣
螣合　申　　酉　　戌　　亥　阴贵
朱勾　未　　　　　　　　子　元后
合青　午　　　　　　　　丑　常阴
勾空　巳　　辰　　卯　　寅　白元
　　　　　青白　空常

课格：重审，元胎，斩关。

课意：舍去疑虑，其财可取，因此求生，宜文宜武。

解曰：戌为火墓，覆于日上，疑虑太甚，宜舍而去之。申为日财，临于宅上，又作发用，其财最可取也。如能弃墓而就初财，则迤逦生干，必受其益。宜文宜武者，寅为天吏主文，申为天城主武也。

断曰：寅为旬首，亥为旬尾。寅加于亥，现于中末，两传首尾相见，终始咸宜。且三传递生日干，必有上人荐举。元胎之课，病忌老幼，谓之弃故生新，又名驼尸煞，最为不利。

天时：墓神覆日，太阳被掩，水母发用，先雨后风。家宅：宅上财神作病受克，妻防有患。功名：官贵德马入传，秋冬大吉。求财：宜守宅内之财。婚姻：日上乘墓，男家不吉。胎产：二阳包阴，孕当育女，天绊地结，占产不宜。疾病：脾肾受伤，凶多吉少。出行：墓临，不能动身。行人：未、戌日到。捕获：在东南。兵战：利于后应。

《毕法》云：三传递生人举荐、将逢内战所谋危、华盖覆日人昏晦。《课经》云：六合内战为发用者，事将成合，有人作扰。《集义》云：六合内战，主子息有灾，或媒人说合姻事。《玉女通神诀》云：顺道用传母前子，失礼还从子传母；顺即为和逆即疑，此是三传真诀语。又云：用死终生吉相聚。

丁巳日第十一课

财	贵朱	辛酉	破碎	亡神	
官	阴贵	癸亥	日德	驿马	奇神 鲁都
子	常阴	空丑	六仪	地医	日解

贵朱	朱勾	阴贵	贵朱
酉	未	亥	酉
未	巳	酉	丁

		腾合	贵朱		
朱勾	未	申	酉	戌	后腾
合青	午			亥	阴贵
勾空	巳			子	元后
青白	辰	卯	寅	丑	常阴
		空常	白元		

课格：重审，励德，不备，间传。

课意：夜贵多嗔，破败财婚，昼贵闭口，力弱言轻。

解曰：酉为夜贵，临干受克，贵必嗔怒。又为丁火之妻财，却逢破碎，故曰破败财婚。亥贵为旬尾，闭口而临败地，故力弱言轻，干亦无力也。

断曰：课传五阴，事主幽暗，两贵相加，名曰遍地贵人，贵多反为不贵。又传财化鬼，须防因财致祸。末传虽助初财，丑空无力，惟丑年月占之，则财贵两美矣。

天时：课传皆阴，毕宿临日，多雨少晴。家宅：防有官非，凡事宜于下人。功名：秋冬占之吉，尤利占试。求财：财爻临身发用，不求自得，亦有破耗。婚姻：干上乘破，可以出赘。胎产：阴极阳生，孕凶产吉。疾病：脾家受伤，先重后轻。出行：不利。行人：即有信。捕获：东南、东北积贼，捕之防有伤损。兵战：破碎临干，不利。

《毕法》云：课传俱贵转无依、昼夜贵加求两贵。《秘要》云：求财三日为期，凡占当日即有成局。《纂要》云：占人年命在申，必中高甲，亦宜告贵用事。《纂义》云：有头无尾，凡事止息，小人招凶，君子得吉。《课经》云：两贵相加，事必干涉两贵，然后成就。同官占之，则为以贵谒贵，不相阻隔。《精蕴》云：破碎发用，非求财不遂，必见破财。惟利经纪、牙行，空手可得。

丁巳日第十二课

财	螣合	庚申	支合	大耗
财	贵朱	辛酉	破碎	亡神
子	后螣	壬戌	支墓	干墓

朱勾	合青	贵朱	螣合
未	午	酉	申
午	巳	申	丁

		朱勾	螣合		
合青	午	未	申	酉	贵朱
勾空	巳			戌	后螣
青白	辰			亥	阴贵
空常	卯	寅 白元	丑 常阴	子	元后

课格：重审，进茹。

课意：交车和顺，求财急进，病讼因贪，昼贵休近。

解曰：巳与申，午与未，交车相合，何其和顺也。申为日财，取之宜急，少缓则为酉所败，为戌所墓，便劳心力矣。三传俱财，必将由贪取祸。占病占讼，俱不相宜。昼贵亥水，临戌入狱，慎莫近之，恐生嗔也，

断曰：进茹之课，类成西方金局，传财太旺，反致财亏。旺禄临支，上乘龙合吉神，大利求婚卜吉，更宜合本营生。春夏占之，财值休囚，方能获利。

天时：青龙乘脱，水母被克，不能得雨。家宅：必有喜庆事。功名：贵人被墓，占名欠利。求财：财帛虽多，取之宜节。婚姻：交车相合，占女尤吉。胎产：女孕，产速。疾病：因喜得病，迟即难愈。出行：不宜。行人：即至。捕获：在东北方孝服人家。兵战：唯宜谨守，不宜合战。

《毕法》云：所谋多拙逢罗网、交车相合交关利。《纂义》云：主客虽和，枉自张罗，随财入墓，惊恐尤多。《会通》云：传财化鬼，占病者必因伤食而得。若年命上有制财者可救，无制者不救，秋冬占亦无救。《指掌赋》云：日克三传，求财可美。又云：传见妻财利益多。又云：三传纯妻财而父母克害。《课经》云：干支各乘旺气，名为罗网，止利守己，不利动谋。

戊午日第一课

父　朱勾　丁巳　日禄 日德
子　后白　庚申　长生 游都
官　青螣　甲寅　仪神 鲁都

```
螣青 螣青 朱勾 朱勾
 午   午   巳   巳
 午   午   巳   戊
```

```
        螣青 贵空
朱勾 巳  午   未   申 后白
合合 辰           酉 阴常
勾朱 卯           戌 元元
青螣 寅  丑   子   亥 常阴
        空贵 白后
```

课格：伏吟，元胎。

课意：末助初生，迤逦相侵，初丁中马，佛口蛇心。

解曰：末传寅木，助起初传巳火以生戊土，又为德禄临身，课象可谓吉矣。但三传递克伤干，侵凌恐不能免也。初丁日禄，中马支财，财禄之动，仕宦所宜。但恃己之刚，仗势凌人，以致末传之寅，先助巳以生干，后递克以伤干。一为佛口，一为蛇心，何其险哉？

断曰：伏吟本静，传遇丁马，即为极动之象。破碎在干，羊刃在支，虽生皆有可畏。勾陈捧印，白虎入庙，螣蛇生角，大利求官见贵，当有恩命频颁，余亦难中有解。

天时：朱雀生日，青龙克日，晴而不雨。**家宅**：昼占青龙乘旺，宜于见喜；夜占蛇乘罗网，惊恐难避。**功名**：吉凶相半。**求财**：宜守己财，外财难得。**婚姻**：昼占可就。**胎产**：子息属阳，产期尚远。**疾病**：肝与心经受病，久病凶，宜祈祷。**出行**：昼占水陆皆可，夜占不利。**行人**：立至。**捕获**：本家或亲戚家奴仆作贼，尚未出户。**兵战**：未见有利。**坟葬**：艮坤龙向，生干大吉。

《毕法》云：任信丁马须言动、三传互克众人欺①。《指南》：辛未，酉将酉时，占仕宦。曰：朝官占此，防台谏之封章，得好旨归里。盖因传将互克，太阳无光，岂能久居廊庙？喜朱雀德禄生日，故得温旨归里也。后，果因人言请告而归。

---

① 原文：期。

戊午日第二课

```
官  勾朱  乙卯
官  青螣  甲寅  仪神 鲁都
兄  空贵  空丑  直符 六害①
```

```
       合合 朱勾 勾朱 合合
        辰   巳   卯   辰
        巳   午   辰   戊
```

```
              朱勾 螣青
合合   辰   巳   午   未   贵空
勾朱   卯                  申   后白
青螣   寅                  酉   阴常
空贵   丑   子   亥   戌   元元
              白后 常阴
```

课格：元首，退茹，不备，斩关。

课意：昏晦其身，宅镇丁神，鬼居墓上，招呼病人。

解曰：墓神覆日，身昏晦也。遁丁临支，宅动摇也。卯为日鬼，潜于墓中，以招呼病人，占病必死。且三传俱鬼，仕宦所宜，常人所畏。

断曰：退茹之课，末传空亡，退则蹈空，进则逢墓，进退维谷之象。三传虽是全鬼伤身，却能斩关破墓，患由此而得，晦亦由此而解。用神值破，事难速成。干禄临支，权非由己。春夏鬼当旺相，事易了结。秋冬木气休囚，为穷鬼牵缠，祸患更甚。

天时：墓神覆日，太阳被掩，阴晦之象。家宅：德神居宅，家必富饶，巳乘遁丁，动摇不免。功名：春占大吉。求财：止宜食禄，外财难得。婚姻：女吉男凶。胎产：男喜，易产，恐不育。疾病：心火受病，甚凶。出行：不宜起程。行人：戊日即至。遗失：家人窃去，即有家人冲破。捕获：贼在正西孝服女人家。兵战：当防侵犯，夜占尤凶。

《毕法》云：华盖覆日人昏晦、权摄不正禄临支、避难逃生须弃旧。《课经》云：戌为天魁，亥为天门，凡魁度天门，谋为有阻。《集义》云：卯乘朱雀，临辰发用，主口舌文书之事。《照胆秘诀》云：日阴克日日戴墓，暗钝抑塞多龃龉。《心印赋》云：日辰上见墓神加，病者无痊灾可嗟。

---

① 原文字迹模糊，貌似"六害"。下同。

戊午日第三课

```
兄  空贵  空丑   直符 六害
财  常阴  癸亥   支德
子  阴常  辛酉   日解 勾神
```

```
     青螣 合合 空贵 勾朱
      寅   辰   丑   卯
      辰   午   卯   戌
```

```
          合合 朱勾
勾朱 卯  辰   巳  午 螣青
青螣 寅           未 贵空
空贵 丑           申 后白
白后 子  亥   戌  酉 阴常
        常阴 元元
```

课格：重审，斩关，间传，励德，寡宿。

课意：伤身墓宅，用传空域，末逢脱败，略无少益。

解曰：戊上临卯，身被伤矣。午上乘辰，宅被墓矣。初中空陷，止余末传之酉，又逢脱败。干支如彼，三传如此，岂能少有裨益乎？

断曰：极阴之课，初中空亡，凡占有名无实。干支六害，宾主不投；脱支克干，尊卑俱悉。如年命在辰，上乘寅木，名为呼鬼，占病大凶。若在戌宫，上乘申金，制其寅木，乃不为害。

天时：昏晦之象。家宅：墓神覆宅，宅内不快。功名：贵人遇空，功名不利。求财：财爻落陷，冬占可得。婚姻：干上乘死，支上乘墓，占婚不吉。胎产：干死支墓，母子难保。疾病：脾胃之疾，申子辰月占尤凶。争讼：两败俱伤。出行：有阻，亦不吉。行人：即到，巳日至门。捕获：在坤方，有恶妇。兵战：防失众。

《毕法》云：彼此猜忌害相随。《集义》云：三传丑亥酉，为极阴课，又为倒拔蛇。凡事生灾生变，甚为费力。若得中末空亡，则不入于极阴之地，虽无不测之灾，毕竟暗中消耗财物。《课经》云：戊午日，干上卯，昼乘朱雀克干，在朝仕宦，当防封章弹劾，及不宜上书论奏。《纂义》云：闻事不的，密加察识，示凶不凶，示吉不吉。

戊午日第四课

官　青螣　甲寅　仪神　鲁都
财　常阴　癸亥　支德
子　后白　庚申　长生　游都

```
　　白后　勾朱　常阴　青螣
　　　子　　卯　　亥　　寅
　　　卯　　午　　寅　　戌
```

```
　　　　　　　勾朱　合合
青螣　寅　　卯　　辰　　巳　朱勾
空贵　丑　　　　　　　　午　螣青
白后　子　　　　　　　　未　贵空
常阴　亥　　戌　　酉　　申　后白
　　　　　　元元　阴常
```

课格：元首，元胎，六仪。

课意：见处危险，中末求援，迤逦生寅，因财致谴。

解曰：寅乃日鬼，一临干上，一为发用，是两重寅木伤干，现处于危险之中。欲藉中末作援，讵知申金先生亥水，迤逦生起寅木，反来伤身矣。中传之亥水，乃是日财，必因贪取亥财，以致谴责，占者所当深戒。

断曰：元胎之课，三传递生，仕宦必有上人推荐。支乘败生，干乘害克，支干皆临明鬼，复遁出甲乙暗鬼，四鬼相伤，占者病讼不一而足。幸赖末传长生，力能制鬼。然而忽成忽败，祸福倚伏，宜乎有"两面刀"之喻也。

天时：青龙入庙，末传克龙，不能得雨。家宅：死神作鬼临宅，死丧不免。功名：青龙作官星临日，固为吉象，亦防荐我之人，从中起衅生祸。求财：财爻虽现，取之撄祸。婚姻：女占男吉。胎产：女孕，难产，母子防伤。疾病：胸胁多风，久而后愈。出行：迟延数日可行。行人：马临末传，将到。捕获：在西南方空井旁，内有贵人住家。兵战：昼占忧惊，夜占大胜。坟葬：败气在穴，扦之不吉。

《毕法》云：苦去甘来乐里悲、闭口卦体两般推。《课经》云：戊午日，末申生中之亥，中亥生初之寅，而克日干之戊，诚为被寅所苦。殊不知反赖末之申，冲克寅鬼，又为戊之长生，乃应"苦去甘来"之喻。凡占未免先受磨折，后却安逸。

戊午日第五课

```
兄  合合  壬戌   大煞 日医
父  后白  戊午   羊刃
官  白后  甲寅   仪神 鲁都
```

```
     合合 白后 朱勾 空贵
      戌   寅   酉   丑
      寅   午   丑   戌
```

```
              白后 常阴
       空贵 丑  寅 卯  辰 元元
       青螣 子           巳 阴常
       勾朱 亥           午 后白
       合合 戌  酉 申  未 贵空
              朱勾 螣青
```

课格：重审，炎上，狡童，九丑。

课意：传火生身，夜占畏寅，修身谨行，美里生嗔。

解曰：三传全火生干，可谓吉矣。然夜占寅遁甲木，乘虎在支，可畏之甚，所当修身谨行为吉。若恃其三合之生，而佻心肆志，则寅巳丑午，俱是六害。所为合中犯杀，不免美里生嗔也。

断曰：炎上之课，交车相害，主彼此参商，虚多实少之象。寅实丑空，在我不无退悔。夜占亦名空上逢空，凡事须防欺诈。三传自墓传生，类成印绶，且贵登天门，神藏煞没。占官者必主亨通，惟午乘白虎入墓，父母不免灾迍耳。

天时：火局生日，晴光万里。家宅：白虎作鬼临宅，病讼难免。功名：夜占寅木作催官，到任极速。求财：微薄。婚姻：女益男家，先婚后娶。胎产：占孕有损，腹空即产。疾病：木侮脾经之症，止宜清理肝气，占子不吉。失脱：元武不现，酉作脱气，婢妾所藏。出行：陆路吉。行人：尚未启行。捕获：贼在正北方。兵战：防中敌计。

《毕法》云：虎乘遁鬼殃非浅、合中犯杀蜜中砒。《玉门经》云：丑未临亥，为贵登天门。凡谋皆利，诸恶潜踪。四孟月占尤的，以四维作月将也。《课经》云：三合犯杀，须防好里相欺，事或将成，反生荆棘。《纂义》云：戌乘六合临寅，奸丑不明，奴婢逃走，亦主二三姓同居。

戊午日第六课

财　青螣　空子 支冲
兄　贵空　己未 福星
官　白后　甲寅 仪神　鲁都

　螣青　空贵　贵空　青螣
　申　　丑　　未　　子
　丑　　午　　子　　戊

　　　　空贵　白后
青螣　子　丑　寅　卯　常阴
勾朱　亥　　　　　辰　元元
合合　戌　　　　　巳　阴常
朱勾　酉　申　未　午　后白
　　　螣青　贵空

课格：重审，九丑，四绝。

课意：四课无形，事迹难明，夜虎居末，木力犹轻。

解曰：子丑旬空，申未落空，是四课俱无形也。既无形矣，尚何凭以明其事迹乎？末传寅木，夜乘白虎，来伤日干，似乎狰狞之极。然俯则被墓，仰则受克，谓之俯仰丘雠，其力已轻，何畏之有？

断曰：四绝之课，止宜结绝旧事。凡有谋为，尚当待时而动，亦防所闻不如所见。干上子为胎财，为三传互克，不能由己。宅上昼贵害支脱支，虽属空亡，亦忧耗费。占此者外面饰观而已。

天时：天上皆空，晴朗之象。家宅：徒存富贵之名，实有贫穷之累。功名：催官力薄，恐无实济。求财：止宜空手求财。婚姻：牛女虽合，不能成亲。胎产：子母皆空，利于母而不利于子。疾病：脾胃之症，久病至凶，新病甚吉。遗失：课传皆空，物不能有。出行：徒托空言，萍踪无定。行人：四绝课，行人立至。捕获：西北水乡，门外有猪。兵战：吉不成吉，凶不成凶。坟葬：有地无气。

《毕法》云：二贵皆空虚喜期、虎乘遁鬼殃非浅、空空如也事休追。《集义》云：寅乘夜虎加未，主有恶鬼神庙作祟。《心印赋》云：子来加巳为极阳，戊癸合时大吉昌，若逢蛇虎无福祥。《括囊赋》云：寡宿子午兮孤茕。《指掌赋》云：害气相加，远涉有江湖之患。

戊午日第七课

父　后白　戊午 _{羊刃}
财　青螣　空子 _{支冲}
父　后白　戊午 _{羊刃}

<small>后白　青螣　阴常　勾朱</small>
午　子　巳　亥
子　午　亥　戌

```
              青螣 空贵
勾朱  亥  子  丑  寅  白后
合合  戌              卯  常阴
朱勾  酉              辰  元元
螣青  申  未  午  巳  阴常
          贵空 后白
```

课格：返吟，三交。

课意：来往皆空，凡事无踪，喜不为喜，凶不为凶。

解曰：子为旬空，午为落空，反覆相乘，是来往皆空也。凡事皆无踪迹，或逢喜而喜不成，或逢凶而凶不就，捕风捉影之象也。

断曰：返吟之课，似极变迁，却难移动。干乘实财，支乘空鬼，利己而不利人。午为生气，上乘白虎，主父母有忧。秋占子为火鬼，昼乘螣蛇克宅，须防火烛之惊。

天时：天地相通，阴晴屡易。**家宅**：宅内空虚，人财欠旺。**功名**：二贵皆空，占名不利，或俟填实，庶几有就。**求财**：宜守本分，妄求无益。**婚姻**：支上乘空，占女不吉。**胎产**：下强上弱，孕是女胎，母空儿实，占产最利。**疾病**：肺经有火，不药可愈。**遗失**：当于中堂过道中寻觅。**争讼**：彼有悔心，即当解散。**出行**：不能动身。**行人**：在途，出旬即至。**捕获**：在西方，本家逃奴为之窝主。**兵战**：吉凶皆散。

《毕法》云：二贵皆空虚喜期、来去俱空岂动移？空空如也事休追。《课经》云：返吟卦，切不可便言移动，内有三传皆遇空亡者，虽有移动之意，实不能移动也。又云：三月占生气克日主病，是幸中不幸；死气生日主生，是不幸中幸。《秘要》云：干上亥财作闭口，占病不吉。

戊午日第八课

兄　元元　丙辰 墓神
子　朱勾　辛酉 日解 勾神
官　白后　甲寅 仪神 鲁都

　　元元　勾朱　常阴　合合
　　辰　　亥　　卯　　戌
　　亥　　午　　戌　　戌

　　　　　　勾朱　青螣
合合　戌　　亥　　子　　丑　空贵
朱勾　酉　　　　　　　　寅　白后
螣青　申　　　　　　　　卯　常阴
贵空　未　　午　　巳　　辰　元元
　　　　　后白　阴常

课格：知一，幼度厄，斩关。

课意：传墓脱鬼，可畏不美，端坐家中，坐食陪费。

解曰：发用之初传，乃是墓神。中传之酉金，乃是脱气。末传之寅木，乃是日鬼。三传之中，皆属可畏，何美之有？财爻临支，故宜端坐家中。而支墓又在上，分财夺禄，故不免陪费也。总为宜静不宜动之象。

断曰：度厄之课，卑幼非宜，劫财乘武，盗失不免。朱勾临酉，婢妾起衅。寅鬼乘虎，病讼相连。知一有疑惧之心，斩关非安居之象。幸干上戌冲元墓，若系太阳、月建，即可化凶为吉。

天时：发用日墓，早必阴晦；末传克墓，晚必晴朗。**家宅**：宅上乘财，家资自裕，须防官讼。**功名**：虽有催官，尚有阻滞。**求财**：只宜自守，不宜外求。**婚姻**：中平。**胎产**：女喜，难产。**疾病**：脾土受病，可医而愈。**遗失**：天魁相冲，久后必获，当于正西婢妾家缉之。**出行**：水陆两途，俱不甚吉。**行人**：心欲归而未能。**兵战**：昼夜俱不吉利。

《毕法》云：虎乘遁鬼殃非浅、干墓并关人宅废。《课经》云：日干之墓神作四季之关神发用者，谓之干墓并关，主人宅俱废。日干两课上发用者，主人衰；支辰两课上发用者，主宅废。《集义》云：天罡乘元加亥，逃亡者，必归本家。盖元武本家在亥，又天罡罩之，故必归也。

戊午日第九课

官　白后　甲寅　仪神　鲁都
父　后白　戊午　羊刃
兄　合合　壬戌　大煞　日医

```
     白后 合合 空贵 朱勾
      寅   戌   丑   酉
      戌   午   酉   戌
```

```
      　  合合  勾朱
朱勾 酉  戌   亥  子 青螣
螣青 申           丑 空贵
贵空 未           寅 白后
后白 午  巳   辰  卯 常阴
         阴常 元元
```

课格：元首，六仪，炎上，斩关，励德，狡童。

课意：夜虎临寅，可畏灾迍，酉不能制，传局火神。

解曰：寅为日鬼，又是遁鬼。夜乘白虎发用，灾迍立至，可畏之甚。干上酉金，虽能制鬼，但被三传全火燔炙，方避之不暇，焉能御患？此酉所以不能制也。

断曰：炎上之课，火局生身，有困中得助之象。然干支六害，墓神脱支，败神脱干，不免好处生嗔也。又三传脱支生干，宅衰人盛。酉金为众火销铄，子息艰难。昼夜后合，亦恐妇女不谨。所喜虎鬼化生，百凡能化凶为吉。

天时：全局是火，而毕宿临干，且水运乎上，出旬得雨。家宅：宅上劫财，乘合脱支，必因手足费耗。功名：催官发用，春夏大吉。求财：不求自至。婚姻：支干相害，有阻。胎产：胎神乘虎，昼占不利。疾病：夜占脾病，昼占肺病，医人不得力。遗失：在仆人墙土坟堆中寻。出行：干支六害，不能起程。行人：支墓在支，即到。捕获：在坤方道上丧家。兵战：昼占吉，夜占凶。

《毕法》云：虎乘遁鬼殃非浅、彼此猜忌害相随。《课经》云：白虎加临旬内之干，为日鬼者，乃是虎乘遁鬼。凡占皆畏，纵空亡亦不能为救。《肘①后经》云：初来克末凶还甚。《照胆秘诀》云：天后阴神是白虎，月中断弦应难补。

---

① 原文：时。

戊午日第十课

```
子  朱勾  辛酉  日解 勾神
财  青螣  空子       支冲
官  常阴  乙卯
```

```
      青螣 朱勾 勾朱 螣青
       子   酉   亥   申
       酉   午   申   戌
```

```
            朱勾 合合
    螣青  申  酉  戌  亥  勾朱
    贵空  未          子  青螣
    后白  午          丑  空贵
    阴常  巳  辰  卯  寅  白后
            元元 常阴
```

课格： 重审，三交。

课意： 贵坐魁罡，中末空亡，独存初酉，脱败非常。

解曰： 丑为昼贵，临于天魁之上。未为夜贵，临于天罡之上。贵人坐狱，不可干也。中子旬空，末卯空陷，独存初传酉金，乃戊干之脱气，又是败乡。三传之中，一无可取。

断曰： 三交之课，止利阴私，自干土生金，迤逦生至末传，反来伤日，有恩中成怨之象。申为长生加干，昼乘青龙；九月占生气在申，诸事若有神佑，日后生意渐昌。

天时： 水母乘龙，毕宿发用，雨而不晴。**家宅：** 败气临家，宅衰人旺。**功名：** 子孙克官，占名不利。**求财：** 财爻空陷，得不偿费。**婚姻：** 不成，亦不佳。**胎产：** 男孕产吉，占胎防损。**疾病：** 肺经受病，胎气伤生，久病凶。**遗失：** 在铜铁空器中，门户之内。**出行：** 断桥课，防中阻。**行人：** 占子孙当立至。**捕获：** 在西南四十里空井左右。**兵战：** 勾陈乘败，未见其利。

《毕法》云：龙加生气吉迟迟、不行传者考初时。《课经》云：不行传者，乃中末空亡，只以初传断其吉凶，言其事类。倘中末之财官既空，独余败气，必好事无而恶事有也。《秘览》云：日生上神，虚费百出。《曾门经》云：春，酉将戊午日，酉加午临仲发用，斗系丑未，为二烦课。《集义》云：酉加午乘勾陈，来意欲议婚姻，缠绵不成。

戊午日第十一课

```
子  后白  庚申  长生 游都
兄  元元  壬戌  大煞 日医
财  白后  空子  支冲
```

```
      元元 后白 阴常 贵空
       戌   申   酉   未
       申   午   未   戌
```

```
            后白 阴常
贵空 未      申   酉   戌 元元
螣青 午                 亥 常阴
朱勾 巳                 子 白后
合合 辰   卯        寅   丑 空贵
         勾朱      青螣
```

课格：重审，涉三渊，间传。

课意：往来交媾，长生可就，唯忌取财，苗而不秀。

解曰：日上之未土，与支辰之午火相合。支上之申金，与日干之巳火相合，是往来交媾也。支上申金发用，可就以资其长生。虽乘白虎，临午烧身，不足畏也。唯末传子水之财，旬空坐克，夜乘白虎，取之反有费用，所谓苗而不秀也。

断曰：涉三渊之课，自明入暗，间传而进，事有艰辛，大求小获，有始无终之象。凡占，出旬方有把握。

天时：发用水母受克，日上乘空，昼占不雨。家宅：支上阴神，昼夜乘元，谨防家贼。功名：昼贵登天，夜贵临干，大吉。求财：不能如意。婚姻：女子甚悍，却益夫宜子。胎产：交车相合，胎吉，产凶。疾病：昼占肝病，夜占心疾，不久自愈。出行：有阻。行人：未至。捕获：有北方近水女人窝住。兵战：利客不利主。坟葬：长生临支，墓乘六合，理气俱合。

《毕法》云：交车相合交关利、罡塞鬼户任谋为。《课经》云：辰为天罡，寅为鬼户，凡辰加寅为罡塞鬼户。不论在传不在传，能使众鬼不敢窥觎。《集义》云：申加午为用，主炉火之事。若天后临之，水能破火，主事不成。《神定经》云：空财坐于元墓，诸事必有失耗。《会通》云：申加午，为白虎投朱雀；午加辰，为朱雀投勾陈，皆主讼事。

戊午日第十二课

```
官  青螣  甲寅  仪神 鲁都
父  螣青  戊午  羊刃
父  螣青  戊午  羊刃
```

```
      后白 贵空 贵空 螣青
       申   未   未   午
       未   午   午   戊
```

```
              贵空 后白
螣青  午   未   申   酉  阴常
朱勾  巳           戌  元元
合合① 辰           亥  常阴
勾朱  卯   寅   丑   子  白后
          青螣 空贵
```

课格：别责，不备，六仪。

课意：彼来生己，守之如意，倘若动谋，鬼刃俱值。

解曰：支来加干生干，上门相惠也。守其生旺，自然如意；倘若妄动，则逢初传之寅鬼，中传之羊刃，为祸不浅矣。

断曰：别责之课，事非一途。支干各乘罗网，惟利守己，不利动谋。支来临日生日，格名自在，《经》所谓"有恢拓之志"也。

天时：水下火上，发用青龙入庙，未能得雨。家宅：人旺宅衰。功名：昼龙临干，夜贵入宅，官爻大旺，仕途得意。求财：昼占可望。婚姻：不备课，不吉。胎产：女孕，产顺。疾病：脾病，易痊。出行：安吉。行人：即至。捕获：江海贼人。兵战：先忧后喜。

《毕法》云：所谋多拙逢罗网。《古鉴》：辛未生人，十月卯将寅时，占官职。曰：占者今无正位，必主上司责罚，别有迁改。初传寅木，乃是日鬼；鬼生午火，午为十月天鬼，与宅上未合，宅眷当有死者。是月果死三人。后因提举检踏常平仓事露，遂至罢斥。《断验》：戊申二月亥将戌时，占病。曰：天鬼午火，受寅鬼之生，必犯东岳及城隍香火，遂致染疫，主合宅皆病。盖春占寅木正旺，鬼极有气，故不止一人也。其家果病七人，后死三人。急告神灵禳之，余人遂起。盖干上中末，天鬼有三，所以有三人不起也。

---

① 原文：合白。

己未日第一课

兄	螣白	己未	鲁都	福星
兄	白螣	空丑	仪神	游都
兄	阴阴	壬戌	大煞	日符

<pre>
      螣白 螣白 螣白 螣白
       未   未   未   未
       未   未   未   己
</pre>

<pre>
              朱空 螣白
合青   巳   午   未   申   贵常
勾勾   辰   酉   后元
青合   卯   戌   阴阴
空朱   寅   丑   子   亥   元后
              白螣 常贵
</pre>

课格：伏吟，稼穑。

课意：支干相逢，中末刑空，无异独足，昼虎三重。

解曰：己课寄未，未即己也。以未加己，乃是支干相逢。中传丑土遇空，末传戌亦空陷。三传四课，独有一未，并无他神相耦，何以异于独足哉？昼占三重白虎，病讼尤不能免，不特谋望不成已也。

断曰：独足之课，事有难行。中传空亡，又名断桥折腰，必有中阻。商贾逢之，宜水路舟船，或小车独载，以应独足之意。干支同位，传内辗转相刑，凡占皆无和气。

天时：天地不动，支干相并，晴占则晴，雨占则雨。家宅：蛇虎满前，人宅罹患，至凶之象。功名：寅卯子午年命人吉。求财：劫财重重，不利。婚姻：家世相当，必系旧亲，然无吉象。胎产：女孕，腹空易产。疾病：肾水受伤，二八月占凶。遗失：物在家内。出行：不宜。行人：中路有阻。捕获：伏于西北娼妓家。兵战：主客相等，未见其利。

《毕法》云：不行传者考初时。《课经》云：伏吟取刑为传，今中传空亡，不能刑至末传，故前后进退皆难。如占他事，必先得人允许后不践信。若占人年命是巳，则丁马交加，其动甚急，年命上乘魁罡，亦有动象。《秘要》云：蛇虎入宅，非惊即失。

己未日第二课

官　青合　乙卯　地医
父　朱空　戊午　日解　支合
父　朱空　戊午　日解　支合

```
合青  朱空  合青  朱空
 巳    午    巳    午
 午    未    午    己
```

```
                合青  朱空
勾勾  辰    巳    午    未  螣白
青合  卯                申  贵常
空朱  寅                酉  后元
白螣  丑    子    亥    戌  阴阴
          常贵  元后
```

课格：八专，帷簿。
课意：从军食禄，方才享福，惟忌昼空，占病必哭。
解曰：午火属离，有王用出征之象。又为日之旺禄，临于干支之上，故宜食从军之禄，而享其福也。昼占午禄乘空，又非旺禄之比。若占病人，则禄空必致绝食而死矣。
断曰：八专之课，尊卑共室，人宅不分，多有失礼之象。喜中末二传，及干支上神重叠相生。若仕宦夜占，又当旺相，则名通利达，必历要津；常人须防文书口舌。
天时：日辰上乘天空、朱雀，昼夜晴明。家宅：家道饶裕，昼占防有诓骗。功名：夜占官文甚旺，一岁九迁。求财：文书甚旺，不求自至。婚姻：帷簿不修，占婚最忌。胎产：胎之阴神属阴，孕女；天魁临亥，产迟。疾病：心经受病，或口不能言之疾，难愈。遗失：在中堂觅取。出行：人宅相恋，不能动身。行人：得意，即回。捕获：在西北方。兵战：主客相同，势均力敌。
《毕法》云：魁度天门关隔定。《课经》云：戌为天魁，亥为天门，戌加亥为魁度天门，诸占皆有阻隔。《篡要》云：日之禄神，复作日之旺神，临于干上者，切不可舍此而别谋动作。初传卯鬼可畏，不可凭依，中末仍归日上，所谓"到处去来，不如在此"也。《汇函》云：午火乘雀，名为真朱，文书必达朝廷。

己未日第三课

兄　白螣　空丑 _{仪神 游都}
父　合青　丁巳 _{驿马}
父　合青　丁巳 _{驿马}

　　　青合 合青 青合 合青
　　　卯　 巳　 卯　 巳
　　　巳　 未　 巳　 己

青合　卯　^{勾勾}辰　^{合青}巳　午　朱空
空朱　寅　　　　　　未　螣白
白螣　丑　　　　　　申　贵常
　常贵　子　亥　戌　酉　后元
　　　　　_{元后}　_{阴阴}

课格：八专，帷薄，孤辰。

课意：破碎作空，费耗贫穷，丁马遍布，一世飘蓬。

解曰：发用丑为破碎，又作空亡。昼蛇夜虎，破碎耗散，必至贫穷而后已也。干支中末，巳火四重，既是旬丁，又为驿马；昼占上乘青龙，动而不止，了无定踪，岂能免一世之飘蓬乎？

断曰：八专之课，劫财发用，凡占不免耗费。又名帷薄不修，占者总宜正己持身，家庭清肃，方免无事。孤辰发传，僧道相宜。绝气临干，宜结旧事。四六月占之，吉。

天时：发用土神，中末乘龙生日，不能有雨。家宅：宅上乘青龙、六合生支，宅中必有喜庆事。功名：青龙驿马甚众，当得美差。求财：青龙生日，宜有往来行动之财。婚姻：门楣相当，必宜速就。胎产：女孕，昼占吉，夜占产迟。疾病：肾经受病，齿牙成疾，未愈。遗失：婢女窃。出行：水陆两途，昼夜皆吉。行人：马在干支，即可抵家。兵战：昼夜俱不甚利。

《毕法》云：干支值绝凡谋决、龙加生气吉迟迟（六月占）。《课经》云：青龙乘生干之神，又作月内之生气者，虽目下未即峥嵘，却能徐徐发福。此例喻君子欲施惠于人，不言而有待，尤耐岁寒。《照胆秘诀》云：用空传复支与干，旧久重新废欲完。《三才赋》云：巳亥逢驿马并驾，在路奔腾。《玉成歌》云：父母临干忧子孙。

己未日第四课

```
财  合后  癸亥  日解
兄  常勾  丙辰  天贼 墓神
兄  常勾  丙辰  天贼 墓神
```

```
     青螣 常勾 青螣 常勾
      丑   辰   丑   辰
      辰   未   辰   己

         白合 常勾
空朱  寅  卯   辰  巳  元青
青螣  丑           午  阴空
勾贵  子           未  后白
合后  亥  戌   酉  申  贵常
         朱阴 螣元
```

课格：八专，斩关，励德。

课意：财神闭口，不得入手，四墓乘勾，昏迷难受。

解曰：亥乃日之财神，又是旬尾加首发用，是财神闭口也；坐于寅木之上，畏之而不敢取，岂能入手乎？四重辰墓，业已昏迷；又加以太常、勾陈之土，积累干上，其昏迷之状，必有汶汶汹汹而难受者矣。

断曰：支干之上，皆乘自刑，宾主不投，人己不浃。又干支乘墓，人昏宅晦，凡占皆不亨快。如年命在丑，仗戌冲辰，破其网墓，乃为可救。若年命在辰，天罗自裹，事难摆脱矣。

天时：日上乘墓，太阳被掩，水又被墓，浓阴不雨。家宅：人昏宅暗，诸事欠利。功名：不吉。求财：暗取妇人之财，然恐生患。婚姻：两愚相耦。胎产：女孕，产凶。疾病：遗漏疯瘫，咽喉肿痛之疾，十一月占凶。遗失：见者竟不肯言，昼占武空难缉，夜占可获。出行：水陆两途，皆不甚利。行人：天罡加干支，行者立至。兵战：不宜妄动，守正则亨。坟葬：乾龙小可发财。

《毕法》云：干支乘墓各昏迷、宾主不投刑在上、闭口卦体两般推。《纂要》云：干支全被上神墓者，如人在云雾中行，我欲昏昧人，却被人先昏昧我也。《太乙经》云：占与人期会，天罡临日辰者会，天罡大吉加午未者，唤人必来。《玉华略》云：水逢四季，为鳏者之刑。

己未日第五课

```
官  白合  乙卯  地医
财  合后  癸亥  日解
兄  后白  己未  福星 鲁都
```

```
    合后 白合 合后 白合
     亥   卯   亥   卯
     卯   未   卯   己
```

```
         空朱 白合
青螣  丑  寅  卯  辰  常勾
勾贵  子             巳  元青
合后  亥             午  阴空
朱阴  戌  酉  申  未  后白
         螣元 贵常
```

课格：元首，曲直，狡童。

课意：虎乙夜占，木局为传，常人仕宦，总受迍邅。

解曰：水土生申死卯，又遁乙鬼，夜乘白虎，临干发用而克干，常人必罹病讼；仕宦遇之，以官星作死气，则白虎不作催官，故亦不免于迍邅也。

断曰：曲直之课，先曲后直，干支各乘死气，止宜休息，不利动谋。中传虽财而成鬼局，贪者取祸。曲直作鬼，主有枷杻之患。

天时：三传克日，先雨后风。家宅：死气克宅，夜占极凶。功名：官乘死气，春占甚利。求财：当有妇女说合取财。婚姻：占女不吉。胎产：神死将凶，母子不吉。疾病：昼占乃肾经之疾，夜占乃脾土之疾，十月占凶。出行：不利。行人：即至。捕获：当是徒配人。兵战：里勾外连，防人侵害。

《毕法》云：人宅皆死各衰羸。《指南》：丁丑年午将戌时，占推升抚院得否，并日后结局若何？曰：目今会推必遂，但结局不佳耳。用合干支，传成官局，推升必矣。但干支死伤、丧吊全逢。又贵履天罗，斗系日本。行年酉金，冲破官局，末后大有不如意事。后，果以流贼犯界，遣将守御，全军覆没，丁艰而归。

《课经》：辛巳年丑将加巳，占陈留县被贼安危？曰：木局克身，人宅皆逢死气，又为丧门死神，引中传天后入墓，主妻财受惊，大凶之课。后，果遇贼，家口丧失殆尽。

己未日第六课

```
子  螣合  辛酉  天医
兄  常常  丙辰  墓神 天贼
财  合螣  癸亥  日解
```

```
    螣合 空阴 螣合 空阴
     酉   寅   酉   寅
     寅   未   寅   己
```

```
        青后 空阴
勾贵 子  丑  寅  卯 白元
合螣 亥              辰 常常
朱朱 戌              巳 元白
螣合 酉  申  未  午 阴空
        贵勾 后青
```

课格：知一，四绝，无禄。

课意：鬼宿鬼门，卦号离魂，酉金勿恃，生祸之根。

解曰：寅为鬼门，未乃鬼宿，寅未相加，卦号离魂，有人入鬼门之象，占病甚凶。酉能制鬼，似可恃为救神。不知初生末传，迤逦助寅，反为生祸之根。是寅之临于未者，酉实迫之也，宁可恃乎？

断曰：四绝之课，三传自刑，占病占讼，皆非所宜。四上克下，名曰无禄，凡谋不顺，卑幼有伤。巳火长生，乘虎而临于墓，父母亦防刑克。离魂之格，并防有鬼邪魇魅。

天时：寅木克日，风霾蔽天，翌日得雨。家宅：病气克宅，染病者多。功名：官临身宅，功名到手。求财：财爻入墓，四季占之，得。婚姻：不吉。胎产：女孕，即产。疾病：金土受病，九月占凶。出行：不吉。行人：马与支合，即至。捕获：在西北方。兵战：互有胜败。

《毕法》云：干支全伤防两损、夫妇芜淫各有私。《指南》：己巳腊月丑将午时占，曰：正时胜光，值事天空，必为章奏而占。曰：吉凶若何？曰：四课克下，名为无禄。况贵乘旬空，龙神下克，主在上者不足。轻则降罚，重则削权。又财官禄马俱入墓绝，以急流勇退为佳；朱雀乘天喜，还得好音归里。后，果准冠带闲住而归。

己未日第七课

父　元白　丁巳 驿马
兄　青后　空丑 仪神　游都
兄　青后　空丑 仪神　游都

```
后青  青后  后青  青后
未 丑  未 丑
丑 未  丑 己
```

```
        勾贵 青后
合螣 亥  子  丑   寅 空阴
朱朱 戌           卯 白元
螣合 酉           辰 常常
贵勾 申  未  午   巳 元白
        后青 阴空
```

课格：返吟，井栏射，八专，无亲。

课意：初值丁马，动意难舍，守空撞空，渐为贫者。

解曰：巳为驿马，又值旬丁，用作初传，动不容已。丑土作空亡，而临于干上，是守空也。既而入传，是撞空也。四课三传，尽皆空陷，惟余一丁，岂非贫乏之象？

断曰：返吟之课，格合井栏。如井上架木，易敧易斜，不能长久。事多重叠，喜忧两来。凡事旁求易就，直道难容，有大事化小，小事化无之象。

天时：日上逢空，青龙又陷，不能得雨。**家宅**：龙后皆空，家徒壁立之象。**功名**：申酉年命人吉。**求财**：无所得。**婚姻**：支干尽空，占婚不吉。**胎产**：阴变为男，腹空易产。**疾病**：脾肺之疾，新病吉，久病凶。**出行**：丁马虽动，中末空亡，不能起程。**行人**：天罡加季，行人立至。**捕获**：在西北猪厕左右。**兵战**：主客皆劳而无功。

《毕法》云：不行传者考初时。《课经》云：己未日，干上丑，支上亦丑，乃是四课全空格。《经》曰"四课无形，事不出名，纵然出也，也是虚声"。《订讹》云：此课如遇吉神良将，凡事半遂，尤喜见青龙救护。《精蕴》云：丑加未，未加丑，作年命日干者，占试必中魁元。缘丑中有斗，未中有鬼，合而为魁也。《秘要》云：未土无克，以未宫己土遥射亥宫壬水为用，全是冲散，故名无亲。

己未日第八课

```
父  元白  丁巳  驿马
兄  朱朱  壬戌  大煞  日符
官  白元  乙卯  地医
```

```
    元白 勾贵 元白 勾贵
     巳   子   巳   子
     子   未   子   己
```

```
           合螣 勾贵
朱朱 戌   亥  子   丑 青后
螣合 酉              寅 空阴
贵勾 申              卯 白元
后青 未   午  巳   辰 常常
          阴空 元白
```

课格：知一，铸印，励德。

课意：财既双空，丁马虚逢，卯鬼宜助，凶祸难容。

解曰：子水为财临身临宅，空而无用。发用之巳火，丁马相并，又落空陷，是虚逢而已。末传卯鬼，宜助初传之丁马，但昼夜上乘元虎，凶祸必动而难容也。

断曰：铸印之课，占官则吉。夜占帘幕临干，占试必中。胎神临于支干之上，占妻必孕。末传助起初传巳火生干，必得旁人暗助。但生气入墓，不利生计及长上之事。

天时：巳火生日，晴而不雨。家宅：贵人临宅，平庶必遭官讼。功名：得差得位。求财：财空难觅。婚姻：两空不吉。胎产：胎损，产吉。疾病：肺与膀胱有病，当即愈。出行：求名吉，商贾不利。行人：尚未启行。捕获：昼占贼在西南，夜占贼在正西，防走脱。兵战：守则利。

《毕法》云：胎财生气妻怀孕。《指南》：辛未四月酉将辰时，占功名。曰：月内定转掌垣。因月建虎马发用，又是铸印乘轩故也。但嫌贵空，恐居官难于久任。果转吏科掌垣，后以武场事降谪。《占验》：辛巳十月，寅将酉时，占起复。曰：仲冬月必有起官之征。盖干上贵人虽空，幸乘进气，交仲冬子水司令，填实旬空，便当擢用。且虎马丁神发用作岁君生日；又四墓覆生，已废复兴之象，起官何疑？至期，果推补兵曹。

己未日第九课

```
财   合螣  癸亥  日解
官   白元  乙卯  地医
兄   后青  己未  鲁都 福星
```

```
     白元 合螣  白元 合螣
      卯   亥    卯   亥
      亥   未    亥   己
```

```
                朱朱 合螣
螣合  酉   戌   亥   子  勾贵
贵勾  申             丑  青后
后青  未             寅  空阴
阴空  午   巳   辰   卯  白元
           元白 常常
```

课格：重审，曲直，三奇，狡童。

课意：三木并立，合成曲直，取则为灾，不取可惜。

解曰：四课之上，两得卯木。三传之内，又见卯木。课传相并，是三木并立也。三传作合，会成曲直，是全鬼伤干矣。初传亥水，乃是日财。干支发用，上乘闭口，欲待不取，财在眼前，急不能舍；取之又惧其化而为鬼，占者止宜以财告贵，纳粟奏名。

断曰：曲直之课，类成官局，春占大利求官。明暗二鬼，坐于干支，夜乘白虎，常人不免人宅两灾。

天时：三传克日，水上火下，风雨连绵之象。家宅：干支自克，防夫妻反目，亦防阴小越礼。功名：官星甚旺，发用三奇，功名大就。求财：取之防祸。婚姻：支干自刑，不利。胎产：阴极阳生，孕男，产迟。疾病：脾土受病，或肾水不足，秋占可畏。出行：不宜。行人：心欲归而不能。捕获：伙盗难擒，秋占方获。兵战：昼占凶，夜占吉。

《毕法》云：虎乘遁鬼殃非浅。《断验》：辛未四月申将辰时占。曰：此课占功名，将来远大非常。传将木局，类成官星，喜木命丁马恩星以化之，逢凶化吉之象。且木逢初夏，正在荣旺之际；又蛇化为龙，将来自然事业日新，功名显赫也。后，果晋秩大司马。

己未日第十课

```
财  元螣  癸亥  日解
兄  阴朱  壬戌  大煞 日符
兄  阴朱  壬戌  大煞 日符
```

```
     白后 阴朱 白后 阴朱
      丑   戌   丑   戌
      戌   未   戌   己
```

```
         后合 阴朱
贵勾  申  酉  戌  亥  元螣
螣青  未          子  常贵
朱空  午          丑  白后
合白  巳  辰  卯  寅  空阴
         勾常 青元
```

课格：八专，斩关，励德。

课意：一位财星，四戌来争，争之不已，致讼遭刑。

解曰：发用之亥水，乃是日财，课传之中，独此一水；而课传四重戌土相争此亥，是人多财少，争必不止。戌上乘雀主讼，且又戌未相刑，构讼遭刑，其能免乎？

断曰：斩关之课，利逃亡而不利伏匿。贵人立于卯酉，曰励德，利君子而不利小人。若己土寄生于寅，则亥为绝神，亦宜结绝财物事。干支同位，又名懒于取财，惧争夺也。

天时：朱雀乘墓，昏晦之象。家宅：宅内三刑皆全，刑伤难免。功名：贵禄不见，占官不利。求财：有争。婚姻：昼占可用。胎产：胎上乘酉，私胎，育女。疾病：金水之疾，五月占，不吉。遗失：夜元乘财，物必贼窃，宜向东北捕之。出行：水陆两途，俱各中平。行人：天罡加季，行者立至。兵战：宜谨密，全功。坟葬：龙脉不真，朝山不甚高耸，且多散乱。

《毕法》云：贵人蹉跌事参差。《课经》云：昼贵临于夜地，夜贵临于旦方，如告贵干谒，多不归一。《集义》云：戌作朱雀加未，主犬子吠人。《照胆秘诀》云：日刑杀到忧妻妾。《云霄赋》云：内室专权，有仙女跨云之象（巳到寅宫）。《三才赋》云：魁罡临处，多生词讼。

己未日第十一课

```
子　后合　辛酉 天医
子　后合　辛酉 天医
子　后合　辛酉 天医
```

```
元螣 后合 元螣 后合
亥　 酉　 亥　 酉
酉　 未　 酉　 己
```

```
　　　　　贵勾①　后合
螣青 未　申　酉　戌 阴朱
朱空 午　　　　　亥 元螣
合白 巳　　　　　子 常贵
勾常 辰　卯　寅　丑 白后
　　　　青元 空阴
```

课格：八专，独足。

课意：此系独足，脱欺叠逐，舟车宜驾，婢逃归屋。

解曰：三传干支，皆在未上。七百二十课之中，惟此一课，名曰独足。酉为败气，而又脱己土之气，重叠逢之，甚不利也。既止一足，非舟车不能行动，惟利水行。酉为婢，逃归屋者，喻不能远去而走脱也。

断曰：独足之课，寸步难移。又己土生酉，夜占乘后，亦为脱上逢脱。申加午，子加戌，两贵受克，不利干谒。惟宜守己，尚尔费力。

天时：三传皆毕，天不能晴。家宅：败神脱宅，贫耗之象。功名：占官不利，试中亚魁。求财：不得。婚姻：酉乘后合，最忌。胎产：胎不成，产不足。疾病：肺病，可愈。遗失：财上乘元，家贼所窃，宜向西方近池厕处觅之。出行：不宜。行人：未至。兵战：不利。

《毕法》云：两贵受克难干贵。《古鉴》：男命戊申，巳加辰，占子息。曰：三传皆酉，为少女，与日辰合算共五数，当生五女。行年上见卯为长男，与元武相冲，男不成胎。酉为大肠，又为女色，主好色而得肠风。酉数六，未数八，寿止四十八而已。果验。又同日占讼。曰：两边俱不得力，官当自行，干贵无益。后，果县宰潜往定验矣。又同日占生理。曰：酉为兑为泽，六合为船，不利于陆。若舟行，利可十倍。皆验。

---

① 原文：朱勾。

己未日第十二课

```
兄  螣白  己未  鲁都 福星
子  贵常  庚申  长生 六仪
子  贵常  庚申  长生 六仪
```

```
     后元 贵常 后元 贵常
      酉  申  酉  申
      申  未  申  己
```

```
         螣白 贵常
朱空  午  未   申   酉  后元
合青  巳            戌  阴阴
勾勾  辰            亥  元后
青合  卯  寅   丑   子  常贵
         空朱 白螣
```

课格：八专，帷簿。

课意：申类子孙，却是长生，慈乌反哺，夜贵尤荣。

解曰：申为土之子孙，又作土之长生，为子孙者能生养其父母，若慈乌之反哺也。夜占申又作贵，而生日干，其荣益甚矣。

断曰：八专之课，比肩发用，昼夜上乘蛇虎，未免虚惊。昼占太常乘长生，临于干支，家有婚姻之喜，或开彩铺酒店。夜占贵人入宅，当有贵人喜庆宴会，或有赏赐之类。申为夜贵临身，雀乘午火相克，不可告贵，必忌惮不肯用力。

天时：虎乘风伯发用，风多雨少之象。家宅：家有喜庆费财。功名：贵人临身，夜占吉。求财：先费后得。婚姻：日后好。胎产：胎防损，产易。疾病：肾经受病，医之愈。出行：水陆俱佳。行人：在途。捕获：在西方。兵战：羊刃乘虎蛇发用，昼夜皆凶。

《毕法》云：所谋多拙逢罗网、帘幕贵人高甲第（昼占）。《指南》：丁丑八月，巳将辰时，占瓯卜。曰：虽有公卿推荐，恐不能拜。盖因虎刃自他处发用，当突有秦人任风宪兵刑之职者，不由词馆入阁。且中末、干支、年命俱见罗网，是秦、晋、梁、益之人，在中阻隔。又夜贵居本命之上，必赋归来。后，果应。

庚申日第一课

```
兄  后白  庚申  日德 日禄
财  青螣  甲寅  驿马 大煞
官  朱勾  丁巳  长生 支合
```

```
      后白 后白 后白 后白
       申   申   申   申
       申   申   申   庚
```

```
          螣青 贵空
朱勾  巳  午  未   申  后白
合合  辰          酉  阴常
勾朱  卯          戌  元元
青螣  寅  丑  子   亥  常阴
          空贵 白后
```

课格：伏吟，元胎。

课意：昼逢四虎，动无少阻，丁马入传，行人商旅。

解曰：申禄本是虎乡，干支及发用，共有三申，昼又乘虎，故曰四虎也。伏吟本静，中寅财马，末巳遁丁，其动象略无少阻，如行人之在商旅也。

断曰：自信之课，上乘旺禄，本宜静守，但金日逢丁，岂能安享？三传自刑，财爻化鬼，大宜纳粟奏名，不宜求财黩货。末传巳与日合，上乘勾朱，常人必有官讼，不可解散；仕宦占之，官运方荣，扬历正未有艾。

天时：青龙入庙，不能得雨。家宅：白虎临禄入宅，病讼不免。功名：官禄马俱动，不日迁擢。求财：人多财少，争夺有讼。婚姻：昼占不吉。胎产：占孕防堕，占产防病。疾病：肝经有疾，或头痛难忍，难愈。遗失：不出本家。出行：求官吉，求财不吉，防遇盗。行人：刚日顺吟，行者即回。捕获：是奴仆勾伙。兵战：白虎刑冲，兵占不吉。

《毕法》云：信任丁马须言动。《课经》云：庚申日伏吟，丁神在传，占访人必出外干事，先许后改。《集义》云：天后发用，家中有患头风之妇。末传克初，先凶后吉。《纂要》云：财官禄马，天城天吏俱全，白虎入庙，螣蛇生角，勾陈捧印，若有岁月扶合，仕宦大吉。

庚申日第二课

```
兄  阴常  辛酉  羊刃  六仪
父  贵空  己未  仪神  直符
父  贵空  己未  仪神  直符
```

```
         螣青 贵空 螣青 贵空
         午   未   午   未
         未   申   未   庚
```

```
              朱勾 螣青
合合  辰    巳   午   未  贵空
勾朱  卯              申  后白
青螣  寅              酉  阴常
空贵  丑    子   亥   戌  元元
           白后 常阴
```

课格：八专。

课意：初遭网罗，障难无挪①，秋冬事贵，得助极多。

解曰：发用酉金，为日之罗网。倘若动谋，则裹身绕宅，其为障蔽险难，无可挪移也。秋占酉为旺神，夜未又为贵人，临于干支中末，必得三处贵人相助成功，不劳心力矣。

断曰：八专之课，事多重叠。干支之上，各乘生气，又交互相生，凡占皆有利益。昼占帝幕临日，试必高中。贵人入宅生支，应得上人照拂，或有神佑。未上乘空，家有眢井，亦防酒食生谤。六月占此，名利定然通达。

天时：火上水下，晴而不雨。**家宅**：夜贵生宅，必得贵人扶助。**功名**：夜占最吉，昼占利于考试。**求财**：生之者众，不求自得。**婚姻**：夜占甚吉。**胎产**：胎上乘寅属阳，男孕，易产。**疾病**：脾土之疾，饮食起病，二月占不吉。**遗失**：当是右邻或前邻婢女窃去。**出行**：不能动身，出则吉。**行人**：昼占未回。**兵战**：夜占将帅有功，昼占不能取胜。**坟葬**：生死均安，初年有克。

《毕法》云：互生俱生凡事益、帝幕贵人高甲第（昼占）。《课经》云：庚申日午加申，作支干之阴神，克支克干。春占则午为火鬼，夜将乘蛇伤宅，难免火灾。《玉成歌》云：天空在未井多怪，兼主人遭疾病缠。《秘要》云：午年命人，上乘丁神临朱勾，必有口舌官非。

---

① 原文：那。下同。

庚申日第三课

官	螣青	戊午	鲁都	
父	合合	丙辰	地医	墓神①
财	青螣	甲寅	驿马	大煞

<pre>
    合合 螣青 合合 螣青
    辰   午   辰   午
    午   申   午   庚
</pre>

<pre>
            合合   朱勾
勾朱 卯   辰   巳   午   螣青
青螣 寅   未   贵空
空贵 丑   申   后白
白后 子   亥   戌   酉   阴常
          常阴   元元
</pre>

课格：元首，励德，间传，顾祖。

课意：若取寅财，生起祸来，财官绶印，君子宜哉。

解曰：寅为日财，临于末传。若欲取之，则助起初传午鬼，为祸不小。占者止宜纳粟求官，最为元吉。若常人遇之，财爻化鬼，伤干克支，彼此两损矣。

断曰：顾祖之课，事宜复旧，间传而退，有阻方成。官讼则寅为教唆之人，捕盗则寅为窝藏之主，皆不宜占。干支皆败，不宜交易。夜蛇加午临干，若无孕妇，主有阴人离散。

天时：青龙升天克日，昼占有雨。家宅：人宅皆有败气，夜占尤有惊恐。功名：财官两旺，占官最吉。求财：取之生患。婚姻：昼占吉。胎产：男孕，产逆。疾病：心经受病，或肝木受伤，甚凶。遗失：西南方道上七十五里，有弄猴者，问之即是。出行：动静皆可，不宜商贾。行人：戌日当到。兵战：防有侵凌，气均力敌。坟葬：祖坟则吉，不利新阡。

《毕法》云：干支全伤防两损。《古鉴》：己酉生人，九月卯将巳时，占讼。曰：顾祖课，原有讼根。金日得巳时，为天网课。末传寅木为胥吏，生起午官来克日干，主一吏人不足，始终被害。行年在子，上乘戌土，会寅木午火自去烧身，患必自招。午为火针，必遭刺配。且年上见戌为军，当一千八百里。缘午数九，支干两见，会成火局，旺相十倍也。

---

① 原文字迹模糊，貌似"墓神"。下同。

庚申日第四课

```
官  朱勾  丁巳  长生 支合
财  青螣  甲寅  驿马 大煞
子  常阴  癸亥  日盗 日医
```

```
    青螣 朱勾  青螣 朱勾
    寅   巳    寅   巳
    巳   申    巳   庚
```

```
            勾朱  合合
青螣  寅    卯    辰    巳  朱勾
空贵  丑                午  螣青
白后  子                未  贵空
常阴  亥    戌    酉    申  后白
            元元  阴常
```

课格：元首，元胎。

课意：夜克昼生，丁马俱迎，末之亥水，能败能成。

解曰：巳火发用，昼将勾能生干，夜将雀能克干。巳遁旬丁，又为驿马，其动自不容已。末传亥水，克巳救干，是其成也；生寅助鬼，是其败也。

断曰：元胎之课，气象维新。巳为长生官星，而三传又递生之，宦途坦顺，一路荣华。常人则金日逢丁，凶祸难免。旬尾加于旬首，缄默可以保身。德入天门，占试必然得意。

天时：朱勾乘火发用，不雨而晴。家宅：勾雀克宅，初传鬼动，病讼不免。功名：有人举荐，赴任最速。求财：当隔手取之。婚姻：财官六害，尚有阻隔。胎产：男孕，即产。疾病：心经之疾，淹缠难愈，须防反覆。出行：愈远愈好，出门时有阻。行人：已在半路。捕获：西南方酒食店中。兵战：彼此主将皆强，防有本国兵卒泄机。坟葬：日久发福，初葬不利。

《毕法》云：干支全伤防两损、金日逢丁凶祸动。《课经》云：三传年命日辰，逢旬内六丁神者，如乘勾陈，必被官讼勾追而动。如乘月内死气，必亲族在外府郡，报死亡而动。如乘贵人，必贵人差往而动。如乘玄武，必欲逃亡而动。蛇雀尤急。惟有官人占之，则赴任极速，反不欲占人行年上神克去丁神；若常人则又宜制其丁神也。

庚申日第五课

```
子  青螣  空子  游都
兄  螣青  庚申  日禄 日德
父  元元  丙辰  地医 墓神
```

```
     青螣 元元 青螣 元元
      子  辰  子  辰
      辰  申  辰  庚
```

```
              白后 常阴
     空贵  丑  寅  卯  辰  元元
     青螣  子              巳  阴常
     勾朱  亥              午  后白
     合合  戌  酉  申  未  贵空
              朱勾 螣青
```

课格：重审，润下，斩关。

课意：盗气传逢，初中幸空，独有辰土，生气无穷。

解曰：申子辰会成水局，以盗干气。初传子水逢空，中传申金落陷，是水局已破，独存辰土，坐于长生之上而生干，则生生不已，宁有穷尽耶？

断曰：润下之课，有动而不息之形；孤神发用，有茕茕孑处之象。占者家有虚耗，子不成业，凡事皆有损无益。辰土属于父母，昼夜乘元，失脱不免。总宜静守，生意盎然。若或妄动，即名泉源涸竭，虚费百出矣。

天时：龙神昼夜皆空，出旬方雨。家宅：干支各自受生，人宅两旺。功名：龙禄皆空，官星不现，占名不吉。求财：宜守家财。婚姻：支干自刑，占婚不吉。胎产：坎局生男，占胎有损。疾病：脾土之疾，医不得力。遗失：元武生干支，且传得回环，虽失必得，北方寻之。出行：近家处防盗失。行人：未能动身。兵战：虚惊虚喜。坟葬：水法甚合，但来龙系假脉，亦有空陷。

《毕法》云：互生俱生凡事益。《壬髓经》云：干上神生干，支上神生支，主各有生意，彼此和顺，或两家合本营生尤应。《纂要》云：甲戊庚三日，丑未临亥，为贵登天门，神藏煞没，凡谋亨利，无阻无碍。《照胆秘诀》云：用空传复支与干，旧久重新废欲完。《指掌赋》云：子申辰为仰元，守凝寒之困。

庚申日第六课

```
父  合合  壬戌  天医
官  阴常  丁巳  长生 支合
子  青螣  空子  游都
```

```
      合合 常阴  合合 常阴
       戌   卯    戌   卯
       卯   申    卯   庚
```

```
        空贵 白后
青螣 子  丑  寅  卯  常阴
勾朱 亥          辰  元元
合合 戌          巳  阴常
朱勾 酉  申  未  午  后白
        螣青 贵空
```

课格：知一，龙战。

课意：丁鬼中遇，子戌可拒，却祸除殃，卯财任取。

解曰：巳为日鬼，上乘遁丁，居于中传，为祸非浅。所可拒之而无畏者，上则子水克之，下则戌土墓之，全然无气，殃祸无忧矣。官鬼既伤，独存卯木，为日之财神，居于干上，可以任意取之，而无害也。

断曰：知一之课，事有两岐，干支坐墓，自甘招晦。四月占之，妻财生气，必然怀妊。五行入墓，百事皆宜休息。

天时：青龙带水升天，巳日有雨。**家宅**：鬼墓发用，四下贼上，防受家奴克制。**功名**：官星受制不吉，四月占，利。**求财**：宜得门户之财。**婚姻**：财旺，男占可就。**胎产**：男孕，防损胎。**疾病**：肝家风疾，脾肺亦伤，可医。**出行**：路上防盗失。**行人**：尚在中途。**捕获**：西北方积盗，现有官司。**兵战**：微有益利，尤宜加谨。

《毕法》云：人宅坐墓甘招晦、二贵皆空虚喜期。《占验》：申将丑时，占携妻子远行，吉凶若何？曰：男女远行，俱不得意。中途被劫，死于他乡，有沉溺破舟之虞。盖因干支入于空墓，中传劫杀乘丁，刑克干支；末传死气，子加巳又为死字；且壬戌加卯发用，是河井相加；又卯受干克，主车船破坏，其祸必矣。后，果近江西百余里，男女五人，皆被盗而死。

庚申日第七课

财	白后	甲寅	驿马	大煞
兄	螣青	庚申	日禄	日德
财	白后	甲寅	驿马	大煞

螣青 白后 螣青 白后
申　寅　申　寅
寅　申　寅　庚

　　　青螣 空贵
勾朱　亥　子　丑　寅　白后
合合　戌　　　　　卯　常阴
朱勾　酉　　　　　辰　元元
螣青　申　未　午　巳　阴常
　　　　贵空 后白

课格：返吟，元胎，六仪。

课意：四财一禄，夜虎趋逐，四马并进，奔驰反覆。

解曰：寅为日财，两见于日辰，两见于初末。申为日禄，独现于中传，是四财一禄也。如用夜将，寅财上乘白虎，又为驿马，来往反覆，动坐鬼乡，其奔驰迫促之状，不可言也。

断曰：返吟之课，德丧禄绝，凡占止宜结绝旧事，不宜求财问禄。犹幸六仪发用，昼占天后生财，虽于反覆不定之中，尚可沾其余润。如占妻病，吉少凶多矣。

天时：龙虎交冲，必有疾风暴雨。家宅：夜占白虎临于干支，人宅必见惊忧。功名：德禄逢绝，不吉。求财：满目皆财，不能安享，常有风波。婚姻：男占吉，有伤克。胎产：孕凶，产吉。疾病：脾土受伤，须防翻覆。遗失：旧处寻觅。出行：有阻。行人：马临干支，行者立至。捕获：西方军隶，合伙作贼。兵战：夜占有惊，防有败衄。

《毕法》云：二贵皆空虚喜期、干支值绝凡谋决。《集义》云：庚申日返吟，支干之上，各乘绝神，宜结绝财物之事。《玉成歌》云：返吟占事休言定，往复双双两事因，常占须主身摇动，不动人情有怨心。《指掌赋》云：传见六仪，病将瘥而狱自出。

庚申日第八课

```
财  常阴  乙卯
父  空贵  空丑  福星 干墓
父  空贵  空丑  福星 干墓
```

```
    后白 空贵 后白 空贵
    午   丑   午   丑
    丑   申   丑   庚
```

```
           勾朱 青螣
合合  戌   亥   子   丑  空贵
朱勾  酉              寅  白后
螣青  申              卯  常阴
贵空  未   午   巳   辰  元元
          后白 阴常
```

课格：八专，帷簿。

课意：四员昼贵，全然无气，纵有浮财，夜占可畏。

解曰：丑为日贵，支干中末四重丑土，皆遇旬空，全然无气矣。发用卯财，本非课中所有，浮泛不实。如遇夜占，则太常天空，重重皆土神覆日，昏滞之象，大可畏也。

断曰：八专之课，顺数卯神发传。妻当别娶，财必改求，凡事皆有节外生枝之象。又名帷簿不修，尤防淫泆。日阴克日，而日上戴墓，家中当有小人暗地扼搤，而彼昏不知也。

天时：日墓临干，昏晦不雨。家宅：人宅皆不亨快，且防病讼。功名：贵空，不吉。求财：甚少。婚姻：支干皆空，不利。胎产：胎财发用，当得长男，腹空产易。疾病：脾胃受病，正二月占不吉。遗失：前堂与厨房寻之。出行：虽有贵人结伴，不宜动身。行人：尚无归意。捕获：西方女婢，或银铁匠之类，正有讼事。兵战：功不能成。坟葬：空穴无气。

《毕法》云：干乘墓虎无占病。《指南》：甲申年，酉将辰时，占京师安危。曰：贼自西山出奇，用骡车木韫，先攻西南，后攻东北，必有内变。盖贼符自戌发用，克中末并干支贵人。而天空临寅，此地疏虞，贼必由此而入。两阴神作虎鬼，克干克支并伤岁，均①乃左右献城之象。贼果明攻张掖门，暗逾东直门，城中鼎沸，开门降贼。

---

① 原文：君。

庚申日第九课

父　元元　丙辰　地医　墓神
兄　螣青　庚申　日禄　干德
子　青螣　空子　游都

```
    元元 青螣 元元 青螣
    辰   子   辰   子
    子   申   子   庚
```

```
          合合 勾朱
朱勾  酉  戌   亥  子  青螣
螣青  申           丑  空贵
贵空  未           寅  白后
后白  午  巳   辰  卯  常阴
          阴常 元元
```

课格：元首，润下，励德。

课意：脱空满前，水作三传，昼夜水将，耗盗缠绵。

解曰：三合水局，脱干之气，又兼初末空亡，而昼夜天将，俱乘龙蛇元武，无非水兽，名曰"枝断其根，流消其源"。又是三合，不惟有耗盗之虞，而亦缠绵无已也。

断曰：润下之课，流而不息。龙门之险，始于滥觞，有江河日下之势。金生于巳，而死于子。干支以及末传，三子坐守，皆属死气，止宜休息，不利动谋。

天时：水局空二，不能多雨。**家宅**：元武临于宅阴，防有盗失。**功名**：剥官煞多，占官不吉。**求财**：子孙生财，可以有望。**婚姻**：支干皆空，不吉。**胎产**：孕损，产速。**疾病**：肾水不足，以致脾肺虚泄，峻补方愈。**出行**：欲动不动。**行人**：近者即到，远防不测。**捕获**：西南七十五里僧道家。**兵战**：彼此各乘死气，休兵养士为上。

《毕法》云：人宅皆死各衰赢、脱上逢脱防虚诈。《课经》云：干上乘子，支上亦乘子，全乘死气，不宜吊丧问疾。如更乘月厌、死墓凶神，占病必死。又干上子，夜将上乘青龙，乃庚干生上神子水，子水又生青龙，三传并来盗日，凡占尽被脱耗，虚诈不实之象。《集义》云：子加申乘龙，主望远处医僧。

庚申日第十课

```
父  空贵  空丑  福星  干墓
子  勾朱  癸亥  日盗  日医
子  勾朱  癸亥  日盗  日医
```

```
      白后 勾朱 白后 勾朱
       寅   亥   寅   亥
       亥   申   亥   庚
```

```
              朱勾  合合
螣青  申    酉    戌    亥  勾朱
贵空  未                子  青螣
后白  午                丑  空贵
阴常  巳    辰    卯    寅  白后
                 元元 常阴
```

课格：八专，帷簿，寡宿。

课意：凡事缄默，可脱灾厄，事关贵人，甘受岑寂。

解曰：亥为旬尾，临于干支之上，复作中末两传。凡事退守缄默，仗此制鬼，则灾患可免。发用丑土，乃是昼贵，旬空履狱，不受其生，反被其墓。若欲与贵图谋，枉受岑寂而已。

断曰：帷簿不修之课，尊卑共室，男女不分，事多重叠，忧喜两来。凡占大宜谨之又谨，方免后悔。干支中末，亥水四重，盗脱干支。少有所动，耗费无极。常人尚可，仕宦最忌。

天时：墓神发用，日上乘亥，先晦后雨。家宅：朱勾脱干脱支，口舌争讼难免。功名：不利。求财：暗财可觅。婚姻：不吉。胎产：女孕，孪生。疾病：肾经与膀胱之疾，或闭口不食，六八月占，凶。遗失：失于猪栏秽厕之中。出行：有阻，防官讼是非。行人：问子孙，即来。捕获：西南方缙绅旧家。兵战：诈而不实。坟葬：穴中泄气，不吉。

《毕法》云：人宅受脱俱招盗、宾主不投刑在上。《篡要》云：干上脱干，支上脱支。更有支上脱干，干上脱支。凡占遇此，人被脱赚，家被盗窃。如占病体，必因起盖屋宅费用，以致心气脱弱，而成虚怯。宜服补元调气之剂，自然痊愈。《肘后经》云：初来克末凶还甚。《要录》云：当门台土，出行有阻。《指掌赋》云：丑遇天空为矮子。

庚申日第十一课

```
子  白后  空子  游都
财  青螣  甲寅  驿马  大煞
父  合合  丙辰  地医  墓神
```

```
   白后 元元 白后 元元
    子   戌   子   戌
    戌   申   戌   庚
```

```
          后白  阴常
贵空  未   申    酉   戌  元元
螣青  午              亥  常阴
朱勾  巳              子  白后
合合  辰   卯    寅   丑  空贵
          勾朱  青螣
```

课格：重审，斩关，间传，向三阳，泆女。

课意：戌覆宅身，驿马虚寅，动被虎盗，末逢丙辰。

解曰：河魁覆于身宅，中有驿马，其动自不能已。初传子水旬空，昼乘白虎，以盗干气。末传辰土，遁鬼伤干，虽动亦何益乎？不如坐守干上戌旺之气，尚有生意也。

断曰：向阳之课，贵登天门，罡塞鬼户，可以利有攸往。但发用既空，中传财马亦陷，动则生灾，不可造次。戌为鬼墓，临于干支，昼夜乘元，应有匪人，暗中觊伺，所当思患而预防也。孤辰发用，惟于方外相宜。

天时：水神空，无雨而晦。家宅：元武入宅，宜防盗失，子息防病。功名：不显。求财：求多，得少。婚姻：男女皆有暗疾。胎产：阳极生女，防有暗病。疾病：水来克火，缠绵不愈，五月占尤不吉。出行：不能动身，亦防盗失。行人：马陷，未来，或七日到。捕获：武阴是子，当于北方近水女人家捕之。兵战：须防失众。

《毕法》云：互生俱生凡事益、罡塞鬼户任谋为。《课经》云：罡塞鬼户，不论在传不在传，能使众鬼不敢窥觑，宜逃灾避难，吊丧问病，合药书符。《玉女通神诀》云：用神若还害天乙，是为四闶①凶不测（夜占）。《指掌赋》云：子寅辰向三阳，而所望光明。

---

① 古同"闭"。

庚申日第十二课

子	常阴	癸亥	日盗	日医
兄	阴常	辛酉	羊刃	六仪
兄	阴常	辛酉	羊刃	六仪

元元	阴常	元元	阴常
戌	酉	戌	酉
酉	申	酉	庚

```
              贵空  后白
滕青   午    未   申   酉  阴常
朱勾   巳              戌  元元
合合   辰              亥  常阴
勾朱   卯   寅   丑   子  白后
            青滕 空贵
```

课格：八专，帷簿，三奇。

课意：守旺则昌，动则有伤，两酉为刃，灾害非常。

解曰：干上酉金，为日之旺气，守之则人宅皆昌，彼此受益。倘或一动，而逢初传之亥，脱盗其酉，则酉为羊刃，中末皆逢伤害，必非寻常可比矣。

断曰：帷簿不修之课，内不隔而外不遇。事多重叠，忧喜两来。守正则家有余财，妄动则身无完体。且太常持刃，当因酒色丧身。占者切宜惊醒，以礼自持。

天时：毕宿临日，水神发用，可望雨泽。家宅：人宅皆乘罗网，安享则吉，亦防盗失。功名：防有内服丁艰。求财：不得。婚姻：课体不吉，防有越礼。胎产：胎上乘罡，男孕，防堕。疾病：肺经咳嗽，木气不舒，四月占，不吉。出行：不宜动身。行人：即到。捕获：在西北方江海之旁。兵战：各乘罗网，互有杀伤。

《毕法》云：所谋多拙逢罗网。《古鉴》：丁卯四十三岁，妻戊寅三十二岁，卯将寅时，占产。曰：庚为子，申为母，见酉为羊刃，是面前羊刃也。太阴兼之，其凶尤甚。母是申，以酉为破碎，乃面前进步破碎也。夫之行年居酉，是见妻子，皆受破碎也。妻之行年上见寅，又兼鸡嘴。干支一处，羊刃破碎，又是自刑。先且自害，不全其身。后，果不利于母。

辛酉日第一课

```
兄  白元  辛酉  日禄 日符
父  常常  壬戌  羊刃
父  青后  己未  仪神
```

```
    白元 白元 常常 常常
     酉   酉   戌   戌
     酉   酉   戌   辛
```

```
          勾贵 青后
合螣  巳   午   未   申  空阴
朱朱  辰             酉  白元
螣合  卯             戌  常常
贵勾  寅   丑   子   亥  元白
          后青 阴空
```

课格：伏吟，斩关，龙战。

课意：旺禄临支，元虎相随，前逢生意，争斗无时。

解曰：酉为辛之旺禄，临于支上，昼乘元而夜乘虎，禄不免于惊失，且有门户之虞。进步得中传戌土，始有生意。乃末传未土与戌相刑，则争斗之端，所自来也。

断曰：伏吟之课，交车六害，彼此怀嫌，宾主相乖之象。又天盘地盘，皆作六害，凡事止宜坐守，不可动谋。禄临于支，权摄不正，听人作主，副之而行，乃免刚愎自用之讥。

天时：伏匿不动，雨晴照旧。家宅：防有盗失，且有惊恐，宜戒酒色之祸。功名：当为副贰，且不甚安。求财：当依本分。婚姻：支干上神相害，不成，亦不吉。胎产：男孕，未产。疾病：肝经受病，缠绵不愈，五月占，凶。失脱：贼不出家。出行：家中防盗，劫财。行人：近者立至。兵战：宜静守边境，不宜欲速邀功。坟葬：丑方出水则吉。

《毕法》云：权摄不正禄临支、彼此猜忌害相随。《课经》云：日干禄神，加临支辰上者，凡占不自尊大，受屈折于他人。如占差遣，主权摄不正；或遥授职禄；或正宜食宅上之禄；或将本身之职禄，替于子孙，斯占尤的。《玉成歌》云：伏吟举动心无遂。《照胆秘诀》云：比合河魁两同用，心谋不一或干众。

辛酉日第二课

```
父  后青  空丑   干墓  福星
兄  白元  辛酉   日禄  日符
兄  白元  辛酉   日禄  日符
```

```
     青后 空阴 空阴 白元
      未   申   申   酉
      申   酉   酉   辛
```

```
              合螣 勾贵
朱朱    辰    巳   午    未  青后
螣合    卯              申  空阴
贵勾    寅              酉  白元
后青    丑    子   亥    戌  常常
             阴空 元白
```

课格：别责，励德，不备。

课意：旺禄难恃，元虎交值，重叠恼怀，皆因奴婢。

解曰：酉为日之旺禄，临于干上，昼元夜虎，变为六害，不可恃矣。戌酉为奴婢，干支三传，重叠四见，故重叠恼怀，皆由奴婢也。

断曰：从革之课，别责发用。凡事欲成不成，欲改不改。忧患即散，好事多磨。初传丑墓旬空，昼占青龙夹克，当有坟墓之忧。四季月占之，夜乘天后，妻宫病废，小儿病亦危亡。凡占用墓，事易了结，但值空亡，惟九流僧道相宜。

天时：墓神发用，阴云无雨。家宅：旺气临宅，日禄临身，人宅俱丰。功名：禄被元虎，罚俸不免。求财：宜守己物，不可妄求。婚姻：不吉。胎产：胎恐损，产甚易。疾病：屡次伤肝，医药无力。失脱：昼元临酉，物必婢窃。出行：有阻，亦不吉。行人：欲归不能，出旬方到。捕获：贼在西北方。兵战：干乘元虎，不利于客。

《毕法》云：初遭夹克不由己、魁度天门关格定。《课经》云：初传坐于克方，又被天将所伤，名曰夹克。凡占身不由己，受人驱策。《壬髓经》云：当门台土，出行有阻。《玉成歌》云：三传带合须干谒，类就其干众所占。《照胆秘诀》云：用空传复支与干，旧久重新废欲完。

辛酉日第三课

官　勾贵　戊午　勾神
父　朱朱　丙辰　支合
财　贵勾　甲寅　游都　大煞

```
合螣 青后 勾贵 空阴
 巳   未   午   申
 未   酉   申   辛
```

```
螣合  朱朱 合螣
     卯  辰   巳  午  勾贵
贵勾 寅              未  青后
后青 丑              申  空阴
阴空 子  亥   戌  酉  白元
        元白 常常
```

课格：元首，间传，顾祖。

课意：切勿取财，取则灾来，费钱告贵，此卜宜哉。

解曰：末传寅木，辛之财也。若取此财，则必生起初传午火，来伤日干，灾患自不能免。午为贵人，又是官星。若以财告贵，或纳粟奏名，此卜甚宜。

断曰：间传之课，格名顾祖，凡事先阻后成，复理旧说。末传寅为教唆之人，助初伤干，得年命上神制之则吉。三传火局，惟少一戌，谓之虚一待用。凡占，遇戌年月日，吉凶方应。

天时：朱雀飞空，传将火土，晴而不雨。**家宅**：家有喜事，且有恩泽。**功名**：贵人发用，末助初官，迁擢在即。**求财**：取必生灾。**婚姻**：干上乘旺，支上乘生，女益于男。**胎产**：孕成男喜，产亦顺利。**疾病**：喜事伤食起病，防生他症，忌戌月。**出行**：水路吉。**行人**：即可到。**捕获**：往西北方寻。**兵战**：进步有阻，防有奸细外通。**坟葬**：发福之地。

《毕法》云：末助初兮三等论、金日逢丁凶祸动。《课经》云：寅加辰生起初传午火而克辛金，乃教唆词讼之人也。《秘要》云：末助初官，仕宦最吉。中传辰土生气，遁出丙官，上乘朱雀，与日干相合，必有要紧文书，得上人提挈或父母面上，特见恩泽。末传之寅，即扶翌我之人也。

辛酉日第四课

官　常贵　戊午　勾神
财　后合　乙卯　日盗　日解
子　朱空　空子　六破

后合　常贵　阴朱　白后
卯　　午　　辰　　未
午　　酉　　未　　辛

　　　　后合　阴朱
贵勾　寅　卯　辰　巳　元螣
螣青　丑　　　　　　午　常贵
朱空　子　　　　　　未　白后
合白①　亥　戌　酉　申　空阴
　　　　　勾常　青元

课格：元首，高盖，励德，三交。

课意：未土乘虎，再逢二午，欲求成功，略无少补。

解曰：未本生气，昼乘白虎，不得恃其生也。宅上逢午，克干克支，而发用又是午火，克之者众矣。赖有子水可以制午作救，奈遇旬空，其力甚微，不能少补，安能望其成功哉？

断曰：三交之课，吉凶皆因乎内。下害上合，阳合阴害，虽在胶漆之中，不无龃龉之象。未乘天后加戌，主妇人有病。午乘天乙加酉，主父母不安。又午贵加宅，宅中必有神愿未还。若午年占之，谓之太岁克日，其灾不小。

天时：干支午未相合，子水空亡，不雨。家宅：贵常克宅，常人不免官讼。功名：官星甚旺，但无结果。求财：财居鬼乡，畏险难取。婚姻：有妨夫之象。胎产：胎乘空子，未必得实，产速。疾病：肾水不足，心火上炎，正月占，凶。失脱：门户有贼。出行：虽起程而不能到，到亦空往。行人：立至。捕获：昼占在正南，夜占在正北。兵战：防变。

《毕法》云：鬼乘天乙乃神祇。《古鉴》：己卯生人，己酉年九月卯将午时，占子息。曰：卯为妻临于午宫，乃是日干之鬼乡；末传子息加在妻宫，而作天空，又系旬空，焉得有子？本宫酉为婢妾，却能生子，然非己生，必与外人相染。盖酉带元武临子，对宫午上卯乘六合，非私情而何？悉应。

---

① 原文：后白。

辛酉日第五课

官	元螣	丁巳	日德	长生
父	螣青	空丑	干墓	福星
兄	青元	辛酉	日禄	日符

螣青	元螣	贵勾	常贵
丑	巳	寅	午
巳	酉	午	辛

		贵勾	后合			
螣青	丑	寅	卯	辰	阴朱
朱空	子			巳	元螣
合白	亥			午	常贵
勾常	戌	酉	申	未	白后
		青元	空阴		

课格：知一，从革。

课意：彼己遭伤，交互尤殃，鬼丁破碎，宅怪难当。

解曰：辛被午克，酉被巳克，彼己皆已伤矣。支上之巳，又克辛干；干上之午，又克酉支，是交互受其殃也。然干乘昼贵，尚可依势而得其庇。支乘丁鬼，又作破碎，昼蛇夜元，入宅克宅，其凶怪尤不可当矣。

断曰：从革之课，旺禄居于末传，既受巳克，又逢丑墓，而且落于空乡。占禄占财，俱非顺境。夜占帝幕临干，试必高中。仕宦占之，到任必速。但劫财太重，不免事业凋零耳。

天时：大晴。家宅：家口不宁，迁宅则吉。功名：即到任。求财：不利。婚姻：女防不正。胎产：女孕，产迟。疾病：火症，难愈。出行：不吉。行人：在途。捕获：东南积盗。兵战：有始无终。

《毕法》云：支干全伤防两损。《古鉴》：卯加未，占前程。曰：贵人临干，辛藏于戌，戌年及第，庚申年赴任，遇临官也。五十四岁死，干上午九数，末传酉六数，共计五十四也。子爻不见，不得子息之力。传得金局，至戊午年，必有兄弟分争之事。又丑加巳，占捕盗。曰：酉为元武临丑，主往东北十四里之处。其贼出门向西行六里，却往北行五里。藏匿财物后，却于西北还家。藏匿五日方敢再行。若勾陈克其藏处，即可擒获也。果验。

辛酉日第六课

```
子  合青  癸亥  驿马
官  常贵  戊午  勾神
父  螣白  空丑  干墓 福星
```

```
合青 阴阴 朱空 元后
 亥   辰   子   巳
 辰   酉   巳   辛
```

```
              螣白 贵常
朱空  子    丑  寅    卯  后元
合青  亥            辰    阴阴
勾勾  戌            巳    元后
青合  酉    申  未    午  常贵
      空朱 白螣
```

课格：重审，三奇，斩关，四绝。

课意：丁马天罡，动意非常，鬼败空墓，官庶皆殃。

解曰：巳乘旬丁临干，亥为驿马发用，天罡又临于辰宅之上，必有非常变动也。中传官鬼败神，末传又值空墓而昼夜皆乘蛇虎，凡占凶慝，无论仕宦与庶人，未有不受其殃者矣。

断曰：四绝之课，驿马发用，旧事已了，新事复兴，有否泰相乘之象。干临破碎，当因淫泆①而费财。支坐天罡，或为阴私而动作。午上加丑，争讼起于墓田。丑上加申，口舌及于僧道。

天时：青龙乘亥发用，元后临巳克干，即日有雨。**家宅**：人有破耗，宅有动摇。**功名**：贵人入传，驿马发用，占官可望。**求财**：甚微，迟即不得。**婚姻**：支干相合，传遇三奇，婚姻可就。**胎产**：男孕，易产。**疾病**：脾肾疼痛，占父母不吉。**失脱**：宜向西北洼水之处捕之。**出行**：动而无益。**行人**：未到。**兵战**：吉凶相半。

《毕法》云：尊崇传内遇三奇、金日逢丁凶祸动。《精蕴》云：巳乘丁鬼，临干克干，本为殃咎，但辛德在巳，德神所在皆能化凶为吉。如有官人遇之，反能作福。午为日鬼克干，本非吉神，但昼占系天乙贵人，必得上人提携之力；惟庶人则不免官讼耳。《中黄经》云：马见巳亥在路岐，丑入午传多诅咒。

---

① 原文：佚。

辛酉日第七课

财　后元　乙卯　日盗　日解
兄　青合　辛酉　日禄　日符
财　后元　乙卯　日盗　日解

青合 后元 勾勾 阴阴
　酉　　卯　　戌　　辰
　卯　　酉　　辰　　辛

```
        朱空 螣白
合青 亥  子   丑  寅 贵常
勾勾 戌           卯 后元
青合 酉           辰 阴阴
空朱 申  未   午  巳 元后
        白螣 常贵
```

课格：返吟，龙战，斩关，斫轮。

课意：上下六害，交互无碍，门户奸私，元合在内。

解曰：辰与卯害，戌与酉害，是上下六害也。卯与戌合，辰与酉合，是交互相合也。始虽相害，终则无碍矣。卯酉为门户之神，六合居中，元武窥户，奸私定然不免矣。

断曰：返吟之课，本非坦途。卯类妻财，往来逼迫。已合者必至睽离，已离者必复交合。两贵受克，干谒徒劳，遁丙临干，媒孽不少。出外者舟车倾覆，居家者门户凌夷。

天时：忽晴忽阴。家宅：淫盗皆宜防范。功名：关权之官，不能终任。求财：难得到手，翻覆不定。婚姻：离合不常，终非全美。胎产：女孕，或双胎。疾病：水不生木，血不荣筋，占妻不吉。失脱：女人窃去，即当败露。出行：不利，中道即回。行人：立至。捕获：赃在西北方喜事人家。兵战：元武临支害干，兵家大忌。

《毕法》云：彼此猜忌害相随、两贵受克难干贵。《精蕴》云：此课，占者皆以返吟有离革之象，不可议婚，殊不知再婚者，不特可成，抑且有益。盖辛即戌也，上乘天罡，与支为合，支上天后，与干为合。况酉作青龙，克卯为妻，干上太阴，即酉支也，乃为妻就夫之象；且又相合，岂非大利？惟初婚则不佳耳。

辛酉日第八课

父　白螣　己未　仪神
子　朱空　空子　六破
官　元后　丁巳　日德　长生

　　　　白螣　贵常　空朱　后元
　　　　未　　寅　　申　　卯
　　　　寅　　酉　　卯　　辛

　　　　　　　合青　朱空
勾勾　戌　　亥　　子　　丑　螣白
青合　酉　　　　　　　　寅　贵常
空朱　申　　　　　　　　卯　后元
白螣　未　　午　　巳　　辰　阴阴
　　　　　　常贵　元后

课格：知一，度厄，励德。

课意：财虽满前，取为祸端，身不安逸，众语攻攒。

解曰：乙卯临于干，甲寅临于支，钱财非不满前，取之则能生祸。盖卯虽克未，不知未土能克子水，子水能克巳火，却来伤干，必致众语攒攻，灾祸并出而后已也。

断曰：度厄之课，三下克上，尊长不免生灾。递互相克，事多解散。所喜末助初生，财源不竭，有借钱还债之象。但三传递克，众人必有欺凌。三传六害，凡事亦有破败。用遇虎蛇，内室多生疾病。末传丁德，远方当寄钱财。

天时：水上火下，出旬得雨。家宅：防尊长有病，又主妇人见鬼发狂。功名：虽有欺凌，却能迁转。求财：大利。婚姻：夜占吉。胎产：恐是私胎妾孕，易产。疾病：水不能养肝，连绵难愈。出行：陆路防失，夜占吉。行人：有阻。捕获：西方军健。兵战：不利。

《毕法》云：三传互克众人欺。《三车一览》云：未加寅发用，是为三传日辰内战，凡占主家法不正，或自己窝犯，以致争竞。盖迤逦相克，全无和气，占讼被刑，占病必死。惟占官者从微而显，渐次升转，大有兴盛，余占不吉。《秘要》云：朝官宜自检束。

辛酉日第九课

财	贵常	甲寅	大煞 游都
官	常贵	戊午	勾神
父	勾勾	壬戌	羊刃

元后　螣白　常贵　贵常
巳　　丑　　午　　寅
丑　　酉　　寅　　辛

```
          勾勾   合青
青合 酉   戌    亥   子  朱空
空朱 申             丑  螣白
白螣 未             寅  贵常
常贵 午   巳    辰   卯  后元
          元后  阴阴
```

课格：重审，炎上，六仪。

课意：传官将生，仕宦兴荣，常人释虑，阴私贵成。

解曰：三传火局自初生末，而昼夜天将，又皆属土，以生日干。官印相生，助成权柄，所以仕宦兴荣也。既有土将之生，则火鬼亦化凶为吉。虽常人占之，亦可释其忧虑，而告贵成功矣。

断曰：炎上之局，六仪发用，三传递生，必有众口揄扬，浡登津要。昼夜贵加，凡事必涉两贵。帘幕临日，应试必捷春闱。惟蛇虎乘墓入宅，虽系旬空，尚不免于惊忧耳。

天时：火局，大晴。**家宅**：墓神覆宅，蛇虎临支，灾祸不免。**功名**：吉。**求财**：必得。**婚姻**：占男吉，占女凶。**胎产**：女孕，产顺。**疾病**：积食积块，可医。**出行**：陆路吉，水路凶。**行人**：即至。**兵战**：防乾方伏兵。

《毕法》云：贵虽坐狱宜临干、支乘墓虎有伏尸、合中犯杀蜜中砒。《课经》云：干墓临支，占宅必有伏尸鬼祟为祸，幸丑不能克酉，其祸稍轻。又：墓乘蛇虎加支，谓之墓门开格，主有丧服重重。《纂要》云：天乙贵人临地盘辰戌上者，名入狱。如乙辛二日，却名贵人临身，反宜干贵，周旋成事，又名贵人受贿，宜私谋阴祷。《集义》云：火克土生，赖天将为救神，能消百祸。

辛酉日第十课

财　螣元　乙卯　日盗　日解
官　勾贵　戊午　勾神
兄　白合　辛酉　日禄　日符

　　　螣元　阴空　朱阴　后白
　　　卯　　子　　辰　　丑
　　　子　　酉　　丑　　辛

　　　　　白合　常勾
空朱　申　酉　　戌　　亥　元青
青螣　未　　　　　　　子　阴空
勾贵　午　　　　　　　丑　后白
合后　巳　辰　　卯　　寅　贵常
　　　　　朱阴　螣元

课格：遥克，弹射，励德，三交，寡宿。

课意：四课传初，表里皆虚，妻财尽失，见合如无。

解曰：四课阴阳，以及于初传，俱系空亡，是表里皆虚也。卯为妻财，陷于空乡，昼乘元武，妻财定有失脱，虽与日合，亦归乌有而已。中传贵人作官，仕宦稍宜，常人必因争财起讼也。

断曰：弹射之课，祸福已轻，发用空乡，愈无影响。干支酉戌六害，而面前子丑空合，有外合内离之象。支乘空脱，家计萧条。干乘墓虎，人丁疾厄。旺禄坐于克方，占官亦非全吉。

天时：子水旬空，无雨。家宅：家贫亲老，生计萧条。功名：官禄入传，先难后得。求财：得不偿费。婚姻：牛女空合，不吉。胎产：胎陷，防堕。疾病：肾水不足，肝气不舒，不必医治，静摄有功。出行：未必动身。行人：立至。捕获：昼占在南方贵人马房，夜占在东北道士寺观。兵战：先虚后实，终必成功。

《毕法》云：干乘墓虎毋[①]占病。《神定经》云：丑加戌，昼将乘白虎作墓神，辛酉日丑为空墓，尤可畏也。《会通》云：害实合空，谓之外好里槎芽。《集义》云：酉日子加酉得太阴，主其家尼姑出入，以致虚耗。《纂要》云：丑墓临干，八月占，主有重丧。

---

① 原文：母。

辛酉日第十一课

父	后白	空丑	干墓	福星
财	螣元	乙卯	日盗	日解
官	合后	丁巳	日德	长生

后白	元青	贵常	阴空
丑	亥	寅	子
亥	酉	子	辛

		空朱	白合		
青螣	未	申	酉	戌	常勾
勾贵	午			亥	元青
合后	巳			子	阴空
朱阴	辰	卯	寅	丑	后白
		螣元	贵常		

课格：元首，寡宿，泆女。

课意：自墓传生，末鬼乘丁，昼财须失，凶动难停。

解曰：丑墓乘虎发用，末传官鬼乘丁，虽曰自墓传生，似乎先迷后醒。然中传财在空乡，昼乘元武，岂能免于失耗？至于金日逢丁，其凶动尚可停止乎？

断曰：发用空亡，干支临脱，又交互相脱；干上子空，将又乘空，《经》所谓"脱空神"者是也。凡事多有虚诈，不足深信。末传丁神临鬼，上乘天后，非有娶妻之喜，即有远寄之财。仕宦占之差吉。占者止宜坐待子水填实，制鬼消灾。

天时：水空，不雨。家宅：苟非喜庆费财，必然被盗失脱。功名：安心守职，久必升迁。求财：反有所费。婚姻：男不欲成。胎产：母实儿空，占产最忌。疾病：肾经受亏，甚凶，占妻尤忌。出行：防失脱。行人：马临宅，即到。捕获：昼隐东南窑灶，夜隐正北空墓。兵战：利主不利客。坟葬：内有伏尸，潮湿泄气。

《毕法》云：金日逢丁凶祸动、罡塞鬼户任谋为。《壬髓经》云：末传巳火助初传丑土以生干，必从旁有人暗地相助，渐得亨嘉。《心镜》云：丑卯巳亦名虚一待用，今酉日占之，冲去卯木，类成金局，必有同事众人合伙成事之意。《秘要》云：丑墓发用，主旧事生枝。

辛酉日第十二课

子　元白　癸亥　驿马
子　阴空　空子　六破
父　后青　空丑　干墓　福星

```
      元白 常常 阴空 元白
       亥   戌   子   亥
       戌   酉   亥   辛
```

```
         青后  空阴
勾贵 午  未   申   酉  白元
合螣 巳            戌  常常
朱朱 辰            亥  元白
螣合 卯  寅   丑   子  阴空
        贵勾  后青
```

课格：重审，进茹，斩关，三奇，不备。

课意：重脱墓空，凶吉无踪，尊就卑幼，旺禄才逢。

解曰：初中之亥子为重脱，中末之子丑为墓空，主事皆空脱，所以吉凶俱无踪也。干为尊长，支为卑幼，干往加支，俯就而食其旺禄，更赖戌土以敌众水，庶几免于脱盗矣。

邵公云：此课又有取"丑亥亥"作三传者。

断曰：进茹之课，联珠三奇，本为吉象。但恐脱上逢脱，不能着实耳。干上临亥，谓之避难逃生，大宜改过。支上临戌，又谓之虎威狐假，不可动谋。

天时：三传皆火，出旬得雨。家宅：防盗。功名：传遇三奇，吉。求财：反有失脱。婚姻：夫就妻，吉。胎产：男孕，即生。疾病：火衰脾弱或虚脱之病，宜峻补。出行：恋家，不能行。行人：即至。捕获：北方阴人家。兵战：各乘网罗，主客不吉。

《毕法》云：所谋多拙逢罗网。《断验》：乙酉年四月，酉将申时，占兵。曰：此行不吉，至半途而回。盖白虎驿马临干，虽有狐假虎威之势，赖戌土实能克制。如彼猖狂妄动，定有阻塞。我兵此行中末俱空，岂能前进？况辛日南征，为灭没旺方，于军不利。干神临支，恐有锐卒前扰。后至扬州，敌兵出城抢船，遂抽兵而退。

壬戌日第一课

```
兄   常空  癸亥  支仪 鲁都 日德 日禄
官   白白  壬戌
官   勾阴  己未  六破
```

```
    白白 白白 常空 常空
     戌   戌   亥   亥
     戌   戌   亥   壬
```

```
         合后 勾阴
朱贵  巳  午  未   申  青元
螣螣  辰           酉  空常
贵朱  卯           戌  白白
后合  寅  丑  子   亥  常空
         阴勾 元青
```

课格：伏吟，斩关，励德，三奇。

课意：干与初传，闭口难言，两戌一未，勾虎为冤。

解曰：干及初传，癸亥二重，虽系德禄，但是闭口，所以难言。支及中传两戌，昼夜乘虎。末传一未，夜乘勾陈，复遁己土，并来克日，故曰为冤。

断曰：伏吟之卦，统艮之体，事多守旧，谋不更新。况旬尾作德禄，临干发用，必当谨之又谨，方能无咎。若欲前往，则自刑杜传，塞而不通。中末又复相刑，何能免于病讼乎？

天时：天地不动，占雨则晴，占晴则雨。**家宅**：虎坐中堂克日，防病讼之事，并有孝服。**功名**：德禄临身，催官入宅，大利升迁。**求财**：财爻不见，无益。**婚姻**：不吉。**胎产**：男孕，产迟。**疾病**：脾经之疾或肾水受伤，病来克人，难愈。**遗失**：物不出家。**出行**：不利。**行人**：近者立至，远者有滞。**捕获**：夜占元空难获，昼占宜向东南，近炉冶处缉之。**兵战**：不利。**坟墓**：地系辛龙，葬可催官。

《毕法》云：旺禄临身徒妄作、鬼临三四讼灾随。《壬髓经》云：虎鬼克日本，主病讼，有官人得之，为催官符至。《会通》云：德旺禄旺爵禄荣，鬼神众保得功名。《苗公诀》云：魁罡蛇虎临宅，宅不安。辰上克日上，宅不可住。贵人临宅或卯酉上，两姓同居。《撷粹说》云：三传带白虎克日，又是囚气，行人外凶，不可望也。

壬戌日第二课

官　白白　壬戌
父　空常　辛酉　支害
父　青元　庚申　驿马 长生

青元	空常	空常	白白
申	酉	酉	戌
酉	戌	戌	壬

　　　　　朱贵　合后
螣螣　辰　巳　午　未　勾阴
贵朱　卯　　　　　申　青元
后合　寅　　　　　酉　空常
阴勾　丑　子　亥　戌　白白
　　　　元青　常空

课格：元首，退茹，斩关，乱首，不备。

课意：支戌为卑，上门相欺，唯宜猛弃，长生后随。

解曰：干为尊，支为卑，支加于干，上门相克，是卑凌尊也。兼上克下为用，是卑凌尊，而尊不容矣。戌加亥用，为魁度天门，凡事阻隔。惟宜猛弃初戌，退后一步，却得末传长生耳。

断曰：元首之卦，尊制卑，贵制贱，凡占多顺。然面前六害，脱支克干，灾祸不测。况乱首不备，理有紊缺，宜思退茹之义，使脱虎以生干，勿任斩关之性，以速虎鬼之凶危也。

天时：阴晴不定。家宅：虎鬼临干，败气临宅，人灾家耗之象。功名：催官临干发用，大利。求财：昼占无，夜占有，若巳午未亥年命者，昼夜可得。婚姻：支干上神相害，不吉。胎产：孕生女，产不易。疾病：肾水不足，或头上之疾，势甚危笃，若行年值卯辰者凶。失脱：往南方寻。出行：昼占甚凶，夜占差可。行人：在路，将到。兵战：宜慎，夜占可胜。

《毕法》云：虎临干鬼凶速速、魁度天门关隔定。《克应经》云：出行，见戌作蛇虎勾朱，加日辰传用者，凶人口舌。《撷粹说》云：传带白虎或劫煞克日，又是囚气，行人外凶，不得归家。《断镜》云：用神克日生男子，范蠡三更奏越君。又云：支辰发用递生干，人口丰隆宅不宽。

壬戌日第三课

```
财  元后  戊午  地医
官  后螣  丙辰  日墓 支墓
子  螣合  甲寅  支合
```

```
      元后 白元 常阴 空常
       午  申  未  酉
       申  戌  酉  壬
```

```
            后螣 阴贵
     贵朱  卯  辰  巳  午  元后
     螣合  寅              未  常阴
     朱勾  丑              申  白元
     合青  子  亥  戌  酉  空常
            勾空 青白
```

课格：元首，泆女，励德，顾祖。

课意：末传是寅，喻伐柯人，助其妻类，大利婚姻。

解曰：发用午火，乃壬干妻财。末传寅木，乃午火长生。六合为媒，昼将乘之，故喻寅为伐柯之人。末助初财，岂非得媒妁之力，而成婚姻之喜乎？所以大利也。

断曰：元首之卦，三传逆间，自午传寅，格合顾祖，有复我旧庐之象，凡占皆吉。寅木本为脱气，却赖申酉二金，脱支生干，以防渗漏；故有助财之功，而无泄干之累。

天时：毕宿临干，水母又坐支上，必雨。家宅：主有失窃之事，更防长上有灾。功名：官星作墓，禄遭夹克，不吉。求财：财爻发用，末又来助，主有人暗地助财。婚姻：大吉。胎产：三传纯阳，干上神不比，孕女，产安。疾病：脾肺两经之症，请东北方医人，巳日服药即愈。出行：须防小人。行人：即至。捕获：宜向东南方近林木处，或窑冶处，贵人之家捕之。兵战：客胜。

《毕法》云：末助初兮三等论、后合占婚岂用媒？《课经》云：末助初传作日财，反克干上神者，谓之自招其祸格。若占人年命，助其初传，而克干上者，亦主自招其祸，事必失理。《断例》云：初末传相生者为后旺，宜买物，最妙者末传旺相。《玉成歌》云：父母临干忧子孙。

壬戌日第四课

财 阴贵 丁巳 _{亡神 游都}
子 螣合 甲寅 _{支合}
兄 勾空 癸亥 _{日德 日禄 鲁都 支仪}

　　　后螣 常阴 阴贵 白元
　　　辰　未　巳　申
　　　未　戌　申　壬

　　　　　贵朱 后螣
螣合 寅 卯 辰 巳 阴贵
朱勾 丑　　　　午 元后
合青 子　　　　未 常阴
勾空 亥 戌 酉 申 白元
　　　　青白 空常

课格：元首，元胎。

课意：夜常临宅，喜中不测，省亲致病，惹鬼为愿。

解曰：夜占未乘太常，在支作鬼；太常主喜庆婚姻，必因喜中以致不测。干上申为父母，而支上未实生申，是未乃申之亲也。岂知鬼贼伤干，乘虎变害，岂非省亲致病，而惹此鬼愿哉？

断曰：元首之课，本属顺征，况末传德禄之神，递生支上以生干；发用丁巳，又乘昼贵，水日逢之，大宜求财。

天时：主晴。家宅：人宅安宁，家有怀孕之妇。功名：德禄递生日贵，大吉。求财：大利，宜得尊长贵人之财。婚姻：女能旺夫，吉。胎产：男孕，产速而安。疾病：脾胃之疾，可医而不能速痊。出行：吉。行人：即至。兵战：宜慎。

《毕法》云：鬼临三四讼灾随、水日逢丁财动之。《指南》：癸酉，巳将申时，占升迁。曰：传将递生，城吏二马出现，但鬼临三四，不特不能升转，且有他过。丁丑行年，蛇墓克日，必自惊忧而退位也。果应。又：戊辰，寅将巳时，占父何日到京，途中安否？曰：二马见于课传，末传临寅，乃幽燕之分。且二阴夹阳，中传见寅，主寅日到。然驿马临干，遥克庚午命神，主大路有贼劫夺之应。果寅日至平，子门外，风雪中遇贼，自西南来，劫去银四十两。

壬戌日第五课

官　常阴　己未　六破
子　贵朱　乙卯　支德　支合
兄　勾空　癸亥　日禄　日德　鲁都　支仪

　　　　　螣合　元后　贵朱　常阴
　　　　　寅　　午　　卯　　未
　　　　　午　　戌　　未　　壬

　　　　　　　　螣合　贵朱
朱勾　丑　寅　　卯　　辰　后螣
合青　子　　　　　　　巳　阴贵
勾空　亥　　　　　　　午　元后
青白　戌　酉　　申　　未　常阴
　　　　　空常　白元

课格：涉害，曲直，励德。

课意：夜失金钱，将土为冤，休言传盗，救祸之源。

解曰：支上午火，日财也。夜乘元武，三传脱气，必主钱财有失。然支助干鬼，三传夜将贵勾太常，皆土伤干，却赖传木为救神，岂得谓之传盗乎？

断曰：涉害之课，诸艰历试。明暗二鬼，并临日干，凡投间抵隙者，不一而足。幸传会曲直，三六相呼。常人占之，最为忻喜；惟有位者，非所宜耳。

天时：略有阴意，终晴。家宅：干支上神六合，大吉，须防小人。功名：夜占吉。求财：防反耗财，若索旧债可得。婚姻：和合可成。胎产：孕主男胎，上乘病神，恐胎不安，占产易产[1]。疾病：心肾二经之病，寅卯日服药愈。出行：利有攸往，但水路防有失脱。行人：近者即归，远者未至。捕获：昼占在正东，近池坟墓左右，夜占在东北木林僧道寺院。兵战：凯歌可奏。

《毕法》云：万事喜忻三六合、众鬼虽彰全不畏。《课经》云：壬戌日午加支，三传会成木局，全来脱干，生起支上财神，谓之取还魂债。与三传作脱气生干上财神者同。《神应经》云：未乘太阴临于亥地，主小儿婚姻之事。又壬日未加亥，夜占值未作死气，主有外孝。《玉钥匙》云：传名曲直主多风。

---

[1]　原文：易易。

壬戌日第六课

财　元后　戊午 地医
官　朱勾　空丑 日解 破碎
父　白元　庚申 驿马 长生

```
    合青 阴贵 朱勾 元后
     子   巳   丑   午
     巳   戌   午   壬
```

```
            朱勾 膣合
合青  子   丑   寅   卯  贵朱
勾空  亥            辰  后膣
青白  戌            巳  阴贵
空常  酉   申   未   午  元后
          白元 常阴
```

课格：重审，四绝，泆女。

课意：妻奴作怪，子息讨债，迤逦生身，财因此坏。

解曰：巳加支戌，巳为妻财，戌类奴仆，党合伤干，故妻奴作怪。支为卑幼，丁巳财神，被戌墓脱，乃子息耗盗其财也。干上午火发用，迤逦生至末传育干，岂知申被午克丑墓，又落空乡，徒费财而无生计乎。

断曰：重审之卦，以下犯上，又逢四绝，止宜结旧，不可图新。凡占长生及病，皆所深畏。夜元发用，主有遗亡。

天时：昼占微雨，夜占晴。**家宅**：防耗财，破碎作官出传，或因讼破财。**功名**：贵人入狱，不吉。**求财**：可得。**婚姻**：男女有刑克，不吉。**胎产**：孕女，产期近而顺利。**疾病**：昼占肾经受病，夜占肝家受病，勿药可愈。**出行**：马恋长生，未必果行，防有失脱。**行人**：当即有信，巳日可到。**捕获**：东南之贼，匿于西北，可获。**兵战**：有始无终，安静为宜。

《毕法》云：三传递生人举荐、初遭夹克不由己。《占验》：正月子将巳时占。曰：课传夹克妻财，财生官，官生印，印转生身，时人或以破财加纳断。岂知壬以午为妻，乘死气。火以戌为墓，带白虎，加妻卯命，为墓门开格。主其妻行年到卯必死。后，果因好饮水，致病丧身。

壬戌日第七课

财　阴贵　丁巳　亡神　游都
兄　勾空　癸亥　支仪　鲁都　日禄　日德
财　阴贵　丁巳　亡神　游都

　　　　　青青　后后　勾空　阴贵
　　　　　戌　　辰　　亥　　巳
　　　　　辰　　戌　　巳　　壬

　　　　　　　合白　朱常
勾空　亥　　子　　丑　　寅　　螣元
青青　戌　　　　　　　　卯　　贵阴
空勾　酉　　　　　　　　辰　　后后
白合　申　　未　　午　　巳　　阴贵
　　　　　常朱　元螣

课格： 返吟，元胎，励德，斩关。

课意： 财内藏丁，役损身心，家人丑恶，病讼频临。

解曰： 干及初末，三重丁巳，水日逢之，必主财动。岂知生起支上天罡伤日，是传财化鬼，役损身心，无所得也。鬼在支上，故曰家人丑恶。鬼临三四，故曰病讼频临。占者以财还债、献纳则可。若将本求财，能免于祸乎？

断曰： 返吟之课，彼此相冲，无所凭藉。况斩关有动摇之象，励德有怵惕之征。主事多反覆，谋辄难成，忧喜皆出意外。

天时： 占晴则雨，占雨则晴。**家宅：** 墓神覆宅克干，防有病讼之侵。**功名：** 巳亥生人大吉，余恐不能终任。**求财：** 传财太旺，又属返吟，难得。**婚姻：** 龙后比和，吉而难成。**胎产：** 三传纯阴，胎上乘阳，男孕，产母防病。**疾病：** 脾肾二家之病，初病愈，久病凶。**出行：** 昼占吉，夜占凶。**行人：** 墓神在宅，即至。**兵战：** 不利。

《毕法》云：两贵受克难干贵、鬼临三四讼灾随、水日逢丁财动之。《古鉴》：丁巳命人，未将丑时占家宅。曰：此课德丧禄绝，人亡家破，我去彼绝，彼来我绝，墓神克日，最凶之象。盖壬禄在亥，亥乃闭口，无德可言。本命巳为生气，却坐亥上受克；而亥为死气，反临本命外战，是以谓之人亡。辰来破宅，墓干克干，是以谓之家破。

壬戌日第八课

官	后后	丙辰	日墓 支墓
父	空勾	辛酉	支害
子	螣元	甲寅	支合

	白合	贵阴	空勾	后后
	申	卯	酉	辰
	卯	戌	辰	壬

		勾空	合白		
青青	戌	亥	子	丑	朱常
空勾	酉			寅	螣元
白合	申			卯	贵阴
常朱	未	午	巳	辰	后后
		元螣	阴贵		

课格：涉害，斩关。

课意：彼已受伐，传墓败脱，宅上引从，家道广阔。

解曰：辰克干，卯克支，彼此受伤。而且墓神覆日，又作发用，败神居中，脱气在末，无一可言吉相。幸三传前后引从支神，虽人口未免衰弱，而家宅却自广阔也。

断曰：涉害之课，占主疑滞，事有两岐，心无一定，乃苦尽甘来之象。然墓神压头，昼夜皆乘厌翳，心常郁郁，如在梦中，终不能泰然自快也。

天时：墓神覆日，箕毕相会，风雨交作。家宅：干支上神六害，人宅不宁，防有病讼。功名：贵人落陷，日禄外战，不利。求财：财爻不见，课传且落空亡，不得。婚姻：面前六害，不吉。胎产：胎上神属阴，主女；辰克日，产易。疾病：肝胆或肠胃之疾，病势甚凶，幸可救。出行：不利。行人：人已就道，不日即来。捕获：在西方酒肆中，可获。兵战：利主不利客，宜慎。

《毕法》云：华盖覆日人昏晦、彼此猜忌害相随。《课经》云：辰之华盖，作干之墓神，临干发用，主遭冤枉，卒难分诉。若占游子，在彼尽不如意。《苗公诀》云：辰上克日上，此宅不可居。如天乙在宅，所乘旺相，又与日相生，宅中须有贵人。《太乙经》云：占与人期会，天罡临日辰者，会。在日辰前为已过，在日辰后为未至。

壬戌日第九课

官　勾朱　己未 _{六破}
兄　常空　癸亥 _{日禄　日德　鲁都　支仪}
子　贵阴　乙卯 _{支德　支合}

　　合螣　后元　勾朱　贵阴
　　午　　寅　　未　　卯
　　寅　　戌　　卯　　壬

　　　　　　白青　常空
空勾　酉　戌　亥　子　元白
青合　申　　　　　丑　阴常
勾朱　未　　　　　寅　后元
合螣　午　巳　辰　卯　贵阴
　　　朱贵　螣后

课格：重审，曲直。
课意：递互可亲，夜将克身，三传脱气，却为救神。
解曰：干支交车六合，殊觉可亲。三传木局，昼占本为脱气。若夜将勾常天乙，皆属土神伤日，却转赖木局制之，是虽名脱气，实为救神也。
断曰：重审之卦，事宜后起，三传化木，名曰曲直。动则如意，静则不宁，有先曲后直，始难终易之象。课传三六相合，且末克初传，又逢吉将，凡占化凶为吉，意无不遂。但中传德禄属水，昼乘天空，乃虚诳之神，凡事恒苦不实；若问禄位，非其所宜。
天时：三传木局主风，水升火降主雨。家宅：人宅安宁，但昼占元武脱日，临宅克宅，防盗。功名：禄遭夹克，未命人大利，余不吉。求财：财坐长生，夜占可得，昼占难。婚姻：传课三六合，大吉。胎产：孕女，产迟而难。疾病：肝家受风，或虚脱之症，难愈。出行：甚利，但防耗失。行人：未能起身。捕获：宜向西南山林池沼之处捕之。兵战：防被敌赚，宜加谨慎。
《毕法》云：众鬼虽彰全不畏、交车相合交关利、万事喜欣三六合。《观月经》云：三六相呼见喜欣，纵然带恶不成嗔。带恶者，如金日得寅午戌之类，三传克干，亦不为害，仍可成合。唯不宜占忧疑解散之事。

壬戌日第十课

官　螣后　丙辰　日墓　支墓
官　勾朱　己未　六破
官　白青　壬戌

　　　螣后　阴常　朱贵　后元
　　　辰　　丑　　巳　　寅
　　　丑　　戌　　寅　　壬

　　　　　　空勾　白青
青合　申　　酉　　戌　　亥　常空
勾朱　未　　　　　　　　子　元白
合螣　午　　　　　　　　丑　阴常
朱贵　巳　　辰　　卯　　寅　后元
　　　　　螣后　贵阴

课格：遥克，嚆矢，稼穑，励德，芜淫。

课意：嚆矢虚惊，交互欺凌，身依寅木，众鬼难侵。

解曰：干支交互克贼，寅实丑空。发用嚆矢，且三传俱鬼，诚为凶兆。喜得初坐空乡，事主虚惊。更赖干上寅木，能敌传土。虽然脱气，实为救神。《经》曰"众鬼虽彰全不畏"，此之谓也。

断曰：嚆矢之课，又系蓦越，本力弱难伤，况落空乡。凡事蓦然而起，始如雷吼，终却无妨。为忧为喜，皆主不实。稼穑沉滞，又昼占干支阴阳在天乙后，为微服格。常人退守为吉，仕宦前进则荣。

天时：三传克日，角星指阴，主雨。家宅：防有失脱、孝服之事。功名：墓空纯官，现任大利；嚆矢卦，未任者费力。求财：财带丁神，必得。婚姻：支上逢空，不吉。胎产：孕主女，产有厄。疾病：脾病难痊，新疾可治。逃盗：贼匿西北楼台林木中，其形有胡须，捕之即获。出行：不吉。行人：嚆矢课，未能即回。兵战：利客不利主。

《毕法》云：干墓并关人宅废（春占）、鬼临三四讼灾随、水日逢丁财动之。《袖中金》云：壬日稼穑，为脱难煞。盖物极则变，变则通，久厄者，反有解散之意。常占则名鲸鲵归涧，凡事逼迫，不由自己，遇雷神方能变化。雷神者，太冲六合也。

壬戌日第十一课

```
兄  元白  空子  天医  羊刃
子  后元  甲寅  支合
官  螣后  丙辰  日墓  支墓
```

```
      后元  元白  贵阴  阴常
       寅    子    卯    丑
       子    戌    丑    壬
```

```
           青合  空勾
勾朱  未    申    酉    戌  白青
合螣  午              亥  常空
朱贵  巳              子  元白
螣后  辰    卯    寅    丑  阴常
           贵阴  后元
```

课格：重审，励德，间传，向三阳。

课意：四课初中，总是旬空，独存末克，鬼户纵横。

解曰：子丑旬空，寅卯陷空，四课皆空。初传子，中传寅，又遇空脱，凡事无踪。独存末传之辰，虽作壬干之墓鬼，却喜罡塞鬼户，六神伏，四煞潜，任意谋为，无所阻碍，故曰鬼户纵横也。

断曰：重审之卦，事多不顺，况励德为动摇之象。幸鬼加干而值空，墓在传而支破，且面前六合；又三传间传为向三阳格，自暗入明。主先凶后吉，人情皆美。若秋冬占之，休囚之土，不能贼生旺之水，虽有犯上之象，终难遂其犯上之心。微嫌传课陷空，虚声胜而实际少耳。

天时：向三阳，主晴。**家宅**：四课初中俱空，独存墓神，屡空之象，且有病讼盗贼之虞。**功名**：不利。**求财**：无益。**婚姻**：干支上神六合，可结，但空陷不成。**胎产**：三传纯阳，女孕；子母皆空，恐有产厄。**疾病**：病在肾家及膀胱经，初起可愈，久病凶。**逃盗**：宅中武空，难获。**出行**：未必果行，行亦虚名虚利。**行人**：立至。**兵战**：罡塞鬼户，多算则胜。

《毕法》云：罡塞鬼户任谋为。《断验》：午命戊戌八月，辰加寅占投谒。曰：宾主甚合，但虚文胜而实意少，以支干上神空相合也。年命上马带六合，若投尊长亲戚，大好。然鬼作死气，乘常加干，恐有外来孝服。后，俱验。

壬戌日第十二课

```
兄  常空  癸亥   支仪 鲁都 日德 日禄
兄  元白  空子   天医 羊刃
官  阴常  空丑   日解 破碎
```

```
       元白 常空 阴常 元白
        子   亥   丑   子
        亥   戌   子   壬
```

```
              勾朱 青合
合螣   午    未   申    空勾
朱贵   巳              戌    白青
螣后   辰              亥    常空
贵阴   卯    寅   丑    子    元白
            后元 阴常
```

课格：重审，进茹，乱首，不备，三奇。

课意：不尊其身，就卑克治，昼将天空，三传俱弃。

解曰：干往加支，被支所克，是不自尊重，屈身于人，甘受抑勒。干上及中末皆是旬空，初及支上昼将上乘天空，所谓空空如也，凡事总属虚无。

断曰：三奇之卦，本主灾散福临，奈中末空亡，奇精有损，福当减论。况干支上乘罗网，乃阻厄不通之象。四课又阴不备，必有偏缺不周之处，凡占未为全吉。

天时：坎临日辰，亥又发用，主雨。家宅：网加宅，刃临身，不吉。功名：三奇，大吉，若得年命或岁月太阳填实空亡，更的。求财：日辰网罗，财又不入课传，无得。婚姻：卦遇三奇，甚吉；牛女会合，必成。胎产：孕主男，恐不育。疾病：心经受伤，或肾与膀胱二经之症，新病不成，久则即坏。出行：传课多空，有虚名，无实利，宜走水路。行人：巳日当有信。争讼：主解散。兵战：以奇兵攻其不备而胜。

《毕法》云：所谋多拙逢罗网、尊崇传内遇三奇、权摄不正禄临支、空空如也事休追。《指掌赋》云：日临辰而受克为乱首。《六壬会通》云：德旺禄旺爵禄荣，鬼神众保得功名。《百问诀》云：亥子丑在支入传，宅外刚逢水道边。《占式》云：凡元武临辰戌亥，必有失脱，谓元武入贼乡也。

癸亥日第一课

```
官  阴勾  空丑  羊刃  天医
官  白白  壬戌  仪神  直符
官  勾阴  己未  支合 干冲 地医
```

```
       常空 常空 阴勾 阴勾
        亥   亥   丑   丑
        亥   亥   丑   癸
```

```
              合后 勾阴
朱贵   巳   午   未   申   青元
螣螣   辰              酉   空常
贵朱   卯              戌   白白
后合   寅   丑   子   亥   常空
           阴勾 元青
```

课格：伏吟，稼穑，励德。

课意：略得便宜，如若再为，人神共怒，刑废双随。

解曰：自干发用，恃己之势，刑于他人，既得其便宜矣。然得利者不可再往，若贪而不止，则便惹起众鬼，刑祸并侵，有不人神其恕[①]乎？

断曰：伏吟之卦，伏而不动，格合稼穑，沉滞艰难。然而物极则变，有久困而亨之象。三传俱鬼，白虎在中，仕宦占之，则为催官符至；若常人占之，必须加意谨慎，犹不免于病讼也。

天时：传课多阴，阴雨之象。**家宅**：三传全无和气，递刑克干，防有疾病官非。**功名**：官星甚旺，大吉。**求财**：艰难。**婚姻**：不吉。**胎产**：胎上神属阳，主男。**疾病**：脾土作恶，或肾水受亏，支实干空，甚凶。**出行**：不利。**行人**：即至。**失脱**：物不出户，可寻。**兵战**：宜守不宜战。**坟葬**：刑煞太重，主有病讼之侵。

《毕法》云：虎临干鬼凶速速、宾主不投刑在上。《邵子占验》：辰命人，寅年七月巳加巳，占谒选。曰：稼穑必守土之官也，干支上神，格合拱禄，三传皆官，中虎为催官符至；且两贵拱命，上乘喜神，行年又带天马，与日禄青龙相会，谓之蛟龙得雨，天马腾空。子月必选。禄临女分，当在北方。皆验。

---

① 校者注：疑为"共怒"。

癸亥日第二课

```
官  白白  壬戌  仪神 直符
父  空常  辛酉  日解 破碎
父  青元  庚申  长生 游都
```

```
     空常 白白 常空 元青
      酉   戌   亥   子
      戌   亥   子   癸
```

```
          朱贵 合后
螣螣  辰   巳   午   未  勾阴
贵朱  卯              申  青元
后合  寅              酉  空常
阴勾  丑   子   亥   戌  白白
          元青 常空
```

课格：元首，退茹，斩关。

课意：幸乘旺禄，弃寻虎厄，投末之生，失万得百。

解曰：旺禄临干，却遇旬空。弃之而寻发用，则戌鬼乘虎，眈眈难犯。进历中传，又属败气。再投末传，方遇长生。真受尽艰辛，末后一步乃得荣昌。然昼占复被元武所耗，是所得者少而所失者多也，故曰失万得百。

断曰：斩关之课，虽有动象，而魁度天门，未免阻隔。况退连茹为失友格，凡事欲行不行，人情欠美。幸元首一上克下，犹为顺征，占主先凶后吉。

天时：水坐空乡，主晴。**家宅**：虎乘干鬼，克身克宅，灾祸重重。**功名**：催官使者发用，甚吉。**求财**：夜占青龙乘长生，有望。**婚姻**：不吉。**胎产**：孕主女，产有惊险。**疾病**：难治。**争讼**：用神上克下，先起者胜。**逃盗**：男子东南方寻，女子西南方寻，奴婢当自归。**出行**：旺禄临干，宜静不宜动。**行人**：河魁带虎，克干入宅，即至。**兵战**：宜谨守。

《毕法》云：魁度天门关隔定、旺禄临身徒妄作。《古鉴》：丙午生人，卯加辰占六畜。曰：戌加亥作虎，是犬入猪栏，猪小似犬。牛临虎位，自是伤乡。缘山有石棺，枯骨作祟，六畜皆不能存，五年后必伤人。盖缘戌数五，秋占又为天目，且戌为火命人之墓，乘虎临支克干，故有伏尸作祟也。

癸亥日第三课

```
官  常阴  己未   地医 干冲 支合
财  阴贵  丁巳   日德 大煞 驿马
子  贵朱  乙卯   支合
```

```
    常阴 空常 空常 勾空
     未   酉   酉   亥
     酉   亥   亥   癸
```

```
           后螣 阴贵
贵朱 卯    辰    巳   午  元后
螣合 寅              未  常阴
朱勾 丑              申  白元
合青 子    亥    戌   酉  空常
           勾空 青白
```

课格：遥克，嚆矢，间传，不备。

课意：破败临宅，初鬼遥克，两贵扶同，亡财始获。

解曰：酉为破碎败神，而临于支，家必隳废。幸初传日鬼，遥克力轻。中末两贵相加，乘丁递生支上酉金育干，所以财亡复获。

断曰：嚆矢之课，六阴相继，行尽昏迷。喜三传格合回明，有月缺渐回之象。吉可渐成，凶可渐散。但阴阳不备，终不完善耳。

昼酉乘常，主婚姻喜筵，或开张衣食店，当茂盛。

天时：晴。家宅：主多破败。功名：大利。求财：可得。婚姻：甚吉。胎产：阴极阳生，孕主男，产速而安。疾病：肾虚或肝经之病，虽淹缠，可以无事。出行：丁马作日德，利有攸往。行人：有贵人带信至，即回。捕获：昼在南方，夜在东方。兵战：阴不备，利为客。

《毕法》云：昼夜贵加求两贵、六阴相继尽昏迷。《古鉴》：甲寅生人，未将酉时，占家宅。曰：癸亥乃六甲极日，又是六阴相继，家宅得此，耗力极矣。然物极则反，后必得福。现今宅中六分并居，而甲寅生人，从后门厕边出入，来年有阴人死此，必外迁他宅，居必胜前。却得贵家阴人之助成家，且有好子，晚年福寿无穷。其人果兄弟六人，路由厕出，次年妻死迁居。因再娶贵人之妾，致富生子，寿八十四。缘课得迎阳，中传昼贵乘财，又是水日逢丁，所以兴起家业也。

癸亥日第四课

财　阴贵　丁巳　_{日德　大煞　驿马}
子　螣合　甲寅　_{鲁都　天贼}
兄　勾空　癸亥

　　　阴贵　白元　常阴　青白
　　　　巳　　申　　未　　戌
　　　　申　　亥　　戌　　癸

　　　　　　贵朱　后螣
螣合　寅　　卯　　辰　　巳　阴贵
朱勾　丑　　　　　　　　午　元后
合青　子　　　　　　　　未　常阴
勾空　亥　　戌　　酉　　申　白元
　　　　　青白　空常

课格：元胎，斩关。

课意：鬼龙生虎，怒喜喜怒，昼贵升擢，丁马之故。

解曰：戌鬼临干，夜却乘龙。长生在支，夜却乘虎。一则以喜，一则以惧，此怒喜喜怒之谓也。如用昼将，贵人发用，上乘丁马，三传递生，必隔二隔三上人推荐，升擢官职。

断曰：元胎之卦，生意初萌；斩关之课，机关欲动。况巳加申，寅加巳，亥加寅，为进步长生，自末迤逦生用，作日干之贵人德神，占者事皆创始，蓦然而兴。

天时：天罡指阴，龙虎克日，主风雨。家宅：人宅平安。功名：贵人乘马，作德发用，自末传递生干上之青龙官星，大吉。求财：财爻作马发用，又水日逢丁，必大得意。婚姻：干支上神相生，又三传递生，必成而吉。胎产：卦名病胎，怀胎有忧，产则吉。疾病：淹缠迟愈。争讼：虎鬼临头，卒①难解散。出行：马带德，利无咎，且得贵人之济。行人：立至。捕获：夜占末乘勾陈，西方可获。兵战：大宜谨慎。

《毕法》云：虎临干鬼凶速速、水日逢丁财动之。《袖中金》云：巳加申为病胎，又名怕课。盖胎孕有病，不得不怕，亦身喜心忧之象。《指迷赋》云：虎克支兮宅祸难。《杂占》云：日财临支两课，名外财入内，图谋遂意。《玉成歌》云：德神动处吉相随，巳亥贵临多反覆。《三才赋》云：白虎同传送临门，须防疾病。

---

① 原文：猝。

癸亥日第五课

官　常阴　己未　日冲　支合　地医
子　贵朱　乙卯　支合
兄　勾空　癸亥

<small>贵朱　常阴　阴贵　空常</small>
卯　未　巳　酉
未　亥　酉　癸

		膳合	贵朱		
朱勾	丑	寅	卯	辰	后膳
合青	子			巳	阴贵
勾空	亥			午	元后
青白	戌	酉	申	未	常阴
		空常	白元		

课格：涉害，曲直，度厄，励德。

课意：破败临身，己未克辰，占逢夜将，官悦俗忻。

解曰：干乘破碎，又为败神。未遁旬己，临宅克宅，彼此不利。然三传脱气，却赖酉金，能制众木。如用夜将常贵勾陈，皆属土神，生酉金而育日干，仕宦遇之，官来生印，权柄双美；即常人亦鬼助生气，凡占皆吉，所以官悦俗忻也。

断曰：涉害之课，事多险阻。三上克下，卑幼遭迍。幸干支上神，夹拱地盘子禄；全传化木，生起课内巳财。占食禄固宜，问财帛亦吉。坐谋有益，动用咸宜。

天时：三传皆木，主风。**家宅**：夜占太常临宅克宅，必因宴饮生灾。**功名**：大利。**求财**：有得。**婚姻**：夜占吉，昼占不能偕老。**胎产**：传课纯阴，阴极阳生，孕主男，产易。**疾病**：起于伤食或肾虚肝旺，淹缠无事。**失脱**：主非贼窃，当因文书贵人之事而自遗失。**出行**：日辰上神相生，三传三合，大吉。**行人**：驿马临门，即至。**兵战**：防敌欺诈，大宜谨慎。

《毕法》云：六阴相继尽昏迷、众鬼虽彰全不畏。《课经》云：未加亥为用，三传木局，脱癸干之气，并无日鬼，岂宜处于"众鬼虽彰"之例？缘夜占三传，天将皆土，并来克干，赖木局制之，此谓脱气为救格。《玉钥匙》云：传名曲直主多风。

癸亥日第六课

子　贵朱　乙卯　支合
官　青白　壬戌　仪神　直符
财　阴贵　丁巳　日德　驿马　大煞

　　朱勾　元后　贵朱　白元
　　丑　　午　　卯　　申
　　午　　亥　　申　　癸

　　　　　　朱勾　膡合
合青　子　　丑　　寅　　卯　贵朱
勾空　亥　　　　　　　　辰　后膡
青白　戌　　　　　　　　巳　阴贵
空常　酉　　申　　未　　午　元后
　　　　　　白元　常阴

课格：知一，斫轮，四绝，铸印。

课意：元虎为生，两贵无心，丁马全弱，昼戌难任。

解曰：申为癸水长生，昼元夜虎，殊多虚耗惊疑。昼贵入狱，夜贵受克，心怀怨怒，干之无益。末传巳马，上遁旬丁，入墓被盗，力弱难行。昼占戌鬼乘虎，其凶甚矣，安可任手？

断曰：斫轮之卦，又为铸印。中传催官，末乘驿马，乃禄位高迁之象。若谋望官爵，主先历艰难，后却有成。但交车六害，支克干神。家中妻财，伤于父母。常人占之，大有不利耳。

天时：先晴而风，微有雨意。家宅：宅上财遭夹克，元又临干支，主有耗失病讼。功名：铸印乘轩，主超擢恩荣。求财：必大遂意。婚姻：青龙化贵，婿必乘龙，财受夹克，妻难偕老。胎产：孕成男，产速而险。疾病：白虎临戌，病甚凶，或年命有救不妨。出行：马带德神，艰难中必得遂意。行人：即归。捕获：坟墓及坑厕处，捕之可获。兵战：昼占欠利，夜占大捷。

《毕法》云：帘幕贵人高甲第、催官使者赴官期、将逢内战所谋危、水日逢丁财动之、课传俱贵转无依、虎临干鬼凶速速。《神应经》云：日上申金，坐于丑墓之上，夜将乘虎，父母墓中必生白蚁，主有祸患。如父母在，必主有病。若作月内死气死神，病笃难救。《秘要》云：卯临申为用，夜贵内战，必因贵人而作内乱。午加亥，胎神临绝受克，占孕占产俱畏。

癸亥日第七课

财　阴贵　丁巳　日德　大煞　驿马
兄　勾空　癸亥
财　阴贵　丁巳　日德　大煞　驿马

勾空　阴贵　朱常　常朱
亥　　巳　　丑　　未
巳　　亥　　未　　癸

		合白	朱常		
勾空	亥	子	丑	寅	螣元
青青	戌			卯	贵阴
空勾	酉			辰	后后
白合	申	未	午	巳	阴贵
		常朱	元螣		

课格：返吟，元胎，励德。

课意：三马三丁，动止频频，贵情未足，宅徙人迍。

解曰：支乘丁马，初末三重，反复相冲，所以动止频频。两贵往来受克，情怀作恶，岂可相干？丁巳本财也，而传财化鬼，若欲取之，便助干上己未克身及宅，宅徙人迍，乌能免乎？

断曰：返吟之卦，象本乖暌，凡占皆动。德财逢绝，唯宜决绝财帛。二月占未鬼作死气乘常，有内孝服。

天时：传课皆阴，水升火降，主雨。**家宅**：宅主迁移，人主灾厄。**功名**：主迁转。**求财**：有而险。**婚姻**：不成。**胎产**：孕男，产易。**疾病**：即愈。**出行**：吉，宜水路。**行人**：丁马入宅，即至。**兵战**：交互相克，胜负无常。

《毕法》云：两贵受克难干贵。《古鉴》：卯将丑时占出行。曰：此行当半途而返。缘自宅上发用，中间又复来归，末传复归支上，必因一骨肉有丧，急遣人追归，且有眷属孝服。盖日为外事，未加癸作太常，主外来丧服。太阴乃阴人之丧，所乘之巳为妻，是妻之祖也。果验。《课经》云：二月戌将辰时，妻占夫病。曰：妻之年命，上乘华盖作太常为日鬼，又系死气为吊客，是为孝帛盖妻头，夫病必死。如八月内占之，乃未为生气，尚有孝服未已。《克应经》云：丁神灵灵，入宅临门，人移户改，劳碌不宁。

癸亥日第八课

```
财  元螣  戊午
兄  勾空  癸亥
官  后后  丙辰  墓神 支德
```

```
      空勾  后后  勾空  元螣
       酉    辰    亥    午
       辰    亥    午    癸
```

```
            勾空  合白
青青  戌   亥    子   丑  朱常
空勾  酉              寅  螣元
白合  申              卯  贵阴
常朱  未   午    巳   辰  后后
          元螣  阴贵
```

课格：重审，斩关。

课意：四课之内，辰午酉亥，两贵为邻，家宅昏昧。

解曰：四课三传，俱是自刑，非干他人抵触，乃是自心生怨。倘或占讼，必本家自争，各怀妒忌。卯为夜贵，巳为昼贵，夹拱亥宅，是两贵为邻也，可以告[1]贵。但墓神在支，昼夜天后。如七月占，血支、血忌、月厌在辰，宅舍必有凶怪。一切交易，皆在所忌。

断曰：重审之卦，课传全无和气，凡事不顺。初传被下克，及归地盘本宫又被上克，所谓"克处回归又受克"，虽虎贲之勇，亦不可为。

天时：水升火陷，角星指阴，主雨。家宅：墓覆宅上，家晦人昏。功名：不吉。求财：财临干发用，可得，但多惊恐。婚姻：干支上皆自刑，不吉。胎产：胎财临干，课传互克，产速孕损。疾病：病属脾经，大凶。出行：不利。行人：未传墓神归宅，即至。兵战：彼此皆伤。坟葬：青龙缺陷，葬多刑伤。

《毕法》云：宾主不投刑在上。《指南》：癸酉四月酉将辰时，占首辅被论。曰：朝官占此，必主去位。盖因传将递克，德不胜刑，乃小人进用，君子退位之象。且禄贵财马，俱逢空陷，岂能善后？况夜贵临于行年之上，即系不仕闲官。交六月后，年上日禄天马，冲动身命，是其行期矣。喜四墓覆生，仍有起复之兆。果六月驰驿归里。

---

[1] 原文：靠。

癸亥日第九课

```
父  空勾  辛酉  破碎 日解
官  阴常  空丑  羊刃 天医
财  朱贵  丁巳  日德 驿马 大煞
```

```
     勾朱 贵阴 空勾 朱贵
      未  卯  酉  巳
          卯  亥  巳  癸
```

```
        白青 常空
空勾 酉  戌  亥  子  元白
青合 申           丑  阴常
勾朱 未           寅  后元
合螣 午  巳  辰  卯  贵阴
        朱贵 螣后
```

课格：涉害，从革，度厄。

课意：丁马临日，两贵辅弼，因财速动，将凶传吉。

解曰：巳为驿马，又遁旬丁，临于日上作财，必因财帛文书之事，其动至速而难遏。干上昼贵，支上夜贵，夹辅初传之酉金，是为两贵辅弼。三传全金生日，甚吉；而昼将纯土克干，却甚凶，故曰将凶传吉也。

断曰：从革之卦，改故从新之象。涉害则阅历艰难，度厄则骨肉暌隔。占者当有分离变革之事，切勿妄动。仕宦占之，中末虽空，如逢昼将，则为官印相生，可获大吉。

天时：三传生日，晴光万里。**家宅**：宅旺人亨。**功名**：两贵拱禄，日德临头作马，且三传递生，大利。**求财**：财乘丁马，作德临干，不求自获。**投谒**：昼占甚吉。**婚姻**：阀阅相当，朱陈永好。**胎产**：孕男，产顺利。**出行**：利。**行人**：不来。**捕获**：易获。**兵战**：传得从革，止宜休养。

《毕法》云：三传递生人举荐、合中犯煞蜜中砒。《古鉴》：子命人，辰将子时，占赴试。曰：三传递生生日，帘幕贵人临干，更兼支干两贵，拱定年命上神，又系天罡，必得高魁。中末虽空，却是本命，不以空论。《指掌赋》云：酉丑巳为献刃，远近皆被其伤。《玉成歌》云：天空发用事无凭，前带勾陈勾引情。

癸亥日第十课

官　螣后　丙辰 墓神 支德
官　勾朱　己未 地医 干冲 支合
官　白青　壬戌 仪神 直符

```
 朱贵 后元 勾朱 螣后
  巳   寅   未   辰
  寅   亥   辰   癸
```

```
        空勾 白青
青合  申  酉  戌  亥  常空
勾朱  未          子  元白
合螣  午          丑  阴常
朱贵  巳  辰  卯  寅  后元
          螣后 贵阴
```

课格：元首，稼穑，斩关。
课意：墓克其身，三传共嗔，颠危可解，全赖家人。
解曰：墓神覆日克干发用；三传俱鬼，夜乘蛇虎，诚为凶课。赖有寅木在支能敌众鬼，如人已处颠危，遇有救解。"家人"云者，以寅在宅上故也。
断曰：稼穑之课，事多塞滞，又系斩关，乃不能安居之象。幸贵人塞于鬼户，鬼贼虽多，不敢出而作祟。仕宦得之，宜进步求荣；常人则宜退守。
天时：日上乘墓，主昏晦。家宅：病讼相侵，致有耗费，并防失脱。功名：大利。求财：有获。婚姻：不吉。胎产：孕主女，易产难育。疾病：肾水不足或肝经之症，得东北方木姓人医愈。出行：不甚得意。行人：即来。捕获：昼占在东北，夜占在正北。兵战：为主者胜。
《毕法》云：干墓并关人宅废（夏占）。《指南》：午将卯时占被论。曰：太岁在未克日，君上不喜，须得木姓人救解，方可消释。三传纯鬼，又且关墓覆日，岂不为凶？喜两贵拱身，福德仪神临支，又为丁马贵德居命，且是皇书天诏。课象虽凶，终能转祸为福。果验。《断验》：酉加午占避乱，宜城宜乡？曰：此课正宜归隐，住乡固为安吉，居城亦不足畏。盖三传皆鬼，贼势虽众，然有支上寅木，足以制之，故不足畏。亦验。

癸亥日第十一课

官　阴常　空丑　_{羊刃 天医}
子　贵阴　乙卯　_{支合}
财　朱贵　丁巳　_{日德 驿马 大煞}

_{贵阴　阴常　朱贵　贵阴}
卯　丑　巳　卯
丑　亥　卯　癸

　　　　　_{青合　空勾}
勾朱　未　申　酉　戌　白青
合螣　午　　　　　亥　常空
朱贵　巳　　　　　子　元白
螣后　辰　卯　寅　丑　阴常
　　　　　_{贵阴　后元}

课格：涉害，不备，间传，励德，出户。

课意：昼夜贵聚，财马共处，助起空亡，循环灾苦。

解曰：巳为昼贵，卯为夜贵，巳加卯上，则贵聚矣。巳为日财，又为丁马，并于一神，则共处矣。支乘空鬼，干乘实盗，干加支，支传干，课传循环。自中传脱干，迤逦生起初传空鬼，以伤日干，循环灾苦，不信然哉。

断曰：见机之卦，间传而进，势有阻滞，情有彷徨。又四课不备，事多不周。然若能坐守，伏卯以敌丑鬼，虽受其脱，灾可免也。昼夜贵加，并宜携财告贵。

末助初传克干，奈初传空亡，不能克干，谓之"抱鸡不斗"。

天时：晴。家宅：主两姓同居，人宅欠宁。功名：初凶后吉。求财：得。婚姻：支干上神空陷，不吉。胎产：阴极阳生，男子之祥，产凶。疾病：人与病皆空陷，久病凶，初病勿药有喜。出行：吉。行人：在外谋干，得利即回。捕获：贼在东北。兵战：利客兵。

《毕法》云：昼夜贵加求两贵、课传俱贵转无依。《古鉴》：未将巳时，占应试。曰：明贵人加于暗贵人之上，谓之二贵向明。卯作幕贵，夜虽不显，得日贵相加，有先晦后明之象。况癸亥乃六甲极日，日去就辰，是为根本，由内发出，本身上见帘幕，得第何疑？

癸亥日第十二课

```
官  阴常  空丑  羊刃  天医
子  后元  甲寅  鲁都  天贼
子  贵阴  乙卯  支合
```

```
   阴常 元白 贵阴 后元
    丑   子   卯   寅
        子   亥   寅   癸
```

```
         勾朱  青合
合螣  午  未   申   酉  空勾
朱贵  巳           戌  白青
螣后  辰           亥  常空
贵阴  卯  寅   丑   子  元白
         后元 阴常
```

课格：元首，进茹，空亡。

课意：交互和谐，惟宜脱灾，昼常牛女，婚遇良媒。

解曰：干上寅木与支亥相合，支上子水与干丑相合，是交互和谐也。但空禄临支，干乘实盗。初传官鬼，虽中末并制，而无非脱气，止可脱其灾患而已。子丑为牛女之宿，丑加子用，上乘太常，牛女相逢之兆，讵非遇有良媒乎？

断曰：元首之卦，连茹而进，以尊制卑，自微而显。干支各乘罗网，凡占止利谨守，不利动谋。日禄临支，昼夜上乘元白，当因食禄而生忧患耗失之事。

天时：箕宿临干入传，主风。家宅：交车六合，人宅咸亨，但防脱赚耗失。功名：旺禄临支，职必佐贰。求财：空亡，无所得。婚姻：交车相合，秦晋必谐。胎产：三传阴包阳，干上神不比，主男，但产甚危。疾病：心肾二经之病，新起即愈，久者甚凶。失脱：不能寻获。出行：不利，亦不能行。行人：驿马入墓，又天罗地网，未得起身。兵战：有失众之象，宜谨慎。坟葬：禄神临地，主发贵。

《毕法》云：所谋多拙遭罗网、权摄不正禄临支。《课经》云：干上寅昼占，干上逢脱气，天将又乘元武，是为脱盗之格。《断镜》云：官人切忌官星空，官若空亡任不终。《指掌赋》云：丑寅卯为将泰，有声名而未蒙实惠。《心印赋》云：子丑相加事必成，更逢吉将转欢忻。